Entscheidungen

des

Reichsgerichts.

Herausgegeben

von

den Mitgliedern des Gerichtshofes
und der Reichsanwaltschaft.

Entscheidungen in Zivilsachen.

Neue Folge.

Zweiundvierzigster Band.

Der ganzen Reihe zweiundneunzigster Band.

Leipzig,
Verlag von Veit & Comp.
1918

Entscheidungen

des

Reichsgerichts

in

Zivilsachen.

Neue Folge.

Zweiundvierzigster Band.

Der ganzen Reihe zweiundneunzigster Band.

Leipzig,
Verlag von Veit & Comp.
1918

Manuldruck von F. Ullmann G. m. b. H., Zwickau Sa.

Inhalt.

I. Bürgerliches Recht.

a. Reichsrecht.

b. Landesrecht.

II. Öffentliches Recht.

III. Gerichtliches Verfahren.

1. Kann das Recht zur Entziehung des Pflichtteils bei Lebzeiten des Erblassers Gegenstand einer Feststellungsklage sein?

BGB. §§ 2333 flg., 1611 Abs. 2, 1621 Abs. 2, 1513 Abs. 1, 2294. ZPO. § 256.

IV. Zivilsenat. Urt. v. 10. Januar 1918 i. S. T. sen. (Bekl.) w. T. jun. (Kl.). Rep. IV. 324/17.

I. Landgericht Duisburg.
II. Oberlandesgericht Düsseldorf.

Der Kläger ist der Sohn des Beklagten. Er erhob gegen ihn einen Unterhaltsanspruch. Der Beklagte machte u. a. geltend, daß der Kläger sich ihm gegenüber einer Verfehlung schuldig gemacht habe, die ihn berechtige, dem Kläger den Pflichtteil zu entziehen, und daß der Kläger deshalb nach § 1611 Abs. 2 BGB. nur den notdürftigen Unterhalt verlangen könne. Im Wege der Widerklage beantragte er, festzustellen, daß er berechtigt sei, dem Kläger den gesetzlichen Pflichtteil zu entziehen. Er stützte die Widerklage sowohl auf § 256 als auf § 280 ZPO.

Das Landgericht wies durch Teil- und Versäumnisurteil die Klage ab. Durch Endurteil vom 8. Juli 1914 erkannte es nach dem Antrage der Widerklage. Auf die Berufung des Klägers wies das Oberlandesgericht die Widerklage ab. Die Revision des Beklagten führte zur Aufhebung des Berufungsurteils und Zurückverweisung der Sache in die Vorinstanz.

Aus den Gründen:

„Voraussetzung sowohl der Klage aus § 256 als derjenigen aus § 280 ZPO. ist, wie das Berufungsgericht zutreffend annimmt, daß die Klagen die Feststellung eines bestehenden Rechtsverhältnisses zum Gegenstande haben. Das Berufungsgericht hält diese Voraussetzung nicht für gegeben und begründet das, wie folgt: Mit der Widerklage begehre der Beklagte ihrem eigentlichen Inhalte nach den richterlichen Ausspruch, daß eine etwaige letztwillige Verfügung seinerseits, die dahin gehe, daß dem Kläger der Pflichtteil entzogen werde, Rechtsgültigkeit habe. Die Gültigkeit oder Ungültigkeit eines Testamentes könne aber nicht schon zu Lebzeiten des Erblassers im Klagewege festgestellt werden. Es komme weiter in Betracht, daß eine Feststellungsklage aus § 256 ZPO. nicht gegeben sei, wenn lediglich die Feststellung einer Rechtsfrage gefordert werde. Die von dem Beklagten etwa beabsichtigte Errichtung einer letztwilligen Verfügung, wodurch dem Kläger der Pflichtteil entzogen werde, äußere ihre Wirkung erst nach dem Tode des Beklagten, habe also nur für die künftige Entstehung von Rechtsverhältnissen Bedeutung. Daraus ergebe sich, daß die Widerklage, welche auf die richterliche Anerkennung der Gültigkeit einer letztwilligen Verfügung des Beklagten abziele, durch welche dem Kläger der Pflichtteil entzogen werde, tatsächlich die Feststellung einer Rechtsfrage zum Gegenstande habe. Endlich sei nach dem Grundsatze viventis hereditas non datur (§ 1922 BGB.) die Zulässigkeit einer Klage auf Feststellung eines erbrechtlichen Verhältnisses bezüglich des Nachlasses eines noch Lebenden begrifflich ausgeschlossen. Darauf sei aber die Widerklage gerichtet.

Diese Begründung beruht auf Rechtsirrtum. Wie die Revision mit Recht ausführt, ist es unrichtig, wenn das Berufungsgericht die Frage, ob der Beklagte berechtigt ist, dem Kläger den Pflichtteil zu entziehen, mit der anderen, ob ein den Kläger von der Erbschaft ausschließendes Testament rechtsgültig sei, gleichstellt. Das Berufungsgericht macht den Fehler, daß es die Begriffe des Pflichtteilsrechts und des Pflichtteilsanspruchs nicht auseinander hält. Das Pflichtteilsrecht ist die Quelle, aus welcher der Pflichtteilsanspruch unter gewissen Voraussetzungen gegen die Erben entstehen kann. Notwendiges Erfordernis der Entstehung des Pflichtteilsanspruchs ist insbesondere der Tod des Erblassers (§§ 2303, 2317 BGB.). Nur auf den Pflichtteilsanspruch paßt also die Erwägung, die das Berufungsgericht aus dem Urteile des Reichsgerichts vom 17. Juni 1901 (RGZ. Bd. 49 S. 372) anführt, daß begrifflich die Zulässigkeit einer Klage auf Feststellung eines erbrechtlichen Verhältnisses bezüglich des Nachlasses eines noch Lebenden ausgeschlossen sei.

Dagegen äußert das Pflichtteilsrecht schon zu Lebzeiten des Erblassers rechtliche Wirkungen. Es ist ein Recht, durch welches seine Testierfreiheit zugunsten seiner Abkömmlinge, Eltern und seines Ehegatten eingeschränkt wird. Demgemäß bestimmte § 1975 des Entwurfs I eines Bürgerlichen Gesetzbuchs: „Der Erblasser hat jedem seiner Abkömmlinge usw. so viel zu hinterlassen, daß der Wert des Hinterlassenen die Hälfte des Wertes des gesetzlichen Erbteils erreicht." Die Vorschrift ist zwar von der Kommission für die zweite Lesung des Entwurfs in der Fassung (jetzt § 2303), nicht aber sachlich geändert worden (Prot. Bd. 5 S. 498). Es hat also noch heute dasjenige Bedeutung, was über die Natur des Pflichtteilsrechts in den Motiven ausgeführt ist. Es heißt dort (Bd. 5 S. 387 Abs. 2): Es sei davon ausgegangen, daß eine Rechtspflicht des Erblassers bestehe, die ihm gewährte Testierfreiheit nicht zu mißbrauchen, und daß die Pflichtteilsberechtigung die Kehrseite dieser Rechtspflicht sei.... Diese Rechtspflicht des Erblassers sei aber nicht als eine unter Lebenden schon begründete obligatorische Verpflichtung anzusehen, bei deren Nichterfüllung die Folgen einträten, welche der Entwurf für den Fall der Nichterfüllung obligatorischer Verpflichtungen bestimme. Der Eintritt der Wirkungen und damit die Entstehung eines gegenwärtigen Rechtes für den Pflichtteilsberechtigten knüpften sich lediglich an die objektive Nichterfüllung der vorgeschriebenen Rechtspflicht.

Hiernach wird also ausdrücklich eine bei Lebzeiten des Erblassers gegenüber den pflichtteilsberechtigten Personen bestehende Rechtspflicht und eine entsprechende Berechtigung der letzteren anerkannt. Dieses Pflichtteilsrecht beruht auf der Verwandtschaft oder der Eheschließung und entsteht ersterenfalls regelmäßig mit der Geburt, letzerenfalls mit der Heirat.

Solche bereits zu Lebzeiten des Erblassers eintretende Vorwirkungen erbrechtlicher Verhältnisse sind in unserem Rechte nichts Ungewöhnliches. Nach § 2346 BGB. können durch Vertrag mit dem Erblasser Verwandte sowie der Ehegatte des Erblassers auf ihr gesetzliches Erbrecht und Pflichtteilsberechtigte auf ihr Pflichtteilsrecht verzichten. Nach § 312 Abs. 2 können die künftigen gesetzlichen Erben über den gesetzlichen Erbteil oder den Pflichtteil eines von ihnen am Nachlaß eines noch lebenden Dritten Verträge schließen. Nach § 1822 Nr. 1 und § 1643 sind Rechtsgeschäfte möglich, durch die ein Minderjähriger zu einer Verfügung über seinen künftigen gesetzlichen Erbteil oder seinen künftigen Pflichtteil verpflichtet wird. Nach § 2281 kann der Erblasser selbst einen Erbvertrag anfechten wegen Übergehung eines zur Zeit der Anfechtung vorhandenen Pflichtteilsberechtigten. Unter Umständen kann endlich das Pflichtteilsrecht nach §§ 2325 flg. sogar eine allerdings nur mittelbare Beschränkung der Verfügungsfreiheit des Erblassers unter Lebenden herbeiführen. Auch die Rechtsprechung bietet Belege für die Berücksichtigung solcher bei Lebzeiten des Erblassers eintretender Vorwirkungen des Erbrechts. So ist z. B. im Urteile des Reichsgerichts vom 13. Oktober 1904, IV. 172/04, bei Lebzeiten des Erblassers eine Feststellungsklage des Vertragserben dahin zugelassen worden, daß eine u. a. wegen Übergehung eines Pflichtteilsberechtigten erklärte Anfechtung des Erbvertrags seitens des Erblassers unwirksam sei. Ferner ist im Urteile vom 20. März 1907 (RGZ. Bd. 65 S. 364) die Bestellung einer Kautionshypothek für einen künftigen Erbteil seitens des Erblassers selbst für wirksam erachtet worden.

Nach alledem unterliegt die Annahme keinem Bedenken, daß auch das Pflichtteilsrecht schon zu Lebzeiten des Erblassers rechtliche Beziehungen zwischen diesem und den an seinem dereinstigen Nachlasse pflichtteilsberechtigten Personen begründet.

Eine Ausnahme von der dem Erblasser nach dem Gesagten kraft des Pflichtteilsrechts obliegenden Hinterlassungspflicht bestimmen nun die §§ 2333 flg. BGB. Durch das Vorliegen der dort aufgeführten Pflichtteilsentziehungsgründe wird aber, wie das Berufungsgericht im Anschluß an die Motive (Bd. 5 S. 430 Abs. 2) richtig sagt, jene Hinterlassungspflicht nicht von selbst aufgehoben, vielmehr ist damit nur die Voraussetzung gegeben für eine Anordnung des Erblassers, durch welche er in wirksamer Weise das Recht des Pflichtteilsberechtigten auf Hinterlassung des Pflichtteils verneint und sich gegenüber dem Pflichtteilsberechtigten die volle und unbeschränkte Testierfreiheit verschafft. Es fragt sich, ob eine auf Feststellung dieses Rechtes gerichtete Klage die Feststellung eines gegenwärtigen Rechtsverhältnisses zum Gegenstande hat. Daß dieses vom Gesetze selbst wiederholt als „Recht zur Entziehung des Pflichtteils" bezeichnete Recht (§§ 2335 Abs. 2, 2337) ein gegenwärtiges und nicht etwa ein vom Tode des Erblassers abhängiges zukünftiges Recht ist, ergibt sich schon aus den vorstehenden Erörterungen. Es setzt voraus, daß die in den §§ 2333 und 2334 vorgesehenen Entziehungsgründe bei Lebzeiten des Erblassers eingetreten sind. Die Entziehung muß durch Errichtung einer letztwilligen Verfügung erfolgen; der Grund der Entziehung muß zur Zeit der Errichtung bestehen und in der Verfügung angegeben werden (§ 2336). Die Ausübung des Rechtes zur Entziehung des Pflichtteils muß also notwendig zu Lebzeiten durch ein vom Erblasser selbst vorzunehmendes Rechtsgeschäft bewirkt werden. Das Recht kann auch noch zu Lebzeiten des Erblassers durch Verzeihung und im Falle des § 2333 Nr. 5 durch Abkehr des Abkömmlings von dem ehrlosen oder unsittlichen Lebenswandel erlöschen (§§ 2337, 2336 Abs. 4).

Eine Bestätigung für die Richtigkeit dieser Auffassung ist auch gerade aus dem § 1611 Abs. 2 BGB. ebenso wie aus der entsprechenden Vorschrift im § 1621 Abs. 2 zu entnehmen. Denn nach diesen Vorschriften soll das Recht zur Entziehung des Pflichtteils rechtlichen Einfluß ausüben auf Ansprüche unter Lebenden. Allerdings ist dies im Gesetze nicht mit ausdrücklichen Worten ausgesprochen. Denn § 1611 Abs. 2 sagt nicht: Der gleichen Beschränkung unterliegt der Unterhaltsanspruch der Abkömmlinge . . ., wenn der Unterhaltspflichtige berechtigt ist, ihnen den Pflichtteil zu entziehen, sondern: „wenn sie sich einer Verfehlung schuldig machen, die den Unterhaltspflichtigen berechtigt ihnen den Pflichtteil zu entziehen". Aus diesem Wortlaute könnte man den Schluß ziehen, daß — wie auch der Kläger geltend gemacht hat — jene in den §§ 1611 Abs. 2, 1621 Abs. 2 bestimmten Wirkungen nicht als Folgen des Rechtes zur Entziehung des Pflichtteils gedacht seien, sondern daß lediglich — zur Vermeidung einer Wiederholung der einzelnen Pflichtteilsentziehungsgründe — ein Tatbestandselement des Rechtes zur Entziehung des Pflichtteils auch zum Tatbestandsmerkmal für die Fälle der §§ 1611 Abs. 2, 1621 Abs. 2 habe gemacht werden sollen. Allein das ist nicht der Sinn des Gesetzes. Was zunächst den § 1611 angeht, so ergibt sich das Gegenteil schon aus den Motiven (Bd. 4 S. 701). Dementsprechend war auch im § 1490 des I. Entwurfs gesagt, daß die Unterhaltsbeschränkung dann eintreten solle, wenn der Berechtigte sich gegen den Verpflichteten so betragen habe, daß dieser ihm in Gemäßheit der §§ 2001, 2003, 2004 des Entwurfs den Pflichtteil zu entziehen berechtigt sein würde. Von diesen Paragraphen enthielten die beiden ersten die Pflichtteilsentziehungsgründe, der letzte aber die Vorschrift, daß, wenn der Erblasser die nach den §§ 2001 und 2003 zur Entziehung des Pflichtteils berechtigenden Handlungen verziehen hat, die Entziehung unwirksam sei, auch wenn sie vor der Verzeihung erfolgt sei (jetzt § 2337 BGB.). Der § 1490 Entw. I hat zwar in der Fassung, nicht aber inhaltlich eine Änderung erfahren (Prot. der 2. Kommission Bd. 4 S. 494 mit 483, Bd. 6 S. 297). Demgemäß herrscht auch kein Streit darüber, daß der Unterhaltspflichtige zur Verweigerung des standesmäßigen Unterhalts nicht mehr berechtigt ist, wenn er die Verfehlungen des Unterhaltsberechtigten verziehen hat. Ebenso hat das Reichsgericht wiederholt ausgesprochen, daß das Recht der Eltern, gemäß § 1621 Abs. 2 BGB. die Leistung der Aussteuer zu verweigern, nicht mehr besteht, wenn sich die Tochter zur Zeit der Heirat von dem ehrlosen oder unsittlichen Lebenswandel dauernd abgewendet hat (RGZ. Bd. 77 S. 162, Warneyer 1916 Nr. 6). Daraus ergibt sich, daß der volle Tatbestand des Rechtes zur Entziehung des Pflichtteils gegeben sein muß, wenn sich die Unterhaltspflicht gegenüber dem Unterhaltsberechtigten auf den notdürftigen Unterhalt beschränken und wenn die Aussteuerpflicht gegenüber der Tochter in Wegfall kommen soll. Das ist ein weiterer Beweisgrund dafür, daß es nicht richtig sein kann, wenn das Berufungsgericht meint, daß Gegenstand der Widerklage ein erbrechtliches Verhältnis bezüglich des Nachlasses eines noch Lebenden sei. Denn, wie die Revision zutreffend sagt, würde ein Anspruch unter Lebenden, wie es der Unterhalts- und der Aussteueranspruch sind, nicht von einem künftigen erbrechtlichen Verhältnis abhängig gemacht werden können, das bei Lebzeiten des Erblassers noch keiner Entscheidung fähig wäre.

Was die Natur dieses Rechtes auf Entziehung des Pflichtteils anlangt, so begründet es allerdings nicht, wie das Landgericht im Urteil vom 8. Juli 1914 annimmt, einen „Anspruch". Denn ein Anspruch im materiellrechtlichen Sinne, d. i. das Recht, von einem anderen ein Tun oder Unterlassen zu verlangen (§ 194 BGB.), liegt nicht vor, wenn der Berechtigte den Rechtserfolg durch eigene Handlung herbeizuführen vermag. Es handelt sich vielmehr um ein Recht, das in der neueren Rechtssprache in Unterscheidung von den Ansprüchen als Recht des rechtlichen Könnens bezeichnet wird. Als solche kommen namentlich Kündigungs-, Rücktritts-, Anfechtungs- und sonstige Aufhebungsrechte in Betracht. Solche Rechte des rechtlichen Könnens erscheinen in der Regel als Bestandteile eines bereits bestehenden Rechtsverhältnisses und sind dazu bestimmt, dieses zu einer weiteren Entwickelung zu bringen. Dies gilt auch von dem Rechte zur Entziehung des Pflichtteils, das dem Erblasser die Befugnis gewährt, ein bereits bestehendes Rechtsverhältnis, kraft dessen er verpflichtet ist, gewissen ihm nahe stehenden Personen einen Teil seines Vermögens zu hinterlassen, zum Erlöschen zu bringen.

Feststellbar ist nun aber nicht allein ein selbständiges Rechtsverhältnis im ganzen, sondern sind auch die einzelnen Berechtigungen, die nur Ausflüsse jenes weitergehenden Rechtsverhältnisses sind (Jur. Wochenschr. 1909 S. 497 Nr. 21). Jedes subjektive Recht schafft rechtliche Beziehungen zwischen zwei Personen oder zwischen einer Person und einer Sache, begründet also ein Rechtsverhältnis. Nicht erforderlich ist es, daß das Rechtsverhältnis einen Leistungsanspruch gegen den Beklagten zu begründen oder auch nur vorzubereiten geeignet ist (RGZ. Bd. 74 S. 294). Insbesondere ist in der Rechtsprechung und in der Literatur anerkannt, daß auch die Rechte, eine Rechtsänderung demnächst zu vollziehen, also die sog. Rechte des rechtlichen Könnens, Gegenstand einer Feststellungsklage sein können, wenn auch in solchen Fällen wegen der Möglichkeit, die Willenserklärung, welche die Rechtsänderung herbeiführt, alsbald abzugeben, in der Regel das Interesse an der alsbaldigen Feststellung fehlen wird. So hat das Reichsgericht für das Kündigungsrecht im Urteile vom 14. Oktober 1902 (Jur. Wochenschr. 1902 S. 605 Nr. 7) entschieden, während es im Urteile vom 19. Oktober 1910 (RGZ. Bd. 74 S. 292) die Geltendmachung des Leistungsverweigerungsrechts nach § 478 BGB. im Wege der Feststellungsklage für zulässig erklärt hat.

Der Umstand, daß die Wirkungen einer auf Grund des in Rede stehenden Kannrechts errichteten letztwilligen Verfügung erst nach dem Tode des Verfügenden eintreten, steht der Annahme nicht entgegen, daß jenes Recht selbst ein gegenwärtiges Rechtsverhältnis begründet.

Hiernach ist die Frage, ob ein Rechtsverhältnis im Sinne der §§ 256 und 280 ZPO. den Gegenstand der Widerklage bildet, zu bejahen." ... (Es wird ferner dargelegt, daß die Widerklage nach § 33 ZPO. zulässig war und daß das Berufungsgericht das rechtliche Interesse an der alsbaldigen Feststellung nach den Umständen des vorliegenden Falles zu Unrecht verneint hat. In letzterer Beziehung wird weiter ausgeführt:) „Zweifelhaft kann es sein, ob und inwieweit ein im gegenwärtigen Rechtsstreit ergehendes Urteil für und gegen die Erben des Beklagten Rechtskraftwirkung haben würde. Die Frage kann aber dahingestellt bleiben. Denn wenn auch das Urteil keine unmittelbare Bindung für das Verhältnis zwischen dem Kläger und den Erben des Beklagten und für das über den Pflichtteilsanspruch demnächst etwa entscheidende Gericht begrundet, so kann doch schon die Erwartung, daß ein Dritter, insbesondere eine Behörde, sich ohne Zwang der Rechtskraft des Urteils beugen wird, das Interesse an alsbaldiger Feststellung des Rechtsverhältnisses begründen (Warneyer 1915 Nr. 184). . . . Damit sind sämtliche Voraussetzungen des § 256 ZPO. gegeben, und es braucht nicht mehr untersucht zu werden, ob die Widerklage auch auf § 280 ZPO. gestützt werden könnte." . . .

---

2. Steht den Eigentümern von Postpaketen, die während der Beförderung des Bahnpostwagens auf einer preußischen Eisenbahn durch einen infolge des Zusammenstoßes zweier Züge entstandenen Brand vernichtet worden sind, ein außervertraglicher Schadensersatzanspruch gegen den Eisenbahnfiskus zu?

Preuß. Gesetz über die Eisenbahnunternehmungen vom 3. November 1838 (GS. S. 505) § 25.

Gesetz über das Postwesen des Deutschen Reichs vom 28. Oktober 1871 (RGBl. S. 347) § 9.

VI. Zivilsenat. Urt. v. 3. Januar 1918 i. S. R. u. Gen. (Kl.) w. preuß. Eisenbahnfiskus (Bekl.). Rep. VI. 239/17.

I. Landgericht Kiel.
II. Oberlandesgericht daselbst.

Am 15. März 1912 stießen auf dem Bahnhofe Wittenberge zwei Eisenbahnzüge des verklagten preußischen Fiskus zusammen, bei denen der Postwagen des einen Zuges in Brand geriet. Es wurde dabei eine Reihe von Postpaketen vernichtet, welche die Klägerinnen der Postverwaltung zur Beförderung übergeben hatten. Nachdem die Klägerinnen einen Teil ihres Schadens von der Postverwaltung vergütet erhalten hatten, erhoben sie als Eigentümer der vernichteten Pakete Klage gegen den Beklagten auf Zahlung des Restes.

Während das Landgericht den Anspruch dem Grunde nach für gerechtfertigt erklärte, wurde die Klage vom Oberlandesgericht abgewiesen. Die Revision der Klägerin hatte Erfolg.

Gründe:

„Mit Recht rügt die Revision die Verletzung des § 25 des preußischen Eisenbahngesetzes vom 3. November 1838.

Das Berufungsgericht hat in seinem Zwischenurteile vom 22. Dezember 1913 angenommen, daß diese Vorschrift im vorliegenden Falle nicht Platz greife. Es führt in dieser Hinsicht aus, der § 25, der gemäß Art. 105 EG. z. BGB. neben den Vorschriften des Bürgerlichen Gesetzbuchs in Geltung geblieben sei, bestimme, daß die Bahn für allen Schaden hafte, der bei der Beförderung auf der Bahn auch ohne ihr Verschulden an den beförderten Gütern entstehe. Wenngleich nun die Beförderung der Postsendungen zunächst lediglich Sache der Post sei und auch nur auf Grund eines mit ihr abgeschlossenen Beförderungsvertrags erfolge, so müsse man die Postsendungen doch zu den durch die Eisenbahn „beförderten" oder mindestens zu den „anderen Sachen" im Sinne des § 25 zählen, für deren Beschädigung die Eisenbahn aufzukommen habe. Gleichwohl könne § 25 hier keine Anwendung finden. Denn die Absender der Postsendungen hätten in Kenntnis der Bestimmung, wonach die Post nicht den vollen Wert der beschädigten oder verloren gegangenen Sendungen ersetze, diese der Post zur Beförderung übergeben. Es verstoße deshalb gegen Treu und Glauben, wenn die Klägerinnen unter Berufung auf die Vorschrift des § 25 des Eisenbahngesetzes die Eisenbahn für den vollen Wert der durch den Eisenbahnunfall zerstörten Sendungen haftbar machen wollten, wie dies auch das Reichsgericht in einem freilich etwas anders liegenden Falle in der Entscheidung RGZ. Bd. 70 S. 174 ausgesprochen habe.

Diese Ausführungen geben nach mehrfachen Richtungen hin zu rechtlichen Bedenken Anlaß.

1. Schon die Berufung auf das Urteil Bd. 70 S. 174 ist verfehlt. In jenem Falle hatte der Spediteur zwei Patentmöbelwagen mit Umzugsgut der beklagten Eisenbahn zur Beförderung übergeben. Die von dem Spediteur und dem Besitzer des Gutes (oder richtiger deren Rechtsnachfolgerin) geltend gemachten Schadensersatzansprüche wurden abgewiesen, obgleich das Reichsgericht annahm, es würden nur außervertragliche Ansprüche geltend gemacht. Zur Begründung wurde ausgeführt, daß die Vorschriften des § 459 HGB. und des § 77 Nr. 1 der Eisenbahnverkehrsordnung vom 26. Oktober 1899 (RGBl. S. 557) den Schadensersatzanspruch dann ausschlössen, wenn die Beschädigung, wie in jenem Falle, durch einen Transport im offenen Wagen infolge der mit der Beförderungsart verbundenen Gefahr entstanden sei. Obwohl diese Vorschriften die Klagansprüche nicht unmittelbar träfen, verstoße es doch gegen Treu und Glauben, wenn der Eigentümer des Frachtguts entgegen den Bestimmungen des mit seinem Wissen und Willen über seine Sachen abgeschlossenen Frachtvertrags Rechte aus § 25 des preußischen Eisenbahngesetzes herzuleiten suche.

Ob diese Begründung mit dem von anderen Gesichtspunkten ausgehenden Urteile RGZ. Bd. 63 S. 308 in Einklang steht, kann hier dahingestellt bleiben. Ebensowenig bedarf es der Entscheidung, ob der Begründung des Urteils in Bd. 70 in allen Punkten zuzustimmen ist. Denn auf keinen Fall können diejenigen Erwägungen, die in jenem Falle zu einer Abweisung der Klage und zu einer Verneinung der Anwendbarkeit des § 25 geführt haben, im vorliegenden Falle Platz greifen.

Jener Fall unterscheidet sich nämlich ganz wesentlich von dem hier vorliegenden durch zwei erhebliche Umstände.

Einmal hat hier die Beförderung der verbrannten Postgüter nicht in einem offenen Wagen stattgefunden, so daß auch nur von einer entsprechenden Anwendung des § 459 HGB. oder des § 86 Nr. 1 der jetzt geltenden Eisenbahnverkehrsordnung vom 23. Dezember 1908 (RGBl. 1909 S. 93) keine Rede sein kann. Vielmehr würde der Beklagte dann, wenn die Klägerinnen die hier fraglichen Sendungen der Eisenbahn unmittelbar zur Beförderung aufgegeben hätten, diesen gemäß § 456 HGB. und § 84 EVO. zum Ersatze des vollen ihnen erwachsenen Schadens verpflichtet gewesen sein.

Sodann aber erscheint es nicht unbedenklich, in einem Falle, in dem es sich wie hier allein um die Geltendmachung eines außervertraglichen (quasi-deliktischen) Anspruchs handelt, überhaupt auf die Grundsätze von „Treu und Glauben" zu verweisen, die nach den §§ 133, 157, 242 BGB. nur für Vertragsverhältnisse oder für die Erfüllung schuldrechtlicher Verpflichtungen in Frage kommen.

Wenn demgegenüber das Reichsgericht in der Entscheidung Bd. 70 S. 174 auf jenen Grundsatz verwiesen hat, so kommt hierbei die besondere Lage des dort entschiedenen Falles in Betracht. Damals hatte sich der Eigentümer des Frachtguts zwecks dessen Beförderung eines Spediteurs bedient. Dieser schließt den Frachtvertrag zwar im eigenen Namen, aber für fremde Rechnung, d. h. für Rechnung des Auftraggebers ab. Demnach finden auch auf die Rechte und Pflichten des Spediteurs im Verhältnis zu seinem Auftraggeber (dem Versender) die für den Kommissionär geltenden Vorschriften Anwendung (§ 407 Abs. 2 HGB.). Daraus ergibt sich weiter, daß auch die Rechte, die der Spediteur durch den Abschluß des Frachtvertrags gegen den Frachtführer erwirbt, wirtschaftlich ausschließlich seinem Auftraggeber (dem Versender) zugute kommen. Deshalb sind auch im Verhältnis des Versenders einerseits und des Spediteurs und seiner Gläubiger anderseits die Forderungen des Spediteurs gegen den Frachtführer als solche des Versenders anzusehen, so daß also der Versender im Konkurse des Spediteurs dessen Forderung gegen den Frachtführer im Wege der Aussonderung gemäß §§ 43 flg. KO. für sich beanspruchen kann (vgl. § 392 Abs. 2 HGB. und dazu Jaeger, Konkursordnung Anm. 48 zu § 43, besonders aber Düringer-Hachenburg, Handelsgesetzbuch Anm. 7 zu § 407, Vorbem. III Anm. 6 und 7 vor § 407).

Geht man hiervon aus, so ist es ohne weiteres begreiflich und der Rechtskonsequenz entsprechend, daß der Versender gegen die Eisenbahn lediglich die Ansprüche des Spediteurs aus dem Frachtvertrage geltend machen kann und sich deshalb auch diejenigen Einreden gefallen lassen muß, die von der Eisenbahn dem Anspruche des Spediteurs aus dem Frachtvertrag entgegengesetzt werden können. Von diesem Gesichtspunkt aus erscheint RGZ. Bd. 70 S. 174 ohne weiteres gerechtfertigt, ohne daß es der Zuhilfenahme des Gesichtspunktes von Treu und Glauben bedarf.

In dem Urteile RGZ. Bd. 77 S. 317, 320 wird denn auch der Gesichtspunkt von „Treu und Glauben" mit dem Speditionsauftrag, also mit dem vertraglichen Verhältnis verknüpft (vgl. auch Staub, Handelsgesetzbuch Anm. 16 zu § 407).

2. Der dem vorliegenden Falle zugrunde liegende Sachverhalt läßt aber auch nicht einmal eine entsprechende Anwendung der für Bd. 70 S. 174 maßgebenden rechtlichen Erwägungen zu.

Die Post hat hier nämlich nicht etwa als „Spediteurin" der Versender mit der Eisenbahn einen Beförderungsvertrag abgeschlossen. Vielmehr ist die Eisenbahn kraft Gesetzes, nämlich gemäß Art. 1, 4, 5, 6 des Eisenbahnpostgesetzes vom 20. Dezember 1875 (RGBl. S. 318) verpflichtet, die der Post gehörigen Postwagen unentgeltlich zu befördern. Es kann dahingestellt bleiben, ob die Eisenbahn vermöge dieser öffentlichrechtlichen Verpflichtung zur unentgeltlichen Beförderung eines Postwagens überhaupt in ein privatrechtliches Verhältnis zur Post tritt (was in dem Schiedsspruche des IV. und V. Zivilsenats des Reichsgerichts, Gruchot Bd. 30 S. 147, verneint wird). Denn keinesfalls entsteht hierdurch ein vertragliches Verhältnis zwischen den einzelnen Versendern der Postpakete und der Eisenbahn; die Pakete gelangen vielmehr, wie auch das Berufungsgericht zutreffend annimmt, lediglich auf Grund eines zwischen den Absendern und der Post abgeschlossenen Transportvertrags zur Beförderung.

Geht man nun auch davon aus, daß durch jene öffentlichrechtliche Verpflichtung der Eisenbahn zur Beförderung der Bahnpostwagen irgendein privatrechtliches Vertragsverhältnis zwischen der Eisenbahn und der Post nicht entsteht, so haftet doch die erstere der letzteren auf Grund des § 25 des preußischen Eisenbahngesetzes für alle den Bahnpostwagen durch den Transport oder während des Transportes zugefügten Beschädigungen, da es sich hier um eine außervertragliche Haftung handelt. Dies ist schon wiederholt vom Reichsgericht ausgesprochen worden (vgl. das Urteil des V. Zivilsenats in Blums Annalen Bd. 4 S. 530 und den angeführten Schiedsspruch). Um so mehr muß die Eisenbahn auch den Eigentümern der in den Bahnpostwagen beförderten Güter, also namentlich der Postpakete, gemäß § 25, mithin außervertraglich, zum Schadensersatze verpflichtet sein.

Da somit eine auch nur mittelbare vertragliche Haftung der Eisenbahn, insbesondere als Frachtführerin, gegenüber den Versendern nicht in Frage kommt, können auch diejenigen Grundsätze, die in dem der Entscheidung Bd. 70 S. 174 zugrunde liegenden Falle Platz greifen, hier keine Anwendung finden. Demnach kann sich der Beklagte den Klägern gegenüber auch nicht auf die Vorschrift des § 9 des Postgesetzes vom 28. Oktober 1871 berufen, durch welche die Haftung der Post für Paketsendungen auf einen Betrag von 3 *M* für je 500 Gramm eingeschränkt wird. Denn der Eisenbahnfiskus tritt ebensowenig in den von der Post mit den Absendern abgeschlossenen Beförderungsvertrag ein, wie dies auf seiten der Zollverwaltung der Fall ist, der die Postbehörde ein zur Beförderung übergebenes Paket zwecks zollamtlicher Behandlung aushändigt (vgl. RGZ. Bd. 84 S. 338). Vielmehr bedient sich der Postfiskus kraft des ihm gesetzlich zustehendeu Rechtes der Eisenbahn und ihrer Transportmittel, um seinerseits den von ihm abgeschlossenen Beförderungsvertrag zu erfüllen.

Es könnte sich also höchstens fragen, ob nicht die Postverwaltung durch die Annahme von Paketen zur Beförderung gleichzeitig zugunsten des Eisenbahnfiskus einen Vertrag im Sinne des § 328 BGB. des Inhalts abschließt, daß auch der Eisenbahnfiskus für eine Beschädigung oder Vernichtung von Postpaketen höchstens die im § 9 des Postgesetzes vorgesehenen Beträge zu erstatten habe.

An und für sich ist allerdings ein vertragsmäßiger Ausschluß der im § 25 des Gesetzes vom 3. November 1838 vorgesehenen außervertraglichen Haftung insoweit möglich, als es sich lediglich um die Haftung für Sachschäden handelt. Dies ergibt sich schon daraus, daß das Gesetz vom 3. Mai 1869 (GS. S. 665), betr. einen Zusatz zu § 25, nur untersagt hat, die dadurch vorgesehene Haftung für den einer Person bei der Beförderung zugefügten Schaden durch Vertrag auszuschließen oder zu beschränken. Aber die Anwendung des § 328 BGB. auf einen Fall wie den vorliegenden verbietet sich schon deshalb. weil es hier an jeder tatsächlichen Unterlage für eine derartige Annahme gebricht.

Eine andere hier nicht zu untersuchende Frage ist die, ob nicht der Postfiskus als Bevollmächtigter der Eisenbahn im Einzelfall oder durch allgemeine Abmachungen beim Abschlusse des Beförderungsvertrags mit den Versendern vereinbaren könnte, daß sie auch im Falle einer Weiterbeförderung der Pakete mittels der Eisenbahn dieser gegenüber Entschädigungsansprüche über das im § 9 des Postgesetzes festgesetzte Maß nicht geltend machen dürfen. Für eine derartige Vereinbarung liegt aber hier nichts vor." ...

---

3. 1. Ist beim C. & f.-Geschäfte der Käufer berechtigt, auf die vereinbarte Übersendung der Ware zu verzichten und sie am Leistungsorte des Verkäufers abzunehmen?

2. Wird ein Anspruch auf Lagergeld auch in Fällen, in denen die Lagerung der Ware keine Kosten verursacht hat, unter allen Umständen durch § 354 HGB. gerechtfertigt?

3. Nach welchen Grundsätzen ist die ersparte Fracht zu berechnen, wenn beim C. & f.-Geschäfte die vereinbarte Übersendung unterbleibt?

BGB. §§ 242, 323, 472.
HGB. § 354.

II. Zivilsenat. Urt. v. 4. Januar 1918 i. S. E. E. G. m. b. H. (Bekl.) w. H. H. & Co. (Kl.). Rep. II. 250/17.

I. Landgericht Hamburg, Kammer für Handelssachen.
II. Oberlandesgericht daselbst.

Am 3. Februar, 4. Februar und 22. Mai 1914 schloß die Klägerin drei Käufe über 2200 Tonnen Stabeisen, 400 Tonnen Stahl und 900 Tonnen Stahl ab, und zwar den ersten und dritten mit der Aktiengesellschaft Deutscher Eisenhandel, den zweiten mit der Firma F. zu Hamburg. Die Waren waren C. & f. Kobe Yokohama zu liefern, die Zahlung sollte netto Kasse gegen Dokumente erfolgen. In diese drei Verträge ist die Beklagte als Verkäuferin eingetreten. Bis zum 1. August 1914 waren auf den ersten und zweiten Vertrag 1291 und 100 Tonnen, auf den dritten nichts geliefert. Angefertigt, aber nicht geliefert, waren rund 349,100 und 514 Tonnen, noch nicht angefertigt demnach rund 1240 Tonnen. Unstreitig ist, daß die Klägerin die Ware nicht in Deutschland noch im nahen Auslande, sondern nur für den außereuropäischen Export verwenden darf.

Am 1. August 1914 ersuchte die Klägerin die Beklagte, wegen der politischen Lage alle Aufträge bis auf weiteres in der Schwebe zu lassen. Die Beklagte erwiderte am 24. August, daß sie sich mit den Werken in Verbindung gesetzt und die weitere Ausführung oder Versendung der erteilten Aufträge einstweilen suspendiert habe. Nach Wiedereintritt geordneter Verhältnisse werde sie der Klägerin mit näheren Angaben betreffs der bei den Werken herausgeholten neuen Lieferfristen dienen. In weiteren Briefen vom 25., 26. August und 2. September zeigte sie der Klägerin an, daß 555 Tonnen teils auf den Werken, teils in Antwerpen und Emden lagerten. Nachdem beide Parteien bis zum 13. Januar 1915 geschwiegen hatten, forderte die Beklagte durch Brief von diesem Tage die Klägerin auf, die für sie lagernde Ware, nämlich 512,678 kg fakturiertes und 468890 kg noch nicht fakturiertes Stabeisen sofort abzunehmen und zu bezahlen. Wenn die Klägerin sich hierüber nicht bis zum 21. Januar erkläre, werde sie die Ware verkaufen. In dem hierauf folgenden Briefwechsel verlangte die Klägerin die Lieferung auch der noch nicht angefertigten Ware. Die Beklagte lehnte diese Lieferung als unmöglich ab und machte die Lieferung der Ware, die sie anbot, von der Zahlung des Kaufpreises nebst erheblichen Beträgen an Zinsen und Spesen abhängig. Schließlich erbot sich die Klägerin, gegen Lieferung der fertigen Ware den Kaufpreis nebst Zinsen seit der Zeit, zu der die Beklagte sie zuerst angeboten hatte, zu zahlen sowie ferner Lagergeld, sowie es der Beklagten tatsächlich erwachsen war, zu entrichten. Dagegen forderte sie Abzug der ersparten Fracht bis Japan gemäß den üblichen Sätzen der vertraglichen Lieferzeit. Da die Beklagte bei ihrer höheren Forderung beharrte und auch eine Nachfrist verstreichen ließ, erhob sie Klage auf Schadensersatz wegen Nichtlieferung sowohl der fertigen wie der übrigen Ware.

Das Landgericht erklärte den Anspruch dem Grunde nach für gerechtfertigt. Die Berufung der Beklagten wurde zurückgewiesen. Auch die Revision hatte keinen Erfolg.

Aus den Gründen:

„Die Klägerin war nach der Gestalt der streitigen C. & f.-Geschäfte berechtigt, auf die vereinbarte Versendung zu verzichten und die Ware am Erfüllungsorte der Beklagten oder am Hafenplatz abzunehmen. Das ergibt sich schon aus den Geschäftsbedingungen, die den Käufen zugrunde liegen. In ihnen ist bestimmt, daß bei Verkäufen „frei Bestimmungsort" die Frankatur nur als eine für den

Käufer gemachte Auslage gelten soll, ohne Verbindlichkeit für rechtzeitige Beförderung. Wenn, wie im Streitfalle, die Fracht bis Japan in den Kaufpreis eingeschlossen ist, soll also die Sache so angesehen werden, als wenn die Verkäuferinnen die Fracht für die Klägerin verauslagten, und diese Abrede soll ohne Einfluß auf den übrigen Inhalt der Verträge bleiben. Die Verkäufe sollen mithin als einfache Verkäufe auf Lieferung in Deutschland gelten. Die in dem Urteile RGZ. Bd. 88 S. 37 ausgesprochenen Grundsätze sind also wegen des durchaus verschiedenen Inhalts des dort beurteilten und der jetzt streitigen Verträge nicht anwendbar. Zudem haben die Parteien sich übereinstimmend in den Briefen vom 21., 23. Januar und 11. Februar 1915 dahin ausgesprochen, daß die Verschiffung nach Japan eine Nebenpflicht sei, deren Erfüllung den Bestand der Verträge nicht berühre. Endlich beruht die ganze Stellungnahme der Beklagten darauf, daß sie Abnahme und Bezahlung der fertigen Ware fordern dürfe, obwohl sie nicht in der Lage sei, zu verschiffen. Was sie für die fertige Ware als Vertragsinhalt behauptet, kann sie für den Rest nicht bestreiten." ... (Es wird ausgeführt, daß hiernach hinsichtlich der nicht angefertigten Ware der Anspruch auf Schadensersatz wegen Nichterfüllung gerechtfertigt ist.)

„Anlangend die fertige Ware, so sind die Parteien einig, daß beiderseits Erfüllung des Vertrags gefordert werden konnte. Es fragt sich, ob die Beklagte in Verzug geraten ist und die Klägerin deswegen mit Recht gemäß § 326 BGB. Anspruch auf Schadensersatz wegen Nichterfüllung erhoben hat". ... (Dies wird bejaht, weil die Klägerin in ihrem Briefe vom 5. Juli alle Gegenleistungen die sie schuldete, angeboten habe. Nachdem die Frage der Zinsen erörtert ist, heißt es weiter:) „Hinsichtlich des Lagergeldes ist das Urteil der Beklagten zu günstig. ... In dem maßgeblichen Schreiben vom 5. Juli erklärte die Klägerin sich bereit, die der Beklagten tatsächlich erwachsenen Lagerspesen zu ersetzen. Zu mehr war sie nicht verpflichtet. Die Beklagte hat in zweiter Instanz ihre Forderung nicht damit begründet, daß sie Lagergeld verauslagt oder die streitige Ware auf ihrem Lager verwahrt habe, sondern sich allein auf die Regel des § 354 HGB. ohne Rücksicht auf ihre tatsächlichen Leistungen berufen. Die Regel des § 354 ist aber nur insoweit anzuwenden, als nicht das Vertragsverhältnis gemäß § 242 BGB. etwas anderes ergibt. Im Streitfalle hat die Beklagte am 24. August 1914 der Klägerin zugesagt, mit den Werken in Verbindung zu treten und die weitere Ausführung der Verträge, soweit möglich, zu suspendieren. Damit gab sie zu erkennen, daß die Entscheidung von den Werken abhänge und sie diesen gegenüber das Interesse der Klägerin wahrnehmen wolle. Es ist klar, daß sie hiernach Ersatz der Unkosten fordern kann, die sie hierbei im Interesse der Klägerin aufwandte. Die Klägerin konnte aber unmöglich annehmen, daß die Beklagte Lagergeld auch dann von ihr fordern wollte, wenn die Werke die Ware kostenlos lagern ließen. Auch das weitere Verhalten der Beklagten schließt diese Absicht aus. Sie hat der Klägerin niemals vor dem 13. Januar 1915 mitgeteilt, welche Mengen für sie zu Lager genommen seien. Mit dem Anspruch auf Lagerkosten ist sie erst später hervorgetreten, und eine Rechnung, die sich nicht auf gehabte Auslagen gründet, sondern gemäß dem § 354 HGB. angemessene Sätze berechnet, ist erst durch Brief vom 1. Mai aufgestellt worden. Die Erhebung dieser Forderung ist also mit dem Sinne der Abreden vom August 1914 nicht vereinbar und wird durch das weitere Verhalten der Beklagten ausgeschlossen. Die Beklagte verstößt wider Treu und Glauben, indem sie nachträglich, nachdem Streit zwischen den Parteien entstanden ist, diesen Anspruch aufstellt. Er ist nach § 242 BGB. unberechtigt. Die Klägerin hat also ihrer Pflicht genügt, indem sie sich bereit erklärte, die der Beklagten tatsächlich erwachsenen Lagerspesen zu erstatten. Ein genaues Angebot konnte die Klägerin nicht machen, weil die Beklagte diese Auslagen niemals angegeben hat.

Auch hinsichtlich der abzuziehenden Fracht irrt das Berufungsgericht durch Nichtanwendung der §§ 323, 472 BGB. zum Nachteile der Klägerin. War die Verschiffung der Waren nach Japan unmöglich, so bestand eine teilweise Unmöglichkeit der vertraglichen Leistung. Dann war nach § 323 Satz 2 der Preis gemäß § 472 zu mindern; er war also in dem Verhältnis herabzusetzen, in dem zur Zeit der Verkäufe der Handelswert der Ware zum verkehrsüblichen Werte des unmöglich gewordenen Transportes, d. h. zur Tagesfracht stand. Auf die besonderen Begünstigungen, welche die Beklagte auf Grund ihres Abkommens mit der Reederei angeblich genießt, kommt es nicht an.

Demnach entsprechen die Zahlungen, welche die Klägerin laut ihrem Briefe vom 5. Juli 1915 gegen Lieferung der Ware zu leisten bereit war, dem Vertrag und der Sachlage. Die Beklagte ist in Verzug geraten, als sie auf dieses Angebot hin die Lieferung ablehnte. Die Klägerin hat folglich mit Recht nach Ablauf der von ihr gesetzten Nachfrist Schadensersatz wegen Nichterfüllung gefordert.“ ...

---

4. 1. Ist die Anordnung einer Zwangsverwaltung nach §§ 146 flg. ZwVG. wegen Gefährdung einer Hypothek durch einstweilige Verfügung zulässig?

2. Kann gegen den betreibenden Hypothekengläubiger von einem Dritten, der Eigentum an einem Zubehörstücke behauptet, auf Bewilligung der Herausgabe durch den Zwangsverwalter geklagt werden?

ZPO. §§ 935, 938.
ZwVG. § 152.
BGB. § 985.

V. Zivilsenat. Urt. v. 5. Januar 1918 i. S. S. (Kl.) w. Sch. u. Gen. (Bekl.). Rep. V. 217/17.

I. Landgericht Tilsit.
II. Oberlandesgericht Königsberg.

Die Beklagte zu 1 war Eigenbesitzerin eines Grundstücks, das von dem Grundstückseigentümer an sie verkauft und übergeben worden war. Sie hatte den Kläger als Verwalter des Grundstücks bestellt. Auf Antrag des Beklagten zu 2, für den auf dem Grundstücke mehrere Hypotheken eingetragen standen, wurde durch Beschluß des Prozeßgerichts vom 7. August 1916 die Einleitung der Zwangsverwaltung des Grundstücks im Wege der einstweiligen Verfügung angeordnet, und zwar zur Sicherung der Hypothekenansprüche, und dann auf Grund dieser einstweiligen Verfügung durch Beschluß des Vollstreckungsgerichts vom 8. August 1916 die Zwangsverwaltung eingeleitet, dies mit dem Bemerken, daß der Beschluß zugunsten des Gläubigers als Beschlagnahme des Grundstücks gelte. Zum Zwangsverwalter wurde B. bestellt.

Der Kläger erhebt Anspruch auf sechs Pferde, die sich auf dem Grundstücke befinden. Er behauptet, er habe diese Pferde nicht etwa aus den Einkünften des von ihm verwalteten Grundstücks für dieses angeschafft, sondern aus eigenen Mitteln erworben, sie seien daher sein Eigentum; auf seine Aufforderung, in die Herausgabe der im Besitze des Zwangsverwalters befindlichen Pferde durch den Zwangsverwalter zu willigen, habe aber die Beklagte zu 1 nicht geantwortet und der Beklagte zu 2 seinen Anspruch bestritten.

Mit der Klage beantragte der Kläger, die beiden Beklagten zu verurteilen, zu bewilligen, daß der Zwangsverwalter die sechs Pferde ihm herausgebe. Die Beklagte zu 1 wurde durch Versäumnisurteil nach dem Klagantrage verurteilt. Dagegen wurde die Klage gegen den Beklagten zu 2 in beiden Instanzen abgewiesen. Auf die Revision des Klägers wurde die Sache an das Berufungsgericht zurückverwiesen.

Gründe:

„Der Berufungsrichter erachtet die Klage gegen den Beklagten zu 2, ohne auf die Frage des Eigentums des Beklagten an den streitigen Pferden einzugehen, von vornherein deshalb für unbegründet, weil der Beklagte nicht passiv legitimiert sei. Er meint, die Eigentumsklage aus § 985 BGB., um die es sich handle, habe nicht gegen den gewissermaßen auf Grund der einstweiligen Verfügung die Zwangsverwaltung betreibenden Gläubiger, sondern gegen den Zwangsverwalter gerichtet werden müssen, der nach § 152 ZwVG. selbständig darüber zu entscheiden habe, ob er gewisse Gegenstände als von der Beschlagnahme betroffen zur Zwangsverwaltungsmasse ziehen wolle oder nicht.

Hiergegen wendet sich die Revision mit Recht. Die einstweilige Verfügung vom 7. August 1916 ist auf Antrag des Beklagten zur Verhinderung einer die Sicherheit der Hypotheken des Beklagten gefährdenden Verschlechterung des Pfandgrundstücks (§ 1134 BGB.) erlassen. Nach dem Inhalte der einstweiligen Verfügung ist, wie auch der Berufungsrichter annimmt, eine Zwangsverwaltung im Sinne der §§ 146flg. ZwVG. über das Grundstück angeordnet worden. Die Erlassung der einstweiligen Verfügung zu dem genannten Zwecke war nach § 935 ZPO. zulässig (RGZ. Bd. 52 S. 139, 140), und das Gericht war auch nach dem ihm im § 938 ZPO. verstatteten freien Ermessen zur Anordnung einer solchen Zwangsverwaltung befugt (RGZ. a. a. O.; RG. v. 14. Oktober 1908 V 585/07, in

Ztbl. f. FrG. Bd. 9 S. 469). In Vollziehung der einstweiligen Verfügung hat auch das Vollstreckungsgericht durch Beschluß vom 8. August 1916 die Zwangsverwaltung in jenem Sinne eingeleitet. Mit dieser Einleitung der Zwangsverwaltung waren, wenngleich sie nur zum Zwecke der Sicherung, nicht zum Zwecke der Befriedigung erfolgt war, die nämlichen rechtlichen Folgen verbunden, wie mit der Einleitung einer Zwangsverwaltung nach Maßgabe des Zwangsversteigerungsgesetzes (RG. a. a. O.). Sie bewirkte daher gemäß §§ 20 Abs. 1, 146 Abs. 1 ZwVG., wie auch in dem Beschlusse des Vollstreckungsgerichts ausdrücklich erklärt ist, die Beschlagnahme des Grundstücks zugunsten des Beklagten. Nach § 20 Abs. 2 ZwVG., § 1120 BGB. umfaßte die Beschlagnahme auch die Zubehörstücke, es sei denn, daß sie nicht in das Eigentum des Grundstückseigentümers gelangt waren. Die streitigen Pferde konnten nach §§ 97 Abs. 1, 98 Nr. 2 BGB. als zum Wirtschaftsbetriebe bestimmte Viehstücke, die sich auf dem Grundstücke befanden, Zubehörstücke sein. Wenn nun der Beklagte auf die Aufforderung des Klägers, in die Herausgabe der Pferde durch den Zwangsverwalter zu willigen, den Anspruch des Klägers bestritt, so brachte er damit zum Ausdruck, daß diese Sachen von der Haftung für seine Hypotheken und von der zur Sicherheit der Hypothekenansprüche erfolgten Beschlagnahme mitumfaßt würden. Deshalb wurde durch das Bestreiten des Anspruchs des Klägers für diesen ein Klagrecht gegen ihn begründet.

Hätte der Kläger freilich eine Klage auf Herausgabe nach § 985 BGB. erhoben, so wäre der Beklagte allerdings nicht der rechte Beklagte. Denn der Beklagte befindet sich nicht im Besitze der Pferde. Eine solche Klage wäre vielmehr gegen den Zwangsverwalter zu richten gewesen. Der Zwangsverwalter B. hat mit dem Besitz an dem Grundstück auch zugleich die darauf befindlichen Pferde im Besitze (vgl. RGZ. Bd. 24 S. 305, Jur. Wochenschr. 1902 S. 318 Nr. 35), und auch sonst wäre er für eine Klage auf Herausgabe der rechte Beklagte, da ein Zwangsverwalter selbständig darüber zu entscheiden hat, ob ein Vermögensgegenstand, als von der Beschlagnahme ergriffen, zur Zwangsverwaltungsmasse zu ziehen ist oder nicht, und also auch darüber, ob eine Sache, als nicht zur Masse gehörig, herausgegeben werden soll oder nicht (RG. in Jur. Wochenschr. 1902 S. 318 Nr. 35, 1915 S. 1033 Nr. 34; Gruchots Beitr. Bd. 55 S. 682;

Urteil v. 16. Juni 1917 V 95/17, auch RGZ. Bd. 80 S. 315). Daraus folgt jedoch nicht ohne weiteres, daß es gänzlich bedeutungslos wäre, wie sich der Beklagte zu der Frage, ob die Pferde an den Kläger herauszugeben seien, verhielte. Hätte der Zwangsverwalter die Herausgabe der Pferde verweigert und daraufhin der Kläger gegen ihn Klage auf Herausgabe erhoben, so könnte sich fragen, ob nicht der Beklagte, wenn er die Pferde als zur Zwangsverwaltungsmasse gehörig erachtete, berechtigt wäre (§ 66 ZPO.), dem Zwangsverwalter als Streitgehilfe beizutreten, weil er ein rechtliches Interesse daran habe, daß nicht der Zwangsverwalter unterliege und demzufolge die Pferde der zur Sicherheit der Hypothekenansprüche ausgebrachten Beschlagnahme entzogen würden (vgl. RGZ. Bd. 80 S. 312, 314). In dem Falle des Reichsgerichts Jur. Wochenschr. 1915 S. 1033 Nr. 34, wo der Konkursverwalter auf Feststellung klagte, daß gewisse Sachen nicht zu der Masse der auf Antrag eines Absonderungsberechtigten über ein Grundstück des Gemeinschuldners eingeleiteten Zwangsverwaltung gehörten, ist der Zwangsverwalter als der rechte Beklagte erachtet worden. Dabei wurde indes bemerkt, es möge sein, daß, wenn der Absonderungsberechtigte gegenüber dem Konkursverwalter besonders geltend gemacht hätte, die betreffenden Sachen würden von der zu seinen Gunsten wirkenden Beschlagnahme mitumfaßt, die Feststellungsklage gegen diesen betreibenden Gläubiger ebenfalls zu erheben wäre.

Besonders aber kann der Widerspruch des die Zwangsverwaltung betreibenden Gläubigers gegen die Herausgabe von Sachen, die sich auf dem unter Zwangsverwaltung gestellten Grundstücke befinden, von Bedeutung sein, wenn der Zwangsverwalter seinerseits zur Herausgabe bereit ist. Mag auch der Widerspruch des Gläubigers, wiewohl die Immobiliarmasse zu seinen Gunsten beschlagnahmt ist, nicht die rechtliche Behinderung des Zwangsverwalters an der Herausgabe der betreffenden Sachen zur Folge haben, so können jedenfalls doch einesteils durch den Widerspruch des Gläubigers gerechtfertigte Bedenken bei dem Zwangsverwalter ausgelöst werden, ob er vor Beseitigung des Widerspruchs die Sachen herausgeben solle (weil er im Falle der Herausgabe, wenn diese sich demnächst etwa als ungerechtfertigt ergeben würde, dem Gläubiger gegenüber möglicherweise verantwortlich wäre), und es können anderenteils, auch wenn der

Zwangsverwalter die Sachen herausgeben würde, zufolge des Widerspruchs des Gläubigers mindestens Zweifel bestehen bleiben, ob nicht doch noch die Sachen von der Beschlagnahme zugunsten des Gläubigers ergriffen würden. Deshalb ist für den, der die Sachen herausverlangt, in solchem Falle ein Rechtsschutzbedürfnis gegen den Widerspruch des Gläubigers anzuerkennen und daher für ihn ein Klagerecht auf Beseitigung des Widerspruchs gegen den Gläubiger für gegeben zu erachten.

Von diesem rechtlichen Gesichtspunkt ist auch die erhobene Klage zu beurteilen. Der Kläger hat gegen den Beklagten nicht auf Herausgabe der streitigen Pferde geklagt. Er verlangt vielmehr Verurteilung des Beklagten zur Bewilligung, daß der Zwangsverwalter die Pferde an ihn herausgebe. Zur Begründung der Klage hat er vorgetragen, die Pferde seien sein Eigentum, der Beklagte aber habe auf seine Aufforderung, die Herausgabe der Pferde durch den Zwangsverwalter zu bewilligen, seinen Anspruch bestritten. Danach ist die Klage dahin aufzufassen, daß geltend gemacht wird, die streitigen Pferde seien als Eigentum des Klägers von der auf Antrag des Beklagten zur Sicherung seiner Hypotheken im Wege der einstweiligen Verfügung herbeigeführten Beschlagnahme nicht ergriffen, der vom Beklagten erhobene Widerspruch gegen die Herausgabe der Pferde sei daher ungerechtfertigt, die Herausgabe durch den Zwangsverwalter aber würde erfolgen, wenn ihr nicht der Beklagte widerspräche. Es handelt sich mithin um eine gegen einen Eingriff in das Eigentum des Klägers gerichtete Abwehrklage, welche der Widerspruchsklage entspricht, die ein Dritter gemäß § 771 ZPO. wegen eines die Veräußerung hindernden Rechtes gegen die vom Gläubiger wider den Schuldner betriebene Zwangsvollstreckung erhebt; dabei ist zu berücksichtigen, daß der § 771 nach den §§ 928, 936 ZPO. auch auf die Vollziehung einer einstweiligen Verfügung Anwendung findet. Demnach ist die Klage schlüssig und der Beklagte ihr gegenüber der rechte Beklagte." ...

---

5. 1. Zum Begriffe der Störung im Sinne des § 1004 BGB.

2. Unter welchen Umständen kann auch der einzelne Genosse einer preußischen Wassergenossenschaft als Störer im Sinne des

§ 1004 BGB. in Anspruch genommen werden, falls durch die Dränageleitung der Genossenschaft fremdes Eigentum beeinträchtigt wird?

Preuß. Gesetz, betr. die Bildung von Wassergenossenschaften, vom 1. April 1879 (GS. S. 297) und preuß. Wassergesetz vom 7. April 1913 (GS. S. 53).

V. Zivilsenat. Urt. v. 9. Januar 1918 i. S. A.-P. Deichverband (Kl.) w. B. (Bekl.). Rep. V. 228/17.

I. Landgericht Braunsberg.
II. Oberlandesgericht Königsberg.

In den Jahren 1910 und 1911 ist die zum Gute R. des Beklagten gehörige Pölkenwiese mit einer Entwässerungsanlage versehen worden. Das Wasser wird in einen Graben geleitet, der seit langer Zeit zur Entwässerung von dem klagenden Verbande angeschlossenen Ländereien dient. Das in dem Graben angesammelte Wasser wird durch eine vom Kläger angelegte Dampfpumpe über den Deich hinweg in das Haff gehoben. Wie der Kläger behauptet, kann die Pumpe seit der Mitbenutzung des Grabens für die Entwässerung der Pölkenwiese die Wassermenge nicht mehr bewältigen, so daß die Ländereien des Verbandes zeitweise überschwemmt und beschädigt würden. Er klagte daher auf Verurteilung des Beklagten zur Unterlassung der Einführung des Dränagewassers in den Graben. Der Beklagte, der eine Störung durch die Entwässerungsanlage bestritt, verneinte in erster Linie seine Passivlegitimation, da die Dränagegenossenschaft R. die Anlage hergestellt habe und halte.

Das Landgericht, das sich dieser Auffassung anschloß, wies die Klage, mit der auch noch ein Beitrag zu den Unterhaltskosten der Pumpe gefordert worden war, ab, und das Oberlandesgericht wies die nur wegen Abweisung des Unterlassungsanspruchs eingelegte Berufung aus dem gleichen Grunde zurück. Auf die Revision des Klägers wurde das Urteil aufgehoben und die Sache an das Berufungsgericht zurückgewiesen aus folgenden

Gründen:

„Das Berufungsgericht verneint es, daß der mit der Klage in Anspruch Genommene der richtige Beklagte sei, weil die Entwässerungsanlage von der öffentlichen Dränagegenossenschaft R. in behördlich genehmigter Erweiterung ihres ursprünglichen Meliorationsplanes, also als Anlage der Genossenschaft als Unternehmerin, beschlossen und bewirkt worden sei. Danach könne nur sie als derjenige in Betracht kommen, welcher die Entwässerungsanlage hält und die angebliche Störung bewirkt, so daß etwaige Ansprüche nur gegen sie gerichtet werden dürften. Ob die Errichtung der Anlage auf Betreiben des Beklagten erfolgt sei und ob er der Genossenschaft die Kosten der Errichtung erstattet habe, erscheine ebenso unerheblich wie der Umstand, daß er ihr Mitglied sei, da Ansprüche wie der der Klage nicht gegen einzelne Mitglieder als solche gerichtet werden könnten. Die Revision wendet dagegen unter Berufung auf verschiedene Urteile des Reichsgerichts ein, daß als Störer im Sinne des § 1004 BGB. der gelte, mit dessen Willen der beeinträchtigende Zustand bestehe oder von dessen Willen seine Beseitigung abhänge. Dieses Tatbestandsmerkmal treffe bei dem Beklagten zu

Die Dränagegenossenschaft R. ist nach der Feststellung des Berufungsgerichts eine öffentliche (keine freie) Genossenschaft im Sinne der §§ 45 flg. des preuß. Gesetzes, betr. die Bildung von Wassergenossenschaften vom 1. April 1879. Dieses Gesetz ist durch § 399 Nr. 11 des preuß. Wassergesetzes vom 7. April 1913 mit Wirkung vom 1. Mai 1914, dem Tage des Inkrafttretens des neuen Gesetzes, aufgehoben worden, und dessen Bestimmungen sind an die Stelle des ersteren getreten. (Die Bestimmungen des § 383 pr. WG. kommen hier nicht in Betracht.) Gemäß § 209 pr. WG. (übrigens ebenso nach § 10 pr. WGG.) hat die Genossenschaft juristische Persönlichkeit. Es ist daher zutreffend, wenn das Berufungsgericht annimmt, daß der Beklagte nicht lediglich deshalb verklagt werden könne, weil er Genosse ist, was auch die Revision nicht in Abrede stellt.

Wie bereits die Motive zum Bürgerlichen Gesetzbuch (Bd. 3 S. 424/425) zutreffend hervorhoben, gilt als Störer im Sinne des § 1004 BGB. nicht nur der, der eine das Eigentum beeinträchtigende Handlung vornimmt oder den Auftrag dazu erteilt, sondern auch der, durch dessen Willen der mit dem Inhalte des Eigentums in Widerspruch stehende Zustand aufrechterhalten wird. Dieser Auffassung hat sich das Reichsgericht in einer Reihe von Entscheidungen angeschlossen in dem Sinne, daß als Störer auch der anzusehen ist, durch dessen maßgebenden Willen ein derartiges, das Eigentum beeinträchtigendes Zustandsverhältnis geschaffen oder aufrechterhalten wird, auf dessen Willen also eine derartige Beeinträchtigung oder deren Fortdauer, wenn auch nur mitwirkend, zurückzuführen ist, so daß ein ursächlicher Zusammenhang mit seiner Willensbetätigung, die nicht die alleinige Ursache zu sein braucht, festzustellen ist (RGZ. Bd. 47 S. 164; Bd. 60 S. 140; Gruchot Bd. 54 S. 157, Bd. 55 S. 1009; Warneyer 1909 Nr. 143; Jur. Wochenschr. 1910 S. 654 Nr. 13). Es muß sich also stets um einen für die Erzeugung oder die Fortdauer der Beeinträchtigung maßgebenden Willen handeln, so daß die Beeinträchtigung nicht eintreten kann oder aufhört, wenn nicht dieser Wille, oder geeignetenfalls wenn ein auf das Gegenteil gerichteter Wille vorhanden ist. Aus der Begründung des Urteils, die nur hervorhebt, daß die Genossenschaft als Unternehmerin die Entwässerungsanlage beschlossen und hergestellt habe als eine eigene Anlage, die sie halte, wobei es nicht darauf ankomme, ob die Herstellung auf Betreiben des Beklagten erfolgt sei, ergibt sich nicht mit Sicherheit, daß das Berufungsgericht die eben erwähnten Rechtsgrundsätze berücksichtigt hat.

Nach der Bekundung des Rechners der Dränagegenossenschaft R. scheint es sich um einen freiwilligen Eintritt des Beklagten mit der Pölkenwiese in die bereits bestehende Genossenschaft zu handeln, deren Genosse er im übrigen damals bereits war. Würde ein freiwilliger Eintritt vorliegen und ein Schadensersatzanspruch geltend gemacht sein, so wäre eine Störung im Sinne der angezogenen Entscheidungen schon darin zu finden, daß die Zugehörigkeit des Beklagten zur Genossenschaft mit der Pölkenwiese immerhin auf seinen Willen zurückzuführen wäre, und dieser Eintritt zur Folge hätte, daß in das Eigentum der zum Verbande des Klägers gehörigen Ländereien störend eingegriffen wird. Da aber der Kläger mit der Klage vom Beklagten verlangt, daß er die Einführung des Dränagewassers in den Graben des Klägers unterläßt, so kann die Klage nur Erfolg haben, wenn festzustellen ist, daß nicht nur eine unberechtigte Störung vorliegt, sondern daß auch der Beklagte seinen Willen verwirklichen kann, mit der Pölkenwiese aus der Genossenschaft mit dem Erfolge auszuscheiden, daß die Zuführung des Dränagewassers der Wiese in den Graben des Klägers aufhört. Denn dann würde die Fortdauer der Störung von dem maßgebenden Willen des Beklagten abhängig sein. Weder vom alten Wassergenossenschaftsgesetze noch vom neuen Wassergesetze wird die Zulässigkeit eines derartigen maßgebenden Willens zum Eintritt wie zum Ausscheiden mit Sicherheit ausgeschlossen. Schon nach § 69 WGG. war die Genossenschaft verpflichtet, Eigentümer mit benachbarten Grundstücken, hinsichtlich deren ein Zwang nicht zulässig war, auf deren Verlangen als Genossen aufzunehmen, wenn die Ent- oder Bewässerung dieser Grundstücke durch Mitbenutzung der genossenschaftlichen Anlagen auf die zweckmäßigste Weise erfolgen kann und die Benutzung der Anlagen dadurch für die bereits vorhandenen Mitglieder nicht beeinträchtigt wird. Eine im wesentlichen ähnliche Bestimmung enthält der § 233 WG. (siehe auch § 242, Abs. 2). Ob auch, abgesehen von dem Vorliegen dieser Voraussetzungen, freiwillig sich Meldende als Genossen aufgenommen werden dürfen, bestimmt sich nach den Satzungen, auf die das alte Gesetz in den §§ 49, 50, 56, 57, das neue in einer Reihe von Paragraphen, insbesondere in §§ 213, 214 hinweist. Daß ein derartiger Eintritt durch das Gesetz nicht ausgeschlossen ist, ergibt sich aus § 232 WG., wonach das gleiche für das Ausscheiden gelten muß. Denn er bestimmt, daß im Einverständnis mit der Genossenschaft neue Mitglieder eintreten können — was sich nicht auf solche beziehen kann, die ein Recht auf den Eintritt haben —, wie auch ebenso bisherige Mitglieder ausscheiden können, beides allerdings nur mit Genehmigung der Aufsichtsbehörde, die beim Ausscheiden auch das Interesse der Gläubiger zu berücksichtigen hat. Daß, abgesehen von den Fällen der Aufnahmeverpflichtung, Aufnahme und Ausscheiden der Vereinbarung der Beteiligten und der Genossenschaft freigegeben ist, nimmt auch der Kommentar von Bitta und v. Kries (§ 232 Anm. Abs. 1) an. Wenn die Gläubiger eine Gefährdung ihrer Interessen durch das Ausscheiden nicht zu besorgen haben, wird die Absicht des Genossen, insbesondere des freiwillig Eingetretenen, der auszuscheiden wünscht, kaum auf Schwierigkeiten stoßen (s. Bitta und v. Kries § 232 Anm. Abs. 2; Holtz-Kreutz § 232 Anm. 3).

Es erscheint daher ohne Kenntnis der Satzungen und der Sachlage die Annahme keineswegs als ausgeschlossen, daß der Beklagte sein Ausscheiden mit der Pölkenwiese aus der Genossenschaft mit dem Erfolge erreichen kann, daß die Störung aufhört. Trifft dies zu und betätigt er seinen Willen nach dieser Richtung nicht mit dieser Wirkung, dann würde der Klaganspruch, vorausgesetzt, daß eine Beeinträchtigung im Sinne des § 1004 BGB. vorliegt, zu deren Duldung der Kläger nicht verpflichtet ist, gegen den Beklagten gerechtfertigt sein. Da das Berufungsgericht die Sache nach diesen Gesichtspunkten nicht geprüft hat, so war das Urteil aufzuheben und die Sache in die Vorinstanz zurückzuverweisen."

---

6. Kann die mündliche Erklärung, daß die übergebene Schrift den letzten Willen enthalte, durch mündliche Genehmigung des Protokolls erfolgen? Kann die Genehmigung des Protokolls ohne ausdrückliche Feststellung als mündlich erfolgt und als so erfolgt beurkundet angesehen werden?

BGB. §§ 2238, 2241.

III. Zivilsenat. Urt. v. 11. Januar 1918 i. S. Notar X. (Bekl.) w. B. (Kl.). Rep. III. 368/17.

I. Landgericht I Berlin.
II. Kammergericht daselbst.

Die Kläger fordern Schadensersatz, weil das von den Eheleuten J. und W. Sch. am 5. November 1910 in ihrer Wohnung vor dem Beklagten als Notar durch Übergabe einer Schrift errichtete, alle früheren letztwilligen Bestimmungen aufhebende Testament ungültig sei. Die Eheleute Sch. sind am 7. Juli 1912 und 7. Juni 1915 verstorben. Das Nachlaßgericht hat einen Erbschein gemäß dem Testamente vom 5. November 1910 als einem ungültigen abgelehnt, weil die mündliche Erklärung der Erblasser, daß die übergebene Schrift ihren letzten Willen enthalte, im Protokolle fehle, und hat am 15. Januar 1916 einen Erbschein erteilt auf Grund des von den Eheleuten Sch. am 11. Mai 1894 gemeinschaftlich errichteten, in gerichtlichem Verwahrsam verbliebenen Testaments. Hiernach erhalten die Kläger weniger aus der Erbschaft, als sie nach dem Testamente vom 5. November 1910 erhalten würden. Die bezifferte Differenz beanspruchen sie vom Beklagten, da er bei Errichtung des Testaments die ihm obliegende Amtspflicht durch Nichtwahrung der gesetzlichen Testamentsform fahrlässig verletzt habe.

Das vom Beklagten über die Testamentserrichtung aufgenommene Protokoll stellt fest, daß sich der Beklagte in die Wohnung der Eheleute Sch. auf deren Ersuchen begeben hatte, daß diese ihm persönlich bekannten Eheleute dort vor ihm als Notar erschienen, und daß zu dieser Verhandlung zwei durchweg beiwohnende Zeugen zugezogen wurden. Sodann fährt es fort:

„Die Eheleute Sch. überreichten anliegenden, mit einem Privatsiegel versehenen Umschlag mit der Aufschrift »Unser Testament. J. L. Sch. W. Sch. geb. Sch.« Dieses Protokoll ist vorgelesen, von den Erschienenen genehmigt und von ihnen, den Zeugen und dem Notar eigenhändig unterschrieben worden." Hierauf folgen die Unterschriften der Eheleute Sch., der Zeugen und des Beklagten.

Das Landgericht erklärte den Klaganspruch dem Grunde nach für gerechtfertigt; die Berufung des Beklagten wurde zurückgewiesen. Die Instanzen nehmen übereinstimmend an, die mündliche Erklärung der Eheleute Sch., daß die übergebene Schrift ihren letzten Willen enthalte, fehle im Protokolle; darum sei das Testament nichtig. Die Revision des Beklagten hatte Erfolg.

Gründe:

„Der Beklagte führt zur Begründung der Revision insbesondere folgendes an. Es werde bei der streitigen Testamentserrichtung so zugegangen sein wie gewöhnlich, daß nämlich der amtierende Richter oder Notar beim Empfange der übergebenen Schrift fragt »Ist dieses Ihr Testament?« und der Erblasser auf diese Frage mit »Ja« antwortet; jedenfalls sei die Genehmigung des vorgelesenen, die Übergabe des mit einem Privatsiegel versehenen Umschlags mit der unterschriebenen Aufschrift „Unser Testament" enthaltenden Protokolls eine mündliche Erklärung der Eheleute Sch. und zwar die mündliche Erklärung, daß dies ihr letzter Wille sei. Demgegenüber betont der klägerische Prozeßbevollmächtigte, es handle sich um eine unzweideutig vorgeschriebene feierliche Erklärung. Mit dem Wortlaute des Protokolls sei es vereinbar, daß die Eheleute Sch. kein Wort geredet haben;

wenn sie sich aber mündlich erklärt hätten, so sei dies jedenfalls nicht beurkundet.

Der Berufungsrichter meint, in der Genehmigung der Überreichung des Umschlags mit der Aufschrift „Unser Testament“ sei die Erklärung, daß der Umschlag den letzten Willen enthalte, nicht zu finden. Das Gesetz verlange nun einmal die ausdrückliche Aufnahme einer solchen Erklärung in das Protokoll. Dem kann nicht beigepflichtet werden. Daß in der Genehmigung des eine Erklärung enthaltenden Protokolls diese Erklärung selbst liegen kann, hat der IV. Zivilsenat des Reichsgerichts in betreff der Erklärung des Erblassers, daß er nicht schreiben könne, und daß er der deutschen Sprache nicht mächtig sei (§§ 2242 Abs. 2, 2244 Abs. 1 BGB.), in ständiger Rechtsprechung anerkannt (RGZ. Bd. 56 S. 368/369, Bd. 69 S. 83, Bd. 75 S. 374flg.). Auch diese Erklärungen sind vom Gesetz als mündliche Erklärungen gemeint und auch für sie ist „Feststellung der Erklärung im Protokolle“ vorgeschrieben, §§ 2242, 2244 Abs. 3 („Das Protokoll muß die Erklärung ... enthalten“). Trotzdem ist ferner anerkannt, daß schon in der objektiven Feststellung der Schreibunfähigkeit bzw. der Sprachunkunde des Erblassers im Protokolle die Feststellung der nunmehrigen oder der schon vorgängigen Erklärung, nicht schreiben zu können, der deutschen Sprache nicht mächtig zu sein, gefunden werden könne (RGZ. Bd. 65 S. 375; Jur. Wochenschr. 1903 Beilage S. 30), und zwar wurde dies anerkannt bei beliebiger Form der Genehmigung, also auch wenn sich über die wirklich beobachtete Form der zum Protokoll erteilten Genehmigung aus dem Wortlaute des Protokolls nichts ergab. Vgl. RGZ. Bd. 69 S. 83 (Genehmigung durch Handzeichen).

Zur Stütze dieser ständigen Auffassung wird darauf hingewiesen, daß die Feststellung dieser Erklärungen im Protokolle der Vorlesung und Genehmigung nicht bedürfe (RGZ. Bd. 63 S. 31, Bd. 75 S. 375' Bd. 79 S. 368, Bd. 86 S. 391), und zwar auch darum nicht, weil sie mit den rechtsgeschäftlichen Erklärungen (§§ 2238, 2241 Nr. 3) nicht in eine Linie zu stellen seien (RGZ. Bd. 63 S. 37). Dieser Hinweis war erst möglich, nachdem der IV. Zivilsenat des Reichsgerichts seine frühere, noch im Urteile vom 11. Juli 1905 (Jur. Wochenschr. 1905 S. 541 Nr. 33) festgehaltene Ansicht, es gebe nur ein einheitliches, in seiner Ganzheit den Erfordernissen der Verlesung, Genehmigung und Unterzeichnung unterliegendes Protokoll, aufgegeben hatte und statt dessen unter Protokoll nicht die fertige, sondern die in der fortschreitenden Vollendung begriffene Urkunde versteht, also eine wechselnde Bedeutung des Wortes „Protokoll" offen läßt (RGZ. Bd. 75 S. 374/377). Und dieser besondere Grund soll nicht besagen und kann nicht bewirken, daß positiv erst um seinetwillen und nur im Bereiche der von ihm umfaßten Erklärungen (nicht schreiben zu können, der deutschen Sprache nicht mächtig zu sein) die Genehmigung des vorgelesenen Protokolls eine Erklärung des Protokollinhalts ist, geschweige, daß nur darum und nur insoweit der nur objektiv feststellende Inhalt kraft der Genehmigung als eine nunmehrige oder als eine bereits vor der Aufnahme des Protokolls geschehene Erklärung deutbar ist. Der Hinweis soll vielmehr nur ein Hindernis gegen die Auffassung der Protokollgenehmigung als einer genügenden Erklärung beseitigen. Die Entscheidung RGZ. Bd. 85 S. 127 führt nämlich aus, für die mündliche Erklärung des letzten Willens (§ 2238 erster Fall) sei eine vorgängige mündliche Erklärung und eine nachfolgende Protokollvorlesung und -genehmigung, also eine zweimalige Kundgebung der sachlichen Willenserklärung des Erblassers erforderlich, ein und derselbe Vorgang aber (die Vorlesung und Genehmigung des Protokolls, der allein die Zeugen beigewohnt hatten) könne begriffsmäßig nicht zugleich die Abgabe der Erklärung und die Genehmigung einer bereits abgegebenen Erklärung bedeuten (vgl. RGZ. Bd. 86 S. 391). Auf diesen besonderen Grund der Entbehrlichkeit der Vorlesung und Genehmigung kam auch bei einem Teile der bezeichneten Entscheidungen, betreffend die Erklärungen, nicht schreiben zu können und der deutschen Sprache nicht mächtig zu sein, nichts an; nach ihrem Tatbestande waren die Zeugen von Beginn des Aktes an zugegen, und die Entscheidungen gehen nicht dahin, daß die Protokollgenehmigung selbst die erstmalige und einzige Erklärung gewesen sei, sondern sie folgern aus der Genehmigung, daß die Erklärung schon vorher abgegeben war und dies im Protokolle zureichend festgestellt sei (RGZ. Bd. 65 S. 375, Bd. 69 S. 83; Jur. Wochenschr. 1903 Beilage S. 30).

Im vorliegenden Falle handelt es sich nicht um die mündliche Erklärung des letzten Willens, sondern um die mündliche Erklärung, daß die übergebene Schrift den letzten Willen enthalte. Für keine dieser mündlichen Erklärungen ist eine sakramentale feierliche Form vorgeschrieben (Motive zum Entw. eines BGB. Bd. 5 S. 272; RGZ. Bd. 85 S. 124/126). Die Eheleute Sch. hatten ihren letzten Willen schriftlich niedergelegt, das Schriftstück in einen Umschlag getan, den Umschlag versiegelt und mit der von ihnen unterschriebenen Aufschrift „Unser Testament" versehen; darauf hatten sie den Beklagten als Notar in ihre Wohnung rufen lassen und ihm in Gegenwart der beiden zugezogenen Zeugen dieses so überschriebene Schriftstück überreicht. Dies alles geht aus dem vorgelesenen, genehmigten und unterzeichneten Protokolle hervor. Aus dem Protokoll erhellt weiter, daß die dem Notar persönlich bekannten Erblasser nicht stumm und nicht am Sprechen verhindert waren; diesfalls wäre die Form des § 2243 gewahrt worden. Daraus ergibt sich als im höchsten Grade unwahrscheinlich, daß die Erblasser bei Überreichung des durch ihre eigenhändige Unterschrift unter der Aufschrift „Unser Testament" als ihr Testament endgültig bestätigten (Motive a. a. O. S. 273; RGZ. Bd. 86 S. 387) Umschlags völlig geschwiegen haben. Als mündliche Erklärung, dieser Umschlag enthalte ihren letzten Willen, genügte eben wegen der Aufschrift und im Rahmen des von den Erblassern zum Zwecke der Testamentserrichtung herbeigeführten notariellen Aktes das die Überreichung begleitende Wort „Hier" oder die Antwort „Ja" auf die Frage des Notars, ob dies ihr letzter Wille sei. Der Sprache mächtige Personen bedienen sich, wie schon im gesellschaftlichen Verkehr, so mehr noch im Rechtsverkehr unwillkürlich zunächst der Sprache als des natürlich gegebenen, sich von selbst aufdrängenden Mittels zum Ausdrucke der Meinung und des Willens. Sich bei diesem hochwichtigen Rechtsakte vor dem von ihnen herbeigerufenen Notar und vor den zugezogenen Zeugen auf die Überreichung des Umschlags als auf ein genügendes Zeichen dessen, daß dies ihr letzter Wille sei, zu beschränken, konnte für die Erblasser ein Anlaß gar nicht vorliegen.

Jedoch kann dahin stehen, ob aus dem Wortlaute des Protokolls und aus den mit der Testamentserrichtung in innerem Zusammenhange stehenden Umständen (RGZ. Bd. 86 S. 390) zu folgern ist, daß die Erblasser schon vor der Vorlesung und Genehmigung des Protokolls mündlich erklärt haben, der Umschlag enthalte ihren letzten Willen. Denn jedenfalls ist durch das Protokoll genügend festgestellt, daß die Erblasser das vorgelesene, die Überreichung des Umschlags als ihres Testaments beurkundende Protokoll durch irgendeine mündliche Erklärung genehmigt haben. Es muß nach der Erfahrung des Lebens als schlechthin ausgeschlossen erachtet werden, daß die Erblasser, falls sie je schon allein die Überreichung des Umschlags wegen der Aufschrift für eine genügende Hindeutung auf den Inhalt des Umschlags als ihres letzten Willens erachtet und darum bei Beginn des Aktes, bei der Überreichung geschwiegen hatten, nun auch bei Beendigung des Aktes völlig schwiegen und die von ihnen jetzt verlangte und laut des Protokolls auch wirklich abgegebene bestimmte Willenserklärung der Protokollgenehmigung nur in stummer Gebärden- oder Zeichensprache abgaben. Nach der Erfahrung des Lebens und nach dem gewöhnlichen Laufe der Dinge ist sicher, daß die Erblasser zum wenigsten ihre Protokollgenehmigung mit dem Munde (RGZ. Bd. 31 S. 227) erklärt haben. Falls sie — was der klägerische Prozeßbevollmächtigte nach dem Protokolle für möglich hält — während des ganzen Aktes schwiegen, dann hatte wegen dieses ungewöhnlichen und befremdenden Verhaltens dem Notar das Bedenken aufsteigen müssen, ob sie nicht am Sprechen verhindert seien. Das Protokoll ergibt aber, daß die tatsächlich nicht stummen und nicht am Sprechen verhinderten, als dem Notar persönlich bekannt bezeichneten Erblasser zu einem solchen Bedenken keinen Anlaß gegeben haben. Also ist durch das Protokoll genügend festgestellt, daß die Erblasser zum wenigsten die im Protokoll als von ihnen abgegeben ausdrücklich beurkundete Willenserklärung, nämlich die Protokollgenehmigung, in der natürlichen, regelmäßigen Weise, nämlich mündlich abgaben.

Die in der mündlich erklärten Genehmigung des vorgelesenen Protokolls liegende mündliche Erklärung der Erblasser, daß der von ihnen überreichte Umschlag ihren letzten Willen enthalte, genügt, um die Form der §§ 2238, 2247 Nr. 3 zu wahren. Die in RGZ. Bd. 85 S. 125/128 für die mündliche Erklärung des letzten Willens selbst gegebene Darlegung trifft für die Erklärung, daß die übergebene Schrift den letzten Willen enthalte, nicht zu. Dort wird auf die Sicherung der sachlichen Willenserklärung des Erblassers abgestellt und darum im Gesetze gefunden, daß die Erklärung zweimal in zeitlicher Aufeinanderfolge zu Gehör zu bringen sei, einmal durch unmittelbare mündliche Kundgebung von seiten des Erblassers und sodann auch, um dem Erblasser Gelegenheit zu nochmaliger Überlegung zu geben, von der anderen Seite durch die Vorlesung des Protokolls. Hier aber ist der sachliche Wille des Erblassers schon in einer fertigen Urkunde niedergeschrieben und diese Schrift wird dem Testamentsbeamten, vor dem der Erblasser behufs Testamentserrichtung erscheint, übergeben. Es kann sich also um eine besondere Sicherung gegen Undeutlichkeit und Unsicherheit der allerdings durchaus rechtsgeschäftlichen, aber kurzen und den vom Erblasser gewollten Testamentserrichtungsakt der Vollendung zuführenden Erklärung „diese übergebene Schrift enthält den letzten Willen" nicht handeln. Hier muß eine einmalige, klare und unzweideutige Erklärung genügen, und sie erfolgt am klarsten und unzweideutigsten durch mündliche Genehmigung des die übergebene Schrift als den letzten Willen bezeichnenden Protokolls.

Das Protokoll dient überhaupt dazu, das gesprochene Wort in klarer Fassung urkundlich niederzulegen und für die Zukunft festzuhalten. Auch für die mündliche Erklärung des letzten Willens selbst scheint die Genehmigung des vorgelesenen Protokolls weniger auf eine zeitlich nachfolgende Wiederholung der mündlichen Erklärung als auf deren endgültige Klarstellung abzuzielen. Wenn z. B. ein umfangreicher und verwickelter, viele Einzelheiten enthaltender letzter Wille dem Erblasser von dem Testamentsbeamten abgefragt wird (RGZ. Bd. 86 S. 124/126), so besteht trotz einer summarischen Endbestätigung keine Gewähr dafür, daß der etwa rechtsunkundige oder geistig unbeholfene Erblasser sich des Inhalts und der Bedeutung seiner mündlichen Erklärungen auch wirklich bewußt geworden ist. Dem wird abgeholfen durch die urkundliche Niederlegung im Protokoll und dessen Vorlesung: gerade dadurch erst und durch die Genehmigung des Protokolls wird der mündlich erklärte Wille als ein wirklich gewollter und wirklich erklärter außer Zweifel gesetzt.

Diese Erwägung trifft jedenfalls zu für die mündliche Erklärung, daß die übergebene Schrift den letzten Willen enthalte. Steht diese Erklärung als eine abgegebene im Protokoll oder steht, wie vorliegend, im Protokolle, daß die übergebene Schrift den letzten Willen enthalte, und wird dieses vorgelesene Protokoll mündlich genehmigt, so hat der Erblasser schon allein durch diese Genehmigung mündlich erklärt, daß die übergebene Schrift seinen letzten Willen enthalte.

Das Testament der Eheleute Sch. vom 5. November 1910 ist darum ein rechtsgültiges."

---

7. Wird durch eine gemäß § 4 der Verordnung des Bundesrats vom 24. Juni 1915 über die Sicherstellung von Kriegsbedarf (RGBl. S. 357) angeordnete Beschlagnahme die nachträgliche Eigentumsübertragung auf Grund eines vor der Beschlagnahme abgeschlossenen Kaufes gehindert?

I. Zivilsenat. Urt. v. 15. Dezember 1917 i. S. F. W. Nachf. (Bekl.) w. H. St. (Kl.). Rep. I. 146/17.

I. Landgericht Mannheim.
II. Oberlandesgericht Karlsruhe.

Die im Großherzogtum Baden wohnende Klägerin hatte der Beklagten, die in B. in Bayern ihren Sitz hat, deren Geschäftsinhaber aber in Württemberg ansässig sind, 3000 kg weißen Faden verkauft. Die Beklagte hatte die bei ihr am 21. März 1916 angekommene Ware am 24. März unter Widerspruch der Klägerin dieser als nicht probemäßig zur Verfügung gestellt, sich jedoch nach mehrfachen Verhandlungen zwecks gütlicher Beilegung des Streites am 30. Mai damit einverstanden erklärt, die Ware, die sich bereits in ihrem Besitze befand, zu einem um 10 ℳ für je 100 kg ermäßigten Preise zu behalten. Durch Telegramm vom 1. April 1916 erklärte sich die Klägerin mit dem Vorschlage der Beklagten einverstanden. Mit Wirkung vom gleichen Tage an wurde jedoch seitens des Kommandierenden Generals in Karlsruhe, des Generalkommandos des XIII. (Württemb.) Armeekorps und der drei Bayrischen Armeekorps die Beschlagnahme baumwollner Spinnstoffe und Garne für ihre Bezirke durch gleichlautende Verfügungen angeordnet. Nunmehr lehnte die Beklagte die Bezahlung mit der Begründung ab, daß infolge der Beschlagnahme das Eigentum an der von ihr beanstandet gewesenen Ware nicht mehr auf sie übergehen könne.

Das Landgericht verurteilte die Beklagte zur Zahlung, weil die Ware von ihr zu Unrecht zur Verfügung gestellt sei. Ohne auf diese Frage einzugehen, wies das Oberlandesgericht die Berufung der Beklagten mit der Begründung zurück, die Beschlagnahme habe keine Bedeutung für die Parteien gehabt, weil die Besitzübertragung an der Ware auf die Beklagte schon vor der Beschlagnahme geschehen sei und der die Veräußerung verbietende § 4 der Verfügungen der Generalkommandos sich lediglich auf das obligatorische Kaufgeschäft beziehe, nicht aber auch die Eigentumsübertragung auf Grund eines vor der Beschlagnahme erfolgten Verkaufs untersage. Das Reichsgericht hat auf die Berufung der Beklagten das Berufungsurteil aufgehoben und die Sache an die Vorinstanz zurückverwiesen aus folgenden

Gründen:

(Nachdem ausgeführt worden ist, daß im vorliegenden Falle die Verfügungen der Kommandierenden Generale der drei Bayr. Armeekorps hätten angewandt werden müssen, wird fortgefahren:) „Das angefochtene Urteil verstößt gegen die revisibeles Recht schaffende Verordnung des Bundesrates vom 24. Juni 1915 über die Sicherstellung von Kriegsbedarf. Nach § 4 dieser Verordnung sind die im § 1 bezeichneten Behörden befugt, Gegenstände, die auf Grund des § 1 der Verordnung der Inanspruchnahme unterliegen können, zu beschlagnahmen. Die Beschlagnahme hat die Wirkung, daß die Vornahme von Veränderungen an den von ihr berührten Gegenständen verboten ist und rechtsgeschäftliche Verfügungen über sie nichtig sind. Auch wird nach § 6 der Verordnung bestraft, wer unbefugt einen beschlagnahmten Gegenstand ... verkauft oder kauft oder ein anderes Veräußerungs- oder Erwerbsgeschäft über ihn abschließt.

Nach dem Sprachgebrauche des Bürgerlichen Gesetzbuchs, der sich seither so eingebürgert hat, daß er auch bei der Auslegung der vom Bundesrat erlassenen Bekanntmachung mit herangezogen werden muß, zumal sich auch im § 4 Abs. 1 vorletzt. Satz dieser Bekanntmachung eine dem § 135 Abs. 1 Satz 2 BGB. wörtlich entsprechende Vorschrift findet, versteht man unter Verfügungen diejenigen Rechtsgeschäfte, durch die unmittelbar ein Recht übertragen, belastet, geändert oder aufgehoben wird. Im Verhältnis zum Begriff der Veräußerung — Übertragung des Eigentums oder eines sonstigen Rechtes — und der Belastung — Begründung eines dinglichen Rechtes an einem Gegenstande — ist der Begriff der Verfügung der umfassendere, indem er auch die Änderung und Aufhebung eines Rechtes in sich schließt. Schuldrechtliche Geschäfte als solche stellen, darüber ist man sich einig, keine Verfügung dar, sondern begründen nur eine Verpflichtung zur Vornahme einer solchen. Mit diesem Sprachgebrauche steht auch der Begriff des Veräußerungsverbots des § 135 BGB. im Einklange.

Diese Auffassung vom Begriffe der rechtsgeschäftlichen Verfügung findet auch in der betreffenden Verordnung selbst sowie in ihrer Begründung eine Stütze. Die Anordnung enthält nach der Begründung einen Eingriff in die persönlichen Eigentumsverhältnisse im höheren Interesse der Gesamtheit; aus dieser Tatsache folgert Hagelberg in Gruchots Beitr. Bd. 60 S. 89 mit Recht, daß von der Beschlagnahme in erster Linie der Eigentümer betroffen wird, dessen Verfügungsrecht und tatsächliches Schaltungsrecht (§ 903 BGB.) aufgehoben wird, wofür Hagelberg sich mit guten Gründen auch auf den Wortlaut des § 4 Abs. 2 der Bekanntmachung stützt. Weil sich die Beschlagnahme gegen den Eigentümer wendet, ist grundsätzlich nunmehr die Erfüllung eines bereits vor der Beschlagnahme abgeschlossenen Lieferungsvertrags unmöglich (Lehmann in Recht und Wirtschaft Bd. 15 S. 237). Zwar ist die Beschlagnahme nach § 1 Abs. 2 an den Besitzer der Gegenstände zu richten, und dieser ist nach § 4 Abs. 2 zu ihrer pfleglichen Behandlung und Verwahrung verpflichtet. Der Zweck der auf Grund der Verordnung getroffenen Anordnung besteht jedoch in dem Eigentumsübergang auf die in der Anordnung bezeichnete Person, und die Erreichung dieses Zweckes soll die Beschlagnahme durch Verhinderung eines Eigentumswechsels vom Zeitpunkte der Beschlagnahme an vorbereiten; letzteres aber kann wirksam nur dadurch geschehen, daß rechtsgeschäftliche Verfügungen der Zwischenzeit nichtig sind. Die Bedeutung der Beschlagnahme für den Eigentümer erhellt auch aus der Anordnung des Reichskanzlers vom 22. Juli 1915 (Güthe u. Schlegelberger, Kriegsbuch Bd. 2 S. 451), wonach bei der Festsetzung des Übernahmepreises durch das Schiedsgericht gemäß § 5 Abs. 2 stets der Eigentümer als Beteiligter zuzuziehen und gemäß § 6 zu laden ist, daneben möglicherweise (vgl. Abs. 3) noch andere Personen. Daraus, daß die Meldepflicht neben dem Eigentümer demjenigen, der die Vorräte in Gewahrsam hat, obliegt, läßt sich nicht, wie das Berufungsgericht will, ein abweichender Standpunkt rechtfertigen."

(Es wird nun näher ausgeführt, daß die Verfügungen der Kommandierenden Generale im vorliegenden Falle in Gemäßheit der Anordnung des Bundesrats über die Sicherstellung von Kriegsbedarf vom 24. Juni 1915 ergangen sind, und dann fortgefahren:) „Ist seitens der im § 1 der Verordnung bezeichneten Behörden (hier der Generalkommandos) von der Beschlagnahmebefugnis Gebrauch gemacht, so ist die Wirkung dieser Beschlagnahme für das ganze Reich einheitlich geregelt. Findet sich eine Bestimmung über die Beschlagnahmewirkung in den einzelnen Anordnungen der Generalkommandos, so handelt es sich entweder lediglich um eine Wiederholung der reichsrechtlichen Norm oder, soweit sie mit dieser in Widerspruch stehen würde (was übrigens, wie weiter ausgeführt wird, im vorliegenden Falle nicht in Frage kommt), um eine ungültige Vorschrift. Das Berufungsgericht hat also unter allen Umständen gegen die Verordnung des Bundesrats verstoßen, denn es hat für die Wirkung der Beschlagnahme nicht die dieser Verordnung zu entnehmenden Folgen berücksichtigt.

Das Berufungsgericht wird nun zu der Frage, ob die ursprüngliche Mängelrüge begründet und rechtzeitig erfolgt ist, Stellung nehmen müssen. Ist dies nämlich zu bejahen und deshalb das Eigentum an den übersandten Waren vor dem 1. April 1916 nicht auf die Beklagte übergegangen, so kann die Klägerin ihre durch den Kaufabschluß begründete Verpflichtung zur Eigentumsübertragung nach der am 1. April 1916 eingetretenen Beschlagnahme der Ware nicht mehr erfüllen und ist deshalb mit ihrem Anspruch auf Zahlung des Kaufpreises abzuweisen. War die am 21. März 1916 übersandte Ware jedoch probemäßig, dann hatte die Klägerin bereits vor dem 1. April 1916 alles getan, was ihr vertraglich oblag; die Rechtsfolgen ergeben sich dann aus § 300 Abs. 2 in Verbindung mit § 324 Abs. 2 BGB."

8. 1. Was ist „jede nach den Umständen des Falles gebotene Sorgfalt" in § 7 Abs. 2 des Kraftfahrzeuggesetzes?
2. Zum Verhältnis zwischen § 7 und § 9 des Gesetzes.

VI. Zivilsenat. Urt. v. 7. Januar 1918 i. S. K. (Kl.) w. D. (Bekl.). Rep. VI. 346/17.

I. Landgericht Königsberg.
II. Oberlandesgericht daselbst.

Aus den Gründen:

... „Es ist zuzugeben, daß es mit dem Erfordernis der Beobachtung jeder nach den Umständen gebotenen Sorgfalt, die § 7 KFG. für die Entlastung des Kraftfahrzeughalters erfordert, nicht im Einklange steht, wenn das Berufungsgericht dem Kraftwagenführer nicht als Verschulden anrechnet, daß er nicht sofort, als er das Fuhrwerk des Klägers erblickte, die richtige Maßnahme ergriff, das Steuer nach rechts herumzureißen. Es ist zwar mehrfach in der Rechtsprechung des Reichsgerichts anerkannt worden, daß ein unrichtiges Verhalten in einer raschen Entschluß und tatkräftiges Handeln erfordernden außerordentlichen Lage nicht schlechthin dem Handelnden als Verschulden anzurechnen ist (Jur. Wochenschr. 1904 S. 287 Nr. 7, 1905 S. 528 Nr. 8, 1907 S. 673 Nr. 8, 1911 S. 982 Nr. 17). Wie aber in wiederholten Entscheidungen des erkennenden Senats zur Auslegung des § 7 KFG. ausgesprochen wurde, bedeutet „jede nach den Umständen gebotene Sorgfalt", wie sie hier zur Entlastung des Kraftwagenhalters erfordert wird, eine Erhöhung der gewöhnlichen „im Verkehr erforderlichen" Sorgfalt, wie sie § 276 BGB. für den Begriff der Fahrlässigkeit zugrunde legt. „Jede nach den Umständen gebotene Sorgfalt" umfaßt auch das sachgemäße geistesgegenwärtige überlegte Handeln im Augenblicke der Gefahr (RGZ. Bd. 86 S. 149; Warn. Rechtspr. 1915 Nr. 294, 1917 Nr. 215). Daß das Berufungsgericht in diesem Punkte der Bestimmung des § 7 KFG. nicht gerecht geworden ist, ist indessen für seine Entscheidung unschädlich geblieben, da es aus einem anderen Grunde, dem nach den Umständen zu schnellen Fahren, den Entlastungsbeweis aus § 7 des Gesetzes für den Beklagten nicht für geführt ansieht und deshalb seine Haftung für den Unfall für gegeben erachtet.

Eine rechtsirrtümliche Auffassung der Revision ist es, wenn sie daraus, daß in § 7 Abs. 2 Satz 2 KFG. ein „Verhalten des Verletzten" als einer der Umstände bezeichnet ist, die als ursächlich zu dem Unfalle darzutun sind, wenn der Entlastungsbeweis des § 7 Abs. 2 Satz 2 geführt werden soll, entnehmen will: werde der Entlastungsbeweis nicht geführt, dann treffe den Kraftfahrzeughalter schlechthin die volle Verantwortung für den ganzen Schaden und es komme auf ein mitwirkendes Verschulden des Verletzten nicht mehr an, das ihm seinen Schadensersatzanspruch nun nicht mehr rauben könne. Der § 7 KFG. hat es nur mit der Begründung der Haftung des Kraftfahrzeughalters überhaupt zu tun, das etwa mitwirkende Verschulden des Verletzten und seine Wirkungen auf den an und für sich nach § 7 begründeten Anspruch behandelt § 9 des Gesetzes, der auf die Bestimmung des § 254 BGB. verweist. Das „Verhalten des Verletzten" in § 7 Abs. 2 Satz 2 des Gesetzes ist nicht ein Verschulden, es ist rein gegenständlich gemeint und umfaßt eine unverschuldete wie eine schuldhafte Handlungsweise. Hat der Halter den Entlastungsbeweis des § 7 Abs. 2 erbracht, so ist er von der Haftung frei; hat er ihn nicht erbracht, so kann er sich deshalb noch immer gemäß § 9 des Gesetzes auf ein mitwirkendes eigenes Verschulden des Verletzten berufen, das ihn je nach Umständen zum Teil oder ganz von der Haftung zu befreien vermag. Dieses eigene Verschulden des Verletzten hat das Berufungsgericht ohne Rechtsverstoß festgestellt und gegenüber der Betriebsgefahr des Kraftwagens und dem von dem Beklagten als Erhöhung der Betriebsgefahr mit zu vertretenden Verschulden des Kraftwagenführers gewürdigt. Bei dieser Würdigung darf nun auch in Betracht gezogen werden, daß ein unüberlegtes sachwidriges Handeln im ersten Augenblicke der erkannten Gefahr, mag es auch den Entlastungsbeweis aus § 7 Abs. 2 Satz 2 des Gesetzes vereiteln, nach dem allgemeinen Grundsatze des § 276 BGB. nicht stets als ein Verschulden erscheint, so daß hier die den Kraftwagenführer entlastende Erwägung des Berufungsgerichts ihren Platz hat. Hat der Kraftwagenführer in der Not des Augenblicks unüberlegt und sachwidrig gehandelt, so liegt kein unabwendbares Ereignis mehr vor; die Abwägung des beiderseitigen Verschuldens nach § 9 des Gesetzes und § 254 BGB. folgt den allgemeinen Vorschriften. Die von dem Berufungsgerichte nach diesen Vorschriften vorgenommene Abwägung läßt einen Rechtsirrtum nicht erkennen; die Verteilung des Schadens ist unzertrennlich von der Tatsachenwürdigung und untersteht dem Ermessen des mit dieser befaßten Richters." ...

9. Zur Ausschlußfrist des § 30 Abs. 1 des preußischen Enteignungsgesetzes vom 11. Juni 1874.

VII. Zivilsenat. Urt. v. 11. Januar 1918 i. S. Deszendenz Gr., K., W., vertreten durch den Pfleger Th., (Kl.) w. Stadtgemeinde B. (Bekl.). Rep. VII. 332/17.

I. Landgericht II Berlin.
II. Kammergericht daselbst.

Das Grundstück der Kläger, Planufer 14 in Berlin ist zur Anlage einer Straße der Stadtgemeinde Berlin enteignet worden. Durch Beschluß des Polizeipräsidiums zu Berlin vom 16. April 1912, zugestellt am 23. April 1912, ist für die Kläger eine Enteignungsentschädigung von 250116,26 ℳ festgestellt. Die Stadtgemeinde hat die im Verwaltungsverfahren festgestellten Entschädigungen größtenteils hinterlegt und den Rest gezahlt. Mittels einer binnen 6 Monaten nach Zustellung des Entschädigungsfeststellungsbeschlusses bei dem Landgerichte I in Berlin erhobenen Klage verlangten die Kläger Erhöhung der ihnen zukommenden Entschädigung. Im Februar 1916 erklärte sich das Gericht für unzuständig. Zugleich wurde der Rechtsstreit an das zuständige Landgericht II in Berlin verwiesen.

Dieses gab der Klage zum Teil statt. Auf Berufung des Beklagten wurde dagegen die Klage abgewiesen. Die Revision der Kläger blieb erfolglos.

Aus den Gründen:

... „Die Erwägungen, mit denen im Berufungsurteile die Annahme begründet ist, daß die Kläger das Widerspruchsrecht gegen die im Verwaltungsverfahren erfolgte Bemessung der Entschädigung verloren haben, entsprechen den Leitsätzen, die der erkennende Senat für die wesentlich gleichartige Prozeßsache VII. 273/16 in der Entscheidung vom 24. November 1916 (Jur. Wochenschr. 1917 S. 231 Nr. 21) aufgestellt hat. Schon durch Urteil vom 6. Juni 1916 hatte der Senat in der Sache VII. 91/16 (RGZ. Bd. 88 S. 294; Jur. Wochenschr. 1916 S. 1335 Nr. 5) über einen Fall der Verwirkung einer gesetzlichen Ausschlußfrist entschieden. Das Urteil und die dagegen in einer Fußnote der letztbezeichneten Stelle der Juristischen Wochenschrift erhobenen Bedenken können indes beiseite bleiben, weil jener Fall nicht das Enteignungsrecht, sondern die gewisse Berührungspunkte mit dem Verjährungsrechte zeigende Ausschlußfrist des § 41 KO. betraf und deshalb sowie nach seinem Tatbestande im übrigen keine nahe Ähnlichkeit mit dem vorliegenden Falle hatte. Es fragt sich, ob die Bedenken, welche die Kläger sehr eingehend in Schriftsätzen der Vorinstanzen und mit ihrer Revision begründet haben, dem Senat ausreichenden Anlaß bieten, von dem für die Sache VII. 273/16 vertretenen Standpunkt abzugehen. Die Frage wird verneint.

Grundlegende Bedeutung kommt hier dem § 30 EntG. zu. Nach Ansicht der Revision ist dieser in seinen erheblichen Teilen dahin zu verstehen: Der Abs. 1, wozu ergänzend § 2 preuß. AG. z. ZPO. in Betracht komme, enthalte die materielle Regelung der normierten sechsmonatigen Ausschlußfrist. Die weiterhin aus gutem Grunde in einem Sonderabsatze hinzugefügte Vorschrift des Abs. 3 habe, wie die Abs. 2 bis 4 überhaupt, lediglich eine zivilprozessuale Bedeutung, sie ordne als Prozeßbestimmung den örtlichen Gerichtsstand. Die wohlerwogene Gesetzesfassung biete keinen Anhalt dafür, daß zur Wahrung der Ausschlußfrist der Rechtsweg bei dem Gerichte der belegenen Sache innerhalb der Frist beschritten sein müsse. Die materielle Vorschrift des Abs. 1 erfordere nur Klagerhebung innerhalb der Frist. Sinn und Wirkung der geforderten Gerichtsstandsvorschrift bestimmten sich nach dem jeweiligen Prozeßrechte. Bei der Beratung des Gesetzesentwurfs sei ein Antrag des Abgeordneten Windhorst, den Abs. 1 dahin zu fassen: „Die Klage ist binnen 3 Jahren nach Zustellung des Regierungsbeschlusses bei demjenigen Gericht anzubringen, in dessen Bezirke das betreffende Grundstück belegen ist", abgelehnt worden. Dies sei namentlich bezeichnend für die Absicht, auseinanderzuhalten, was nicht zusammengehöre.

Dieser Grundauffassung der Revision kann nicht beigestimmt werden. Der aus den Gesetzesmaterialien herangezogene Antrag des Abgeordneten Windhorst, wovon übrigens der mitgeteilte Satz den zweiten Absatz darstellt, bezielte eine geräumigere Fristbemessung. Daß er nicht zur Annahme gelangte, ist für die Fragen, um die es sich hier handelt, ohne jeden Belang. Zuzugeben ist, daß sich Abs. 3 des § 30 auf das Verfahren bezieht. Dagegen ist der Inhalt des Abs. 1 nicht lediglich materiellrechtlicher Natur. Die materielle Seite der eröffneten Befugnis ist darin zu erblicken, daß die Beteiligten innerhalb einer Ausschlußfrist von sechs Monaten nach Zustellung des Entschädigungsfeststellungsbeschlusses die im Verwaltungsverfahren erfolgte Bemessung der Entschädigung wirksam angreifen dürfen. Das ergibt der Abs. 1 des § 30, der aber zugleich schon die hauptsächlichste Bestimmung über die Verfahrensseite, die Ausübung der Befugnis enthält, insofern er den Rechtsweg gewährt. Hierzu kann man noch den § 2 preuß. AG. z. ZPO. heranziehen; zur Erkenntnis des Sinnes des Enteignungsgesetzes, daß innerhalb sechs Monaten der Weg der Klagerhebung vor dem ordentlichen Richter zugelassen sei, hätte es indes dieser Ergänzung kaum bedurft. Nun hielt man für angezeigt, noch weitere die Ausübung der Befugnis angehende Bestimmungen zu treffen. Es erschien namentlich angemessen, als Forum für die Entschädigungsklage lediglich und ausschließlich das Gericht der belegenen Sache zu bestimmen, da die erforderliche Abschätzung des Grundeigentums immer nur am Orte, wo die Sache liegt, erfolgen kann (vgl. die Mitteilungen aus den Gesetzesmaterialien im RGZ. Bd. 3 S. 303). So erklärt sich die Vorschrift über den örtlichen Gerichtsstand. Daraus wird aber ersichtlich, daß der Abs. 3 innerlich enge mit der Vorschrift des Abs. 1, die auch schon das Verfahren berührt, zusammengehört. Dieser Zusammenhang der Vorschriften, die den gesetzlichen Ausschlußfristen eigentümliche Strenge (Motive zum I. Entwurf des BGB. Bd. 1 S. 347) und die Erwägung, daß der Gesetzgeber auf die Regelung des örtlichen Gerichtsstandes erhebliches Gewicht legte, führen zu der Deutung, daß zur Wahrung der Ausschlußfrist des § 30 eine Klagerhebung bei dem nach Abs. 3 ausschließlich zuständigen Gerichte geboten ist und dem zwingenden Sinne des Gesetzes nicht Genüge geschieht, wenn innerhalb der Frist nur bei einem ortsunzuständigen Gerichte geklagt wird.

Diesen auch im Urteile vom 24. November 1916 vertretenen Standpunkt hat das Reichsgericht ebenfalls schon in dem Urteile RGZ.

Bd. 3 S. 303 eingenommen, und die grundsätzliche Stellungnahme der letzterwähnten Entscheidung ist nicht nur in den beiden im Eingange bezeichneten Urteilen des erkennenden Senats, sondern auch von dem dritten Senate des Reichsgerichts im Urteile vom 13. Dezember 1907, III. 179/07 für richtig erachtet worden. Die Revision beruft sich für ihren Standpunkt mit ausführlichen näheren Darlegungen auf den Inhalt des Urteils RGZ. Bd. 12 S. 299. Diese Entscheidung, in welcher der Fall der Angehung eines örtlich unzuständigen Gerichts überhaupt nicht berührt wird, kann jedoch vorliegend nicht als wichtig betrachtet und herangezogen werden. Anderseits kann hier freilich das Urteil RGZ. Bd. 3 S. 303 nicht in seinem ganzen Umfang in Betracht kommen. Wenn dort die bei einem örtlich unzuständigen Gericht eingereichte Klage nach Ablauf der Ausschlußfrist an das zuständige Gericht abgegeben und von diesem als verspätet abgewiesen ist, so hat das damals herrschende preußische Prozeßrecht auf die Behandlung der Sache Einfluß geübt. Die Einführung der Zivilprozeßordnung hat zwar die Zuständigkeitsvorschrift des § 30 Abs. 3 EntG. unberührt gelassen (§ 15 Nr. 2 EG. z. ZPO.). Es bleibt aber zu prüfen, ob etwa der neben dem § 30 geltenden Zivilprozeßordnung und namentlich dem § 27 der mit dem 1. Oktober 1915 in Kraft getretenen Bundesratsverordnung vom 9. September 1915 (RGBl. S. 562) ein Einfluß auf die Rechtslage der mit dem Beschlusse der Verwaltungsbehörde über Bemessung der Enteignungsentschädigung unzufriedenen Beteiligten, insbesondere der Kläger zukommt.

Nach dem § 30 haben die Kläger die Ausschlußfrist versäumt, weil sie bis zum Fristablaufe die Entschädigungsklage lediglich bei dem unzuständigen Landgerichte I in Berlin erhoben haben, und damit sind sie ihres materiellrechtlichen Widerspruchsrechts gegenüber der Entschädigungsbemessung des Polizeipräsidiums verlustig gegangen. Wäre es in der jahrelangen Zeit bis zum Inkrafttreten der bezeichneten Bundesratsverordnung zur Entscheidung über die Klage gekommen, so hätte das Urteil nur auf Klagabweisung lauten können. Hierbei wäre allerdings für eine materielle Entscheidung über den Bestand der Berechtigung der Kläger, den Entschädigungsfeststellungsbeschluß anzugreifen, kein Raum geblieben. Die Entscheidung wäre nicht als ein Sachurteil, sondern als ein Prozeßurteil mit der Begründung, es fehle die Prozeßvoraussetzung örtlicher Zuständigkeit des Gerichts, ergangen. Immerhin hätte aber auch zugetroffen, daß die Ausschlußfrist versäumt und das materielle Angriffsrecht der Kläger verwirkt war. Durch den § 27 der Verordnung vom 9. September 1915, der den § 505 ZPO. auf das Verfahren vor den Landgerichten für anwendbar erklärt, wurde den Klägern die Möglichkeit eröffnet, auf ihre Klage eine Entscheidung in der Sache selbst zu erreichen, wobei in erster Reihe die Frage zu entscheiden war, ob die Ausschlußfrist gewahrt sei. Wollte man die Frage in Rücksicht auf die durch die Anwendbarkeit des § 505 geschaffene neue Lage bejahen, so würde diese Vorschrift eine Tragweite erhalten, die weit über das Gebiet des Prozeßrechts hinauswirkend den eingetretenen Verlust einer materiellen Berechtigung wieder beseitigte. Inhalt und Fassung des § 505 beruhen auf der Prozeßnovelle vom 1. Juni 1909. Nach der Begründung ihres Entwurfs zielte die gesetzliche Neuerung auf eine Beschleunigung und Vereinfachung des vorher geltenden Verfahrens, das zu umständlich erschien und dem böswilligen Schuldner die Handhabe bot, den Prozeß zu verschleppen. Die Zweckbestimmung des neuen Gesetzes, die auch für die 1915 angeordnete Erweiterung der Anwendbarkeit in Betracht kommt, bewegt sich auf prozessualem Gebiet und spricht dafür, grundsätzlich im Prozeßverfahren den Rahmen zu erblicken, für den der gesetzlichen Neuerung unmittelbar Bedeutung und Wirkung zukommt. Vor prozessualen Nachteilen soll der Kläger, der bei einem unzuständigen Gerichte geklagt hat, geschützt werden, indem ihm die Möglichkeit geboten wird, innerhalb desselben Prozesses die Verweisung an das zuständige Gericht zu erreichen. So erweist sich die bei einem unzuständigen Gerichte begründete Rechtshängigkeit als ein geeigneter Ausgangspunkt, den Streit einer materiellen Entscheidung zuzuführen. Indes bedarf es dazu des Antrags des Klägers auf Verweisung und einer Umleitung des Verfahrens an das zuständige Gericht durch den Verweisungsbeschluß. Erst mit diesem Beschlusse gilt der Rechtsstreit als anhängig bei dem zuständigen Gericht, und erst hiermit gewinnt die Klage die Kraft, zur Entscheidung in der Sache selbst zu führen. Wenn auch die Rechtshängigkeit in der Zeit nach dem Verweisungsbeschluß als eine Fortsetzung der mit der Klagerhebung begründeten Rechtshängigkeit zu betrachten ist, so hat sie doch wesentlich stärkere Eigenschaften als vor dem Beschlusse. Aus diesen Erwägungen läßt sich nicht herleiten und nicht rechtfertigen, daß eine während des Schwebens des Rechtsstreits bei dem unzuständigen Gerichte verwirkte und vernichtete materielle Berechtigung nach Erlaß des Verweisungsbeschlusses als wirksam bestehend zu gelten habe. Eine den Klägern günstige Entscheidung wäre nur möglich, wenn man es so anzusehen hätte, als wäre die Rechtshängigkeit bei dem örtlich zuständigen Gerichte schon von vornherein im Zeitpunkte der Klagerhebung eingetreten. Dafür bietet aber das Gesetz keinen Anhalt. Es ist nicht vorgeschrieben und nicht anzunehmen, daß sich die Heilung des Zuständigkeitsmangels mit rückwirkender Kraft vollzieht. Demgemäß werden Eintritt und Wirkung der Versäumung der Ausschlußfrist durch den späteren Verweisungsbeschluß nicht beseitigt.

Die Revision meint freilich, die prozeßrechtlich zulässige Heilung des in der Angehung eines örtlich unzuständigen Gerichts liegenden Mangels der Klagerhebung müsse der Klage auch von Anfang an ihre volle materiellrechtliche Wirkung verleihen, und versucht diese Auffassung mit Hinweisen auf die Urteile RGZ. Bd. 86 S. 245, Bd. 87 S. 271, Bd. 90 S. 86 zu belegen. Allein diese Beweisführung versagt. Die bezeichneten Entscheidungen betrafen Fälle, in denen gewisse dem Verfahren einer Prozeßpartei anhaftende Mängel entweder in Ermangelung einer Rüge der Gegenpartei überhaupt nicht beachtlich oder nach den maßgebenden Vorschriften mit rückwirkender Kraft geheilt waren. In dem Schrifttum und einer veröffentlichten Entscheidung des Kammergerichts finden sich allerdings Meinungsäußerungen, die dem Standpunkte der Revision entsprechen, sie erscheinen jedoch nicht überzeugend. Sehr zweifelhaft stellt sich die Frage, ob die Ausschlußfrist auch dann für versäumt zu erachten ist, wenn die Klage bei einem örtlich zuständigen, aber sachlich unzuständigen Gericht angebracht ist und nach Ablauf der Ausschlußfrist der Rechtsstreit an das sachlich zuständige Gericht verwiesen wird Die Frage braucht aber hier nicht erörtert zu werden. Sollte selbst in solchem Falle die Ausschlußfrist als gewahrt zu gelten haben, so ließe sich daraus gegen die im vorstehenden vertretene, grundlegend auf dem § 30 EntG. fußende Ansicht ein entscheidendes Bedenken nicht herleiten. Eine Klagerhebung bei einem örtlich oder sachlich unzuständigen Gericht ist zur Unterbrechung der Verjährung geeignet, sofern nur nicht wegen solcher Unzuständigkeit die Klage abgewiesen wird (vgl. BGB. § 212, RGZ. Bd. 66 S. 368). Bei der wesentlichen Verschiedenheit zwischen Verjährungsfristen und Ausschlußfristen sind jedoch auch hieraus Bedenken gegen den Standpunkt des erkennenden Senats nicht zu entnehmen. Nach alledem war der Revision der Kläger der Erfolg zu versagen." . . .

---

10. 1. Ist bei Wasserläufen, insbesondere Mühlenkanälen, deren Wasser öffentlich ist, deren Bett sich aber im Privateigentum befindet, der über dem Wasser befindliche Luftraum öffentlich? oder steht daran dem Eigentümer des Bettes das Ausschließungsrecht des § 905 BGB. zu?

2. Ist nach Aufhebung des gemeinen Rechtes der Grundsatz bestehen geblieben, daß Eingriffe in wohlerworbene Rechte, die auf polizeilicher Verfügung oder Genehmigung beruhen, ohne Rücksicht auf Verschulden zur Entschädigung verpflichten?

V. Zivilsenat. Urt. v. 12. Januar 1918 i. S. H. (Bekl.) w. M. u. Gen. (Kl.). Rep. V. 293/17.

I. Landgericht Gera.
II. Oberlandesgericht Jena.

Die Beklagte ist Eigentümerin eines in Gera zu beiden Seiten des Mühlgrabens zwischen der Reichs- und Schützenstraße gelegenen Fabrik-(Färberei-)Grundstücks, zu dem die Flächenabschnitte Flurbuch-Nr. 565 (westlich) und 445 (östlich) gehören. Sie hat dort auf Grund eines Bauerlaubnisscheins von 1911 einen Anbau für eine Trockenappretur errichtet, der von Nr. 445 nach 565 hinüberreicht und den Mühlgraben überdeckt. Die dazu von der Wasserpolizeibehörde, dem fürstlichen Landratsamt in Gera erteilte Genehmigung schrieb vor, daß die Beklagte gemäß § 10c der Mühlgrabenordnung vom 11. Januar 1873/24. Oktober 1885 einen jährlichen Laßzins von 146 ℳ an die Mühlgrabenkasse zu entrichten habe.

Als Eigentümer des Mühlgrabens, der dort die Flurbuch-Nr. 757 führt, sind im Kataster und Grundbuche seit langer Zeit die klagenden

Mühlenbesitzer eingetragen. Nachdem sie gegen den Bau erfolglos Widerspruch erhoben hatten, wurden sie gegen die Beklagte mit dem Antrag auf Beseitigung des Überbaus, Untersagung fernerer Störung und Schadensersatz klagbar. Die beiden ersten Ansprüche wurden in allen Instanzen wegen Unzulässigkeit des Rechtswegs abgewiesen. Anlangend den Schadensersatzanspruch, so ließ das Oberlandesgericht im Gegensatz zum ersten Richter durch rechtskräftig gewordenes Zwischenurteil den Rechtsweg zu. Während dann das Landgericht den Anspruch, den die Kläger auf 7000 *M* bezifferten, als unbegründet abwies, erklärte ihn das Oberlandesgericht durch Teilurteil jedenfalls insoweit dem Grunde nach für berechtigt, als für den Überbau über dem eigentlichen Bachbett (zwischen den Ufermauern) Entschädigung verlangt wurde. Die Prüfung der Frage, ob die Ufermauern auf dem Grunde des Bachbettes oder dem der angrenzenden Grundstücke ruhen, sowie die Entscheidung über den Teil des Anspruchs, der auf diese Ufermauern und deren Überbau entfällt, behielt es vor. Die Revision der Beklagten wurde zurückgewiesen.

Aus den Gründen:

„Die Beklagte hatte unter Berufung auf § 2 der Mühlgrabenordnung behauptet, der Mühlgraben sei ein öffentliches Gewässer und es sei deshalb ein Privateigentum an dessen Bette und an dem darüber befindlichen Luftraume nicht anzuerkennen. ... In dieser Vorschrift ist bestimmt, daß der Mühlgraben, ein nach § 1 aus dem Elsterfluß an dessen rechtem Ufer abgeleiteter und dorthin wieder zurückführender „künstlicher Kanal", als ein „öffentliches Gewässer" zu betrachten sei, „das sich in niemandes Eigentume befindet und dem die rechtliche Natur der Flüsse und Bäche beiwohnt". Nach § 3 erleiden demnach alle diejenigen Bestimmungen Anwendung, die in Gemäßheit des Reußischen Wassergesetzes vom 6. April 1872 bezüglich der Flüsse und Bäche Geltung haben, insbesondere sollen danach wohlerworbene Rechte am Mühlgraben auch ferner — vorbehaltlich der gesetzlichen Enteignungsfälle — in Kraft bleiben.

Diese Vorschriften hat das Oberlandesgericht dahin ausgelegt, daß § 2 der Mühlgrabenordnung nur das Wasser selbst (die fließende Welle) im Auge habe, im übrigen aber an den Eigentumsverhältnissen nichts ändere. Auch nach dem in Bezug genommenen Gesetze vom 6. April 1872 sei nur das Wasser dem Gemeingebrauch unterworfen

(§§ 6 II, 12); das Flußbett gehöre, vorbehaltlich wohlerworbener Rechte (§ 10), den Anliegern (§ 23). Bei den Verhandlungen über den Erlaß der Mühlgrabenordnung sei allerdings in dem Entwurfe vom Januar 1871 in Aussicht genommen worden, nicht bloß das Wasser, sondern auch das Bett des Grabens für öffentlich und niemandes Eigentum zu erklären; diese Bestimmung habe aber Widerspruch gefunden und sei in die endgültige Fassung nicht aufgenommen worden. Demnach sei Privateigentum anzuerkennen. Daß es den Klägern zustehe, folge aus der gesetzlichen Vermutung des § 891 BGB. ... Nach § 905 BGB. folge aus dem Eigentum am Flußbett auch das Recht und die Ausschließungsbefugnis am darüber befindlichen Luftraume.

Diese von der Revision angegriffenen Ausführungen sind, soweit sie die Auslegung landesrechtlicher Normen betreffen, der Anfechtung in der Revisionsinstanz entzogen. Wenn die Revision eingewendet hat, die Öffentlichkeit des Wassers ziehe mit Notwendigkeit die des Flußbettes nach sich, so ist dies weder im allgemeinen noch nach den gemeinrechtlichen, für Mühlenkanäle geltenden Rechtsgrundsätzen anzuerkennen (vgl. die Ausführungen in dem Urteile des erkennenden Senats vom 3. Februar 1912, Gruchot Bd. 56 S. 1179). Diese Grundsätze stimmen mit dem hier in Rede stehenden Landesrechte, das im übrigen allein maßgebend ist, überein. Die weiteren Ausführungen des Oberlandesgerichts aber, namentlich die Anwendung des § 905 BGB., lassen einen Rechtsirrtum nicht erkennen. Zwar meint die Revision, der Luftraum befinde sich nicht über dem Bette des Grabens, sondern über dem Wasser, müsse diesem folgen und wie dieses beim Gemeingebrauch benutzt werden, wenn die öffentliche Natur des Wassers nicht verloren gehen solle. Dies ist jedoch nur mit Einschränkungen, nämlich nur insoweit als richtig anzuerkennen, als der Gemeingebrauch des Wassers auch den der Luft und des Luftraums nach sich zieht. Dieser Gemeingebrauch aber ändert, ebenso wie der des Wassers, nichts an den an den festen Erdkörper sich anschließenden Eigentums- und Ausschließungsbefugnissen des § 905. Der Luftraum gehört, ebenso wie das Innere des Erdkörpers, auch da, wo Wasser und Luft sich befindet, dem Grundeigentümer unbeschadet der durch den Gemeingebrauch des Wassers und der Luft gebotenen Beschränkungen. Von einem solchen Gemeingebrauch aber ist im vorliegenden Falle, wo ein Gebäudebau im Luftraum in Frage steht, keine Rede. (Vgl. Motive zu § 849 des I. Entwurfs des BGB. Bd. 3 S. 263; Protokolle der II. Lesung Bd. 3 S. 120; Biermann, Sachenrecht, 3. Aufl. Anm. 1 zu § 905 BGB.; RGZ. Bd. 42 S. 205, Bd. 59 S. 116). Das durch § 905 erforderte Interesse an der Ausschließung anderer Personen hat der Berufungsrichter schon im Hinblick auf die erschwerte Reinigung des Gewässers, aber auch im Hinblick auf künftige Ausnutzungsmöglichkeiten und deren Einfluß auf den Verkehrswert des Mühlgrabens als vorhanden angenommen. Ein Bedenken in dieser Beziehung hat auch die Revision nicht mehr erhoben.

Den Entschädigungsanspruch selbst hat der Berufungsrichter weder durch die öffentlichrechtlichen Beschränkungen noch durch den der Beklagten auferlegten Laßzins für ausgeschlossen erachtet. Dieser fließe zur Mühlgrabenkasse, habe öffentlichrechtliche Natur und könne am Privatrechte der Kläger nichts ändern. Herzuleiten sei der Entschädigungsanspruch seinem Grunde nach aus § 823 BGB., denn die Beklagte habe schuldhaft und rechtswidrig das Eigentum der Kläger verletzt ... (wird näher ausgeführt). Die Revision hat demgegenüber gerügt, die Feststellung, daß die Beklagte das angebliche Eigentumsrecht der Kläger bewußt rechtswidrig verletzt habe, entbehre ausreichender Begründung. ... Der Entschädigungsanspruch, den § 100 des Reußischen Wassergesetzes im Abs. 2 gegenüber der Versagung des Rechtswegs nach Abs. 1 vorbehält, bedarf jedoch überhaupt nicht der Begründung aus § 823 BGB., ist vielmehr auch ohne jedes Verschulden gegenüber demjenigen, zu dessen Gunsten die polizeiliche Verfügung oder Genehmigung ergangen, für gegeben zu erachten. Für das früher gemeinrechtliche Gebiet, das hier in Frage steht, wurde dies in Fällen, wo wohlerworbene Rechte durch polizeiliche Eingriffe verkürzt, insbesondere die Abwehrklage (Negatoria) des Eigentümers ausgeschlossen wurde, allgemein angenommen (vgl. RGZ. Bd. 72 S. 89, Bd. 70 S. 150, Bd. 47 S. 98, Bd. 30 S. 116, Bd. 17 S. 103; Gruchot Bd. 50 S. 412; Jur. Wochenschr. 1912 S. 869 Nr. 28, 1910 S. 580 Nr. 15); die Beseitigung des gemeinen Rechtes durch die Einführung des Bürgerlichen Gesetzbuchs hat daran aber nichts geändert, weil es sich dabei um einen allgemeinen, auch in § 904 BGB. und in § 26 GewO. anerkannten

Rechtsgrundsatz handelt (vgl. RGZ. Bd. 72 S. 90, Bd. 58 S. 130, Bd. 64 S. 184)."

---

11. Zur Frage der Haftung aus verfälschten Schecks. Mitwirkendes Verschulden des Bezogenen.

Scheckgesetz §§ 23, 6.
BGB. § 254.

V. Zivilsenat. Urt. v. 16. Januar 1918 i. S. H. (Bekl.) w. W. (Kl.). Rep. V. 299/17.

I. Landgericht Elberfeld.
II. Oberlandesgericht Düsseldorf.

Der Beklagte stand mit der Klägerin, einem Bankunternehmen, in Scheckverkehr, wofür sie ihm einen von ihm auch ausgenutzten Kredit eingeräumt hatte. Seit dem 6. September 1915 hat die Klägerin auf die vom Beklagten gezogenen Schecks, die seine Angestellte, Anna K., dadurch verfälscht hatte, daß sie unter Änderung der von ihm hineingeschriebenen Summenzahlen die so erhöhten Beträge in Worten an der von ihm offen gelassenen Stelle ausfüllte, diese Beträge der Angestellten ausgezahlt, welche diese für sich behielt. Der Beklagte erkannte den Saldo in der bereits derartige Zahlungen enthaltenden Abrechnung vom 31. Dezember 1915 an, focht aber nach Aufdeckung der Fälschungen sein Anerkenntnis wegen Irrtums und Betrugs an, während er den weitere derartige Zahlungen enthaltenden Auszug vom 30. Juni 1916 mit einem Debetsaldo von 15293,60 *M* wegen dieser Fälschungen nur in Höhe von 5803,20 *M* anerkannte und am 17. August 1916 nur in dieser Höhe bezahlte. Die Klägerin klagte auf Zahlung.

Das Landgericht verurteilte den Beklagten durch Teilurteil zur Zahlung nach dem Klagantrag abzüglich 2600 *M*, die vor dem 1. Januar 1916 bezahlte Schecks betrafen. Hinsichtlich dieser nahm es ein gleichschweres Verschulden beider Teile an und verurteilte durch Schlußurteil zur Zahlung weiterer 1300 *M* und Zinsen, während es die Klage wegen des Restes abwies. Das Oberlandesgericht zu Düsseldorf wies die Berufungen des Beklagten gegen beide Urteile zurück und verurteilte ihn auf die Anschlußberufung der Klägerin gegen das Schlußurteil auch zur Zahlung der restlichen 1300 *M* und Zinsen.

Auf die Revision des Beklagten wurde das Urteil aufgehoben aus folgenden

Gründen:

„Das Berufungsgericht geht zwar davon aus, daß die Klägerin den Beklagten nicht allein deswegen in Anspruch nehmen könne, weil sie vom Beklagten auf sie gezogene, aber von seiner Angestellten hinsichtlich der Beträge verfälschte Schecks eingelöst habe, also in der Höhe der von der K. abgehobenen Beträge geschädigt sei; das Berufungsgericht nimmt aber an, der Beklagte sei ihr dafür ersatzpflichtig, daß er seine durch den Kredit- und Scheckverkehr übernommenen Pflichten fahrlässig verletzt habe, auch das Verschulden seiner Angestellten K. vertreten müsse (§§ 276, 278 BGB.). Wenn ein Mitverschulden der Klägerin oder ihrer Angestellten überhaupt vorliege, so würde es doch gegenüber dem Verschulden des Beklagten als so gering anzusehen sein, daß von einer Teilung des Schadens gemäß § 254 BGB. nicht die Rede sein könne; der Beklagte hafte daher für den vollen Schaden.

Wenn der Scheck nach dem Scheckgesetze vom 11. März 1908 auch keine Anweisung im Sinne der §§ 783 flg. BGB. ist und aus der Wahl des Wortes „Anweisung" in § 1 Nr. 2 statt des im vorläufigen Entwurfe von 1907 noch enthaltenen Ausdrucks „Aufforderung" nichts für das Gegenteil entnommen werden kann (Lessing, Scheckgesetz S. 9 und 19), so darf doch nach der herrschenden Meinung der Bezogene für Rechnung des Ausstellers nur so viel leisten, wie dessen Ermächtigung durch den Scheck reicht, d. h. nur solche Beträge, die der Aussteller wirklich im Scheck ausgeschrieben hat. Danach soll im Verhältnis zwischen Aussteller und Bezogenem der Schade, welcher durch eine infolge Fälschung oder Verfälschung eines Schecks geleistete Zahlung entstanden ist, grundsätzlich vom Bezogenen zu tragen sein, es sei denn, daß den Aussteller, der unter Umständen auch für fremdes Verschulden (§ 278 BGB.) haftet, ein Verschulden oder mitwirkendes Verschulden trifft.[1] Dem stellt die

[1] Apt, Scheckgesetz § 23 Anm. 2; Kohl, Scheckgesetz § 23 Nr. 5; Johle, Scheckgesetz § 23; Henschel, Scheckgesetz § 23 Anm. 4; Lessing, Scheckgesetz

Klägerin die Auffassung gegenüber, daß, da der Beklagte selbst den Betrag nur in Zahlen angegeben, die im Vordrucke für die Angabe in Buchstaben frei gelassene Stelle aber seiner Angestellten K. zur Ausfüllung überlassen hatte, nur ein Blankett vorgelegen habe und er der Klägerin aus der seiner Angestellten erteilten Ermächtigung in voller Höhe der gezahlten Beträge hafte. Es kann indessen dahingestellt bleiben, welcher Auffassung der Vorzug zu geben ist, wobei jedoch darauf hingewiesen werden soll, daß nach § 6 SchG. nicht erforderlich ist, daß der Betrag in Zahlen **und** in Buchstaben anzugeben ist, ein Scheck also an sich kein Blankett mehr ist, wenn der Betrag, wenn auch nur einmal, sei es in Zahlen, sei es in Buchstaben, angegeben ist. Dem könnte allerdings entgegengehalten werden, daß nach den auf Grund des Scheckvertrags ausgegebenen Scheckvordrucken die Annahme naheliegt, die Bank verlange die Angabe des Betrags in Buchstaben und Zahlen. Aber, wie schon bemerkt wurde, diese Frage bedarf hier keiner Entscheidung, da das Berufungsgericht in nicht zu beanstandender Weise ein Verschulden des Beklagten angenommen hat, das ihn an sich dazu verpflichtet, den durch die Fälschungen entstandenen Schaden zu tragen, wobei allerdings noch die Frage offen bleibt, ob nicht die Klägerin ein mitwirkendes Verschulden trifft.

Die Revision stellt zur Nachprüfung, ob mit Recht ein Verschulden des Beklagten angenommen sei, wobei sie auf dessen Einwand hinweist, daß die K. schon mehrere Jahre bei ihm gearbeitet und ihre Tüchtigkeit und Ehrlichkeit bewiesen hatte, so daß er ihr die volle Buch- und Kassenführung habe übertragen können. Anscheinend will die Revision damit auf den in § 831 BGB. zugelassenen Entschuldigungsbeweis hinweisen. In erster Linie nimmt ja aber das Berufungsgericht eigenes Verschulden des Beklagten an. Als Gegengewicht gegen die Gefahr, die im Scheckverkehr leicht den Bezogenen trifft, ist diesem die vertragliche Befugnis zuzubilligen, von dem Aussteller zu verlangen, daß er diejenige Sorgfalt im Scheckverkehr anwendet, die erforderlich ist, um mit dem Mißbrauche von Scheckvordrucken verbundene Schädigungen nach Möglichkeit auszuschließen (**Staub**, Exkurs zu § 363 HGB. Anm. 6). Dazu gehört neben der sorgsamen

---

§ 23 III. 2. c; **Staub**, Handelsgesetzbuch, Exkurs zu § 363 Anm. 6; **Ehrenberg**, DJZtg. 1907 Sp. 1300; **Cosack**, Lehrb. d. Handelsr. 6. Aufl. § 58 IV 2. b; **Breit**, Zschr. f. Handelsr. Bd. 64 S. 523; s. auch RGZ. Bd. 56 S. 410. D. E.

Verwahrung des Scheckbuchs (RGZ. Bd. 81 S. 255) vor allem auch die Ausfüllung der in den Scheckvordrucken offengelassenen Stellen, so daß eine Fälschung dadurch unmöglich gemacht oder doch wenigstens nicht erleichtert wird (Kohl § 23 Nr. 5; Johle § 23; Lessing § 23 III 2. c). Die sachgemäße Ausfüllung der offengelassenen Stellen erscheint zur Verhütung späterer mißbräuchlicher Ausfüllung so wesentlich, daß die Reichsbank sie in ihre Scheckbedingungen aufgenommen hat (Lessing § 23 III 2. a). Da nach § 6 SchG. bei Unstimmigkeit zwischen Ziffern und Buchstaben die in Buchstaben ausgedrückte Summe gilt, sie also die entscheidende ist, so kann es nicht bemängelt werden, daß das Berufungsgericht in dem Verfahren des Beklagten, in den seiner Angestellten K. zur weiteren Behandlung überlassenen, von ihm unterschriebenen Schecks den Betrag nur in Zahlen anzugeben, dagegen den für die Ausfüllung der Summe in Buchstaben bestimmten Raum unausgefüllt zu lassen, eine weitgehende Fahrlässigkeit erblickt, die einer mißbräuchlichen Benutzung der Schecks durch die K. Tür und Tor öffnete. . . .

Das Berufungsgericht erachtet das Mitverschulden der Klägerin oder ihrer Angestellten, „wenn von einem solchen überhaupt gesprochen werden kann", im Verhältnis zum Verschulden des Beklagten an der Herbeiführung des Schadens für so gering, daß von einer Teilung des Schadens aus § 254 BGB. nicht die Rede sein könne. Diese Beurteilung unterliegt der Nachprüfung des Revisionsgerichts (Warneyer, Rechtspr. 1914 Nr. 327).

Nach der nicht ausdrücklich bestrittenen Behauptung der Klägerin hat der Beklagte jedesmal in der Bescheinigung über den Empfang eines Scheckbuches erklärt, „von dem darin enthaltenen Vorbehalt Kenntnis genommen zu haben", und dieser Vorbehalt soll den Satz enthalten: „Das Scheckbuch bitte sorgfältig aufzubewahren, da ich für eine mißbräuchliche Benutzung der Schecks nicht aufkomme". Unzweifelhaft unterwirft sich der Kunde durch widerspruchslose Entgegennahme des Scheckbuchs einer derartigen Bestimmung als einer vertraglichen, mit der der Bankier bezweckt, nachteilige Folgen fahrlässigen eigenen, vielleicht auch vorsätzlichen Verhaltens seiner Angestellten (§§ 276 Abs. 2, 278 Satz 2 BGB.) von sich auf den Kunden abzuwälzen. Es könnte fraglich erscheinen, ob ein derartiger Fall hier als gegeben anzunehmen wäre. Es ist jedoch Breit (Pflichten und

Rechte des Bankiers unter dem Scheckgesetze S. 12) darin beizupflichten, daß eine derartige einschneidende Abänderung allgemeiner Rechtsgrundsätze so deutlich und bestimmt gefaßt sein muß, daß für den Kunden kein Zweifel an ihrer Bedeutung bestehen kann (s. auch Breit, Zeitschr. f. Hdlsr. Bd. 64 S. 525). Dann aber kann sich die Klägerin, da der Mißbrauch hier mit einer nicht sorgfältigen Aufbewahrung des Scheckbuchs nichts zu tun hat, auf den angeblichen Vorbehalt nicht berufen. Es ist daher zu prüfen, ob die Beurteilung, die das Berufungsgericht einem etwaigen mitwirkenden Verschulden auf der Seite der Klägerin hat zuteil werden lassen, zu billigen ist. Dies muß verneint werden.

Der Beklagte hatte, wie die Revision zutreffend hervorhebt, unter Beweis gestellt, daß der Kassierer der Klägerin bei Vorlegung des ersten gefälschten Schecks der K. erklärt habe, solche Schecks dürfe sie nicht mehr vorzeigen, sie würden nicht eingelöst werden, und ferner, daß nach der Übung des Bankverkehrs Schecks, die Änderungen oder Durchstreichungen enthalten, den vom Aussteller unterschriebenen Vermerk tragen müssen, daß sie von ihm selbst geändert worden sind, und an einer anderen Stelle, daß nach derselben Übung der Bankier, dem ein solcher auffälliger Scheck vorgelegt wird, sofort, wenn möglich durch Fernsprecher, solange der ihn Vorlegende sich noch in den Geschäftsräumen der Bank befinde, den Aussteller von der Vorlegung des veränderten oder verunstalteten Schecks zu benachrichtigen habe. Wird die erstere Behauptung und von den beiden anderen die eine oder die andere erwiesen, so würde in ausreichendem Maße wahrscheinlich gemacht sein, daß, wenn die Klägerin die eine oder die andere Verkehrsübung beobachtet hätte, schon der erste Versuch der K. vergeblich gewesen wäre und zur Aufdeckung ihres strafbaren Verhaltens und damit zur Verhinderung weiterer die Klägerin schädigender Verfehlungen geführt hätte. Hiernach könnte, da gerade die Ursächlichkeit des Handelns gegeneinander abzuwägen ist (Warneyer 1911 Nr. 340), nicht zugegeben werden, daß das mitwirkende Verschulden der Klägerin, ganz abgesehen von den späteren Fällen und deren häufiger Wiederholung, gegen das Verschulden des Beklagten an dem nachteiligen Erfolge dermaßen zurücktrete, daß von einer Teilung des Schadens keine Rede sein könne....

Hiernach war das Urteil aufzuheben und die Sache an das Berufungsgericht zurückzuverweisen."

12. Kann ein durch einen Unfall in der Erwerbsfähigkeit geschädigter Geschäftsführer einer Gesellschaft m. b. H., der zugleich Gesellschafter ist, außer für sein Geschäftsführergehalt auch für entgangenen Geschäftsgewinn Ersatz verlangen?

Reichshaftpflichtgesetz vom 7. Juni 1871/18. August 1896 § 3a.
Gesetz, betr. die Gesellschaften m. b. H., vom 20. April 1892/20. Mai 1898 § 13.

VI. Zivilsenat. Urt. v. 17. Januar 1918 i. S. A. (Kl.) w. preuß. Eisenbahnfiskus (Bekl.). Rep. VI. 353/17.

I. Landgericht Mainz.
II. Oberlandesgericht Darmstadt.

Der Kläger, Geschäftsführer und Gesellschafter einer Gesellschaft m. b. H., der auch seine Ehefrau als Gesellschafterin angehört, hat am 13. April 1907 einen Eisenbahnunfall erlitten und Schadensersatz auf Grund des Reichshaftpflichtgesetzes, darunter eine Rente als Ausgleich für Minderung seiner Erwerbsfähigkeit zugesprochen erhalten. Mit der Revision hat er u. a. die Höhe dieser Rente bemängelt. Die Revision hatte keinen Erfolg.

Aus den Gründen:

... Die Revision beschwert sich darüber, daß nur das Gehalt des Klägers als Geschäftsführers in Betracht gezogen sei, nicht aber auch der Anteil an den Gewinnerträgnissen, der ihm als Gesellschafter und kraft ehemännlichen Nießbrauchs an den Geschäftsanteilen seiner Ehefrau zugekommen sei. ... Im besonderen wendet sich die Revision gegen die Ausführungen des Berufungsgerichts darüber, daß Verluste, die das Geschäftskapital treffen, Verluste der Gesellschaft als Trägerin ihres Vermögens und deshalb Ersatzansprüche wegen entgangenen Geschäftsgewinns und wegen der vom Geschäftsjahr 1907/08 an eingetretenen Verluste nicht Ansprüche des Klägers, sondern solche der Gesellschaft seien, die indessen nicht Verletzte im Sinne des Reichshaftpflichtgesetzes sei. Daraus wird dann vom Berufungsgerichte gefolgert, daß das Einkommen und die Rentabilität der Firma W. L. als Gesellschaft m. b. H. überhaupt nicht zur Grundlage der Schadensberechnung gemacht werden könnten, sondern lediglich der wirtschaftliche

Wert der Erwerbsfähigkeit des Klägers, wie er sich in erster Linie in der Vergütung ausdrücke, die ihm als Geschäftsführer und Angestellten der Gesellschaft m. b. H. zuteil geworden und von ihm selbst für den Zeitpunkt des Unfalls auf jährlich 10500 M angegeben worden sei.

Die Rüge konnte keinen Erfolg haben. Die letztangeführte Rechtsauffassung des Berufungsgerichts allerdings muß nach der Sachlage Bedenken begegnen. An sich richtig ist die Erwägung, daß, wer durch Besitz von Geschäftsanteilen mit Kapital an der Gesellschaft m. b. H. beteiligt ist und durch Unfälle, die Angestellte der Gesellschaft erleiden, ebenfalls in Nachteil kommt, diesen Schaden nach den Bestimmungen des Reichshaftpflichtgesetzes nicht ohne weiteres ersetzt erhält. Nicht ausreichend begründet erscheint aber die Anwendung des Satzes auf den vorliegenden Fall. Sie träfe zu, wenn der Kläger bloß Gesellschafter und Nießbraucher der Geschäftsanteile seiner Frau wäre, der verunglückte Geschäftsführer dagegen eine andere Person wäre. Bei der hier gegebenen Sachlage dagegen, wo der Geschäftsführer selbst — in erheblichem Umfange — Gesellschafter und Nießbraucher von Geschäftsanteilen ist, erscheint auch der von ihm auf diese Geschäftsanteile erlangte Gewinn als von ihm erarbeiteter Vermögensvorteil. Eine Einbuße an seiner Arbeits- und Erwerbsfähigkeit kann als Vermögensschaden auch beim Geschäftsgewinn in die Erscheinung treten, und es wäre gegebenenfalls nicht ohne weiteres einzusehen, warum nur der durch das Dienstverhältnis als Geschäftsführer erlangte Vermögensvorteil, nicht auch der Gesellschaftergewinn zu erstatten sein sollte, sofern die Einbuße an Erwerbs- und Arbeitsfähigkeit zu einer Schmälerung dieses Gewinnes geführt hat und auch diese Schmälerung mithin auf den Unfall zurückzuführen ist. Am unmittelbaren ursächlichen Zusammenhange zwischen dem Unfall und dem Vermögensschaden würde es solchenfalls insoweit nicht fehlen, auch nicht in Ansehung der eheweiblichen Geschäftsanteile, die im ehemännlichen Nießbrauche des Klägers stehen.

Das Urteil wäre aus diesem Grunde aufzuheben, wenn es auf dieser Erwägung beruhte. Dem ist aber nicht so. Das Berufungsgericht fügt den beanstandeten Ausführungen weitere Erwägungen hinzu, die von dem Gesichtspunkte der besonderen Rechtspersönlichkeit der Gesellschaft m. b. H. völlig absehen und die Sachlage so beurteilen, als hätte der Kläger schon zur Zeit des Unfalls dem Geschäft einfach als offener Gesellschafter angehört. Damit wird jene rechtlich bedenkliche Betrachtungsweise — fürsorglich — völlig verlassen, das Urteilsergebnis darauf nicht mehr gestützt". . . .

---

13. Wird der Anspruch eines Kindes auf Gewährung einer Rente für entgangenen elterlichen Unterhalt nach § 844 Abs. 2 BGB. dadurch gemindert, daß das Kind den Unterhalt von einem Dritten lediglich aus Wohltätigkeit erhält?

VI. Zivilsenat. Urt. v. 17. Januar 1918 i. S. H. (Bekl.) w. L. (Kl.). Rep. VI. 388/17.

I. Landgericht Zwickau.
II. Oberlandesgericht Dresden.

Die Frage wurde verneint aus folgenden

Gründen:

„Die Revision wiederholt in Übereinstimmung mit dem vorinstanzlichen Vorbringen des Beklagten, daß der Kläger Otto L. vom Zeugen K. als Pflegesohn angenommen sei und alles gewährt erhalte, was der Vater bei Lebzeiten ihm gewährt hätte; K. denke nicht an eine Zurückforderung, beabsichtige vielmehr, ihm wie einem richtigen Sohne den Unterhalt bis zur Vollendung seiner Ausbildung zu geben, und sei auch, wie unter Beweis gestellt sei, hierzu in der Lage. K. sei hiernach zur Unterhaltungsgewährung, wenn auch allerdings nicht rechtlich, so doch moralisch verpflichtet.

Eine Feststellung über die Vermögenslage des K. hat das Berufungsgericht nicht getroffen, aber auch nichts dem Revisionsvorbringen Gegenteiliges angenommen; im übrigen steht das tatsächliche Vorbringen der Revision mit dem Berufungsurteil im Einklange. Dessenungeachtet konnte sie keinen Erfolg haben. . . .

Daß der Fall des § 267 BGB. (Leistung eines Dritten für den Schuldner) nicht in Frage kommt, da die Leistung des K. unstreitig nicht zwecks Erfüllung auf die Verpflichtung des Beklagten geschieht, steht außer Zweifel. Es kann sich also nur darum handeln, ob der Schade, dessen Ausgleichung aus § 844 Abs. 2 begehrt wird, infolge des Eingreifens eines Dritten als nicht oder nicht mehr vorhanden anzusehen ist. Das ist zu verneinen. Die Vorschrift des § 844 Abs. 2 bringt schon in ihrem Wortlaute zum Ausdruck, daß sie nicht den Verlust tatsächlich bezogenen Unterhalts, sondern den Verlust des Rechtes auf Unterhalt im Auge hat. Das Recht auf Unterhalt aber ist durch den Tod des Vaters verloren, gleichviel, ob der Dritte freigebigerweise und ohne rechtliche Verpflichtung Unterhalt gewährt. Diese Betrachtungsweise erscheint zutreffend nicht nur wegen der Worte: „ist dem Dritten infolge der Tötung das Recht auf den Unterhalt entzogen", sondern es wird auch darauf hingewiesen durch die vorhergehenden Worte: „kraft Gesetzes unterhaltspflichtig war oder unterhaltspflichtig werden konnte". Während in den Fällen des Erwerbsverlustes nach § 843 Abs. 1 — nach den in der Rechtsprechung insbesondere des Reichsgerichts feststehenden Grundsätzen — nicht die abstrakte Einbuße an Erwerbsfähigkeit, sondern nur der konkrete Erwerbsverlust nach Maßgabe der vom Verletzten tatsächlich ausgeübten Erwerbstätigkeit auszugleichen ist (Komm. v. RGR. § 843 Erl. 2a), wird bei Anwendung des § 844 Abs. 2 grundsätzlich davon abgesehen, ob der Unterhalt tatsächlich gewährt worden ist; es kommt nur darauf an, ob und inwieweit der Getötete während der mutmaßlichen Dauer seines Lebens zur Gewährung des Unterhalts verpflichtet gewesen sein würde.

Was der Kläger Otto L. von K. erhält, ist mithin rechtlich gar nicht dasselbe, wofür der Beklagte Ersatz zu leisten hat: jenes ist tatsächliche Unterhaltsgewährung, dieses Verlust des Rechtes auf Unterhalt. Wie dann zu urteilen wäre, wenn der Unterhalt von einem anderen Unterhaltsverpflichteten gewährt würde — wofür auf die in § 844 Abs. 2 für anwendbar erklärte Vorschrift des § 843 Abs. 4 hinzuweisen ist —, kann hier dahinstehen, da sich K. zur Unterhaltsleistung nicht — auch nicht, wie die Revision will, in einem geminderten Grade — verpflichtet hat.

Das Ausgeführte gilt aber auch nicht etwa nur bezüglich des erst in der Zukunft zu gewährenden Unterhalts, sondern gleichermaßen insoweit, als der vorliegende Schadensersatzanspruch (RGZ. Bd. 55 S. 30) für eine Zeit erhoben wird, während deren Otto L. den Unterhalt von K. tatsächlich gereicht erhalten hat. Darauf, daß Otto L. insoweit die mit der Klage verlangte Leistung schon von dritter Seite erhalten habe, kann sich der Schadensersatzpflichtige nach der Sachlage, wo, wie bereits hervorgehoben, der Fall des § 267 BGB. nicht in Frage kommt, nicht berufen. Nach der Vorschrift des § 843 Abs. 4, durch welche ein allgemeiner, den ganzen Inhalt der Schadensersatzpflicht wegen Verletzung des Körpers oder der Gesundheit umfassender Grundsatz aufgestellt werden sollte, kann der Schadensersatzpflichtige sich nicht zu seiner Entlastung darauf berufen, daß ein anderer dem Verletzten Unterhalt zu gewähren hat. Der durch die unerlaubte Handlung insoweit in der Person des Verletzten entstandene Vermögensschaden bleibt zu Lasten des Ersatzpflichtigen grundsätzlich bestehen, gleichviel, ob die Schadensfolgen tatsächlich durch Eingreifen des Unterhaltspflichtigen behoben sind; nur daß der Ersatzpflichtige nicht etwa in die Lage kommen darf, insoweit doppelt Ersatz leisten zu müssen: er schuldet solchen nur einmal, sei es dem Verletzten unmittelbar, sei es dem Unterhaltspflichtigen für dessen bereits erfolgte Leistungen (Komm. v. RGR. § 843 Erl. 8). Etwas anderes kann naturgemäß auch für den hier gegegenen Fall nicht gelten, wo ein Dritter eingegriffen hat, ohne unterhaltspflichtig zu sein. Sonst würde, wie bereits in RGZ. Bd. 72 S. 199 in anderem Zusammenhang, aber mit insoweit auch hier zutreffenden Erwägungen ausgeführt worden ist, die wohltätige Absicht des Zuwendenden, der den Unterstützungsbedürftigen besser stellen will, nicht erreicht werden. Der Dritte würde regelmäßig gar kein Interesse daran haben, eine solche Zuwendung zu machen, da sie letzten Endes nicht dem Verletzten, sondern dem Schädiger zugute kommen würde. Zudem würde jener für die Dauer der Unterstützung den Schadensersatzanspruch verlieren, mithin sobald diese aufhört, Schwierigkeiten oder gar Not gegenüberstehen. So hat denn auch schon der erkennende Senat in einer Entscheidung vom 6. Februar 1905 VI. 162/04 aus dem Gebiete des § 3a des Haftpflichtgesetzes mit Bezug auf den Anspruch des Verletzten für Erwerbsverlust ausgesprochen, daß eine unverbindliche, jederzeit widerrufliche Gewährung dessen, was der Verletzte vor der Verletzung gehabt, zu der sich ein Dritter aus Humanität herbeiläßt, an sich jedenfalls kein Ausgleich des erlittenen Schadens sei. Und in gleichem Sinne wird in der Entscheidung vom 28. Juni 1909 VI. 329/08 (Warneyer 1909 Nr. 540 S. 534) ausgeführt, daß der Schadensersatzanspruch des Verletzten aus §§ 842, 843 Abs. 1 nicht dadurch verloren sei, daß der Verletzte vom Armenverband unterstützt worden war, wozu auf § 843 Abs. 4 BGB. verwiesen ist.

Zu einer anderen Beurteilung können endlich auch nicht die Rechtsgrundsätze über die Vorteilsausgleichung führen (Komm. von RGR. Vorbem. 5 vor § 249, Erl. 13a zu § 823). Eine solche kann nur insoweit anerkannt werden, als ein adäquater Kausalzusammenhang zwischen dem Unfall und der Vorteilsfolge gegeben ist. Davon kann indessen hier, wo es sich bei dem Eingreifen des K. um die freie Entschließung eines unbeteiligten Dritten handelt, keine Rede sein."

---

14. Wie sind die Mauerreste abgebrannter Fabrikgebäude im Falle der Versagung der zum Wiederaufbau erforderlichen baupolizeilichen Genehmigung bei Festsetzung der von der Versicherungsgesellschaft zu zahlenden Entschädigung zu bewerten? Ist auch derjenige Schaden zu ersetzen, den der Versicherte dadurch erleidet, daß er die vom Brande nicht betroffenen Baulichkeiten nicht mehr in der bisherigen Weise zu seinem Fabrikbetriebe benutzen kann?

VII. Zivilsenat. Urt. v. 18. Januar 1918 i. S. 1. Magdeburger Feuer-Vers.-Ges., 2. Schlesische Feuer-Vers.-Ges. (Bekl.) w. G. (Kl.). Rep. VII. 340/17.

I. Landgericht Liegnitz.
II. Oberlandesgericht Breslau.

Die Klägerin hatte ihre in L. belegenen Fabrikgebäude nebst Nebengebäuden bei den beiden Beklagten gegen Brandschaden versichert, als am 19. September 1914 durch eine Feuersbrunst ein Teil der Gebäude vernichtet und ein anderer Teil nur leicht beschädigt wurde, während ein weiterer Teil der Baulichkeiten überhaupt nicht beschädigt wurde. Nachdem die Beklagten eine Entschädigung von 24678,70 M ausbezahlt hatten, erhob die Klägerin Klage gegen die Beklagte zu 1 auf Zahlung von 13687,50 M, gegen die Beklagte zu 2 auf

Zahlung von 6843,75 *M*, indem sie geltend machte: 1. die Sachverständigen hätten zu Unrecht den von ihnen auf 7320 *M* geschätzten Wert der sog. Rudera der vier zerstörten Gebäude in Abzug gebracht, da infolge baupolizeilicher Vorschrift eine Wiederherstellung der Fabrikgebäude unmöglich und damit die Verwendbarkeit der Überbleibsel für eine solche Wiederherstellung ausgeschlossen sei; 2. da die zerstörten Fabrikgebäude nicht wieder hergestellt werden dürften, seien auch infolge des Brandes die weniger beschädigten und ganz unbeschädigt gebliebenen Baulichkeiten wertlos geworden, so daß auch dieser Schaden ihr policenmäßig zu ersetzen sei.

Das Landgericht wies die Klage ab. Auf Berufung der Klägerin änderte das Oberlandesgericht das Urteil insoweit ab, als es den Anspruch der Klägerin auf Ersatz des Wertes der Rudera dem Grunde nach mit Ausschluß ihres Wertes als Altmaterial für gerechtfertigt erklärte und die Sache insoweit an das Landgericht zurückverwies. Gegen dieses Berufungsurteil haben beide Teile Revision eingelegt. Die Revisionen wurden zurückgewiesen aus folgenden

Gründen:

„Über die Höhe der der Klägerin auf Grund der Versicherung zu leistenden Entschädigung besteht unter den Parteien Streit nach zwei Richtungen. In bezug auf die vier durch das Feuer zerstörten Gebäude — A bis D der Klageschrift — streiten die Parteien darüber, ob die Überreste mit Rücksicht darauf, daß sie infolge der nach § 50 der Liegnitzer Bauordnung erfolgten Versagung der Bauerlaubnis zum Wiederaufbau der abgebrannten Gebäude nicht benutzt werden können, lediglich nach ihrem Werte als Altmaterial in Anrechnung zu bringen sind. In bezug auf die übrigen, in der Klage unter a bis q als „stehen geblieben" aufgeführten Baulichkeiten streiten sie darüber, ob die Beklagten auch denjenigen Vermögensschaden ersetzen müssen, den die Klägerin dadurch erleidet, daß sie infolge der Unmöglichkeit, die abgebrannten Gebäude an alter Stelle wiederaufzubauen, diese stehen gebliebenen Baulichkeiten nicht mehr in der bisherigen Weise zu ihrem Fabrikbetriebe benutzen kann. Der Berufungsrichter hat die erstere Frage zugunsten der Klägerin, die letztere zugunsten der Beklagten entschieden. Die Parteien greifen diese Entscheidung, soweit sie ihnen ungünstig ist, an, jedoch ohne Erfolg.

Nach § 1 der Allgemeinen Versicherungsbedingungen hat der

Versicherer im Falle eines Brandes den durch die Zerstörung oder Beschädigung der versicherten Sachen entstehenden Schaden zu ersetzen, soweit der Schaden die versicherte Sache betrifft, und zwar nicht nur den unmittelbar durch das Feuer selbst entstandenen Schaden, sondern auch den Schaden, der eine unvermeidliche Folge des Brandes ist. Einen weiteren, insbesondere einen weiteren mittelbaren Schaden soll die Versicherung nur im Falle besonderer Vereinbarung umfassen. Der § 14 der Allgemeinen Versicherungsbedingungen bestimmt sodann, daß die Höhe des an der versicherten Sache entstandenen Schadens in der Weise ermittelt werden soll, daß der Versicherungswert der Sache sowohl zur Zeit des Eintritts des Versicherungsfalls als auch zur Zeit nach dem Versicherungsfalle festzustellen ist, „und zwar bezüglich der übrig gebliebenen Teile und Materialien unter Berücksichtigung ihrer Verwendbarkeit für die Wiederherstellung“. In bezug auf gleichlautende Versicherungsbedingungen hat der erkennende Senat bereits ausgesprochen, daß diese Bestimmung zugunsten der Versicherungsnehmer dahin auszulegen ist, daß eine Verwendbarkeit der Restteile der versicherten Sache zur Wiederherstellung nur dann als gegeben anzusehen ist, wenn die Wiederherstellung für den Versicherten tatsächlich ausführbar ist, daß deshalb die nach der Beschaffenheit der Restteile an sich wohl gegebene Möglichkeit der Verwendung zu einer Wiederherstellung dann bei deren Bewertung nicht zu berücksichtigen ist, wenn eine Wiederherstellung infolge eines baupolizeilichen Verbotes ausgeschlossen ist. Die Ausführungen der Beklagten geben keinen Anlaß, von dieser Auslegung abzugehen. Es ist deshalb mit dem Berufungsrichter als in den §§ 1 und 14 der Allgemeinen Versicherungsbedingungen niedergelegte Vertragsbestimmung anzunehmen, daß die Bewertung der Restteile dann lediglich nach ihrem Altmaterialwert zu erfolgen hat, wenn die Wiederherstellung der abgebrannten Gebäude dem Versicherten infolge Versagung der zum Wiederaufbau erforderlichen baupolizeilichen Genehmigung nicht möglich ist. Da das Vorliegen dieser Voraussetzung in einer von den Beklagten nicht bemängelten Weise seitens des Berufungsrichters festgestellt worden ist, so hat der Berufungsrichter mit Recht dahin erkannt, daß die sog. Rudera der abgebrannten Gebäude nur nach deren Altmaterialwert zum Ansatz zu bringen sind.

In bezug auf die übrigen Baulichkeiten, deren Wert die Klägerin ersetzt verlangt und von denen elf überhaupt keinerlei Beschädigung aus Anlaß des Brandes erlitten haben, während fünf nur ganz unbedeutend, wie z. B. durch Zerspringen von Fensterscheiben, beschädigt sind, hat der Berufungsrichter durch Auslegung der unter den Parteien geschlossenen Versicherungsverträge als gemeinsamen Vertragswillen festgestellt, daß die in den Versicherungsscheinen einzeln und mit bestimmten Versicherungswerten aufgeführten Baulichkeiten als selbständige Gegenstände der Versicherung gelten sollten, und hat sodann aus dieser Selbständigkeit der einzelnen Baulichkeiten die Folgerung gezogen, daß für die im wesentlichen erhalten gebliebenen Baulichkeiten, abgesehen von den ganz geringfügigen Ausbesserungskosten eine Entschädigung, insbesondere ein Ersatz der Versicherungswerte nicht zu erfolgen hat. Die Revision der Klägerin wendet sich dagegen, daß der Berufungsrichter nicht eine Versicherung aller in den Versicherungsscheinen aufgeführten Baulichkeiten als einer Einheit angenommen hat. Allein die vom Berufungsgericht angenommene tatsächliche Feststellung des Vertragsinhalts läßt die gerügte Verletzung der Auslegungsgrundsätze nicht erkennen und ist deshalb für den Revisionsrichter bindend. Der von der Klägerin zur Begründung ihrer abweichenden Auffassung hervorgehobene Umstand, daß in den Versicherungsscheinen gesagt ist: „die Versicherungsgesellschaft versichert ... nachfolgende Gebäude und Inhalt ... des Fabriketablissements“, kann den Nachweis der Richtigkeit ihrer Auffassung um so weniger erbringen, als die Selbständigkeit der unter einzelnen Nummern und mit besonderen Werten aufgeführten Baulichkeiten durch die in § 13 der Allgemeinen Versicherungsbedingungen gegebene Vorschrift bestätigt wird, daß „die Ersatzpflicht für jede einzelne Position, unter der die versicherten Sachen in dem Versicherungsschein aufgeführt sind, durch die für die Position angegebene Versicherungssumme begrenzt wird“. Daß ein einheitlicher Versicherungsvertrag abgeschlossen ist, schließt keineswegs aus, daß die in die Versicherung aufgenommenen einzelnen Gegenstände nach dem Willen der Vertragschließenden selbständige Gegenstände der Versicherung sein sollen, auch dann nicht, wenn alle diese Gegenstände einem gemeinsamen Betriebe zu dienen bestimmt sind. Hier kommt hinzu, daß auch bewegliche Sachen, ja auch in fremdem Eigentum stehende Sachen mit versichert sind. Sofern die Klägerin noch Nichtbeachtung einer Verkehrssitte rügt, nach der bei Gebäudeversicherung stets Vorderhaus, Hinterhaus und Seitenflügel besonders aufgeführt würden, ohne daß es sich um Einzelversicherungen handle, war eine solche Verkehrssitte in der Vorinstanz nicht geltend gemacht; sie würde aber auch unerheblich sein, da es sich vorliegend um derartige Baulichkeiten nicht handelt.

Ist aber hiernach mit dem Berufungsrichter daran festzuhalten, daß nicht die gesamte Fabrikanlage als solche den einheitlichen Gegenstand der Versicherung bildete, so ist die durch die Versagung der Bauerlaubnis gegebene Unmöglichkeit, die abgebrannten Fabrikgebäude wiederherzustellen, nicht geeignet, hinsichtlich der stehengebliebenen, selbständige Gegenstände der Versicherung bildenden Baulichkeiten eine über die Kosten der ganz geringfügigen Wiederherstellungsarbeiten hinausgehende Ersatzpflicht zu begründen. Einen weitergehenden Schaden haben diese Baulichkeiten nicht erlitten.

Gehen somit die Angriffe beider Parteien gegen die die Höhe der zu gewährenden Entschädigung betreffende Entscheidung des Berufungsrichters fehl, so versagt auch der weiter von der Beklagten erhobene Angriff, daß der Berufungsrichter zu Unrecht den von der Beklagten zu 2 aus § 15 Abs. 3 der Allgemeinen Versicherungsbedingungen erhobenen Einwand der Versäumung der Klagefrist abgewiesen habe. Die durch Auslegung des Schreibens dieser Beklagten vom 5. Mai 1915 getroffene tatsächliche Feststellung, daß sie darin ihren Willen zum Ausdruck gebracht hat, auf Einhaltung der Klagefrist zu verzichten, ist rechtlich nicht zu beanstanden. Jedenfalls aber treffen die Ausführungen des Berufungsrichters zu, daß die Klägerin ihrerseits den Brief in diesem Sinne verstehen konnte, und daß deshalb eine Berufung der Beklagten zu 2 auf die tatsächlich eingetretene Nichteinhaltung der Frist gegen Treu und Glauben verstößt.

Da das Berufungsurteil, auch soweit es nicht von den Parteien besonders bemängelt ist, zu Bedenken keinen Anlaß gibt, waren die beiderseitigen Revisionen, wie geschehen, als unbegründet zurückzuweisen."

15. Zum Begriffe der Kriegsgefahr und der feindseligen Behandlung nach den Bremer Seeversicherungsbedingungen von 1875. Bedeutung des § 76 dieser Bedingungen für das Rechtsmittel der Revision.

I. Zivilsenat. Urt. v. 19. Januar 1918 i. S. Rheinisch-Westf. Lloyd u. Gen. (Bekl.) w. Bremer Kolonial-Handelsgesellschaft (Kl.). Rep. I. 328/17.

I. Landgericht Bremen, Kammer für Handelssachen.
II. Oberlandesgericht Hamburg.

Die Klägerin hat bei den Beklagten auf Grund der laufenden Police vom 15. Dezember 1913 nach den Bremer Bedingungen von 1875 unter ergänzender Anwendung des Handelsgesetzbuchs Güter auf dem Dampfer Lome „bloß für Seegefahr" versichert. Kurz nach Kriegsausbruch, am 9. August 1914, wurde das Schiff auf Weisung der deutschen Regierung im Kamerunflusse versenkt, wobei die Güter verloren gingen. Die Klägerin verlangt mit der Klage den Versicherungswert. Die Parteien streiten darüber, ob der Verlust auf See- oder Kriegsgefahr beruht. Sämtliche Instanzen haben zugunsten der Klägerin erkannt, das Reichsgericht aus folgenden

Gründen:

„Was die von der Klägerin zur Frage verstellte Statthaftigkeit der Revision betrifft, so findet der Senat keine Veranlassung, von der durch RGZ. Bd. 20 S. 398 begründeten dreißigjährigen Praxis abzuweichen, da die Gründe dieses Urteils nach wie vor zutreffend erscheinen. Der Umstand, daß § 76 der Bremer Versicherungsbedingungen inzwischen nicht geändert worden ist, spricht nicht dafür, daß sich die beteiligten Kreise diesem Urteile nicht haben unterwerfen wollen; viel eher könnte man sagen, daß eine Abänderung beschlossen worden wäre, wenn die Absicht bestanden hätte, die jetzige Revision ebenso einzuschränken wie die frühere Ober-Appellation.

In der Sache selbst konnte die Revision aber keinen Erfolg haben. Zunächst ist dem Oberlandesgerichte darin beizutreten, daß hier nur die Bestimmungen des § 21 der Bremer Bedingungen, nicht die Bestimmungen des Handelsgesetzbuchs, insbesondere § 849, anzuwenden sind. Denn nach der laufenden Police ist das Handelsgesetzbuch nur insoweit anwendbar, als das Versicherungsverhältnis nicht durch die Bestimmungen der Bremer Bedingungen oder der Police selbst geregelt wird; nun aber regelt § 21 der Bremer Bedingungen die Bedeutung und Wirkung der Klausel „bloß für Seegefahr" in ähnlicher Weise und ebenso erschöpfend, wie dies bezüglich der Klausel „nur für Seegefahr" in § 849 HGB. geschieht. Für eine Ergänzung des § 21 aus dem § 849 liegt daher keine Veranlassung vor. Das scheint auch von der Revision anerkannt zu werden. Sie verlangt aber unter Berufung auf die Entscheidung des Reichsgerichts vom 16. Juni 1917 in der badischen Sache I. 35/17 eine ausdehnende Auslegung des dem § 21 zugrunde liegenden Begriffs der Kriegsgefahr. Indessen bietet die angezogene Entscheidung keinen Vergleichungspunkt, da es sich dort um eine Kriegsversicherung handelte mit ausführlichen besonderen Bedingungen, die nicht etwa dieselben Fälle als Fälle der Kriegsgefahr erklärten, die § 21 als solche behandelt und demgemäß von der Versicherung „bloß für Seegefahr" ausschließt.

Die Revision ist der Ansicht, daß auch abgesehen hiervon der Begriff der „feindseligen Behandlung", deren Folgen von dieser Versicherung in § 21 ausgeschlossen sind, weiter greift, als die Vorinstanzen angenommen haben. Für deren Auffassung spricht jedoch zunächst, daß die Bremer Bedingungen augenscheinlich die Begriffe der Kriegsgefahr (§ 21) und des Kriegsmolestes (§ 20) gegenüber dem Handelsgesetzbuche wie auch gegenüber den Hamburger Allg. Seeversicherungsbedingungen von 1867 selbständig haben regeln wollen, und zwar ist diese Regelung dahin getroffen, daß beide eine weniger umfassende Bedeutung erhielten. Dementsprechend erweitert sich das Gebiet, das der Versicherung „bloß für Seegefahr" zufällt. Schon im Handelsgesetzbuche wie auch in den Allg. Versicherungsbedingungen geht der Begriff „Seegefahr" weit über den natürlichen Wortsinn hinaus, indem er sich auf das gesamte Gebiet der Seeversicherung erstreckt, soweit nicht Deckung durch Kriegsversicherung vorliegt oder vorliegen würde. Dieses weite Gebiet ist in den Bremer Bedingungen sowohl dem Kriegsmoleste wie der Kriegsgefahr gegenüber noch mehr erweitert worden. Was insbesondere die letztere betrifft, so tritt an Stelle des allgemeinen Begriffs in § 849: „zunächst durch Kriegsgefahr verursachte Schäden", in § 21 der zwar ebenfalls allgemeine, aber doch unverkennbar weniger umfassende Begriff der „unmittelbaren Folgen einer feindseligen Behandlung“. Mit Recht lehnt das Oberlandesgericht es ab, diese selbständige Regelung dadurch illusorisch zu machen, daß der Unterschied beider Begriffe verwischt und der zweite ersetzt wird durch den viel weiteren der „Kriegsmaßnahme“.

Hierbei kann sowohl unentschieden bleiben, ob jede Kriegsmaßnahme im weitesten Sinne genügen würde, um den Begriff der Seegefahr nach dem Handelsgesetzbuch oder den Allg. Seeversicherungsbedingungen auszuschließen, als auch, ob es für den Begriff der „feindseligen Behandlung“ erforderlich ist, daß sie nicht von der eigenen Regierung, sondern von deren Feinden ausgeht. Gegen letztere Annahme wendet die Revision nämlich ein, es könne doch keine Seegefahr mehr angenommen werden, wenn bei Beschießung feindlicher Häfen oder feindlicher Schiffe deutsche Güter oder Schiffe mitbeschädigt oder vernichtet werden. (Ebenso könnte man auf die Beschädigung neutraler Ware durch die gegen feindliche Schiffe gerichteten Kriegshandlungen verweisen.) Denn jedenfalls setzt jener Begriff voraus, daß es sich um eine auf unmittelbare Schädigung der Feinde gerichtete Maßnahme handelt. Hier aber liegt nur vor eine von der deutschen Regierung in Ausübung des Hoheitsrechts vorgenommene Anforderung und Verwendung von deutschem Eigentum zu Verteidigungszwecken, um dem feindlichen Angriff ein Hindernis entgegenzusetzen (vgl. Gesetz über die Kriegsleistungen vom 13. Juni 1873 § 24). Hierin liegt auch dann keine feindselige Behandlung, wenn man bei diesem Begriffe von einer auf Beschädigung und Vernichtung der betroffenen Sache gerichteten Absicht ganz absieht und eine auf unmittelbare Schädigung der Feinde gerichtete Absicht für genügend hält. Eine solche Absicht liegt ebensowenig vor, wie wenn deutsches Eigentum in anderer Weise für Kriegszwecke angefordert und verbraucht wird. Mit Recht ist daher angenommen worden, daß der verursachte Schade noch unter die Versicherung „bloß für Seegefahr“ fällt, und die Revision ist somit kostenpflichtig zurückzuweisen.“

---

16. 1. Was erfordert der Gegenbeweis gegen die gesetzliche Vermutung der Richtigkeit des Testamentsvollstreckerzeugnisses? Ist die Beweisregel des § 2084 BGB. zu berücksichtigen?

2. Ist unter dem Dritten, dem der Erblasser die Auswahl des Testamentsvollstreckers überlassen kann, auch der Erbe zu verstehen?

BGB. §§ 2368 Abs. 3, 2365 flg., 2084, 2198.
ZPO. §§ 292, 417, 418.

V. Zivilsenat. Urt. v. 19. Januar 1918 i. S. O. (Kl.) w. R. (Bekl.).
Rep. V. 231/17.

I. Landgericht Schweidnitz.
II. Oberlandesgericht Breslau.

Der Beklagte ist eingetragener Eigentümer von 6 Grundstücken in Fr. In dem notariellen Vertrage vom 28. März 1894, worin er die Grundstücke kaufte, übernahm er in Anrechnung auf den Kaufpreis als Selbstschuldner:

a) eine auf dem Grundstücke Bl. 290 für ein Fräulein Anna O. in Fr. eingetragene Hypothekenforderung von 12000 *M*,
b) eine Darlehnsforderung derselben Gläubigerin von 18000 *M*, die er auf sämtlichen Grundstücken eintragen ließ.

Anna O. ist am 2. Januar 1915 verstorben und hat in mehreren eigenhändigen letztwilligen Verfügungen ihre Schwester Ottilie zur Erbin ernannt. In der einen dieser letztwilligen Anordnungen, enthalten in einem Hefte mit der Überschrift:

„In diesem Buche habe ich Bestimmungen über meinen Nachlaß niedergeschrieben, welche dieselbe Gültigkeit haben als die in meinem Testamente verzeichneten. Anna O."

und unterschrieben „Anna O., Fr. den 6. März 1913", sprach sie nach der Erbeseinsetzung die Hoffnung aus, daß der Erbin dadurch keine großen Mühen und Besorgungen entstehen werden,

„denn (ihr) Neffe, Herr Oskar O., werde als Testamentsvollstrecker dieselben gewiß gern abnehmen, sofern es für einen Herrn leichter sei, die Geldangelegenheiten zu ordnen".

In einer anderen letztwilligen Anordnung, unterschrieben — ohne Ortsbezeichnung — „den 25. November 1914, Anna O.", und enthalten mit einer „Fr. den 10. September 1914" datierten weiteren

Anordnung in einem versiegelten Umschlage mit der Überschrift „Mein Testament, Anna O., Freiburg den 24. Juli 1913", knüpfte sie an die Erbeseinsetzung folgenden Wunsch:

„da (die Erbin) aber schon im hohen Alter stehend zuviel Unbequemlichkeiten damit haben würde, so wünsche ich, daß sie sich einen jüngeren Beistand nehmen soll, entweder meinen Neffen, den Rentner Herrn Oskar O. in J., oder ihren Schwiegersohn Paul J. oder dessen Gattin, Frau Klara J."

Das Amtsgericht in Fr. fragte nach der Testamentseröffnung bei Oskar O. an, ob er das Amt als Testamentsvollstrecker annehme, und nachdem er die Annahme erklärt hatte, erteilte es ihm unter dem 22. Februar 1915 das Testamentsvollstreckerzeugnis.

Der Testamentsvollstrecker kündigte am 18 August 1915 dem Beklagten die beiden Hypotheken zur Rückzahlung nach 6 Monaten und erwirkte dann am 10. März 1916 einen Zahlungsbefehl, gegen den der Beklagte Widerspruch erhob. Auf dessen Antrag wurde die Sache an das Landgericht verwiesen, wo der Testamentsvollstrecker persönliche und dingliche Verurteilung beantragte. Der Beklagte erhob gegen den Klaganspruch keine Einwendungen, sondern suchte Zeit zu gewinnen. Insbesondere focht er die Gültigkeit der Testamentsvollstreckung an. In dieser Beziehung machte er zuerst geltend, die letztwillige Verfügung vom 25. November 1914 sei nichtig, weil die Ortsangabe fehle, später — nach dem Hinweis auf die Verfügung vom 6. März 1913 — behauptete er, das Testamentsvollstreckerzeugnis sei unrichtig, weil keine Testamentsvollstreckung angeordnet, das Amt jedenfalls erloschen sei.

Das Landgericht verurteilte nach dem Klagantrage, das Oberlandesgericht aber verneinte das Vorhandensein einer Testamentsvollstreckung und wies unter Abänderung des landgerichtlichen Urteils die Klage ab. Der Revision des Testamentsvollstreckers ist stattgegeben und unter Aufhebung des oberlandesgerichtlichen Urteils die Berufung gegen das erste Urteil zurückgewiesen worden.

Aus den Gründen:

„Das Landgericht hatte die gegen die Gültigkeit des Testaments vom 25. November 1914 gerichtete Einwendung des Beklagten nicht berücksichtigt, weil der klagende Testamentsvollstrecker durch Vorlegung des vom Nachlaßgericht ausgestellten Testamentsvollstreckerzeugnisses legitimiert sei und der Beklagte kein rechtliches Interesse daran habe, die aus den §§ 2368 Abs. 3, 2365 BGB. sich ergebende Rechtsvermutung seiner Klagberechtigung anzufechten. Der Berufungsrichter hat dies nicht für zutreffend erachtet, vielmehr ausgeführt, es sei ein gutes Recht des Beklagten, die zur Klagbegründung gehörige Klagberechtigung zu bestreiten und durch Nachweis der Unrichtigkeit des Testamentsvollstreckerzeugnisses jene Berechtigung zu beseitigen und damit die Klage zu Fall zu bringen. Die Rechtsprechung des Reichsgerichts (vgl. Gruchots Beitr. Bd. 54 S. 1001 und die dort angeführten früheren Urteile) hat jedoch gegenüber der Rechtsvermutung des § 891 BGB. dieses allgemeine Interesse eines jeden Beklagten nicht für ausreichend erachtet, vielmehr ein besonderes sachliches Interesse an der Widerlegung der Vermutung erfordert. Indessen kann man im vorliegenden Falle, da der Beklagte verurteilt werden soll, die Hypothekenzahlung an den Testamentsvollstrecker zu leisten, ein solches Interesse aus § 2367 BGB. ableiten. Die Kenntnis der angeblichen Unrichtigkeit des Testamentsvollstreckerzeugnisses (§§ 2366, 2368 BGB.) hat der Beklagte nach seinen Anführungen im Prozeß allerdings erst allmählich im Laufe des Rechtsstreits gewonnen, ja es könnte zweifelhaft sein, ob er — nach dem Hinweise des Klägers auf die zweifellos formgültige letztwillige Verfügung vom 6. März 1913 — den Einwand, es sei überhaupt keine Testamentsvollstreckung angeordnet, selbst erhoben hat (vgl. Gruchots Beitr. Bd. 54 S. 671), da der Tatbestand des Berufungsurteils eine solche Behauptung nicht ergibt, diese vielmehr nur in den Entscheidungsgründen des Berufungsrichters unterstellt wird; doch war darin eine ausreichende Feststellung jenes Vorbringens zu finden, auch war die im Laufe des Rechtsstreits erlangte Kenntnis der angeblichen Unrichtigkeit des Testamentsvollstreckerzeugnisses zu berücksichtigen.

Nach den Ausführungen des Berufungsrichters bestehen zwar Bedenken gegen die Rechtsgültigkeit der letztwilligen Verfügung vom 25. November 1914, nicht aber dagegen, dieses Schriftstück bei Auslegung der letztwilligen Verfügung vom 6. März 1913 zu verwerten. In dieser Verfügung sei, so führt der Berufungsrichter aus, der Kläger als Testamentsvollstrecker zwar erwähnt, aber nicht in der Form einer ausdrücklichen Einsetzung als solcher, so daß wohl eine Bezugnahme auf eine andere — allerdings nicht mehr vorhandene —

letztwillige Verfügung vorliege. Es finde sich darin derselbe Beweggrund der Hilfeleistung für die Erbin, der in dem Schriftstücke vom 25. November 1914 wiederkehre, wo nicht von einem Testamentsvollstrecker, sondern nur von einem jüngeren Beistande die Rede sei, den die Erbin nach dem Wunsche der Erblasserin sich unter drei Personen wählen solle. Das sei etwas ganz anderes als eine Testamentsvollstreckung. Der Wille, dem Kläger die von etwaigen Weisungen der Erbin unabhängige Machtbefugnis eines Testamentsvollstreckers zu verleihen, lasse sich aus den letztwilligen Anordnungen der Erblasserin „nicht entnehmen", insbesondere sei die Bezeichnung des Klägers als Testamentsvollstreckers in der Urkunde vom 6. März 1913 „nicht derart zwingend, um annehmen zu müssen", die Erblasserin habe dem Kläger die Stellung eines Testamentsvollstreckers im Sinne des Bürgerlichen Gesetzbuchs geben wollen. Zwar habe die Erbin dem Testamentsvollstrecker gegenüber in der notariellen Urkunde vom 17. Oktober 1916 die letztwillige Verfügung vom 25. November 1914 anerkannt, und da diese von einem Beistande spreche, so könne die Frage entstehen, ob der Kläger, der das Amt angenommen, nicht als Bevollmächtigter der Erbin zu betrachten sei. Als solcher habe er aber nicht geklagt und könne auch, ohne Klagänderung, dazu nicht übergehen.

Diese Ausführungen sind, wie der Revision zuzugeben war, nicht haltbar. Sie verletzen zunächst die Vorschriften der §§ 2368 Abs. 3, 2365 BGB. und die für die Führung des Gegenbeweises nach allgemeiner Annahme analog heranzuziehenden §§ 292, 417flg. ZPO. insofern, als sie nur die nötigen Unterlagen für die von dem Nachlaßrichter bezeugte Testamentsvollstreckung vermissen und nicht positiv das Gegenteil, das Nichtvorhandensein des Willens, eine Testamentsvollstreckung im Sinne des Bürgerlichen Gesetzbuchs herbeizuführen, feststellen. Der Gegenbeweis gegenüber der Rechtsvermutung, der unbedenklich zulässig ist (Motive zum BGB. Bd. 5 S. 567), kann unter Umständen demselben Beweis- und Tatsachenmateriale, das bereits bei Schaffung der die Rechtsvermutung begründenden Urkunde vorgelegen hat, entnommen werden (Gruchots Beitr. Bd. 54 S. 670), er muß aber, wie dies namentlich für die Rechtsvermutung des § 891 BGB. vom Reichsgerichte ständig angenommen worden ist (vgl. Gruchots Beitr. Bd. 57 S. 989; auch RGZ. Bd. 55 S. 53), jede Möglichkeit, daß das beurkundete Recht, sei es auch in anderer Weise, zur Entstehung gelangt ist, ausräumen. Solange dies nicht geschehen ist, ist auch der Prozeßrichter an die gesetzliche Vermutung gebunden.[1] Im vorliegenden Falle hat der Berufungsrichter selbst die Möglichkeit, daß noch weitere letztwillige Bestimmungen in betreff der Testamentsvollstreckung vorhanden waren, angedeutet, er sieht auch die Bestimmung in der letztwilligen Verfügung vom 6. März 1913 nur für nicht hinreichend zwingend an, gibt also die Möglichkeit einer abweichenden Auffassung selbst zu.

Seine Ausführungen sind aber auch, selbst wenn man sich auf seinen Standpunkt stellt, nicht stichhaltig. Es unterliegt keinem Zweifel, daß die Testamentsvollstreckung nicht mit feierlichen Worten angeordnet zu werden braucht, der Wille vielmehr auch anderweit festgestellt werden kann. Insbesondere ist nicht ersichtlich, warum er nicht in die Form einer Hoffnung oder eines Wunsches gekleidet werden könnte. Ebensowenig steht der Beweggrund einer Hilfe für die Erbin und die Bezeichnung als Beistand entgegen. Daß die Auswahl der Person auch dem Erben, als Drittem im Sinne des § 2198 BGB., überlassen werden kann und daß dies namentlich dann zweckmäßig ist, wenn die Testamentsvollstreckung lediglich im Interesse des Erben zu seiner Unterstützung angeordnet ist, ist jetzt wohl ziemlich allgemein anerkannt.[2] Im übrigen hat der Berufungsrichter, wie die Revision mit Recht rügt, bei seinen Ausführungen auch gegen die Beweisregel des § 2084 BGB. verstoßen. Denn daß die Erbin ihre nächsten Verwandten als bloße Beistände und Hilfspersonen oder auch als Bevollmächtigte jederzeit verwenden konnte, verstand sich von selbst und bedurfte keiner besonderen Bestimmung im Testamente.

Lag sonach keine Veranlassung vor, die Testamentsvollstreckung

---

[1] Vgl. noch Planck, 4. Aufl. Anm. 4 zu § 891, Anm. 7 zu § 2365 BGB.; v. Staudinger, Gemeins. Bem. zu §§ 2365—2367 Nr. II; Hedemann, Die Vermutung nach dem Rechte des Deutschen Reichs, in Fischers Abhandlungen Bd. 11 (1904) S. 318; Kuttner in Iherings Jahrb. Bd. 61 S. 128 flg., 136 flg. Fischer daselbst Bd. 63 S. 277, 284, 303 flg.

[2] v. Feilitsch in der Deutschen Jur.-Zeitung 1905 S. 348 im Anschluß an Cosack, Lehrbuch Bd. 2 S. 769 § 395; Planck Anm. 3 zu § 2198 BGB.; v. Staudinger, Gemeins. Bem. zu §§ 2197 flg. Nr. II 2 und die dort Angef., auch Komm. der RGRäte Anm. I.

als solche zu beanstanden, so entbehrte auch die weitere Behauptung des Beklagten, das Amt des Testamentsvollstreckers sei erloschen, jeder Begründung" (wird näher ausgeführt). . . .

---

17. 1. Zur Rechtsfähigkeit der Gothaischen Kaufgewerkschaften.
2. Gilt der Art. 3 der Reichsverfassung auch für juristische Personen?

Verfassung des Deutschen Reichs Art. 3.
EG. z. BGB. Art. 67.
BGB. § 437.

V. Zivilsenat. Urt. v. 19. Januar 1918 i. S. D. (Kl.) w. Bankverein G. (Bekl.). Rep. V. 243/17.

I. Landgericht Essen.
II. Oberlandesgericht Hamm.

Der Kläger kaufte im Jahre 1911 in Gelsenkirchen von der Beklagten 2 Kuxe der „Gewerkschaft" Carlsglück. Er forderte dann Rückzahlung des Kaufpreises und Erstattung gezahlter Zubußen unter der Behauptung, Carlsglück sei als „Gewerkschaft" überhaupt nicht zur Entstehung gelangt, und wenn dies der Fall sei, habe sich beim Kaufabschlusse die Gewerkschaft bereits im Zustande der Liquidation befunden. Das Landgericht gab der Klage statt, das Berufungsgericht wies sie ab. Der Revision wurde stattgegeben aus folgenden

Gründen:

„Das Rechtsgebilde „Carlsglück" ist auf der Grundlage eines im Herzogtum Gotha gelegenen Bergwerks gegründet worden. Die Gewerkschaft war als eine der sog. Kaufgewerkschaften Gothaischen Rechtes gedacht, auf deren Namen in der Form einer rechtsfähigen Gewerkschaft außerhalb des Herzogtums bergbauliche Unternehmungen, insbesondere Kaliwerke, betrieben zu werden pflegen. Als „Sitz" von Carlsglück war in der vom Herzoglichen Bergamte genehmigten Satzung Dortmund bestimmt, der Sitz wurde dann aber nach mehrfachen Änderungen durch Beschluß der Gewerkenversammlung vom 20. Juni 1915 nach Gotha verlegt. Zur Zeit der Gründung der

Gewerkschaft galt das Gothaische Berggesetz vom 23. Oktober 1899, das in § 108 Nr. 1 die Bestimmung enthält, daß in der Satzung über den „Sitz" der Gesellschaft Bestimmung getroffen werden „muß". Als in der Folgezeit die Rechtsgültigkeit zahlreicher mit einem Sitze außerhalb des Herzogtums gebildeter Gewerkschaften in Zweifel gezogen wurde, erging das Ergänzungsgesetz vom 26. Januar 1909, wonach mit Wirkung auch für die bereits vorher begründeten Gewerkschaften hinter dem § 153 in den §§ 153a bis 153e neu bestimmt wurde, daß — § 153a — die Nichtigkeit aus § 108 Nr. 1 nur noch im Wege der Klage und mit gewissen Beschränkungen sollte geltend gemacht sowie daß der Mangel — § 153d — durch einen mit 3/4 Mehrheit gefaßten und bestätigten Gewerkenbeschluß sollte geheilt werden können. In Anwendung dieser Vorschriften führt nun das Berufungsgericht aus: Sollte die Gründung, weil die Gewerkschaft ihren Sitz anfänglich außerhalb des Herzogtums genommen habe, zunächst nichtig gewesen sein, so sei dieser Mangel spätestens am 20. Juni 1915 mit rückwirkender Kraft dadurch geheilt worden, daß der Sitz nach Gotha verlegt worden sei, und deshalb müsse die Gewerkschaft auch für den jetzigen Rechtsstreit als gültig gebildet gelten. Hieran ändere der Umstand nichts, daß das durch den Kauf der Kuxe unter den Streitteilen begründete Rechtsverhältnis seine Hauptgrundlage nicht in dem Gothaischen Berggesetze habe, sondern in den reichsrechtlichen Vorschriften über den Kauf. Diese Vorschriften aber seien unanwendbar, wenn die Kuxe gültig seien, und dies müsse angenommen werden, weil durch den Gewerkenbeschluß vom 20. Juni 1915 in Verbindung mit dem Nachtragsgesetze vom 26. Januar 1909 die nunmehr durch ihren Sitz Gotha angehörige Gewerkschaft als eine von Anfang an rechtsgültige Gewerkschaft zu betrachten sei.

Zu dieser Rechtsauffassung mag vorab folgendes bemerkt werden. Darüber besteht kaum ein Streit, daß ein Verein, und ein solcher ist auch die Gewerkschaft, dem Staate angehörig ist, in dem er seinen Sitz hat. Bei Carlsglück lag allerdings das Bergwerk in Gotha, dieser Umstand fällt aber nicht ins Gewicht, da die Rechtsfähigkeit auch in Gotha nicht dem Bergwerke verliehen wird, sondern der Gewerkschaft als der Gesamtheit der am Bergwerke Beteiligten. Die Gesetzgebungsgewalt von Gotha reichte nun nicht über die Grenzen des eigenen staatlichen Gebiets hinaus, sie konnte nicht nach Preußen hinübergreifen und diesen Staat verpflichten, ihm angehörige Rechtsgebilde als mit Rechtsfähigkeit ausgestattet zu behandeln. Allerdings besteht für ganz Deutschland ein gemeinsames Indigenat mit der Wirkung, daß der Angehörige (Untertan, Staatsbürger) eines jeden Bundesstaats in jedem anderen Bundesstaat als Inländer und diesem gleich zu behandeln ist (Verf. Art. 3). Richtig ist auch, daß diese Vorschrift von verschiedenen Schriftstellern — Haenel, Staatsrecht Bd. 1 S. 349; Mandry, Zivilistischer Inhalt der Reichsgesetze S. 46 Anm. 2; Bockhammer, Indigenat S. 72 — nicht auf physische Personen beschränkt, sondern auch auf juristische Personen ausgedehnt wird. Auch das Reichsgericht hat sich in dem Urteile RGZ. Bd. 6 S. 142 in gleichem Sinne ausgesprochen, indessen beruht das Urteil auf dieser, der bereits abgeschlossenen Begründung in einer kurzen Bemerkung noch angefügten Ausführung nicht. In dem Urteile Bd. 72 S. 245 ist die Frage offen gelassen. Jedenfalls wird die ausdehnende Auslegung von der weit überwiegenden Mehrzahl der Schriftsteller

— v. Seydel, Verfassungsurkunde 2. Aufl. S. 55; Zorn, Staatsrecht 2. Aufl. Bd. 1 S. 349; Meyer-Anschütz, Staatsrecht 6. Aufl. S. 793; Arndt, Verfassungsurkunde S. 54; Laband, Staatsrecht, 6. Aufl. S. 48 Anm. 1; vgl. auch Kammergericht Jahrbuch Bd. 16 S. 72 —

abgelehnt. Vereine können unter einem gewissen, vielleicht gar bestimmenden Einflusse von Ausländern stehen, so daß ihre rechtliche Gleichstellung mit inländischen physischen Personen gesetzgeberisch Anlaß zu Bedenken bieten konnte. Jedenfalls spricht die Verfassungsurkunde von Staatsangehörigen nur im Sinne von „Untertanen", „Staatsbürgern", und zu diesen zählen juristische Personen nicht. Der jetzt erkennende Senat, der durch das Urteil Bd. 6 S. 142 nicht gebunden ist, trägt hiernach kein Bedenken, der engeren Auslegung des Art. 3 den Vorzug zu geben.

Andere reichsgesetzliche Vorschriften, aus denen sich für Preußen die Verpflichtung herleiten ließe, Carlsglück in Rücksicht auf die Gothaische Verleihung auch für sein Gebiet als rechtsfähig zu behandeln, bestehen nicht. Auf dem Gebiete des Bergrechts gilt zufolge des Vorbehalts in Art. 67 EG. z. BGB. Gotha im Verhältnis zu

Preußen als Ausland. Nun ist zuzugeben, auch wenn es an ausdrücklichen gesetzlichen Vorschriften fehlt, daß Rechtsgebilde des Auslandes, die dort rechtsfähig, regelmäßig auch im Inland ohne weiteres als rechtsfähig anzuerkennen sind. Dies entspricht einem allgemein anerkanntem Grundsatze des internationalen Privatrechts, aber dieser Grundsatz leidet eine sich von selbst verstehende Einschränkung da, wo der Verleihungsstaat nicht zugleich der Sitzstaat (Heimatstaat) ist. Rechtshandlungen des Auslandsstaates als für sich verbindlich hinzunehmen, die in sein Rechtsgebiet übergreifen, kann dem Heimatstaate nicht zugemutet werden. Daß insbesondere auch Preußen bei Gewerkschaften, die durch ihren Sitz ihm angehören, die von einem anderen Staate und auch von einem Bundesstaat ausgegangenen Verleihungen nicht anerkennt, unterliegt keinem Bedenken. Der ablehnende Standpunkt hat in der Begründung zu dem Gesetze vom 27. Juni 1909 — Ztschr. für Bergr. Bd. 50 S. 427 — klaren Ausdruck gefunden, und nicht minder in dem schon vorher, und zwar im Einvernehmen mit den anderen Zentralbehörden, unter dem 31. März 1909 — Ztschr. a. a. O. S. 417 — von dem preußischen Handelsminister ergangenen Bescheide. In ihm wird dargelegt, daß Preußen im Einklange mit den anerkannten Grundsätzen des internationalen Privatrechts zwar auch ausländische Gewerkschaften als rechtsfähig anerkenne, aber immer nur unter der Voraussetzung, daß diese in dem Staate, aus dessen Rechte sie ihre Rechtsfähigkeit herleiten ihren Sitz haben.

Aus diesen Erwägungen ergibt sich, daß Carlsglück jedenfalls so lange, als es seinen Sitz in Preußen hatte, aus der Gothaischen Verleihung für sich Anspruch auf Rechtsfähigkeit in Preußen nicht herleiten konnte. In Preußen gab es Kuxe einer rechtsfähigen Gewerkschaft Carlsglück nicht, hier waren die vom Kläger gekauften zwei Kuxe als jedenfalls nach preußischem Rechte nichtig zu behandeln. Indessen diese Nichtigkeit der Kuxe machte nicht auch (RGZ. Bd. 68 S. 293, Bd. 73 S. 210 und Urteil vom 13. Mai 1911 V. 586/10), wie ersichtlich das Berufungsgericht annimmt, das Kaufgeschäft nichtig; die Beklagte hatte aus § 437 BGB. für den Rechtsmangel einzustehen. Auch sonst sind die Ausführungen des Berufungsgerichts nicht bedenkenfrei. Nach dem Tatbestande hat Carlsglück am 2. April 1908, d. i. zu einer Zeit, wo es als nicht rechtsfähiges Rechtsgebilde noch Preußen angehörte, die Liquidation beschlossen. In der Folgezeit ist dann, soweit zu ersehen ist, nichts weiter geschehen, als daß durch Beschluß vom 20. Januar 1910 die früher beschlossene Liquidation wieder aufgehoben und daß dann später durch einen mit $^3/_4$ Mehrheit gefaßten und bergamtlich genehmigten Beschluß der Sitz von Carlsglück nach Gotha verlegt wurde. Auf Grund dieses Sachverhalts in Verbindung mit dem Gothaischen Nachtragsgesetze vom 26. Januar 1909, einer irrevisibelen Rechtsnorm, gelangt das Berufungsgericht zu der Annahme: Carlsglück sei nunmehr als eine von Anfang an rechtsgültige Gewerkschaft zu behandeln, alle in der Zwischenzeit gefaßten Beschlüsse seien mit rückwirkender Kraft gültig geworden. Diese Beurteilung ist rechtsirrig. Carlsglück zu ermächtigen, Beschlüsse mit solcher Wirkung für Preußen zu fassen, zumal in bezug auf hier abgeschlossene und zu erfüllende Geschäfte, stand nicht in der Macht des Gothaischen Gesetzgebers, dieser würde seine Zuständigkeit überschritten haben, das Gesetz würde insoweit unwirksam sein. Die vor der Verlegung nach Gotha gefaßten Beschlüsse waren Beschlüsse eines Preußen angehörigen Rechtsgebildes, die sich der Einwirkung durch den Gothaischen Gesetzgeber entzogen. Dieser konnte die an dem preußischen Rechtsgebilde Beteiligten nicht zu Gewerken seines Bergwerks machen, und er konnte ebensowenig die Preußen angehörigen Vermögenswerte, darunter die Kaliabbaugerechtigkeiten, für sein Bergwerk an sich ziehen. Er konnte von sich aus ein in Preußen nicht rechtsfähiges preußisches Rechtsgebilde nicht rechtsfähig machen, und dieses Ziel war auch in Verbindung mit dem Beschlusse vom 20. Juni 1915 nicht erreichbar."

---

18. 1. Wann ist ein Gläubiger im Liquidationsverfahren einer Gesellschaft m. b. H. im Sinne des § 73 Abs. 2 des Reichsgesetzes vom 20. April 1892/20. Mai 1898 als bekannt anzusehen?

2. Kann der Gläubiger einer Gesellschaft m. b. H., dessen Forderung bei der Liquidation der Gesellschaft nicht berücksichtigt worden ist, Befriedigung von dem Alleingesellschafter fordern, an den der Liquidationsüberschuß ausgeschüttet worden ist?

Reichsgesetz, betr. die Gesellschaften mit beschränkter Haftung, vom 20. April 1892/20. Mai 1898 §§ 13, 31, 60, 65, 73.
BGB. §§ 812, 419.

VI. **Zivilsenat.** Urt. v. 21. Januar 1918 i. S. der Großen Berliner Straßenbahn (Kl.) w. v. W. (Bekl.). Rep. VI. 339/17.

I. Landgericht I Berlin.
II. Kammergericht daselbst.

Aus den Gründen:

„In der Nacht zum 1. Januar 1911 ist in Berlin ein Triebwagen der Klägerin mit einem Kraftwagen der damaligen Gesellschaft m. b. H. Automobil-Betriebsgesellschaft „Komet" zusammengestoßen. Dabei wurde ein Fahrgast des Wagens der Klägerin körperlich verletzt und mußte von dieser nach vorangegangenem Rechtsstreit entschädigt werden. Auf Ausgleichung der ihr hierdurch und durch Sachschaden entstandenen und noch künftig entstehenden Aufwendungen nimmt die Klägerin im vorliegenden Rechtsstreite die Beklagte in Anspruch, welche einzige Gesellschafterin der Gesellschaft „Komet" gewesen ist und, nachdem die Auflösung der Gesellschaft unter dem 10. Januar 1912 beschlossen worden war, als einzige Liquidatorin die Liquidation vorgenommen hat; sie hat das Liquidationsergebnis an sich selbst ausgeschüttet. Nach anscheinend unstreitigem Parteivorbringen soll die Liquidation des Gesellschaftsvermögens im Laufe des Jahres 1912 vor sich gegangen und die Auflösung der Gesellschaft am 17. Juni 1914 in das Handelsregister eingetragen worden sein. Die Inanspruchnahme der Beklagten gründet sich ebensowohl auf ihre Eigenschaft als Liquidatorin der Gesellschaft wie auf die als vormalige einzige Gesellschafterin, auf jene, weil sie die klägerische Forderung trotz der Anmeldung vom 1. Februar 1911 vor Ausschüttung der Masse nicht berücksichtigt und deshalb mit Bezug auf die Klägerin gegen § 73 GmbHG. verstoßen, und ferner, weil sie als frühere alleinige Gesellschafterin der Gesellschaft m. b. H. deren gesamtes Vermögen erhalten habe. Daß der ausgeschüttete Liquidationsüberschuß den Klaganspruch dem Betrage nach übersteige, ist ohne Widerspruch behauptet worden.

Das Berufungsgericht hat die Haftung der Beklagten, soweit auf ihre Verantwortlichkeit als Liquidatorin wegen verfrühter Ausschüttung des Liquidationsergebnisses gestützt, beurteilt nach § 73 Abs. 3 GmbHG., weiter unter Heranziehung des § 823 Abs. 2 BGB., verb. mit § 73 als einem Schutzgesetze zugunsten der Gläubiger, endlich nach § 826 BGB. Die Haftung der Beklagten wurde insoweit verneint, weil § 73 nur einen Anspruch der Gesellschaft an den Liquidator, nicht auch einen solchen des Gläubigers ergebe, im übrigen deshalb, weil es zur Anwendung des § 823 Abs. 2 an einem Verschulden im Sinne des § 276 BGB., für § 826 an einem Anhalte für die Annahme eines Sittenverstoßes fehle. Die Haftung der Beklagten als anfallsberechtigten (einzigen) Gesellschafterin aus dem Empfange der Ausschüttung hat das Berufungsgericht unter Heranziehung des § 31 GmbHG. und § 812 BGB. verneint, weil keine Bereicherung der Beklagten „auf Kosten" der Klägerin, sondern nur auf Kosten der Gesellschaft eingetreten, auch die Regelung des § 31 erschöpfend gedacht sei. Das Berufungsgericht kommt zu dem Ergebnis, die Klägerin könne nur dadurch zum Ziele gelangen, daß sie beim Registergerichte, weil das Liquidationsverfahren in Wirklichkeit noch nicht beendet sei, gemäß den insoweit hilfsweise zur Anwendung kommenden §§ 27, 29, 48 Abs. 1 BGB. die Wiedereröffnung der Liquidation beantrage. Die Eintragung des Erlöschens der Firma im Handelsregister — sie ist anscheinend unstreitig erfolgt, wenn auch dem Zeitpunkte nach nicht festgestellt, — stehe dem nicht entgegen, da sie nur kundmachende (deklaratorische) und nicht rechterzeugende Bedeutung habe. Ihre Ansprüche könne dann die Klägerin durch Pfändung und Überweisung geltend machen. Gleiches gelte für die Rechtsstellung der Beklagten als Gesellschafterin.

Die Revision wiederholt die bereits in den Vorinstanzen geltend gemachten rechtlichen Gesichtspunkte und bittet nachzuprüfen, ob nicht § 419 BGB. (Schuldbeitritt zufolge Vermögensübernahme) wenigstens sinngemäß Anwendung finde. Sie konnte keinen Erfolg haben.

I. Nach § 73 GmbHG. darf die Verteilung des Vermögens der Liquidationsgesellschaft nicht vor Tilgung oder Sicherstellung der Schulden der Gesellschaft und nicht vor Ablauf eines Sperrjahrs vorgenommen werden. Verteilungshandlungen eines Liquidators, die hiergegen verstoßen, sind nicht etwa nach § 134 BGB. nichtig, sondern die Rechtsfolgen sind für diesen Fall in § 73 Abs. 3 anders geordnet, nämlich dahin, daß der Liquidator zum Ersatze der verteilten Beträge verpflichtet ist (Warneyer 1912 Nr. 270). Ob dieser Ersatzanspruch, wie das Berufungsgericht annimmt, nur der Gesellschaft, nicht auch dem übergangenen Gläubiger unmittelbar zusteht, braucht hier nicht erörtert zu werden. Denn nach der Sachlage fällt der Beklagten als Liquidatorin eine unzulässige Übergehung der klägerischen Gläubigeransprüche schon objektiv nicht zur Last.

Allerdings setzt § 73 Abs. 2 nicht etwa eine formelle Forderungsanmeldung voraus; der Gläubiger muß, um Berücksichtigung verlangen zu können, nur „bekannt" sein. Dies aber trifft bei einer Sachlage wie hier nur dann zu, wenn die Forderung dem Grunde und dem Betrage nach wenigstens im wesentlichen bekannt ist. Im vorliegenden Falle reichte das klägerische Schreiben vom 1. Februar 1911, das unstreitig der Gesellschaft nicht nur zugegangen (§ 130 BGB.), sondern auch zur Kenntnis gelangt war, inhaltlich aber nur eine Ankündigung von Ansprüchen im allgemeinen und dem Grunde nach darstellt, aus, um die Person des Gläubigers und den Grund seiner Forderung erkennen zu lassen, nicht aber auch deren Betrag. Es besagte lediglich, daß, wann und wo der Zusammenstoß stattgefunden habe, daß dabei ein Fahrgast der Klägerin verletzt worden sei, „der Ansprüche gegen uns erhoben hat", und daß die Klägerin beabsichtige, auf Grund der §§ 7 und 15 KFG. die Gesellschaft „Komet" „wegen unserer Aufwendungen sowie wegen des uns entstandenen Sachschadens in gesetzlich zulässigem Umfange regreßpflichtig zu machen, wovon wir Ihnen schon heute Kenntnis geben".

Keiner Ausführung bedarf, daß hieraus auch nur ein entfernter Anhalt dafür, in welchem Betrag eine Hinterlegung oder Sicherheitsleistung nach § 73 Abs. 2 zu erfolgen hätte, nicht zu entnehmen war. Wie hoch sich der klägerische Anspruch belaufe, hätte die Liquidatorin nur allenfalls im Wege einer Anfrage bei der Klägerin in Erfahrung bringen können, wozu schon im Hinblick auf die in § 65 Abs. 2 GmbHG. vorgeschriebene Bekanntmachung der Gesellschaftsauflösung kein Anlaß vorlag, zumal eine solche Anfrage unter Umständen irrig als Anerkenntnis des Anspruchs dem Grunde nach aufgefaßt werden kann. Hier ist unstreitig die Auflösung der Gesellschaft am 17. Juni 1914 in das Handelsregister eingetragen worden. Daß sie nicht ordnungsmäßig bekannt gemacht worden wäre, hat die Klägerin, die alle Voraussetzungen ihres Anspruchs darzutun hat, nicht behauptet; ebensowenig, daß die Ausschüttung des Liquidationsüberschusses vor Ablauf des Sperrjahrs erfolgt wäre (§ 73 Abs. 1.)

Mit jener Bekanntmachung war seitens der Liquidatorin nach der Sachlage genug geschehen. Trotz ihrer und trotz rechtskräftiger Erledigung des (ersten) Rechtsstreits mit dem Verletzten, in dem das rechtskräftig gewordene Urteil des Kammergerichts unstreitig am 8. November 1914 ergangen ist, hat die Klägerin ihre Ansprüche auf die Ausgleichung nicht weiter verfolgt, ohne daß dafür ein rechtfertigender Grund angegeben worden wäre.

Ausreichend „bekannt" im Sinne des § 73 war mithin die Klagforderung erst seit Erhebung der vorliegenden Klage, die Mitte September 1916 erfolgt ist. Daß aber nach diesem Zeitpunkte noch Masse ausgeschüttet worden wäre, ist nicht behauptet, erhellt auch sonst nicht. Vor diesem Zeitpunkte konnte die Liquidatorin, wie das Berufungsgericht bereits ohne Rechtsirrtum ausgeführt hat, wohl damit rechnen, daß die Klägerin die angekündigten Ansprüche aus welchen Gründen immer nicht erheben wolle; es kommt hierauf für die vorliegende Beurteilung im übrigen nicht weiter an.

Der Klaganspruch ist mithin zu diesem Teile seiner Begründung mit Recht abgewiesen worden, ohne daß es eines Eingehens auf die übrigen hierzu gegebenen Darlegungen des Berufungsgerichts bedürfte.

II. Als Alleingesellschafterin hat die Beklagte die Ausschüttung des Liquidationsergebnisses entgegengenommen: verstieß diese gegen § 73, so findet § 31 GmbHG. Anwendung (vgl. II. 338/14, Recht 1916 Nr. 315), und die Beklagte schuldet nach dessen näherer Maßgabe der Gesellschaft Rückzahlung des Empfangenen. Der Anspruch aus § 31 ist kein Bereicherungsanspruch, nicht auf die noch vorhandene Bereicherung beschränkt, sondern ein gesellschaftsrechtlicher Anspruch (RGZ. Bd. 80 S. 152); er entfließt dem Gesellschaftsvertrage. Daß dieser Anspruch nur der Gesellschaft zusteht und vom Gläubiger nur auf Grund einer Abtretung oder Pfändung geltend gemacht werden könnte, ist außer Zweifel. Die Frage aber ist, ob und inwieweit außerdem der unbefriedigt gebliebene Gläubiger dem Anfallberechtigten gegenüber aus der Tatsache des Empfanges der Ausschüttung den Anspruch auf Leistung in Höhe seiner an die Gesellschaft bestehenden Forderung entnehmen kann.

1. Das Berufungsgericht hält dafür, daß in § 31 GmbHG. die Erstattungspflicht überzahlter Gesellschafter ausschließlich und erschöpfend geregelt sei, so daß daneben eine Erstattungspflicht solcher

Gesellschafter gegenüber dem geschädigten Gläubiger unmittelbar nicht bestehe. Wenn damit gesagt sein soll, daß, weil § 31 die Regelung gegenüber der Gesellschaft trifft, deshalb alle allgemeinen Rechtsregeln, die für das Verhältnis des Gesellschafters zum Gläubiger maßgebend sein können, außer Geltung gesetzt seien, so kann dem nicht beigepflichtet werden. Eine so weitgehende Tendenz wohnt der im § 31 getroffenen Regelung nicht inne. Das Gesetz will hier eine gesellschaftliche Regelung treffen; das Verhältnis zu Dritten bleibt insoweit im Gesetz ungeregelt, es unterliegt den allgemeinen Rechtsregeln und ist nach den für deren Anwendung bestehenden Voraussetzungen zu beurteilen. Daß deren Geltung übrigens sogar im Verhältnis zwischen der Gesellschaft und dem Gesellschafter anerkannt wird, dafür sei auf die Entscheidung RGZ. Bd. 85 S. 43 hingewiesen, die darauf gegründet ist, daß der Anspruch der Gesellschaft an den Gesellschafter auf Rückerstattung der als Vorschuß auf künftigen Gewinnanteil geleisteten Zahlungen zwar nach der Sachlage, weil durch die Zahlungen das Stammkapital nicht angegriffen worden sei, nicht auf § 31 gestützt werden könne, dagegen gemäß § 812 Satz 2 BGB. gerechtfertigt sei, weil ein Anspruch des Gesellschafters auf Gewinn, worauf die Zahlungen geleistet seien, nicht zur Entstehung gelangt war.

2. Zutreffend dagegen hat das Berufungsgericht der Klägerin einen Anspruch aus ungerechtfertigter Bereicherung im Sinne des § 812 BGB. versagt. Allerdings ist der Anfallsberechtigte durch den Empfang der Ausschüttung bereichert, der Gesellschaftsgläubiger dadurch geschädigt, daß das letzte Vermögensstück der Gesellschaft seinem Zugriff entzogen wird. Diese Bereicherung ist auch insofern ungerechtfertigt, als die Verteilung des Reinvermögens die Gläubigerrechte nicht zum Erlöschen bringt: das Sperrjahr ist nicht als Ausschlußfrist festgesetzt, sein Ablauf bringt das Gläubigerrecht an sich nicht zum Erlöschen, und der — schuldrechtliche nicht dingliche — Anspruch des Anfallsberechtigten geht auch nach Ablauf des Sperrjahrs auf nicht mehr als auf das Reinvermögen, d. h. die nach Schuldentilgung verbleibenden Aktiven.

Aber die Vermögensverschiebung, zu deren Ausgleichung der Anspruch aus § 812 gegebenenfalls bestimmt ist, hat sich nicht zwischen dem Gläubiger und dem Gesellschafter vollzogen, der die Ausschüttung entgegengenommen hat, dieser ist nicht „auf Kosten" jenes bereichert, sondern es tritt als Zwischenperson die Gesellschaft dazwischen. Die Einbuße, die der Gläubiger erleidet, ist keine unmittelbare Folge der ungerechtfertigten Bereicherung des Ausschüttungsempfängers, sondern eine Folge des Verhältnisses, kraft dessen der Gesellschafter (Anfallsberechtigte) das Liquidationsergebnis für sich beanspruchen kann. Anderes könnte nur dann gelten, wenn die Gesellschaft die Ausschüttung an den Gesellschafter auf Rechnung des Gläubigers, in dessen Namen oder wenigstens als dessen Zahlstelle, Bote u. a. m. geleistet hätte. Davon kann nach der Sachlage keine Rede sein. Vielmehr liegt offenbar eine rein indirekte Bereicherung vor. Daß für eine solche aber der Anspruch aus § 812 BGB. nicht zu gewähren ist, steht in der Rechtsprechung, insbesondere des Reichsgerichts, grundsätzlich fest. Die Vermögensverschiebung muß sich unmittelbar zwischen dem Kondiktionskläger und seinem Gegner vollzogen haben, darf nicht auf dem Umweg über das Vermögen eines Dritten durch ein Rechtsgeschäft mit diesem zustandegekommen sein, der nicht als Vertreter, sondern in eigenem Namen handelt (RGZ. Bd. 66 S. 80, Bd. 69 S. 247, Bd. 73 S. 177, Bd. 79 S. 285; Jur. Wochenschr. 05 S. 80 Nr. 19, S. 391 Nr. 9; 07 S. 389 Nr. 6; 08 S. 432 Nr. 6; 1910 S. 752 Nr. 11; Warneyer 08 Nr. 439; Seuff. Bl. 73 S. 177; zujüngst IV. 329/16). Eine Ausnahme von diesem Grundsatze stellen die Vorschriften der §§ 816, 822 dar, deren Tatbestand hier indessen nicht gegeben ist. Insbesondere von der in § 816 Abs. 2 vorausgesetzten Sachlage ist der vorliegende Fall dadurch wesentlich verschieden, daß die Ausschüttung des Liquidationsüberschusses seitens der Gesellschaft an den Anfallsberechtigten keine Leistung ist, die dem Gläubiger gegenüber wirksam ist; wie schon oben berührt, wird dessen Anspruch an die Gesellschaft dadurch nicht getilgt, bleibt vielmehr an sich bestehen. Die Vorschrift des § 816 Abs. 2 dagegen hat Fälle im Auge, wo der Leistende befreit bleibt, obwohl er an den Nichtberechtigten geleistet hat.

Dagegen läßt sich auch nicht etwa, wie vereinzelt[1] geschehen,

[1]) Oertmann BGB., 2. Aufl., § 52 Erl. 4a; Oberwinter bei Gruchot Bd. 53 S. 787 Anm. 21. Den Anspruch aus § 812 BGB. wollen dem Gesellschafts- oder Vereinsgläubiger in entsprechender Lage weiter — ohne nähere Be-

einwenden, die Gesellschaft (Korporation) als „Zwischenmann" falle weg, weil sie mit Verteilung des Vermögens aufhöre, existent zu sein; damit werde die scheinbar indirekte Vermögensbeschädigung des Korporationsgläubigers zur direkten. Eine solche Bedeutung kommt der Verteilung des Vermögens als solcher nicht zu. Die Liquidationsgesellschaft als solche besteht weiter, solange noch Gesellschaftsvermögen vorhanden ist (vgl. RGZ. Bd. 41 S. 95); früher bringt auch der Gesellschaftsbeschluß, daß die Liquidation beendet sei, oder der Handelsregistereintrag über die Auflösung (§ 65 GmbHG.) die Gesellschaft nicht zum Erlöschen (vgl. RGZ. Bd. 41 S. 95 für die Aktiengesellschaften, RGZ. Bd. 48 S. 311 für Gewerkschaften). Als solches Gesellschaftsvermögen kann grundsätzlich auch ein Forderungsrecht der Gesellschaft in Betracht kommen, wie solches auf Grund einer vom Liquidator an Gesellschafter verfrüht bewirkten Ausschüttung oder Zahlung für die Gesellschaft an den Gesellschafter auf Rückzahlung nach §§ 31, 73 entsteht. Daß dieser Anspruch z. B. gegebenenfalls deshalb nicht verfolgt werden könnte, weil das Gesellschaftsvermögen verteilt ist, kann nicht anerkannt werden; dieser Anspruch ist nicht verloren oder untergegangen durch einen mit der Ausschüttung bewirkten Untergang der Gesellschaft. Vielmehr wird die Zahlung solchenfalls namens der Gesellschaft zurückgefordert werden können, und bezüglich dieses Forderungsrechts wird das Liquidationsverfahren fortgesetzt werden müssen. Daraus aber erhellt, daß von einem restlosen Wegfall des „Zwischenmanns" durch die Liquidationsausschüttung nicht gesprochen werden kann.

An der Beurteilung ändert sich endlich auch nichts dadurch, daß die Beklagte die besondere Stellung als Alleingesellschafterin der vormaligen Gesellschaft m. b. H. „Komet" eingenommen hat. An der Verschiedenheit ihrer Rechtspersönlichkeit von der der Gesellschaft m. b. H. besteht kein Zweifel (vgl. RGZ. Bd. 85 S. 380, Bd. 87 S. 25), und für Verbindlichkeiten der Gesellschaft haftet deren Gläubigern nur das Gesellschaftsvermögen (§ 13 GmbGH.). Daß die Geschäftsanteile alle in einer Hand vereinigt sind, ändert an der rechtlichen Natur des

---

gründung — zugestehen Enneccerus Bd. I 1 § 107 zu Anm. 15 (vgl. I 2 § 441 unter II), Crome Bd. 1 § 54 Anm. 14, K. v. RGR., 2. Aufl, I § 51 Erl. 1 und Ebbecke im Recht 1912 S. 661. D.

E.

Verhältnisses nichts (vgl. u. a. Warneyer 09 Nr. 317, 1910 Nr. 95). Auch durch die Auflösung der Gesellschaft wird ihre Rechtspersönlichkeit, Rechts- und Parteifähigkeit nicht berührt (§§ 69, 13 GmbHG.; RGZ. Bd. 59 S. 325; I. 355/07).

3. Auch in § 419 BGB.[1] findet der Klaganspruch, soweit er darauf gestützt ist, daß die Beklagte als frühere alleinige Gesellschafterin der Gesellschaft m. b. H. deren gesamtes Vermögen erhalten habe, keine ausreichende Rechtsgrundlage. Auch wenn man davon ausgeht, daß in Gestalt des Liquidationsüberschusses auf die Gesellschafterin der Restbestand der Gesellschaftsaktiven, also das ganze — rechtliche — Vermögen der Gesellschaft im Sinne des dem § 419 zugrunde liegenden deutsch-rechtlichen Vermögensbegriffs (RGZ. Bd. 69 S. 284) übergegangen ist, — wonach unter dem Vermögen einer Person schlechtweg nur die Gesamtheit der ihr zugehörigen Vermögensgegenstände und Rechte begriffen ist, denen die Schulden als eine Belastung gegenüberstehen, — so erhebt sich doch gegen eine unmittelbare Anwendung des § 419 schon das Bedenken, daß dieses Vermögen nicht wohl als „durch Vertrag" übernommen angesehen werden kann. Allerdings bedarf es hierzu, wie in der Rechtsprechung des Reichsgerichts anerkannt ist (RGZ. Bd. 69 S. 284 und 416, Bd. 76 S. 1, Bd. 80 S. 258, Bd. 82 S. 277; Warneyer 1914 Nr. 282), keines Vertrags der in § 311 BGB. bezeichneten und unter Formzwang gestellten Art; vielmehr genügt es, wenn hinsichtlich der einzelnen in ihrer Gesamtheit das Vermögen bildenden Gegenstände

[1] Über die Anwendung des § 419 BGB. auf den Übergang von „Sondervermögen" s. im allgemeinen Hellwig, Verträge zugunsten Dritter § 61 S. 393 flg.; O. v. Gierke, Vereine ohne Rechtsfähigkeit, 2. Aufl. S. 49 Anm. 92; Schuldnachfolge und Haftung in der Festg. f. v. Martitz 1911 S. 68 flg.; und Recht der Schuldverhältnisse (Deutsches Privatrecht Bd. 3, 1917) § 181 V 2; Knoke, Recht der (bürgerlichen) Gesellschaft 1901 S. 123; Staudinger-Kober § 735 III; Oertmann § 419 Erl. 6d; Cosack, 6. Aufl. Bd. 2 § 280 III. Gegen die Anwendung des § 419 auf den Fall der Liquidationsausschüttung bes. Planck 3. Aufl. § 736 Erl. 3, 4. Aufl. § 53 Erl. 5 (Knoke); Staudinger-Löwenfeld § 51, 4; Düringer-Hachenburg Bd. 4 S. 233 Anm. 272; v. Tuhr, Allgem. Teil Bd. 1 S. 571; Enneccerus Bd. I 2 S. 310 Anm. 14; Goldmann-Lilienthal S. 104 Anm. 45; Reichel, Schuldmitübernahme S. 96 flg. D. E.

ein wirksamer Veräußerungsvertrag in der für die Einzelveräußerungen ausreichenden Form vorliegt. Auch ist nicht zu erfordern, daß die Vertragschließenden sich der Eigenart des Vertrags als eines Vermögensübernahmevertrags bewußt seien; die Rechtsfolge des Schuldbeitritts tritt gegebenenfalls auch ohnedies kraft zwingender Vorschrift ein (RGZ. Bd. 85 S. 168). Man wird aber in der Vornahme und Entgegennahme der Ausschüttung überhaupt keinen auf Vermogensübernahme gerichteten Vertragsschluß finden können. Jene Ausschüttung erfolgt zur Erfüllung des den Anfallsberechtigten zustehenden Auspruchs auf das Vermögen der aufgelösten Gesellschaft. Auf die allgemeine Frage, ob und in welchem Umfange die Erfüllung als solche den Tatbestand eines Vertragsschlusses darstellt oder erfordert, braucht in diesem Zusammenhange nicht eingegangen zu werden. Der Vorgang der Ausschüttung ist der Abschluß und Ausklang des Gesellschaftsverhältnisses, beruht insofern unzweifelhaft auf Vertrag, als er auf den Gesellschaftsvertrag zurückzuführen ist, ist aber nicht für sich genommen ein neuer weiterer Vertrag auf Vermögensübernahme, sondern der — wenngleich in rechtsgeschäftlichen Vorgängen sich vollziehende — tatsächliche Übergang des Gesellschaftsvermögens auf die Anfallsberechtigten als Rechtsfolge der Gesellschaftsauflösung.

Aber auch eine auf Rechtsähnlichkeit gestützte Anwendung des § 419 auf den vorliegenden Fall ist abzulehnen, weil der gesetzgeberische Grund der Vorschrift hier nicht für zutreffend erachtet werden kann. Er wird bereits RGZ. Bd. 69 S. 288 dahin bezeichnet, daß der Gläubiger dort, wo die Vermögensmasse geblieben ist, die die natürliche Unterlage des dem Schuldner gewährten Kredits bildet, auch die Befriedigung soll suchen können. Dem damit gekennzeichneten Interesse des Gläubigers ist aber in Fällen, wo wie hier dem Vermögensübergang ein Liquidationsverfahren vorausgegangen ist, zu dessen besonderen Aufgaben die ordnungsmäßige Befriedigung der Gläubiger gehört, bereits Genüge geschehen. Indem der Anfallsberechtigte nach geschehener Liquidation das Vermögen übernimmt, darf er in aller Regel damit rechnen, daß die Liquidation auch der Aufgabe der Gläubigerbefriedigung sich ordnungsmäßig unterzogen hat. Es kann nicht ohne weiteres als Sinn des Gesetzes unterstellt werden, daß trotzdem eine Mithaftung des Erwerbers für die Gesellschaftsschulden eintreten soll, wie wenn für die Gläubigerbefriedigung nichts geschehen wäre. Mit Grund hat man hierzu in der Literatur[1] noch darauf hingewiesen, daß auch die in § 419 Abs. 2 Satz 2 vorgeschriebene entsprechende Anwendung der §§ 1990, 1991 und der damit in Verbindung stehenden §§ 1978, 1979 auf den hier gegebenen Fall zu untunlichen Ergebnissen führt, und weiter[2], daß die Annahme eines dem § 419 entsprechenden gesetzlichen Schuldbeitritts für den vorliegenden Fall ein sachlich kaum zu rechtfertigendes Mißverhältnis zu der in HGB. § 25 Abs. 3 getroffenen Regelung ergibt, wonach der unter Lebenden erfolgte Erwerb eines Handelsgeschäfts, sofern die Firma nicht fortgeführt wird, eine Haftung für die früheren Geschäftsverbindlichkeiten nur dann begründet, wenn ein besonderer Verpflichtungsgrund vorliegt."

---

19. Über das Verhältnis einer Vertragsabrede, wonach die Leistung bei Eintritt bestimmter Hindernisse bis nach ihrer Behebung verschoben werden soll, zu dem Rechtsgrundsatze, daß eine zeitweilige Verhinderung der Leistung deren dauernde Unmöglichkeit nach sich zieht, wenn die notwendige zeitliche Verschiebung so erheblich ist, daß dadurch die wirtschaftliche Bedeutung der Leistung wesentlich geändert wird.

II. Zivilsenat. Urt. v. 22. Januar 1918 i. S. S. & H. (Bekl.) w. S. T. S. (Kl.). Rep. II. 304/17.

I. Landgericht Hamburg, Kammer für Handelssachen.
II. Oberlandesgericht daselbst.

Der Kläger hat am 25. Juni 1914 von der Beklagten 150 Barrels Vaselinöl gekauft. In Nr. 10 der Bedingungen des Schlußbriefs heißt es:

Im Falle von force majeure, sei es Ausstand, Betriebsstörungen usw., endlich jeder anderen der Kontrolle der Verkäufer entgehenden Ursache, wird die vorliegende Lieferungsverpflichtung während der

---

[1] So v. Tuhr a. a. O. Bd. 1 S. 571.
[2] Reichel a. a. O. S. 97.

ganzen Zeit, während welcher diese Hindernisse walten, unterbrochen. Die Vereinbarung tritt in dem Augenblicke wieder in Kraft, sobald diese Hindernisse beseitigt sind, und wird um die Zeit des Aufschubs verlängert

Die Lieferung der Ware wurde zunächst durch ein Ausfuhrverbot, das nach Ausbruch des Krieges in Deutschland erlassen wurde, verhindert. Am 13. November 1915 sind durch eine Verordnung des Bundesrats über die private Schwefelwirtschaft (RGBl. S. 761) alle Lieferungsverträge über Schwefelsäure außer Kraft gesetzt worden. Für die Herstellung von Vaselinöl ist Schwefelsäure erforderlich, und die Beklagte hatte sich für ihren Bedarf an dieser Ware eingedeckt. Auf Grund der genannten Verordnung hat aber ihre Verkäuferin den Kauf für aufgehoben erklärt.

Nunmehr hat die Beklagte durch Brief vom 10. Februar 1916 auch den Kaufvertrag der Parteien aufgesagt, weil der seiner Zeit beabsichtigten späteren Lieferung der Ware ein Hindernis entgegenstehe, das niemals beseitigt werden könne und die Lieferung unmöglich mache. Der Kläger widerspricht dem. Er macht geltend, daß die Erfüllung des Vertrags zwar zurzeit behindert sei, aber gemäß der angeführten Vertragsbestimmung geschehen müsse, sobald das Hindernis beseitigt sei.

Er hat deswegen mit der Klage beantragt, festzustellen, daß der streitige Vertrag nicht aufgehoben ist, sondern fortbesteht. Beide Vorinstanzen haben dem Klagantrage seinem Inhalte nach stattgegeben. Die Revision der Beklagten ist ohne Erfolg geblieben.

Aus den Gründen:

... „In der Sache selbst folgt das Berufungsgericht den vom Reichsgericht in dem Urteile vom 4. Januar 1916 Rep. II. 332/15 ausgesprochenen Grundsätzen und wendet sie ohne Rechtsirrtum an. Vertragsabreden wie die streitige, laut denen bei Eintritt bestimmter Hindernisse die Leistung bis zu ihrer Behebung verschoben werden soll, werden regelmäßig zugunsten des Schuldners getroffen. Sie sollen seine Lage erleichtern, nicht erschweren. Sie schließen regelmäßig nicht die Anwendung des Grundsatzes aus, daß eine zeitweilige Verhinderung der Leistung deren dauernde Unmöglichkeit nach sich zieht, wenn die notwendige zeitliche Verschiebung so erheblich wird, daß dadurch die wirtschaftliche Bedeutung und der Inhalt der Leistung wesentlich geändert werden. Aber die Anwendung dieses Grundsatzes kann durch Abrede der Parteien ausgeschlossen werden. Wenn sie abmachen, daß der Vertrag ausgeführt werden soll, auch wenn durch eine zeitliche Verschiebung die wirtschaftliche Bedeutung der Leistung sich gänzlich ändert, und daß also zwischen ihnen bei Eintritt der vorbehaltenen Hindernisse die Lieferzeit keinesfalls als wesentlich gelten soll, so besteht kein Grund, solcher Abrede die rechtliche Wirksamkeit zu versagen. Dann bewirkt diese Abrede nicht nur eine Erleichterung der Lage des Schuldners, sondern zugleich auch eine sehr viel stärkere Bindung beider Teile, als sonst aus dem Vertrage folgen würde. Solche Abreden sind sicherlich nicht üblich, sie mögen sogar sehr selten vorkommen. Aber unmöglich und undenkbar sind sie nicht; und werden sie getroffen, so sind sie rechtlich wirksam.

Im Streitfalle hat das Berufungsgericht angenommen, daß hier ein solcher seltener Fall vorliege; daß nach dem Inhalte der Abrede nicht nur die Verkäuferin für die Dauer der vorbehaltenen Hindernisse von der Lieferpflicht frei sein, sondern daß nach Behebung der Hindernisse die beiderseitigen Vertragspflichten ohne Rücksicht auf die Dauer der eingetretenen Verzögerung auf alle Fälle erfüllt werden sollten. Das Berufungsgericht stützt diese Auslegung darauf, daß es sich um eine von der Beklagten verfaßte Formularbedingung handelt, die im Falle eines Zweifels so ausgelegt werden muß, wie der Kläger ihren Wortlaut vernünftigerweise verstehen konnte; daß die sachverständigen Handelsrichter sie im Sinne des Klägers verstanden haben, und daß sie in der Tat sehr wohl so verstanden werden kann, weil mit dem größten Nachdruck ausgesprochen ist, daß der Vertrag in dem Augenblicke wieder in Kraft tritt, sobald die Hindernisse beseitigt sind. Diese Erwägungen entsprechen den gesetzlichen Auslegungsregeln. Es handelt sich also um eine von Rechtsirrtum nicht beeinflußte Vertragsauslegung, die vom Revisionsgerichte nicht nachzuprüfen ist."

---

20. 1. Liegt in dem nach § 24 des preuß. Enteignungsgesetzes von der Gemeinde bei der Enteignungsbehörde gestellten Antrage, das Verfahren zur Feststellung der Enteignungsentschädigung für die Abtretung des Eigentums hinsichtlich eines bestimmten von einer

festgesetzten Fluchtlinie betroffenen Grundstücks einzuleiten, die Erklärung des im § 13 Abs. 1 Nr. 1 preuß. FluchtlG. bezeichneten Verlangens nach Abtretung?

2. Wann tritt die Fälligkeit des Anspruchs des Grundstückseigentümers auf Zahlung oder Hinterlegung der durch die Enteignungsbehörde oder im Rechtswege endgültig festgestellten Enteignungsentschädigung ein?

VII. Zivilsenat. Urt. v. 22. Januar 1918 i. S. R. (Kl.) w. Stadtgemeinde Berlin (Bekl.). Rep. VII. 355/17.

I. Landgericht I Berlin.
II. Kammergericht daselbst.

Der Kläger und Frau Klara R. sind je zur Hälfte Eigentümer eines Grundstücks in Berlin in der Leipziger Straße. Am 11. Oktober 1912 beantragte die Beklagte bei dem Polizeipräsidium in Berlin, das Verfahren zur Feststellung der Enteignungsentschädigung für Abtretung des Eigentums an einer bestimmten, 141 qm großen Fläche des bezeichneten Grundstücks einzuleiten, da diese Fläche innerhalb der zur Verlängerung der Lindenstraße festgesetzten Fluchtlinie liege und sie von ihrem Rechte auf Entziehung der Fläche Gebrauch mache. Diesem Antrag entsprechend ist das Verfahren für die Feststellung der Entschädigung eingeleitet und die Entschädigung rechtskräftig auf 78016,20 *M* festgesetzt worden. Infolge des Krieges hat aber die Beklagte vorläufig von der Ausführung der Straßenverlängerung Abstand genommen und weder den Antrag auf Enteignung gestellt, noch von den Eigentümern die Abtretung der Fläche für den öffentlichen Verkehr gefordert.

Der Kläger beansprucht mit der Klage die Hälfte der festgesetzten Entschädigung mit dem Antrage, die Beklagte zur Zahlung an ihn, andernfalls zur Hinterlegung zu verurteilen. Das Landgericht verurteilte die Beklagte antragsgemäß zur Zahlung. Auf die Berufung der Beklagten wurde die Klage abgewiesen. Auf die Revision des Klägers wurde das Berufungsurteil aufgehoben und die Sache an das Berufungsgericht zurückverwiesen aus folgenden

Gründen:

„Die Entscheidung des Rechtsstreits hängt von der Beantwortung der unter den Parteien streitigen Frage ab, ob die vom Kläger geltend gemachte Forderung auf Leistung der Enteignungsentschädigung zur Zeit der Klagerhebung fällig war oder später fällig geworden ist. Die Frage war mit dem Kläger, entgegen den Ausführungen des Berufungsurteils, zu bejahen. Die Forderung ist durch rechtskräftigen Beschluß des Polizeipräsidiums endgültig und unabänderlich nach Grund und Betrag festgestellt worden. Nach der auch hier maßgebenden Regel des § 271 Abs. 1 BGB. kann daher der Gläubiger die Leistung sofort verlangen, es sei denn, daß eine Zeit für die Leistung durch Gesetz oder Vereinbarung der Beteiligten bestimmt oder aus den Umständen zu entnehmen ist. Eine derartige Vereinbarung ist hier nirgends behauptet. Es besteht auch keine gesetzliche Vorschrift, die ergäbe, daß die streitige Leistung nicht sofort verlangt werden kann, vielmehr lassen die maßgebenden Vorschriften die gegenteilige Auffassung als gerechtfertigt erkennen.

Der Anspruch des Klägers wurzelt in der nach § 8 preuß. FluchtlG. erfolgten förmlichen Feststellung der Fluchtlinien für die Verlängerung der Lindenstraße. Mit dieser Feststellung trat nach § 11 das. die dort bezeichnete Beschränkung der Baufreiheit ein, und die beklagte Gemeinde erhielt das Recht, die durch die Fluchtlinie für Straßen und Plätze bestimmte Grundfläche dem Eigentümer zu entziehen. Von diesem Rechte Gebrauch zu machen, konnte die Beklagte außer in den Fällen des § 13 Nr. 2 und 3 nicht gezwungen werden. Ein Anspruch auf Entschädigung für die Rechtsbeschränkungen des § 11 stand dem Eigentümer insoweit zunächst nicht zu. Nur auf die weiteren Vorschriften des Fluchtliniengesetzes kann ein solcher Anspruch gestützt werden, nämlich auf den § 13 Nr. 1. Die Vorschriften des Enteignungsgesetzes kommen nach § 14 das. nur für die Feststellung der „nach § 13 zu gewährenden" Entschädigungen und die Vollziehung der Enteignung (§§ 24flg. EntG.) zur Anwendung. Nach § 13 Nr. 1 kann eine Entschädigung wegen Entziehung des von der Festsetzung neuer Fluchtlinien betroffenen Grundeigentums nur gefordert werden, wenn die zu Straßen und Plätzen bestimmten Grundflächen „auf Verlangen der Gemeinde für den öffentlichen Verkehr abgetreten werden". Nach dem bloßen Wortlaute der Vorschrift könnte die Meinung vertreten werden, daß die Abtretung der Flächen der Leistung der Entschädigung vorauszugehen hätte oder doch, daß der Unternehmer nur Zug um Zug Entschädigung zu leisten hätte. Ob diese Meinung im Falle der freiwilligen Abtretung zutrifft, kann hier dahingestellt bleiben; jedenfalls ist sie aber für den hier vorliegenden Fall, daß die Abtretung mittels Einleitung und Durchführung des Enteignungsverfahrens erzwungen wird, nicht zu verteidigen, denn diese erzwungene Abtretung darf nach § 32, in dringlichen Fällen nach § 34 EntG. nur erfolgen, nachdem die endgültig festgestellte Entschädigungssumme, in dringlichen Fällen die im Verwaltungswege nach § 29 festgestellte Entschädigungssumme gezahlt oder hinterlegt ist. Der Unternehmer hat daher im Falle der Enteignung vorzuleisten. Der § 13 Nr. 1 FluchtlG. hat hiernach den Sinn, daß die Entschädigung in diesem Falle zu gewähren ist, sobald die Gemeinde das Verlangen nach Abtretung bindend erklärt hat und die Abtretung von ihr sofort erzwungen werden kann.

Dies letztere Erfordernis ist gegeben, denn nach § 32 EntG. hat auf Antrag der Beklagten das Polizeipräsidium die Enteignung auszusprechen, sobald die Beklagte die Entschädigungssumme gewährt hat. Aber auch das Verlangen nach Abtretung hat die Beklagte, was der Berufungsrichter ohne Grund in Abrede stellt, in bindender Form geäußert. Denn in ihrem an das Polizeipräsidium gerichteten Antrage vom 11. Oktober 1912 hat sie ausdrücklich erklärt, daß sie von ihrem Rechte, die durch die Fluchtlinie bestimmten Flächen den Eigentümern im Wege der Enteignung zu „entziehen", hinsichtlich des Grundstücks des Klägers „Gebrauch machen" wolle und deshalb beantrage, das Verfahren zur Feststellung der Entschädignng „für Abtretung des Eigentums" einzuleiten. Ein klarerer Ausdruck des Verlangens nach Abtretung — dessen Erklärung sogar dann, wenn sie stillschweigend erfolgt, wirksam ist —, als es in diesem Antrage geschehen ist, läßt sich kaum denken. Die Beklagte scheint das Verlangen deshalb nicht für ausreichend zu halten, weil es nicht dem Eigentümer gegenüber erklärt sei, denn sie hat ausgeführt, es fehle bisher an jeder Rechtsbeziehung zwischen den Parteien. Solche Rechtsbeziehungen sind aber schon durch die förmliche Planfeststellung (§§ 8, 11 FluchtG.) in bedeutsamer Weise entstanden. Das Verlangen ist auch als dem Eigentümer gegenüber ausgesprochen anzusehen. Zwar war der Antrag auf Feststellung der Entschädigung nach § 24 EntG. beim Polizeipräsidium anzubringen, dieses war aber, was der Beklagten selbstverständlich bekannt war, nach §§ 25 flg. amtlich verpflichtet, dem

Eigentümer von dem Verlangen der Beklagten Kenntnis zu geben und ihn zum weiteren Verfahren zuzuziehen. Der Eigentümer konnte danach nicht im Zweifel sein, daß die Beklagte auch ihm gegenüber das Verlangen habe aussprechen wollen und ausgesprochen habe.

Daß im Streitfall aus den Umständen (§ 271 Abs. 1 BGB.) zu entnehmen sei, die Forderung des Klägers solle noch nicht fällig sein, ist in keiner Weise anzuerkennen. Das Enteignungsgesetz geht im Gegenteil offenbar davon aus, daß regelmäßig der Unternehmer das größte Interesse und Bestreben haben wird, sich für das geplante Unternehmen möglichst bald in den Besitz der dazu erforderlichen Grundfläche zu setzen, und daß er den Antrag auf Einleitung des Enteignungsverfahrens nur dann stellen wird, wenn er dies Bestreben bald erfüllt sehen will. Treten der Ausführung des Unternehmens später, nach Feststellung der Entschädigung, Hindernisse oder Hemmungen entgegen, so hat die Folgen lediglich der Unternehmer zu tragen. Es würde dem Eigentümer gegenüber in hohem Grade unbillig sein, wollte man annehmen, daß es nach endgültiger Feststellung seiner Entschädigung, die ihn der Vorteile einer künftigen Wertsteigerung des Grundstücks beraubt, der Willkür des Unternehmers überlassen bleiben soll, ob und wann er für das Grundstück, in dessen Besitz er sich in jedem Augenblick, auch gegen den Willen des Eigentümers, setzen kann, diesem Entschädigung gewährt. Dabei würde dem Eigentümer nicht nur der Genuß der Entschädigungssumme, sondern auch gleichzeitig der ordnungsmäßige Gebrauch des Grundstücks entzogen sein; denn da ihn der Unternehmer jederzeit außer Besitz setzen kann, wird er Bedenken tragen müssen, durch Ausbesserungen und Verbesserungen, deren Kosten ihm der Unternehmer zu ersetzen nicht verpflichtet ist, das Grundstück in der Weise gebrauchsfähig zu machen, in der er es hätte ohne Dazwischentreten der Enteignung gebrauchen können. So würde es z. B. für ihn zweckwidrig sein, auf dem Grundstücke für ein größeres gewerbliches Unternehmen, dessen wirtschaftlicher Erfolg erst für spätere Zeit zu erwarten ist, die erforderlichen kostspieligen Einrichtungen zu treffen.

Auf diesen Erwägungen beruht auch die Vorschrift des § 42 EntG. Nach Abs. 1 das. hat der Unternehmer binnen der nach § 21 EntG. im Beschlusse der Enteignungsbehörde bestimmten Frist, innerhalb deren längstens vom Enteignungsrechte Gebrauch zu machen ist, diesen Gebrauch zu machen, widrigenfalls er dem Eigentümer zum Schadensersatze verpflichtet ist. Wenn auch in einem auf Fluchtlinienfestsetzung beruhenden Enteignungsverfahren eine solche Fristsetzung nicht vorgesehen ist, so kann es doch auch hier nicht im Belieben der Stadtgemeinde stehen, nach erfolgter Entschädigungsfeststellung den Zeitpunkt der Leistung der Entschädigung nach Gefallen hinauszuschieben. Dieser Auffassung entspricht es auch, wenn im Abs. 2 des § 42 bestimmt ist, daß der Eigentümer, falls der Unternehmer nach Feststellung der Entschädigung durch die Verwaltungsbehörde zurücktritt, die Wahl hat, ob er Schadensersatz oder Zahlung der festgestellten Entschädigung gegen Abtretung des Grundstücks beanspruchen will. Steht hiernach dem Eigentümer beim Rücktritt des Unternehmers schon nach der bloß vorläufigen Feststellung der Entschädigung durch die Verwaltungsbehörde das Recht zu, jedenfalls nach Wahl auch diese Entschädigung, selbstverständlich sofort nach erklärtem Rücktritt, gegen Abtretung des Grundstücks zu fordern, so kann das Gesetz nicht wohl beabsichtigen, dem Eigentümer den Anspruch auf sofortige Gewährung der Entschädigung zu versagen, wenn diese schon unabänderlich feststeht, der Unternehmer aber nur im eigenen Interesse die Abnahme des enteigneten Grundstücks ins Ungewisse hinausschiebt. Ein Anlaß, im letzteren Falle die Gewährung der Entschädigung davon abhängig zu machen, daß der Eigentümer die von dem Enteignungsverfahren betroffene Grundfläche dem Unternehmer abtritt, besteht nicht, weil für den Unternehmer nach § 32 EntG. die Möglichkeit gegeben ist, sich das Eigentum und den Besitz dieser Fläche sofort zu verschaffen. Aus diesem letzteren Grunde steht auch dem Unternehmer gegenüber dem die Entschädigung fordernden Eigentümer ein Einwand der Arglist dahin, der letztere wolle die Grundfläche und daneben auch deren geldmäßigen Gegenwert gleichzeitig nutzen, nicht zu. Der Kläger kann gegenüber dem durch den § 32 gegebenen Rechte des Unternehmers auf Vollziehung der Enteignung rechtlich nicht in die Lage kommen, sich gegen den Willen der Beklagten diese doppelte Nutzung zu verschaffen.

War hiernach das Berufungsurteil aufzuheben, so ist doch die Sache zur Entscheidung noch nicht reif. Nach § 37 EntG. darf der Eigentümer nicht Zahlung, sondern nur Hinterlegung der Entschädigungssumme fordern, wenn Hypotheken, wie im Streitfall, auf dem

Grundstücke haften. Nach dem Tatbestande des Berufungsurteils scheint der Kläger behaupten zu wollen, daß er allein jetzt zur Verfügung über diese Hypotheken berechtigt ist. Feststellungen nach dieser Richtung hin hat der Berufungsrichter nicht getroffen und hatte dazu auch keinen Anlaß, da er anderweit zur Abweisung der Klage gelangt ist. Die Sache war daher, damit die erforderlichen Feststellungen getroffen werden, an den Berufungsrichter zurückzuverweisen."

---

21. Zulässigkeit des Rechtswegs für eine Klage aus § 7 Abs. 1 des Kriegsleistungsgesetzes vom 13. Juni 1873.[1]

VI. Zivilsenat. Urt. v. 24. Januar 1918 i. S. Stadtgemeinde B.-L. (Bekl.) w. Br. (Kl.). Rep. VI. 365/17.

I. Landgericht III Berlin.
II. Kammergericht daselbst.

Der Kläger hatte von der Stadtgemeinde B. ein dieser gehöriges im Bezirke der Beklagten B.-L. gelegenes Grundstück gepachtet und darauf im Einverständnis mit der Verpächterin Gebäude errichtet. Auf Erfordern des Kriegsministeriums verlangte die Beklagte auf Grund des § 3 Nr. 4 des Kriegsleistunsgesetzes vom 13. Juni 1873 von der Stadtgemeinde B. die Überlassung des Grundstücks und gleichzeitig vom Kläger, daß er ihr sowie den Beauftragten des Kriegsministeriums den Besitz des Grundstücks umgehend überlasse, widrigenfalls sie sich auf Grund des § 6 KLG. zwangsweise in den Besitz des Grundstücks setzen werde. Die Besitzübergabe erfolgte dementsprechend, und die Beklagte überwies das Grundstück dem Kriegsministerium. Die Gebäude wurden demnächst von den Gesellschaften, denen das Kriegsministerium das Grundstück zur Errichtung einer Fabrikanlage für Heereszwecke zur Verfügung gestellt hatte, abgebrochen.

Der Kläger fordert von der Beklagten Schadensersatz dafür, daß er infolge Räumung des Grundstücks außer Stande gesetzt sei, die von ihm darauf errichteten Gebäude für die fernere Dauer des Pachtvertrags zu benutzen. Das Landgericht wies die Klage wegen Unzulässigkeit des Rechtswegs ab; das Kammergericht verwarf jedoch die Einrede. Auf die Revision der Beklagten wurde das erste Urteil wiederhergestellt.

[1] Vgl. RGZ. Bd. 91 S. 291.

Aus den Gründen:

... „Das Berufungsgericht führt aus: nach dem KLG. seien auseinanderzuhalten die Ansprüche der zu Kriegsleistungen verpflichteten Gemeinden gegenüber dem Reiche und solche Dritter gegenüber den Gemeinden, die sich auf § 7 dieses Gesetzes gründen. Für die ersteren sei der Rechtsweg gemäß § 33 insoweit ausgeschlossen, als es sich um die Ermittelung der Höhe der zu zahlenden Entschädigung handele, während er zuzulassen sei für die Frage, ob ein Fall der Entschädigungspflicht überhaupt vorliege, was jedenfalls im Wege einer Feststellungsklage zum Austrag gebracht werden könne. Insoweit sei den Ausführungen des Reichsgerichts in dem Urteile vom 6. Dezember 1915 (RGZ. Bd. 87 S. 357flg.) zu folgen. Was dagegen die Ansprüche Dritter gegen die Gemeinden anlange, so enthielten die einschlagenden §§ 6, 7 des Gesetzes keinen Hinweis darauf, daß für die Ansprüche auf Zahlung der von der Gemeinde zu leistenden Vergütung der Rechtsweg ausgeschlossen sei oder daß darüber eine besondere Verwaltungsbehörde entscheiden solle. Die Bestimmungen des § 7 könnten daher nur dahin aufgefaßt werden, daß sie materiellrechtlichen Charakter hätten. Der Klaganspruch sei als vor die ordentlichen Gerichte gehörende bürgerliche Rechtsstreitigkeit im Sinne des § 13 GVG. anzusehen.

Diese Ausführungen werden von den Revision mit Recht beanstandet. Das Reichsgericht hat bisher die Frage, ob der aus dem Kriegsleistungsgesetze sich ergebende Anspruch auf Vergütung für die Kriegsleistung öffentlichrechtlicher oder privatrechtlicher Natur sei und ob seine Geltendmachung im ordentlichen Rechtsweg ausgeschlossen sei oder nicht, im allgemeinen nicht entschieden. Nur so viel hat der erkennende Senat in der vom Berufungsgericht angezogenen Entscheidung (vgl. auch Warneyer Bd. 9 Nr. 42) ausgesprochen, daß der Anspruch auf die Leistung aus dem Kriegsleistungsgesetze nicht privatrechtlicher Natur ist und nicht Gegenstand eines bürgerlichen Rechtsstreits sein kann, daß dies aber nicht ausschließt, daß der Anspruch „auf die Gegenleistung“, auf die im Gesetz ausgeworfene Vergütung als privatrechtlicher Anspruch angesehen und im ordentlichen Rechtswege verfolgt werden kann; allein ein im Rechtswege verfolgbarer Anspruch sei nur insoweit gegeben, als das Reichsgesetz, das den Anspruch selbst begründe, ihn als im Rechtswege verfolgbar anerkenne; aus § 33

KLG. in Verbindung mit § 13 GVG. ergebe sich nun, daß die Verfolgung des Anspruchs auf Festsetzung der Entschädigung und auf eine anderweite Festsetzung vor den ordentlichen Gerichten ausgeschlossen sei; auf Zahlung der nach § 33 durch die Verwaltungsbehörde bereits festgesetzten Vergütung möge dagegen im ordentlichen Rechtswege geklagt werden können. Es ist daher unzutreffend, wenn das Berufungsgericht in jener Entscheidung den Ausspruch findet, daß der Rechtsweg zugelassen sei für die Frage, ob ein Fall der Entschädigungspflicht überhaupt vorliege, was jedenfalls im Wege einer Feststellungsklage zum Austrag gebracht werden könne. Der erkennende Senat hat lediglich entschieden, daß der Rechtsweg nach § 33 ausgeschlossen ist, wenn es sich um die Festsetzung der zu gewährenden Vergütung handelt, und das betrifft sowohl die Frage, ob ein Anspruch auf Vergütung überhaupt entstanden ist, als die, wie hoch er zu bemessen ist (vgl. auch RGZ. Bd. 90 S. 257), wobei es keinen Unterschied macht, ob es sich um eine Leistungs- oder um eine Feststellungsklage handelt. An diesen Grundsätzen ist festzuhalten; ihre Anwendung führt dazu, daß der Rechtsweg auch für den vorliegenden Klaganspruch als ausgeschlossen zu gelten hat, da eine Festsetzung der vom Kläger geforderten Vergütung im Verwaltungsverfahren nicht stattgefunden hat.

Der in RGZ. Bd. 87 S. 357 flg. behandelte Fall betraf einen Vergütungsanspruch gegen das Reich, während es sich hier um einen solchen gegen eine Gemeinde handelt; auf diesen Unterschied glaubt das Berufungsgericht ausschlaggebendes Gewicht für die Beantwortung der Frage der Zulässigkeit des Rechtswegs legen zu sollen. Dem kann nicht beigetreten werden. Zwar ist es richtig, daß § 33 KLG. nur die vom Reiche zu gewährende Vergütung behandelt, und es ist dem Berufungsgerichte darin beizupflichten, daß die §§ 6, 7 keinerlei Hinweis darauf enthalten, daß für die Ansprüche auf Zahlung der von der Gemeinde zu leistenden Vergütung der Rechtsweg ausgeschlossen sein oder daß darüber eine besondere Verwaltungsbehörde entscheiden solle. Allein ebensowenig geben diese Bestimmungen einen Anhalt dafür, daß der Rechtsweg für jene Ansprüche zulässig sein soll; sie sind überhaupt unerheblich für die Entscheidung der Frage, ob der Rechtsweg ausgeschlossen ist oder nicht. Es bedarf aber auch im vorliegenden Falle keiner Beantwortung der Frage, ob der Anspruch auf die Vergütung wenigstens dann, wenn er sich gegen die Gemeinde richtet, als ein privatrechtlicher anzusehen ist. Denn § 33 KLG. ist, obschon das darin behandelte Verwaltungsverfahren nur für das Verhältnis des Reichs gegenüber den ihm unmittelbar Kriegsleistungspflichtigen, insbesondere den Gemeinden, nicht auch für das Verhältnis dieser zu den von ihnen in Anspruch genommenen Dritten vorgesehen ist, doch auch für die Geltendmachung der Ansprüche der Dritten gegen die Gemeinde von Bedeutung. Schuldner der Vergütung für die auf Grund des Kriegsleistungsgesetzes bewirkten Leistungen ist das Reich, nicht die Gemeinde, und zwar auch dann, wenn diese nach § 6 den Dritten in Anspruch genommen hat (§ 2 Abs. 2); die Vergütung vom Reiche zu fordern berechtigt ist die Gemeinde, nicht auch der Dritte. Wenn somit § 7 Abs. 1 bestimmt, daß die Gemeinde Vergütung in dem Umfange zu gewähren hat, in welchem ihr „nach den folgenden Bestimmungen" Vergütung vom Reiche gewährt wird, so ist § 33 mit in Betracht zu ziehen, und es setzt daher die Anwendung jener Bestimmung voraus, daß die vom Reiche zu gewährende Vergütung, wenn auch nicht bereits der Gemeinde zur Verfügung gestellt, so doch in ihrer Höhe im Verwaltungsverfahren bereits festgestellt ist; solange dies nicht geschehen, kann von einer Zahlungsverpflichtung der Gemeinde nicht gesprochen werden, da die Vergütung, die die Gemeinde zu zahlen verpflichtet ist, die Vergütung ist, die ihr das Reich zu gewähren und die sie lediglich weiterzugeben hat. Der Umfang dieser Vergütung und damit die Frage, ob die Gemeinde überhaupt zu einer Zahlung verpflichtet ist (RGZ. Bd. 90 S. 257), richtet sich nach dem Ergebnis des im § 33 geordneten Verwaltungsverfahrens. Der erkennende Senat hat daher auch in diesem Urteile die Geltendmachung des Vergütungsanspruchs gegen eine Gemeinde im Hinblick auf § 33 und auf die dazu in der Entscheidung RGZ. Bd. 87 S. 357 gegebenen Ausführungen als im Rechtsweg unzulässig erklärt." ...

---

22. Zur Auslegung von Kriegsklauseln in Versicherungsverträgen.

VII. Zivilsenat. Urt. v. 25. Januar 1918 i. S. Firma H. L. (Kl.) w. U. Versicherungsgesellschaft u. Gen. (Bekl.). Rep. VII. 367/17.

I. Landgericht I Berlin.
II. Kammergericht daselbst.

Die Klägerin hatte unter anderem die Anlagen ihrer Rohölgrube Stefa I in Tustanovice in Galizien bei den drei Beklagten gegen Feuersgefahr versichert. Sie behauptet, daß die Grube am 13. Mai 1915 in Brand geraten sei, und erhob Klage auf Zahlung der Entschädigungssumme für den angeblich entstandenen Brandschaden. In erster Instanz wurde der Klaganspruch dem Grunde nach für gerechtfertigt erklärt, in zweiter Instanz dagegen die Klage abgewiesen. Die Revision der Klägerin wurde zurückgewiesen aus folgenden

Gründen:

„Nach § 1 Abs. 4 der Allgemeinen Versicherungsbedingungen haftet der Versicherer nicht für Schäden, die durch Maßregeln verursacht werden, welche im Kriege oder nach Erklärung des Kriegszustandes von einem militärischen Befehlshaber angeordnet werden. Der Berufungsrichter hat nun festgestellt, daß es sich bei der Inbrandsetzung der Grube Stefa I um die Ausführung von Maßregeln gehandelt hat, die von einem feindlichen militärischen Befehlshaber angeordnet worden sind, und er ist auf Grund dieser Feststellung zur Abweisung der Klage gelangt, indem er in diesem Tatbestande die Voraussetzungen der erwähnten Vorschrift für erfüllt angesehen hat. Die dagegen erhobenen Revisionsangriffe sind unbegründet.

Die Revision meint, jene Vorschrift könne nach ihrer geschichtlichen Entstehung, ihrem Wortlaut und ihrem Zwecke nur dahin verstanden werden, daß sie sich auf Maßregeln beziehe, welche von einem militärischen Befehlshaber desjenigen Landes, in dem sich die vom Brande betroffenen Gebäude befinden, aus militärischen Gründen oder zu militärischen Zwecken angeordnet worden seien, diese Voraussetzungen seien aber im vorliegenden Falle nicht gegeben. ... Zu einer solchen Unterscheidung bietet jedoch weder der Wortlaut der Vorschrift irgendwelchen Anlaß, noch läßt sie sich aus anderen Gründen rechtfertigen. Die Vorschrift spricht von Anordnungen militärischer Befehlshaber schlechthin und gibt in keiner Weise zu erkennen, daß zwischen heimischen und feindlichen Befehlshabern ein Unterschied gemacht werden solle. Auch wenn zugegeben wird, daß in der Zeit nach der Erklärung des Kriegszustandes und vor dem wirklichen Beginne des Krieges Maßregeln der erwähnten Art tatsächlich nur von heimischen Befehlshabern desjenigen Landes, in welchem die versicherten Gegenstände sich befinden, angeordnet werden können, so folgt daraus keineswegs, daß auch für die Dauer des Krieges selbst nur die von eben diesen Befehlshabern ausgehenden Maßregeln mit ihren Folgen von dem Versicherungsschutze haben ausgeschlossen werden sollen. Vielmehr ist gerade daraus, daß die Vorschrift in dieser Hinsicht eine Unterscheidung nicht gemacht hat, sondern schlechthin von Maßregeln spricht, die von einem militärischen Befehlshaber angeordnet werden, zu folgern, daß zwischen heimischen und feindlichen Befehlshabern nicht hat unterschieden werden sollen.

Es ist der Revision auch nicht gelungen, den Nachweis zu erbringen, daß die geschichtliche Entstehung der Vorschrift oder ein innerer Grund für die von der Klägerin vertretene Auslegung spricht. Die entsprechende Bestimmung in § 1 Abs. 3 der Allgemeinen Versicherungsbedingungen der Privatfeuerversicherungsgesellschaften von 1886/87 (abgedruckt bei Gerhard und Hagen S. 441) nahm solche Schäden von der Versicherung aus, welche während eines Krieges durch militärische, auf Anordnung eines Befehlshabers getroffene Maßregeln entstanden sind, sie schloß mithin Fälle der jetzt vorliegenden Art unzweifelhaft von der Versicherung aus. Erst das Gesetz vom 30. Mai 1908 über den Versicherungsvertrag hat in § 84 diese Vorschrift auf Maßregeln ausgedehnt, die nach Erklärung des Kriegszustandes von einem militärischen Befehlshaber angeordnet worden sind, ohne jedoch, wie die Begründung des Entwurfs zeigt (abgedruckt bei Gerhard und Hagen S. 382), dadurch an der seitherigen Praxis der Versicherungsgesellschaften etwas ändern zu wollen. In demselben Sinne sind offenbar die im Anschluß an das Gesetz ausgearbeiteten, den jetzt geltenden Versicherungsbedingungen der Beklagten zugrunde liegenden neuen Versicherungsbedingungen der privaten Feuerversicherungsgesellschaften zu verstehen.

Die Revision meint, bei solcher Auslegung der streitigen Vorschrift entstehe die unannehmbare Folge, daß die Beklagten für Schäden aus Ruchlosigkeit feindlicher Soldaten, nicht aber für Schäden aus Befehlen feindlicher Befehlshaber haften würden. Dem ist entgegenzuhalten, daß dies auch schon nach den erwähnten früheren Versicherungsbedingungen von 1886/87 unzweifelhaft der Fall war. Endlich macht die Revision geltend, bei der Feststellung der streitigen Bestimmung sei offenbar der Gedanke leitend gewesen, die Versicherung nicht auf diejenigen Fälle zu erstrecken, in denen eine Entschädigung mit Sicherheit vom Staate zu erwarten sei. Für diese Behauptung aber fehlt es am Nachweise. An sich ist nicht einzusehen, welches besondere Interesse die Versicherungsgesellschaften an dem Ausschluß solcher Schäden haben sollten, für die die Beschädigten vom Staate Entschädigung erhalten, im Gegenteil ist von ihrem Standpunkt aus das Eintreten des Staates für solche Schäden nur vorteilhaft, da es sie unter Umständen der Leistung einer Entschädigung zu entheben geeignet ist oder ihnen einen Regreßanspruch gegen den Staat verschafft. Mindestens eben so nahe liegt die Annahme, daß die streitige Vorschrift auf der Erwägung beruht, daß die auf Anordnung eines militärischen Befehlshabers getroffenen Maßregeln der Regel nach in einem besonders großen Umfange Schädigungen am Eigentum der Landesbewohner herbeizuführen geeignet sind und daß man sich der Haftung für solche besonders umfangreichen Schäden hat entziehen wollen. Auch hat die Revision nicht nachgewiesen, daß ein Rechtsanspruch der Klägerin gegen das Reich überhaupt besteht, insbesondere läßt sich ein solcher aus dem Reichsgesetze vom 3. Juli 1916 über die Feststellung von Kriegsschäden im Reichsgebiete nicht herleiten. Hiernach kann unerörtert bleiben, ob dem klaren Wortlaute der streitigen Vorschrift gegenüber auf die von der Revision geltend gemachten Gründe, wenn diese an sich für zutreffend zu erachten wären, überhaupt entscheidendes Gewicht würde gelegt werden können."

---

23. 1. Wird der Befriedigungszweck, den das Verbot der Eigentums-Verfallklausel in § 1149 BGB. zur Voraussetzung hat, und die Annahme einer Hingabe an Erfüllungsstatt (§§ 364 flg. BGB.) dadurch ausgeschlossen, daß für das zu Eigentum zu übertragende Grundstück ein bestimmter Preis und Herauszahlung des Überschusses vereinbart wird?

2. Unterschied zwischen der Verfallklausel des § 1149 BGB. und einer unbedingten, vor Eintritt der Fälligkeit der Hypothekenforderung vereinbarten Verpflichtung zur Eigentumsübertragung.

V. Zivilsenat. Urt. v. 26. Januar 1918 i. S. B. (Bekl. u. Widerkl.) w. M. (Kl. u. Widerbekl.). Rep. V. 238/17.

I. Landgericht Elberfeld.
II. Oberlandesgericht Düsseldorf.

Der Beklagte hatte, vertreten durch seinen mit Vollmacht versehenen Vater, dem Kläger ein bares Darlehen von 7000 ℳ mit 5% verzinslich, gegeben und auf dem Ackergute des Klägers, genannt „Oberster Leimberg", als Hypothek eintragen lassen. In der notariellen Verhandlung vom 20. Mai 1914 verpflichtete sich der Kläger dem mitanwesenden Bevollmächtigten des Beklagten gegenüber, das Darlehen pünktlich am 1. November 1914 zurückzuzahlen und für den Fall, daß er dieser Verpflichtung nicht nachkomme, sein Ackergut mit lebendem und totem Inventar, jedoch ohne die Hausmöbel für 30000 ℳ dem Beklagten zu Eigentum zu übertragen. Dabei sollten die Hypotheken von zusammen 27000 ℳ übernommen und der Rest von 3000 ℳ am Tage der Auflassung, spätestens am 1. Dezember 1914, bar herausgezahlt werden. Der Kläger bewilligte auch die demnächst vorgenommene Eintragung einer Auflassungsvormerkung. Zur Rückzahlung des Darlehens kam es, nach Angabe des Klägers wegen des eingetretenen Krieges, nicht, vielmehr wurde am 20. November 1914 der Vertrag unter denselben Bedingungen bis zum 1. Mai bzw. 1. Juni 1915 verlängert. Eine weitere Verlängerung wurde dann in der notariellen Urkunde vom 26. Juli 1915 vereinbart. Das „Kaufangebot" sollte bis zum 1. November 1916 bestehen bleiben, „das Kaufrecht dem Beklagten nur dann zustehen, wenn die Hypothek von 7000 ℳ bis dahin nicht zurückgezahlt sein würde".

Zur Zurückzahlung des Darlehens am 1. November 1916 kam es wiederum nicht. Der Vater des Beklagten hatte schon in einer notariellen Urkunde vom 30. Oktober 1916 „die Annahme des Kaufangebots" für den Fall der Nichtzahlung zu Protokoll gegeben und erklärte dann am 31. Oktober 1916 nach Angabe des Klägers auf dessen Frage nach einer weiteren Verlängerung, sein Sohn wünsche die 7000 ℳ nicht zurückzuerhalten, er wolle das Gut haben, um auf diese Weise vom Militär freizukommen. Der Kläger will sich darauf zur Rückzahlung der 7000 ℳ bereit erklärt haben, und damit soll der Vater des Beklagten mit dem Bemerken „es sei gut, es käme auf einige Tage nicht an" einverstanden gewesen sein. Nachdem sich aber die Sache infolge Nichtantreffens des Notars und der Verhandlungen mit einem Geldgeber einige Tage hingezogen hatte, lehnte nach

Angabe des Klägers der Vater des Beklagten die Annahme des Geldes und das Erscheinen in den Auszahlungsterminen vom 8. und 10. November 1916 ab und verlangte unter Klagandrohung am 13. November 1916 die Auflassung.

Darauf klagte der Kläger mit dem Antrage, der Beklagte solle verurteilt werden, gegen Zahlung von 7000 ℳ die Hypothek und die Auflassungsvormerkung löschen zu lassen; auch verlangte er die Feststellung, daß er zur Übertragung seines Ackerguts Oberster Leimberg nicht verpflichtet sei. Der Beklagte erhob Widerklage mit dem Antrage, der Kläger möge verurteilt werden, sein Landgut mit dem gesamten lebenden und toten Inventar dem Beklagten gegen Auszahlung von 3000 ℳ zu übergeben und aufzulassen. Das Landgericht verurteilte den Kläger unter Abweisung der Klage nach dem Antrage der Widerklage. Das Oberlandesgericht aber erkannte auf die Berufung des Klägers umgekehrt und verurteilte den Beklagten nach dem ersten Klagantrage, wies die Widerklage ab und erklärte damit auch den Feststellungsantrag der Klage für erledigt. Die Revision des Beklagten und Widerklägers hatte keinen Erfolg.

Aus den Gründen:

... „Der Berufungsrichter hat, ohne sich auf die weiteren Einwendungen gegen die Rechtsverbindlichkeit der von dem Kläger eingegangenen Verpflichtungen einzulassen, den § 1149 BGB. für anwendbar erachtet, wonach der Eigentümer eines Grundstücks, solange nicht die Hypothekenforderung ihm gegenüber fällig geworden ist, dem Gläubiger nicht das Recht einräumen kann, zum Zwecke der Befriedigung die Übertragung des Eigentums zu verlangen. Die Revision hat hiergegen Einwendungen erhoben, ihre Rügen waren jedoch nicht für stichhaltig zu erachten.

Sie hat zunächst geltend gemacht, die Fälligkeit des Hypothekendarlehns sei, wenigstens zur Zeit der für maßgebend zu erachtenden Verlängerungen vom 20. November 1914 und 26. Juli 1915, bereits eingetreten gewesen und es sei also schon deshalb die Vereinbarung der Eigentumsübertragung nicht verboten gewesen.... (Dieser Einwand wird widerlegt und sodann fortgefahren:) Keinen Unterschied kann es ferner machen, daß bei der in der Urkunde vom 20. Mai 1914 übernommenen Verpflichtung zur Eigentumsübertragung ein bestimmter Preis von 30000 ℳ vereinbart worden ist, so daß das bedingungsweise für den Fall der Nichtzahlung des Darlehens vereinbarte Rechtsgeschäft einen kaufähnlichen Charakter gewonnen hat. Insbesondere kann daraus nicht abgeleitet werden, daß die Eigentumsübertragung nicht „zum Zwecke der Befriedigung" erfolgen sollte. Daß diese Voraussetzung des § 1149 BGB. vorhanden war, hat der Berufungsrichter unbedenklich dem Inhalte der Verpflichtungsurkunden entnommen, von denen noch die letzte vom 26. Juli 1915 in scharfer Weise betonte, daß das sogenannte Kaufrecht nur dann bestehen sollte, wenn der Kläger nicht rechtzeitig mit seiner Hypothek befriedigt würde. Daß in diesem Falle nicht lediglich der Eigentumsverfall, die lex commissoria in ihrer einfachsten Gestalt, sondern die Übernahme des Grundstücks zu einem bestimmten Preise und die Herauszahlung des Überschusses eintreten sollte, kann daran nichts ändern. Mit der „Annahme an Erfüllungsstatt" (§§ 364, 365 BGB.), die hier vor allem in Frage kommt, sind Vereinbarungen dieses Inhalts keineswegs unvereinbar (vgl. Raape, Die Verfallklausel bei Pfand und Sicherheitsübereignung, 1913 S. 16 flg.; Biermann, Sachenrecht, Anm. 2a zu § 1149 BGB.). Schon die Nov. IV cap. III Justinians schrieb bei der den Schuldnern nachgelassenen Hingabe an Zahlungsstatt eine gerichtliche Abschätzung der Sachen (accurata rerum aestimatio) vor und das Preußische Allgemeine Landrecht I 16 §§ 238, 242 betrachtete die Einigung über einen bestimmten Preis als einen notwendigen Bestandteil der Angabe an Zahlungsstatt und als Vorbingung des Eigentumsüberganges. Das Verbot der Verfallklausel im § 33 ALR. I 20 traf ausdrücklich die Abrede, daß die verpfändete Sache bei ausbleibender Zahlung dem Gläubiger „für die Schuld oder für einen im voraus bestimmten Wert" zufallen sollte. Auch die Vorschriften des Bürgerlichen Gesetzbuchs stehen dem nicht entgegen, da § 1149 BGB. (Mot. Bd. 3 S. 680) ganz allgemein nicht bloß den dinglichen Vertrag, sondern auch schuldrechtliche Verträge, die auf Übertragung des Eigentums gerichtet sind, umfaßt. Daß die Preisbestimmung unter Umständen die Verpflichtung zur Herauszahlung des Überschusses mit sich bringt, ist die notwendige Folge davon. Das Rechtsgeschäft gewinnt dadurch einen kaufähnlichen Charakter, ohne doch Kauf zu sein, wie dies sowohl nach früherem Rechte, als auch nach § 365 BGB. (Mot. 2 S. 83) anerkannt ist. Im übrigen würde aber auch ein wirklicher Kauf den Befriedigungszweck nicht ausschließen, weil die Absicht immerhin auch in diesem Falle in erster Linie darauf gerichtet sein kann, Befriedigung durch Erlangung des Eigentums bei gleichzeitiger Verrechnung der Schuld mit dem Kaufpreise zu erlangen. Im vorliegenden Falle kommt noch hinzu, daß die grundlegende Vereinbarung vom 20. Mai 1914 und ebenso die erste Verlängerung von einem Kaufe kein Wort enthalten und erst die letzte Verlängerung von einem „Kaufangebote“ spricht, wovon gar keine Rede sein konnte, weil die früheren Urkunden ebenso wie die letzte vom 26. Juli 1915 keine Vertragsanträge, sondern wirkliche durch Annahme vollendete Verträge sind.

Um Mißverständnisse auszuschließen, wie sie z. B. die ganz allgemein gehaltene Fassung der Anm. 5 in § 76 (Bd. 2 S. 503) des Lehrbuchs von Goldmann und Lilienthal hervorrufen kann, hat der Berufungsrichter noch darauf hingewiesen, daß eine Abrede, wie sie hier vorliegt, nicht zu verwechseln ist mit einer anderen, wo Gläubiger und Schuldner schon vor der Fälligkeit eine feste, von der Zahlung am Fälligkeitstermin unabhängige Übereignung zu bestimmtem Preise oder einen Kaufvertrag dieses Inhalts vereinbaren oder vollziehen. Einen solchen Fall behandelte für das Recht des Preuß. Allg. Landrechts die Entscheidung ROHG. Bd. 7 S. 65. Daß deren Grundsätze auch jetzt noch anwendbar sind und ein Übereignungsvertrag dieses Inhalts nicht unter das Verbot des § 1149 BGB. fällt, ist herrschende Meinung:

vgl. Komm. von RGer. Räten Anm. 1 zu § 1149; Turnau-Förster, Liegensch.-Recht 3. Aufl. Anm. 1 Abs. 3 das.; Oberneck, Grundbuchrecht Bd. 2 § 122 Anm. 4b a. E. S. 95 der 3. Aufl.; v. Staudinger § 1149 Anm. 1a α, Planck das. Anm. 2.

Ein solcher Fall liegt aber hier nicht vor.“ ...

---

24. Kann eine Sicherheitsabtretung wirksam vorgenommen werden, wenn der Abtretende sich die Einziehung der Forderung vorbehält? Genügt es zur Wirksamkeit, daß der Abtretungsempfänger bei Konkurrenz mit anderen Gläubigern des Abtretenden zur Geltendmachung der Forderung im eigenen Namen befugt sein soll?

BGB. § 398.

IV. Zivilsenat. Urt. v. 28. Januar 1918 i. S. Cl. (Kl.) w. Mitteldeutsche Privatbank (Bekl.). Rep. IV. 359/17.

I. Landgericht Naumburg a. S.
II. Oberlandesgericht daselbst.

Durch schriftlichen Vertrag vom 18. April 1910 hat der Kaufmann W. H. als Inhaber der Firma L. & H. dem Kläger, der ihm Waren lieferte und sich für ihn verbürgt hatte, zur Sicherheit für alle Forderungen aus der zwischen ihnen bestehenden Geschäftsverbindung die in der Anlage des Vertrags verzeichneten, insgesamt 16441,38 ℳ betragenden Außenstände abgetreten. Die Abtretung erfolgte in der Weise, daß der Abtretende berechtigt blieb, die Beträge von den Schuldnern einzukassieren, daß er aber verpflichtet war, anstelle der einkassierten Beträge neu entstehende Außenstände als Ersatz eintreten zu lassen. In dem Vertrag ist weiter bedungen, daß die Schuldner von der Abtretung der Außenstände nicht zu benachrichtigen sind. Später hat die Firma L. & H. ihre Außenstände anderweit an die Beklagte abgetreten. Letztere hat daraufhin nach der Behauptung des Klägers einen Betrag von etwa 30000 ℳ und zwar mindestens 5000 ℳ der in der Anlage des Vertrags aufgeführten Forderungen und mindestens 5000 ℳ der Ersatzforderungen von den Schuldnern eingezogen. Der Kläger hält sich danach, weil die Schuldner durch die in gutem Glauben an die Beklagte geleisteten Zahlungen befreit worden seien, für berechtigt, von der Beklagten Herausgabe des zu Unrecht Eingezogenen nach den Grundsätzen der ungerechtfertigten Bereicherung zu verlangen, und fordert klagend die Zahlung von 5000 ℳ nebst 4 v. H. Prozeßzinsen. Die Beklagte bestreitet die Rechtswirksamkeit der Abtretung.

Die Vorinstanzen wiesen die Klage ab. Auch die Revision blieb ohne Erfolg.

Gründe:

„Die Abtretung der Außenstände ist in dem Vertrage vom 18. April 1910 zur Sicherung der jeweiligen Ansprüche des Klägers aus der Geschäftsverbindung mit dem Abtretenden erklärt worden. Es handelt sich also um eine sogenannte treuhänderische Abtretung, deren Eigenart darin besteht, daß der Abtretungsempfänger nach außen hin — entsprechend der selbständigen (abstrakten) Natur der Abtretung — das volle Gläubigerrecht erwirbt, während er nach innen im Verhältnis zum Abtretenden schuldrechtlich zur Einhaltung der Beschränkungen verbunden ist, die sich aus dem der Abtretung zugrunde liegenden Rechtsverhältnis ergeben. Die Abtretung konnte hiernach an sich nur die Bedeutung haben, daß dem Kläger die Befugnis verschafft wurde, die Außenstände von den Schuldnern einzuziehen, und daß er, soweit die Außenstände demnächst zur Deckung seiner Forderungen nicht gebraucht wurden, schuldrechtlich verpflichtet war, sie wieder dem Abtretenden zur Verfügung zu stellen. Bei dieser Gestaltung der Rechtslage ist nicht daran zu zweifeln, daß der Gegenstand der im vorliegenden Falle erklärten Abtretung, was die in der Anlage des Abtretungsvertrags einzeln aufgeführten Außenstände betrifft, ausreichend bestimmt ist. Die Abtretung erstreckte sich eben, wenn auch der Betrag der Forderungen des Klägers hinter dem Betrage der Außenstände zurückbleiben mag, auf diese sämtlichen Außenstände, die ungeteilt zur Sicherung des Klägers dienten.

Der Anspruch des Klägers ist denn auch, soweit er aus der Abtretung dieser Außenstände hergeleitet ist, von dem Berufungsrichter nicht wegen mangelnder Bestimmtheit oder Bestimmbarkeit des Gegenstandes der Abtretung, sondern aus dem Grunde abgewiesen worden, weil in dem Vertrage vom 18. April 1910 die Einziehungsbefugnis dem bisherigen Gläubiger vorbehalten ist und weil danach nicht angenommen werden könne, daß eine wirksame Abtretung stattgefunden habe. Vergeblich wird dieser Entscheidungsgrund von der Revision bekämpft. Der § 398 BGB. verlangt allerdings zum Übergange der Forderung nur einen hierauf gerichteten Vertrag zwischen dem bisherigen Gläubiger und dem neuen Gläubiger. Der Übergang wird nicht dadurch gehindert, daß die Abtretung dem Schuldner nicht bekannt gegeben wird. Bleibt dieser hierüber in Unkenntnis, so hat dies nach §§ 407, 408 nur die Folge, daß er durch Leistung an den bisherigen Gläubiger oder im Falle einer weiteren Abtretung durch Leistung an den späteren Gläubiger von seiner Schuldverbindlichkeit befreit wird. Der Übergang der Forderung ist aber bereits mit dem Abschlusse des Abtretungsvertrags eingetreten, was sich darin zeigt, daß der bisherige Gläubiger nicht mehr in der Lage ist, zum Nachteile des neuen Gläubigers über die Forderung durch Abtretung oder durch Bestellung eines dinglichen Rechtes zu verfügen, und daß die Gläubiger des Abtretenden die aus dessen Vermögen ausgeschiedene Forderung nicht mehr als Befriedigungsgegenstand für sich in Anspruch nehmen können. Dem neuen Gläubiger ist es unbenommen, sein Recht auch dem Schuldner gegenüber dadurch zu einem vollwirksamen zu gestalten, daß er diesem von der Abtretung glaubhafte Kenntnis gibt (§ 407, vgl. auch § 410).

Etwas anderes ist es aber, wenn grundsätzlich in dem bei der Abtretung zwischen dem bisherigen und dem neuen Gläubiger geschlossenen Vertrage die Befugnis des letzteren, den Schuldner von der Abtretung zu benachrichtigen, ausgeschlossen und ihm damit die Befugnis zur Einziehung der Forderung genommen ist. In einem solchen Falle kann von einer Abtretung, die nach § 398 BGB. den Übergang des Gläubigerrechts voraussetzt, nicht die Rede sein. Der wesentliche Inhalt des Gläubigerrechts ist — was namentlich für die Sicherheitsabtretung zutrifft — darin zu sehen, daß der Gläubiger befugt ist, sein Recht dem Schuldner gegenüber geltend zu machen und die dem Schuldverhältnis entsprechende Leistung von ihm zu fordern. In diesem Sinne hat in Anschluß an den im Urteile vom 13. Oktober 1905 (Jur. Wochenschr. S. 718 Nr. 8) enthaltenen allgemeinen Ausspruch, daß die Abtrennung der Gläubigerschaft von dem Rechte der Einklagung eine unzulässige Spaltung der Forderung sei, das Reichsgericht, II. Zivilsenat, bereits in dem Urteile vom 8. November 1910 (Warneyer 1911 Nr. 14, Gruchots Beitr. Bd. 55 S. 638) den Grundsatz aufgestellt, es gehöre zum Begriffe der Übertragung einer Forderung, daß der Abtretungsempfänger die Berechtigung erhalte, die Forderung im eigenen Namen gegen den Schuldner geltend zu machen, und daß, wenn diese Berechtigung ihm versagt sei, eine Übertragung der Forderung nicht vorliege. Den gleichen Standpunkt hat das Reichsgericht in den Urteilen vom 13. Februar 1914 (VII. Senat, Jur. Wochenschr. S. 528 Nr. 6), vom 7. Mai 1914 (VI. Senat, Jur. Wochenschr. S. 830 Nr. 6 u. Warneyer Nr. 274), vom 4. Februar 1916 (VII. Senat, Jur. Wochenschr. S. 959 Nr. 3), ferner in den Urteilen vom 18. Mai 1917 (III. Senat, RGZ. Bd. 90 S. 248) und 23. Mai 1917 (V. Senat, RGZ. Bd. 90 S. 276 flg.) sowie für das frühere Recht in RGZ. Bd. 37 S. 106 flg. eingenommen, in welcher letzteren Entscheidung allerdings mehr der Gesichtspunkt des Scheingeschäfts hervorgekehrt wird.

In verschiedenen dieser Urteile (in den Urteilen vom 13. Februar 1914, 4. Februar 1916 und 23. Mai 1917) ist hierbei betont, mit dem Wesen der Abtretung sei eine Abtrennung des Einziehungsrechts nur dann unvereinbar, wenn vereinbarungsgemäß das Recht der Einziehung im eigenen Namen auf den Abtretungsempfänger überhaupt nicht übergehen, sondern dauernd und bedingungslos dem bisherigen Gläubiger verbleiben solle (vgl. hierüber auch Türk in dem Aufsatze Jur. Wochenschr. 1911 S. 1003 flg. und Hoeniger, Die Diskontierung von Buchforderungen S. 13 flg.). Von diesem Standpunkt aus kann in Frage kommen, ob nicht die in dem Vertrage vom 18. April 1910 erklärte Abtretung — was bei einer Sicherheitsabtretung wohl meist im Sinne der Parteien liegen wird — dahin aufzufassen ist, daß der Kläger, sobald sein Recht durch Zwangsvollstreckungen seitens der Gläubiger des Abtretenden oder durch Eröffnung des Konkurses über das Vermögen des Abtretenden bedroht werde, berechtigt sein solle, die Forderung nach außenhin, insbesondere dem Schuldner gegenüber im eigenen Namen geltend zu machen. Aber auch bei dieser Auslegung würde für die Revision nichts gewonnen sein. Ein derartiger Vorbehalt, der nur darauf berechnet ist, den Zugriff anderer Gläubiger abzuwehren, würde nicht geeignet sein, die Abtretung wirksam zu machen. In Übereinstimmung mit dieser Auffassung ist auch in dem Urteile des Reichsgerichts vom 6. November 1917 II 190/17 (Das Recht 1918 Nr. 33) die Abtretung unter Ausschließung des Einziehungsrechts für wirkungslos erklärt worden, wenn der Erwerber durch die Abtretung im Grunde nichts anderes erlange als die Befugnis, im Falle der Zwangsvollstreckung in die Forderung einen Widerspruch gemäß § 771 ZPO. geltend zu machen oder im Falle des Konkurses die Aussonderung zu fordern.

In dem vorliegenden Falle ist unstreitig im Vertrage vom 18. April 1910 von den Vertragsparteien nicht nur vereinbart, daß der Abtretende berechtigt bleibt, die Außenstände von den Schuldnern einzukassieren, wobei ihm nur die Verpflichtung auferlegt ist, an Stelle der einkassierten Beträge neu entstandene Außenstände als Ersatz eintreten zu lassen, sondern auch die weitere Vereinbarung getroffen, daß die Schuldner von der Abtretung der Außenstände nicht zu benachrichtigen sind. Damit ist in klarer Weise zum Ausdrucke gebracht, daß der Kläger allgemeinhin (abgesehen vielleicht von dem vorher behandelten Falle der Gefährdung durch Dazwischentreten anderer Gläubiger) nicht die Befugnis hat, die Außenstände einzuziehen. Dies ist unzweideutig schon dadurch ausgedrückt, daß die Benachrichtigung der Schuldner von der Abtretung verboten ist, womit auch den Schuldnern die Möglichkeit genommen ist, mit befreiender Wirkung an den Kläger zu leisten. Bei einer solchen Sachlage kann ein Übergang der Forderung nicht angenommen werden. Ebenso ist in der in der Leipz. Zeitschr. 1913 S. 679 Nr. 16 mitgeteilten Entscheidung des Reichsgerichts vom 6. Juni 1913 ausgeführt, daß eine Abtretung, wenn vereinbarungsgemäß eine Benachrichtigung des Schuldners nicht erfolgen und dieser von der Abtretung nichts erfahren soll, nicht den Übergang der Forderung bewirken kann. Da nach dem Inhalte des Vertrags vom 18. April 1910 nicht daran gezweifelt werden kann, daß die Vertragsparteien die Abtretung nur in der im Vertrage bestimmten Weise unter Ausschließung der Einziehungsbefugnis des Klägers gewollt haben, so ist es auch nicht angängig, die Abtretung etwa aus dem Gesichtspunkt aufrecht zu erhalten, daß das Verbot der Benachrichtigung als dem auf Übergang der Forderung gerichteten wahren Parteiwillen zuwiderlaufend und deshalb unverbindlich angesehen wird (vgl. Warneyer 1911 Nr. 14 S. 21).

Aus dem gleichen Grunde, weil die Einziehungsbefugnis dem Kläger entzogen ist, kann der Abtretung in dem Vertrage vom 18. April 1910 auch insoweit keine Wirkung beigelegt werden, als sie sich auf die nach dem Abschlusse des Vertrags neu entstandenen Außenstände bezieht, die vereinbarungsgemäß der Abtretende an Stelle der einkassierten Beträge als Ersatz „einspringen" lassen soll. Dem Anspruche des Klägers würde außerdem entgegenstehen, daß nach der bedenkenfreien Darlegung des Berufungsgerichts die erwähnte Vereinbarung nicht die Bedeutung einer dinglichen Abtretung hat, sondern damit nur die persönliche Verpflichtung zur Abtretung der künftigen Außenstände zu einem den einkassierten Außenständen gleichen Betrag übernommen ist, und daß die Abtretung auch der erforderlichen Bestimmtheit entbehren würde, da nicht zu ermitteln ist, welche der verschiedenen neuen Außenstände nach dem Willen der Parteien von der Abtretung ergriffen sind und in welcher Höhe diese Außenstände abgetreten sein sollen. Es braucht indes hierauf nicht weiter eingegangen zu werden, da schon aus dem ersten Grunde die Abweisung des Klägers gerechtfertigt ist."

---

25. Sind Abwehrmaßregeln gegen einen gegnerischen Wettbewerb zulässig, wenn sie dahin gehen, Reklamehandlungen des Wettbewerbers, noch unter deren Überbietung, für sich selbst auszunutzen und aus den vom Gegner gemachten Aufwendungen für sich Nutzen herauszuholen?

UnlWG. § 1.

II. Zivilsenat. Urt. v. 29. Januar 1918 i. S. O. A. K. (Bekl.) w. F. Sch. (Kl.). Rep. II. 416/17.

I. Landgericht Karlsruhe, Kammer für Handelssachen.
II. Oberlandesgericht daselbst.

Die Parteien besitzen in K. Lichtspieltheater, der Kläger das Palasttheater, der Beklagte das Residenztheater. Von Zeit zu Zeit veröffentlichte der Kläger in K.er Tageszeitungen Empfehlungen seines Theaters mit einer zum Ausschneiden aus der Zeitung bestimmten „Vorzugskarte" des Inhalts, daß der Inhaber der Karte bei deren Vorzeigung in seinem Palasttheater ermäßigte Eintrittspreise erhalte. Der Kläger hatte ferner mit der Stadtgemeinde K. einen Vertrag abgeschlossen, nach welchem gegen eine Vergütung („Reklamemiete") zum Betrage von 2418 ℳ für 18 Monate auf der Rückseite von Fahrscheinen der Straßenbahn gleiche Vorzugskarten für das Palasttheater aufgedruckt werden. Gegen Abgabe der Vorzugskarten gewährte der Kläger den Besuchern seines Theaters ermäßigte Preise.

Der Beklagte machte demgegenüber bei den Anpreisungen seines Theaters in den K.er Tageszeitungen bekannt, daß beim Vorzeigen von Vorzugskarten und von Zeitungsausschnitten auch anderer Theater in seinem Theater ermäßigte Eintrittspreise oder die billigsten Eintrittspreise gewährt würden. Der Beklagte handelte auch demgemäß, nahm jedoch den Besuchern die Karten nicht ab, sondern ließ sie zur beliebigen öfteren Verwendung in ihrem Besitze.

Der Kläger erblickte in dem Vorgehen des Beklagten unlauteren Wettbewerb. Auf seine Klage, die der erste Richter abwies, wurde der Beklagte in zweiter Instanz verurteilt, Bekanntmachungen in Tageszeitungen zu unterlassen, daß Vorzugskarten auch anderer Theater beim Beklagten zur Ermäßigung der Eintrittskarten berechtigten. Auch wurde der erhobene Schadensersatzanspruch dem Grunde nach für gerechtfertigt erklärt.

Die Revision des Beklagten wurde zurückgewiesen aus folgenden

Gründen:

„Der erste Richter ist zur Klagabweisung mit folgender Ausführung gelangt. Es liege nichts weiter vor, als daß der Beklagte seinen Gewerbebetrieb empfohlen und dabei hervorgehoben habe, daß er für seine Leistungen ebenso niedrige Preise verlange wie gleichartige Unternehmungen. Die Veröffentlichungen von Konkurrenzgeschäften, daß ihre Preise besonders niedrig seien, zwinge den Geschäftsmann, um sich vor Kundschaftsverlusten zu schützen, zu gleichartigen Preisanzeigen. Dabei werde er, vielfach genötigt durch die Art der Entgegnung, die Veröffentlichung des Gegners irgendwie heranziehen und so „mitbenutzen", ohne daß ihm besonders daran liege, das Publikum auf das Konkurrenzgeschäft nochmals hinzuweisen. Der Beklagte sage nichts anderes, als daß er die gleichen Preise wie der Kläger einräume.

Der Berufungsrichter faßt die Sachlage anders auf. Er geht ebenfalls davon aus, daß es das gute Recht des Beklagten sei, sich gegen den vom Kläger mit der Ausgabe der Vorzugskarten geübten Wettbewerb zur Wehr zu setzen, er erachtet aber das vom Beklagten dazu angewandte Mittel nicht für erlaubt und führt aus: Es sei auffallend und widerspruchsvoll, daß der Beklagte zur Abwehr gerade die Art der Reklame gewählt habe, die er bei dem Kläger so scharf — als „ungehörig" und „groben Unfug", durch Bezugnahme auf einen Zeitungsartikel sogar „als Gipfel der Gemeinheit gegenüber den übrigen Kollegen" — verurteile. Dabei überbiete der Beklagte den Kläger noch, indem er nicht wie dieser den Besuchern des Theaters die Karten abnehme, ihnen vielmehr die unbeschränkte wiederholte Benützung derselben Karte für sein eigenes Theater gestatte. Er ahme die Vorzugskarten-Reklame des Klägers nach, überbiete sie und benutze gerade diejenigen Vorzugskarten, die sich der Kläger für sein Theater mit nicht unerheblichem Kostenaufwande verschafft habe. In Kenntnis davon habe er gerade diese vom Kläger ausschließlich für dessen Theater verbreiteten Karten zur Hebung seines eigenen Theaters benutzt und sich die Früchte der klägerischen Aufwendungen angeeignet. Eine solche Ausbeutung der klägerischen Reklame und der dafür erfolgten Aufwendungen sei mit der Redlichkeit und dem Anstand im geschäftlichen Verkehr nicht vereinbar. Der Kläger sei deshalb nach § 1 UnlWG. zur Klage auf Unterlassung und, da er durch das Vorgehen des Beklagten in seinem Geschäfte geschädigt sei, auch zur Schadensersatzforderung berechtigt.

Ein Rechtsirrtum ist in den Ausführungen des Berufungsrichters, die das angefochtene Urteil tragen, nicht ersichtlich. Die vorgebrachten Revisionsbeschwerden sind unbegründet. Es ist der Revision zuzugeben, daß bei der Abwehr gegnerischen Wettbewerbes die Grenzen dessen, was als erlaubt und was als unerlaubt, als gegen die guten Sitten verstoßend anzusehen ist, anders und weiter zu ziehen sind als bei Wettbewerbshandlungen, bei denen eine Abwehr und Verteidigung nicht in Frage kommt. Das hat aber der Berufungsrichter nicht verkannt. Er hat als das zur Abwehr angewandte Mittel die Handlung des Beklagten erachtet, die Reklame des Klägers, noch unter deren Überbietung, für sich selbst auszunutzen und aus den vom Kläger gemachten erheblichen Aufwendungen für sich Nutzen herauszuholen; diese Handlung hat er mit Recht für an sich unzulässig erachtet. Ein Herausholen von Nutzen aus den Aufwendungen des Gegners verstößt in der Tat gegen die guten Sitten, und der Beklagte konnte es auch weder in der Lage, in der er sich befand, als gerechtfertigt ansehen (vgl. RG. Jur. Wochenschr. 1912 S. 292, auch RGZ. Bd. 71 S. 112), noch hat er es nach den tatsächlichen Annahmen des Berufungsrichters als gerechtfertigt angesehen. Insbesondere kann hiernach auch nicht die Rede davon sein, daß der Beklagte zu seinen Handlungen, um Schaden von sich abzuwenden, gezwungen gewesen sei.

Die von der Revision noch erhobene Rüge, der Berufungsrichter habe die Verkehrsauffassung, wie diese aus den Darlegungen des ersten Richters, einer Kammer für Handelssachen, zu ersehen sei, nicht berücksichtigt, ist ebenfalls verfehlt. Die Auffassung des ersten Richters ist vom Berufungsrichter natürlich nicht übersehen worden.

Eine Verkehrssitte zugunsten des Beklagten kann aber bei dem vom Berufungsrichter festgestellten Sachverhalt nicht in Frage kommen."...

---

26. 1. Beginn der Frist zur Klageanbringung bei Ansprüchen von Beamten aus ihrem Dienstverhältnis.

2. Können im Laufe des innerhalb der gesetzlichen Frist nach der Entscheidung der Verwaltungsbehörde erhobenen Rechtsstreits weitere Ansprüche des Beamten im Wege der Klagerweiterung auch noch nach Ablauf der gesetzlichen Frist geltend gemacht werden?

Reichsbeamtengesetz § 150.

Preuß. Gesetz vom 24. Mai 1861, betr. die Erweiterung des Rechtswegs, (GS. S. 241) § 2.

Preuß. Gesetz vom 27. März 1872, betr. die Pensionierung der unmittelbaren Staatsbeamten usw., (GS. S. 268) § 23.

Preuß. Gesetz, betr. die Anstellung und Versorgung der Kommunalbeamten, vom 30. Juli 1899 (GS. S. 141) § 7.

Mannschaftsversorgungsgesetz vom 31. Mai 1906 § 42.

Offizierpensionsgesetz vom 31. Mai 1906 § 39.

III. Zivilsenat. Urt. v. 29. Januar 1918 i. S. G. (Kl.) w. Deutsches Reich (Bekl.). Rep. III. 393/17.

I. Landgericht I Berlin.
II. Kammergericht daselbst.

Der Erblasser der Kläger, G., wurde infolge eines von ihm im Dienste erlittenen Betriebsunfalls unter Bewilligung eines gemäß dem Unfallfürsorgegesetze bemessenen Ruhegehaltes in den Ruhestand versetzt. Er forderte im Jahre 1909 auf Grund des Unfallfürsorgegesetzes die Erstattung verschiedener Auslagen für ärztliche Behandlung, Heil- und Stärkungsmittel. Die Erstattung dieser Auslagen wurde von der Oberpostdirektion zum größten Teile abgelehnt und ihm dabei eröffnet, daß nur solche Aufwendungen erstattet werden würden, welche von dem Vertrauensarzte der Postverwaltung für notwendig erachtet würden.

Die Beschwerde des G. hiergegen wurde vom Reichspostamte durch Verfügung vom 21. September 1909 zurückgewiesen. Darauf erhob

G. im November 1909 Klage auf Erstattung verschiedener von ihm aufgewendeter Heilungskosten im Betrage von 435,86 *M*. In der mündlichen Verhandlung vor dem Landgerichte vom 13. März 1911 erweiterte G. den Klagantrag um einen Betrag von 120 *M* Arztkosten und um 548,39 *M* für Heil- und Stärkungsmittel verschiedener Art, die er in der Zeit vom 29. Dezember 1909 bis Ende Mai 1910 aufgewendet habe. Die Erstattung der 120 *M* hatte die Oberpostdirektion abgelehnt; das Reichspostamt, an das G. sich beschwerdeführend wandte, hatte das Verfahren der Oberpostdirektion durch Verfügung vom 23. April 1910 gebilligt. Auch ein erneutes Gesuch des G. um Erstattung der 120 *M* sowie der weiteren Aufwendungen für Heil- und Stärkungsmittel war erfolglos geblieben. Beide nachträglich erhobenen Forderungen wurden vom Landgericht abgewiesen; die Berufung der Kläger hatte keinen Erfolg. Auf die Revision ist das Berufungsurteil, soweit es den Anspruch auf Erstattung der 548,39 *M* für Heil- und Stärkungsmittel betrifft, aufgehoben, im übrigen aber die Revision zurückgewiesen worden.

Gründe:

„Landgericht und Berufungsgericht erachten die Frist, welche § 150 RBeamtG. für die Anbringung der Klage vorschreibt, hinsichtlich der beiden streitigen Forderungen nicht für gewahrt. Sie nehmen an, daß diese Frist hinsichtlich der 120 *M* Arztkosten durch den dem G. am 26. April 1910 zugestellten Bescheid des Reichspostamts vom 23. April 1910 in Lauf gesetzt sei, daß sie hinsichtlich der 548,39 *M* Heilungskosten, deren Erstattung bereits durch den Bescheid des Reichspostamts vom 21. September 1909 endgültig zurückgewiesen sei, mit der Entstehung des Anspruchs, spätestens am 1. Juni 1910, begonnen habe und daß die Anbringung der Klage erst mit dem Zeitpunkt als erfolgt anzusehen sei, in dem diese Ansprüche durch Geltendmachung in der mündlichen Verhandlung gemäß § 281 ZPO. rechtshängig geworden seien.

Die Revision rügt die Verletzung des § 150 RBeamtG. und führt aus, daß die Bescheide des Reichspostamts vom 21. September 1909 und 23. April 1910 für den Beginn der Frist zur Klageanbringung nicht von entscheidender Bedeutung sein könnten, da die Verwaltungsbehörde selbst an diese Bescheide nicht gebunden sei und im vorliegenden Falle auch von ihrer Befugnis zu späterer abermaliger Prüfung Gebrauch gemacht habe. Die Frist des § 150 könne daher erst von Zustellung des Bescheids vom 10. Dezember 1910 ab gerechnet werden, und somit sei die Klage rechtzeitig angebracht. Diese Ausführungen der Revision stehen im Widerspruche zu der von dem Reichsgericht, und insbesondere auch von dem erkennenden Senat, in ständiger Rechtsprechung festgehaltenen Auffassung. Die Frist des § 150 RBeamtG. wird — ebenso wie die Fristen des § 2 des preußischen Gesetzes vom 24. Mai 1861, betreffend die Erweiterung des Rechtwegs, des § 23 des preußischen Pensionsgesetzes vom 27. März 1872, des § 7 des preußischen Kommunalbeamtengesetzes, des § 42 MannschVersG., des § 39 OffizPensG. und anderer die Verfolgung von Beamtenansprüchen regelnder Gesetze — in Lauf gesetzt durch eine Verfügung der maßgebenden Behörde, welche sich erkennbar als eine bestimmte, die Anerkennung des geltend gemachten Anspruchs ganz oder teilweise ablehnende Entscheidung darstellt. Daß diese Behörde befugt ist, die Entscheidung von Amts wegen oder auf Veranlassung des Beamten abzuändern, beeinflußt den Beginn und den Lauf der Frist zur Klagerhebung nicht. Am wenigsten kann es dem Beamten freigestellt bleiben, durch wiederholtes Vorbringen seiner Gesuche diese Fristen von neuem in Lauf zu setzen und damit den Zweck der Setzung der Fristen zu vereiteln. Diese Rüge kann daher nicht für begründet erachtet werden.

Dagegen kann den Vorentscheidungen darin nicht beigetreten werden, daß die Berücksichtigung dieser dem öffentlichen Rechte angehörigen Klagansprüche nur erfolgen könne, wenn sie innerhalb sechs Monaten nach der Zustellung der Entscheidung der obersten Reichsbehörde im Sinne der Zivilprozeßordnung rechtshängig geworden wären. Der prozessuale Begriff der Rechtshängigkeit kommt für die Anwendung des § 150 RBeamtG. und der gleichartigen Bestimmungen nicht in Betracht. Die Quelle dieser dem materiellen öffentlichen Rechte angehörenden Bestimmungen ist § 2 des preußischen Gesetzes vom 24. Mai 1861. § 2 gewährt für die vermögensrechtlichen Ansprüche der Staatsbeamten aus ihrem Dienstverhältnis den Weg der öffentlichen Klage, knüpft ihn aber an Bedingungen, welche die Rücksicht auf den Staatshaushalt, die Ordnung des Kassenwesens und das dienstliche Verhältnis der Beamten erfordern, darunter an die Innehaltung einer sechsmonatigen Frist für die

Anbringung der Klage. Hieraus ergibt sich, daß die Zulässigkeit der Erhebung fernerer Ansprüche im Laufe des Rechtsstreits, wenn sich diese lediglich als tatsächliche und rechtliche Erweiterungen des ursprünglich erhobenen einheitlichen Klaganspruchs darstellen, nicht an die Innehaltung der sechsmonatigen Frist geknüpft ist. Dem Sinne und Zwecke des Gesetzes ist vielmehr damit genügt, daß der ursprünglich geltend gemachte einheitliche Anspruch rechtzeitig erhoben ist.

Ob im Laufe des Rechtsstreits geltend gemachte fernere Ansprüche im vorstehenden Sinne als Erweiterungen des ursprünglichen Klaganspruchs anzusehen sind, ist nur nach Maßgabe der Sach- und Rechtslage des einzelnen Falles zu beurteilen. Nur so viel läßt sich allgemein sagen, daß für die Beantwortung dieser Frage wesentlich mit in Betracht kommen Bedeutung und Tragweite derjenigen verwaltungsbehördlichen Entscheidung, gegen welche sich die Klage richtet. Wenn beispielsweise demjenigen, der auf Grund der Behauptung, er sei Beamter, einen zeitlich bestimmten Teil des ihm nach seiner Behauptung zustehenden Beamtengehalts einklagt, durch die verwaltungsbehördliche Entscheidung, gegen die sich die Klage richtet, überhaupt die Eigenschaft eines Beamten abgesprochen und deshalb jede Gewährung von Gehalt verweigert worden ist, so bildet die Geltendmachung weiterer Gehaltsteile im Laufe des Rechtsstreits nur eine zulässige Erweiterung der ursprünglich erhobenen einheitlichen Gehaltsklage, die an die Innehaltung der sechsmonatigen Frist nicht gebunden ist.

Diese Ausführungen gelten, wie für § 2 des Gesetzes vom 24. Mai 1861, für die sonstigen gesetzlichen Bestimmungen, welche ein „Anbringen", „Erheben" oder „Stattfinden" der Klagen von Beamten aus ihrem Dienstverhältnis binnen bestimmter Frist nach der Entscheidung der Verwaltungsbehörden oder Verwaltungsgerichte erfordern, insbesondere auch für § 150 RBeamtG.

Im vorliegenden Falle ist die Frist des § 150 RBeamtG. hinsichtlich des Anspruchs auf Erstattung der 548,39 ℳ Heilungskosten als gewahrt anzusehen. Das Reichspostamt hatte in der Verfügung vom 21. September 1909 durch die Billigung der Bescheide der Oberpostdirektion vom 7. März und 14. August 1909 die Erstattung der Kosten von Stärkungs- und Heilmitteln überhaupt und schlechthin abgelehnt, soweit sie nicht vom Vertrauensarzte der Verwaltung für notwendig erachtet wären. Innerhalb sechs Monaten nach Zustellung der Entscheidung des Reichspostamts hat der Erblasser der jetzigen Kläger die Klage erhoben auf Erstattung solcher von ihm bereits aufgewendeter Kosten, die von dem Vertrauensarzte der Postverwaltung nicht als notwendig anerkannt waren. Mit der Erweiterung der Klage forderte er dann die Erstattung von Auslagen, die gleichfalls von dem Vertrauensarzte der Verwaltung nicht als notwendig anerkannt waren, und die er erst nach der Erhebung der Klage aufgewendet hatte. Es handelt sich hier also um eine Erweiterung des einheitlichen Klaganspruchs in dem oben erörterten Sinne. Hinsichtlich dieses Anspruchs ist deshalb die angefochtene Entscheidung aufzuheben und die Sache zur anderweiten Verhandlung an das Berufungsgericht zurückzuverweisen.

Anders liegt die Sache hinsichtlich des Anspruchs auf Erstattung des Betrags von 120 M Arztkosten. Die Entscheidung des Reichspostamts, welche die Erstattung dieser Kosten ablehnt, ist von dem Erblasser der Kläger innerhalb der sechsmonatigen Frist überhaupt nicht angefochten worden. Die Revision ist deshalb hinsichtlich dieses Anspruchs zurückzuweisen."

---

27. Darf im Falle des § 549 BGB. der Mieter die Gründe, die der Vermieter für die Verweigerung der Erlaubnis zur Weitervermietung angibt, als maßgebend ansehen und andere außer Betracht lassen?

III. Zivilsenat Urt. v. 29. Januar 1918 i. S. K. (Bekl.) w. B. (Kl.). Rep. III. 415/17.

I. Landgericht Cöln.
II. Oberlandesgericht daselbst.

Die Klägerin vermietete im Februar 1915 dem Beklagten drei Räume im Erdgeschoß ihres Hauses, die früher ihr Mann zur Ausübung seiner Amtstätigkeit als Notar verwendet hatte, zu dem gleichen Zwecke für die Zeit vom 15. Februar 1915 bis zum 31. März 1918.

Der Beklagte teilte am 24. März 1916 der Klägerin mit, daß er die Räume teilweise dem Rechtsanwalt v. d. H. zur Benutzung überlassen wolle, und ersuchte die Klägerin um ihre Zustimmung. Mit Schreiben vom 28. März 1916 versagte die Klägerin die Zustimmung, da die Auskunft, die sie über den genannten Anwalt erhalten habe, befürchten lasse, daß sie mit ihm kein angenehmes Mietverhältnis werde unterhalten können. Daraufhin kündigte der Beklagte mit Schreiben vom 29. März 1916 das Mietverhältnis zum 1. Juli 1916. In einem Schreiben vom 8. April 1916 gab die Klägerin durch ihren Bevollmächtigten als Gründe für ihre Weigerung an: einmal allgemein, daß sie die Benutzung der Räume nur durch einen Notar, also auch die Untervermietung nur an einen Notar gestatte, und außerdem, wie schon im Schreiben vom 28. März 1916, daß auch die Persönlichkeit des genannten Rechtsanwalts keine Gewähr für ein ersprießliches Mietverhältnis gebe. Der Beklagte hielt die Kündigung aufrecht. Die Klägerin bestritt die Rechtmäßigkeit der Kündigung und verlangte mit der Klage Verurteilung des Beklagten zur Bezahlung der fälligen und der künftig fällig werdenden Mietzinse.

Die erste Instanz wies die Klage ab. Das Berufungsgericht gab ihr statt. Auf die Revision des Beklagten wurde das Berufungsurteil aufgehoben und die Sache an das Berufungsgericht zurückverwiesen.

Aus den Gründen:

(Nach Ausführungen über die Gültigkeit des Mietvertrags wird fortgefahren:)

... „Dagegen beruhen die Ausführungen, mit denen das Berufungsgericht die Rechtmäßigkeit der Kündigung verneint, auf einer rechtsirrigen Anwendung des § 549 BGB. Das Berufungsgericht geht von den Gründen aus, mit denen die Weigerung der Klägerin in dem Schreiben vom 8. April 1916 gerechtfertigt wurde, läßt den zweiten, die Persönlichkeit des Rechtsanwalts v. d. H. betreffenden Grund dahingestellt und erklärt die Weigerung aus dem ersten Grunde, daß nur ein Notar die Räume benutzen dürfe, für gerechtfertigt, ohne sich mit der Frage zu befassen, ob eine Berücksichtigung dieses erst nach der Kündigung vom 29. März 1916 angegebenen Weigerungsgrundes überhaupt zulässig sei. Diese Frage ist aber zu verneinen.

Nach § 549 Abs. 1 Satz 2 BGB. kann der Mieter, wenn der

Vermieter die Erlaubnis zur Überlassung des Gebrauchs der Mietsache an einen Dritten verweigert, das Mietverhältnis unter Einhaltung der gesetzlichen Frist kündigen, sofern nicht in der Person des Dritten ein wichtiger Grund für die Verweigerung vorliegt. Das Gesetz spricht also nur vom Vorliegen eines solchen Grundes, nicht von der Mitteilung des Grundes an den Mieter. Der erkennende Senat hat aber schon in RGZ. Bd. 74 S. 176 ausgesprochen, daß grundsätzlich der Vermieter — jedenfalls auf Befragen des Mieters — die Gründe der Verweigerung anzugeben habe, damit der Mieter sie prüfen und sein Verhalten danach einrichten könne, und weiter, daß der Mieter die angegebenen Gründe als maßgebend betrachten und andere außer Betracht lassen dürfe. Nur dann sei der Vermieter befugt, einen bei der Verweigerung der Erlaubnis nicht angegebenen Grund noch nach der Kündigung geltend zu machen, wenn er bei der Verweigerung den Grund nicht gekannt habe und die Unkenntnis entschuldbar sei. Diese Grundsätze, die auch von der Rechtslehre überwiegend anerkannt worden sind (vgl. Dernburg, Bürg Recht, 4. Aufl., § 221 Nr. 5; von Staudinger BGB. § 549 V c, d; Mittelstein, Miete, 3. Aufl., S. 575; Niendorff, Mietrecht, 10. Aufl. S. 284; a. M. Planck BGB. § 549 Erl. 3b; Oertmann BGB. § 549 Anm. 4b), entsprechen dem, was Treu und Glauben bei Mietverhältnissen erfordern, und müssen auch dann angewendet werden, wenn der Vermieter die Gründe seiner Weigerung unaufgefordert angibt. Der Mieter muß wissen, weshalb der Vermieter die Erlaubnis verweigert, damit er seine Entschließungen, insbesondere in der Frage der Kündigung, danach treffen kann. Es kann ihm auch nicht zugemutet werden, Erwägungen darüber anzustellen, ob die Gründe des Vermieters vollständig seien, noch weniger, den Vermieter etwa ausdrücklich darüber zu befragen. Sind die vom Vermieter angegebenen Gründe nicht geeignet, die Verweigerung der Erlaubnis zu rechtfertigen, so ist die Kündigung des Mieters berechtigt, und ihre Wirkung kann nicht dadurch wieder rückgängig gemacht werden, daß der Vermieter nachträglich andere Gründe geltend macht. Die Entscheidung hängt also im vorliegenden Falle davon ab, ob der im Schreiben der Klägerin vom 28. März 1916 aus der Person des in Aussicht genommenen Untermieters entnommene Grund die Weigerung der Klägerin rechfertigte. Es ist Sache der Klägerin, die Tatsachen nachzuweisen, die ihrer Weigerung in diesem Punkte zugrunde liegen. Das Berufungsgericht hat dazu überhaupt noch nicht Stellung genommen."

---

28. Kann sich der Bürge dem Gläubiger gegenüber auf einen zur Abwendung des Konkurses des Hauptschuldners geschlossenen Vergleich berufen, oder haftet er ihm für den dadurch erlassenen Teil der Hauptschuld?

BGB. § 767 Abs. 1 Satz 1, § 774.
KO. § 193.

III. Zivilsenat. Urt. v. 29. Januar 1918 i. S. Elsäss. Maschinenbauges. (Bekl.) w. M. (Kl.). Rep. III. 408/17.

I. Landgericht Mülhausen.
II. Oberlandesgericht Colmar.

Durch Vertrag vom 5. April 1907 übertrug die Beklagte dem Kläger ihre Alleinvertretung für Rheinland, Westfalen und die Provinz Sachsen bis und mit Halle-Magdeburg gegen Provision und Reisespesen. Im Juli 1910 vermittelte der Kläger den Verkauf von 50 Webstühlen seitens der Beklagten an die Firma Str. & W. in M.-Gladbach. Die Beklagte stellte dabei in einem Schreiben vom 19. Juli 1910 die ausdrückliche Bedingung, daß der Kläger ihr die Zahlung des in Teilbeträgen zu tilgenden Kaufpreises und der Zinsen an den vereinbarten Fälligkeitstagen „garantiere". Der Kläger erwiderte am 21. dess. Mon.: „Wie mit Ihrem Geehrten vom 19. crt. gewünscht, bestätige ich Ihnen hiermit ausdrücklich, daß ich Ihnen die Zahlung der betreffenden Beträge und der Zinsen an den in Ihrem Briefe vom 19. crt. an Str. & W. angegebenen Terminen garantiere, welche aus der in Ihrem Briefe vom 19. ds. Mts. an die Firma Str. & W., M.-Gladbach erwähnten Order resultieren." Die 1912 in eine Aktiengesellschaft umgewandelte Käuferin geriet in Zahlungsschwierigkeiten und schloß, nachdem ihr zunächst am 16. Juli 1913 von ihren Gläubigern Stundung bewilligt war, mit diesen in einer Gläubigerversammlung vom 16. Oktober 1913 einen Vergleich, nach dem ihre Gläubiger mit 50 % ihrer Forderungen abgefunden wurden. In der Gläubigerversammlung vom 16. Juli 1913 war die Beklagte durch den Kläger, den sie durch Schreiben vom 14. dess. Mon. zu ihrer Vertretung ermächtigt hatte, in der vom 16. Oktober durch den Gläubiger-Schutzverband für Handel und Industrie vertreten; sie hatte diesem am 28. Juli 1913 ihre Vertretung übertragen und den Kläger davon durch Schreiben von diesem Tage und vom 3. Oktober 1913 benachrichtigt. Der Kläger war als Gläubiger der Käuferin in dem Termine vom 16. Oktober persönlich zugegen und stimmte dem Vergleiche zu; er erwirkte aber nach seiner Behauptung durch ein besonderes Abkommen mit den Aufsichtsratsmitgliedern Befriedigung und Sicherstellung seiner ganzen Forderung von 285000 *M*. Die Beklagte erhielt die in dem Vergleiche zugesagte Hälfte ihrer Forderung ausbezahlt.

Sie nimmt jetzt den Kläger auf Ersatz der anderen Hälfte in Anspruch und rechnet mit dieser Gegenforderung gegenüber der Klageforderung für Provision und Spesen aus dem Agenturverhältnis auf. Das Landgericht erklärte die Gegenforderung für unbegründet und verurteilte die Beklagte durch Teilurteil zur Zahlung des unstreitigen Teiles der Klageforderung. Das Oberlandesgericht wies die Berufung der Beklagten zurück. Diese hat mit Erfolg Revision erhoben.

Gründe:

„Der Berufungsrichter findet in der Erklärung des Klägers vom 21. Juli 1910 eine Bürgschaftsübernahme und nicht den Abschluß eines Gewährleistungsvertrags. Darin ist kein Rechtsirrtum zu finden. Die Rechtsauffassung des Berufungsgerichts steht vielmehr völlig im Einklange mit den Ausführungen des erkennenden Senats in dem Urteile vom 28. September 1917 (RGZ. Bd. 90 S. 415). Denn es legt darauf entscheidendes Gewicht, daß die Verpflichtung der Klägers von der Hauptschuld der Firma Str. & W. abhängig und nicht selbständig darauf gerichtet sein solle, daß die Beklagte an den bestimmten Tagen befriedigt werde; es stellt also fest, daß der Kläger für die fremde Schuld einstehen und nicht etwa eine von der Schuld jener Firma unabhängige, selbständige Verpflichtung übernehmen wollte. Diese Feststellung ist auch ohne Rechtsverstoß getroffen worden. Sie wird auf den Sinn und den Wortlaut der Briefe gestützt. Nur nebenbei werden die schwankende

Ausdrucksweise der Streitteile in den späteren Briefen und die ständige Bezeichnung des Verhältnisses als Bürgschaft seitens der Beklagten in dem ersten Rechtszuge verwertet, Umstände, die nicht für ausschlaggebend erachtet werden können, da es nicht darauf ankommt, wie die Vertragschließenden die Verpflichtung rechtlich bezeichnen, sondern darauf, wie sich der Inhalt der übernommenen Verpflichtung rechtlich darstellt; ihre Berücksichtigung ist aber unschädlich, da der Wortlaut und der Sinn der Briefe die Feststellung tragen. . . .

Dem Berufungsrichter ist weiter auch darin zuzustimmen, daß der Bürge sich dem Gläubiger gegenüber auf den zur Abwendung des Konkurses des Hauptschuldners geschlossenen Vergleich berufen kann und ihm nicht für den dadurch erlassenen Teil der Hauptschuld haftet, sofern nicht ausdrücklich oder stillschweigend ein anderes vereinbart ist. Kraft Gesetzes (§ 767 Abs. 1 Satz 1 BGB.) ist für die Verbindlichkeit des Bürgen der jeweilige Bestand der Hauptverbindlichkeit maßgebend und daher der im Vergleichsweg erfolgte Teilerlaß der letzteren auch zugunsten des Bürgen wirksam. Davon macht das Gesetz (§ 193 KO.) nur für den Zwangsvergleich im Konkurs eine Ausnahme. Die entsprechende Anwendung dieser Sondervorschrift, die in der Natur dieses Vergleichs als eines Zwangsvergleichs ihren Grund hat, auf einen Vergleich, den die Gläubiger freiwillig zur Abwendung des Konkurses mit ihrem Schuldner schließen, ist von dem Reichsgerichte ständig abgelehnt worden (RG. IV. 275/05 vom 27. November 1905, Recht 1906 Sp. 508 Nr. 1197; RG. VI. 192/13 vom 29. September 1913, Leipz. Z. 1914 Sp. 193 und SeuffArch. Bd. 69 S. 95; RG. VI. 326/15 vom 3. Januar 1916, Jur. Wochenschr. 1916 S. 479 und Warneyer 9. Jahrg. S. 82).

Auch der Ansicht Jaegers (Konkursordn. II. S. 365 § 193 Anm. 5; Leipz. Z. 1916 Sp. 526, 790), daß im Zweifel der Bürge trotz eines Konkursabwendungserlasses voll weiterhafte, kann nicht beigepflichtet werden. Daß die an einem solchen Vergleiche teilnehmenden Gläubiger keinenfalls schlechter gestellt sein wollen, als sie im Konkursfalle gestellt wären, und daher im Zweifel nicht den Willen haben, ihre Rechte gegen Bürgen aufzugeben, rechtfertigt allein noch nicht die Annahme, daß die Bürgen im Zweifel weiterhaften; denn gegenüber der gesetzlichen Vorschrift des § 767 entscheidet nicht der abweichende einseitige Wille des Gläubigers. Daß aber der Bürge sich durch die Übernahme der Bürgschaft im Zweifel mit der unabgeschwächten Fortdauer seiner Haftung trotz eines Konkursabwendungserlasses einverstanden erkläre, weil die Bürgschaft die Sicherstellung des Gläubigers gegen die Gefahr der Zahlungsunfähigkeit des Schuldners bezwecke, kann nicht zugegeben werden. An den verhältnismäßig seltenen Fall des Abschlusses eines Konkursabwendungsvergleichs werden die Bürgen bei der Bürgschaftsübernahme fast nie denken; schon aus diesem Grunde ist es bedenklich, anzunehmen, daß sie in einem solchen Falle, abweichend von der Regel des § 767, für den von dem Gläubiger dem Hauptschuldner erlassenen Teil der Forderung weiterhaften wollen, und so einen in Wahrheit nicht vorhandenen Willen bei ihnen zu unterstellen. Ferner kann im Einzelfalle sehr zweifelhaft sein, ob der Schuldner wirklich zahlungsunfähig und ob der Abschluß eines Konkursabwendungsvergleichs ratsam ist sowie ob dessen Bedingungen den Verhältnissen entsprechen. Anders als im Konkurs, in dem unter Aufsicht des Gerichts durch einen von diesem ernannten Verwalter die Feststellung des zur Konkursmasse gehörigen Vermögens des Schuldners erfolgt und in einem gesetzlich geordneten Verfahren die Forderungen der Konkursgläubiger festgestellt werden, auch das Zwangsvergleichsverfahren selbst gesetzlich genau geregelt ist, fehlt es bei einem Vergleich außerhalb des Konkursverfahrens an jeder Sicherungsmaßregel. Daher kann es nicht als Wille des Bürgen bei der Bürgschaftsübernahme unterstellt werden, daß er sich in dieser Hinsicht dem Entschlusse des Gläubigers unterwerfen und auf eigene Prüfung und Entscheidung verzichten will, und zwar um so weniger, als ihm durch den Teilerlaß des Gläubigers die Möglichkeit entzogen wird, mit der Befriedigung des Gläubigers gemäß § 774 BGB. dessen Forderung gegen den Hauptschuldner in Höhe des Erlasses zu erwerben, da dieser insoweit die Hauptschuld tilgt. Man kann demnach nicht wissen, wie der Bürge sich zu der Frage seiner Weiterhaftung im Falle eines Konkursabwendungserlasses gestellt haben würde, wenn er daran gedacht hätte. Deshalb ist an der klaren gesetzlichen Bestimmung des § 767 Abs. 1 Satz 1, auf deren Abänderung Jaegers Ansicht hinausläuft, festzuhalten und eine Weiterhaftung des Bürgen für den erlassenen Teil der Forderung nur anzunehmen, wenn diese besonders vereinbart ist.

Daß eine solche Vereinbarung auch stillschweigend getroffen werden kann, erwähnt der Berufungsrichter ausdrücklich. Seine Feststellung, daß in dem vorliegenden Falle nichts für eine solche Ausdehnung der Haftung spreche, läßt keinen Rechtsverstoß erkennen....

Daß ferner in dem vorliegenden Falle die Zustimmung des Klägers als Gläubigers der Hauptschuldnerin zu dem Vergleiche nicht seine Weiterhaftung als Bürge für den von der Beklagten erlassenen Teilbetrag ihrer Forderung zur Folge hat, wird in dem angefochtenen Urteile zutreffend dargelegt und von der Revision nicht angefochten.

Dagegen greift sie mit Recht die Ausführungen an, durch die die auf das Agenturverhältnis gestützte Begründung des Gegenanspruchs der Beklagten zurückgewiesen wird." ...

---

29. Kann der Vater wegen des Schadens, den sein, wie ihm bekannt, geisteskranker, volljähriger und nicht entmündigter Sohn einem Dritten zugefügt hat, aus § 832 Abs. 1 BGB. oder aus § 823 Abs. 1 verantwortlich gemacht werden?

VI. Zivilsenat. Urt. v. 31. Januar 1918 i. S. S. (Bekl.) w. B. (Kl.). Rep. VI. 398/17.

I. Landgericht Hechingen.
II. Oberlandesgericht Frankfurt a. M.

Der geisteskranke Sohn Gregor des Beklagten S. war, nachdem er früher in der Anstalt Zw. untergebracht gewesen war, im Frühjahr 1898 in Familienpflege bei dem Beklagten B. untergebracht worden und seitdem in dessen Landwirtschaft tätig. Am 21. Mai 1915 wurde der Maler Guido Bu., als er auf der Durchreise in H. am Anwesen des Beklagten B. vorüberging, durch eine von Gregor S. geschleuderte Dunggabel getroffen und tödlich verletzt. Die vorliegende Schadensersatzklage hat in den Vorinstanzen teilweise Erfolg gehabt; beide Beklagte sind verurteilt worden. Hiergegen hat der Beklagte S. Revision eingelegt, die Erfolg hatte.

Aus den Gründen:

„Die Verurteilung des Mitbeklagten B. als desjenigen, welcher durch Abkommen mit dem Revisionskläger die Aufsicht über den Kranken übernommen hatte, ist rechtskräftig geworden. Das Verschulden des B. findet das Berufungsgericht darin, daß er bei richtiger Erfassung seiner Aufsichtspflicht die Aufnahme des Kranken überhaupt hätte ablehnen sollen, jedenfalls aber, nachdem seit 1908 wiederholt tätliche Ausschreitungen und Bedrohungen seitens des Kranken vorgekommen waren, wie sie im Berufungsurteil im einzelnen festgestellt sind, den Kranken dem Vater, der Anstalt oder der zuständigen Behörde hätte zur Verfügung stellen sollen.

Bezüglich des Revisionsklägers S. geht das Berufungsgericht ohne Rechtsirrtum davon aus, daß ihm als Vater über den volljährigen Sohn eine gesetzliche Aufsichtspflicht im Sinne des § 832 BGB. nicht obgelegen habe; auch eine Entmündigung ist gegen den Kranken nicht eingeleitet, es ist ihm kein Vormund oder Pfleger bestellt worden. In „entsprechender Anwendung“ aber der in der Entscheidung RGZ. Bd. 70 S. 48 über die Verantwortlichkeit des Ehemanns für Schadensstiftung durch die geisteskranke Ehefrau aufgestellten Grundsätze gründet das Berufungsgericht die ausgesprochene Haftung des Vaters im vorliegenden Falle auf §§ 823, 276 BGB. und die Tatsache, daß er als „Haushaltungsvorstand“ tätig geworden sei und den Kranken bei B. untergebracht habe. In der Annahme einer solchen Verantwortlichkeit des Vaters an sich war dem Berufungsgerichte nach der Sachlage beizupflichten; Bedenken indessen begegnen seine Ausführungen darüber, daß dem Revisionskläger ein Verschulden (§ 276 BGB.) zur Last falle.

Soweit in der angeführten Entscheidung RGZ. Bd. 70 S. 48 über die Verantwortlichkeit des Ehemanns für schadenstiftendes Verhalten der Ehefrau auf die unter den Ehegatten bestehende Lebensgemeinschaft (§ 1353 BGB.) abgestellt wird, ist der Revision zuzugeben, daß dieser Gesichtspunkt auf das Verhältnis des Vaters zu dem volljährigen Kinde nicht ohne weiteres zutrifft. Weder rechtlich noch tatsächlich kann eine Lebens- oder Haushaltungsgemeinschaft als für das Verhältnis zwischen Eltern und volljährigen Kindern regelmäßig vorausgesetzt anerkannt werden. Es braucht aber auch nicht im allgemeinen hier untersucht zu werden, ob und unter welchen

Voraussetzungen aus einer tatsächlichen Lebens- oder Haushaltungsgemeinschaft die Verpflichtung des Vaters als Familienoberhauptes hergeleitet werden kann, die Öffentlichkeit vor Schädigungen oder Bedrohungen durch ein volljähriges geisteskrankes Kind zu schützen. Wie schon das Berufungsgericht mit Recht hervorgehoben hat, ergibt sich eine solche Verpflichtung zu Lasten des Revisionsklägers im vorliegenden Falle daraus, daß er tatsächlich eingegriffen und kraft seiner in der sittlichen Eigenart des Familienverbands wurzelnden Stellung als Familienoberhaupt für die Unterbringung des Kranken bei B. Sorge getragen hat. Ob er hierzu rechtlich verpflichtet war, ob er sich statt eigenen Eingreifens auf die Angehung der Behörden und Gerichte hätte beschränken können, mag dahinstehen. Hat er auf Grund der soeben gekennzeichneten Stellung im Familienverband auf die Gestaltung der Lebensverhältnisse des Kranken bestimmend eingewirkt, so hatte das mit der vom Verkehr erforderten Sorgfalt zu geschehen. Die Öffentlichkeit darf solchenfalls von einem aus dem Kreise der nächstbeteiligten Familienglieder ausgehenden, von der — wenngleich nicht rechtlichen, so doch sittlichen — Verantwortlichkeit des Vaters getragenen Eingreifen erwarten, daß den damit für die Allgemeinheit etwa verbundenen Gefahren gebührend vorgebeugt wird. Dies gilt ebensowohl für die Unterbringung selbst, die Wahl des Fürsorgers und die mit diesem getroffenen näheren Festsetzungen, wie für die Überwachung der eingerichteten Fürsorge und die achtsame Prüfung, welche Erfolge damit bei dem Kranken erzielt werden.

Das Verschulden des Revisionsklägers hat der erste Richter darin gefunden, daß er nicht dafür gesorgt habe, daß der Kranke bei B. keine gefährlichen Werkzeuge wie Dunggabeln und ähnl. in die Hand bekomme Nicht unwesentlich weicht das Berufungsgericht hiervon ab, indem es das Verschulden des Vaters darin sucht, daß er den Kranken überhaupt in einer Familie, nicht in Anstaltspflege untergebracht habe. Nun kann nach der vorliegenden, inhaltlich unstreitigen Korrespondenz der Anstalt, insbesondere den Briefen vom Ende März 1898, worin übrigens die Anstaltspflege nicht unbedingt, sondern nur zeitweise als geboten bezeichnet wird, in der Tat zweifelhaft sein, ob die Unterbringung des Kranken bei B. zu dem damaligen Zeitpunkte sachgemäß und nicht mit einer Gefährdung für die Allgemeinheit verbunden war, deren Außerachtlassung dem Revisionskläger als schuldhafte Verletzung einer Verkehrspflicht anzurechnen sein möchte, wenn hieraus Schaden entstanden wäre. Nach dem bisher festgestellten Sachverhalt aber sind in den ersten zehn Jahren nach der Unterbringung Ausschreitungen des Kranken nicht vorgekommen; erstmals aus dem Jahre 1908 werden solche berichtet. Ist hiernach davon auszugehen, daß in jenen ersten zehn Jahren die Unterbringung des Kranken keine schädlichen Folgen zeitigte, so kann diese selbst dem Revisionskläger nicht mehr als schuldhafter Mißgriff angerechnet werden. Dann durfte er zwar nicht ohne weiteres auf eine Fortdauer dieser günstigen Lage der Dinge vertrauen, hatte vielmehr die Verpflichtung, fortlaufend in angemessenen Zwischenräumen Erkundigungen — sei es in eigener Person, sei es durch andere geeignete Personen — nicht bloß bei dem Fürsorger, der an der Belassung des Pfleglings möglicherweise finanziell übermäßig interessiert sein konnte, sondern auch bei unbeteiligten Dritten über das Verhalten des Kranken einzuziehen. Gelangten aber auf diesem Wege oder sonsthin keine Umstände zur Kenntnis des Vaters, die ihn eine Gefährdung anderer in den dem Kranken zugänglichen Lebensverhältnissen erkennen ließen, so besteht kein Anhalt dafür, ihm die Belassung des Kranken in jenen Verhältnissen zum Vorwurf im Sinne des § 276 Abs. 1 BGB. zu machen." ...

30. Zur Individualisierung der Gattungsschuld bei Abladegeschäften.

II. Zivilsenat. Urt. v. 1. Februar 1918 i. S. N. (Bekl.) w. Sch. & B. (Kl.). Rep. II. 414/17.

I. Landgericht Hamburg, Kammer für Handelssachen.
II. Oberlandesgericht daselbst.

Durch Vertrag vom 31. Juli 1911 nebst Nachtrag vom 2. April 1914 verkaufte die Klägerin der Beklagten 3500 t Florida Hard Rock Phosphat, Verschiffung Juni/Juli 1914 von einem Hafen in Florida oder Georgia, zum Preise von $6\,^1/_4$ abzüglich $2\,^1/_2\,\%$ Skonto, cif Nordenham, Zahlung $^3/_4$ der provisorischen Faktura auf Basis von 77% phosphathaltigem Kalk gegen Konnossement oder Auslieferungschein spätestens bei Ankunft des Schiffes. Am 3. Juli 1914 zeigte die Verkäuferin der Käuferin unter Vorbehalt der Einstellung eines anderen Dampfers an, daß die Ware mit dem englischen Dampfer Crown Point, der voraussichtlich am 22. Juli in Fernandina laden werde, verschifft werden solle. Dies geschah; der Dampfer mit der Ladung verließ Fernandina am 28. Juli. Er wurde dann aber von der englischen Regierung gezwungen, seine Ladung in London zu löschen. Die Konnossemente waren von der Klägerin an das englische Bankhaus K. Sons & Co. gesandt. Dieses verkaufte die Ware, ohne vorher bei der Klägerin anzufragen. Der Erlös betrug 2924,17,8 £ gegenüber einem Kaufpreise von 5753,18,5 £. Die Klägerin, die der Beklagten den Erlös gutbringen, sie aber wegen des Restes des Kaufpreises in Anspruch nehmen wollte, erhob Klage auf einen Teilbetrag von 5000 *M*.

Der erste Richter erkannte auf Abweisung, weil die Klägerin durch ihren Erfüllungsgehilfen, das Londoner Haus, unberechtigterweise und ohne Einverständnis der Beklagten über die Ware verfügt habe. Dagegen gab das Oberlandesgericht der Klage statt. Es stimmte der rechtlichen Beurteilung des Landgerichts zu, stellte aber nach Einziehung von Gutachten fest, daß der Verkauf der Ware im Interesse der Beklagten gelegen und einen höheren Schaden von ihr abgewandt habe. Deswegen könne die Beklagte sich auf die mangelnde Genehmigung des Verkaufs nicht berufen. Die Revision der Beklagten wurde zurückgewiesen.

Gründe:

„Es handelt sich um einen Gattungskauf, der vom Verkäufer durch Abladung der Ware von einem Hafen Floridas oder Georgias zu erfüllen war, und bei dem folglich die Gefahr mit der Abladung der Ware auf den Käufer übergehen sollte. Bei solchen Geschäften wird der Übergang der Gefahr auf den Käufer nicht dadurch allein bewirkt, daß der Verkäufer Ware der verkauften Gattung in ein Schiff einladet. Es muß vielmehr ein Vorgang hinzukommen, durch den das Schuldverhältnis in wirksamer Weise auf die bestimmte verladene Partie beschränkt wird. Wie dies geschieht, hat der erkennende Senat eingehend in dem Urteile RGZ. Bd. 88 S. 391 dargelegt. Dort ist insbesondere ausgesprochen, daß die bloße Verladung gegen ein an eigene Order des Verkäufers gestelltes Konnossement nicht genügt, weil hierbei der Verkäufer die Freiheit behält, die verladene Partie später einem beliebigen Käufer zuzuteilen; daß aber nach allgemeiner Rechtsüberzeugung der Kaufleute die Beschränkung des Schuldverhältnisses auf die verladene Partie durch die an den Käufer gerichtete Anzeige der geschehenen Verladung und die Benennung des Dampfers eintritt.

Durch welchen Vorgang im Streitfalle die Beschränkung des Schuldverhältnisses auf die mit dem Dampfer Crown Point verladene Partie bewirkt und folgeweise auch die Gefahr des Verlustes dieser Ware auf die Käuferin übergegangen sein soll, darüber haben sich die Vorinstanzen nicht ausgesprochen. Die Klägerin hatte sich in erster Linie auf ihren Brief vom 3. Juli 1914 bezogen. Dieser Brief genügte aber nicht, um die Beschränkung der Verbindlichkeit auf eine bestimmte Partie und den Übergang der Gefahr dieser Ware auf den Käufer herbeizuführen. Die Klägerin teilt darin nur mit, daß gegen den Kontrakt der Parteien 3500 t Phosphat mit Dampfer Crown Point, der voraussichtlich am 22. Juli zu Fernandina laden werde, zur Verschiffung kommen sollen; sie behält sich überdies noch die Einstellung eines anderen Dampfers vor. Es wird mit diesem Briefe also nicht eine geschehene, sondern nur eine beabsichtigte Verladung angezeigt. Diese Anzeige, für sich genommen, konnte den Kauf nicht auf eine bestimmte Partie beschränken; denn es ist keine bestimmte Partie gekennzeichnet. Es liegt nicht einmal Grund für die Annahme vor, daß die Verkäuferin schon eine bestimmte Partie im Sinne hatte, vielmehr ist es ebenso möglich, daß sie nur die Anfuhr irgendwelcher Waren der verkauften Gattung im Verschiffungshafen erwartete. Sie konnte auch beabsichtigen, mehrere Partien Phosphat mit dem Crown Point abzuladen. Überdies behielt sich die Verkäuferin die Einstellung eines anderen Dampfers vor. Sie konnte folglich jederzeit einen anderen Dampfer anmelden, konnte also auch nach dieser Anzeige noch beliebige Ware in einem beliebigen Dampfer der Beklagten andienen. Durch diese Anzeige, für sich genommen, sind demnach die Konzentration und der Gefahrübergang nicht bewirkt worden.

Denkbar wäre es, daß, wenn nach der Anzeige vom 3. Juli tatsächlich eine Abladung mit der Crown Point erfolgte, durch die

Tatsache dieser Abladung in Verbindung mit der vorangegangenen Anzeige das Schuldverhältnis in der Weise konzentriert wurde, daß nun der Verkäufer nur noch die abgeladene Spezies liefern, der Käufer nur noch diese fordern durfte. Ob dies der allgemeinen Rechtsüberzeugung der Kaufleute entspricht und demzufolge Handelsgewohnheitsrecht ist, würde vom Tatrichter festgestellt werden müssen.

Es bedarf aber einer Klarstellung dieser Frage für den Streitfall nicht, weil sich aus dem Parteivorbringen eine weitere Anzeige über geschehene Verladung ergibt. In ihrem Briefe vom 17. August 1914 schreibt die Beklagte der Klägerin: „mit Ihrer Postkarte vom 29. v. Mts. benachrichtigen Sie uns, daß der Dampfer Crown Point am 28. Juli von Fernandina abgegangen ist," usw. Die Richtigkeit dieser Anführung ist von keiner Seite bestritten worden. Danach hat also die Klägerin der Beklagten mitgeteilt, daß der vorher angemeldete Dampfer Crown Point — natürlich mit der für die Beklagte abgeladenen Ware — am 28. Juli Fernandina verlassen hatte. Dies war in der Tat eine genügende Anzeige über die geschehene Verladung; durch sie war das Schuldverhältnis auf die in dem Dampfer schwimmende Partie beschränkt und folgeweise nach dem übrigen Inhalte des Kaufgeschäfts auch die Gefahr des Verlustes der Ware auf die Beklagte übergegangen. Die Übergabe des Konnossements, deren Mangel die Revision rügt, wird nach Handelsgebrauch, wie bereits in dem angeführten Urteile RGZ. Bd. 88 S. 391 ausgesprochen, in dieser Hinsicht durch die Verladungsanzeige ersetzt. Hiernach ist auch die Entscheidung des Berufungsgerichts zu billigen.

Mit Unrecht wendet die Beklagte ein, daß sie jedenfalls nur gegen die Konnossemente zu zahlen habe und daß die Klägerin diese nicht mehr liefern könne. Das Berufungsgericht verwirft den Einwand, weil die Unmöglichkeit, die Konnossemente zu liefern, durch einen Umstand, den die Klägerin nicht zu vertreten habe, verursacht sei. Dieser Grund kann allerdings die Entscheidung nicht rechtfertigen. War die Klägerin zur Lieferung der Konnossemente verpflichtet, aber durch Gründe, die sie nicht zu vertreten hatte, an der Leistung verhindert, so war sie zwar von ihrer Verbindlichkeit frei, hatte aber auch gemäß § 323 BGB. den Anspruch auf die Gegenleistung, also auf den Kaufpreis verloren. Es war auch nicht etwa die Gefahr des

Verlustes der Konnossemente schon auf die Beklagte übergegangen. Die Klägerin hatte sie nicht an die Beklagte abgesandt, sondern sie befanden sich zu der Zeit, als die Ware in England verkauft wurde, bei den Londoner Bankiers der Klägerin, welche ausschließlich Beauftragte der Klägerin waren und in keinerlei Beziehung zur Beklagten standen. Rechtlich ist also die Sache ebenso zu beurteilen, wie wenn die Konnossemente in der Hand der Klägerin verloren gegangen wären.

Wäre der Anspruch der Beklagten auf die Konnossemente nur durch die nachträgliche Unmöglichkeit der Leistung ausgeschlossen, so hätte die Klägerin auch den Anspruch auf den Kaufpreis verloren. Tatsächlich kommen aber die Grundsätze über Geschäftsführung ohne Auftrag kraft des § 680 BGB. gegen sie zur Anwendung. K. Sons & Co. hatten die Konnossemente für die Klägerin in Händen, konnten aber nach Ausbruch des Krieges keine Anweisung von ihr einholen. Sie haben, um Schaden von der Klägerin abzuwenden, also um ohne Auftrag deren Geschäfte zu führen, die Konnossemente geltend gemacht und die Ware schnellstens verkauft. Daß das materielle Interesse an der Ware nicht mehr bei der Klägerin, sondern bei der Beklagten war, haben sie nicht gewußt; sie sind also über die Person des Geschäftsherrn im Irrtum gewesen. Demzufolge ist kraft des § 686 BGB. die Beklagte aus der Geschäftsführung berechtigt und verpflichtet. Nach der Feststellung des Berufungsgerichts hat die Geschäftsführung des Londoner Hauses dem Interesse der Beklagten gedient und Schaden von ihr abgewandt; denn ohne den schleunigen Verkauf wäre die Ware mit Beschlag belegt und auch der jetzt noch gerettete Erlös von 2924,17,8 £ verloren worden. Daher muß die Beklagte die Verwertung der Dokumente und den Verkauf der Ware als für ihre Rechnung geschehen gelten lassen." ...

---

31. Enthält die Befragung von Angestellten in gewerblichen Unternehmungen über die geschäftlichen Verhältnisse der letzteren durch die Vertretung einer Organisation von Privatangestellten zu dem Zwecke, solchen bei der Bewerbung um offene Stellen auf Grund der erhaltenen Auskünfte ratend zur Seite zu stehen, einen widerrechtlichen Eingriff in den Gewerbebetrieb jener Unternehmen, einen Verstoß

gegen § 17 des Gesetzes über den unlauteren Wettbewerb oder eine wider die guten Sitten verstoßende vorsätzliche Schädigung der Unternehmer?

BGB. §§ 823 Abs. 1 und 2, 826.
UnlWG. § 17.

VI. Zivilsenat. Urt. v. 21. Januar 1918 i. S. B. & Co. (Kl.) w. den Bund der technisch-industriellen Beamten (Bekl.). Rep. VI. 368/17.

I. Landgericht I Berlin.
II. Kammergericht daselbst.

Der beklagte Verein „Bund der technisch-industriellen Beamten" bezweckt die Vertretung der sozialen und wirtschaftlichen Interessen der technischen Privatangestellten. Im Dienste dieses Zweckes betreibt er auch eine Auskunftei, die den Anstellung suchenden Mitgliedern Mitteilungen über die in Betracht kommenden Firmen an die Hand gibt. Um die Unterlagen für diese Auskünfte zu gewinnen, wendet sich der Beklagte an Angestellte der zu seinem Berufskreise gehörenden Firmen und hat auch im September und Oktober 1916 an den Prokuristen der Klägerin einen Fragebogen zur Ausfüllung gesandt, in dem er über alle Betriebs- und Anstellungsverhältnisse der Klägerin Aufschluß verlangt. Die Klägerin erachtet ein solches Vorgehen, das in die Geschäftsgeheimnisse einzudringen versuche, für unzulässig und hat auf die Unterlassung solcher Aufforderungen zur Beauskunftung der Verhältnisse der Klägerin Klage erhoben.

Das Landgericht erkannte im wesentlichen nach dem Antrage der Klägerin, das Oberlandesgericht wies auf die Berufung des Beklagten die Klage ab. Die Revision der Klägerin wurde zurückgewiesen aus folgenden

Gründen:

„Das Landgericht erblickt in der Aufforderung der Angestellten der Klägerin zur Beantwortung des Fragebogens einen rechtswidrigen Eingriff des Beklagten in den Gewerbebetrieb der Klägerin, der durch Kundmachung ihrer Geschäfts- und Betriebsgeheimnisse gefährdet werde. Es erachtet deshalb den Klaganspruch bis auf einige wenige der Fragen, die es für zulässig ansieht, nach § 823 Abs. 1 BGB. für begründet.

Das Berufungsgericht weicht von der Auffassung des Landgerichts grundsätzlich ab. Es findet zunächst in der Versendung des Fragebogens keinen rechtswidrigen Eingriff in den eingerichteten und ausgeübten Gewerbebetrieb der Klägerin. Der vom Beklagten an seine Mitglieder gesandte Fragebogen wünsche Auskünfte über die Verhältnisse der gewerblichen Unternehmungen, um sie stellungsuchenden Mitgliedern zugänglich zu machen. Die Fragen bezögen sich auf das persönliche Verhalten der Betriebsleiter zu den Angestellten, die Stellung der Firma zu deren Organisation, auf die Dienstverträge, die Höhe der Gehälter, die Regelung der Erfindungen der Angestellten, Verteilung der Arbeiterversicherungsbeiträge, Länge der Arbeitszeit, Beschaffenheit der Arbeitsräume, Wohlfahrtseinrichtungen, erstreckten sich aber auch über die finanzielle Lage, die Beschäftigung des Werkes und den Beamtenwechsel. Auf Grund der Auskünfte wolle er Bewerbern um offene Stellen Rat erteilen. Eine ungünstige Äußerung werde die den Gegenstand der Nachfrage bildende Firma in Verlegenheit bringen, auch die Bewilligung höherer Gehälter oder sonstige Nachteile herbeiführen können. Solche nachteilige Einwirkungen richteten sich aber nicht gegen den Bestand, sondern nur gegen den Ertrag des Unternehmens und stellten deshalb einen Verstoß gegen § 823 Abs. 1 BGB. nicht dar. Ebenso versage die Begründung des Anspruchs aus § 17 UnlWG. mit § 823 Abs. 2 BGB. Die Fragen des Fragebogens bezögen sich nicht auf Geschäfts- oder Betriebsgeheimnisse. Die Wettbewerber der Klägerin könnten die Kenntnisse, die sie dadurch etwa erhielten, nicht zu ihren Zwecken verwerten. Daß der Beklagte darauf ausgehe, sie ihnen zugänglich zu machen, liege ganz außerhalb seiner Zwecke; er wolle nur die Stellung der Angestellten gegenüber ihren Arbeitgebern fördern. Eine Absicht der Schadenszufügung liege nicht vor. Auch ein Verstoß gegen die guten Sitten (§ 826 BGB.) sei nicht gegeben. Wenn die Klägerin, wie sie behaupte, in den Dienstverträgen ihren Angestellten die Verpflichtung auferlegt habe, über die geschäftlichen Verhältnisse der Firma, insbesondere auch über die Punkte des Fragebogens, Schweigen zu bewahren, so frage es sich, ob die Klägerin hierzu, soweit es sich nicht um wirkliche Geschäftsgeheimnisse handle, befugt sei. Jedenfalls sei auch der Beklagte befugt, allen Versuchen entgegenzutreten, die den Zusammenschluß der Angestellten zur Förderung ihrer wirtschaftlichen Lage verhindern wollten. Sittenwidrige Mittel habe der Beklagte nicht angewendet. Von den Fragen des Fragebogens könnten in dieser Beziehung nur diejenigen in Betracht kommen, die sich auf die finanzielle Lage und die Beschäftigung des Werkes richteten; sie seien aber nur nebensächlich. Betone auch das Anschreiben, daß eine eingehende Beantwortung gewünscht werde, so verlange doch der Beklagte nicht die Darlegung der Fundierung und der Kreditverhältnisse, die Angabe der Lieferanten und Abnehmer. Gemeint sei im Zusammenhange nur eine Äußerung in der Richtung, ob die Angestellten auf pünktliche Zahlung ihres Gehalts und dauernde Stellung zu rechnen hätten; ein Einblick in die inneren Geschäftsverhältnisse werde nicht erstrebt.

Die von der Klägerin gegen die Entscheidung des Berufungsgerichts eingelegte Revision war nicht für begründet zu erachten.

Die Klägerin stützt ihre auf Unterlassung der Auskunftersuchen gerichtete Klage auf drei Rechtsgründe; sie behauptet, daß sie einen rechtswidrigen Eingriff in ihren Gewerbebetrieb als ein sonstiges Recht im Sinne des § 823 Abs. 1 BGB. enthielten, daß sie ferner einen Verstoß gegen das Schutzgesetz des § 17 UnlWG. darstellten und sie deshalb nach Maßgabe dieses Gesetzes in Verbindung mit § 823 Abs. 2 BGB. zur Klage berechtigten und daß sie endlich auch als eine vorsätzliche Schädigung der Klägerin wider die guten Sitten nach § 826 BGB. anzusehen seien.

Auszuscheiden hat von diesen drei Klagegründen zunächst der zweite. Die Bestimmung des § 17 UnlWG. untersagt in Abs. 1 die unbefugte Mitteilung von Geschäfts- oder Betriebsgeheimnissen seitens Angestellter an Dritte zu Zwecken des Wettbewerbes oder in der Absicht, dem Inhaber des Gewerbebetriebes Schaden zuzufügen, und in Abs. 2 die unbefugte Verwertung oder Mitteilung der Geheimnisse seitens solcher Personen, die auf dem Wege des Abs. 1 zu deren Kenntnis gelangt sind. Die Anwendung dieses Gesetzes scheitert, wie das Berufungsgericht nach dem festgestellten Sachverhalte mit Recht angenommen hat, daran, daß sowohl ein Zweck des Wettbewerbes wie eine Absicht, der Klägerin Schaden zuzufügen, ausgeschlossen sind. Der beklagte Bund vertritt die Interessen der technischen Angestellten der Industriebetriebe; er will diesen günstige Anstellungs- und Arbeitsbedingungen schaffen und sichern. Diesem Zwecke allein sollen auch die eingeholten Auskünfte dienen, auf deren Unterlage der Bund den Anstellung suchenden Technikern je nach den Verhältnissen die Unternehmungen bezeichnen und empfehlen will, die den allgemeinen oder besonderen Anforderungen jener Techniker am besten entsprechen. Der Bund treibt keinen Wettbewerb mit den Unternehmern, über deren Verhältnisse er eine Auskunft einholt. Er will auch mit Hilfe der eingeholten Auskünfte nicht deren Wettbewerber unterstützen; die Wettbewerber erhalten von den Auskünften keine Kenntnis und sollen keine erhalten. Dieser Zweck des Bundes, lediglich den technischen Angestellten der Gewerbebetriebe ratend, helfend und fördernd zur Seite zu stehen, ist auch den die Auskunft erteilenden Mitgliedern des Bundes bekannt. Wenn also selbst in einzelnen Punkten die Mitteilungen auf den Auskunftsbogen gegenständlich auf Verhältnisse sich beziehen möchten, die als Geschäftsgeheimnisse im Sinne des Gesetzes angesehen werden könnten — von Betriebsgeheimnissen kann nach Lage der Sache nicht die Rede sein —, so würde doch das Tatbestandsmerkmal der Mitteilung zu Zwecken des Wettbewerbes versagen.

Ebensowenig kann aber an eine Absicht der Schadenszufügung bei diesen Mitteilungen gedacht werden. § 17 Abs. 1 UnlWG begnügt sich nicht mit dem Vorsatze, d. i. mit dem Bewußtsein der Schädigung, als welches auch das Bewußtsein des Mitteilenden erscheinen würde, daß seine Handlungsweise einen schädlichen Erfolg haben k ö n n e, sofern er diesen möglichen Erfolg in seinen Willen aufgenommen hat (dolus eventualis); das Gesetz verlangt eine auf die Schädigung als Ziel des Handelns eingestellte Willensrichtung, als welche die Absicht, Schaden zuzufügen, sich kennzeichnet. Eine solche Absicht ist aber vom Berufungsgericht aus den festgestellten Zwecken des beklagten Vereins heraus wiederum ohne Rechtsirrtum verneint worden. Der verfolgte Zweck, die technischen Angestellten zu schützen und ihre Interessen, wenn es sein muß, auch in Widerstreit mit denen der Unternehmer zu vertreten, mag in der Auswirkung zu Reibungen mit diesen und unter Umständen auch zu ihrer Schädigung führen können; von einer Absicht der Schadenszufügung kann weder bei dem beklagten Bunde noch bei den Personen, die mittels der Fragebogen ihre Mitteilungen an ihn gelangen lassen, gesprochen werden. Die Fragen, über deren Aufnahme in den Auskunftsbogen die Klägerin sich besonders beschwert fühlt, über die finanzielle Lage und die Beschäftigung des Werkes, mögen am meisten geeignet sein, zu einer Schädigung der gewerblichen Unternehmer zu führen; die Absicht der Schadenszufügung fehlt jedoch. Ziel und Zweck der Fragen und der darauf erteilten Auskünfte ist lediglich, den technischen Angestellten ein Dienstverhältnis von Dauer und mit sicherer Aussicht auf prompte Auszahlung der Gehälter zu gewährleisten.

Was die Anwendung des § 823 Abs. 1 BGB. betrifft, so kann die Frage unerörtert bleiben, ob das Berufungsgericht mit Recht einen unmittelbaren Angriff gegen den Bestand des gewerblichen Unternehmens verneint und nur eine Beeinträchtigung des Ertrags angenommen hat. Es bedarf dieser Untersuchung nicht; denn der Handlungsweise des Beklagten fehlt die Widerrechtlichkeit, die zum Tatbestande der unerlaubten Handlung nach § 823 Abs. 1 gehört. Die Klägerin vertritt die Interessen des gewerblichen Unternehmertums, der beklagte Bund die der technischen Angestellten solcher Unternehmer. Beide Interessen sind an sich gleichwertig und gleichberechtigt. Die Klägerin geht in der Verfolgung dieses Interesses so weit, daß sie ihren Angestellten vertragsmäßig eine Schweigepflicht auferlegt über Dinge, die an und für sich keineswegs als Geschäfts- oder Betriebsgeheimnisse anzusehen sind, in der offenbaren Absicht, Bestrebungen, wie sie der Beklagte verfolgt, der Vereinigung der Angestellten zu gemeinsamer Vertretung ihrer Interessen, hindernd entgegenzutreten. Ob die Klägerin hierzu befugt war, was das Berufungsgericht verneint, kann unerörtert bleiben. Mit gleichem Rechte wie die Klägerin die Interessen des Unternehmers verficht der beklagte Bund diejenigen der Angestellten, und die Vereinigung der Angestellten zur gemeinsamen Vertretung ihrer erlaubten Interessen ist ebenso erlaubt wie die Vereinigung der Unternehmer zu Kartellen und zu gemeinschaftlicher Stellungnahme wider eine Vertretung der Angestellten jenen gegenüber. Vom Gesichtspunkte dieses Interessenschutzes aus ist das Rundschreiben des Beklagten um die Auskunftserteilung über die Verhältnisse der Unternehmer zu verstehen und zu würdigen.

Wenn scheinbar einige Fragen des Fragebogens wie diejenigen nach der finanziellen Lage des Unternehmens und nach der Beschäftigung des Werkes tief in das Innere der geschäftlichen Verhältnisse der Unternehmer eindringen, so mag es zur Verneinung einer Widerrechtlichkeit der Handlungsweise des Beklagten weniger darauf ankommen, worauf das Berufungsgericht Gewicht legt — nämlich der geringe Zwischenraum, der für die Beantwortung der Fragen frei gelassen ist, erweise, daß jene Fragen nebensächlich für den Beklagten seien und daß dieser nur ganz allgemeine Antworten erwarte und einen Einblick in die inneren Geschäftsverhältnisse nicht erstrebe —, als darauf, daß die Begrenzung der Tragweite der Fragen durch den Zweck und das Ziel der Bestrebungen des beklagten Vereins gegeben ist. Der Beklagte will nur in dem Rahmen der erlaubten Verfolgung der Interessen der Angestellten zu deren Schutze so viel erfahren, als ihm dienlich ist, um die eine Anstellung suchenden Techniker einerseits vor Schaden zu bewahren, anderseits ihnen diejenigen Betriebe zu empfehlen, in denen sie eine Förderung ihrer Fähigkeiten, eine Sicherung ihrer Stellung und eine angemessene Entlohnung ihrer Leistungen zu erwarten haben. Seine Bestrebungen kommen gut eingerichteten Betrieben zustatten, während sie anderen zum Anlaß werden können und sollen, ihr Verhältnis zu den Angestellten zu verbessern. Daß der Beklagte darüber hinaus die Auskünfte zuungunsten der Unternehmer verwerte und verwerten wolle, dafür liegt, wie das Berufungsgericht ausspricht, nicht der mindeste Anhalt vor. In jenen Grenzen aber sind seine Bestrebungen und ist auch das Rundschreiben mit dem Auskunftsbogen in allen seinen Fragen nicht rechtswidrig. Allerdings mag anstatt der immerhin mißverständlichen allgemeinen Fassung der beiden oben bezeichneten Fragen eine den Zwecken der Auskunft angepaßte engere Fragestellung dem Beklagten zu empfehlen sein, die klarer zum Ausdrucke bringt, daß es sich für den Beklagten nur um die Sicherheit der Stellung und der Gehaltszahlung für die Angestellten handelt.

Ist nach dem Ausgeführten das Vorgehen des Beklagten aus dem Gesichtspunkte des § 823 Abs. 1 BGB. nicht für widerrechtlich zu erachten, so kann es auch nicht eine vorsätzliche Schädigung der Klägerin in einer wider die guten Sitten verstoßenden Weise im Sinne des § 826 BGB. darstellen. Auch diese Bestimmung setzt als Grundlage eines Schadensersatz- oder eines Unterlassungsanspruchs ein widerrechtliches Handeln voraus. Da die Rechtswidrigkeit zu verneinen ist, weil es sich nicht um einen Mißbrauch, sondern allein um einen erlaubten Gebrauch der Freiheit in der Verfolgung der eigenen Interessen handelt, die den Interessen eines anderen, hier der gewerblichen Unternehmer und mit ihnen der Klägerin, gegensätzlich sein mögen, kann auch von einer Handlung wider die guten Sitten nicht die Rede sein. Es besteht keine allgemeine sittliche Verpflichtung, die Ausübung eines Rechtes oder die Verfolgung eines Interesses zu unterlassen, wenn sie einem anderen zum Schaden gereichen, und das eigene berechtigte Interesse dem Interesse des anderen nachzusetzen (RGZ. Bd. 58 S. 214, 216 flg.)." ...

---

32. Inwiefern erlangt ein Grundstück, das eine im gesetzlichen Güterstande lebende Ehefrau unter Verwendung von Vorbehaltsgut und in der Absicht erwirbt, es als Vorbehaltsgut zu erwerben, gemäß § 1370 BGB. diese Eigenschaft? Muß die bezeichnete Absicht bei Vornahme des Erwerbsgeschäfts auch erklärt sein?

V. Zivilsenat. Urt. v. 23. Januar 1918 i. S. B. (Bekl.) w. Ww. Ue. (Kl.). Rep. V. 301/17.

I. Landgericht III Berlin.
II. Kammergericht daselbst.

Aus den Gründen:

... „Das Berufungsgericht entnimmt den Bekundungen des Schwagers und der Schwester des Beklagten, die ihm voll glaubwürdig erscheinen, daß die Ehefrau des Beklagten im Jahre 1907 etwa 8000 *M* und bis zum Jahre 1909 im ganzen 21000 oder 22000 *M* als Erbteil ihrer Eltern unter der im § 1369 BGB. vorgesehenen Bestimmung, also als Vorbehaltsgut, erhalten hat, daß sie ihren Angehörigen gegenüber auch die Absicht ausgesprochen hat, diese Mittel zu der beim Kaufe des Grundstücks zu leistenden baren Anzahlung zu verwenden und sich durch den Kauf selbständig zu machen. Es vermißt indes den Nachweis, daß die Frau des Beklagten diese Absicht beim Erwerbe des Grundstücks selbst den Beteiligten, nämlich dem Verkäufer und namentlich ihrem Manne, gegenüber zum Ausdruck gebracht hat. Es betont, daß der Kaufvertrag vom 31. Juli 1909 unter Zuziehung und mit Genehmigung des Beklagten vor einem Notar geschlossen worden sei, und meint, es könne beim Abschlusse davon, daß das Grundstück Vorbehaltsgut sein solle, gar nicht die Rede gewesen sein, da der Notar sonst nicht unterlassen haben würde, das im Vertrage zum Ausdruck zu bringen. Hiernach lehnt das Berufungsgericht die Annahme, daß das Grundstück Vorbehaltsgut der Ehefrau des Beklagten sogleich beim Erwerbe geworden und schon zu der Zeit, auf die die gezahlten Hypothekenzinsen entfallen, gewesen sei, ab.... Mit Recht weist die Revision demgegenüber auf den § 1370 BGB. hin.

Nach dieser Vorschrift ist Vorbehaltsgut auch das, was die Frau auf Grund eines zu ihrem Vorbehaltsgute gehörenden Rechtes oder als Ersatz für die Zerstörung, Beschädigung oder Entziehung eines zu dem Vorbehaltsgute gehörenden Gegenstandes oder durch ein Rechtsgeschäft erwirbt, das sich auf das Vorbehaltsgut bezieht. Von den hier bezeichneten drei Fällen scheidet der zweite allerdings ohne weiteres aus.... Ohne Grund beruft sich die Revision auch auf den ersten Fall. Selbst wenn die Frau des Beklagten, wie die Revision annimmt, ihre ihren Angehörigen gegenüber ausgesprochene Absicht ausgeführt und die von ihren Eltern als Vorbehaltsgut ererbten Mittel zum Erwerbe des Grundstücks, zur Leistung insbesondere der Anzahlung auf den Kaufpreis, verwendet hat, so läßt sich nicht sagen, sie habe das Grundstück „auf Grund eines zu ihrem Vorbehaltsgute gehörenden Rechtes" erworben. Verfehlt ist namentlich die Berufung der Revision auf die Anm. 2 zum § 1370 RGRKmt. Es heißt dort — im Anschluß übrigens an die Begründung des dem § 1370 durchaus entsprechenden § 1290 des I. Entwurfs (bei Mugdan Bd. 4 S. 97/98) und in Übereinstimmung mit anderen Kommentaren —: Vorbehaltsgut sei nach der in Rede stehenden Alternative alles, was die Frau auf Grund eines zum Vorbehaltsgute gehörenden Rechtes, z. B. des Eigentumsrechts, sei es unmittelbar kraft Gesetzes, sei es durch Vermittelung eines den Inhalt des Rechtes verwirklichenden Rechtsgeschäfts erwirbt, und als Beispiel für ersteres wird der Erwerb der Erzeugnisse eines zum Vorbehaltsgute gehörigen Grundstücks gemäß dem § 953 und der Erwerb der Hälfte des auf einem solchen Grundstücke gefundenen Schatzes gemäß dem § 984

BGB. hingestellt, während letzteres durch die Aufführung der dinglichen Rechtsgeschäfte der Übergabe, Auflassung und Abtretung erläutert wird. Aber sowohl hier, bei dem durch die Auflassung, Übergabe oder Abtretung vermittelten Erwerb auf Grund eines zum Vorbehaltsgute gehörenden Käuferrechts oder sonstigen obligatorischen Rechtes, als auch dort handelt es sich immer um einen Erwerb, der seinen Rechtsgrund in einem zum Vorbehaltsgute gehörigen Rechte hat. In einem Falle, wie er hier vorliegt, trifft dies offenbar nicht zu. Daß das Erfordernis des Erwerbes auf Grund eines zum Vorbehaltsgute gehörenden Rechtes insbesondere nicht dadurch erfüllt wird, daß der Erwerb mit Mitteln erfolgt, die zum Vorbehaltsgute gehören, ergibt sich auch daraus, daß das Gesetzbuch in anderen Fällen sogenannter dinglicher Surrogation (vgl. § 2111) den Fall des Erwerbes auf Grund eines zu der betreffenden Vermögensmasse gehörenden Rechtes und den des Erwerbes durch Rechtsgeschäft mit Mitteln der Vermögensmasse nebeneinander stellt.

Dagegen ist der Erwerb des Grundstücks durch die Frau des Beklagten, wenn sie es in der angegebenen Absicht und mit Mitteln ihres Vorbehaltsguts gekauft und erworben hat, im Sinne der dritten Voraussetzung des § 1370 durch ein Rechtsgeschäft erfolgt, das sich auf das Vorbehaltsgut bezieht. Daß die Ehefrau des Beklagten das Grundstück durch Kauf und Auflassung, also durch ein Rechtsgeschäft erworben hat, ist nach dem vorliegenden Sachverhalt ohne weiteres klar, und die Beziehung dieses Rechtsgeschäfts auf das Vorbehaltsgut würde sich zwar nicht schon daraus ergeben, daß der Erwerb mit Mitteln des Vorbehaltsguts gemacht ist, wohl aber daraus, daß das Rechtsgeschäft von der Ehefrau des Beklagten in jener Absicht, in der Absicht also namentlich, das Grundstück für das Vorbehaltsgut zu erwerben, vorgenommen worden ist, in Verbindung damit, daß zu dem Ende für den Erwerb des Grundstücks Mittel des Vorbehaltsguts verwendet worden sind. Keinesfalls aber ist dazu erforderlich, daß die Ehefrau des Beklagten jene ihre Absicht bei der Vornahme des Rechtsgeschäfts, wie das Berufungsgericht erfordert, den Beteiligten gegenüber erklärt hat. Das Hervortreten des Subjektiven in der Beziehung des den Erwerb begründenden Rechtsgeschäfts auf das Vorbehaltsgut entspricht dem Wesen des Rechtsgeschäfts als Willenserklärung und unterscheidet die in Rede stehende, übrigens auch in anderen Surrogationsfällen (vgl. §§ 1473, 1524, 1526, 1554, 1638 Abs. 2) vorgesehene Voraussetzung von dem schon berührten Falle des Erwerbes mit Mitteln der betreffenden Vermögensmasse im § 2111. Diese subjektive Beziehung darf allerdings keine bloß willkürliche sein; die Absicht oder der Wille der Frau, als Vorbehaltsgut zu erwerben, kann nicht entscheidend sein, wenn das Rechtsgeschäft objektiv mit dem Vorbehaltsgute nicht in Beziehung gebracht werden kann. Es folgt dies, wie es in der Begründung zum § 1290 des I. Entwurfs heißt, aus dem Grundsatze, daß die Frau sich nicht einseitig beliebig Vorbehaltsgut verschaffen kann. Dem Gesagten entspricht aber die vom VII. Zivilsenat des Reichsgerichts vertretene Auffassung, daß es zur Anwendung des § 1370 genüge, wenn das Rechtsgeschäft subjektiv mit Beziehung auf das Vorbehaltsgut abgeschlossen ist und objektiv damit in Zusammenhang gebracht werden kann (RGZ. Bd. 72 S. 167). Hat die Ehefrau des Beklagten die Mittel des ihr von ihren Eltern her zugeflossenen vorbehaltenen Vermögens zum Ankaufe des Grundstücks, zur Leistung insbesondere der erforderlichen Anzahlung, verwendet, so steht dieser objektive Zusammenhang sogar positiv fest, während die behauptete Absicht der Käuferin, das Grundstück als Vorbehaltsgut oder für es zu erwerben, die in erster Reihe erforderliche subjektive Beziehung ergibt, auch ohne daß diese Absicht beim Kaufabschluß oder bei der Auflassung erklärt zu werden brauchte. Wenn in der Begründung zum § 1290 des I. Entwurfs weiter ausgeführt ist: der Zusammenhang des Rechtsgeschäfts mit dem Vorbehaltsgute sei hier nur ein wirtschaftlicher, er brauche auch nicht darin zu bestehen, daß der Erwerb, wie das bei Umsatzgeschäften der Fall sei, sich wirtschaftlich als durch das Vorbehaltsgut gemacht darstellt, so erhellt daraus zugleich die Meinung, daß bei einem solchen Erwerbe der erforderliche Zusammenhang jedenfalls gegeben sei. Auf dem hier entwickelten Standpunkte stehen, soweit ermittelt, auch die Schriftsteller."[1] ...

[1] Planck Komm. 3. Aufl. Anm. 3; v. Staudinger Komm. 7./8. Aufl. Anm. 2c; Komm. der RGRäte 2. Aufl. Anm. 4 zum § 1370; Wieruszowski, Handbuch des Eherechts Bd. 2 S. 309/313.

33. 1. Verhältnis der Ausgleichung zwischen Gesamtschuldnern nach § 426 Abs. 1 Satz 2 BGB. zur Hauptausgleichung auf Grund des Satzes 1.

2. Findet § 426 Abs. 1 Satz 2 BGB. auch dann Anwendung, wenn die Hauptausgleichung im Falle der Gesamtschuld aus unerlaubter Handlnng nicht nach Maßgabe des § 426 Abs. 1 Satz 1 in Verbindung mit § 840 BGB., sondern des § 17 des Kraftfahrzeuggesetzes erfolgt ist?

3. Können die Kosten des von dem Verletzten aus einer unerlaubten Handlung gegen einen der Gesamtschuldner geführten Prozesses auf Schadensersatz in die von diesem gegen die übrigen Gesamtschuldner betriebene Ausgleichung (§ 426 Abs. 1 Satz 1 BGB.) einbezogen werden?

4. Kann Erstattung dieser Prozeßkosten seitens des in jenem Prozesse verurteilten Gesamtschuldners von den anderen aus dem Gesichtspunkte des durch die Gesamtschuld begründeten Gemeinschaftsverhältnisses verlangt werden?

5. Sittenwidriges Verhalten eines Gesamtschuldners, wenn er den Verletzten mit seinem Schadensersatzanspruch an einen der übrigen Gesamtschuldner verweist, weil die Durchführung seines Anspruchs gegen diesen für ihn leichter sei?

BGB. §§ 426, 826.
KFG. § 17.

VI. Zivilsenat. Urt. v. 24. Januar 1918 i. S. Allg. Berl. Omnibus-Aktiengesellschaft (Bekl.) w. Gr. Berl. Straßenbahn (Kl.).[1] Rep. VI. 397/17.

I. Landgericht I Berlin.
II. Kammergericht daselbst.

Am 23. Oktober 1911 stieß an der Ecke der Bismarck- und der Alsenstraße in Berlin ein Straßenbahnzug der Klägerin mit einem von dem Fahrer L. geführten Kraftomnibus der Beklagten zusammen; durch den Unfall erlitten mehrere Personen, die in dem Wagen saßen, Verletzungen, u. a. eine Frau K. als Fahrgast der

[1] Vgl. Bd. 84 S. 415.

Straßenbahn, ein Aktuar H. als solcher des Omnibus. Die von den Verletzten zunächst in Anspruch genommene Klägerin weist die Schuld an dem Zusammenstoße dem Wagenführer der Beklagten zu und hat in einem Vorprozesse die Beklagte und L. auf Ersatz ihrer Aufwendungen, zum Teil im Wege der Leistungs-, zum Teil im Wege der Feststellungsklage verklagt. Der Prozeß führte zu dem Urteile des Reichsgerichts vom 30. April 1914, durch welches die Ansprüche der Klägerin der jetzigen Beklagten gegenüber zur Hälfte, dem L. gegenüber ganz dem Grunde nach für gerechtfertigt erklärt und festgestellt wurden, bis auf den Schaden des H., der beiden damaligen Beklagten gegenüber zur Hälfte festgestellt wurde. Das weitere Verfahren beschäftigte sich auch mit einem Anspruche der Klägerin gegen die jetzige Beklagte auf Erstattung der Kosten des von der Frau K. gegen sie geführten Prozesses, der auf ein arglistiges Verhalten der Beklagten gestützt wurde. Dieser Anspruch ist in beiden Instanzen abgewiesen worden, vom Kammergerichte mit der Begründung, daß er mit der Ausgleichungsklage nichts zu tun habe, daß ihm aber, insofern er auf unerlaubte Handlung der Beklagten gestützt werde, die erhobene Einrede der Klageänderung entgegenstehe.

Der gegenwärtige neue Rechtsstreit hat wiederum diese Prozeßkosten zum Gegenstande, deren Erstattung die Klägerin wegen sittenwidriger Schädigung durch die Beklagte verlangt; außerdem fordert sie auf Grund des § 426 Abs. 1 Satz 2 BGB. von der Beklagten die Erstattung aller der Schadensbeträge, die sie als Gesamtschuldnerin den Verletzten habe zahlen müssen und wegen deren ihr Rückgriff gegen L. wegen dessen Unvermögens unmöglich sei. Die Klage ist auf Zahlung von 6203,42 ℳ und Zinsen gerichtet. Das Landgericht wies die Klage ab, das Oberlandesgericht dagegen verurteilte die Beklagte zur Zahlung von 4194,92 ℳ und Zinsen und wies die Klage nur wegen des Mehrbetrags ab.

Die Revision der Beklagten gegen dieses Urteil und ebenso die Anschließung der Klägerin daran wurden zurückgewiesen aus folgenden

Gründen:

... „A. Die Revision der Beklagten rügt Verletzung des materiellen Rechtes (§ 426 Abs. 1 BGB., §§ 17, 18 KFG.) sowie der §§ 322 Abs. 1 und 565 Abs. 2 ZPO. Das Reichsgericht habe in dem Urteile vom 30. April 1914 die Ausgleichung endgültig vorgenommen, so daß jetzt auch für eine solche nach § 426 Abs. 1 Satz 2 BGB. kein Raum mehr bleibe. Die Klägerin habe im Vorprozesse den Antrag gestellt, die Beklagten als Gesamtschuldner zu verurteilen; das sei abgelehnt worden. Dann ergebe sich aber, daß dem jetzt erhobenen Anspruche der Einwand der Rechtskraft entgegenstehe. Die Bestimmung des § 426 Abs. 1 Satz 2 BGB. finde aber überhaupt nicht Anwendung, da durch § 17 KFG., wie das Reichsgericht in dem früheren Urteil auch ausgesprochen habe, die §§ 426 und 840 BGB. für das Gebiet des Kraftfahrzeuggesetzes außer Kraft gesetzt seien. Endlich sei erneut zu prüfen, ob im Innenverhältnis der Parteien die alleinige Haftung der Beklagten für den ganzen Schaden der Billigkeit entspreche. Sei der jetzige Ausgleichungsanspruch aus § 426 Abs. 1 Satz 2 BGB., wie das Berufungsgericht annehme, ein selbständiger Anspruch, über den bisher nicht entschieden sei, so müsse auch diese Ausgleichung neu und selbständig vorgenommen werden.

Diese Angriffe der Revision gehen fehl. § 426 BGB. bestimmt in Abs. 1 Satz 1, daß die einem Dritten gesamtschuldnerisch verpflichteten Personen im Innenverhältnis, falls nicht ein anderer Ausgleichungsmaßstab gegeben ist, zu gleichen Anteilen an der Gesamtschuld beteiligt sind. Satz 2 verordnet, daß, falls von einem der Gesamtschuldner sein im Innenverhältnis den anderen geschuldeter Beitrag nicht erlangt werden kann, sein Schuldanteil den übrigen Gesamtschuldnern zuwächst. Es handelt sich hier also um eine zweite Ausgleichung, die erst eintritt, wenn aus dem angegebenen Grunde ein Gesamtschuldner ausfällt. Der Verteilungsmaßstab ist selbstverständlich für diese zweite Ausgleichung derselbe wie für die erste und Hauptausgleichung. Abs. 2 des § 426 endlich stellt den Grundsatz auf, daß auf den Gesamtschuldner, der den Gläubiger befriedigt, dessen Forderung gegen die anderen übergeht; auch hier ist selbstverständlich, daß der Übergang nur insoweit und nach dem Maßstabe stattfindet, nach dem der zahlende Gesamtschuldner die Ausgleichung von den anderen verlangen kann.

Daraus ergibt sich, daß im Vorprozeß über die zweite Ausgleichung, die Übertragung des auf den mitbeklagt gewesenen zahlungsunfähigen Wagenführer L. entfallenden Schuldanteils auf die übrigen Mitverpflichteten, nur insofern mitentschieden worden ist und deshalb für den gegenwärtigen Anspruch Rechtskraft besteht, als es sich um den Ausgleichungsmaßstab handelt. Die zweite Ausgleichung setzt einen neuen Tatbestand voraus, der im Vorprozesse noch nicht in Frage kam, den Ausfall eines Gesamtschuldners. Das ist eine neue Grundlage für den neuen Ausgleichungsanspruch. Daß im Vorprozesse die Klägerin die gesamtschuldnerische Verurteilung der Beklagten und des L. beantragt hatte und damit abgewiesen wurde, hat mit der neuen Ausgleichung nichts zu tun. Die Bestimmung des § 426 Abs. 1 Satz 2 BGB. erzeugt keine Gesamtschuld, sondern gibt einen neuen Ausgleichungsanspruch, für den aber der Maßstab schon feststeht. Waren die Gesamtschuldner im Innenverhältnis zu gleichen Anteilen verpflichtet, so wächst ihnen der Schuldanteil des Ausgefallenen wiederum zu gleichen Anteilen zu; gilt ein anderes Ausgleichungsverhältnis, so erfolgt der Zuwachs in diesem. Ist im Innenverhältnis ein Gesamtschuldner gegenüber den anderen von der Schuld überhaupt entlastet, so geht sein Ersatzanspruch aus § 426 Abs. 1 Satz 2 BGB. gegen die übrigen auf Erstattung nach dem Verhältnis, in dem diese an der Schuld teilnehmen; ob in diesem Falle gegenüber dem im Innenverhältnis von der Schuld entlasteten Gesamtschuldner eine gesamtschuldnerische Haftung der übrigen anzunehmen ist (vgl. RGZ. Bd. 87 S. 64), kommt im gegenwartigen Falle nicht in Betracht, da nach dem Ausscheiden des zahlungsunfähigen L. nur ein ausgleichungspflichtiger Gesamtschuldner, die Beklagte, übrig bleibt.

Im Revisionsurteile des Vorprozesses ist nun rechtskräftig ausgesprochen, daß im Innenverhältnis der Schaden der Frau K. wie auch der des Aktuars H. von der jetzigen Beklagten und ihrem Kraftwagenführer L. je zur Hälfte zu tragen ist, während die Klägerin von der Beteiligung an dem Schaden frei zu bleiben hat. Fällt L. aus, weil von ihm der auf ihn entfallende Betrag nicht erlangt werden kann, so ist nach § 426 Abs. 1 Satz 2 BGB. dessen Hälfte ebenfalls von der Beklagten zu übernehmen. Das ist keine Gesamtschuld, sondern der gesetzlich festgesetzte Übergang der Teilschuld der zahlungsunfähigen Ausgleichungspflichtigen auf die zahlungsfähigen.

An diesem Ergebnis ändert auch § 17 KFG. nichts. Allerdings schaltet dieses Gesetz für sein Anwendungsgebiet den Verteilungsgrundsatz des § 426 Abs. 1 Satz 1 BGB. aus und setzt an die

Stelle des allgemeinen Maßstabes der Kopfteile den besonderen aus den Umständen des Einzelfalls zu entnehmenden der Beteiligung nach dem Maße der Verursachung durch die Betriebsgefahren und deren Erhöhung durch ein Verschulden der beteiligten Betriebspersonen. Durch entsprechende Anwendung des § 254 BGB. hatte die Rechtsprechung des Reichsgerichts schon vor dem Inkrafttreten des Kraftfahrzeuggesetzes den allgemeinen gleichen Maßstab der Verteilung nach § 426 Abs. 1 Satz 1 BGB. durch denjenigen der Festsetzung im Einzelfalle nach Maßgabe der vorwiegenden Verursachung und Verschuldung ersetzt und die Berechtigung hierzu aus dem Nebensatze des Gesetzes „soweit nicht ein anderes bestimmt ist" abgeleitet, so daß die scheinbare Regel des § 426 Abs. 1 Satz 1 nur als ein Hilfssatz erscheint, der eintritt, wo ein besonderer, in den Einzelverhältnissen begründeter Maßstab fehlt. Daß hierdurch die selbständigen Bestimmungen des § 426 Abs. 1 Satz 2 BGB. und des Abs. 2 nicht berührt werden, die mit dem ausgeschalteten Verteilungsmaßstabe nichts zu tun haben, ist einleuchtend. Wenn in dem reichsgerichtlichen Urteile des Vorprozesses von einer Ausschaltung der §§ 426, 840 BGB. durch § 17 KFG. schlechthin die Rede ist, so kann dies niemals etwas anderes bedeuten und bedeuten sollen, als die Ausschaltung in bezug auf die zur Entscheidung stehende Frage. Zur Entscheidung stand aber im Vorprozesse nur die grundsätzliche Ausgleichung zwischen den Gesamtschuldnern überhaupt.

Das Verlangen der Revision: gerade wenn es sich um einen neuen Anspruch handle, über den der Vorprozeß noch nicht befunden habe, müsse für diesen auch die grundsätzliche Ausgleichung von neuem vorgenommen, das Beteiligungsverhältnis von neuem festgesetzt werden, geht nach dem Ausgeführten fehl. Der Ausgleichungsmaßstab steht nach der Entscheidung des Vorprozesses rechtskräftig fest, die sich auf den ganzen von den Gesamtschuldnern den Verletzten zu ersetzenden Schaden erstreckte. Die neue Entscheidung hat sich auf die Prüfung zu beschränken, ob der Fall des § 426 Abs. 1 Satz 2 BGB., das Ausscheiden eines ausgleichungspflichtigen Gesamtschuldners wegen Zahlungsunfähigkeit oder anderer Hindernisse der Inanspruchnahme, gegeben ist.

B. Für die Anschließung der Klägerin ist Gegenstand der Entscheidung, ob die Klägerin der Beklagten die Kosten der von der

Verletzten Frau K. gegen sie geführten Prozesse in Rechnung stellen kann.

Die Klägerin macht geltend: Daß die Prozeßkosten K. mit dem Unfall in Zusammenhang ständen, könne nicht bezweifelt werden, denn ohne diesen wäre der Prozeß nicht erwachsen. Der Klägerin könne nur § 254 BGB. entgegengehalten werden. Daß sie sich auf den Prozeß eingelassen, könne ihr aber nicht zum Verschulden angerechnet werden. Im gegebenen Falle sei dies erforderlich gewesen, da die Klägerin gegen die Beklagte den Rückgriff nehmen wollte, diese aber die Ersatzpflicht abgelehnt habe und auch an einem Vergleiche nicht teilnehmen wollte. Der Anspruch sei aber aus § 826 BGB. begründet. Die Beklagte sei aus § 7 KFG. ersatzpflichtig gewesen, habe aber die Haftung abgelehnt und die Verletzten an die Klägerin verwiesen, indem sie wahrheitswidrig behauptet habe, ihr müsse ein Verschulden nachgewiesen werden, wenn sie in Anspruch genommen werden solle. Das sei unter Beweis gestellt, ebenso, daß die Beklagte durch ihre Ablehnung gütlicher Einigung die Klägerin zur Durchführung der Prozesse gezwungen habe. Das Verhalten der Beklagten habe auch gegen das durch die Gesamtschuld begründete Gemeinschaftsverhältnis verstoßen. Die Klägerin habe ein Recht darauf gehabt, von der Beklagten vor dem Anspruche der Verletzten bewahrt zu werden; die Beklagte sei sogar verpflichtet gewesen, der Klägerin die Schadensersatzbeträge vorzuschießen.

Daß die bezeichneten Prozeßkosten mit dem Unfall in einem ursächlichen Zusammenhange stehen, ist gewiß zutreffend; denn ohne den Unfall wäre es auch nicht zu den Prozessen der Verletzten gegen die Klägerin gekommen. Sie sind aber nicht ein Bestandteil des den genannten Verletzten aus dem Unfall erwachsenen Schadens und deshalb auch kein Gegenstand der Ausgleichung, sondern sie sind ein Vermögensschaden, der der Klägerin selbst erwachsen ist und für dessen Erstattungsverlangen der Ausgleichungsanspruch keinen Rechtsgrund abgibt, der nur die Schadensersatzleistungen umfaßt, die die Gesamtschuldner den Verletzten schulden (Urt. des erk. Senats vom 18. Juni 1917 VI. 132/17). Zur Feststellung ihres Unfallschadens und Erwirkung seines Ersatzes durch die haftpflichtige Klägerin hat die Frau K. jene Prozesse angestrengt; deren Kosten gehören also nicht in den Unfallsschaden. Sie treffen, wie das Berufungsgericht richtig ausführt, nach prozeßrechtlichen Grundsätzen den im Prozeß unterliegenden Teil aus dem einzigen Grunde dieses Unterliegens, das sehr verschiedene Ursachen haben kann; die Kostenlast hat ihren einzigen Rechtsgrund in dem verlorenen, also zu Unrecht geführten Prozesse. Sie ist ein Schaden am Vermögen, den die Klägerin zu erleiden hatte, weil sie die Frau K. nicht ohne Prozeß befriedigt hat und im Prozesse unterlegen ist. Die Ausgleichung bietet mithin keine Unterlage für diesen Anspruch der Klägerin.

Aber auch die anderen Rechtsgründe versagen, aus welchen die Klägerin die Beklagte auf Ersatz dieser Prozeßkosten in Anspruch nehmen will.

Die Klägerin macht als solchen Rechtsgrund zunächst ein sittenwidriges Verhalten der Beklagten (§ 826 BGB.) geltend. Wie schon im Vorprozesse stellt sie auch im gegenwärtigen die Behauptung auf, daß die Beklagte grundsätzlich, wenn ein Zusammenstoß von Wagen der Klägerin mit solchen der Beklagten erfolgt sei und die Verletzten sich an sie wegen Ersatz ihres Schadens wendeten, diese an die Klägerin weise mit der Begründung, daß das Vorgehen gegen die Klägerin für sie sicherer und bequemer sei, da die Klägerin auf Grund des Reichshaftpflichtgesetzes aus dem Betriebsunfalle der Eisenbahn ohne weiteres hafte, während ihr selbst gegenüber ein Verschulden nachgewiesen werden müsse. Mit dieser wahrheitswidrigen Rechtsbelehrung habe sie die Verletzten veranlaßt, sich an die Klägerin zu halten, während sie sich selbst von den Prozessen frei gehalten habe. So habe sie auch gegenüber der Frau K. gehandelt. Sie habe aber auch weiter die Klägerin in solchen Fällen gezwungen, die Prozesse bis zum Ende durchzuführen, da sie Vergleiche als die Grundlage einer Ausgleichung anzuerkennen sich stets geweigert habe.

Eine vorsätzliche Schädigung der Klägerin in einer gegen die guten Sitten verstoßenden Weise (§ 826 BGB.) kann indessen in einem solchen Verhalten der Beklagten nicht erblickt werden, das vielmehr innerhalb der erlaubten Grenzen der eigenen Interessenverfolgung liegt. Wenn die Beklagte den bei einem Zusammenstoß eines ihrer Wagen mit einem Straßenbahnzuge der Klägerin verletzten Personen den Rat gegeben hat, sich zunächst an die Klägerin zu halten, gegen die die Durchführung ihrer Schadensersatzansprüche von vornherein leichter und aussichtsreicher sei, so stand es den Verletzten frei, diesem Rate zu folgen oder nicht. Wenn sie ihn befolgten, so mag seine Begründung auf ihren Entschluß eingewirkt haben. Diese Begründung war nun zwar rechtlich nicht durchaus zutreffend, insofern sie nicht unterschied, je nachdem ihre eigene Unfallhaftung sich gestaltete; sie war in ihrem Kerne aber auch nicht falsch. Handelte es sich um Fahrgäste der Straßenbahn oder um dritte Personen, die weder Fahrgast der Klägerin noch der Beklagten waren, so haftete die letztere jenen zwar nach § 7 KFG., ohne daß ihr oder ihren Betriebsbeamten ein Verschulden nachgewiesen werden mußte. Immerhin gestaltete sich aber die Inanspruchnahme der Klägerin für die Verletzten einfacher und sicherer, weil diese nach § 1 RHPflG. sich nicht mit dem Nachweis entlasten konnte, daß sie und ihr Betriebspersonal keinerlei Verschulden treffe, während der Beklagten selbst nach Maßgabe des § 7 KFG. dieser Nachweis zu ihrer Befreiung von der Ersatzpflicht offen stand. Handelte es sich aber um Fahrgäste der Kraftwagen der Beklagten selbst, so versagte nach § 8 Nr. 1 KFG. die Anwendung des § 7 des Gesetzes, und die Verletzten mußten in der Tat der Beklagten in ihren Vertretern ein Verschulden nachweisen (§§ 823, 276, 30, 31 BGB.) oder den die Beklagte entlastenden Nachweis gewärtigen, daß die Betriebsbeamten, auf deren Handlungsweise der Unfall zurückzuführen war, mit gehöriger Sorgfalt ausgewählt seien (§ 831 BGB.). Daneben bestand freilich diesen Personen gegenüber die Haftung der Beklagten aus dem Beförderungsvertrage; auch sie war aber an die Voraussetzung eines Verschuldens der Erfüllungsgehilfen, also des Betriebspersonals (§ 278 BGB.) geknüpft in der Weise, daß sich die Beklagte durch den Nachweis, daß ein solches Verschulden nicht vorliege, befreien konnte, während ein solcher Nachweis der Klägerin nicht offen stand.

Jener von der Beklagten den Verletzten erteilte Rat war somit, wenn auch ebensowohl vom eigenen Interesse eingegeben, doch zugleich dem wohlverstandenen Interesse der Verletzten entsprechend, die, wenn sie ihn befolgten, ihr eigenes Interesse sachgemäß wahrnahmen. Wird also auch die Behauptung der Klägerin unterstellt, die Beklagte habe in allen bezeichneten Fällen unterschiedslos in ihren Bescheiden an die Verletzten, die sich wegen Schadensersatzes an sie wendeten, ausgeführt, ihr gegenüber müsse ein Verschulden nachgewiesen werden, ehe sie verurteilt werden könne, was rechtlich nicht zutreffend war, so bleibt doch bestehen, daß der Rat selbst sachgemäß und berechtigt war und nur seine Begründung einer Einschränkung bedurft hätte. Wäre der Rat aber in dieser Weise erteilt worden, so würden die Verletzten — vorausgesetzt, daß sie wirklich auf Grund des Bescheides der Beklagten und nicht auf Grund eigener Überlegung oder des Rates eines Rechtsverständigen ihre Entscheidung trafen, — ebenso gehandelt haben und haben handeln müssen, wie sie gehandelt haben. Deshalb fehlt es für eine Anwendung des § 826 BGB. sowohl an dem Tatbestandsmerkmale der Sittenwidrigkeit wie an demjenigen der Schadenszufügung. Ohne Rechtsirrtnm weist das Berufungsgericht für die persönliche Seite der Handlungsweise der Beklagten auch darauf hin, daß die Beklagte von vornherein selbst nicht wissen konnte, wem die Schadensersatzpflicht letzten Endes auferlegt werden würde, und daß sie an eine gänzliche oder teilweise Entlastung für sich sehr wohl denken durfte. Daß die Beklagte aber, wenn sie das Ergebnis der von den Verletzten gegen die Klägerin geführten Prozesse als Grundlage der Ausgleichung anerkennen sollte, die Durchführung der Prozesse abwartete und Vergleiche für sich anzuerkennen sich weigerte, an denen sie nicht selbst beteiligt war, kann ihr überhaupt nicht zum Vorwurfe gereichen.

In letzter Linie sucht die Klägerin in der Revisionsinstanz ihren Anspruch auf Erstattung der ihr aus den Prozessen der Frau K. gegen sie erwachsenen Kosten mit dem Hinweis auf die Gemeinschaftspflichten der Gesamtschuldner gegeneinander zu begründen. Diesen Pflichten habe die Beklagte durch das nach der Behauptung der Klägerin von ihr eingeschlagene Verfahren zuwidergehandelt. Aber auch dieser Versuch konnte keinen Erfolg haben.

Die Bestimmungen des § 426 BGB. beruhen auf dem Gedanken, daß die gesamtschuldnerische Verpflichtung ein Gemeinschaftsverhältnis zwischen den Gesamtschuldnern schafft, das Rechte und Pflichten erzeugt. Diese Rechtsgemeinschaft besteht, wie das Reichsgericht in den Entscheidungen RGZ. Bd. 61 S. 56 (60), Bd. 79 S. 288 (290) und Bd. 81 S. 414 (418) ausgesprochen hat, von vornherein und beschränkt sich nicht auf die spätere Ausgleichung; vielmehr ist jeder der Gesamtschuldner dem anderen gegenüber verpflichtet, zu seinem Teile zur Befriedigung des Gläubigers mitzuwirken und so zu handeln, daß es überhaupt nicht zu einem Rückgriffe zu kommen braucht. Allein die angeführten Entscheidungen behandeln durchweg Fälle, in denen das Gesamtschuldnerverhältnis nach außen und innen von vornherein feststeht, wie bei gesamtschuldnerischen Vertragsverpflichtungen. Von einer Gemeinschaftsverpflichtung und deren schuldhafter Verletzung kann aber da noch nicht gesprochen werden, wo der Tatbestand der gesamtschuldnerischen Verpflichtung nach außen und der Gemeinschaftsverpflichtung und der Beteiligung der Gesamtschuldner an dieser im inneren Verhältnis erst der Feststellung bedarf. In Fällen der gesamtschuldnerischen Verpflichtung aus dem Gesetz und aus unerlaubter Handlung, wie der vorliegende ist, in denen die Haftung der Gesamtschuldner aus verschiedenen zur Anwendung zu bringenden Gesetzen (§ 1 RHPflG. gegenüber der Klägerin, § 7 KFG. gegenüber der Beklagten, §§ 823, 831 BGB. gegenüber beiden), daneben auch aus Vertragsverhältnissen (Beförderungsvertrag) abzuleiten ist und sich für die einzelnen Gesamtschuldner danach im Umfange verschieden gestalten kann, in denen ferner das Verhältnis der Beteiligung nach innen erst durch Abwägung der Mitverursachung und Mitschuld der einzelnen Gesamtschuldner gegeneinander nach Maßgabe der gesetzlichen Bestimmungen (§§ 426, 254 BGB., § 17, 18 KFG.) gefunden werden muß, — in solchen Fällen kann vor diesen Feststellungen, da die gemeinschaftliche Schuld und das Beteiligungsverhältnis noch ganz im ungewissen steht, von einer Gemeinschaftsverpflichtung und deren Verletzung nicht wohl gesprochen werden. Je nachdem eine in dem Zustande der beiderseitigen Betriebsmittel begründete besondere Betriebsgefahr und ein Verschulden des Betriebspersonals an der Herbeiführung des Unfalls in dem Vorprozesse zur Feststellung kam, konnte sich das Beteiligungsverhältnis der gegenwärtigen Prozeßparteien gegeneinander sehr verschieden gestalten und hätte bei anderer Sachlage der Vorprozeß auch damit enden können, daß die Beklagte aus der Schuld ausschied und die Klägerin im Innenverhältnis ihr gegenüber als die allein Verpflichtete erklärt wurde. Weder die Klägerin noch die Beklagte konnte von vornherein übersehen, zu welchem Ergebnis die naturgemäß auf dem Wege des gerichtlichen Prozesses zu erwirkende Untersuchung dieser Fragen führen werde.

Es kann deshalb nicht die Rede davon sein, daß in jenem ersten Abschnitte der Feststellungen, in dem es sich erst um die Durchführung der Ansprüche der Verletzten gegen die Schadensersatzpflichtigen, aber überhaupt noch nicht um eine gesamtschuldnerische Beteiligung der letzteren anders als um ein mögliches Ergebnis der Prozesse handelte schon Gemeinschaftsverpflichtungen der Ersatzpflichtigen im Innenverhältnis hätten anerkannt werden müssen. Ihre Grundlage war in dem gegenständlichen Sachverhalt gegeben, sie selbst waren noch verborgen und nicht erkennbar. Und die Prozesse der Ersatzberechtigten gegen die Urheber des Unfalls waren völlig selbständig und hatten keine Rechtskraftwirkung für oder gegen den Ausgleichungsanspruch (RGZ. Bd. 69 S. 422; Jur. Wochenschr. 1909 S. 18 Nr. 12); für diese ersten Prozesse zwischen den Verletzten und den Ersatzpflichtigen bestand kein Gemeinschaftsinteresse und keine Gemeinschaftsverpflichtung unter den Parteien. Die Gemeinschaft legt den Gesamtschuldnern die Verpflichtung auf, dafür zu sorgen, daß der Mitschuldner nicht mehr als seinen Anteil an den Gläubiger zu leisten hat. Aber dafür, daß der andere nicht vom Gläubiger allein in Anspruch genommen werde, hat er nicht zu sorgen und kann er nicht sorgen. Die Entschließung, wie der Gläubiger, der bei einem Unfalle Verletzte, sich zu seinem Rechte verhelfen will, ist des Gläubigers Sache und untersteht nicht der Willensfreiheit des Mitschuldners. Auch eine Einwirkung auf die Willensentschließung des Gläubigers nach dieser Richtung verletzt deshalb keine zwischen den Gesamtschuldnern bestehende Gemeinschaftsverpflichtung, wenn sie dem erlaubten Sonderinteresse des sie betätigenden Gesamtschuldners entspricht, was hier, wie bereits ausgeführt, der Fall ist." ...

---

34. Hat die Zustimmung der Frau zur Prozeßführung des Mannes über ihr eingebrachtes Gut die Folge, daß das in dem Prozesse des Mannes ergehende Urteil auch für und gegen die Frau wirkt?

BGB. § 1380.

VI. Zivilsenat. Urt. v. 4. Februar 1918 i. S. preuß. Eisenbahnfiskus (Bekl.) w. Witwe W. (Kl.). Rep. VI. 330/17.

I. Landgericht Bromberg.
II. Oberlandesgericht Posen.

Am 5. Oktober 1910 erlitt die Klägerin auf einer Eisenbahnfahrt einen Unfall, bei dem sie beide Beine verlor.

In einem Vorprozesse forderte ihr Ehemann, der mit ihr in dem gesetzlichen Güterstande des Bürgerlichen Gesetzbuchs lebte, aus eigenem Rechte die Zahlung einer Summe von 650 *M* und die Feststellung, daß der Beklagte verpflichtet sei, der Klägerin allen weiteren aus dem Unfall entstandenen Schaden zu ersetzen. Durch das rechtskräftige Urteil des Oberlandesgerichts in Posen vom 14. Januar 1913 ist der Beklogte zur Zahlung von 650 *M* an den damaligen Kläger verurteilt worden; zugleich ist festgestellt worden, daß der Beklagte verpflichtet ist, den Schaden der Ehefrau des Klägers aus dem Unfalle zu ersetzen, soweit er sich bezieht: a) auf Kur- und Verpflegungskosten, b) auf Vermehrung der Bedürfnisse und c) auf Badereisen, Reparaturen und Ersetzung der künstlichen Gliedmaßen. „Mit dem Anspruch auf Feststellung der Verpflichtung des Beklagten zum Ersatze desjenigen Schadens, der aus der Verminderung der Erwerbsfähigkeit der klägerischen Ehefrau abgeleitet wird", ist der Kläger abgewiesen worden. Der Beklagte zahlte der Klägerin — zu Händen ihres Ehemanns bei dessen Lebzeiten — auf Grund des in dem Vorprozeß ergangenen rechtskräftigen Urteils alljährlich etwa 2000 *M*; die letzte Zahlung hat er im Januar 1916 geleistet.

Nach dem Tode des Ehemanns der Klägerin verlangt diese nunmehr im gegenwärtigen Prozesse die Zahlung einer Jahresrente von 6400 *M* seit dem 1. Januar 1916. Der Beklagte, der den Einwand der Verjährung erhebt und jegliche Verpflichtung zur Zahlung der Klägerin gegenüber bestreitet, hat die Abweisung der Klage beantragt. Das Landgericht erklärte den Klaganspruch dem Grunde nach für gerechtfertigt. Die Berufung des Beklagten blieb ohne Erfolg. Auf die Revision des Beklagten wurde das Berufungsurteil teilweise aufgehoben.

Aus den Gründen:

... „Die Revision macht geltend, das Berufungsgericht habe den § 1380 BGB. dadurch verletzt, daß es angenommen habe, die Rechtskraft des Urteils des Vorprozesses wirke auch zugunsten der Klägerin.

Richtig ist, daß der Ehemann der Klägerin, die mit ihm im gesetzlichen Güterstande des Bürgerlichen Gesetzbuchs gelebt hat, wie in den Gründen des oberlandesgerichtlichen Urteils des Vorprozesses ausdrücklich festgestellt ist, lediglich „aus eigenem Rechte" geklagt hat, indem er die der jetzigen Klägerin auf Grund des Unfalls zustehenden, zu ihrem eingebrachten Vermögen gehörenden Rechte gemäß § 1380 BGB. geltend machte. Im Satze 2 des § 1380 BGB. ist nun bestimmt, daß das in einem solchen Prozesse ergehende Urteil dann für und gegen die Frau wirkt, wenn der Mann befugt ist, über das Recht ohne Zustimmung der Frau zu verfügen. In der Rechtslehre herrscht aber lebhafter Streit darüber, ob diese Rechtskraftwirkung nur dann eintritt, wenn der Mann kraft Gesetzes befugt ist, ohne Zustimmung der Frau über das Recht zu verfügen, also nur dann, wenn einer der Fälle des § 1376 BGB. vorliegt, oder ob das Urteil auch dann für und gegen die Frau Wirksamkeit hat, wenn der Mann mit Zustimmung der Frau ein zu ihrem eingebrachten Gute gehöriges Recht gerichtlich geltend gemacht hat.

Der Senat pflichtet der letzteren Auffassung jedenfalls in einem Falle wie dem vorliegenden bei, in dem ausdrücklich im Prozesse selbst zwischen den Parteien darüber verhandelt und festgestellt worden ist, daß der Ehemann die von ihm im eigenen Namen eingeklagten Ansprüche seiner Frau mit deren Zustimmung geltend macht. Hierfür waren folgende Erwägungen maßgebend.

Zunächst steht der Wortlaut des § 1380 BGB. dieser Ansicht nicht entgegen. Das Gesetz erwähnt hier freilich nur den Fall, in dem der Mann befugt ist, ohne Zustimmung der Frau über das klagend geltend gemachte Recht verfügen zu können, in dem ihm also „kraft Gesetzes" eine derartige Verfügungsbefugnis beigelegt ist. Für die Erstreckung der Rechtskraftwirkung des Urteils gegenüber der Frau ist also offensichtlich nur die Verfügungsmacht des Mannes über das klagend geltend gemachte Recht wesentlich. Danach kann es keinen sachlichen Unterschied begründen, ob diese Verfügungsmacht auf dem Gesetz oder auf einer Willenserklärung der Frau beruht, deren Recht allein in Frage steht. Gewährt die Frau ihrem Manne die Befugnis, über ihr eingebrachtes Gut zu verfügen, so ist der Mann insoweit genau so gestellt, als ob ihm diese Befugnis unmittelbar kraft Gesetzes verliehen wäre. Schon danach muß es als dem Sinne des § 1380 Satz 2 BGB. entsprechend angesehen werden, daß dieser sich nicht bloß auf solche Fälle bezieht, in denen der Mann kraft Gesetzes die Verfügungsbefugnis über das Recht der

Frau hat, sondern auch auf diejenigen Fälle, in denen ihm diese Verfügungsmacht durch eine Erklärung der Frau beigelegt worden ist (vgl. auch die §§ 182 flg. BGB.).

Eine solche Verfügungsmacht im Bereiche der Prozeßführung erlangt der Mann aber auch dann, wenn er im eigenen Namen die Rechte der Frau an dem eingebrachten Gute mit deren Zustimmung im Prozeßwege geltend macht, da er durch eine solche Zustimmung auch das Recht erlangt, über das eingebrachte Gut selbst zu verfügen. Denn hat die Frau der Prozeßführung zugestimmt, so muß sie z. B. auch etwaige Verzichterklärungen des Mannes auf den eingeklagten Anspruch gegen sich gelten lassen, wie denn überhaupt nicht einzusehen ist, warum die Frau nicht genau so gut durch „ihre Zustimmung" zur Prozeßführung die Wirksamkeit des Urteils zu ihren Gunsten und ihren Ungunsten herbeiführen könnte, wie dadurch, daß sie ihrem Manne „Vollmacht" zur Prozeßführung erteilt.

Daß diese Folgerung der Art, wie die Rechte der Frau und des Mannes an dem eingebrachten Gute der Frau in den §§ 1373 flg. BGB. geregelt sind, durchaus entspricht, ist auch aus der Vorschrift des § 1400 BGB. zu schließen. Denn danach kann die Frau ohne Zustimmung ihres Mannes ein zum eingebrachten Gute gehöriges Recht im Wege der Klage überhaupt nicht geltend machen, trotzdem es sich hierbei um ein ihr und nicht ihrem Manne zustehendes Recht handelt und obwohl sie an sich gemäß § 52 ZPO. in vollem Umfange prozeßfähig ist. Hat sie aber mit Zustimmung des Mannes ein zum eingebrachten Gute gehöriges Recht eingeklagt, so wirkt ein solches Urteil, wie aus § 1400 Abs 1 BGB. allgemein und mit Recht gefolgert wird, auch für und gegen den Mann (vgl. RGZ. Bd. 56 S. 73, insbes. 76). Auch diese Regelung läßt die Schlußfolgerung begründet erscheinen, daß dann, wenn der Mann ein zum eingebrachten Gute gehöriges Recht der Frau im Klagewege geltend macht, das in diesem Prozeß ergehende Urteil auch für und gegen die Frau Rechtskraft erlangt, wenn diese der Prozeßführung durch den Mann zugestimmt hat.

Dieser Satz ist zwar, soweit es sich um die Frage der Rechtskraftwirkung handelt, noch nicht direkt vom Reichsgericht ausgesprochen, steht aber mit dessen in einer ähnlichen Frage ergangenen Rechtsprechung durchaus im Einklange. In dem in der Entscheidung

RGZ. Bd. 77 S. 34 vom IV. Senat entschiedenen Falle handelt es sich um die Frage, ob der Mann aktiv legitimiert sei, im eigenen Namen und ohne Zuziehung der Frau wegen einer ihr angefallenen Erbschaft Klage auf Feststellung des Nachlaßbestandes, auf Auskunfterteilung, Leistung des Offenbarungseides und Herauszahlung derjenigen Beträge zu erheben, welche sich als Erbteil der Frau ergeben würden. Das Reichsgericht hat für eine solche Klage die Aktivlegitimation des Mannes bejaht, falls die Frau „zu den im Verlaufe des Rechtsstreits und der Zwangsvollstreckung vom Manne vorzunehmenden Verfügungen ihre Zustimmung erteilt hat. Ist dies geschehen", heißt es weiter (a. a. O. S. 35), „so muß sie nicht bloß das Urteil, sondern auch die Verfügung des Mannes gegen sich gelten lassen. Sowohl die Frau wie auch der Mann und sein Prozeßgegner befinden sich dann in der gleichen Lage, wie wenn der Mann nach § 1376 von vornherein der Zustimmung der Frau nicht bedurft hätte. § 1380 Satz 2 trifft deshalb auch auf diesen Fall zu." (Vgl. auch Urteil des erkennenden Senats vom 16. Juni 1910, VI. 361/09, Jur. Wochenschr. 1910 S. 811 Nr. 28.)

Diesen Erwägungen gegenüber kommen die aus der Entstehungsgeschichte des Gesetzes (Prot. Bd. 4 S. 133, 172, 173) hergeleiteten Gründe für die gegenteilige Ansicht, die eine Rechtskraftwirkung des von dem Ehemann über das eingebrachte Gut seiner Frau geführten Prozesses für und gegen die Frau nur in dem im § 1380 Satz 2 BGB. ausdrücklich geregelten Falle zulassen will, nicht entscheidend in Betracht, zumal die darin enthaltenen rechtspolitischen Erwägungen nicht überzeugend sind. Man hat nämlich geltend gemacht, daß auf diese Weise dem Beklagten die Möglichkeit entzogen werde, eine Widerklage gegen die Frau zu erheben, und daß er unter Umständen in seiner Beweisführung, z. B. mittels Eideszuschiebung an die Ehefrau, beschränkt werde. Der erstere Umstand ist aber von gänzlich untergeordneter Bedeutung, da es für den Beklagten keinen erheblichen Unterschied bedeuten kann, ob er im Wege einer selbständigen Klage oder mittels Widerklage seine Ansprüche gegen die Frau geltend zu machen hat; und wenn er nicht in der Lage ist, der Frau in dem vom Manne geführten Prozeß einen Eid zuzuschieben, so steht doch nichts im Wege, die Frau als Zeugin zu benennen, womit der Beklagte unter Umständen dasselbe oder noch mehr erreicht wie durch eine Eideszuschiebung. Umgekehrt würde dagegen die der hier vertretenen entgegengesetzte Auffassung zu dem vom legislativ-politischen Standpunkt aus weit bedenklicheren Ergebnis führen, daß dadurch die Frau gezwungen würde, auch dann, wenn der Mann ein ihr günstiges Urteil erstritten hat, nochmals denselben Prozeß im eigenen Namen anzustrengen, wodurch nicht bloß eine ganz unnütze Häufung von Prozessen, sondern auch die Gefahr des Erlasses einander widerstreitender Entscheidungen entstehen würde. Wenn weiterhin geltend gemacht worden ist, die Frage, ob die Frau ihrem Manne die Zustimmung zur Prozeßführung erteilt habe, komme im Prozesse selbst gar nicht zur Erörterung und könne deshalb nachträglich zu Weiterungen und Schwierigkeiten führen, so scheidet dieser Beweisgrund für den vorliegenden Fall aus, da im Vorprozeß ausdrücklich erörtert und festgestellt worden ist, daß die Frau der Prozeßführung durch ihren Mann zugestimmt hat." ...

---

35. Steht bei einem Dienstvertrag im Falle des Verzugs des einen Teiles dem anderen ein Rücktrittsrecht nach Maßgabe des § 326 BGB. zu?

III. Zivilsenat. Urt. v. 5. Februar 1918 i. S. H. (Bekl.) w. H (Kl.). Rep. III. 311/17.

I. Landgericht Hamburg.
II. Oberlandesgericht daselbst.

Durch Vertrag vom 21. Mai 1912 übertrug der Kläger dem H. und dem K. den Alleinverkauf seiner sämtlichen Werkstatterzeugnisse für B. und gewährte ihnen zugleich ein Kommissionslager bis zur Höhe von 30000 ℳ. Bis zum 15. eines jeden Monats sollte das, was in dem vorhergegangenen Monate verkauft war, abgerechnet und bar bezahlt werden. Für alle aus dem genannten Bezirk eingehenden und von Hamburg aus unmittelbar erledigten Aufträge war H. und K. eine Provision zugesagt worden. Da H. und K. mit der Erfüllung ihrer Abrechnungs- und Zahlungsverpflichtung in Rückstand gerieten, stellte der Kläger ihnen am 7. Dezember 1914 eine Frist zur Nachholung des Versäumten bis zum 12. des genannten Monats mit der Androhung, daß er nach deren fruchtlosem Ablauf unter Ablehnung weiterer Leistungen vom Vertrage zurücktreten werde. Nachdem alsdann am 19. Dezember die Rücktrittserklärung erfolgt war, verlangte der Kläger im vorliegenden Rechtsstreite die Feststellung, daß er hinsichtlich der von B. aus eingehenden Aufträge den Beklagten H. und K. nicht mehr provisionspflichtig sei.

Das Landgericht gab der Klage statt, und das Oberlandesgericht wies die Berufung des H. zurück. Seine Revision hatte Erfolg.

Aus den Gründen:

... „Der Revisionsangriff, mit welchem die Anwendung des § 326 BGB. auf den vorliegenden Fall gerügt wird, ist begründet. H. und K., welchen die ausschließliche Befugnis übertragen war, die Werkstatterzeugnisse des Klägers innerhalb eines bestimmten örtlich begrenzten Bezirkes zu vertreiben, hatten das ihnen zu diesem Zwecke anvertraute Kommissionslager im Interesse des Lieferanten zu verwerten. Es kann dahingestellt bleiben, ob sie bei dem Verkaufe der einzelnen Waren die ihnen von dem Erzeuger berechneten Preise beliebig überschreiten und den Mehrerlös für sich behalten durften, denn die Wahrnehmung der eigenen wirtschaftlichen Interessen nach dieser Richtung hinderte nicht, daß sie bei der Veräußerung des Kommissionsgutes zugleich für die des Klägers tätig zu sein hatten und ihrer Vertragspflicht entsprechend tätig waren. Der streitige Vertrag stellt sich daher als ein Dienstvertrag dar, der eine Geschäftsbesorgung zum Gegenstande hat (§ 675 BGB.). Die Art der Vergütungsbemessung hat auf seine rechtliche Natur keinen Einfluß. Bei Dienstverträgen gibt aber § 626 BGB. jedem Teile das Recht, das Dienstverhältnis einseitig und vor Eintritt des vertragsmäßigen Endtermins zu lösen, wenn ein wichtiger Grund dazu vorliegt. Daneben ist für die Ausübung eines Rücktrittsrechts nach Maßgabe des § 326 BGB. kein Raum.

Nach dem Wortlaute dieser Vorschrift scheint sie zwar bei allen gegenseitigen Verträgen Platz greifen zu sollen, nach allgemeinen Rechtsgrundsätzen muß sie aber überall da zurücktreten und kann überall da nicht geltend gemacht werden, wo besondere Vorschriften die Möglichkeit der vorzeitigen Aufhebung eines bestimmten Vertragsverhältnisses in anderer Weise endgültig und erschöpfend regeln. Das ist für Dienstverträge in den §§ 626 bis 628 BGB. und für ihre Unterart, die Agenturverträge im § 92 Abs. 2 HGB. geschehen, wie der erkennende Senat bereits in dem Urteile vom 10. November 1911 (Jur. Wochenschr. 1912 S. 73 Nr. 12) ausgesprochen hat. Auch ein Bedürfnis des Verkehrs, neben der Befugnis zur fristlosen Kündigung das in Ansehung seiner Voraussetzungen und Folgen ganz anders geartete allgemeine Rücktrittsrecht aus § 326 BGB. zuzulassen, ist nicht anzuerkennen. Ob der Vertrag der Parteien unter den Begriff des Kommissionsagenturvertrags fällt, und ob auf einen solchen, wie der I. Zivilsenat im Urteile vom 24. Oktober 1908 (RGZ. Bd. 69 S. 363 flg.) ausgesprochen hat, § 92 Abs. 2 HGB. in entsprechender Weise anzuwenden ist, bedarf hier keiner Entscheidung, denn § 92 Abs. 2 a. a. O. stimmt mit dem sonst allein in Betracht kommenden § 626 BGB. dem Wortlaut und der rechtlichen Bedeutung nach völlig überein.

Durch die Rücktrittserklärung vom 19. Dezember 1914 hat der Kläger seinen Willen, den Vertrag nicht weiter fortzusetzen, unzweideutig zum Ausdrucke gebracht. Die Veranlassung dazu, der angebliche Verzug der Vertragsgegner und seine Rechtsfolgen, waren daher nicht von den Gesichtspunkten des § 326 BGB. aus zu beurteilen, es war vielmehr zu prüfen, ob das Verhalten des H. im gegebenen Falle unter Berücksichtigung seiner Gesamtumstände für den Kläger einen wichtigen Grund zur sofortigen einseitigen Aufhebung des Dienstverhältnisses abgab. Diese Prüfung liegt auf tatsächlichem Gebiet und muß vom Berufungsgerichte nachgeholt werden." ...

---

36. Übernimmt die Stadtgemeinde durch Gewährung eines Pachtzinsnachlasses eine Verpflichtung?

Preuß. Städte-Ordnung vom 30. Mai 1853 § 56 Nr. 8.

III. Zivilsenat. Urt. v. 5. Februar 1918 i. S. W. (Kl.) w. Stadtgemeinde W. (Bekl.). Rep. III. 375/17.

I. Landgericht Naumburg.
II. Oberlandesgericht daselbst.

Der Kläger hat durch Vertrag vom 1./19. März 1914 von der Beklagten deren Schützenhauswirtschaft auf die Zeit vom 1. Juni 1917 bis 30. September 1920 um den Jahrespachtzins von 2570 *M* gepachtet. Auf seine nach Kriegsbeginn wiederholt gestellten Bitten um entsprechenden Pachtzinsnachlaß erhielt er das nur vom Bürgermeister der Beklagten unterzeichnete Schreiben vom 1. Februar 1915, lautend:

„Auf Ihren Antrag vom 7. Januar d. J. teilen wir Ihnen ergebenst mit, daß wir Ihren weitergehenden Forderungen nicht entsprechen können. Wir haben indes beschlossen, vom 1. Oktober 1914 ab den Pachtpreis bis auf weiteres für den Monat auf 100 *M* festzusetzen. Der Beschluß soll aufgehoben werden, sobald Ihre Verhältnisse eine Besserung erfahren. Für den Monat Juni verbleibt es bei dem Beschluß eines Pachtnachlasses von 100 *M*.

Wir ersuchen nunmehr, die rückständigen und fälligen Pachtbeträge umgehend entrichten zu wollen. Daß der geschlossene Pachtvertrag in seinen sonstigen Bestimmungen in Kraft bleibt, ist selbstverständlich."

Die Klage fordert die Feststellung, daß der Kläger nicht verpflichtet ist, vom 1. Oktober 1915 ab den Jahrespachtzins von 2570 *M* zu zahlen, sondern lediglich einen monatlichen Pachtzins von 100 *M*, bis eine Besserung seiner Verhältnisse eintritt. Der Berufungsrichter wies unter Abänderung des zusprechenden landgerichtlichen Urteils die Klage ab, und zwar schon und allein aus dem Grunde, weil die Urkunde vom 1. Februar 1915 mangels der in § 56 Nr. 8 der Städte-Ordnung vom 30. Mai 1853 vorgeschriebenen Form unwirksam sei.

Die Revision des Klägers hatte Erfolg.

Gründe:

„Der Berufungsrichter hält dafür, daß in der strittigen Urkunde vom 1. Februar 1915 Verpflichtungen der Beklagten übernommen werden. Eine bloße Aufgabe bereits erworbener Rechte habe nur für die Vergangenheit, also für die Zeit vom 1. Oktober 1914 bis 1. Februar 1915, für welche die Beklagte ihre Verpflichtung zur pachtweisen Überlassung des Schützenhauses bereits erfüllt hatte, für welche ihr also an sich der volle ursprünglich verabredete Pachtzins zustand, in Frage kommen können; insoweit liege wirklich nur ein teilweiser Erlaß einer bestehenden Forderung vor. Für die Zukunft aber, vom 1. Februar 1915 ab, bedeute das Schreiben den Abschluß eines neuen Vertrags mit der neuen, in dem ursprünglichen Pachtvertrage nicht begründeten Verpflichtung der Beklagten, dem Kläger die Wirtschaft für monatlich 100 *M* zu überlassen.

Diese Darlegung muß für rechtsirrig erachtet werden

Die Frage, ob „Verpflichtungen der Stadtgemeinde übernommen werden", kann nur von der bereits bestehenden Rechtslage aus geprüft werden. Der Miet- und Pachtvertrag verpflichtet den Vermieter und Verpächter zur Gebrauchsgewährung oder zur Fruchtgenußgewährung, (BGB. § 535 Satz 1, § 581 Satz 1), während der Mieter und Pächter den Miet- oder Pachtzins zu entrichten hat (§§ 535, 581 je Satz 2). Die Beklagte war schon nach dem ursprünglichen Pachtvertrage verpflichtet, dem Kläger die Wirtschaft bis zum 30. September 1920 zu überlassen; dagegen hatte sie nach diesem Vertrage für diese Zeit den Anspruch auf den vollen Jahrespachtzins von 2570 *M*. Dieser Anspruch war ihr bereits für die ganze Zeit erwachsen und bei vertragsmäßiger dauernder Überlassung nur noch vom Ablaufe der Zeit abhängig; sie konnte über ihn als über einen rechtlich schon bestehenden wie vorausverfügen (§ 573), so auch durch Nachlaß, durch teilweisen Erlaß verfügen. Die Formel des Berufungsrichters, die Verpflichtung zur Überlassung für nur 100 *M* monatlich sei eine andere, ungünstigere als die ursprünglich übernommene, also eine neu übernommene, schiebt als schon beantwortet, und zwar als mit Bejahung des Vorliegens einer Verpflichtungs**übernahme** schon beantwortet, in die Fragestellung hinein, was gerade erst geprüft und beantwortet werden soll. Die Frage muß richtig so gestellt werden, ob die bereits vertragsmäßig zur Überlassung bis zum 30. September 1920 verpflichtete Beklagte durch den Zinsnachlaß eine Verpflichtung übernommen hat. Das ist zu verneinen. Die neue Rechtslage entstand lediglich dadurch, daß die Beklagte den ihr zustehenden Pachtzinsanspruch ermäßigte. Nur so kam es dazu, daß sie für ihre von Anfang an bestehende und unverändert fortdauernde Überlassungsverpflichtung bis zur Besserung der Verhältnisse des Klägers ein geringeres Entgelt, als ihr nach dem ursprünglichen Vertrage zukam, anzusprechen hatte.

Eben darum liegt auch ein neuer Vertragsschluß für die Zeit ab 1. Februar 1915 keineswegs vor. Würde der alltägliche Vorgang, daß bei zweiseitigen Verträgen der rechtlich schon begründete Anspruch auf die erst zukünftige Gegenleistung um beliebig große oder kleine Beträge erhöht oder ermäßigt wird, immer ohne weiteres als neuer Vertragsschluß angesehen, so würden sich Zweifel und Streitigkeiten ohne Ende ergeben; das wäre, wie die Motive zum BGB. Bd. 2 S. 78, 79 betonen, die Folge, auch wenn wirklich die Parteien unzweideutig damit einen Neuabschluß beabsichtigen und vollziehen, was ihnen in Gemäßheit der Prinzipien der Vertragsfreiheit und der Formfreiheit der Verträge allerdings offen gelassen ist. Hier kann von einem derartigen besonderen Willen der Parteien keine Rede sein. Die Urkunde vom 1. Februar 1915 selbst erklärt es für selbstverständlich, daß der ursprünglich geschlossene Pachtvertrag in seinen sonstigen Bestimmungen, also insbesondere in betreff der Überlassungsverpflichtung der Beklagten, in Kraft bleibt. Die Auffassung des Berufungsrichters, daß durch die Urkunde vom 1. Februar 1915 ein neuer Vertrag begründet werden sollte, zerreißt die einheitliche Rechtsbeziehung in mehrere und selbständige Abschnitte; die Wiedererhöhung des Pachtzinses auf die ursprünglichen 2570 ℳ infolge einer Besserung der Verhältnisse des Klägers wäre wiederum ein neuer Abschluß, so daß im ganzen drei selbständige Verträge vorlägen. Eine solche Auffassung müßte beim Vorliegen akzessorischer Rechte oder beim Vorliegen von Einreden gegen den einen oder den andern dieser drei angeblichen selbständigen Verträge zu einer gefährlichen, der Absicht der Parteien völlig fernliegenden Verwirrung und Rechtsunsicherheit führen.

Der Tatbestand der Formvorschrift des § 56 Nr. 8 der Städte-Ordnung liegt demnach nicht vor. Durch die streitige Urkunde sollte eine Verpflichtung der Beklagten nicht übernommen werden."

---

37. 1. Kann einem Teilhaber der offenen Handelsgesellschaft im Gesellschaftsvertrage das Recht eingeräumt werden, die Anteile der übrigen Gesellschafter zu erwerben?

2. In welcher Weise sind die übrigen Gesellschafter gegen eine rücksichtslose Ausübung dieses Rechtes geschützt?

3. Ist das Recht abtretbar? Kann es nur mit dem Anteil am Gesellschaftsvermögen zusammen oder auch selbständig abgetreten werden?

BGB. §§ 717, 719.
HGB. § 133.

II. Zivilsenat. Urt. v. 5. Februar 1918 i. S. M. (Kl.) w. Gebr. A. (Bekl.). Rep. II. 451/17.

I. Landgericht Dresden, Kammer für Handelssachen.
II. Oberlandesgericht daselbst.

In Dresden besteht seit 1904 eine offene Handelsgesellschaft unter der Firma Türk. Tabak- und Zigarettenfabrik „Xantos" M. & R. Ihre Rechtsverhältnisse waren durch die Verträge vom Jahre 1912 wie folgt geordnet: Offene Teilhaber waren R., W. und K., von denen der letzte von der Geschäftsführung ausgeschlossen war. Außerdem war die Beklagte mit einem offenen Kredit von 75000 ℳ beteiligt. Sie erhielt dafür keine Zinsen, sondern einen Anteil am Reingewinn, auch durfte sie den Kredit auf eine andere Person übertragen, damit diese als vierter Teilhaber in die Gesellschaft eintrete. Ferner war sie bis zum Ende 1917 berechtigt, die Anteile der übrigen drei Gesellschafter — und zwar alle oder auch einzelne — käuflich zum Buchwerte zuzüglich bestimmter, mit der Zeit steigender Abfindungssummen zu erwerben. Diese Optionsrechte waren in der Weise auszuüben, daß sie entweder eine von ihr zu bezeichnende Person als Teilhaber eintreten ließ, oder sie als Kommanditistin einschob, oder selbst Kommanditistin wurde.

Kurz vor dem 17. Juli 1913 trat die Beklagte dem Kläger die eigene Beteiligung zum Buchwerte von 75000 ℳ ab. Am 17. Juli übertrug sie ihm auch ihre weiteren vertraglichen Rechte, nämlich die sogenannten Optionsrechte gegen ein Entgelt von 20000 ℳ. Beide Abmachungen wurden in der „Aktennotiz" des Syndikus der Beklagten vom 17. Juli 1913 einheitlich schriftlich festgestellt. Der Kläger hatte schon vorher, angeblich am 7. Juli, den Anteil des R. von diesem durch Vertrag erworben. W. war mit dem Abkommen der Parteien, soweit es ihn berührte, einverstanden. Dagegen bestritt K. die Abtretbarkeit der Optionsrechte und weigerte sich, sich auskaufen zu lassen. Er stimmte aber zu, daß der Kläger am 17. September an R.s Stelle als offener Teilhaber der Xantos-Gesellschaft in das Handelsregister eingetragen wurde.

Mit der Klage machte der Kläger geltend, daß die Einräumung der Optionsrechte an die Beklagte und jedenfalls deren Abtretung an ihn gesetzlich unzulässig seien, weil sie gegen ein unverzichtbares Recht der übrigen Teilhaber verstießen. Daher forderte er die geleistete Anzahlung zurück.

Während der erste Richter der Klage stattgab, erkannte das Oberlandesgericht auf Abweisung. Die Revision wurde zurückgewiesen aus folgenden

Gründen:

... „Besteht eine Gesellschaft aus zwei Teilhabern, so ist es unzweifelhaft und nie bestritten, daß ein Teilhaber sich wirksam verpflichten kann, sich von dem anderen auf dessen Verlangen auskaufen zu lassen, also diesem oder einem von ihm zu bezeichnenden Dritten seinen Anteil gegen eine vereinbarte Gegenleistung zu überlassen. Besteht eine Gesellschaft aus drei oder mehr Personen und wird unter zweien von ihnen ein Abkommen gleichen Inhalts getroffen, so wird dies, was das Verhältnis der beiden kontrahierenden Teile angeht, ebenso zu beurteilen sein. Es verstößt auch in solchen Fällen nicht gegen das Wesen der Gesellschaft als eines auf gegenseitigem Vertrauen beruhenden, dauernden Vertragsverhältnisses, daß ein Teilhaber sich verpflichtet, auszutreten und einen anderen für sich eintreten zu lassen. Denn da der auszukaufende Teilhaber ausscheidet, kommt er nicht in die Zwangslage, eine Person, zu der er kein Vertrauen hat, als Gesellschafter anzunehmen.

Das Bedenken, das der Kläger geltend macht, kann sich nur dagegen richten, daß die verbleibenden Teilhaber genötigt werden sollen, sich statt des auszukaufenden einen beliebigen anderen Teilhaber aufdrängen zu lassen. Sie sind zweifellos dazu nicht verpflichtet, wenn es nicht vereinbart ist; fraglich ist nur, ob sie eine Verpflichtung dieses Inhalts rechtswirksam im voraus eingehen können. Für mancherlei Gesellschaften bürgerlichen Rechtes ist dies schon in der Rechtsprechung bejaht worden; so besonders für die nicht rechtsfähigen Vereine. Aber auch für Gesellschaften anderer Art wurde ebenso erkannt. So hat z. B. der erkennende Senat in dem Urteile vom 8. Januar 1918 Rep. II. 439/1917 die in einem Gründerkonsortium angeblich getroffene Abrede, daß die Gesellschaftsanteile verkäuflich sein sollten, als rechtswirksam erachtet.

Aus dem Wesen der offenen Handelsgesellschaft können allerdings besonders starke Gegengründe entnommen werden. Sie bestehen in der nach außen hin nicht beschränkbaren Vertretungsmacht der geschäftsführenden Teilhaber, verbunden mit der unbeschränkten Haftung aller Teilhaber, ferner in der Wichtigkeit, die sowohl der persönlichen Tüchtigkeit jedes tätigen Teilhabers für das Gedeihen, wie auch der Größe des Vermögens jedes offenen Teilhabers für den Kredit der Gesellschaft zukommt. Indessen führen diese Bedenken nicht dahin, die Vertragsabrede, die einem Teilhaber oder seinem Rechtsnachfolger die Einschiebung neuer Teilhaber überläßt, die Rechtswirksamkeit zu versagen, was dann weiter zur Folge hätte, daß im Zweifel der ganze eine solche Bestimmung enthaltende Gesellschaftsvertrag nichtig wäre. Das Gegenteil hat das Reichsgericht schon in dem Urteile Warneyer 1914 Nr. 179 erkannt. Auch in dem Urteile II. 665/13 vom 31. März 1914 wurde in einem absonderlich gearteten Falle, in dem eine offene Handelsgesellschaft aus achtundvierzig Teilhabern bestand, die Aufnahme neuer Teilhaber durch Mehrheitsbeschluß, also gegen den Widerspruch einiger, für zulässig erklärt. Ferner läßt das Gesetz die Abrede, daß die offene Handelsgesellschaft nach dem Tode eines Teilhabers mit seinen Erben fortzusetzen ist, ausdrücklich zu (§ 139 HGB.) Es ist endlich auch allgemein anerkannt, daß die einem Gesellschafter eingeräumte Befugnis, durch seine alleinige Erklärung, einen Sohn oder Schwiegersohn in die Gesellschaft aufzunehmen, zu Recht besteht.

Es ist demnach unzweifelhaft, daß die Gesellschafter der offenen Handelsgesellschaft sich rechtswirksam im voraus verpflichten können, weitere von einem Teilhaber zu bestimmende Personen in die Gesellschaft aufzunehmen, falls der Kreis, aus dem die neuen Teilhaber zu wählen sind, begrenzt ist. Die Grenze der Freiheit, die dem bevorrechtigten Teilhaber hierbei gelassen werden darf, würde sich schwerlich in zweckmäßiger Weise ziehen lassen. Vor allem aber — und dies ist entscheidend — widerspricht es keineswegs dem Wesen der Gesellschaft, daß die Teilhaber einem unter ihnen einen besonderen Einfluß einräumen und ein besonders hohes Vertrauen dadurch schenken, daß sie die Einführung neuer Teilhaber seinem alleinigen

Entschluß überlassen. Dem Wesen der Gesellschaft zuwider wäre nur die rücksichtslose oder gar mißbräuchliche Ausnutzung eines solchen Vorrechts. Deswegen ist eine Abrede, wie die hier getroffene, nicht rechtlich unwirksam, sondern es ist nur ihre gesellschaftswidrige Ausnutzung unzulässig. Dem Gesellschafter, dem ein so wichtiges und seltenes Vorrecht eingeräumt ist, erwächst daraus die Pflicht, es mit ganz besonderer Rücksicht auf die Interessen der Gesellschaft auszuüben. Läßt er es hieran in der Weise fehlen, daß ihm ein Verstoß gegen § 242 BGB. zur Last fällt, so sind die übrigen Teilhaber berechtigt, die Aufnahme des neu Vorgeschlagenen abzulehnen. Darüber hinaus kann auch der § 133 des HGB., der den Grundsatz des § 723 BGB. für die offene Handelsgesellschaft besonders ausgestaltet hat, Schutz gewähren.

Wendet man diese Grundsätze auf den Streitfall an, so ist zugunsten der Beklagten zu entscheiden.

Der Kläger hatte den Anteil R.s schon vor dem Abkommen vom 17. Juli erworben und die übrigen Teilhaber haben ihn an R.s Stelle in die Gesellschaft aufgenommen. R.s Anteil scheidet also aus. W. ist mit dem Abkommen vom 17. Juli einverstanden. Er ist sowohl bereit, sich vom Kläger auskaufen zu lassen, wie auch, wenn er bleibt, dem Übergange des Anteils K.s auf den Kläger zuzustimmen. Es bleibt also nur K. übrig. Dieser hatte aber nach dem zu Anfang Gesagten keinesfalls ein Recht, die Abtretung seines Anteils, wenn sie gefordert wurde, zu versagen. Er konnte nur möglicherweise, wenn er nicht ausgekauft wurde, es ablehnen, sich den Kläger als neuen Gesellschafter aufnötigen zu lassen. Er hat ihn aber tatsächlich nicht abgelehnt. Er hat ihn angenommen; denn der Kläger ist mit seiner Zustimmung als offener und geschäftsführender Teilhaber in die offene Handelsgesellschaft aufgenommen worden. Was für K. weiter in Frage kam, war nur noch, daß der Kläger auf Grund des Abkommens der Parteien vom 17. Juli die Anteile der Beklagten und möglicherweise W.s hinzu erwarb, ohne K. auszukaufen. Dadurch würde aber nicht bewirkt, daß dem K. ein neuer Teilhaber aufgenötigt würde, sondern nur, daß ein Teilhaber, den er schon angenommen hatte, seinen Anteil vergrößerte. Diese Änderung ist offenbar nicht von solcher Wichtigkeit, daß sie für K. ein Recht zum Widerspruch oder zur Auflösung der Gesellschaft begründen könnte.

Was die Übertragbarkeit der streitigen Optionsrechte betrifft, so wäre sie vielleicht auf Grund § 399 BGB. zu verneinen, wenn die Beklagte sie ohne ihre Beteiligung an die Gesellschaft abgetreten hätte, denn es ist für die übrigen Gesellschafter nicht das gleiche, wenn ein Gesellschafter und wenn ein Außenstehender diese Rechte ausübt. Tatsächlich hat aber die Beklagte durch das einheitliche Abkommen vom 17. Juli ihren Anteil an der Gesellschaft zusammen mit den Optionsrechten auf den Kläger übertragen. Die Übertragung des Gesellschaftsanteils war im Vertrage vorgesehen, ihre Rechtswirksamkeit ist auch nicht bestritten. Die Optionsrechte sind Anhängsel der gesellschaftlichen Beteiligung; es liegt kein Grund vor, weswegen sie nicht mit diesen übertragen werden konnten." ...

---

38. 1. Liegt ein einheitliches, nach dem Tarife steuerpflichtiges Rechtsgeschäft im Sinne des § 10 Abs. 3 des preußischen Stempelsteuergesetzes vom 30. Juni 1909 nur dann vor, wenn der im bürgerlichen Rechte mit einem besonderen Namen bezeichnete einheitliche Vertrag auch im Tarife mit seinem Namen aufgeführt ist?

2. Zum Begriffe des Werkvertrags.

Preuß. StempStG. § 10 Abs. 3 Tarifst. 71 Nr. 2, Tarifst. 75. BGB. §§ 631, 649.

VII. Zivilsenat. Urt. v. 5. Februar 1918 i. S. Bergwerks-Gesellschaft H. (Kl.) w. preuß. Staat (Bekl.). Rep. VII. 391/17.

I. Landgericht Münster.
II. Oberlandesgericht Hamm.

Die Klägerin hat mit dem preußischen Eisenbahnfiskus am 16./20. Dezember 1912, 17./19. Februar 1914 und 19./25. Januar 1916 drei Verträge geschlossen, nach denen der Fiskus auf Antrag und Kosten der Klägerin bei beabsichtigten eigenen Bauten durch Verstärken, Höherführen, Verankern usw. Vorkehrungen gegen Bergschäden treffen wird und die Klägerin sich verpflichtet, dafür bestimmte Summen an den Fiskus zu zahlen. Die Haupt- und Nebenausfertigungen dieser Verträge wurden zunächst nach Tarifst. 71 Nr. 2

und Tarifst. 16 StempStG. mit je 1,50 *M* verstempelt. Nachträglich sind auf Erfordern der Eisenbahnverwaltung noch weitere Stempel verwendet worden, und zwar zu den Hauptausfertigungen der Schuldverschreibungsstempel der Tarifst. 58 I mit 48,50 *M*, 8 *M* und 5,50 *M* und zu den Nebenausfertigungen weitere je 1,50 *M*. Die Klägerin verlangt klagend Rückzahlung dieser Stempel mit Ausnahme des Stempels für eine Nebenausfertigung.

Das Landgericht gab der Klage statt, das Oberlandesgericht wies auf die Berufung des Beklagten die Klage ab. Die Revision der Klägerin blieb ohne Erfolg.

Aus den Gründen:

„Zutreffend hält das Oberlandesgericht die Frage für entscheidend, ob das in jedem der drei Verträge enthaltene Versprechen der Klägerin, an den preußischen Eisenbahnfiskus eine bestimmte Summe zu zahlen, den Teil eines einheitlichen, seinem Inhalte nach vom bürgerlichen Rechte bestimmten, individuellen und mit einem besonderen Namen bezeichneten Rechtsgeschäfts bildet (vgl. RGZ. Bd. 58 S. 112, Bd. 69 S. 191, Bd. 80 S. 42; Gruchot Bd. 47 S. 1129 und die Urteile des Reichsgerichts vom 16. Dezember 1913 VII. 357/13 und vom 17. Februar 1914 VII. 504/13, teilweise abgedruckt bei Warneyer Bd. 8 Nr. 133 und Bd. 7 Nr. 266). Nur für den Fall der Bejahung dieser Frage bedarf es nach § 10 Abs. 3 StempStG. nicht der Verwendung des besonderen Schuldverschreibungsstempels (Tarifst. 58 I) zu den drei Zahlungsversprechen.

Der Revisionsbeklagte hat gemeint, den § 10 Abs. 3 StempStG. noch enger auslegen zu sollen. Er stellt die Forderung auf, daß der einheitliche Vertrag nicht nur im bürgerlichen Rechte mit einem besonderen Namen bezeichnet, sondern auch im Stempeltarife mit seinem Namen besonders aufgeführt sein muß. Von diesem Standpunkt aus will er nur prüfen, ob die drei in Rede stehenden Verträge sich als Werkverdingungsverträge im Sinne der Tarifst. 75 StempStG. darstellen, und mit der unzweifelhaften Verneinung dieser Frage will er den ganzen Rechtsstreit zu seinen Gunsten entschieden wissen, da eine andere Vertragsform offenbar nicht in Betracht komme. Dieser Auffassung kann nicht beigepflichtet werden. Die auf dem Gebiete des Vermögensrechts liegenden benannten Verträge des bürgerlichen Rechtes sind zu einem erheblichen Teile — vgl. die Aufzählung bei

Heinitz, Anm. 2 zu Tarifst. 71 StempStG. — im Stempeltarife nicht mit ihrem Namen bezeichnet. Gleichwohl sind sie aber „nach dem Tarife steuerpflichtig" im Sinne des § 10 Abs. 3 StempStG., da sie nach der feststehenden Rechtsprechung des Reichsgerichts unter die Tarifst. 71 Nr. 2 StempStG. fallen. Allgemein für die im Tarife nicht namentlich aufgeführten Verträge des bürgerlichen Rechtes ist das in der Entscheidung vom 17. Februar 1914 VII. 504/13 ausgesprochen, für den Verlagsvertrag RGZ. Bd. 49 S. 278, für den Kontokurrentvertrag in der Entscheidung vom 27. März 1903 VII. 491/02 und für den Werkvertrag des Bürgerlichen Gesetzbuchs, der nicht Werkverdingungsvertrag ist in RGZ. Bd. 68 S. 74. Gerade für einen solchen Werkvertrag ergibt sich dies auch unmittelbar aus den Bestimmungen des Stempeltarifs selbst. Nach Tarifst. 75 StempStG. sollen die Werkverdingungsverträge für die Versteuerung in einen die gelieferten Rohstoffe betreffenden Veräußerungsvertrag und einen Arbeitsvertrag zerlegt werden. Dieser Arbeitsvertrag, der sich mit dem Werkvertrage des Bürgerlichen Gesetzbuchs deckt, soll der Verstempelung nach Tarifst. 71 Nr. 2 StempStG. unterliegen. Also muß das auch von dem reinen Werkvertrage des Bürgerlichen Gesetzbuchs gelten.

Auf einer gegenteiligen Ansicht beruht auch nicht das Urteil des erkennenden Senats VII. 165/16 . . . (folgt Besprechung dieses Urteils).

Von seinem hiernach zu billigenden Rechtsstandpunkt aus hat das Oberlandesgericht die möglicherweise in Betracht kommenden Vertragsverhältnisse geprüft. Es hat aber weder einen Auftrag noch eine Gesellschaft noch endlich einen Werkvertrag für vorliegend erachtet. In der Verneinung auch der Frage nach dem Werkvertrag erblickt die Revision einen Rechtsirrtum, indessen zu Unrecht. Zuzugeben ist der Revision allerdings, daß die vom Oberlandesgericht angenommene Unanwendbarkeit des § 649 BGB. auf das Vertragsverhältnis zwischen der Klägerin und dem Eisenbahnfiskus keinen entscheidenden Grund gegen die Annahme eines Werkvertrags abzugeben vermag. Der § 649 BGB. ist, wie die Revision richtig hervorhebt, eine Vorschrift des nachgiebigen, nicht des zwingenden Rechtes, vgl. RGZ. Bd. 86 S. 107 (110), die Geltung dieser Bestimmung konnte also vertraglich ausgeschlossen werden, und dies war als stillschweigend erfolgt anzusehen, wenn sie mit dem übrigen Inhalte des Vertragsverhältnisses als eines Werkvertrags in unlösbarem Widerspruche stand.

Fehl geht dagegen der Versuch der Revision, den Satz des Berufungsurteils: „Der Vertrag, für sich ein Werk in bestimmter Art auszuführen, ist kein Werkvertrag", als unrichtig zu erweisen. Wie aus § 631 BGB. zu entnehmen, setzt der Werkvertrag zwei Personen voraus, einen Besteller, für den der Unternehmer tätig ist, und einen Unternehmer, der durch Arbeit oder Dienstleistung ein Werk für den Besteller herstellt oder einen anderen Erfolg für ihn herbeiführt. Den herbeizuführenden Erfolg erblickt die Revision im gegenwärtigen Falle zutreffend in der Schaffung der vereinbarten Vorkehrungen gegen künftige Bergschäden. Der Revision ist weiter zuzugeben, daß die Klägerin die Ausführung der Arbeiten durch Werkvertrag einem Dritten hätte übertragen und daß dieser Dritte auch der Eisenbahnfiskus selbst hätte sein können. Diese an sich gegebene Möglichkeit beweist aber noch nichts für die tatsächliche Gestaltung des vorliegenden Falles. Bei deren Würdigung gelangt die Revision selbst zu dem Ergebnis, daß es sich vorliegend „um Bauanlagen handele, die der Unternehmer in der Hauptsache für sich und nicht für den Besteller, also auch insoweit" — d. h. in der Hauptsache — „nicht als Unternehmer herstelle". Diese Unklarheit beruht wesentlich auf dem Nichtunterscheiden zweier verschiedener Fälle und dem Gleichsetzen des rechtlichen und des wirtschaftlichen Fürsicharbeitens. Ist jemand in der Lage, ein Werk zum Nutzen eines Dritten herstellen zu müssen, so kann er die Ausführung des Werkes durch Werkvertrag mit allen daraus sich ergebenden rechtlichen Folgen einem anderen und auch dem Dritten selbst übertragen, zu dessen Nutzen es bestimmt ist. Er kann es aber auch dem Dritten überlassen, das Werk unmittelbar für sich herzustellen, und sich selbst darauf beschränken, dem Dritten die Kosten zu erstatten. Das wäre dann ein unbenannter Vertrag, er würde dem sog. Subventionsvertrag ähneln. In dem ersten Falle würde der Dritte rechtlich durchweg als Unternehmer für einen Besteller und nur wirtschaftlich für sich arbeiten, in dem zweiten Falle würde er rechtlich und wirtschaftlich für sich arbeiten. Die Revision erkennt richtig, daß bei einem Werkvertrage der Unternehmer wirtschaftlich für sich arbeiten kann, und sie glaubt irrtümlich, daraus schließen zu dürfen, daß der Vertrag ein Werkvertrag bleibe, auch wenn der Unternehmer nicht mehr Unternehmer sei und auch rechtlich für sich arbeite.

Der von der Revision bekämpfte Satz des Oberlandesgerichts spricht, da er die Rechtslage beurteilen will, offenbar nur von dem rechtlichen Fürsicharbeiten. Sein Inhalt geht also dahin: Der Vertrag, rechtlich für sich ein Werk in bestimmter Art auszuführen, ist kein Werkvertrag. Dieser Satz stimmt mit dem Ergebnis obiger Darlegungen überein und ist daher nicht zu beanstanden. An der Hand dieses Satzes hat das Oberlandesgericht den Inhalt der Verträge geprüft, und es ist dabei von Rechtsirrtum unbeeinflußt — die irrtümlichen Ausführungen über § 649 BGB. sind für diese Entscheidung nicht maßgebend gewesen — zu dem Ergebnis gelangt, daß der Eisenbahnfiskus die Bauarbeiten in der bestimmten Art unmittelbar und rechtlich für sich, nicht für die Klägerin ausführen sollte. Mit Recht hat also das Oberlandesgericht in den Verträgen der Klägerin keine Werkverträge erblickt." ...

---

39. Kann der Anspruch auf die Vergütung für eine Kriegsleistung im Sinne des § 70 Abs. 3 GVG., § 29 Hamburg. AG. vom 25. Februar 1910 als ein Anspruch „gegen den Staat wegen Verfügungen der Verwaltungsbehörden" oder als ein Anspruch „in betreff öffentlicher Abgaben" angesehen werden?

Gesetz über die Kriegsleistungen vom 13. Juni 1873 (RGBl. S. 129) § 34.

VI. Zivilsenat. Urt. v. 7. Februar 1918 i. S. E. u. K. (Kl.) w. das Deutsche Reich (Bekl.). Rep. VI. 375/17.

I. Landgericht Hamburg.
II. Oberlandesgericht daselbst.

In den ersten Tagen des August 1914 ist der Klägerin ein ihr gehöriger, auf einer Geschäftsfahrt begriffener Kraftwagen in A. im Auftrage der Kommission, die nach den nicht veröffentlichten Vorschriften vom 1. Februar 1912 für die Aushebung von Kraftfahrzeugen gebildet war, weggenommen und der Verwendung für Heereszwecke zugeführt worden. Auf Grund eines vor der Finanzdeputation in Hamburg durchgeführten Verfahrens wurde der Klägerin für den Wagen eine Vergütung von 4000 *M* zugesprochen und ausgezahlt. Sie beansprucht indessen mit der vorliegenden Klage weitere 4000 *M*.

Die Vorinstanzen wiesen die Klage ab, der erste Richter, weil der Rechtsweg unzulässig, das Berufungsgericht, weil der beklagte Teil nicht nach Vorschrift der Gesetze vertreten sei. Die Klägerin hat Revision eingelegt, die indessen für unzulässig erachtet wurde.

Aus den Gründen:

„Das Klagebegehren ist auf Zahlung von 4000 *M* nebst Zins gerichtet. Die Revision entbehrt daher eines den Betrag von 4000 *M* an Wert übersteigenden Beschwerdegegenstandes (§ 546 Abs. 1 ZPO).

Um die Unzulässigkeit des Rechtswegs handelt es sich in der Revisionsinstanz auch nicht mehr (§ 547 Nr. 1 ZPO.); das Berufungsgericht hat sich einer Entscheidung hierüber ausdrücklich enthalten, die Frage der Zulässigkeit des Rechtswegs dahingestellt gelassen und die Klage wegen Nichterfüllung einer anderen Prozeßvoraussetzung ohne sachliche Entscheidung abgewiesen.

Die Revisionsklägerin verkennt diese Sachlage auch selbst nicht, macht aber unter Berufung auf § 547 Nr. 2 ZPO., § 70 GVG. Schlußabs., § 29 Hamburg. AG. z. GVG. vom 25. Februar 1910 verb mit § 34 des Reichsgesetzes über die Kriegsleistungen vom 13. Juni 1873 geltend, die Revision sei deshalb zulässig, weil der Rechtsstreit über einen Anspruch geführt werde, für den die Landgerichte ohne Rücksicht auf den Wert des Streitgegenstandes ausschließlich zuständig seien. Durch die angeführte landesgesetzliche Vorschrift ist (in sachlicher Übereinstimmung mit § 75 des Ausführungsgesetzes vom 23. April 1879) das Landgericht ohne Rücksicht auf den Wert des Streitgegenstandes für ausschließlich zuständig erklärt für alle in dem letzten Absatze des § 70 GVG. erwähnten Ansprüche. Anlangend den Inhalt dieser reichsgesetzlichen Vorschrift glaubt die Revisionsklägerin den vorliegenden Anspruch auf Vergütung für eine Kriegsleistung nach dem Reichsgesetze vom 13. Juni 1873 ebensowohl als einen Anspruch „gegen den Staat wegen Verfügungen der Verwaltungsbehörden" wie als einen solchen „in betreff öffentlicher Abgaben" bezeichnen zu können. Dem konnte aber nicht beigetreten werden.

1. An sich zutreffend geht die Revisionsklägerin von der Vorschrift des § 34 KLG. aus, wonach in bezug auf die Zulässigkeit des Rechtswegs und die Gerichtszuständigkeit für Klagen aus Ansprüchen, welche wider das Reich auf Grund dieses Gesetzes erhoben werden, dieselben Vorschriften gelten, welche für den Bundesstaat, in dessen Gebiete diese Ansprüche zu erfüllen sind, maßgebend sein würden, wenn die nämlichen Ansprüche gegen ihn zu richten wären. Es besteht kein Bedenken, das in dieser Vorschrift gebrauchte Wort Gerichtsstand sowohl von der örtlichen wie von der sachlichen Zuständigkeit der Gerichte zu verstehen; es ist kein innerer Grund dafür erkennbar, die Geltung der Vorschrift auf die Frage der örtlichen Zuständigkeit zu beschränken, die der sachlichen dagegen als im Gesetz ungeregelt geblieben anzusehen. Und daß Hamburg der Bundesstaat ist, in dessen Gebiete der Klaganspruch wenn überhaupt zu erfüllen sein würde, haben die Vorinstanzen bereits ohne Rechtsirrtum angenommen. Sie hatten mithin die vorliegende Klage wie bezüglich der Zulässigkeit des Rechtswegs so auch hinsichtlich der örtlichen und sachlichen Zuständigkeit in gleicher Weise zu beurteilen, wie wenn nicht das Reich, sondern der Staat Hamburg verklagt wäre, und es ist insoweit das Hamburger Landesrecht anzuwenden, sofern es besondere Vorschriften gibt.

2. Als Anspruch gegen den Staat (das Reich) wegen Verfügung einer Verwaltungsbehörde kann der eingeklagte Vergütungsanspruch insofern erscheinen, als er auf die seitens der Heeresverwaltung verfügte Aushebung des klägerischen Kraftwagens gestützt wird. Diese wörtliche Auslegung würde indessen den Sinn der aus § 70 Abs. 3 GVG. zu entnehmenden Gesetzesvorschrift nicht erschöpfen. Durch den daselbst geregelten Vorbehalt wollte man den Landesgesetzgebungen für die darin aufgeführten wichtigen Grenzgebiete des öffentlichen und des Privatrechts ermöglichen, die Zuständigkeit des Reichsgerichts zu begründen. Bezüglich der hier in Rede stehenden Ansprüche wird in der Begründung des Entwurfs zum Gerichtsverfassungsgesetze (Hahn, Materialien Bd. 1 S. 95) beigefügt, die allgemein gehaltene Fassung treffe auch diejenigen Ansprüche solcher Art, welche keine Entschädigungsansprüche seien: „in Hamburg z. B. können auch solche Ansprüche, welche direkt die Aufhebung einer Verfügung der Verwaltungsbehörde bezwecken, im Rechtswege verfolgt werden.“ Vor-

ausgesetzt ist jeweils, daß die in Betracht kommende Sache nach Landesrecht überhaupt vor die Gerichte gehört; solchenfalls sollen die Landgerichte in erster Instanz schlechthin zuständig sein. Die Worte: „Ansprüche gegen den Staat wegen Verfügungen der Verwaltungsbehörden" erhalten also ihren Inhalt wesentlich aus dem Landesrechte. Nach Hamburger Landesrecht kommt aber — und dafür, daß dies dem Sinne der Vorschrift des Gerichtsverfassungsgesetzes widerstreite, erhellt nichts — nicht jeder Anspruch wegen, d. h. aus einer Verfügung einer Verwaltungsbehörde in Betracht, sondern gemeint sind solche Klagen, die sich gegen die Verfügung wenden, sie angreifen und daraus Ansprüche gegen den Staat ableiten, Klagen, wie sie insbesondere in § 24 Satz 2 des Hamburgischen Gesetzes vom 23. April 1879, betr. das Verhältnis der Verwaltung zur Rechtspflege „wegen Verletzung von Privatrechten durch Verfügungen oder Maßregeln von Verwaltungsbehörden, welche nicht unter die Bestimmungen des ersten und zweiten Abschnitts dieses Gesetzes fallen", vorgesehen sind. Fälle solcher Art sind es, die bisher aus der Rechtsprechung zu der in Rede stehenden Gerichtsverfassungsvorschrift veröffentlicht worden sind in Jur. Wochenschr. 1888 S. 8 Nr. 3, 1897 S. 167 Nr. 11 (gegen die Polizeibehörde), Hanseat. Gerichtsztg. 1904 Beibl. Nr. 60, 1905 Beibl. Nr. 141 (gegen die Landherrnschaft); vgl. auch Warneyer 1913 Nr. 29 und RG. Rep. VI. 332/13.

Eine solche Klage aber liegt hier offenbar nicht vor. Die Aushebung und Wegnahme des Wagens wird nicht angegriffen, sie ist auch nach Annahme der Klägerin zu Recht erfolgt. Sie verlangt nur eine höhere Vergütung; insoweit aber könnte als „Verfügung einer Verwaltungsbehörde" nur die Festsetzung der niedrigeren Vergütung seitens der Hamburger Finanzdeputation, und zwar insofern in Betracht kommen, als diese Entscheidung das klägerische Mehrbegehren abgewiesen hat. Diese Verfügung kann jedoch nicht als diejenige angesehen werden, aus der der Klägerin der geltend gemachte Anspruch erwächst; dessen Wurzel ist stets nur die Aushebung des Wagens.

Der eingeklagte Anspruch kann hiernach nicht denjenigen Ansprüchen gegen den Staat (das Reich) wegen Verfügungen der Verwaltungsbehörden zugezählt werden, für die nach Hamburger Landesrecht die Landgerichte in erster Instanz ausschließlich zuständig sind.

3. Auch als ein Anspruch „in betreff öffentlicher Abgaben" kann das Verlangen der Kriegsleistungsvergütung nicht angesehen werden. Der Sinn, welcher dem in § 70 GVG. gebrauchten Ausdruck „öffentliche Abgaben" zugrunde liegt und welcher mit der reichsgesetzlichen Bestimmung selbst in das Hamburger Landesrecht übernommen worden ist, wird im Gesetze selbst und in dessen Vorarbeiten nicht näher erläutert. Es ist daher davon auszugehen, daß ihm der zur Zeit der Abfassung und Erlassung des Gesetzes allgemein gangbare Sprachgebrauch zugrunde liegt. Die Verwaltungsrechtslehre und die Finanzwissenschaft verstehen unter öffentlichen Abgaben die zur Bestreitung öffentlichen Aufwandes vom Staate oder sonstigen öffentlichen Verbänden kraft der Finanzhoheit erhobenen Geldbeträge und scheiden allgemeine Abgaben, die als Steuern, und besondere Abgaben, die als Gebühren bezeichnet werden. Zu keiner dieser beiden Arten zählen die Kriegsleistungen. Diese sind vielmehr den öffentlichen Lasten, insbesondere den Militärlasten zuzurechnen, die sich von den Steuern und Gebühren dadurch unterscheiden, daß jene für die Finanzbedürfnisse eines bestimmten Unternehmens, nicht für die des Staates im allgemeinen bestimmt sind (vgl. Laband, Staatsrecht 5. Aufl. Bd. 4 § 110; O. Mayer, Deutsches Verwaltungsrecht 2. Aufl. Bd. 2 § 47, Bd. 1 § 27), wozu noch auf die Subsidiarität des staatlichen Kriegsleistungsanspruchs nach § 2 KLG. und auf die Rechtsähnlichkeit gewisser Kriegsleistungen mit der Enteignung (Laband a. a. O.) hingewiesen sei. Wenngleich daher das gesetzgeberische Interesse daran, für Streitigkeiten über öffentliche Abgaben die Zuständigkeit des Reichsgerichts gesichert zu sehen, auch auf Kriegsleistungen und öffentliche Lasten sonstiger Art als erstreckt gedacht werden könnte, so muß doch nach dem Inhalte der Vorschrift, die als Zuständigkeits- wie als Ausnahmevorschrift gleichermaßen analoger Ausdehnung widerstrebt, hiervon abgesehen werden." ...

---

40. Ist § 323 BGB. auf Dienstverträge anwendbar?

III. Zivilsenat. Urt. v. 8. Februar 1918 i. S. J. (Kl.) w. Oberschles. Kokswerke (Bekl.). Rep. III. 320/17.

I. Landgericht I Berlin.
II. Kammergericht daselbst.

Durch Vertrag vom 16. Dezember 1913 verpflichtete sich der Kläger gegenüber der Beklagten, von einem in Warschau zu errichtenden Bureau als Mittelpunkt aus Propaganda für schwefelsaures Ammoniak in Russisch-Polen zu machen. Die Beklagte versprach ihm die Zahlung bestimmter „Unterstützungsbeiträge." Der Vertrag wurde auf die Zeit vom 1. Januar 1914 bis Ende 1916 geschlossen. Den Gegenstand der Klage bilden die dem Kläger nach seiner Ansicht noch zukommenden Beiträge. Das Landgericht gab der Klage statt. Das Kammergericht wies die Klage ab. Die Revision des Klägers ist zurückgewiesen worden aus folgenden

Gründen:

„Der Berufungsrichter geht in Übereinstimmung mit dem Rechtsstandpunkte des Klägers und der Auffassung der Beklagten ... davon aus, daß das Vertragsverhältnis der Parteien, welches zutreffend als Dienstvertrag angesehen wird, bis Ende 1916 fortgedauert hat. Er stellt jedoch fest, daß der Kläger in der Zeit vom August 1914 bis in den August 1915 in dem westlich von der Weichsel gelegenen Gebiete von Polen durch die Kriegsereignisse an der Ausübung der ihm obliegenden Werbetätigkeit verhindert war. Von dieser tatsächlichen Annahme aus, die einer Nachprüfung in der Revisionsinstanz nicht unterliegt, gelangt der Berufungsrichter zu dem Ergebnis, daß der Anspruch des Klägers auf die vertragliche Gegenleistung sich gemäß § 323 Abs. 1 Halbs. 2, § 472 BGB. gemindert hat. Hiergegen sind rechtliche Bedenken nicht zu erheben. Daß die Anwendung des § 323 durch die Kündigungsbestimmung in § 626 BGB. nicht ausgeschlossen wird, ergibt sich, wie das Berufungsurteil zutreffend hervorhebt, schon aus der Ausnahmevorschrift in § 616 Satz 1 und ist im Einklange mit der herrschenden Lehre vom erkennenden Senate schon in der Sache S. g. v. Sch. (III. 7/1917) angenommen worden. Verfehlt ist es, wenn die Revision meint, die Anwendung der bezeichneten Vorschriften auf ein Dienstverhältnis der vorliegenden Art sei mit dem den Parteien nach Treu und Glauben zu unterstellenden Vertragswillen nicht vereinbar, weil sie unter Umständen zu einer solchen Herabsetzung der Gegenleistung führen könne, daß der Dienstverpflichtete seinen Lebensunterhalt nicht mehr zu bestreiten vermöge. Dabei wird verkannt, daß der Dienstverpflichtete beim Eintritt unvorhersehbarer Ereignisse, welche zu einer derartigen Kürzung seiner Bezüge nach § 323 Abs. 1, § 472 führen, den ihm hieraus erwachsenden Nachteilen durch Ausübung des Kündigungsrechts aus § 626 begegnen kann. Anders läge die Sache dann, wenn die Beklagte den Kläger durch ihr Verhalten während des erwähnten einjährigen Zeitraums zu der Annahme verleitet hätte, daß sie von dem Kürzungsrechte keinen Gebrauch machen werde, und wenn für den Kläger der Anlaß zur Kündigung hierdurch weggefallen wäre. Eine derartige Gestaltung des Falles liegt indessen nicht vor und wird vom Kläger nicht behauptet." ...

---

41. Finden die Vorschriften der §§ 149 flg. des Reichsbeamtengesetzes über die Zulässigkeit des Rechtswegs auch auf Schadensersatzansprüche der Reichsbeamten Anwendung, die aus dem Dienstverhältnis abgeleitet werden?

RBeamtG. §§ 149 flg.

III. Zivilsenat. Urt. v. 8. Februar 1918 i. S. G. (Kl.) w. Deutsches Reich (Bekl.). Rep. III. 317/17.

I. Landgericht Düsseldorf.
II. Oberlandesgericht daselbst.

Die Klägerin ist anfangs 1903 von der Postverwaltung als Telegraphengehilfin gegen vierwöchige Kündigung angestellt, beim Fernsprechamt Duisburg verwendet und am 2. Mai 1908 wegen Krankheit entlassen worden. Ihr auf Bewilligung einer Pension gerichtetes Gesuch, bei dem ihre Krankheit auf das Verschulden der Postverwaltung zurückgeführt wird, ist durch Bescheid des Reichspostamts vom 31. Januar 1909 zurückgewiesen worden. Unter der Behauptung, daß das bei ihr vorhandene Magen- und Nervenleiden auf mehrfache Mißstände zurückzuführen sei, die beim Fernsprechamte Duisburg während ihrer dienstlichen Tätigkeit geherrscht hätten, verlangt die Klägerin mit der im Januar 1914 erhobenen Klage neben der Bezahlung von 200 ℳ eine Jahresrente von 800 ℳ.

Das Landgericht wies die Klage schon deshalb ab, weil die Vorschriften der §§ 149 flg. RBeamtG. nicht eingehalten seien. Das Berufungsgericht ist zwar der Ansicht, daß diese Gesetzesbestimmungen auf die Klage nicht anwendbar seien, wies aber trotzdem die Berufung zurück, da es den Anspruch sachlich nicht für begründet erachtete. Die Revision wurde zurückgewiesen aus folgenden

Gründen:

„Die Klägerin verfolgt einen Schadensersatzanspruch, den sie darauf gründet, daß die durch ihr Magen- und Nervenleiden hervorgerufene Erwerbsbeschränkung ihre Ursache in der Verletzung der dem Beklagten ihr gegenüber aus dem Beamtendienstverhältnis obliegenden Schutzpflichten habe. Das Berufungsgericht vertritt — im Gegensatze zum Landgerichte — die Auffassung, daß für diesen Anspruch der Rechtsweg unbeschränkt ohne Einhaltung der in §§ 149 flg. RBeamtG. gegebenen Vorschriften zulässig sei. Dieser Ansicht kann nicht beigetreten werden, wie der erkennende Senat bereits in einer Entscheidung vom 30. Januar 1912 (Rep. III. 198/11) ausgesprochen hat. Gemäß § 149 RBeamtG. findet der Rechtsweg mit den in §§ 150 flg. festgesetzten Beschränkungen statt „über vermögensrechtliche Ansprüche der Reichsbeamten aus ihrem Dienstverhältnis, insbesondere über Ansprüche auf Besoldung, Wartegeld oder Pension". Ihrem Wortlaute nach umfaßt daher die Vorschrift alle Beamtenansprüche aus dem Dienstverhältnis und macht keinen Unterschied zwischen den Dienstbezügen und den aus Anlaß der Dienstausübung erwachsenen Ansprüchen. Wenn das Berufungsgericht die ersteren als öffentlichrechtliche Ansprüche bezeichnet, Schadensersatzansprüche wie den mit der Klage erhobenen aber als privatrechtliche Ansprüche, so widerspricht dies der bereits in vielfachen neueren Urteilen zum Ausdruck gebrachten Grundauffassung des erkennenden Senats, wonach alle dem Beamtenverhältnis als einer öffentlichrechtlichen Einrichtung entspringenden Ansprüche und gerade auch die aus der Verletzung von Schutzpflichten erwachsenden Schadensersatzansprüche dem öffentlichen Rechte angehören. Soweit bei Beurteilung solcher Schadensersatzansprüche auf § 618 BGB. zurückgegriffen wird, kommt diese Bestimmung nicht als eine Vorschrift des bürgerlichen Rechtes, sondern nur in dem Sinne in Betracht, daß die in § 618 BGB. ausgedrückten allgemeinen Rechtsgedanken auch auf dem Gebiete des öffentlichen

Rechtes für das Beamtenverhältnis insoweit zur Anwendung zu bringen sind, als dies der besonderen Ausgestaltung des Beamtenverhältnisses entspricht. Die in Frage stehenden Schadensersatzforderungen stehen im engsten Zusammenhange mit dem Beamtenverhältnis, werden aus ihm abgeleitet und gerade mit Mängeln und Mißständen, die sich aus den amtlichen Zuständen ergeben haben, begründet. Der Zweck der Beschränkung des Rechtswegs geht dahin, vor Beginn des Rechtsstreits der vorgesetzten Dienstbehörde Gelegenheit zur Prüfung und etwaigen Befriedigung der Ansprüche zu geben. Die Natur der Schadensersatzansprüche schließt diesen Zweck nicht nur nicht aus, läßt vielmehr die Vorprüfung im wohlverstandenen Interesse gerade auch des Beamten als wünschenswert erscheinen, weil durch eine pflichtgemäße Prüfung vielfach Prozesse abgeschnitten werden und die Möglichkeit rascher Befriedigung besteht.

Dieser Auslegung des Reichsbeamtengesetzes steht der Inhalt des preußischen Rechtes, insbesondere das Gesetz über die Erweiterung des Rechtswegs vom 24. Mai 1861 nicht entgegen. Wenn auch für das preußische Recht die gleichen sachlichen Erwägungen zugunsten der Beschränkung des Rechtswegs hinsichtlich der fraglichen Schadensersatzforderungen zutreffen, so beruht doch die gegenteilige Auffassung, die von mehreren Senaten des Reichsgerichts in RGZ. Bd. 31 S. 255, Recht 1907 S. 325 (Rep. IV. 312/06) und in Jur. Wochenschr. 1908 S. 448 (Rep. III. 312/07) ausgesprochen worden ist, wesentlich auf der besonderen Wortfassung des Gesetzes vom 24. Mai 1861, insbesondere auf der dem 1. Abschnitt des Gesetzes gegebenen Überschrift: „in Beziehung auf die Ansprüche der Staatsbeamten wegen ihrer Diensteinkünfte". Ob nicht das Gesetz trotz dieser Fassung auf Schadensersatzansprüche, die aus dem Beamtenverhältnis abgeleitet werden, anzuwenden sei, ist im vorliegenden Falle, der nach deutschem Reichsrechte zu beurteilen ist, nicht zu erörtern.

Hiernach mußte die Entscheidung des Reichspostamts der Klage vorausgehen und diese bei Verlust des Klagerechts innerhalb sechs Monaten nach Bekanntgabe der Entscheidung angebracht werden. Diesen Erfordernissen hat aber die Klägerin, wie das Landgericht zutreffend ausgeführt hat, nicht genügt."

42. Zwangsvergleich im Konkurse, worin den nicht bevorrechtigten Konkursgläubigern ein Prozentsatz ihrer Forderungen versprochen ist.

1. Wird in solchem Falle die persönliche Forderung eines Absonderungsberechtigten auf die Vergleichsquote herabgesetzt, und kann der Gläubiger auch diese Quote nur verlangen, wenn und soweit er auf sein Absonderungsrecht verzichtet hat oder bei dessen Ausübung ausgefallen ist?

2. Gelten Zinsen von einer nicht bevorrechtigten Konkursforderung für die Zeit nach dem Zwangsvergleich als gänzlich erlassen, oder bleiben solche Zinsansprüche trotz des Zwangsvergleichs für den nicht erlassenen Teil des Kapitals im Zweifel bestehen?

KO. §§ 63, 64, 193, 211.

V. Zivilsenat. Urt. v. 9. Februar 1918 i. S. H. (Kl.) w. offene Handelsgesellschaft Gebr. L. u. Gen. (Bekl.). Rep. V. 272/17.

I. Landgericht Nürnberg.
II. Oberlandesgericht daselbst.

Der Kläger hat der Beklagten zu 1, der jetzt in Liquidation befindlichen offenen Handelsgesellschaft Gebr. L., deren Gesellschafter die Beklagten zu 2 und 3, H. und C. L., waren und deren Liquidatoren jetzt diese Beklagten sind, im Jahre 1910 ein Darlehen von 80000 ℳ gegeben, das mit $4\frac{1}{2}$% verzinst werden sollte und zu dessen Sicherheit eine Buchhypothek von 80000 ℳ an zwei der Beklagten zu 1 gehörigen Grundstücken in G. an erster Stelle bestellt worden ist. Die Zinsen sind seit 1. Januar 1911 nicht bezahlt worden. Der Kläger hat am 24. März 1911 das Darlehen gekündigt. Am 20. Mai 1911 ist über das Vermögen der Beklagten zu 1 das Konkursverfahren eröffnet worden. Der Kläger meldete am 7. Juni 1911 seine Darlehnsforderung von 80000 ℳ nebst $4\frac{1}{2}$% Zinsen seit 1. Januar 1911 unter Geltendmachung seines Absonderungsrechts in Höhe des Ausfalls zum Konkurs an; die Forderung wurde, wie angemeldet, im Prüfungstermine festgestellt.

Am 13. Mai 1914 reichte die Gemeinschuldnerin dem Konkursgericht einen Zwangsvergleichsvorschlag ein, wonach sie den nicht bevorrechtigten Gläubigern eine Zwangsdividende von 10% bot.

Am 3. Juli 1914 zog dann der Kläger die Anmeldung seiner Ausfallforderung bei dem Konkursgerichte zurück. Demnächst wurde der Zwangsvergleichsvorschlag angenommen und durch rechtskräftig gewordenen Beschluß des Konkursgerichts vom 8. Juli 1914 bestätigt. Am 6. November 1914 wurde das Konkursverfahren aufgehoben.

Im Rechtsstreite machte der Kläger gegen die Beklagte zu 1 den dinglichen Anspruch und gegen alle drei Beklagte als Gesamtschuldner den persönlichen Anspruch auf Zahlung der Zinsen zu $4^1/_2\%$ von den 80000 *M* für die Zeit vom 1. Januar 1915 bis zum 30. Juni 1916 geltend. Der dingliche Anspruch wurde durch Anerkenntnis der Beklagten zu 1 erledigt. Gegen den persönlichen Anspruch wandten sie ein, dem Kläger stehe gegen sie die Forderung und somit auch der eingeklagte Zinsanspruch zufolge des Zwangsvergleichs nur in Höhe von 10 Prozent zu, aber auch diese 10 Prozent könne er mangels Verzichts auf das Absonderungsrecht nur von dem Betrage verlangen, mit dem er bei der Zwangsversteigerung der mit seiner Hypothek belasteten Grundstücke ausfalle, und einen Ausfall habe er, da eine Zwangsversteigerung nicht erfolgt sei, bisher überhaupt noch nicht erlitten.

Der Kläger erachtete dagegen den für eine Zeit nach der Konkurseröffnung geltend gemachten persönlichen Zinsanspruch als nicht von einem Ausfalle seiner Hypothek abhängig und auch als nicht von dem Zwangsvergleiche betroffen. Weiter focht er den Zwangsvergleich wegen Betrugs nach § 196 KO. an.

Der erste Richter verurteilte die drei Beklagten als Gesamtschuldner zur Zahlung der Zinsen von einem Kapitalbetrage von 4000 *M*; im übrigen wies er den persönlichen Zinsanspruch ab. Der Berufungsrichter erkannte auf gänzliche Abweisung des persönlichen Zinsanspruchs.

Die Revision des Klägers hatte gegen die Beklagte zu 1 keinen Erfolg. Dagegen wurde der Revision gegenüber den Beklagten zu 2 und 3 hinsichtlich der Zinsen von 8000 *M* stattgegeben und die Verurteilung der Beklagten zu 2 und 3 als Gesamtschuldner zur Zahlung der Zinsen zu $4^1/_2\%$ von diesem Teilbetrage der Hypothekenforderung für die Zeit vom 1. Januar 1915 bis zum 30. Juni 1916 ausgesprochen. Im übrigen wurde auch diese Revision zurückgewiesen.

Aus den Gründen:

... „Für die Revisionsinstanz kommt nur in Betracht der vom Berufungsrichter abgewiesene persönliche (schuldrechtliche) Anspruch des Klägers gegen die drei Beklagten auf Zahlung der Zinsen von dem der Beklagten zu 1 gewährten Darlehen von 80000 M, zu dessen Sicherung eine Hypothek zu gleichem Betrag auf den der Beklagten zu 1 gehörigen Grundstücken für den Kläger eingetragen ist. Der Anspruch betrifft die Zinsen zu $4^1/_2$% von der ganzen Darlehensforderung für die Zeit vom 1. Januar 1915 bis zum 30. Juni 1916, also für einen Zeitraum, der nach dem am 8. Juli 1914 vom Konkursgerichte bestätigten Zwangsvergleich und nach der am 6. November 1914 erfolgten Aufhebung des Konkursverfahrens über das Vermögen der Beklagten zu 1 liegt. Der Berufungsrichter beurteilt das Schuldverhältnis der Beklagten zu 1 und das der Beklagten zu 2 und 3, der Gesellschafter der Beklagten zu 1, zu dem Kläger hinsichtlich dessen Darlehnsforderung nebst Zinsen überall in gleicher Weise. Er erklärt die Auffassung des Klägers, daß der Zwangsvergleich ihn in dieser Beziehung, weil er auf Grund der für ihn auf den Grundstücken der Beklagten zu 1 eingetragenen Hypothek absonderungsberechtigter Gläubiger sei, so lange nicht berühre, als nicht durch Verwertung der Pfandgrundstücke sein Ausfall feststehe, für unhaltbar, und nimmt an, daß der Kläger gerade wegen Bestehens des Absonderungsrechts und zufolge des Zwangsvergleichs erst dann, wenn nach Verwertung der Pfandgrundstücke ein Ausfall sich ergeben haben würde, einen Anspruch wegen des Darlehnskapitals geltend machen könnte, und zwar auch nur in Höhe der Vergleichsquote von dem Betrage des Ausfalls, daß er aber in seiner Eigenschaft als persönlicher Gläubiger den Zinsanspruch durch den Zwangsvergleich, dessen Anfechtung wegen Betrugs nicht gerechtfertigt sei, überhaupt verloren habe, weil in dem Zwangsvergleiche Zinsen nicht ausbedungen worden seien.

Die Auffassung des Berufungsrichters hinsichtlich der Wirkung des Bestehens des Absonderungsrechts trifft für die Darlehnsforderung des Klägers gegen die Beklagte zu 1 zu. Dies hat zunächst von der Kapitalforderung zu gelten, die hier freilich vom Kläger nicht geltend gemacht worden ist. Nach § 193 Satz 2 KO. ist nur das dingliche Recht des Klägers aus der für die Forderung bestehenden Hypothek durch den Zwangsvergleich unberührt geblieben. Dagegen ist der Zwangsvergleich gemäß § 193 Satz 1 gegen den Kläger als Gläubiger der schuldrechtlichen Forderung selbst wirksam, da der Kläger insoweit nach § 3 nicht bevorrechtigter Konkursgläubiger ist (RGZ. Bd. 5 S. 395, Bd. 23 S. 43). Der Kläger hat aber weiter auch nicht unbedingt einen Anspruch auf die Zwangsvergleichsquote von seiner ganzen Forderung, soweit es sich um Befriedigung aus anderem Vermögen der Beklagten zu 1 als den der Hypothek unterliegenden Grundstücken handeln würde. Nach § 64 KO. kann ein absonderungsberechtigter Gläubiger verhältnismäßige Befriedigung aus der Konkursmasse nur für den Betrag seiner Forderung verlangen, zu welchem er auf abgesonderte Befriedigung verzichtet oder mit welchem er bei der letzteren ausgefallen ist. Der Gläubiger wird also vom Gesetze darauf verwiesen (vgl. RGZ. Bd. 5 S. 395, Bd. 16 S. 70), zunächst aus den zu seiner abgesonderten (§ 4 Abs. 2) Befriedigung dienenden Gegenständen (§§ 47 flg.) Befriedigung zu suchen und nur, wenn und soweit er auf das Absonderungsrecht verzichtet hat oder bei dessen Ausübung ausgefallen ist, kann er verhältnismäßige Befriedigung für den betreffenden Betrag seiner persönlichen Forderung aus der Konkursmasse verlangen. § 64 regelt allerdings zunächst nur das Rechtsverhältnis zwischen den Absonderungsberechtigten und den Konkursgläubigern. Diese gesetzliche Regelung wird aber durch den Abschluß eines Zwangsvergleichs nicht beseitigt. Für die Konkursgläubiger tritt der Zwangsvergleich an die Stelle der Verwertung und Verteilung der Konkursmasse und die Zwangsvergleichsquote an die Stelle des Anteils an der unter die Konkursgläubiger zu verteilenden Masse, und wenn der Anspruch auf den Anteil von einer Bedingung abhängig war, haftet auch dem Anspruch auf die Zwangsvergleichsquote diese Bedingung an. Demnach kann der absonderungsberechtigte Gläubiger nur, wenn und soweit er auf sein Absonderungsrecht verzichtet hat oder bei dessen Ausübung ausgefallen ist, die Zwangsvergleichsquote von dem betreffenden Betrage seiner persönlichen Forderung verlangen (RGZ. Bd. 5 S. 396, Bd. 6 S. 66, Bd. 78 S. 75). Im vorliegenden Falle hat der Kläger weder auf seine Hypothek verzichtet noch seine Befriedigung aus den für die Hypothek haftenden Grundstücken der Beklagten zu 1 betrieben. Daher würde eine vom Kläger gegen die Beklagte zu 1 wegen der

Kapitalforderung erhobene Klage auf Zahlung, wenn zunächst von der Anfechtung des Zwangsvergleichs abgesehen und dessen Rechtsbeständigkeit vorausgesetzt wird, von vornherein hinfällig sein.

Hinsichtlich des hier mit der Klage geltend gemachten Anspruchs auf Zahlung von Zinsen für eine nach dem Zwangsvergleiche liegende Zeit kommt weiter die Vorschrift des § 63 Nr. 1 KO. in Betracht, wonach im Konkursverfahren die seit der Eröffnung des Verfahrens laufenden Zinsen nicht geltend gemacht werden können. Im Schrifttum wird von der herrschenden Meinung angenommen, daß Geldstrafen und Forderungen aus einer Freigebigkeit des Gemeinschuldners, welche nach § 63 Nr. 3, 4 ebenfalls im Konkursverfahren nicht geltend gemacht werden können, von einem Zwangsvergleich unberührt blieben, weil sie, wenn ihre Geltendmachung im Konkursverfahren nicht zulässig sei, nicht Konkursforderungen im Sinne des § 193 Satz 1 KO. seien und mit ihren Gläubigern (§ 173) der Vergleich nicht geschlossen werde. Ferner wird angenommen, daß die seit der Konkurseröffnung laufenden Zinsen von bevorrechtigten Konkursforderungen ebenfalls von einem Zwangsvergleiche nicht betroffen würden, weil ein Zwangsvergleich nach § 193 Satz 1 KO. gegen bevorrechtigte Konkursgläubiger nicht wirksam sei. Ob dies zutreffend ist, kann dahingestellt bleiben. Für die seit der Konkurseröffnung laufenden Zinsen von nicht bevorrechtigten Konkursforderungen kann es keinesfalls gelten, daß sie von einem Zwangsvergleiche nicht betroffen werden, sondern in ihrem ganzen Umfange Bestand behalten. Die Zinsen sind Nebenforderungen und als solche grundsätzlich von dem Bestande der Hauptforderung abhängig, und der Gläubiger der Hauptforderung ist auch zugleich in der Regel ihr Gläubiger. Ist nun der Zwangsvergleich nach § 193 Satz 1 gegen den Gläubiger der Hauptforderung als einer nicht bevorrechtigten Konkursforderung wirksam, so muß er grundsätzlich auch gegen ihn als Gläubiger der Nebenforderung wirksam sein und, wenn durch ihn eine Ermäßigung der Hauptforderung herbeigeführt wird, auch eine Herabsetznng des Zinsanspruchs bewirken. Der besonderen Bewilligung dieser Herabsetzung durch die davon betroffenen Gläubiger bedarf es nicht. Auch wenn sie, wie vorliegend der Kläger, am Zwangsvergleichsverfahren nicht teilgenommen haben, tritt die Herabsetzung ein. Denn da zufolge des Erlasses durch den von der Mehrheit der Gläubiger (§ 182) beschlossenen und vom Konkursgerichte bestätigten, trotz der Nichtteilnahme am Zwangsvergleichsverfahren gegen sie wirksamen Zwangsvergleich ihre Hauptforderungen, soweit der Erlaß reicht, erlöschen, ist es unbedingte gesetzliche Folge, daß auch das Zinsrecht für den erlassenen Teil der Hauptforderungen erlischt (vgl. RGZ. Bd. 74 S. 81).

Anderseits ist aus § 63 Nr. 1 nicht zu folgern, daß Zinsen von nicht bevorrechtigten Konkursforderungen seit der Konkurseröffnung überhaupt nicht mehr beansprucht werden könnten und daß daher nach Aufhebung des Konkurses zufolge Zwangsvergleichs ein Anspruch auf Zinsen auch von dem nicht erlassenen Teile der Hauptforderungen in jedem Falle ausgeschlossen sei. Die gesetzgeberischen Gründe für die Vorschrift sind nach den Motiven zu § 56 des Entwurfs gewesen, daß jede Zinsforderung, wenngleich die Ursache der Zinsverpflichtung (der Zinsvertrag oder die gesetzliche Zahlbarkeit der Forderung oder der Verzug) in die Zeit vor der Konkurseröffnung fallen möge, immer erst mit dem Ablaufe der Zeit für die gehabte oder entzogene Benutzung des geschuldeten Gegenstandes entstehe und daher laufende Zinsen überhaupt nicht als Konkursforderungen im Sinne des § 3 anzusehen seien, und daß praktisch die Berücksichtigung der laufenden Zinsen die Verteilung der Masse unnötig erschweren würde, während bei ihrer Nichtberücksichtigung kein Gläubiger dem anderen gegenüber schlechter gestellt würde (vgl. auch RGZ. Bd. 9 S. 153). Die Zinsverpflichtung dauert aber auch für die Zeit nach der Konkurseröffnung an sich fort. Besteht für verzinsliche Forderungen ein Absonderungsrecht, so können die laufenden Zinsen bei der abgesonderten Befriedigung, da diese nach § 4 Abs. 2 unabhängig vom Konkursverfahren erfolgt, geltend gemacht werden (RG. in Jur. Wochenschr. 1888 S. 196 Nr. 4). Ferner sind die Zinsen gegen den Gemeinschuldner, soweit es sich um Vermögen handelt, das nicht zur Konkursmasse gehört, auch während des Konkursverfahrens verfolgbar (RG. das. 1887 S. 115 Nr. 16), und soweit ein Schuldverhältnis nach Aufhebung des Konkurses überhaupt noch besteht, ist ihre Geltendmachung, wie die aller ungetilgten Forderungen, dann unbeschränkt zulässig (§ 164, RGZ. Bd. 15 S. 117). Deshalb ist daraus, daß nach § 63 Nr. 1 die seit der Eröffnung des Verfahrens laufenden Zinsen „im Konkursverfahren" nicht geltend gemacht werden können, keinesfalls für sich allein und ohne weiteres zu folgen, daß im Falle eines Zwangsvergleichs, durch den der Gemeinschuldner, wenn nicht ein anderes bestimmt ist, gemäß § 192 das Recht zurückerlangt, über die Konkursmasse zu verfügen, ein Anspruch auf solche Zinsen gänzlich, auch für den nicht erlassenen Teil der Hauptforderung, fortan ausgeschlossen sei.

Es kann aber auch der im Schrifttum vereinzelt vertretenen Meinung nicht beigestimmt werden, daß durch einen Zwangsvergleich jeder Zinsanspruch deshalb beseitigt werde, weil an die Stelle der Forderung, wie sie zur Zeit der Konkurseröffnung bestanden habe, die Vergleichsforderung getreten und sonach außer dieser keine Forderung mehr vorhanden sei, von welcher Zinsen berechnet und gezahlt werden könnten. Der Zwangsvergleich verändert die Konkursforderung ihrem Wesen und Inhalte nach nicht und setzt nicht eine anders geartete Forderung an die Stelle der bisherigen, sondern er begrenzt nur, indem er an die Stelle der Verteilung der Konkursmasse unter die Konkursgläubiger tritt, den Umfang der bisherigen Konkursforderungen. Daher wird durch ihn nicht grundsätzlich ausgeschlossen, daß Nebenforderungen, soweit nicht eine Herabsetzung der Hauptforderungen auch ihre Herabsetzung nach sich zieht, fortbestehen bleiben. Es ist deshalb auch die Auffassung des Berufungsrichters unzutreffend, daß Zinsen nur dann verlangt werden könnten, wenn solche im Zwangsvergleiche besonders bedungen seien. Vielmehr kommt es, da die Zinsverpflichtung, wenn sie zur Zeit der Konkurseröffnung bestand, auch während des Konkursverfahrens an sich fortgedauert hat, darauf an, ob und inwieweit aus dem Inhalte des Zwangsvergleichs, der sich als ein vom Konkursgerichte genehmigter, den besonderen Vorschriften der §§ 173 flg. KO. unterworfener Vertrag des Gemeinschuldners mit den nicht bevorrechtigten Konkursgläubigern über eine bestimmte unter Aufhebung des Konkurses erfolgende Befriedigung dieser Gläubiger darstellt und im allgemeinen nach Vertragsgrundsätzen zu beurteilen ist (RGZ. Bd. 77 S. 404, Warneyer Rspr. 1911 Nr. 353), die Aufhebung der Zinsverpflichtung zu entnehmen ist. Im Schrifttum ist die Meinung überwiegend, daß im Zweifel ein Anspruch der Konkursgläubiger auf Zinsen seit der Konkurseröffnung als durch den Zwangsvergleich gänzlich ausgeschlossen zu erachten sei. Dabei wird besonders ein solcher Zwangsvergleich ins Auge gefaßt, in dem den nicht bevorrechtigten Konkursgläubigern die Gewährung eines bestimmten Prozentsatzes ihrer Forderungen zugesagt wird, ohne daß von Zinsen darin die Rede ist. Um einen derartigen Zwangsvergleich handelt es sich auch hier. Nach dem am 8. Juli 1914 vom Konkursgerichte bestätigten Zwangsvergleiche „soll den nicht bevorrechtigten Gläubigern, soweit sie nicht auf Befriedigung verzichtet haben, eine Zwangsvergleichsdividende von 10 % ausbezahlt werden". Eine Bestimmung über Zinsen ist darin nicht enthalten. Jene Meinung wird nun einesteils darauf gegründet, es entspreche dem Wesen des Zwangsvergleichs, daß die Gläubiger sich mit einem Teile desjenigen Betrags ihrer Forderungen begnügten, den sie im Konkursverfahren angemeldet hätten oder hätten anmelden können, und deshalb sei im Zweifel, also falls nichts Gegenteiliges im Zwangsvergleiche bestimmt sei, als Wille der Vergleichsparteien anzunehmen, daß Ansprüche auf Zinsen seit der Konkurseröffnung, die nach § 63 Nr. 1 KO. im Konkurverfahren nicht geltend gemacht werden konnten, aufgeopfert würden. Anderenteils wird die Meinung darauf gegründet, daß die den nicht bevorrechtigten Konkursgläubigern im Zwangsvergleiche zugesagte Befriedigung an die Stelle derjenigen trete, welche sie bei Erledigung des Konkursverfahrens durch Verteilung erhalten hätten, im übrigen aber solle der Gemeinschuldner von ihren Forderungen frei werden, und deshalb seien die im § 63 Nr. 1 KO. genannten Zinsforderungen als aufgehoben anzusehen.

Es kann dahingestellt bleiben, ob sich aus dem einen oder dem anderen dieser Gründe die Annahme rechtfertigen ließe, daß im Falle eines lediglich die Gewährung einer Quote der Forderungen festsetzenden, bezüglich der Zinsen eine Bestimmung nicht enthaltenden Zwangsvergleichs, wie er vorliegend gegeben ist, die Zinsen von der Konkurseröffnung ab bis zur Bestätigung des Zwangsvergleichs oder, wenn für die Entrichtung der Zinsen ein weiter hinausliegender Zahlungstermin festgesetzt wäre, auch bis zu diesem Termin als gänzlich erlassen zu gelten hätten, daß also Zinsen für diese Zeit auch von dem bestehen gebliebenen Teile der Hauptforderungen nicht beansprucht werden könnten. Hier stehen Zinsen für eine solche Zeit nicht in Frage. Vielmehr handelt es sich um Zinsen für einen Zeitraum, der nach dem die Festsetzung eines bestimmten Zahlungstermins nicht enthaltenden Zwangsvergleiche liegt. Zur Rechtfertigung einer

Annahme aber, daß die Zinsverpflichtung auch hinsichtlich der Zinsen für die Zeit nach dem Zwangsvergleiche durch diesen aufgehoben sei, kann jedenfalls keiner der genannten Gründe herangezogen werden. Denn mangels eines Anhalts in den Vergleichsbestimmungen kann nicht damit gerechnet werden, daß die Vergleichsparteien bei der Festsetzung der Quote der Forderungen, mit der die Gläubiger sich begnügen wollten und sollten, Zinsen für die Zeit nach Aufhebung des Konkurses zufolge des Zwangsvergleichs in Betracht gezogen und die Aufhebung der Zinsverpflichtung für diese Zeit in ihren Willensentschluß aufgenommen haben, und der Gesichtspunkt, daß die im Zwangsvergleiche zugesagte Befriedigung an die Stelle der Befriedigung aus der Konkursmasse trete, ist hier jedenfalls deswegen nicht zutreffend, weil die Fortdauer der Zinsverpflichtung für die Zeit nach dem Zwangsvergleiche zufolge Unterbleibens der vom Gemeinschuldner in dem Zwangsvergleiche zugesagten (teilweisen) Befriedigung in Frage steht. Auch die Erwägung kann hier nicht Platz greifen, daß der Gemeinschuldner, wenn er nach einem Überschlage, den er über das, was er zu leisten vermöge, und über die Höhe der gegen ihn bestehenden Ansprüche sich gemacht haben werde, den Gläubigern eine Quote biete, damit den Gläubigern die Quoten ihrer Kapitalforderungen als das Höchstmaß dessen, was er leisten könne und zusage, bezeichnen wolle, und daß, wenn die Gläubiger den Vorschlag ohne Vorbehalt und Widerspruch annähmen, der Vergleich im Sinne dieses Vorschlags zustande komme. Denn bei den Zinsen für die Zeit nach dem Zwangsvergleiche handelt es sich um Vergütung für die Vorenthaltung der vom Gemeinschuldner selbst zugesagten Kapitalquoten. Wie bei anderen Vertragsverhältnissen muß auch bei einem Zwangsvergleiche der Inhalt der Vereinbarung nach dem Wortlaute der darüber aufgenommenen, als erschöpfend und endgültig zu vermutenden, Urkunden zunächst beurteilt werden (RGZ. Bd. 77 S. 405). Ist in den Vergleichsurkunden eine Bestimmung wegen der Zinsen nicht enthalten und liegen auch, wie im gegebenen Falle, keinerlei Tatsachen vor, welche eine Deutung des Erklärten nach der Richtung des Willens auf gänzliche Aufhebung der Zinsverpflichtungen zu rechtfertigen geeignet wären, so fehlt jeder Grund für die Annahme, daß die Zinsverpflichtungen für die Zeit nach dem Zwangsvergleiche hinsichtlich des danach bestehen gebliebenen Teiles der Kapitalforderungen aufgehoben seien. Die betreffenden Gläubiger sind dann nicht, wie die Gläubiger unverzinslicher Forderungen, darauf beschränkt, im Falle des Verzugs des bisherigen Gemeinschuldners mit der Zahlung der Vergleichsquote Verzugszinsen (§ 288 BGB.) oder — wenn sie ihre Forderungen, was besonders bei solchen, die erst nach dem Zwangsvergleich aufgedeckt worden sind (vgl. RGZ. Bd. 87 S. 83, Gruch. Beitr. Bd. 50 S. 1117), in Betracht kommt, im Klagewege geltend machen — Prozeßzinsen (§ 291 BGB.) von den Quoten ihrer Forderungen zu verlangen, sondern sie können Zinsen gemäß der vor der Konkurseröffnung begründeten Zinsverpflichtung, mag sie auf Gesetz (vgl. z. B. §§ 256, 347 Satz 3, 452, 641 Abs. 2, 820 Abs. 2, 849, 1834 BGB.; §§ 352, 353 HGB.) oder auf Vertrag beruhen, für die Zeit nach dem Zwangsvergleiche von den Kapitalquoten, wenn und solange diese nicht berichtigt worden sind, beanspruchen. Im vorliegenden Falle sind für die Darlehnsforderung des Klägers von 80000 ℳ Zinsen zu $4^1/_2\%$ vertraglich festgesetzt. Nach dem Vorerörterten ist daher diese Zinsverpflichtung hinsichtlich der Zinsen für die Zeit nach dem Zwangsvergleiche von der Vergleichsquote von 10% der Darlehnsforderung durch den Zwangsvergleich nicht aufgehoben worden.

Daraus folgt jedoch noch nicht, daß der vom Kläger geltend gemachte persönliche Anspruch auf Zahlung von $4^1/_2\%$ Zinsen von der ganzen Darlehnsforderung für die nach dem Zwangsvergleiche liegende Zeit vom 1. Januar 1915 bis zum 30. Juni 1916, soweit er sich gegen die Beklagte zu 1 als die bisherige Gemeinschuldnerin richtet, auch nur zu einem Teilbetrage gerechtfertigt ist. Wenn zunächst von der vom Kläger erklärten Anfechtung des Zwangsvergleichs abgesehen und die Wirksamkeit des Zwangsvergleichs gegenüber dem Kläger unterstellt wird, ist nach obigen Ausführungen auch der mit der Klage geltend gemachte persönliche Zinsanspruch durch den Zwangsvergleich nach Maßgabe der darin festgesetzten Vergleichsquote herabgesetzt und ist daher der Klaganspruch, soweit er den danach für den Kläger noch bestehen gebliebenen Teil der Zinsforderung überschreitet, überhaupt unbegründet. Aber auch im übrigen ist die Klage gegen die Beklagte zu 1 nach gegenwärtiger Sachlage nicht gerechtfertigt. Da, wie dargestellt, das aus der Hypothek des Klägers sich ergebende Absonderungsrecht auch für die nach der Konkurseröffnung laufenden Zinsen von der Darlehnsforderung des Klägers besteht und die persönliche Zinsforderung gegen die Beklagte zu 1 von dem Zwangsvergleiche betroffen worden ist, greift auch gegenüber dem mit der Klage gegen die Beklagte zu 1 geltend gemachten Zinsanspruche die Vorschrift des § 64 KO. Platz. Es könnte daher der Kläger diesen Zinsanspruch, auch soweit er für ihn nach dem Zwangsvergleiche noch bestehen geblieben ist, gegen die Beklagte zu 1 nur verfolgen, wenn und soweit er auf das Absonderungsrecht für die Zinsen verzichtet hätte oder nach Ausübung des Absonderungsrechts ausgefallen wäre. Er hat aber bisher weder auf das Absonderungsrecht verzichtet noch die Befriedigung wegen der Hypothekenforderung aus den für seine Hypothek haftenden Grundstücken der Beklagten zu 1 betrieben. Der erste Richter freilich hat angenommen, daß der Kläger nach dem Werte der Pfandgrundstücke aus diesen mutmaßlich einen Ausfall von 40000 ℳ an seiner Hypothekenforderung erleiden werde und daß deshalb der persönliche Zinsanspruch insoweit, als er Zinsen von einem Zehntel des mutmaßlichen Ausfalls, also von 4000 ℳ betreffe, begründet sei. Allein durch den Beweis, daß der Wert des Pfandgegenstandes eine gewisse Höhe nicht überschreite, und durch eine darauf gegründete Vermutung, daß bei Veräußerung des Pfandes ein Ausfall zu einem gewissen Betrag eintreten werde, kann das Erfordernis des Nachweises eines wirklichen Ausfalls nicht ersetzt werden (RGZ. Bd. 64 S. 427). Auch hat der Kläger selbst gar nicht behauptet, daß er im Falle der Zwangsversteigerung der Pfandgrundstücke vermutlich einen Ausfall an seiner Hypothek erleiden werde. Vielmehr geht seine Behauptung, wie auch die Revision bemerkt, dahin, daß ein solcher Ausfall überhaupt nicht zu erwarten sei. Danach ist die Klage wegen des fraglichen persönlichen Zinsanspruchs, wenn zunächst von der Anfechtung des Zwangsvergleichs abgesehen wird, gegen die Beklagte zu 1 hinfällig.

Anders verhält es sich mit dem gleichen Klaganspruche gegen die Beklagten zu 2 und 3, die Gesellschafter der Beklagten zu 1. Über das Privatvermögen dieser Beklagten war das Konkursverfahren nicht eröffnet. Es kam daher nicht die Vorschrift des § 212 Abs. 1 KO. in Betracht, wonach die Gesellschaftsgläubiger, wenn über das Gesellschaftsvermögen das Konkursverfahren eröffnet worden ist, in dem Konkursverfahren über das Privatvermögen eines persönlich haftenden Gesellschafters Befriedigung nur wegen desjenigen Betrags suchen können, für welchen sie in dem ersteren Verfahren keine Befriedigung erhalten. Ferner galt nicht mehr die Vorschrift des Art. 122 HGB. a. F., wonach im Falle des Konkurses über das Gesellschaftsvermögen die Gläubiger einer offenen Handelsgesellschaft Befriedigung aus dem Privatvermögen der Gesellschafter nur wegen des Ausfalls suchen konnten. Gemäß § 128 HGB. n. F. hafteten demnach die Beklagten zu 2 und 3 für die Verbindlichkeiten der Beklagten zu 1 auch während des Konkurses über deren Vermögen unbeschränkt als Gesamtschuldner persönlich. Der Kläger hätte daher die Beklagten zu 2 und 3 auf Zahlung seiner Forderung aus dem der Beklagten zu 1 gewährten Darlehen in ganzer Höhe als Gesamtschuldner persönlich auch während des Konkursverfahrens über das Gesellschaftsvermögen der Beklagten zu 1 in Anspruch nehmen können. Daran wäre er auch nicht dadurch gehindert gewesen, daß ihm auf Grund seiner zur Sicherung der Darlehnsforderung auf den Grundstücken der Beklagten zu 1 eingetragenen Hypothek das Recht auf abgesonderte Befriedigung wegen der Hypothekenforderung aus den Grundstücken zustand, er aber weder auf das Absonderungsrecht verzichtet noch es ausgeübt hatte. § 64 KO. betrifft nur Beschränkungen des Anspruchs eines Konkursgläubigers auf Befriedigung aus der Konkursmasse zufolge eines für den Gläubiger zugleich bestehenden Absonderungsrechts an einem zur Konkursmasse gehörenden Gegenstande; haftet dem Gläubiger für seine Forderung gegen den Gemeinschuldner auch noch ein Dritter, so ist er durch ein für ihn an einem Gegenstande der Konkursmasse bestehendes Absonderungsrecht in keiner Weise in der Geltendmachung seiner Forderung gegen den dritten Mitschuldner beschränkt (vgl. RGZ. Bd. 7 S. 90, Bd. 74 S. 233, 234; Gruchots Beitr. Bd. 54 S. 1174). Dies alles gilt aber nicht nur für die Kapitalforderung, sondern ebenso für die vertraglichen Zinsen, auch für die seit der Konkurseröffnung über das Gesellschaftsvermögen der Beklagten zu 1 laufenden. § 63 Nr. 1 KO. schließt nur die Geltendmachung der nach Konkursbeginn laufenden Zinsen „im Konkursverfahren" über das Vermögen des Gemeinschuldners aus; Dritte, die neben dem Gemeinschuldner für die betreffende Forderung nebst Zinsen haften, also, wenn über das Vermögen einer offenen Handelsgesellschaft der Konkurs eröffnet ist, auch die einzelnen Gesellschafter können unbeschränkt auch auf Zahlung der laufenden Zinsen in Anspruch genommen werden (RGZ. Bd. 9 S. 153, 154, Bd. 15 S. 117).

Sonach wäre vorliegend, wenn der Zwangsvergleich nicht geschlossen worden wäre, der Klaganspruch auf Zahlung der Zinsen von der dem Kläger gegen die Beklagte zu 1 zustehenden Darlehnsforderung für die Zeit vom 1. Januar 1915 bis zum 30. Juni 1916 gegen die Beklagten zu 2 und 3 in voller Höhe begründet. Gemäß § 193 Satz 2 KO. werden die Rechte der Gläubiger gegen Mitschuldner des Gemeinschuldners durch einen Zwangsvergleich nicht berührt. Es können also nicht bevorrechtigte Konkursgläubiger trotz Kürzung ihrer Forderungen gegen den Gemeinschuldner durch den Zwangsvergleich gegen Dritte, die für die Forderungen mithaften, diese in voller Höhe geltend machen. Jedoch für den Fall des Gesellschaftskonkurses gibt § 211 Abs. 2 KO. die Ausnahmebestimmung (vgl. RGZ. Bd. 23 S. 120, Bd. 56 S. 366), daß der Zwangsvergleich, soweit er nicht ein anderes festsetzt, zugleich den Umfang der persönlichen Haftung der Gesellschafter begrenzt. Da im gegebenen Falle der Zwangsvergleich die Gewährung einer Quote der Konkursforderungen gegen die Gemeinschuldnerin, die Beklagte zu 1, von 10 Prozent festsetzt, ohne daß über den Umfang der Haftung der Beklagten zu 2 und 3 eine besondere Bestimmung getroffen worden ist, und nach obigen Ausführungen aus dem Zwangsvergleiche nicht zu entnehmen ist, daß die Verpflichtung zur Zahlung der vertraglichen Zinsen von der hypothekarisch gesicherten Darlehnsforderung des Klägers für die Zeit nach dem Zwangsvergleiche gänzlich erlassen worden, vielmehr anzunehmen ist, daß diese Verpflichtung zwar nicht hinsichtlich der ganzen Forderung, aber doch hinsichtlich der genannten Vergleichsquote fortbesteht, der Geltendmachung der Zinsforderung gegen die Beklagten zu 2 und 3 auch nicht die Beschränkungen aus § 64 KO. entgegenstehen, so ist der Klaganspruch auf Zahlung der Zinsen von $4\frac{1}{2}$ % für die hier fragliche Zeit in Höhe der Zinsen von einem Zehntel der Darlehnsforderung des Klägers, also von 8000 *M*, gegen die Beklagten zu 2 und 3 begründet; aber auch nur in dieser Höhe, während im übrigen die Klage auch gegen die Beklagten zu 2 und 3 unbegründet ist, wenn nicht die vom Kläger erklärte Anfechtung des Zwangsvergleichs durchgreift."

(Es wird sodann ausgeführt, daß in der Darlegung des Berufungsrichters, die Anfechtung des Zwangsvergleichs wegen Betrugs sei nach der Sachlage unbegründet, eine Gesetzesverletzung nicht zu finden sei.)

---

43. Kann bei einem nach preuß. Allg. Landrechte zu beurteilenden Vertrage, durch den sich der eine Teil gegen eine einmalige Geldentschädigung verpflichtet hat, den andern bis zu dessen Lebensende bei sich zu unterhalten, der Verpflichtete sich hiervon befreien, wenn ihm der Berechtigte durch sein Verhalten das Zusammenleben unerträglich macht?

ALR. I. 5 §§ 369 bis 372.

V. Zivilsenat. Urt. v. 9. Februar 1918 i. S. T. (Bekl.) w. K. (Kl.). Rep. V. 208/17.

I. Landgericht Münster.
II. Oberlandesgericht Hamm.

Die Parteien schlossen am 8. Januar 1898 einen notariellen Vertrag, wonach der Beklagte sein Sparkassenguthaben im angegebenen Betrage von mehr als 4000 *M* nebst Zinsen an den Kläger, den Ehemann seiner Schwester, abtrat, dieser sich dagegen verpflichtete, den Beklagten bis an dessen Lebensende bei sich auf dem Kolonat zu unterhalten und ihm ein wöchentliches Taschengeld von 2 *M* zu zahlen. Nach § 3 soll der Beklagte, wenn er heiraten wolle oder mit der Behandlung nicht zufrieden sei und deshalb abzuziehen wünsche, den Betrag des Sparkassenguthabens nebst Zinsen seit Vertragsschluß nach sechsmonatiger Kündigung zurückfordern dürfen. Der Kläger behauptete, der Vertrag sei als bloßes Scheingeschäft nichtig, und beantragte, die Nichtigkeit festzustellen, den Beklagten auch zu verurteilen, gegen Rückgabe des Sparkassenguthabens die ihm vom Kläger gewährte Wohnung zu räumen. Der Beklagte begehrte widerklagend die Feststellung, daß der Vertrag gültig sei. Das Landgericht wies die Widerklage mangels rechtlichen Interesses ab und erkannte auf einen dem Beklagten zugeschobenen Eid über die Scheinnatur des Vertrags. Gegen dieses Urteil legten beide Parteien Berufung ein, der Kläger mit dem Antrag auf unbedingte Verurteilung nach dem Klagantrage, der Beklagte mit dem Antrage, nach seinem Widerklagantrage zu erkennen oder doch auch die Entscheidung über die Widerklage von der Eidesleistung abhängig zu machen. Mittels Anschlußberufung beantragte er ferner, die Klage abzuweisen und nach dem Widerklagantrage zu erkennen, hilfsweise: ihn zur Räumung Zug um Zug gegen Empfang von 3600,53 ℳ, dem unstreitigen Betrage des Sparkassenguthabens im Januar 1898, nebst Zinsen seit 28. Januar 1898 unter Zurückweisung der Berufung des Klägers zu verurteilen. Im zweiten Rechtszuge begründete der Kläger seinen Anspruch auf Räumung auch damit — und dies kommt für die Revision allein in Betracht —, daß ihm der Beklagte durch sein Verhalten ein weiteres Zusammenleben unmöglich gemacht habe; er sei bereit die vom Beklagten geforderte Summe nebst Zinsen zu zahlen, wenn dieser vom Hofe abziehe. Das Oberlandesgericht wies darauf auch die Feststellungsklage des Klägers ab, beließ es bei der Abweisung der Feststellungswiderklage des Beklagten und verurteilte diesen zur Räumung Zug um Zug gegen vom Kläger ihm zu zahlende 3600,53 ℳ nebst $3^1/_2$ v. H. Zinsen seit 28. Januar 1898.

Die Revision des Beklagten wurde zurückgewiesen aus folgenden

Gründen:

... „Das Berufungsgericht, das auf Grund einer sehr eingehenden Beweisaufnahme feststellt, daß der Beklagte durch sein Verhalten das Zusammenleben mit dem Kläger unerträglich gemacht hat, verurteilt ihn zur Räumung der Wohnung gegen eine Geldentschädigung, die in Rückgabe der gesamten s. Zt. gewährten Gegenleistung nebst Zinsen von der Zeit der Hingabe an besteht. Da der Vertrag vor dem 1. Januar 1900 geschlossen ist, so erachtet es ihn mit Recht (Art. 170 EG z. BGB.) als dem alten Rechte unterworfen. Es läßt dahingestellt, ob der Klaganspruch auf die Vorschriften des Allg. Landrechts gestützt werden könne, jedenfalls stehe aber nichts entgegen, die Vorschriften des Art. 15 § 9 preuß. AG. z. BGB. entsprechend anzuwenden. Denn wenn auch kein Altenteilsvertrag im Sinne dieser Gesetzesbestimmung mangels Überlassung eines Grundstücks vorliege, so sei doch der Vertrag dem üblichen Altenteilsvertrage derart ähnlich, daß einer entsprechenden Anwendung nichts im Wege stehe.

Die Revision macht dagegen geltend, daß eine unrichtige Gesetzesvorschrift angewendet sei, da nicht ein Leibgedingevertrag im Sinne des Art. 15 AG. z. BGB., sondern ein nach Landrecht zu beurteilender Versorgungs- (Vitalitien-) Vertrag (§ 595 ALR. I. 11) vorliege, der als Vertrag über Handlungen anzusehen sei. Obwohl der Revision darin beizupflichten ist, kann ihr dies doch nicht zum Erfolge verhelfen. Allerdings ist die sinngemäße Anwendung eines Gesetzes nicht zulässig, das zur Zeit des Vertragsschlusses noch nicht galt. Trotzdem ist der Hinweis auf Art. 15 pr. AG. z. BGB. insofern nicht unnütz, als gemäß der Begründung zu dessen § 9 (Drucksachen d. Hauses d. Abg. 19. Legisl.-Per. I. Sess. 1889 Nr. 34 S. 25) die hier getroffene Regelung nichts vollkommen Neues enthält, sondern „dem bisherigen Stande der Rechtsprechung und der Billigkeit“ entspricht. Damit soll wohl unbedenklich Bezug genommen werden auf mehrfache Entscheidungen des II. Zivilsenats des Obertribunals (vom 6. April 1852, 20. November 1866, 26. März 1868 in Striethorst Archiv Bd. 6 S. 103; Bd. 65 S. 144; Hinschius Ztschrft. f. Gesetzgeb. Bd. 2 S. 605; siehe auch Urteil des erkennenden Senats vom 1. März 1882 in Gruchots Beitr. Bd. 26 S. 911). In diesen Urteilen wird ausgesprochen, daß die Bestimmung des § 369 ALR. I. 5: „Ist zwar nicht die Erfüllung des Vertrags, aber doch die darin bestimmte Art der Erfüllung unmöglich, und diese Unmöglichkeit ist durch die Schuld des Verpflichteten, oder durch einen in dessen Person sich ereigneten Zufall entstanden, so ist der Berechtigte eine andere Erfüllungsart zu wählen befugt“, auch dann anwendbar ist, wenn bei Altenteils- oder Alimentenverträgen das Verhalten des Verpflichteten dem Berechtigten das weitere Zusammenleben auch nur moralisch unmöglich macht. Reicht aber hiernach die Tatsache des Unerträglichmachens einer engeren häuslichen Gemeinschaft aus, um dem Berechtigten die Möglichkeit der Lösung dieser Gemeinschaft zu geben, so muß das gleiche zugunsten des Verpflichteten gelten, da der § 370 ALR. I. 5. ihm ebenfalls das entsprechende in § 269 vorgesehene Recht einräumt. Es würde auch ein nicht zu billigendes Ergebnis sein, wenn man den Begriff des Unmöglichseins im einen Falle anders bestimmen wollte als im anderen. Diese sich aus der Billigkeit ergebende Folge hat das preuß. Ausführungsgesetz denn auch gezogen, und insofern kann es hier als Hinweis verwendet werden.

Dadurch, daß das Berufungsgericht dem Beklagten seine gesamte Gegenleistung mit Zinsen von Beginn an zurückgewährt, womit der Kläger sich einverstanden erklärt hat, ist auch der Vorschrift der §§ 371, 372 ALR. I. 5 Genüge geschehen."

---

44. Kann die Polizeibehörde, wenn sie geschlechtskranke Mitglieder einer Krankenkasse zur Heilung, ohne die Zustimmung der Krankenkasse einzuholen, in einem Krankenhaus untergebracht hat, die Kosten von der Krankenkasse nach den Vorschriften der Geschäftsführung ohne Auftrag ersetzt verlangen?[1] Begriff der Pflicht in § 679 BGB.

RVO. §§ 182, 184.

VI. Zivilsenat. Urt. v. 11. Februar 1918 i. S. Stadtgemeinde A. (Bekl.) w. die Allgemeine Ortskrankenkasse in A. (Kl.). Rep. VI. 429/17.

I. Landgericht Altona.
II. Oberlandesgericht Kiel.

Die Polizeibehörde der Beklagten hat in der Zeit zwischen dem 24. Oktober 1914 und dem 5. Juli 1916 eine Anzahl geschlechtskranker Frauenspersonen zur Zwangsheilung in Krankenhäuser eingewiesen und die hierdurch erwachsenen besonderen Kosten der Krankenhausbehandlung von der Klägerin ersetzt verlangt, der jene Personen unstreitig als Mitglieder angehören. Der Klagantrag geht dahin, festzustellen, daß eine solche Ersatzpflicht nicht bestehe.

Der erste Richter wies die Klage ab, das Berufungsgericht dagegen willfahrte ihr. Die Revision der Beklagten ist zurückgewiesen worden aus folgenden

---

[1] Wie hier verneint wurde die gestellte Frage in einem weiteren Urteile des erkennenden Senats vom 11. März 1918 VI. 16/18 i. S. Allgem. Ortskrankenkasse H. (Kl.) w. den Staat Hamburg (Bekl.). Anders insbes. das OLG. Hamburg in Hans. GZtg. 1907 Beibl. Nr. 174 (= OLGRspr. Bd. 18 S. 23) und 1909 Beibl. S. 41. D. E.

Gründen:

„Die Annahme des Berufungsgerichts, daß ein Anspruch aus § 1531 RVO. — wegen gesetzlich gebotener Unterstützung eines Hilfsbedürftigen — nach der Sachlage nicht in Betracht kommt, ist von keiner Seite angegriffen. In Frage steht nur, ob der Beklagten ein Anspruch aus Geschäftsführung ohne Auftrag im Sinne der §§ 677 flg. BGB. an die Klägerin zusteht. Daß dafür der Rechtsweg vor den ordentlichen Gerichten eröffnet ist, haben die Vorinstanzen in Übereinstimmung mit der Rechtsprechung des Reichsgerichts RGZ. Bd. 75 S. 188, vgl. VI. 519/10, 270/17, angenommen.

Da die Krankenhausbehandlung der geschlechtskranken Kassenmitglieder unstreitig dem erklärten Willen der Klägerin widersprach, ist der Anspruch der Beklagten nach §§ 679, 683, 670 BGB. nur dann begründet, wenn ohne ihr Eingreifen, in welchem im übrigen das Berufungsgericht — insoweit zugunsten der Beklagten — eine Besorgung der Geschäfte der Klägerin gegeben findet, eine Pflicht der Klägerin nicht rechtzeitig erfüllt worden wäre, deren Erfüllung im öffentlichen Interesse liegt. Daß dem hier so sei, hat das Berufungsgericht verneint, weil für die Klägerin im Sinne des § 679 BGB. eine Pflicht zur Krankenhausbehandlung ihrer Kassenmitglieder nach der hierfür in § 184 RVO. getroffenen Regelung überhaupt nicht bestehe. Die Revision hält dafür, daß hierbei dem Worte Pflicht in § 679 BGB. eine zu enge Auslegung gegeben werde. Dem Berufungsgerichte war aber beizutreten.

Ohne weiteres erhellt, daß die Krankenhilfe der Krankenkassen einerseits, das hier in Rede stehende Eingreifen der Polizeibehörde anderseits zwar beide darauf gerichtet sind, den Erkrankten der Heilung zuzuführen, daß auch beide Maßnahmen der Fürsorge für die Gesundheit und die gesundheitliche Leistungsfähigkeit der Bevölkerung darstellen, jedoch im übrigen — was allerdings der Annahme einer Geschäftsbesorgung im Sinne des § 677 nicht ohne weiteres entgegensteht (vgl. RGZ. Bd. 75 S. 283, Bd. 77 S. 197) — unmittelbare Ziele ganz verschiedener Art verfolgen. Die Polizeibehörde faßt in erster Reihe die Gefahr ins Auge, welche eine geschlechtskranke, der Gewerbsunzucht geneigte und verdächtige Frauensperson für die Öffentlichkeit bedeutet, und hat hiergegen unter gesundheits- und sicherheitspolizeilichen Gesichtspunkten nötigenfalls mit

Zwang vorzugehen, um der Schädlichkeit weiteren Geschlechtsverkehrs der Kranken vorzubeugen. Demgegenüber hat die Krankenkasse wesentlich nur die Aufgabe, dem Erkrankten zur Erhaltung seiner Erwerbs- und Arbeitsfähigkeit Krankenhilfe zu gewähren, eine, der Gesichtspunkte der allgemeinen sozialen Wohlfahrt unbeschadet, zunächst individuell gerichtete Fürsorge, die mit einer gesetzlichen Zwangsgewalt gegenüber dem Erkrankten nur in ganz begrenztem Umfange (§ 529 Abs. 1 RVO.: wegen Übertretung der Krankenordnung oder der Anordnungen des behandelnden Arztes) ausgestattet ist und jedenfalls grundsätzlich (vgl. §§ 1545, 1551 RVO.) dem Versicherten nicht aufgezwungen werden kann. Wie hiernach die der Krankenkasse obliegende Krankenhilfe in Ansehung der Regelleistungen (Krankenpflege und Krankengeld nach Maßgabe des § 182 RVO.) als eine Pflicht nur mit dem Vorbehalte zu verstehen ist, daß sie vom Kassenmitglied gewollt und beantragt ist, so gilt eine einschränkende Betrachtung der Pflicht der Kasse in erhöhtem Maße von der Gewährung der Krankenhauspflege, die nach der Vorschrift des § 184 RVO. an Stelle der Krankenpflege und des Krankengeldes gewährt werden kann. Abgesehen davon, daß es dazu, sofern der Kranke einen eigenen Haushalt hat oder Mitglied des Haushalts seiner Familie ist, seiner Zustimmung bedarf, von der nur in den Ausnahmefällen des Abs. 2 Nr. 1 bis 4 das. abgesehen werden kann, steht es grundsätzlich im Ermessen der Kasse, an Stelle der Krankenpflege und des Krankengeldes eine Krankenhauspflege zu gewähren. Wie das Reichsversicherungsamt in fester Rechtsprechung annimmt und unter Darlegung der Entstehungsgeschichte der Vorschrift (§ 184 RVO.), worauf hier verwiesen sei (Amtl. Nachr. 1914 S. 818; 1916 S. 478, 647; 1917 S. 388), überzeugend begründet hat, kann weder ein im Spruchverfahren (§§ 1636 bis 1734 RVO.) verfolgbarer Anspruch des Versicherten auf Krankenhauspflege noch eine Befugnis der Aufsichtsbehörde, die Übernahme der Krankenhauspflege durch die Krankenkasse im Einzelfalle zu erzwingen, aus dem Gesetze hergeleitet werden.

Demgegenüber bedeutet es auch keine Einschränkung dieses Grundsatzes, wenn das Reichsversicherungsamt weiter (Amtl. Nachr. 1917 S. 504 Nr. 2553) ausgesprochen hat, daß, sofern eine Kasse zunächst Krankenhauspflege gewährt, es ihr zwar im allgemeinen unbenommen ist, jederzeit hiervon abzugehen und sich auf die Leistungen nach § 183 RVO. zu beschränken, daß aber der Versicherte, wenn er einmal in Krankenhauspflege eingewiesen ist, auf deren Fortsetzung einen Anspruch hat, so lange als sie notwendig ist; wie denn auch in diesem Zusammenhange das Reichsversicherungsamt jene bereits angeführte Rechtsprechung über die Ermessensfreiheit der Kasse ausdrücklich aufrechterhalten hat. Im übrigen besteht dafür, daß eine Sachlage der letztgedachten besonderen Art in einem der hier in Betracht kommenden Fälle gegeben gewesen wäre, kein Anhalt. Auch die Vorschrift des § 184 Abs. 4, wonach in den Fällen des Abs. 3 Nr. 1, 2, 4 die Kasse „möglichst Krankenhauspflege gewähren soll", kann keinen Zweifel daran begründen, daß das Gesetz in dieser Frage der Kasse ein Ermessen einräumen will, das unter Gesichtspunkten der verschiedensten Art ausgeübt werden kann. Ein freies, willkürliches Belieben zuzulassen, liegt naturgemäß nicht im Sinne des Gesetzes: es liegt im Wesen der der Kasse obliegenden gemeinnützigen Aufgabe, daß sie ihr Ermessen in einer dieser Aufgabe entsprechenden Weise auszuüben hat. Aber rechtliche Voraussetzungen für die Gewährung der Krankenhauspflege, Umstände, aus denen sich eine rechtliche Verpflichtung der Kasse ergäbe, die durch Aufnahme des Kranken in Krankenhauspflege zu erfüllen wäre, bezeichnet das Gesetz nicht. Vielmehr soll, wie auch schon der Wortlaut des hervorgehobenen Abs. 4 des § 184 zur Genüge erkennen läßt, der Kasse das sachgemäße, aber freie Ermessen hierüber stets gewahrt bleiben. Dieser Regelung würde es nicht entsprechen, wenn im Wege der Geschäftsführung ohne Auftrag die Polizeibehörde dazu gelangen könnte, ihr Ermessen an die Stelle eines solchen der Kasse zu setzen und diese zu einer Leistung zu zwingen, die weder der Versicherte noch die Aufsichtsbehörde zu erzwingen in der Lage wäre.

Die Revision glaubt eine Pflicht der Kasse im Sinne des § 679 BGB. in Ansehung der Krankenhauspflege aus dem in § 184 Abs. 4 gebrauchten Worte „soll" in Verbindung mit dem Umstande herleiten zu können, daß, was die Kasse danach tun soll, im öffentlichen Interesse geboten sei. Dem kann indessen nicht beigetreten werden. Eine vorbehaltslose Pflicht zur Gewährung der Krankenhilfe im allgemeinen oder der Krankenhauspflege im besonderen wird der Krankenkasse im Gesetze, wie ausgeführt, überhaupt nicht auferlegt.

Daran ändert auch das an der sachgemäßen Besorgung der Aufgaben der Krankenversicherung bestehende öffentliche Interesse nichts. Daß es im übrigen zum Tatbestande des § 679 BGB. nicht genügt, wenn das „Geschäft", d. i. hier die Unterbringung der Kranken im Krankenhaus im öffentlichen Interesse liegt, kann keinem Zweifel unterliegen. Gegenüber der bereits im § 755 I. E. aufgestellten Voraussetzung, daß von dem Geschäftsführer die im öffentlichen Interesse gebotene Erfüllung einer dem Geschäftsherrn obliegenden Verbindlichkeit bewirkt sei, war in der zweiten Kommission eine Abänderung dahin (Prot. Bd. 2 S. 736 unter 3) beantragt, statt dessen es genügen zu lassen, daß „die Besorgung des Geschäfts durch das öffentliche Interesse geboten" sei. Dies wurde (S. 738) abgelehnt; es solle an der Voraussetzung festgehalten werden, daß es sich um eine Verpflichtung des Geschäftsherrn handle. Als solche kann nur eine rechtliche, sei es im öffentlichen, sei es im Privatinteresse wurzelnde, gesetzliche oder vertragsmäßige Verpflichtung gelten; die Erstreckung insbesondere auf die Erfüllung sittlicher Pflichten ist bereits im Schoße der zweiten Kommission (S. 738 Abs. 1) gleichfalls abgelehnt worden.

Darauf, daß die Polizeibehörde der Klägerin durch ihr Eingreifen mindestens Auslagen erspart habe, welche dieser sonst für Leistungen nach § 182 RVO. (Krankenpflege, Krankengeld) erwachsen wären, hat sich die Beklagte nicht berufen. Daß das Krankengeld in den hier in Betracht kommenden Fällen gezahlt worden ist, hat die Klägerin unwidersprochen vorgetragen; in Ermangelung sonstiger tatsächlicher Unterlagen kann der Beurteilung im übrigen (vgl. § 684 BGB.) hier nicht nähergetreten werden."

---

45. Hat derjenige, welcher den Vertrieb von Waren eines Fabrikunternehmens für einen bestimmten Bezirk übernommen hat, einen Anspruch auf Auskunfterteilung über Geschäfte, die die Fabrik vertragswidrig in seinem Bezirk unmittelbar abgeschlossen hat?

BGB. § 687 Abs. 2.

III. Zivilsenat. Urt. v. 12. Februar 1918 i. S. M. (Bekl.) w. B. (Kl.). Rep. III. 254/17.

I. Landgericht Paderborn.
II. Oberlandesgericht Hamm.

Die Klägerin behauptet, daß die Beklagte, die ihr das Alleinverkaufsrecht ihrer Kalkerzeugnisse für bestimmte Gebiete übertragen habe, in den Jahren 1910 bis 1914 vertragswidrig selbst solche Erzeugnisse in dem der Klägerin übertragenen Absatzgebiete verkauft habe, und fordert deshalb Auskunft über diese Geschäfte und Ersatz des ihr dadurch erwachsenen Schadens. Das Landgericht verurteilte die Beklagte zu der beantragten Auskunfterteilung, das Berufungsgericht entsprach, nachdem ein früheres, die Klage abweisendes Berufungsurteil auf die Revision der Klägerin[1] aufgehoben worden war, den mittels Anschlußberufung gestellten Anträgen der Klägerin auf Verurteilung der Beklagten zur gesonderten Auskunfterteilung über die von ihr in den Jahren 1910 bis 1914 im Absatzgebiete der Klägerin betätigten Abschlüsse und Lieferungen. Die Revision der Beklagten hatte keinen Erfolg.

Aus den Gründen:

„Nach den Feststellungen des jetzt angefochtenen Urteils hatte die Beklagte der Klägerin für ein bestimmtes Gebiet der Rheinlande den Alleinvertrieb gewisser von ihr erzeugter Kalksorten mit der besonderen Verpflichtung übertragen, alle aus diesem Gebiete bei ihr einlaufenden Anfragen der Klägerin zu überweisen. Diese wiederum hatte sich verpflichtet, das Gebiet energisch zu bearbeiten und keine anderen westfälischen Marken als die der Beklagten zu vertreiben. Die Preise des Weiterverkaufs waren im allgemeinen der Klägerin überlassen, nur für bestimmte Sorten waren Mindestverkaufspreise festgesetzt. Das Berufungsgericht nimmt hiernach an, daß die Klägerin nicht Bezirksagentin der Beklagten gewesen sei, daß auch ihr Verhältnis zu der Beklagten nicht wirtschaftlich dem des Bezirksagenten ähnlich gewesen, daß das Verhältnis zwischen den Parteien vielmehr das der sog. Generalvertretung gewesen sei. Das Berufungsgericht stellt weiter fest, daß die Beklagte entgegen ihrer vertraglichen Verpflichtung unmittelbare Abschlüsse in dem Absatzgebiete der Klägerin

---

[1] Durch Urteil vom 3. November 1916 III. 73/16, abgedruckt in der Jur. Wochenschrift 1917 S. 156 Nr. 6. D. E.

betätigt habe. Es erachtet hiernach die Beklagte für schadensersatzpflichtig. Es folgert ferner aus besonderen Bestimmungen des Vertrags, daß der Klägerin der Ersatz dieses Schadens mindestens in Höhe des von der Beklagten bei den vertragswidrigen Abschlüssen erzielten Überpreises gebühre und daß für die Berechnung dieses Schadens die Feststellung der von der Beklagten in dem Absatzgebiete der Klägerin betätigten Geschäfte nicht zu entbehren sei. Darauf sowie auf die Bestimmung des § 687 Abs. 2 BGB., dessen Voraussetzungen das Berufungsgericht hier für gegeben erachtet, gründet es die Verpflichtung der Beklagten zur Auskunfterteilung. . . .

(Es folgt die Prüfung eines prozessualen Angriffs der Revision. Sodann wird fortgefahren:) Die Revision wendet sich weiter gegen die Annahme des Berufungsgerichts, daß die Beklagte nach dem Inhalte des Vertrags und nach § 687 Abs. 2 BGB. zur Auskunfterteilung verpflichtet sei. Ob dem Berufungsgerichte darin beizutreten ist, daß die Voraussetzungen des § 687 Abs. 2 BGB. hier gegeben seien, kann dahingestellt bleiben. Die Begründung jener Annahme aus der Eigenart des Vertrags unterliegt jedenfalls keinem rechtlichen Bedenken. Schon die Tatsache, daß durch die Art der „Generalvertretung", wie sie hier bestand, eine dauernde Interessengemeinschaft zwischen den Parteien geschaffen war, eine Gemeinschaft, welche die Klägerin verpflichtete, mit ihren eigenen auch die Interessen der Beklagten wahrzunehmen, und welche anderseits ein unmittelbares Eingreifen der Beklagten in das Absatzgebiet der Klägerin ausschloß, rechtfertigt die Annahme einer Auskunftspflicht der Beklagten, wenn sie dieser Vertragspflicht zuwiderhandelt. Ob die Klägerin die Vergütung für die im Interesse der Beklagten entfaltete Tätigkeit gleich dem Agenten durch eine Provision oder durch die von ihr erzielten Überpreise erhielt und ob sie in der Bestimmung der Weiterverkaufspreise mehr oder weniger beschränkt war oder völlig freie Hand hatte, kann in dieser Hinsicht keinen wesentlichen Unterschied begründen."

46. Sind die Genesungsheime der Landesversicherungsanstalten öffentliche Krankenanstalten im Sinne des § 5 Abs. 1d des preußischen Stempelsteuergesetzes vom 30. Juni 1909?

VII. Zivilsenat. Urt. v. 12. Februar 1918 i. S. Landesversicherungsanstalt W. (Kl.) w. preuß. Staat (Bekl.). Rep. VII. 403/17.

I. Landgericht Dortmund.
II. Oberlandesgericht Hamm.

Die Klägerin hat durch Vertrag vom 22. Juni/1. Juli 1915 von dem Kreise A. und der Stadt L. das Genesungsheim H. gekauft. Die Auflassung ist erfolgt. Zu dem Vertrage wurde ein Landesstempel nach Tarifst. 32 LStG. als Gerichtsgebühr von der Klägerin erfordert, und zwar in der vollen tarifmäßigen Höhe von 2768,50 *M*. Die Klägerin erhob Klage auf Rückzahlung der Summe. Im Laufe des ersten Rechtsganges wurden 1384 *M* zurückgezahlt, weil das Genesungsheim H. in der Hand seiner Voreigentümer eine öffentliche Krankenanstalt im Sinne des § 5 Abs. 1d LStG. gewesen sei. Der weitergehende Anspruch wurde vom Landgericht abgewiesen, weil H. jetzt keine öffentliche Krankenanstalt mehr sei, die Klägerin auch die dem Fiskus nach § 5 Abs. 1b LStG. gewährte persönliche Stempelfreiheit nicht genieße. Die Berufung und die Revision der Klägerin wurden zurückgewiesen.

Aus den Gründen:

... „Ihren Hauptangriff richtet die Revision dagegen, daß das Oberlandesgericht das Genesungsheim H. in der Hand der Klägerin nicht als „öffentliche Krankenanstalt" anerkannt hat. Von der Entrichtung der Stempelsteuer sind nämlich nach § 5 Abs. 1 Buchst. d LStG. befreit die „öffentlichen Armen-, Kranken-, Arbeits- und Besserungsanstalten, ferner öffentliche Waisenhäuser, vom Staate genehmigte Hospitäler und andere Versorgungsanstalten ..." Unter Buchstabe e a. a. O. werden weiter als befreit die öffentlichen Schulen und Universitäten angeschlossen. Diese Bestimmungen gehen auf die Deklaration vom 27. Juni 1811 (GS. S. 313) zurück, haben ihren jetzigen Wortlaut im wesentlichen zuerst im preuß. Gerichtskostengesetze vom 10. Mai 1851 (GS. S. 622) bei der Regelung der Gebührenfreiheit erhalten, und sie finden sich demnächst auch in den Tarifen zu den preuß. Erbschaftssteuergesetzen vom 30. Mai 1873 (GS. S. 329) und 19. Mai 1891/31. Juli 1895 (GS. S. 78/412), sowie in dem geltenden preuß. Gerichtskostengesetze vom 25. Juli 1910 (GS. S. 184) vor.

Für die Auslegung des hier aufgestellten Begriffs der Öffentlichkeit ist die Entscheidung des Reichsgerichts (III. Zivilsenat) vom 22. November 1881 (JMBl. 1882 S. 315) grundlegend geworden, in der als öffentlich im Sinne des Erbschaftssteuergesetzes diejenigen Schulen anerkannt werden, die im Eigentum oder unter Verwaltung des Staates oder einer Kommune stehen, und in die aufgenommen zu werden jedermann beanspruchen oder doch unter gewissen Voraussetzungen beanspruchen kann. An dieser Begriffsbestimmung hat die Verwaltungsübung (vgl. Hummel-Specht Anm. 10 zu § 5 LStG.) und die Rechtsprechung des Kammergerichts für den Umkreis des Stempelgesetzes, des Erbschaftssteuergersetzes und des Gerichtskostengesetzes festgehalten (vgl. z. B. Johow Bd. 23 B S. 33, Bd. 27 B S. 3, Bd. 43 B S. 320). Nur die in der OLGRechtspr. Bd. 7 S. 237 und bei Johow Bd. 28 B S. 55 flg. abgedruckten Entscheidungen des Kammergerichts haben vorübergehend das Erfordernis, daß die betreffende Anstalt gerade dem Staate oder einer Kommune gehören oder doch von ihnen verwaltet werden muß, etwas zurücktreten lassen. Das ist indessen ohne wesentliche Bedeutung und entbehrt sogar nicht einer gewissen inneren Berechtigung, weil die Frage nach dem Eigentümer oder Verwalter in der Regel mehr mittelbar wirkt, als unmittelbar den Ausschlag gibt. Staat und Kommune umfassen alle Bewohner des Staatsgebiets oder eines bestimmt abgegrenzten Teiles davon, die von ihnen betriebenen Anstalten werden daher regelmäßig jedermann offenstehen. Andere Körperschaften oder Anstalten des öffentlichen Rechtes umfassen nur gewisse Klassen von Bewohnern ihres Bezirkes oder dienen nur ihnen, die von ihnen betriebenen Einrichtungen werden daher häufig auch nur jenen Klassen offenstehen.

Über die Frage der Öffentlichkeit der Krankenanstalten und Schulen hat auch das preußische Oberverwaltungsgericht auf der Grundlage des Kommunalabgabengesetzes vom 14. Juli 1893 (GS. S. 152) geurteilt. Nach § 24 Abs. 1 Buchst. f und h a. a. O. sind den Steuern vom Grundbesitze nicht unterworfen die zum öffentlichen

Unterrichte bestimmten Gebäude und die Armen-, Waisen- und öffentlichen Krankenhäuser, die Gefängnis-, Besserungs-, Bewahr- usw. Anstalten. Als öffentlichen Unterricht sieht das Oberverwaltungsgericht (VIII. Senat) in seiner Entscheidung vom 20. Juni 1913 (Bd. 64 S. 257) denjenigen an, der im Rahmen der staatlich gestellten Aufgaben des ihn Darbietenden im öffentlichen Interesse erteilt wird, und das öffentliche Interesse wird für gegeben erachtet, wenn die Schule allen Personen zugänglich ist, die die vorgeschriebenen Voraussetzungen erfüllen. In der Frage nach der Öffentlichkeit einer Krankenanstalt nimmt das Oberverwaltungsgericht (II. Senat) in zwei die Lazarette der Knappschaftsvereine betreffenden Entscheidungen (vom 15. März 1903, Entsch. Bd. 44 S. 169, und vom 28. November 1905, Preuß. VerwaltBl. Bd. 27 S. 376) einen abweichenden Standpunkt ein. Für ausschlaggebend hält es nicht die Persönlichkeit des Eigentümers, auch nicht die allgemeine Zugänglichkeit, vielmehr lediglich den Umstand, daß das Krankenhaus im öffentlichen Interesse, d. h. nach der Ansicht des Oberverwaltungsgerichts nicht des Erwerbes wegen, sondern zu gemeinnützigen Zwecken betrieben wird. Diese Auslegung beruht wesentlich auf der vom Kammergerichte bei Johow Bd. 28 B S. 55 flg. ausführlich mitgeteilten Entstehungsgeschichte des Kommunalabgabengesetzes. Die Öffentlichkeit als Erfordernis für die Steuerfreiheit eines Krankenhauses ist erst bei den Kommissionsberatungen und zu dem ausgesprochenen Zwecke in das Gesetz hineingebracht worden, die häufig großen Gewinn bringenden Privatkliniken der Ärzte von der Befreiung auszunehmen. Später sind Zweifel aufgetaucht, ob durch die gewählte Fassung der Rahmen nicht zu eng gezogen sei, es ist aber bei der einmal gewählten Fassung geblieben. Es kann hier unerörtert bleiben, ob diese Vorgänge bei der Beratung des Kommunalabgabengesetzes die vom Oberverwaltungsgerichte daraus gezogenen Schlußfolgerungen rechtfertigen. Soviel ist daraus mit dem Kammergerichte jedenfalls zu entnehmen, daß das Erfordernis der Öffentlichkeit bei den Krankenhäusern, wie es das Kommunalabgabengesetz aufstellt, auf einem anderen Boden erwachsen ist, als das gleiche Erfordernis in dem Landesstempelgesetze, dem preuß. Gerichtskostengesetz und dem preuß. Erbschaftssteuergesetze. Eine Gleichsetzung der Begriffe erscheint danach ausgeschlossen. Das wird auch von dem Oberverwaltungsgerichte selbst anerkannt, indem es in der

Frage nach der Öffentlichkeit des Unterrichts der vom Reichsgericht aufgestellten Begriffsbestimmung im wesentlichen folgt.

Auch im Schrifttum sind Angriffe gegen diese Begriffsbestimmung gerichtet worden, wie bereits das Oberlandesgericht hervorgehoben hat. Den an sich gründlichen und beachtenswerten Ausführungen Ungers (in der „Selbstverwaltung" 1909 S. 493, 509, 525) kann aber nicht beigetreten werden. Verfehlt erscheint bereits sein Ausgangspunkt, der Versuch, für die öffentlichen Krankenanstalten, wo auch immer sie in Gesetzen und Verordnungen genannt sind, gemeinsame Merkmale aufzustellen. Für die von Unger herangezogenen Bestimmungen sind die verschiedensten Gesichtspunkte maßgebend gewesen, z. B. stempel- und steuerrechtliche, gesundheits-, seuchen- und gewerbepolizeiliche und auf die Durchführung des Personenstandsgesetzes gerichtete. Eine jede ist auf ihrem besonderen Boden erwachsen und trägt die Merkmale ihres Ursprungs und ihrer Entwickelung an sich. Deshalb ist der Rahmen, in den die „öffentlichen Krankenanstalten" sämtlich hineinpassen sollen, sehr weit, die Begriffsbestimmung selbst schließlich recht farblos geworden. Und auch dies Ziel wurde nicht ohne Gewaltsamkeiten erreicht. Dazu gehört die von vornherein (S. 527) vorgenommene und auch bei der Erörterung des § 30 GewO. betätigte (S. 512) Gleichsetzung der in öffentlicher Hand befindlichen Krankenanstalten mit den „öffentlichen", die gerade den erst zu beweisenden Satz darstellt. Dazu gehört weiter die Verflachung der Begriffe, bei der schließlich ein mehr oder minder öffentlichrechtlicher Charakter (S. 525) genügt, die große Allgemeinheit, die Öffentlichkeit schließlich mit dem geschlossenen Kreise der an der Invaliditätsversicherung beteiligten Personen zusammenfällt (S. 528 flg.), das persönliche Interesse des einzelnen mit seinem Interesse als Staatsbürger zusammengeworfen wird (S. 529), wohltätige Zwecke schlechthin als dem öffentlichen Interesse dienend angesehen werden (S. 531), und auch juristische Personen des Privatrechts als Eigentümer öffentlicher Krankenanstalten sollen in Frage kommen können (S. 531). Unter diesen Umständen geben auch die Ungerschen Darlegungen keinen zwingenden Anlaß, von der an die Spitze gestellten Begriffsbestimmung abzugehen, wie sie das Reichsgericht in seinem Urteile vom 22. November 1881 für die Öffentlichkeit einer Anstalt gegeben hat.

An ihr gemessen, läßt das Genesungsheim H. in der Hand seiner jetzigen Eigentümerin sämtliche Merkmale der Öffentlichkeit vermissen. Es befindet sich weder im Eigentum noch in der Verwaltung des Staates oder einer Kommune, vielmehr im Eigentum und in der Verwaltung der Klägerin, einer selbständigen, neben Staat und Kommunen stehenden juristischen Persönlichkeit des öffentlichen Rechtes (§§ 4, 1326 flg. RVO.), es ist nicht jedermann zugänglich, vielmehr nur den bei der Klägerin versicherten Arbeitern und ihren Witwen, auch diese haben aber weder einen unbedingten noch auch nur einen an gewisse Voraussetzungen geknüpften Anspruch auf Annahme (§§ 1269 flg. RVO.). Es ist danach lediglich Sache des Vorstandes der Klägerin, geeignete Personen für das Heilverfahren auszuwählen und in die Anstalt zu briugen. Mit Recht hat das Berufungsgericht es also abgelehnt, das Genesungsheim H. als öffentliche Krankenanstalt anzuerkennen." . . .

---

47. Verkauf mit der Abrede, daß der Kaufpreis durch Akkreditiv bei einer Bank sicher zu stellen ist und die Bank dem Verkäufer die Akkreditierung binnen bestimmter Frist zu bestätigen hat. Genügt es, wenn die Bestätigung dem Verkäufer am letzten Tage der Frist nach Schluß der Geschäftszeit zugeht? Wann darf eine geringfügige Fristüberschreitung als unwesentlich behandelt werden?

II. Zivilsenat. Urt. v. 12. Februar 1918 i. S. offene Handelsgesellschaft G. Braun & Co. (Bekl.) w. B. (Kl.). Rep. II. 420/17.

I. Landgericht I Berlin, Kammer für Handelssachen.
II. Kammergericht daselbst.

Laut Schreiben vom 2. März 1915 verkaufte die Beklagte der Klägerin 50 Wagen zu je 10000 kg italienischen oder spanischen Vollreis zum Preise von 74 Frcs. für 100 kg, lieferbar frei Waggon Station Singen Die Beklagte sollte die Ware von Singen unfrankiert an die Klägerin nach Mannheim abfertigen. Zahlung sollte gegen die Duplikatfrachtbriefe für Rechnung der Klägerin bei der Schweizer Kreditanstalt in Zürich zugunsten des Wiener Bankvereins wegen Reisgeschäft G. Braun & Co. (Beklagte) geleistet werden. Die

Klägerin sollte den Preis sofort durch Akkreditiv bei der Schweizer Kreditanstalt zugunsten des Wiener Bankvereins sicherstellen. Die Bestätigung der Schweizerischen Kreditanstalt sollte spätestens am 11. März dem Wiener Bankverein in Wien zugehen. Andernfalls sollte die Beklagte berechtigt sein, den Vertrag als nicht geschlossen anzusehen. Die Lieferung sollte sukzessive innerhalb fünf Wochen nach Eingang der Bestätigung beim Wiener Bankverein ohne Nachfrist und Aufforderung erfolgen.

Die Schweizerische Kreditanstalt hat dem Wiener Bankverein die Akkreditierung für 370000 Schweizer Frcs. am 6. März bestätigt, aber nicht als eine unwiderrufliche. Auf erneute Anweisung der von der Klägerin beauftragten Darmstädter Bank hat sie am 10. März den Kredit als bis zum 10. April unwiderruflich bestätigt. Auf weiteres Auffordern hat die Schweizerische Kreditanstalt die Gültigkeit der Akkreditierung bis zum 20. April erstreckt. Dieses an den Wiener Bankverein gerichtete Telegramm ist laut übereinstimmender Angabe der Parteien dem Wächter im Gebäude des Wiener Bankvereins am 11. März etwa um 10 Uhr abends ausgehändigt worden. Nach Behauptung der Klägerin war im Gebäude auch ein anderer Beamter anwesend, der Nachtdienst zur Erledigung dringender Geschäfte hatte. Nach Behauptung der Beklagten ist das Telegramm erst am Morgen des 12. März vom Portier dem zuständigen Beamten des Bankvereins übergeben worden. Jedenfalls ist der Eingang erst am 12. März durch Vermittelung der Darmstädter Bank der Beklagten telegraphisch mitgeteilt worden. Am gleichen Tage hat die Beklagte telegraphisch und brieflich erklärt, daß die Akkreditierung verspätet und auch inhaltlich ungenügend sei, daß sie berechtigt sei, vom Vertrage zurückzutreten, daß ihr Verkäufer Schwierigkeiten mache und daß sie deswegen ihren Rechtsstandpunkt wahren müsse; daß sie aber koulant sein und liefern wolle, wenn sie selbst Ware erhalte, deshalb wolle sie auch noch nicht endgültig vom Vertrage zurücktreten, sondern nur sich das Recht dazu vorbehalten. Durch Telegramm vom 7. April hat sie endgültig die Lieferung verweigert.

Die Klägerin behauptete, hierdurch in Höhe von 220100 *M* vertragswidrig geschädigt zu sein, und machte mit der Klage einen Teilbetrag von 10000 *M* geltend. Das Landgericht wies die Klage ab. Das Kammergericht erklärte den Anspruch dem Grunde nach für gerechtfertigt. Auf Revision der Beklagten wurde das erste Urteil wiederhergestellt.

Gründe:

„Gemäß dem Kaufvertrage vom 2. März 1915 hatte die Klägerin den vollen Kaufpreis durch Akkreditive der Schweizerischen Kreditanstalt zugunsten des Wiener Bankvereins sicherzustellen, und zwar war das Zahlungsversprechen der Kreditanstalt „sofort", spätestens aber bis zum 11. März dem Bankvereine beizubringen. Es handelt sich also um eine Leistung, welche die Klägerin vor dem Ende der Frist zu beschaffen hatte. Laut § 358 HGB. kann bei Handelsgeschäften die Leistung nur während der gewöhnlichen Geschäftszeit bewirkt werden. Ist für eine Leistung eine nach Tagen bestimmte Frist gesetzt, so endet diese folglich mit dem Ende der gewöhnlichen Geschäftszeit des letzten Tages der Frist. Was später eintrifft, ist verspätet, selbst wenn es noch am gleichen Tage dem Empfänger der Leistung zugeht. Es wäre also unerheblich, wenn, wie das Berufungsgericht als möglich offen läßt, das am 11. März zwischen 9 und 11 Uhr abends bei dem Wiener Bankverein eingetroffene Telegramm, das die Bestätigung des Kredits enthielt, einem zuständigen Beamten ausgehändigt wäre. Die Bestellung der Sicherheit ist auf alle Fälle zu spät erfolgt.

Das Berufungsgericht gründet seine Entscheidung nur darauf, daß die Verspätung, wenn eingetreten, unwesentlich sei. Es meint, die Beklagte verstoße wider Treu und Glauben, indem sie diese geringfügige Verspätung zum Grunde des Rücktritts nehme. Auch dies ist rechtsirrtümlich. Zu Unrecht bezeichnet das Berufungsgericht die Verspätung als nicht von der Klägerin verschuldet. Dem Anscheine nach ist sie — was auch das Berufungsgericht ausspricht — von der Schweizerischen Kreditanstalt verschuldet. Diese war aber die Erfüllungsgehilfin der Klägerin, und ihre Fahrlässigkeit war von der Klägerin zu vertreten.

Der Grundsatz, daß geringfügige und unverschuldete Fristüberschreitungen nicht schaden, ist besonders für bloße Anzeigen und Erklärungen bei Rechtsverhältnissen, deren Natur einige Nachsicht fordert, mehrfach ausgesprochen worden. In bezug auf eine gemäß § 326 BGB. für eine Leistung gesetzte Nachfrist hat der erkennende Senat in dem Urteile Jur. Wochenschr. 1915 S. 1004 nur ausgesprochen, daß bei ganz besonderer Lage des Falles eine Verspätung, wenn sie geringfügig und dazu unverschuldet sei, unschädlich sein könne.

Alles dies trifft für den Streitfall nicht zu. Es handelt sich um ein sehr bedeutendes Geschäft des Großhandels, das mit Rücksicht auf die bewegte Zeit besondere Pünktlichkeit erforderte. Der gesamte Inhalt des Vertrags zeigt auch, daß größter Wert auf strenge Einhaltung der Fristen gelegt ist. Die Lieferung sollte nach und nach binnen fünf Wochen ohne Mahnung und Nachfrist erfolgen. Die Bestätigung des Kredits sollte spätestens am 11. März beim Bankverein eintreffen; andernfalls sollte Beklagte berechtigt sein, den Vertrag aufzuheben. Es geht also zugunsten und zu Lasten beider Teile durch den Vertrag der Grundsatz, daß jede Fristversäumnis den Gegner frei macht. Es kommt hinzu, daß die Frist nicht etwa knapp war. Hätte die Schweizerische Kreditanstalt die durch das Telegramm der Darmstädter Bank vom 3. März empfangene Weisung sofort ausgeführt, so hätte der Wiener Bankverein die Sicherstellung schon am 4. März erhalten, während eine Woche mehr zur Verfügung stand. Endlich ist die eingetretene Verspätung auch nicht unerheblich. Die Beklagte konnte am Ende der Geschäftszeit des 11. März beim Bankverein anfragen, ob die Bestätigung vorlag, und konnte noch am Abend des gleichen Tages gemäß der empfangenen Antwort handeln, während sie von dem nachträglichen Eingange der Bestätigung erst am folgenden Tage Kenntnis erhalten hat. Dies konnte einen Unterschied für sie machen.

Unter diesen Umständen ist es nicht wider Treu und Glauben, daß die Beklagte sich vom Vertrage losgesagt hat, weil die Bestätigung bis zum Ende der gewöhnlichen Geschäftszeit des 11. März nicht eingetroffen war. Sie machte damit nur von ihrem Rechte einen dem Charakter des ganzen Geschäfts entsprechenden Gebrauch. Ob die Verspätung für sie tatsächlich wichtig geworden ist, darüber braucht sie mit der Klägerin nicht zu rechten. Gleichgültig ist auch, aus welchem inneren Grunde die Beklagte von dem Rechte zum Rücktritt Gebrauch gemacht hat, und was das Berufungsgericht hierüber aus der zaudernden Haltung der Beklagten schließt.

Die Beklagte ist auch unstreitig zurückgetreten. Sie erklärt in ihrem Briefe vom 12. März allerdings nur, daß sie sich das Recht zum Rücktritt vorbehalte. Die Gesamtheit ihrer Erklärung besagt aber deutlich, daß sie nicht mehr gebunden sein wollte, das vertragliche Band also auflöse und nur „um koulant zu sein" zu den Vertragsbedingungen liefern werde, wenn der Verlauf der Sache es ihr ermögliche. Wollte die Klägerin von diesem Erbieten keinen Gebrauch machen, so brauchte sie es nur abzulehnen. Die Wirksamkeit des Rücktritts wurde durch diesen Vorschlag nicht beeinträchtigt.

Demzufolge mußte wegen der verspäteten Bestätigung des Kredits die Klage abgewiesen werden, ohne daß es auf die weiteren Angriffe der Revision noch ankam."

---

48. 1. Kann der Verkäufer, der sich dem Käufer gegenüber schlechthin verpflichtet, einem von diesem aufzunehmenden und zur Bebauung des Kaufgrundstücks zu verwendenden Pfandbriefdarlehn vor seiner auf diesem Grundstück eingetragenen Restkaufgeldhypothek den Vorrang einzuräumen, die Vorrangseinräumung davon abhängig machen, daß zuvor der Hausbau ausgeführt oder daß wenigstens die Verwendung des Pfandbriefdarlehns zum Hausbau sichergestellt wird?

2. Kann der aus einem gegenseitigen Vertrag in Anspruch Genommene dem Anspruche des anderen Vertragsteils die Einrede des nicht erfüllten Vertrags oder die Einrede des Zurückbehaltungsrechts mit Erfolg entgegensetzen, wenn er sich zur Zeit, wo seine Gegenforderung fällig wurde, mit der von ihm geschuldeten Leistung schon im Verzuge befand?

3. Steht die sich aus einem solchen Verzug ergebende Verpflichtung zum Schadensersatz auch dann einer dem Anspruche des anderen Teiles entgegengesetzten, auf veränderte Umstände gegründeten Einrede entgegen, wenn die Veränderung der Umstände erst eingetreten ist, als sich der in Anspruch Genommene bereits im Verzuge befand?

BGB. §§ 249, 284 flg., 273, 320, 321.

V. Zivilsenat. Urt. v. 13. Februar 1918 i. S. Ph. v. G. u. W. (Bekl.) w. M. (Kl.). Rep. V. 298/17.

I. Landgericht Königsberg.
II. Oberlandesgericht daselbst.

Durch notariellen Vertrag vom 19. September 1912 kaufte der Kläger von dem damaligen Rittergutsbesitzer G. W. das Rittergut B. und andere Grundstücke mit Inventar für 1200000 *M*. Der Kaufgelderrest von 596500 *M* wurde durch Eintragung auf dem dem Kläger am 7. Oktober 1912 aufgelassenen Grundbesitze hypothekarisch sichergestellt, und zwar derart, daß ihm nur eine vom Kläger übernommene Darlehnshypothek der Ostpreußischen Landschaft von 303500 *M* vorausgeht. Durch § 11 des Kaufvertrags hatte der Verkäufer sich verpflichtet, „auf Verlangen des Käufers mit seinem Restkaufgeld einem Pfandbriefdarlehn, welches zum Hausbau Verwendung finden soll, bis zu 125000 *M* das Vorrecht einzuräumen". Auf Grund dieser Bestimmung verlangte der Kläger von G. W. die Einräumung des Vorranges für ein ins Grundbuch des Ritterguts B. einzutragendes landschaftliches Pfandbriefdarlehn von 100000 *M* mit der Maßgabe, daß die Restkaufgeldhypothek von 596500 *M* unmittelbar hinter dem neu einzutragenden Pfandbriefdarlehn zu stehen kommen sollte. G. W. machte demgegenüber namentlich geltend, daß die Vorrangseinräumung erst verlangt werden könne, wenn das Darlehn von 100000 *M* zum Wohnhausbau bereits verwendet worden oder diese seine Verwendung wenigstens sichergestellt sei, und ferner, daß der Kläger das Gut B. inzwischen insbesondere durch Verringerung des Inventars erheblich verschlechtert habe, so daß seine Restkaufgeldhypothek ohnehin gefährdet sei. Das Landgericht aber verurteilte ihn, dem Hauptantrage des Klägers entsprechend, mit seiner im Grundbuche des Ritterguts B. eingetragenen Restkaufgeldhypothek von 596500 *M* einem ins Grundbuch desselben Grundstücks einzutragenden Pfandbriefdarlehn von 100000 *M* mit der Maßgabe den Vorrang einzuräumen, daß die Hypothek unmittelbar hinter dem einzutragenden landschaftlichen Darlehn zu stehen kommt. G. W. legte Berufung ein. Nach seinem Tode nahmen die von ihm eingesetzten Testamentsvollstrecker das ausgesetzte Verfahren auf. Inzwischen war das neue Wohnhaus im Werte von mehr als 100000 *M* auf dem Rittergute B. errichtet worden. Ferner hatte G. W. dem Kläger mit Schreiben vom 7. Mai 1915 das Restkaufgeld auf Grund des § 5 des Kaufvertrags gekündigt, weil dieser die im August 1914 fällige

Prämie für die Versicherung seiner Heuschober angeblich nicht rechtzeitig gezahlt hatte, und war der Kläger deshalb durch Urteil des Landgerichts Insterburg vom 27. April 1917 zur Zahlung eines eingeklagten Teiles des Restkaufgeldes verurteilt worden. Die Beklagten vertraten den Standpunkt, daß dieser letztere Umstand den verstorbenen G. W. von der Verpflichtung zur Einräumung des Vorranges befreit habe, da diese Vorrangseinräumung dadurch gegenstandslos geworden sei; sie meinten aber auch deshalb von dieser Verpflichtung frei geworden zu sein, weil die Sicherheit der Restkaufgeldhypothek infolge der behaupteten Verschlechterung des Ritterguts gefährdet sei.

Berufung und Revision sind zurückgewiesen worden, letztere aus folgenden

Gründen:

„Die dem Verkäufer G. W. im § 11 des Kaufvertrags vom 19. September 1912 auferlegte Verpflichtung, auf Verlangen des Käufers mit seiner Restkaufgeldhypothek einem Pfandbriefdarlehn bis u 125000 *M* den Vorrang einzuräumen, ... war vor dem Hausbau zu erfüllen, zu dem das aufzunehmende Pfandbriefdarlehn Verwendung finden sollte. Mit Recht beruft sich das Berufungsgericht hierfür auf den Zweck und klaren Sinn des § 11; es ergibt sich das insbesondere aus den §§ 133, 157, 242 BGB. und der Erwägung, daß, worüber beide Vertragsteile offenbar im klaren waren, auf die Hergabe des Pfandbriefdarlehns von seiten der Landschaft bei deren Beleihungsgrundsätzen vor Sicherung des Vorranges vor der Restkaufgeldhypothek auf keinen Fall zu rechnen war (vgl. auch RGZ. Bd. 69 S. 329/30).

Zweifelhafter erscheint, ob, worauf das Berufungsgericht nicht besonders eingegangen ist, G. W. die Vorrangseinräumung oder die Abgabe der dazu erforderlichen Erklärungen von einer Sicherstellung der Verwendung des aufzunehmenden Pfandbriefdarlehns zum Hausbau abhängig machen konnte. Mit dem Landgericht ist indes auch diese Frage zu verneinen. Daß beim Vertragsschluß insbesondere von seiten des G. W. auf die Verwendung des aufzunehmenden Darlehns zum Hausbau Gewicht gelegt worden ist, erhellt zwar schon aus der Hervorhebung dieses Verwendungszwecks bei Feststellung der in Rede stehenden Verpflichtung im § 11 des Vertrags und erklärt sich aus der Werterhöhung, die das Gut, und aus der Sicherheitserhöhung, die die Restkaufgeldhypothek durch die Verwendung erfuhr. Das reicht jedoch zur Begründung der gegenteiligen Annahme um so weniger aus, als es beim Schweigen des Vertrags an jedem Anhalte dafür fehlt, wie jene Verwendung sichergestellt werden sollte. Die Beklagten und G. W. haben darüber selbst nichts Bestimmtes gesagt; feststeht nur, daß ihnen die Verpflichtung des Klägers durch den Bestätigungsschein vom 22. September 1913 nicht genügte. Der Senat hat in einem Urteile vom 6. Februar 1915 (RGZ. Bd. 86 S. 223) angenommen: Wenn der Verkäufer eines unbebauten Grundstücks sich im Kaufvertrage dem Käufer gegenüber verpflichtet, mit seiner Kaufgeldhypothek hinter eine vom Käufer zu einem bestimmten Betrag aufzunehmende Baugeldhypothek zurückzutreten, so sei dies dahin aufzufassen, daß der Verkäufer zur Vorrangseinräumung dann verpflichtet sein solle, wenn der vom Käufer demnächst bestellten Hypothek eine Forderung zugrunde gelegt sei, die durch Zahlung von Teilbeträgen nach Maßgabe eines zwischen dem Käufer und dem Baugeldgeber geschlossenen Baugeldvertrags zur Entstehung gebracht werden solle. Dabei wird aber unter einer „Baugeldhypothek" nicht jede Hypothek für ein zur Bestreitung von Baukosten aufgenommenes Darlehn, sondern eben nur eine Hypothek verstanden, die zur Sicherung einer Forderung bestimmt ist, die durch Gewährung von mehreren nach Maßgabe eines Baugeldvertrags auf einzelne Abschnitte des zu errichtenden Baues verteilten Teilbeträgen je nach Fertigstellung der Bauabschnitte zur Entstehung gebracht werden soll. Daß die Vertragsteile hier eine solche Baugeldhypothek im Auge gehabt haben, dafür besteht kein Anhalt; der Umstand, daß das Darlehn nach dem § 11 als Pfandbriefdarlehn von einer Landschaft aufgenommen werden, daß also die dafür zu bestellende Hypothek die Unterlage für die Ausgabe landschaftlicher Pfandbriefe bilden sollte (vgl. Predari, Grundbuchordnung 2. Aufl. S. 142 Fußnote 1, Turnau-Förster, Liegenschaftsrecht 3. Aufl. Bd. 2 S. 378/9), spricht dagegen.

Nachdem auf B. inzwischen das neue Wohnhaus errichtet worden, ist der Klaganspruch übrigens an sich nicht weiter bestritten. Aus dem Gesagten ergibt sich indes, daß der Anspruch auch abgesehen davon und, wie das Berufungsgericht sagt, spätestens bei der Auflassung am 7. Oktober 1912 begründet und fällig war, und daß G. W. dadurch, daß er der Aufforderung des Klägers zur Vorrangseinräumung insbesondere mittels der im Oktober 1913 zugestellten Klage nicht nachkam, in Leistungsverzug geraten ist, und dies ist von Bedeutung für die Beurteilung der von den Beklagten dem Anspruch entgegensetzten Einwendungen.

a) Nach § 5 des Kaufvertrags war der Kläger verpflichtet, Gebäude und Inventar gegen Feuer in angemessener Höhe versichert zu halten, und sollte das Restkaufgeld, wenn der Kläger dieser Verpflichtung nicht nachkam, nach halbjähriger Kündigung fällig sein. Nach der Behauptung der Beklagten hat der Kläger die im August 1914 fällige Prämie für die Versicherung seiner Heuschober nicht bezahlt, und nach der weiteren Feststellung des Berufungsgerichts hat das Landgericht in Insterburg im Urteile vom 27. April 1917 die von G. W. daraufhin erklärte Kündigung des Restkaufgeldes für begründet erachtet und den Kläger zur Zahlung des eingeklagten Teiles des Restkaufgeldes verurteilt. Das Berufungsgericht ist der von den Beklagten vertretenen Ansicht, daß die Vorrangseinräumung hierdurch gegenstandslos geworden und G. W. damit von seiner streitigen Verpflichtung befreit worden sei, mit folgender Ausführung entgegengetreten: Solange die Restkaufgeldhypothek nicht getilgt sei, seien die Erben von G. W. oder seine Testamentsvollstrecker allein zur Verfügung über die Hypothek berechtigt, es bestehe daher die Verpflichtung zur Einräumung des Vorranges nach wie vor; überdies würde es jeder Rücksicht auf Treu und Glauben widersprechen, wenn der Verkäufer infolge seiner Vertragsbrüchigkeit den Vorteil erlangen sollte, mit seiner Restkaufgeldhypothek um 100000 ℳ im Range vorzurücken.

Dem ist im allgemeinen beizupflichten. Durch die Kündigung und die Fälligkeit der Restkaufgeldhypothek sowie durch die Verurteilung des Klägers zur Zahlung des Restkaufgeldes oder eines Teiles davon ist jedenfalls weder die Restkaufgeldhypothek in ihrem Bestand oder Range berührt, noch der Vorrangseinräumung Inhalt oder Bedeutung genommen. Und die Annahme, daß der Verkäufer infolge seiner Vertragsbrüchigkeit nicht besser stehen könne, als er ohne sie stehen würde, rechtfertigt sich auch aus dem Gesichtspunkte des Schadenersatzes wegen Verzugs. Wie bemerkt, befand sich G. W. mit der Vorrangseinräumung mindestens seit dem Oktober 1913 im Verzuge (§§ 284, 285 BGB.), dieser Verzug verpflichtete ihn zum

Ersatze des dem Kläger durch den Verzug entstandenen Schadens (§ 286 Abs. 1) und damit nach dem § 249 zur Herstellung des Zustandes, der bestehen würde, wenn der zum Ersatze verpflichtende Umstand, also sein Verzug, nicht eingetreten wäre, d. h. wenn er die Vorrangseinräumung rechtzeitig erteilt hätte. Dieser Grund begegnet auch dem Hinweise der Revision auf die §§ 273, 320 BGB. Es kann ihr danach zugegeben werden, daß es sich bei dem Restkaufgeld einerseits und der Vorrangseinräumung anderseits nicht nur um Forderung und Verpflichtung aus demselben rechtlichen Verhältnis im Sinne des § 273, sondern auch um Leistung und Gegenleistung aus einem gegenseitigen Vertrage (§ 320) handelt, und es kann ihr weiter zugegeben werden, daß der Einrede aus den §§ 273, 320, nachdem die Restkaufgeldforderung fällig geworden, an sich auch der Umstand nicht entgegensteht, daß die Vorrangseinräumung gegenüber der Restkaufgeldzahlung vertragsgemäß Vorleistungspflicht war (vgl. Komm. der RGRäte 2. Aufl. Anm. 1 Abs. 5 zu § 273, Anm. 4 zu § 320 und das hier herangezogene Urteil des RG. V. 240/12 vom 21. November 1912). Letzteres verhält sich im gegebenen Falle um deswillen anders, weil die Fälligkeit der Restkaufgeldforderung erst eingetreten ist, während G. W. sich mit der Vorrangseinräumung bereits im Leistungsverzuge befand.

b) Was die behauptete Verschlechterung des Ritterguts B. insbesondere durch unwirtschaftlichen Inventarverkauf und sonstige schlechte Wirtschaftsführung des Klägers betrifft, so weist das Berufungsgericht den darauf gegründeten Einwand zunächst mit folgender Ausführung zurück: Die Beklagten könnten damit nicht gehört werden, nachdem der Kläger das Wohnhaus im Werte von über 100000 ℳ errichtet hat; denn die Beklagten würden, wenn man den Einwand zuließe, nicht nur eine bessere Rangstellung erlangen, sondern zudem noch den Vorteil haben, daß das Grundstück infolge des Hausbaues eine Werterhöhung von mindestens 100000 ℳ erfahren habe. Sie würden sich auf Grund vertragswidrigen Verhaltens wesentlich besser stehen, als wenn die in Rede stehende Vertragspflicht gehörig erfüllt worden wäre, was ebenfalls gegen Treu und Glauben verstoßen würde.

Nicht ohne Grund rügt die Revision, daß das Berufungsgericht hierbei die Wertverminderung außer Betracht lasse, die das Gut nach den Anführungen in den vorgetragenen Schriftsätzen vom 21. Oktober 1914 und 27. Februar 1917 durch den Russeneinfall erfahren habe, und für die dem Kläger eine Entschädigung von 400000 *M* ausgezahlt worden sei, ohne daß die Hypothekengläubiger eine Sicherung dafür erhalten hätten. Diese Wertverminderung läßt das Berufungsgericht auch im folgenden unberücksichtigt. Es vermißt nämlich eine substantiierte Darlegung dahin, daß infolge der behaupteten Verschlechterung des Grundstücks die Sicherheit der Restkaufgeldhypothek gefährdet werde, und es führt hierzu aus, daß, wenn man annehme, der wohl dem Kaufpreis entsprechende Wert des Grundstücks mit 1200000 *M* sei durch die Errichtung des Wohnhauses um 100000 *M* erhöht worden, und wenn man in Betracht ziehe, daß die Restkaufgeldhypothek von 596500 *M*, der 303500 *M* Landschaftsdarlehn vorgingen, im Falle der Einräumung des Vorranges für weitere 100000 *M* Landschaftsdarlehn mit 1000000 *M* abschneide, die Verschlechterung schon eine Wertverminderung von etwa 300000 *M* herbeigeführt haben müßte, wenn die Sicherheit der Hypothek in Gefahr sein sollte. Es ist aber auch nicht ersichtlich, wie der in diesen Ausführungen hervorgekehrte rechtliche Gesichtspunkt der §§ 1133, 1134 (1135) BGB. dem Vertragsanspruche des Klägers auf die Vorrangseinräumung entgegenstehen oder eine Einrede dagegen begründen könnte. In Frage kommen kann vielmehr nur, ob durch die behauptete Wertverminderung eine den Anspruch des Klägers ausschließende oder hemmende Einrede der veränderten Umstände begründet wird, und zwar käme hier in erster Reihe die Anwendbarkeit des § 321 BGB. in Frage, der die Beklagten allerdings nur berechtigen würde, die Vorrangseinräumung zu verweigern, bis das Restkaufgeld bezahlt oder Sicherheit dafür geleistet wird. Es braucht indes auch dies nicht weiter untersucht zu werden, da jedem auf die inzwischen eingetretene Wert- und Sicherheitsminderung gestützten Einwand ebenfalls der Anspruch des Klägers auf Schadensersatz wegen des dem G. W. mit Bezug auf die Vorrangseinräumung zur Last fallenden Leistungsverzugs entgegensteht. Denn hat der Kläger danach das Recht auf Herstellung des Zustandes, der bestehen würde, wenn G. W. die Vorrangseinräumung ohne Verzug erteilt hätte, so haben die Beklagten diese jetzt ihrerseits auch ohne Rücksicht darauf zu erteilen, daß inzwischen durch andere, von jenem Verzug unabhängige Umstände wie durch die angeblichen Beschädigungen des Gutes B. beim Russeneinfall, eine Beeinträchtigung der Sicherheit der bei der Vorrangseinräumung zurücktretenden Restkaufgeldhypothek eingetreten ist."

---

49. Ist unter der Zwangsvollstreckung in das Vermögen des Hauptschuldners nach § 773 Nr. 4 BGB. unterschiedslos die Vollstreckung in das ganze Vermögen oder in Übereinstimmung mit § 772 bei der Bürgschaft für eine Geldforderung nur die Vollstreckung in die beweglichen Sachen des Hauptschuldners an den in § 772 bezeichneten Orten zu verstehen? [1]

BGB. §§ 772, 773 Nr. 4.

VI. Zivilsenat. Urt. v. 14. Februar 1918 i. S. Spar- und Kreditbank, e. G. m. b. H. in St. (Kl.) w. A. (Bekl.). Rep. VI. 379/17.

I. Landgericht Verden.
II. Oberlandesgericht Celle.

Aus den Gründen:

... „Die Revision greift die Begründung des Berufungsurteils als rechtsirrig an. Die Bestimmung des § 773 Nr. 4 BGB. setze nicht den Nachweis voraus, daß der Schuldner vollständig zahlungsunfähig sei; sofern es sich um eine Geldforderung handle, genüge es, daß voraussichtlich eine Zwangsvollstreckung in das bewegliche Vermögen des Schuldners zur Befriedigung des Gläubigers nicht führen würde. Von diesem Rechtsstandpunkt aus erscheine bezüglich des Ehemanns L. der der Klägerin obliegende Beweis geführt, während hinsichtlich der Ehefrau das Eigentum an den Mobilien und Haushaltungsgegenständen zu prüfen sei; der Klägerin sei es auch nicht zuzumuten, die schon anderweit gepfändeten Gegenstände im Anschluß zu pfänden und dann die Unwirksamkeit der Pfändung geltend zu machen.

Die Revision war für begründet zu erachten. Es war ihr darin beizutreten, daß, soweit die Bürgschaft für eine Geldforderung besteht, ebensowohl für den Versuch der Zwangsvollstreckung nach § 772 BGB.

---

[1] Vgl. Staudinger BGB. Anm. 1d, Oertmann BGB. Anm. 2c zu § 773; Düringer-Hachenburg HGB. Anm. 64 zu § 349; Rechtspr. d. OLG. Bd. 18 S. 41 u. 42; Frankf. Rundschau Bd. 44 S. 183. D. E.

wie für den Nachweis, daß die Zwangsvollstreckung in das Vermögen des Hauptschuldners voraussichtlich nicht zur Befriedigung des Gläubigers führen würde, nur die Vollstreckung in die beweglichen Sachen des Hauptschuldners in Frage kommt. Die §§ 771 bis 773 BGB., die die Einrede der Vorausklage des Bürgen behandeln, stehen in natürlichem Zusammenhange miteinander und sind in diesem Zusammenhange zu erfassen, wobei die eine Bestimmung aus der anderen zu verstehen ist. Während § 771 den allgemeinen Grundsatz aufstellt, daß der Bürge die Befriedigung des Gläubigers so lange verweigern kann, als nicht der Gläubiger gegen den Hauptschuldner eine Zwangsvollstreckung ohne Erfolg versucht hat, hebt § 772 den besonderen, aber den bei weitem größten Teil aller Bürgschaften umfassenden Fall heraus, daß es sich um eine Geldforderung handelt, und sieht eine bestimmte Art des Vollstreckungsversuchs in die bewegliche Habe des Hauptschuldners an seinem Wohnsitz oder Aufenthaltsorte vor. Wie die Motive zum Entwurfe des Bürgerlichen Gesetzbuchs (Bd. 2 S. 669) aussprechen, ist damit eine Verbesserung der Stellung des Gläubigers gegenüber den bisherigen Rechten bezweckt. Ist ein anderer Anspruch als eine Geldforderung in Frage, so soll jede nach der Zivilprozeßordnung zulässige, auf Erfüllung der Verpflichtung des Hauptschuldners gerichtete Zwangsvollstreckung genügen. „Steht aber eine Geldforderung in Frage, so muß es genügen, wenn der Gläubiger vergeblich versucht hat, durch Zwangsvollstreckung in die bewegliche körperliche Habe des Hauptschuldners ... am Wohnsitz und in Ermangelung eines solchen am Aufenthaltsorte desselben seine Befriedigung zu erlangen. ... Es kann dem Gläubiger ohne wesentliche Verkümmerung seiner aus der Bürgschaft sich ergebenden Rechte nicht zugemutet werden, die meist mit erheblichem Zeit- und Kostenaufwande verbundene, mitunter auch nur geringen Erfolg versprechende Zwangsvollstreckung in das unbewegliche Vermögen durchzuführen oder die Aktiva und sonstigen Rechte des Hauptschuldners im Wege der Zwangsvollstreckung in Anspruch zu nehmen und in die damit verknüpften Weiterungen sich zu ergeben. Dagegen muß wenigstens eine Zwangsvollstreckung der oben gedachten Art bzw. der Versuch einer solchen ... verlangt werden.“ Es ist mithin, wenn eine Geldforderung den Gegenstand der Hauptschuld bildet, der Versuch einer Zwangsvollstreckung in die beweglichen Sachen des Hauptschuldners an seinem Wohnsitz oder am Orte seiner gewerblichen Niederlassung oder in Ermangelung solcher an seinem Aufenthaltsort auf der einen Seite ausreichend, auf der anderen aber auch erforderlich, um der Einrede der Vorausklage zu begegnen.

Wenn nun § 773 Nr. 4 BGB. den Gläubiger von dem Nachweis einer versuchten Vollstreckung, der nach §§ 771, 772 die Einrede der Vorausklage beseitigt, befreit und ohne solchen Versuch die Einrede ausschließt, „wenn anzunehmen ist, daß die Zwangsvollstreckung in das Vermögen des Hauptschuldners nicht zur Befriedigung des Gläubigers führen wird", so ist naturgemäß unter der Zwangsvollstreckung in dieser Bestimmung diejenige zu verstehen, die nach den vorangegangenen Vorschriften der §§ 771, 772 vom Gläubiger zur Beseitigung der Einrede der Vorausklage überhaupt erfordert wird, für Geldforderungen mithin diejenige in die beweglichen Sachen des Hauptschuldners an den in § 772 BGB. bezeichneten Orten. Der Nachweis der voraussichtlichen Erfolglosigkeit der Zwangsvollstreckung braucht sich nicht weiter zu erstrecken, als diese selbst zu erstrecken wäre, um die Einrede der Vorausklage zu erledigen. Die von dem Erfordernis des Vollstreckungsversuchs befreiende Vorschrift faßt einen Vollstreckungsumfang nur nach dem Maße der überhaupt geforderten Zwangsvollstreckung ins Auge. Die Aussichtslosigkeit der Zwangsvollstreckung in Grundstücke und sonstige Rechte des Hauptschuldners ist bedeutungslos, solange die Vollstreckung in die beweglichen körperlichen Sachen noch Erfolg verspricht; anderseits kann beim Mangel pfändbarer beweglicher Habe das Vorhandensein von Grundstücken oder Forderungen die Einrede nicht retten, die der Gläubiger durch die Einleitung der Zwangsvollstreckung in das bewegliche Vermögen doch schlagen würde. Die Absicht des Gesetzes, zwecklose Vollstreckungsmaßnahmen und -kosten vermieden zu sehen, würde vereitelt, wenn vom Gläubiger auf Grund des § 773 Nr. 4 BGB. auch bei Geldforderungen, um die Einrede der Vorausklage auszuschließen, der Nachweis erfordert würde, daß nicht nur ein Vollstreckungsversuch in die bewegliche Habe des Hauptschuldners erfolglos sein würde, sondern auch sonstiges Vermögen nicht vorhanden sei, das zur vollen oder teilweisen Befriedigung des Gläubigers in Angriff genommen werden könnte. Denn bei der Schwierigkeit eines solchen Nachweises würde der Gläubiger zu dem überflüssigen Versuche gedrängt werden, die voraussichtlich erfolglose Zwangsvollstreckung in die bewegliche Habe des Hauptschuldners nach § 772 noch zu unternehmen, womit er der Einrede unter allen Umständen erfolgreich begegnen könnte. Diese zwecklosen Vollstreckungsversuche will aber § 773 Nr. 4 gerade vermeiden. Daß in § 773 Nr. 4 BGB. von der Zwangsvollstreckung in das Vermögen des Schuldners, nicht von einer solchen in die beweglichen Sachen des Hauptschuldners gesprochen wird, wie in § 772, erklärt sich daraus, daß die Bestimmung des § 773 Nr. 4 die Fälle sowohl des § 771 wie des § 772 umfaßt, die Beschränkung des Zwangsvollstreckungsversuchs auf die beweglichen Sachen des Hauptschuldners aber nur im Falle des § 772 vorgesehen werden konnte.

Das Berufungsgericht ist bei seiner Entscheidung von der Auffassung ausgegangen, daß § 773 Nr. 4 BGB. zur Beseitigung der Einrede der Vorausklage auch bei Geldforderungen die Darlegung verlange, daß das Vermögen des Hauptschuldners überhaupt keine Gegenstände biete, welche die Befriedigung des Gläubigers herbeizuführen geeignet seien. Diese Auffassung ist nach den vorstehend gegebenen Ausführungen rechtsirrig. Wenn das Berufungsgericht die Möglichkeit für gegeben erachtet, daß unter dem Drucke eines Vollstreckungsversuchs in den Grundbesitz der Schuldner seinen Grundkredit anspannen könne, um den Gläubiger zu befriedigen, so kann dies nicht als ein Erfolg der Zwangsvollstreckung in das bewegliche Vermögen des Schuldners angesehen werden. Es bedarf hinsichtlich beider Hauptschuldner nur der Prüfung, ob ihre bewegliche körperliche Habe an den in § 772 BGB. bezeichneten Orten eine Befriedigung der Klägerin in Aussicht stellt oder nicht." ...

---

50. Ist der Vorlegungseid aus § 426 ZPO. schon dann unzulässig, wenn der sonst Schwurpflichtige das Vorhandensein der Urkunde bestritten hat?

V. Zivilsenat. Urt. v. 16. Februar 1918 i. S. D. (Bekl.) w. B. (Kl.). Rep. V. 132/17.

I. Landgericht I Berlin.
II. Kammergericht daselbst.

Die Frage wurde verneint aus folgenden

Gründen:

„Das Berufungsgericht sieht die von der Beklagten geltend gemachte „Gegenforderung" als nicht erwiesen an. Die Beklagte hatte in erster Reihe unter Eideszuschiebung behauptet, im Oktober 1915 sei vereinbart worden, die restlichen 5000 ℳ Kaufgeld für die Grundschuld sollten dadurch getilgt sein, daß sie dagegen ihren Anspruch auf Ausantwortung der Mieten, die der Kläger ihr auf Grund der notariellen Vereinbarung vom Oktober 1915 zu zahlen hatte, verrechnet habe. Der Revision muß zugegeben werden, daß das Berufungsurteil in seinen Gründen diese Eideszuschiebung überhaupt nicht erwähnt. Soweit der Eid etwa nicht nur über die Vereinbarung der Verrechnung, sondern auch über die bestrittene Behauptung zugeschoben sein sollte, daß die Beklagte gegen den Kläger einen Anspruch auf Ausantwortung der Mieten hatte, würde er allerdings unzulässig sein, da er dann insoweit ein Urteil, keine Tatsache, zum Gegenstand haben würde. Sollte er dagegen, wie anzunehmen ist, nur zugeschoben werden über die Vereinbarung der Verrechnung ihrer Gegenforderung, so würde er, solange diese bestrittene Gegenforderung nicht bewiesen ist, zwar ebenfalls unzulässig sein (s. auch Gruchots Beitr. Bd. 45 S. 1010; Bd. 54 S. 1150; Jur. Wochenschr. 1906 S. 475 Nr. 36; 1910 S. 834 Nr. 71); aber die Beklagte hatte einen für diese bestrittene Behauptung vorerst ausreichenden Beweis angetreten, über dessen Nichterhebung sie sich ebenfalls mit Recht beschwert. Sie hatte behauptet, im Oktober 1915 sei, wie die vom Kläger vorzulegende Ausfertigung des Vertrags ergeben werde, eine notarielle Vereinbarung geschlossen worden, wonach der Kläger ihr ein Grundstück mit der Maßgabe zum Kaufe angeboten habe, daß die Nutzungen und Lasten mit dem 1. Oktober 1915 auf sie übergehen sollten; sie hatte ferner unter Beweis gestellt, daß der Kläger trotzdem im Oktober 1915 etwa 8000 ℳ Mieten eingezogen habe. Daran hatte sich die Eideszuschiebung über die behauptete vereinbarte Verrechnung angeschlossen. Es kann nicht zweifelhaft sein, daß auf diesem Wege die Schlüssigkeit ihrer Tilgungseinrede dargetan werden könnte, wobei allerdings noch aufzuklären wäre, ob sie infolge rechtzeitiger Annahme des Angebots oder aus einem sonstigen Grunde Anspruch auf diese Mieten hatte.

Das Berufungsgericht erachtet das Vorbringen der Beklagten über die Aufrechnungsvereinbarung als belanglos, weil ein Recht der Beklagten auf die Mieten und damit ein Gegenüberstehen zweier aufrechnungsfähiger Forderungen nicht dargetan sei. Hierzu gelangt es im wesentlichen dadurch, daß es den Vorlegungseid des § 426 ZPO. nicht zuläßt, weil der Kläger das Vorhandensein einer solchen notariellen Urkunde bestritten hatte, dieser Eid aber nicht zum Nachweise des Vorhandenseins oder Besitzes einer Urkunde, sondern zum Nachweis des Inhaltes einer vorhandenen Urkunde diene. Mit Recht bekämpft die Revision diese Auffassung. Wenn auch der VII. Zivilsenat in einem Urteile vom 22. September 1899 (RGZ. Bd. 44 S. 426) ausgesprochen hat, daß das Editionsverfahren seinem Zwecke nach nur dazu dienen soll, Inhalt und Form der Urkunde darzutun, so hat damit, wie sich aus dem Zusammenhang ergibt, nicht gesagt werden sollen, daß der Eid für die Feststellung des Besitzes der Urkunde überhaupt bedeutungslos sei. Nach § 426 ZPO. hat der Gegner den Vorlegungseid ja gerade dann zu leisten, wenn er den Besitz bestreitet (s. auch RGZ. Bd. 16 S. 395). Also insoweit ist die Auffassung des Berufungsgerichts in jedem Falle rechtsirrtümlich. Allerdings ist der Zweck des Eides nicht, das bestrittene Vorhandensein (einschließlich des Vorhandengewesenseins) der Urkunde nachzuweisen Der in der Wissenschaft (Jur. Wochenschr. 1902 S. 539; DJZ. 1903 S. 426, 1904 S. 258) entstandene Streit darüber, ob der Gegner befugt ist, die Unzulässigkeit des Vorlegungseides dadurch herbeizuführen, daß er das Nichtvorhandensein oder richtiger die Nichtentstehung der behaupteten Urkunde beweist, bedarf hier keiner Entscheidung, da der Kläger einen derartigen Beweis nicht angetreten hat. Das Berufungsgericht verkennt anscheinend aber auch, daß die Beklagte die Vorlegung der Urkunde gar nicht verlangt, um deren Besitz bei dem Kläger, sondern um deren Inhalt, wie er von ihr behauptet ist, darzutun. Dafür, daß, wie das Berufungsgericht meint, das Verlangen nach Vorlegung der Urkunde unzulässig sei, weil das Vorhandensein des Vertrags infolge des Bestreitens des Klägers nicht feststehe, bietet sich im Gesetze kein Anhalt.

Nach § 420 ZPO. erfolgt die Antretung des Urkundenbeweises durch Vorlegung der Urkunde, und wenn diese sich nach der Behauptung des Beweisführers in den Händen des Gegners befindet, so erfolgt der Beweisantritt durch den Antrag, dem Gegner die Vorlegung der Urkunde aufzugeben (§ 421 ZPO.). Bestreitet der Gegner den Besitz, so hat das Gericht, wenn der Gegner an sich zur Vorlegung verpflichtet ist und die durch die Urkunde zu beweisende Tatsache erheblich erscheint, den Vorlegungseid zu erfordern (§§ 422 425, 426 ZPO.). Hieraus ergibt sich zwar klar, daß dieser Eid unstatthaft ist, wenn feststeht, daß der Gegner nicht im Besitze der Urkunde sein kann, weil sie überhaupt nicht vorhanden ist. Diesen Schluß hat denn auch zutreffend der III. Zivilsenat in seinem Urteile vom 3. November 1903 (III. 137/03) gezogen (s. auch Neukamp, ZPO. § 426). Dem steht aber das bloße Fehlen des Nachweises vom Vorhandensein der Urkunde keineswegs gleich. Vielmehr steht umgekehrt das bloße Bestreiten des Vorhandenseins dem Bestreiten des Besitzes gleich, so daß in beiden Fällen der Vorlegungseid zu erfordern ist (Förster-Kann, ZPO. § 426 Anm. 1 Abs. 2; Stein, ZPO. § 424 II. 1; a. M. anscheinend Skonietzki, ZPO. § 426 Anm. 3 Abs. 2). Auch die vom Gesetze bestimmten Folgen der Nichteidesleistung lassen nicht erkennen, daß sie nicht anwendbar seien, wenn der Gegner das Vorhandensein der Urkunde bestritten hätte. Es wäre auch nicht einzusehen, aus welchen Gründen es für den Gegner zugelassen sein sollte, lediglich durch ein derartiges Bestreiten dem Beweisführer dieses Mittel zur Feststellung der Beschaffenheit und des Inhaltes der von ihm behaupteten Urkunde zu entziehen. Demnach hat, da die Beklagte gemäß § 810 BGB., § 422 ZPO. die Vorlegung der Urkunde von dem Kläger verlangen kann, das Berufungsgericht zu Unrecht den Vorlegungseid für unzulässig erklärt." ...

---

51. Erlischt die Verpflichtung des Käufers zur Zahlung des Kaufpreises, wenn der vereinbarte Bankrembours ohne sein Verschulden unmöglich wird?

II. Zivilsenat. Urt. v. 19. Februar 1918 i. S. H. R. & Co. (Bekl.) w. R. (Kl.). Rep. II. 349/17.

I. Landgericht Hamburg, Kammer für Handelssachen.
II. Oberlandesgericht daselbst.

Am 9. Juli 1914 kaufte die Beklagte von der in Brasilien ansässigen Klägerin 750 Sack Kaffee, cif Hamburg, abzuladen binnen einem Monat gegen Londoner Bankrembours. Der Dampfer mit der Ware ging am 22. Juli von Santos ab, blieb aber des Krieges wegen in Pernambuco liegen. Nachdem das Londoner Bankhaus das Akzept verweigert hatte, legte die Klägerin der Beklagten die Dokumente in Hamburg vor und erhob, da die Einlösung abgelehnt wurde, Klage auf Zahlung des Fakturenpreises.

Beide Vorinstanzen gaben der Klage statt. Die Revision der Beklagten wurde zurückgewiesen.

Aus den Gründen:

... „Das Berufungsgericht stützt seine Entscheidung keineswegs darauf, daß die Beklagte mit Verschaffung des Londoner Akzeptes in Verzug geraten sei. Es läßt dies dahingestellt und spricht nur aus, daß, auch wenn unverschuldete Unmöglichkeit vorliegt, die Beklagte doch den Kaufpreis zu zahlen habe.

Hiergegen beruft sich die Revision auf den angeblich ähnlichen Fall des Urteils RGZ. Bd. 91 S. 46; aber die Analogie ist abzulehnen. Wird bei einem Kaufe auf überseeische Abladung vereinbart, daß gegen die Dokumente das Akzept eines an einem bestimmten Platze ansässigen Hauses — meistens eines Bankhauses — über den Kaufpreis verschafft werden soll, so wird diese Abrede regelmäßig im Interesse des Verkäufers, nicht des Käufers getroffen. Der Verkäufer erlangt dadurch die Vorteile, daß er gegen Herausgabe der Dokumente eine größere Sicherheit für den Kaufpreis in dem Akzept des Bezogenen erhält, daß die Zahlung an einem ihm genehmen Handelsplatz erfolgt und daß er sich sofort nach Verladung der Ware mit Leichtigkeit durch Diskontierung der Tratte mit angehängten Konnossementen den Kaufpreis verschaffen kann. Dem Käufer erwächst aus dieser Abrede regelmäßig kein Vorteil oder doch kein wesentlicher Vorteil. Er wird im allgemeinen die Zahlung oder das Akzept ebensowohl am Orte seiner Niederlassung persönlich oder durch eine Bank leisten können. Da nichts Gegenteiliges behauptet ist, durfte auch für die Beklagte angenommen werden, daß für sie die Zahlung durch das Akzept ihres Londoner Hauses nicht von wesentlichem Interesse war. Deswegen ist sie auch von der Leistung des Kaufpreises nicht dadurch frei geworden, daß die vereinbarte besondere Art der Zahlung ohne ihr Verschulden unmöglich wurde." ...

---

52. 1. Zum Begriffe der unentgeltlichen Verfügung im Sinne des § 32 Nr. 1 KO.
2. Beweislast im Falle des § 37 KO.

VII. Zivilsenat. Urt. v. 19. Februar 1918 i. S. E. B. (Bekl.) w. Konkursverwalter W. (Kl.). Rep. VII. 407/17.

I. Landgericht Zwickau.
II. Oberlandesgericht Dresden.

Der Ehemann der Beklagten, O. B., war Mitinhaber der offenen Handelsgesellschaft O. B. & Co. Diese hatte von einer Reihe von Personen, meist wenig bemittelten Leuten, Gelder als Depositeneinlagen zur Verzinsung entgegengenommen. Am 17. Juli 1914 nahm der Ehemann der Beklagten ein Darlehen von 50000 *M* auf, erwarb mit diesem Gelde Staatspapiere und überließ diese der Beklagten, welche sie größtenteils zur Befriedigung jener Gläubiger verwendete. Am 25. Juli 1914 stellte die Firma ihre Zahlungen ein; am 5. Oktober 1914 wurde über ihr Vermögen und gleichzeitig über das Vermögen des Ehemanns der Beklagten das Konkursverfahren eröffnet. Der Konkursverwalter hat die Überlassung der Staatspapiere an die Beklagte als den Konkursgläubigern gegenüber unwirksam angefochten.

In erster Instanz wurde die Klage abgewiesen, dagegen wurde auf Berufung des Klägers in zweiter Instanz nach dem Klagantrage erkannt. Die Revision der Beklagten blieb ohne Erfolg.

Gründe:

„Mit Recht nimmt der Berufungsrichter an, daß die auf § 32 Nr. 1 KO. gestützte Anfechtungsklage nicht begründet sein würde, wenn die Beklagte die von ihr zur Befriedigung einzelner Gläubiger der Firma O. B. & Co. verwendeten Wertpapiere nicht sich zugeeignet, sondern nur als Beauftragte ihres Ehemanns, des Gemeinschuldners, zur Weitergabe an diese Gläubiger erhalten hätte. Er stellt aber fest, daß die Wertpapiere zum Zwecke der Befriedigung jener Gläubiger der Beklagten von ihrem Ehemann übereignet und darauf von ihr den betreffenden Gläubigern zugeführt worden sind. Gegen diese Feststellung hat die Revision Einwendungen nicht erhoben, ein rechtliches Bedenken liegt auch insoweit nicht vor.

Weiterhin ist dem Berufungsrichter auch darin beizustimmen, daß der Begriff der unentgeltlichen Verfügung im Sinne der erwähnten Rechtsvorschrift eine Bereicherung des Empfängers nicht erfordert, vielmehr auch die freigebige Zuwendung an eine Person umfaßt, welche die ihr überlassenen Werte zufolge Abrede der Beteiligten restlos zur Erreichung eines bestimmten Zweckes aufwenden muß. Hiergegen wendet die Revision ein, da die Wertpapiere von vornherein zur Befriedigung einzelner Gläubiger des Ehemanns der Beklagten bestimmt gewesen seien, so sei es gleichgültig, ob sie vorübergehend in das Vermögen der Beklagten übergegangen seien, vielmehr habe die von der Beklagten übernommene Verpflichtung, den Ehemann in Höhe von 50000 *M* von bestimmten Schulden zu befreien, die von ihr zugesagte und demnächst gewährte Gegenleistung gebildet, eine unentgeltliche Verfügung liege mithin nicht vor.

Dem läßt sich nicht zustimmen. Allerdings ist die Zuwendung, dem von den beiden Beteiligten getroffenen Übereinkommen gemäß, nicht dem Vermögen der Beklagten, sondern dem Vermögen ihres Ehemanns selbst zugute gekommen, denn nach der Austeilung des Zugewendeten an bestimmte Gläubiger des letzteren blieb für die Beklagte nichts mehr übrig, während das Vermögen ihres Ehemanns im Wege der Schuldtilgung entlastet wurde. Daraus folgt aber nur, daß die Beklagte durch die Zuwendung nicht bereichert worden ist und daß mithin die Zuwendung nicht als eine Schenkung im Sinne des § 516 BGB. angesehen werden kann, da die Schenkung eine Bereicherung des Beschenkten begrifflich voraussetzt (RGZ. Bd. 62 S. 386). Als ein dem Ehemanne der Beklagten für die Zuwendung gewährtes Entgelt kann dagegen die der Zuwendung beigefügte Zweckbestimmung und deren Ausführung nicht angesehen werden, denn es handelt sich nicht, wie es der Begriff der Entgeltlichkeit erfordert, um einen gegenseitigen Austausch von Leistungen, vielmehr liegt, ähnlich wie bei der Schenkung unter einer Auflage, eine zunächst nur einseitige, durch die ihr beigefügte Zweckbestimmung näher bestimmte und beschränkte Zuwendung vor, die dadurch, daß das Geleistete zur Erreichung des vorgeschriebenen Zweckes verwendet wurde, nicht zu einer gegenseitigen, entgeltlichen Leistung geworden ist (RGZ. Bd. 60 S. 238). Der Umstand, daß die Beklagte das ihr Zugewendete bestimmungsgemäß zur Befriedigung von Gläubigern ihres Ehemanns verwendet hat, könnte ihr vielmehr nur unter der Voraussetzung zugute kommen, daß sie die ihr zugeführte Leistung gutgläubig an Gläubiger ihres Ehemanns ausgeantwortet hat. Zutreffend führt in dieser Hinsicht der Berufungsrichter unter Hinweis auf § 37 KO. aus, daß die Rückgewährpflicht der Beklagten erloschen sein würde, soweit sie vor Erhebung des Rückgewähranspruchs die ihr übergebenen Werte in gutem Glauben dem beabsichtigten Zwecke zugeführt hätte. Er legt im Anschluß hieran aber weiter dar, daß der Beklagten in jedem Falle von der ihr sofort bekannt gewordenen Zahlungseinstellung an der gute Glaube gefehlt habe und daß sie im übrigen für die von ihr behauptete Gutgläubigkeit beweispflichtig sei, Beweis dafür aber nicht angeboten habe.

Hiergegen wendet die Revision ein, das Berufungsgericht halte die Beklagte mit Unrecht hinsichtlich ihres guten Glaubens für beweispflichtig, in jedem Falle hätte es ihr gemäß § 139 ZPO. zur Antretung des Beweises, soweit es einen solchen vermißte, Gelegenheit geben müssen. Die vom Berufungsrichter getroffene Regelung der Beweislast steht aber mit § 37 KO. im Einklange, da der in Betracht kommende § 37 Abs. 2 gegenüber der allgemeinen Bestimmung des Abs. 1 eine auf einen besonderen Fall berechnete Sonderbestimmung enthält, deren Voraussetzungen derjenige zu beweisen hat, der sie für sich in Anspruch nimmt; das ist im gegebenen Falle die Beklagte. Daß aber der Berufungsrichter durch das Parteivorbringen oder durch die Sachlage zur Ausübung des richterlichen Fragerechts nach dieser Richtung hin Anlaß gehabt und daß er sich der Erfüllung dieser Pflicht ordnungswidrig entzogen habe, dafür fehlt es an jedem Anhalt.

Die Revision war hiernach zurückzuweisen."

53. Unter welchen Umständen kann das Schiedsgericht über die Ablehnung von Mitgliedern selbst dann stillschweigend hinweggehen, wenn in der anzuwendenden Schiedsgerichtsordnung die Entscheidung über die Ablehnung eines Schiedsrichters dem mit Ersatzschiedsrichtern zu besetzenden Schiedsgerichte vorbehalten ist?

ZPO. §§ 1032, § 1041 Nr. 1.

VII. Zivilsenat. Urt. v. 19. Februar 1918 i. S. K. (Kl.) w. Bl. (Bekl.). Rep. VII. 413/17.

I. Landgericht Hall.
II. Oberlandesgericht Stuttgart.

Aus den Gründen:

„Der Kläger hat sein Verlangen, die ergangenen Schiedssprüche aufzuheben, unter anderem darauf gestützt, daß bei dem Erlaß des Spruches des Oberschiedsgerichts zwei von ihm abgelehnte Schiedsrichter mitgewirkt haben, ohne daß über die Ablehnung gemäß § 33 der Schiedsgerichtsordnung vom Oberschiedsgericht unter Hinzuziehung von Ersatzmännern eine Entscheidung getroffen war. . . .

Was diese Ablehnung der Oberschiedsrichter anlangt, so kann dahingestellt bleiben, ob der Berufungsrichter die nach § 1037 ZPO. dem Schiedsgerichte gewährte Befugnis, trotz erfolgter Ablehnung das Verfahren fortzusetzen und den Spruch zu erlassen, vorliegend mit Recht dem Oberschiedsgerichte zugesprochen hat, obgleich im § 33 der Schiedsgerichtsordnung die Entscheidung über eine Ablehnung von Oberschiedsrichtern dem Oberschiedsgerichte selbst unter Heranziehung von Ersatzmännern zugewiesen ist. Die zu diesem Streitpunkt ergangene Entscheidung wird jedenfalls durch die vom Berufungsrichter an zweiter Stelle gegebene Begründung getragen, daß das Oberschiedsgericht als befugt zu erachten ist, über die sich als einen Mißbrauch des Ablehnungsrechts darstellende Ablehnung der der Müllerei entnommenen Mitglieder des Oberschiedsgerichts stillschweigend hinwegzugehen.

Zutreffend ist der Berufungsrichter davon ausgegangen, daß die in feststehender Rechtsprechung anerkannte Befugnis der ordentlichen Gerichte, über eine mißbräuchliche Ausübung des Ablehnungsrechts als unbeachtlich hinwegzugehen, auch den Schiedsgerichten zuzusprechen ist. Auch wenn das Schiedsgericht sich nicht ausdrücklich darüber ausgesprochen hat, daß es eine erfolgte Ablehnung als eine mißbräuchliche außer acht lasse, ist es Sache der ordentlichen Gerichte, nachzuprüfen, ob überhaupt eine zu beachtende Ablehnung vorgelegen hat. Im vorliegenden Falle hat dies der Berufungsrichter ohne erkennbaren Rechtsverstoß verneint. Er hat die Mißbräuchlichkeit der Ablehnung darin gefunden, daß der Kläger mit seinen ohne jede Bemängelung der persönlichen Zuverlässigkeit wiederholten Ablehnungen der der Müllerei angehörigen Mitglieder des Oberschiedsgerichts den Zweck verfolgte, eine Entscheidung des Schiedsgerichts unmöglich und damit den Schiedsvertrag hinfällig zu machen. Der Kläger hatte sich vertragsmäßig dem Spruche des Schiedsgerichts der Mannheimer Produktenbörse unterworfen. Nach den maßgebenden Ausführungsbestimmungen Z. 4 hatte das Oberschiedsgericht aus einem Obmann und je 2 Mitgliedern der Müllerei und des Handels mit Mühlenerzeugnissen zu bestehen und nach Z. 7 und 10 der Verkaufsbedingungen der Vereinigung süddeutscher Handelsmühlen in Mannheim über alle Streitigkeiten insbesondere auch darüber zu entscheiden, ob ein „Erfüllungshindernis, das vom Verkäufer nicht zu vertreten, namentlich ... Krieg vorliegt." War aber hiernach das aus der Müllerei und dem Handel mit Mühlenerzeugnissen gleichmäßig besetzte Schiedsgericht nach dem Vertrag ausdrücklich auch für den Fall des Eintritts eines Krieges zur Entscheidung berufen, so hat der Berufungsrichter einen nicht zulässigen Mißbrauch des Ablehnungsrechts zutreffend darin erblickt, daß der Kläger nach Ausbruch des Krieges die der Müllerei angehörigen Mitglieder des Oberschiedsgerichts lediglich wegen dieser ihrer Zugehörigkeit zur Müllerei und des dadurch gegebenen Interesses abgelehnt hat, ohne irgendeine Tatsache geltend zu machen, die Zweifel in die Gewissenhaftigkeit und Unparteilichkeit des einzelnen abgelehnten Schiedsrichters zu begründen geeignet gewesen wäre. Wer sich einem derartig zusammengesetzten Schiedsgericht unterwirft, gibt zu erkennen, daß er mehr Wert auf den Sachverstand als auf völliges Nichtbeteiligtsein der zu Schiedsrichtern berufenen Personen an den zu entscheidenden Fragen gelegt hat." ...

54. Annahme eines Vertragsantrags unter Abänderungen. Nichterfüllung einer für den Abschluß gestellten erschwerenden Bedingung.

BGB. § 150 Abs. 2.

I. Zivilsenat. Urt. v. 20. Februar 1918 i. S. O. G. & Co. (Kl.) w. Holzbearb.-A.-G. vorm. O. M. (Bekl.). Rep. I. 330/17.

I. Landgericht Görlitz, Kammer für Handelssachen.
II. Oberlandesgericht Breslau.

Die Klägerin behauptet, zwischen den Parteien sei auf Grund des Briefes der Beklagten vom 15. Juni 1916 und desjenigen der Klägerin vom 17. Juni 1916 ein Vertrag zum Abschlusse gekommen, wonach die Beklagte a) einen 200 Zentner-Waggon Eichenfurniere von etwa 22000 qm unverpackt, b) 2500 qm derselben Ware verpackt, c) 4000 qm derselben Ware ebenfalls verpackt zum Preise von 30 ₰ für das qm ab Waggon des Fabrikanschlusses der Beklagten in Görlitz unter der Zahlungsbedingung: Kassa innerhalb 30 Tagen dato Faktura ab 2% Skonto verkauft und d) weitere 100000 qm (einschl. der zu a genannten) derselben Ware zu gleichen Bedingungen bis 31. August 1916 auf Abruf an die Hand gegeben habe. Die Beklagte bestritt den Abschluß des Geschäfts und lehnte die Erfüllung ab. Die Klägerin erhob Klage auf Schadensersatz.

Das Landgericht erklärte den Klaganspruch dem Grunde nach für gerechtfertigt. Das Oberlandesgericht wies die Klage ab. Die Revision wurde zurückgewiesen.

Gründe:

„Das Oberlandesgericht geht zutreffend davon aus, daß durch den unter den Parteien zwischen dem 27. Mai und 15. Juni 1916 stattgehabten Brief- und Telegrammwechsel eine Einigung über den von der Klägerin behaupteten Lieferungsvertrag nicht zustande gekommen ist und die Beklagte vom 15. Juni 1916 an völlige Freiheit der Entschließung hatte. Am 15. Juni 1916 machte die Beklagte der Klägerin brieflich folgenden neuen Vertragsantrag: Die von Herrn O. G. seinerseits hier besichtigten Eichenfurniere sind inzwischen zum größten Teile verkauft, wir können zum größten Teile nur noch Ware, wie sie am Lager, aber gleich gut, eher noch besser ist, liefern. Hiervon sollen 200 Zentner = 22000 qm als Probewaggon sofort geliefert und 100000 qm (einschl. der 22000 qm) bis 31. August 1916 auf Abruf an die Hand gegeben werden. Die Ware wird lose verpackt versandt. Die Abnahme hat an Ort und Stelle in Gö. zu erfolgen, oder es ist anstandslose Abnahme am Bestimmungsorte zuzusichern. Unkontraktliche Ware darf nicht zurückgewiesen werden, die Ware muß so genommen werden, wie sie am Lager sortiert ist und der von O. G. besichtigten entspricht. Geliefert werden sollen mit dem Probewaggon auch 2500 qm und 3 bis 4000 qm verpackt. Unsere Zahlungsbedingungen sollen Sie extra ausdrücklich im Wortlaut anerkennen und zwar lauten dieselben: „Kassa innerhalb 30 Tagen dato Faktura abzüglich 2% Skonto Erfüllungsort Gö ..." Wir erwarten genauen definitiven Bescheid. Die Klägerin erwiderte hierauf am 17. Juni 1916: Wir entnehmen aus Ihrem Schreiben vom 15. zu unserem Bedauern, daß die Partie Furniere, welche Herr O. G. besichtigte, nicht mehr vorhanden ist. Wir wollen aber, da Sie schreiben, daß Sie die Furniere aus dem übrigen Teile Ihres Lagers liefern wollen, in nicht geringerer, sondern eher besserer Qualität, als Herr O. G. besichtigte, dieser Ihrer Versicherung Glauben schenken, und wollen Sie dementsprechend das erste Geschäft in Übereinstimmung mit Ihrem Schreiben als in Ordnung gegangen betrachten. Natürlicherweise setzen wir als ganz selbstverständlich voraus, daß Sie uns keine Furniere schicken, welche nicht mit dem Durchschnitte der von O. G. besichtigten übereinstimmen, daß also einzelne schlecht fallende Blöcke zurückgelassen werden. Nach Erhalt dieses Briefes vom 17. Juni 1916 schrieb die Beklagte der Klägerin am 19. Juni 1916, daß sie im Zusammenhange mit einem der Klägerin noch am 18. Juni 1916 gesandten Briefe ihren Vertragsantrag vom 15. Juni 1916 als abgelehnt ansehe, da die Klägerin nicht wegen der Zahlungsbedingungen und der Abnahme die erforderten Erklärungen und Zusicherungen abgegeben habe, daß sie sich auf weitere Verhandlungen auch jetzt nur noch einlasse auf der Grundlage der Vorauszahlung vor Verladung.

Das Oberlandesgericht ist der Beklagten darin beigetreten, daß durch den Briefwechsel vom 15. und 17. Juni 1916 ein Vertrag nicht zum Abschlusse gelangt ist. Es gibt für seine Entscheidung zwei selbständige Gründe, von denen jeder die Entscheidung trägt und die sich beide als rechtlich einwandfrei erweisen. Das Oberlandesgericht nimmt zunächst an: In dem Briefe vom 17. Juni 1916 erkläre die

Klägerin zwar, daß das Geschäft in Übereinstimmung mit dem Vertragsantrage vom 15. Juni 1916 als in Ordnung gehend zu betrachten sei, die Klägerin füge dann aber hinzu, sie betrachte es als ganz selbstverständlich, daß keine Furniere geschickt würden, welche nicht mit dem Durchschnitte der von O. G. besichtigten übereinstimmten, daß also einzelne schlecht fallende Blöcke zurückgelassen würden. Durch diesen Zusatz habe die Klägerin eine neue Vertragsbedingung aufgestellt, die sich nicht mit dem Vertragsantrage vom 15. Juni 1916 vereinigen lasse, so daß dieser Antrag nicht vorbehaltslos angenommen, sondern gemäß § 150 Abs. 2 BGB. als abgelehnt anzusehen sei. Diese Annahme des Oberlandesgerichts ist nicht, wie die Revision meint, rechtsirrtümlich, vielmehr zu billigen.

In dem Vertragsantrage vom 15. Juni 1916 hatte die Beklagte völlig zweifelsfrei die Bedingung gestellt, daß die Ware so genommen werden müsse, wie sie am Lager sortiert sei, oder daß anstandslose Abnahme dieser Ware am Bestimmungsorte zugesichert werden müsse. Wenn die Klägerin, die sich im übrigen zwar mit dem Vertragsantrag einverstanden erklärte, dieser Erklärung gleichwohl den Zusatz hinzufügte, daß die Nichtlieferung von nicht mit dem Durchschnitte der von O. G. besichtigten übereinstimmenden Furnieren und die Zurücklassung einzelner schlecht fallender Blöcke vorausgesetzt werde, so konnte die Beklagte diesen Zusatz nach Treu und Glauben nur so auffassen, daß damit dem Vertrag ein von der Bedingung, daß die Ware, so wie sie sortiert sei, abzunehmen sei, abweichender Inhalt gegeben werde, um so mehr, als die Beklagte auch schon in dem vor dem 15. Juni 1916 liegenden Briefwechsel der Klägerin gegenüber zum Ausdruck gebracht hatte, daß sie auf die Zusicherung anstandsloser Abnahme entscheidendes Gewicht lege. Um den Ausdruck eines bloßen Wunsches, wie die Revision meint, handelte es sich bei dem Zusatze nicht, vielmehr um das Ansinnen einer Änderung eines wesentlichen Punktes des Vertragsantrags, so daß das Oberlandesgericht mit Recht die Voraussetzung des § 150 Abs. 2 BGB. als gegeben erachtet hat, Aus den Briefen der Beklagten vom 18. und 19. Juni 1916 ergibt sich auch, daß tatsächlich die Beklagte den Zusatz sofort als eine Änderung ihres Vertragsantrags aufgefaßt, wie sie denn auch hieraus damals die Ablehnung ihres Antrags entnommen hat.

Das Oberlandesgericht nimmt in zweiter Linie an, daß ein Vertrag durch die Briefe vom 15. und 17. Juni 1916 auch deshalb nicht zum Abschluß gekommen sei, weil die Klägerin das Verlangen der Beklagten auf ausdrückliche Anerkennung der Zahlungsbedingungen im Wortlaut in ihrem Annahmebescheide vom 17. Juni 1916 nicht erfüllt habe. Auch diese Annahme erweist sich bei der gegebenen Sachlage als rechtlich einwandfrei. Zwar kann nicht bezweifelt werden, daß die Klägerin sich in ihrem Bescheide vom 17. Juni 1916 mit den Zahlungsbedingungen des Vertragsantrags vom 15. Juni 1916 einverstanden erklärt hatte. Die Beklagte hatte aber in ihrem Antrage bestimmt und klar verlangt, daß die Klägerin die mitgeteilten Zahlungsbedingungen „extra ausdrücklich im Wortlaut" in dem Annahmebescheide „anerkenne", und das Oberlandesgericht nimmt, wie seine Ausführungen zu verstehen sind, an, daß die Klägerin dieses Verlangen nur dahin auffassen konnte, die Beklagte wolle von der Wiederholung der Zahlungsbedingungen im Wortlaut in dem Annahmebescheide den Abschluß des Vertrags abhängig machen. Diese Annahme erweist sich durch die Fassung des Annahmeantrags vom 15. Juni 1916 in Verbindung mit dem voraufgegangenen Schriftwechsel als einwandfrei. Ist hiervon aber auszugehen, so muß dem Oberlandesgerichte darin beigetreten werden, daß die Klägerin, da sie in ihrem Annahmebescheide vom 17. Juni 1916 das Verlangen wörtlicher Anerkennung der Zahlungsbedingungen nicht erfüllte, durch das Annahmeschreiben vom 17. Juni 1916 auch den Vertrag gemäß dem Antrage vom 15. Juni 1916 nicht zum Abschluß gebracht hat. Die einfache Annahmeerklärung genügt dann nicht, um einen Vertrag gemäß dem Vertragsantrage zum Abschluß zu bringen, wenn, wie vorliegend der Antrag gegenüber dem Gegner von dem Antragenden als für ihn bindend erkennbar davon abhängig gemacht war, daß in der Annahmeerklärung das Einverständnis mit den Zahlungsbedingungen in der Form ihrer Anerkennung durch wörtliche Wiederholung der Bedingungen zum Ausdruck gelange. In solchem Falle ist der Vertrag nur bei Erfüllung auch der für den Abschluß erschwerenden Bedingung zustande gekommen, und das ist hier nicht der Fall (§ 150 Abs. 2 BGB.). Die Beklagte hat sich denn auch wegen dieses Punktes sofort nach Erhalt des Bescheides vom 17. Juni 1916 mit Recht in ihrem Briefe vom 19. Juni 1917 auf den Standpunkt gestellt, daß die Klägerin ihre Forderung hinsichtlich der Zahlungsbedingungen für den Vertragsabschluß nicht, wie sie verlangt habe, in dem Annahmebescheid erfüllt und deshalb den Vertragsantrag abgelehnt habe."

55. Inwieweit finden auf die Ersatzansprüche des Reichs gegen Reichsbeamte wegen Amtspflichtverletzungen die Vorschriften des preußischen Allgemeinen Landrechts Anwendung?

EG. z. BGB. Art. 80.
ALR. II, 10 §§ 89—91.
Reichsbeamtengesetz §§ 19, 141, 144.

III. Zivilsenat. Urt. v. 22. Februar 1918 i. S. V. (Kl.) w. Deutsches Reich (Bekl.). Rep. III. 416/17.

I. Landgericht Cassel.
II. Oberlandesgericht daselbst.

Am 26. September 1914 gab Dr. G. in Bad Nauheim bei dem dortigen Postamt einen Geldbrief mit einer Wertangabe von 5000 *M* an K. in Augsburg auf. K. hat diesen Brief nicht erhalten; wo er geblieben ist, ist nicht ermittelt. Der Beklagte zahlte dem Absender den Betrag von 5000 *M* als Schadensersatz aus. Durch Beitreibungsbeschluß der Oberpostdirektion in Cassel vom 13. März 1915 wurde der Kläger, dem am 26. September 1914 in dem Zuge von Cassel nach Frankfurt a. M. die Bearbeitung der Geldbriefe der Bahnpost oblag und in dessen Hände der Brief gekommen ist, für schuldig erklärt, die 5000 *M* zu erstatten, und angeordnet, daß der Beschluß in das Vermögen des Klägers zu vollstrecken sei. Gegen diesen, ihm am 18. März 1915 zugestellten Beschluß hat der Kläger am 14. März 1916 Klage erhoben mit dem Antrage, den Beklagten zu verurteilen, den Beitreibungsbeschluß aufzuheben oder anzuordnen, daß er nicht zu vollstrecken und die angeordneten Vollstreckungsmaßregeln wieder aufzuheben seien. Er ist in allen drei Rechtszügen abgewiesen worden.

Aus den Gründen:

„Das Berufungsgericht geht zutreffend davon aus, daß das auf Grund des § 144 RBeamtG. angerufene Gericht nicht nur zu prüfen hat, ob die Voraussetzungen für den Erlaß des Beitreibungsbeschlusses vorliegen, sondern ob überhaupt eine Ersatzverbindlichkeit des klagenden Beamten besteht, und daß es insbesondere die Klage auch dann abzuweisen hat, wenn es statt des im § 141 Abs. 1 Nr. 2 RBeamtG. als Voraussetzung geforderten groben Versehens nur ein leichtes als gegeben erachtet, sofern ein solches nach dem gemäß § 19 RBeamtG. maßgebenden, am Wohnorte des Klägers geltenden Rechte zur Begründung der Ersatzverbindlichkeit des Klägers ausreicht (vgl. RGZ. Bd. 75 S. 329; Jur. Wochenschr. 1908 S. 411 Nr. 14, 1909 S. 230 Nr. 29; ebenso die Urteile vom 12. Mai 1911 III. 179/10, vom 20. September 1911 III. 498/10 und vom 8. März 1912 III. 249/11). Letzteres ist hier der Fall. Die Haftung des Klägers gegenüber dem Reiche richtet sich, da dieses als ein Dritter im Sinne des § 839 BGB. nicht anzusehen ist, gemäß Art. 80 EG. z. BGB. nach den Vorschriften des preuß. ALR. II, 10 §§ 88 bis 91, die durch die Verordnung vom 23. September 1867 (GS. S. 1619) auch für die neu erworbenen Landesteile Geltung erlangt haben (vgl. RGZ. Bd. 75 S. 233), und danach hat der Beamte jedes bei seiner Amtsführung begangene Versehen zu vertreten, das bei gehöriger Aufmerksamkeit und nach den Kenntnissen, die bei der Verwaltung des Amtes erfordert werden, hätte vermieden werden können und sollen (§ 89). Der Inhalt und Umfang der Haftung und der Einfluß eines mitwirkenden Verschuldens bestimmt sich aber, wie der Berufungsrichter zutreffend annimmt, nicht nach den Vorschriften I, 6 ALR., sondern nach den im Bürgerlichen Gesetzbuche niedergelegten Grundsätzen. Wenn auch durch das preuß. AG. z. BGB. Art. 89 die nicht ausdrücklich ausgenommenen Vorschriften des Allg. Landrechts nur, „soweit sie sich nicht auf öffentliches Recht beziehen", aufgehoben sind (s. auch EG. z. BGB. Art. 55), so sind doch jene allgemeinen Grundsätze des bürgerlichen Rechtes jetzt durch die entsprechenden Bestimmungen des Bürgerlichen Gesetzbuchs völlig beseitigt und können daher auch nicht mehr auf das öffentliche Recht übertragen werden." ...

56. Ist die Abtretung der dem Abtretenden aus seinen künftigen Geschäften erwachsenden Forderungen rechtswirksam,

1. wenn diese nur bis zu dem jeweiligen Betrage der dem Abtretenden gewährten und zu gewährenden, in ihrer Höhe ständig wechselnden Vorschüsse als abgetreten gelten sollen?

oder

2. wenn der Abtretende sich das Einziehungsrecht vorbehält?

BGB. § 398.

III. Zivilsenat. Urt. v. 22. Februar 1918 i. S. der H. u. V. Bank (Bekl.) w. H. als Verwalter im Konk. über das Vermögen des B. (Kl.). Rep. III. 402/17.

I. Landgericht Hamburg.
II. Oberlandesgericht daselbst.

Am 4. Juni 1915 ist über das Vermögen des Großschlachters B. der Konkurs eröffnet worden. Bei der beklagten Bank hatte die Ehefrau des Gemeinschuldners, die mit ihm in alter hamburgischer Gütergemeinschaft lebt, damals ein Guthaben von 20952,27 *M*, dessen Auszahlung zur Konkursmasse der Kläger im vorliegenden Rechtsstreite verlangt. Die Beklagte rechnete mit Gegenforderungen auf, welche ursprünglich den Viehkommissionären G. und W. gegen B. zugestanden haben und von diesen ihr vor der am 13. April 1915 stattgehabten Zahlungseinstellung des Gemeinschuldners abgetreten sein sollen.

Das Landgericht erachtete die Aufrechnung für rechtswirksam und wies deshalb die Klage ab. Das Oberlandesgericht dagegen gab dem Klagantrage statt. Die Revision der Beklagten blieb erfolglos.

Gründe:

„Die Parteien streiten darüber, ob G. und W. ihre Forderungen an B. der Beklagten wirksam abgetreten haben. Das Oberlandesgericht hat es verneint. Dem ist beizutreten.

Dem G. gewährte die Beklagte in der Weise Kredit, daß sie ihm diejenigen Beträge auszahlte, welche er aus Fleisch- und Viehverkäufen an Nichtmitglieder der Bank zu fordern hatte. Die Einziehung der Kaufgelder sollte ausschließlich durch die Beklagte erfolgen. Zu diesem Zwecke hatte G. ihr binnen 5 Tagen die Rechnungen einzureichen, welche sie mit dem Vermerke, daß Zahlungen nur an die Bank zu leisten seien, den Käufern übermitteln sollte. Dem G. durfte sie auf die Zahlungen, die sie ihm machte, $^1/_8$ % Provision berechnen und ihn außerdem mit einer Inkassoprovision, mit Portospesen und, falls die Rechnungsbeträge nicht innerhalb 3 Wochen eingingen, mit Verzugszinsen in Höhe von mindestens 6 % belasten. „Zur Sicherheit für diesen Kredit" — so lautet ein weiterer Absatz des zwischen G. und der Beklagten geschlossenen Vertrags — zediert G. der H.- und V.-Bank alle seine Forderungen, die er aus seinen Fleisch- und Viehverkäufen hat und erwirbt, bis zur Höhe der ihm von der Bank ausgezahlten Beträge".

Weder der erste lediglich eine Einziehungsermächtigung enthaltende Teil des Abkommens noch die ihm folgende Abtretungserklärung waren allein oder im Zusammenhange geeignet, den Übergang G.scher Forderungen auf die Beklagte zu bewirken. An der in der Rechtsprechung des Reichsgerichts wiederholt zum Ausdrucke gebrachten Auffassung von der Übertragbarkeit erst in Zukunft zur Entstehung gelangender, zur Zeit des Vertragsschlusses also noch nicht vorhandener Forderungen (vgl. z. B. RGZ. Bd. 58 S. 72, Bd. 67 S. 166 flg., Bd. 90 S. 274 flg., Jur. Wochenschr. 1911 S. 576 Nr. 10) ist freilich festzuhalten, ebenso aber auch daran, daß die Abtretungserklärung den Gegenstand der Abtretung mit hinreichender Deutlichkeit erkennen lassen muß. Diesem Erfordernis würde genügt sein, wenn G. lediglich die ihm aus seinen Fleisch- und Viehverkäufen erwachsenden Forderungen abgetreten hätte; durch den Zusatz aber, nach welchem sie nur bis zu dem Betrage der ihm von der Beklagten gewährten, in ihrer Höhe ständig wechselnden Vorschüsse als übertragen gelten sollten, wurde eine Unsicherheit in die rechtlichen Beziehungen der Vertragsteile hineingebracht, welche mit dem Wesen der Abtretung nicht vereinbar ist. Das jeweilige Steigen oder Sinken der Bankschuld des G. sollte und mußte stets auch eine Änderung des Abtretungsgegenstandes zur Folge haben und gestattete daher erst bei Beendigung des Kreditverhältnisses eine sichere Feststellung der Forderungen, welche endgültig auf die Beklagte übergegangen waren. Einer solchen Vereinbarung muß wegen der Unbestimmtheit und Unbestimmbarkeit des Vertragsgegenstandes der Rechtsschutz versagt werden (vgl. das einen ähnlichen Fall behandelnde Urteil des erkennenden Senats vom

18. Mai 1917 RGZ. Bd. 90 S. 248 flg. und die oben angezogenen Erkenntnisse).

W. hatte mit der Beklagten zwei Verträge geschlossen. In dem ersten Vertrage vom 24. Oktober 1903 hatte er ihr zur Sicherheit für den ihm eingeräumten Kredit seine sämtlichen gegenwärtigen und zukünftigen Forderungen aus Viehverkäufen abgetreten, sich selbst aber deren Einziehung vorbehalten und sich nur verpflichtet, der Bank wöchentlich eine Aufstellung der einkassierten Beträge zu geben. Da diese Bestimmung die Zessionarin von der mit dem Gläubigerrechte begrifflich und notwendig verbundenen Befugnis, die Forderungen in eigenem Namen einzuziehen, dauernd und bedingungslos ausschließt, läßt die Abtretungserklärung des W. dessen ernstlichen Willen, seine Gläubigerstellung aufzugeben und hinsichtlich der erworbenen und noch zu erwerbenden Forderungen die Beklagte an seine Stelle treten zu lassen, vermissen und entbehrt daher der Rechtsgültigkeit.[1] Die Urkunde vom 20. Februar 1904 enthält aber keine neue und selbstständige Abtretungserklärung des W. Sie regelt die Kreditgewährung und das Recht der Bank zur Einziehung der Rechnungsbeträge inhaltlich zwar in derselben Weise, wie es später auch in dem mit G. getroffenen Abkommen geschehen ist, verweist aber hinsichtlich der Sicherheiten lediglich auf den Vertrag vom 24. Oktober 1903. Dadurch konnte jedoch die Rechtsunwirksamkeit der in ihm abgegebenen Abtretungserklärung nicht behoben werden." ...

---

57. 1. Ist für eine Klage gegen das Reich wegen Dienstpflichtverletzung des Militärbefehlshabers durch Verhängung der Schutzhaft der Rechtsweg zulässig?

2. Unter welchen Voraussetzungen war vor Erlaß des Reichsgesetzes vom 4. Dezember 1916 der Militärbefehlshaber für die von ihm verhängte Schutzhaft verantwortlich?

Preuß. Gesetz über den Belagerungszustand vom 4. Juni 1851 (GS. S. 451) §§ 4, 5.

Verfassung des Deutschen Reichs Art. 68.

Gesetz über die Haftung des Reichs für seine Beamten vom 22. Mai 1910.

Reichsbeamtengesetz § 13.

---

[1] Vgl. oben S. 109.

III. Zivilsenat. Urt. v. 22. Februar 1918 i. S. Sp. (Kl.) w. Deutsches Reich (Bekl.). Rep. III. 253/17.

I. Landgericht I Berlin.
II. Kammergericht daselbst.

Der Kläger, gegen den ein staatsanwaltliches Ermittlungsverfahren wegen Beleidigung der deutschen Heeresverwaltung, des Grafen Zeppelin, des Generalfeldmarschalls v. Hindenburg und des Deutschen Kaisers schwebte, ist im Laufe dieses mangelnder Beweise halber eingestellten Verfahrens auf Anordnung des Oberbefehlshabers in den Marken am 9. Dezember 1915 in Schutzhaft genommen und bis 13. Januar 1916 festgehalten worden. Mit der Klage hat er Ersatz des ihm durch die Verhängung der Schutzhaft erwachsenen Vermögensschadens in Höhe von 300 *M* gefordert. Der Anspruch wurde von beiden Vorderrichtern abgewiesen. Die Revision war erfolglos.

Gründe:

„1. Die vom Beklagten gegen die Zulässigkeit des Rechtswegs erhobenen Bedenken, die sich auf die Vorschriften der preuß. Verordnung vom 26. Dezember 1808, der preuß. Kabinettsorder vom 4. Dezember 1831 und des preuß. Gesetzes über die Zulässigkeit des Rechtswegs in Beziehung auf polizeiliche Verfügungen vom 11. Mai 1842 stützen, sind nicht gerechtfertigt. Die Frage der Zulässigkeit des Rechtswegs ist nach reichsrechtlichen Grundsätzen zu beurteilen. In Art. 68 RVerf. ist bis zur Erlassung eines die Voraussetzungen, die Form der Verkündung und die Wirkungen der Erklärung des Kriegszustandes regelnden besonderen Reichsgesetzes dem preuß. Gesetze über den Belagerungszustand vom 4. Juni 1851, auf Grund dessen der Militärbefehlshaber gegen den Kläger die Schutzhaft verhängt hat, die Eigenschaft eines Reichsgesetzes beigelegt worden. § 4 BZG. bestimmt nun, daß mit der Bekanntmachung der Erklärung des Belagerungszustandes die vollziehende Gewalt an die Militärbefehlshaber übergeht und daß die Zivilbehörden den Anordnungen und Aufträgen der Militärbefehlshaber Folge zu leisten haben. Diese Vorschrift ist nicht dahin aufzufassen, daß der Militärbefehlshaber der Rechtsnachfolger der Zivilbehörden des Reichs und der Bundesstaaten sei und daß er seine Machtbefugnisse von diesen ableite. Vielmehr steht dem Militärbefehlshaber die vollziehende Gewalt selbständig als besondere, neue, ihm einheitlich übertragene Gewalt zu; bei ihrer Ausübung hat er den Vorrang vor den Zivilbehörden, die die ihnen grundsätzlich verbleibende Gewalt nur insoweit betätigen können, als der Militärbefehlshaber von seiner Machtbefugnis keinen Gebrauch macht. Dieser übt, wenn er auch vom bundesstaatlichen Kontingentsherrn ernannt ist und in dessen Dienste steht, kraft seiner Stellung die dem Reiche zukommende Militärgewalt aus und zwar auch dann, wenn er gemäß § 4 BZG. einschreitet. Allerdings ist er bei diesem Einschreiten an die Gesetze des Bundesstaats gebunden, in dem er seinen Sitz hat. Wenn man nun auch mit Rücksicht auf diese Bindung annehmen wollte, daß der Militärbefehlshaber bundesstaatliche Befugnisse wahrnehme, so tritt er doch kraft Reichsrechts als Organ des Reichs für dieses in Tätigkeit. Bei solchem Charakter seiner Dienstausübung sind für die Frage, ob er im Rechtswege für seine Handlungen verantwortlich ist, einheitlich die Vorschriften des Reichs, nicht die der einzelnen Bundesstaaten maßgebend.

Nach Reichsrecht ist die Zulässigkeit des Rechtswegs zu bejahen. Dies ergibt sich klar aus den Bestimmungen des Gesetzes über die Haftung des Reichs für seine Beamten vom 22. Mai 1910, das die Personen des Soldatenstandes den Reichsbeamten gleichstellt. Irgendeine den Rechtsweg beschränkende oder gar ausschließende Bestimmung ist in diesem Reichsgesetze nicht enthalten — im Gegensatze zum preuß. Staatshaftungsgesetze vom 1. August 1909, das dem Reichsgesetz als Vorbild gedient hat und in welchem in § 5 hinsichtlich der polizeilichen Verfügungen eine Beschränkung gemacht wird. Die Bejahung der ausnahmslosen Zulässigkeit des Rechtswegs entspricht auch dem Inhalt und Sinne des Reichsbeamtengesetzes vom 31. März 1873. Nach § 13 das. ist jeder Reichsbeamte für die Gesetzmäßigkeit seiner Amtshandlungen verantwortlich. Diese Vorschrift beruht auf dem Beschlusse des Reichstags; der Regierungsentwurf hatte vorgesehen, daß die Zulässigkeit der gerichtlichen Verfolgung der Reichsbeamten durch ein künftiges Reichsgesetz geregelt werden solle und daß bis zu dessen Erlaß die landesrechtlichen Vorschriften des Wohnorts der Beamten maßgebend sein sollten. Den Reichstagsverhandlungen (Reichstag 24 S. 157/172), insbesondere den Reden der Abgeordneten Lasker und Miquel ist zu entnehmen, daß nicht bloß die den Beamten schützenden Bestimmungen des preuß. Konfliktsgesetzes vom 13. Februar 1854 für die Reichsbeamten nicht zur Anwendung kommen sollen, sondern daß überhaupt die Verfolgung der Ansprüche gegen die Reichsbeamten von den lästigen Bestimmungen, wie sie in einzelnen Bundesstaaten bestanden, frei sein sollte. Daraus ergibt sich, daß, wenn die durch die Möglichkeit der Konfliktserhebung gegebene Beschränkung des Rechtswegs nicht gelten soll, noch viel weniger sein vollständiger Ausschluß gewollt ist. Aus der Eigenartigkeit der Stellung des mit besonders umfassender Machtvollkommenheit ausgestatteten Militärbefehlshabers läßt sich endlich die Unzulässigkeit des Rechtswegs nicht ableiten. Ausdrücklich ist in § 4 Abs. 2 BZG. bestimmt, daß er für seine Anordnungen persönlich verantwortlich sei. Weder der Wortlaut dieser Vorschrift noch die Begründung des Gesetzes lassen erkennen, daß diese Verantwortlichkeit lediglich eine staatsrechtliche oder disziplinäre sei.

2. Dem Klaganspruche fehlt jedoch die sachliche Unterlage. Das Reichsgesetz vom 4. Dezember 1916, betr. die Verhaftung und Aufenthaltsbeschränkung auf Grund des Kriegs- und Belagerungszustandes, das nähere Vorschriften über die Voraussetzungen der Schutzhaftverhängung und der Entschädigung gibt, bleibt außer Betracht, da es der Rückwirkung auf den vorliegenden Fall entbehrt.

Nach den tatsächichen Feststellungen des Landgerichts, auf die das Berufungsgericht Bezug genommen hat, bestand zur Zeit der Verhängung der Schutzhaft gegen den Kläger in Berlin der sog. verschärfte Belagerungszustand (§ 5 BZG.). Aufgehoben waren daher der die persönliche Freiheit gewährleistende Art. 5 der preuß. Verfassung und § 6 des preuß. Gesetzes zum Schutz der persönlichen Freiheit vom 12. Februar 1850, kraft dessen die Polizeibehörden befugt sind, Personen in polizeiliche Verwahrung zu nehmen, wenn der eigene Schutz dieser Personen oder die Aufrechterhaltung der öffentlichen Sittlichkeit, Sicherheit und Ruhe diese Maßregel dringend erfordert. Hiernach ergibt sich die Befugnis des Militärbefehlshabers, alle ihm nach seinem Ermessen erforderlich erscheinenden Beschränkungen der persönlichen Freiheit anzuordnen und durchzuführen, ohne hierbei an die im Regelfalle gewährten gesetzlichen Garantien für die persönliche Freiheit gebunden zu sein. Dies Ermessen muß freilich ein pflichtgemäßes sein. Die Freiheit der Entschließung darf nicht in

Willkür ausarten. Soweit sich aber seine Maßregel in diesen Grenzen hält, kann sie, da er an weitere gesetzliche Vorschriften nicht gebunden ist, keine Verletzung einer Dienstpflicht enthalten. Für den vorliegenden Fall ist nicht zweifelhaft, daß die dem Kläger zur Last gelegten Beleidigungen hervorragender Persönlichkeiten dem Militärbefehlshaber pflichtgemäßen Grund zum Einschreiten geben konnten. Damit ist die Rechtmäßigkeit seines dienstlichen Handelns gegeben. Nicht der geringste Anhalt liegt dafür vor, daß die Verhängung der Schutzhaft aus Willkür erfolgt sei. Es bedurfte daher auch nicht, wie die Revision meint, der Untersuchung über die Zweckdienlichkeit der Schutzhaft und über die Wahrheit der erhobenen Bezichte. Der Hinweis der Revision auf eine Entscheidung des erkennenden Senats vom 15. Juni 1917 (Rep. III. 46/17) geht fehl, weil in diesem letzteren Falle die Schutzhaft nicht vom Militärbefehlshaber, sondern vom Bürgermeister verhängt worden war."

---

58. Unterliegt die bei der Erhöhung des Stammkapitals einer Gesellschaft m. b. H. durch außerhalb der Gesellschaft stehende Personen erfolgende urkundliche Übernahme bestimmter neuer Stammanteile dem Stempel der Tarifst. 58 „Schuldverschreibungen" des preuß. Stempelgesetzes vom 30. Juni 1909?

RStempG. v. 3. Juli 1913 § 7 Abs. 1.

VII. Zivilsenat. Urt. v. 22. Februar 1918 i. S. Reichsverband deutscher Lederhändler (Kl.) w. preuß. Staat (Bekl.). Rep. VII. 393/17.

I. Landgericht I Berlin.
II. Kammergericht daselbst.

Der Notariatsakt vom 8. September 1916 hat folgenden urkundlichen Inhalt: Zunächst beschließt die Gesellschaftsversammlung der klagenden Gesellschaft m. b. H., das Stammkapital um einen bestimmten Betrag durch Aufnahme neuer Mitglieder, deren jedes einen Geschäftsanteil von 500 ℳ zu übernehmen habe, zu erhöhen; weiter wird die Erklärung beurkundet, daß jede der anwesenden 647 nicht zu den Gesellschaftern gehörigen Personen „einen Geschäftsanteil von

500 ℳ übernehmen wollte", worauf dann die anwesenden Gesellschafter einstimmig beschließen, die vorbezeichneten 647 Personen als Gesellschafter mit je 500 ℳ aufzunehmen. Einen gleichen Urkundeninhalt hat die Urkunde vom 22. Januar 1917 mit der Maßgabe, daß es sich hierbei um die Erhöhung des Stammkapitals um einen geringeren Betrag handelt, daß 25 Personen erklären, jede einen Geschäftsanteil von 500 ℳ übernehmen zu wollen, und daß die Gesellschafterversammlung deren Aufnahme in die Gesellschaft beschließt. Für diese Urkunden hat die Steuerbehörde außer dem Reichsstempel für Gesellschaftsverträge aus Tarifnr. 1 A des Reichsstempelgesetzes vom 3. Juli 1913 noch den Schuldverschreibungsstempel der Tarifst. 58 des Landesstempelgesetzes erhoben. Den letzteren fordert die Klägerin mit der Klage zurück. Das Landgericht wies die Klage ab, und die Berufung wurde zurückgewiesen. Auch die Revision blieb erfolglos.

Gründe:

„Mit Recht erblickt der Berufungsrichter in den in den notariellen Urkunden vom 8. September 1916 und 22. Januar 1917 enthaltenen einseitigen Erklärungen einer Anzahl von Personen, die nicht zu den Gesellschaftern der Klägerin gehörten, je einen neuen Geschäftsanteil von 500 ℳ übernehmen zu wollen, Schuldverschreibungen im Sinne der Tarifst. 58 I des preuß. StempStG. vom 30. Juni 1909 (RGZ. Bd. 46 S. 256). Die Klägerin vertritt aber die Meinung, die Erhebung dieses Landesstempels sei durch die Vorschrift des § 7 RStempG. vom 3. Juli 1913 ausgeschlossen. Diese Vorschrift, deren Abs. 4 einen hier nicht vorliegenden Tatbestand voraussetzt und deshalb nicht in Betracht kommt, bestimmt im Abs. 1, daß die in Tarifnr. 1 unter A bezeichneten „Rechtsvorgänge" und ihre Beurkundung in den einzelnen Bundesstaaten keiner weiteren Stempelabgabe unterliegen. Die Tarifnr. 1 A unterwirft unter b der Reichsabgabe Beurkundungen von Gesellschaftsverträgen, wenn sie die bei Gesellschaften m. b. H. erfolgende Erhöhung des Stammkapitals, in der Form von Verträgen oder Beschlüssen, betreffen. Die Entscheidung hängt daher von der Beantwortung der Frage ab, ob die ausgestellten Schuldverschreibungen Beurkundungen eines Gesellschaftsvertrags oder Beschlusses oder eines Bestandteils davon darstellen, der die Erhöhung des Stammkapitals der Klägerin zum rechtlichen Gegenstande hat. Diese Frage ist mit dem Berufungsrichter zu verneinen.

Bei der Erhöhung des Stammkapitals einer Gesellschaft m. b. H. ist zu unterscheiden zwischen dem auf Vornahme der Erhöhung gerichteten Beschluß und den zur Ausführung dieses Beschlusses vorzunehmenden Rechtshandlungen. Nur für jenen Beschluß, nicht aber für diese Ausführungsgeschäfte ordnet die Tarifnr. 1 A b eine Reichsabgabe an. Ein Bestandteil des Erhöhungsbeschlusses ist aber die Übernahme einer neu zu schaffenden Stammeinlage hier schon deshalb nicht, weil eine Abänderung des Gesellschaftsvertrags und damit auch der Beschluß auf Erhöhung des Stammkapitals nur durch Beschluß der Gesellschafter erfolgen kann (§§ 53 Nr. 3 GmbHG.), die Übernehmer der neuen Stammeinlagen hier aber nur außerhalb der Gesellschaft stehende Dritte sind. Wie zu entscheiden wäre, wenn die neuen Stammeinlagen von Personen übernommen worden wären, die zur Zeit der Übernahme schon Gesellschafter waren, bedarf hier nicht der Erörterung. Daß der Erhöhungsbeschluß und die Übernahmeerklärungen unter sich verschiedene Rechtsvorgänge sind, ist schon im vorbezeichneten, in RGZ. Bd. 46 S. 256 abgedruckten Urteil an dessen Schluß ausdrücklich anerkannt worden. Sie stehen zwar im wirtschaftlichen Zusammenhange derart, daß die Übernahme der neuen Stammeinlage unwirksam ist, wenn der Erhöhungsbeschluß der Gesellschafter ausbleibt oder der gefaßte Beschluß nichtig ist — was hier nicht zutrifft —, der Erhöhungsbeschluß selbst aber bleibt rechtsgültig und stempelpflichtig, wenn eine Übernahme von Stammeinlagen hinterher nicht erfolgt, denn die Übernahme ist keine rechtsgeschäftliche Bedingung der Rechtswirksamkeit des Erhöhungsbeschlusses. Für die Einheitlichkeit beider Rechtsvorgänge beruft sich die Revision auf die Vorschrift des § 57 Abs. 1 GmbHG., wonach die beschlossene Erhöhung des Stammkapitals zur Eintragung in das Handelsregister erst anzumelden ist, nachdem das erhöhte Stammkapital durch Übernahme von Stammeinlagen gedeckt ist. Hieraus folgt aber nichts gegen die rechtliche Selbständigkeit des Erhöhungsbeschlusses, vielmehr nur, daß die auch für Dritte bedeutsame (§§ 11 Abs. 1, 57 Abs. 1) Eintragung unterbleiben soll, solange nicht die Durchführung der beschlossenen Erhöhung gesichert ist. Verfehlt ist auch der Hinweis der Revision auf die Vorschrift des § 56, nach der auf das erhöhte Stammkapital eine nicht in Geld bestehende Einlage gemacht werden kann. In einem solchen Falle unterbleibt zwar die Erhebung des

Schuldverschreibungsstempels, aber nur deshalb, weil die Schuldverschreibung die Beurkundung des Versprechens einer Geldleistung darstellt. Auch aus § 10 Abs. 3 preuß. StempStG. kann eine Befreiung vom Schuldverschreibungsstempel nicht beansprucht werden, da die Tarifst. 25 zu a das., die hierbei allein in Betracht zu ziehen wäre, durch das RStempG. vom 3. Juli 1913 außer Wirksamkeit gesetzt ist." ...

---

59. Behandlung einer Police, bei der ein Teil der Versicherer die Seegefahr, ein anderer die Kriegsgefahr übernommen hat. Zur Auslegung der Hamburger Kriegsklausel. Welche Kosten sind nach ihr von der Versicherung ausgeschlossen?

HGB. § 949.
Allg. SVB. § 101.

I. Zivilsenat. Urt. v. 23. Februar 1918 i. S. M. B. & Co. (Kl.) w. Nordd. Vers.-Ges. u. Gen. (Bekl.). Rep. I. 249/17.

I. Landgericht Hamburg, Kammer für Handelssachen.
II. Oberlandesgericht daselbst.

Laut Police vom 24. April / 25. Mai 1915 hat die Firma S. R. & Sohn bei einer Reihe von Versicherern 1743 Sack Valonea (Gallen) im Dampfer Sappho von Calamata nach Venedig und weiter mit der Eisenbahn nach Zürich in durchstehendem Risiko teils gegen See-, teils gegen Kriegsgefahr versichert. Die Klägerin als legitimierte Inhaberin der Police klagt aus der Versicherung gegen Kriegsgefahr und behauptet, daß diese von den 11 Beklagten mit der aus der Police ersichtlichen Beteiligung übernommen sei. Die „Kriegs- und Minengefahr" ist gemäß der der Police angehefteten Kriegsklausel des V. H. A. übernommen, welche besagt:

„Die Police deckt (auch) die durch die Klausel „Nur für Seegefahr" ausgeschlossenen Gefahren, jedoch haftet der Versicherer nicht:

1. für Kosten ..., welche entstehen aus dem freiwilligen Aufenthalte wegen Kriegsgefahr, aus der Anhaltung, der Blockade des Aufenthaltshafens, der Zurückweisung von einem blockierten Hafen, der Ausladung, Lagerung und Weiterbeförderung der Güter wegen Kriegsgefahr;

2. ..."

Das Schiff ist bei Ausbruch des Krieges zwischen Österreich-Ungarn und Italien in Venedig angekommen. Die Ladung wurde abgeleichtert und längere Zeit in Venedig gelagert, bevor sie nach Zürich weiterbefördert wurde. Die Klägerin behauptet, die hierdurch entstandenen Leichter- und Lagerkosten beruhten auf Kriegsgefahr, denn die Verzögerung sei dadurch entstanden, daß ein Ausfuhrverbot für Valonea nach der Schweiz erlassen, daß Visierung durch das Ministerium in Rom verlangt worden sei und daß infolge des Krieges ein erheblicher Waggonmangel bestanden habe. Die Beklagten bestreiten, daß ein durch Kriegsgefahr unmittelbar verursachter Schade vorliege; soweit dies aber doch der Fall sein sollte, hätten sie sich nach der erwähnten Kriegsklausel freigezeichnet.

Beide Instanzen entschieden wegen der erwähnten Kosten gegen die Klägerin. Die Revision der Klägerin ist zurückgewiesen worden aus folgenden

Gründen:

„Obwohl nach der ersten Seite der Police eine einheitliche Versicherung vorzuliegen scheint, bei der die Versicherer sowohl die See- wie auch die Kriegsgefahr — letztere unter gewissen Beschränkungen — übernommen haben, geht doch aus der Zeichnung auf S. 2 hervor, daß sie in Wahrheit einen zwiespältigen Charakter hat, indem eine Reihe von Versicherern mit bestimmten Beteiligungen nur die Seegefahr übernommen haben, während eine zweite Gruppe, bei der sich allerdings auch solche aus der ersten Gruppe, aber mit abweichender Beteiligung befinden, nur „für Kriegsgefahr" gezeichnet hat. Die Klägerin hat mit der gegenwärtigen Klage nur die zweite Gruppe nach Maßgabe der innerhalb dieser erfolgten Verteilung der Quoten in Anspruch genommen und beruft sich demgemäß auch nur darauf, daß die geltend gemachten Schäden auf Kriegsgefahr beruhen. Es ist daher lediglich der Umfang der übernommenen Kriegsversicherung zu prüfen.

In dieser Hinsicht folgt aus dem Eingange der angehefteten Kriegsklausel, daß allein die durch die Klausel „nur für Seegefahr" ausgeschlossenen Gefahren, und auch diese nur unter gewissen Beschränkungen gegenüber den in der Police angezogenen Hamburger Allg. Seeversicherungsbedingungen von 1867 übernommen sind. Daraus ergibt sich bei Beachtung des § 101 Abs. 1 der erwähnten

Bedingungen, daß die Versicherer nur für die zunächst durch Kriegsgefahr verursachten Schäden haften. Mit Recht hat das Berufungsgericht den Anspruch auf Ersatz von Leichterkosten schon deshalb abgesprochen, weil irgendein ursächlicher Zusammenhang zwischen dem Leichtern und einer Kriegsmaßnahme, als welche hier nur eine zeitweilige Anhaltung der Ware oder das Verbot, sie weiter nach der Schweiz zu befördern, in Betracht kommt, nicht ersichtlich sei. Das Leichtern der Güter vom Seeschiffe stelle nur eine Art der Übernahme dar und sei allein durch die Hafenverhältnisse bedingt und von der späteren Behandlung unabhängig. Es stehe dahin, ob nicht auch bei alsbaldiger Weiterbeförderung hätte geleichtert werden müssen; in dieser Hinsicht komme es darauf an, ob am Ufer Platz gewesen sei. Die zeitweilige Lagerung habe jedenfalls nicht die Notwendigkeit der Leichterung bedingt.... (Diese Begründung wird für zutreffend erachtet.)

Das Berufungsgericht führt aber weiter mit Recht aus, daß für den behaupteten Wagenmangel der Krieg, wenn überhaupt, nur als entfernte Ursache der Transportverzögerung anzusehen sei. Denn Transportschwierigkeiten und Wagenmangel können ebensogut im Frieden auftreten und stellen keineswegs eine typische Kriegsgefahr dar. Anders verhält es sich allerdings mit der Verzögerung der Beförderung und der Lagerung, soweit sie durch das Ausfuhrverbot oder das Verlangen, die Ladungspapiere in Rom zu visieren, veranlaßt wurden, weil hierin unmittelbare Kriegsmaßnahmen der italienischen Regierung zu erblicken sind. Dies ist aber auch vom Berufungsgerichte nicht verkannt worden, nur nimmt es insoweit Freizeichnung durch die Kriegsklausel an, weil die Begriffe „Ausladung" und „Lagerung" nach dem Zusammenhange gerade den Fall des erzwungenen — nicht des freiwilligen — Aufenthalts beträfen. Hiergegen macht die Revision geltend: die Hinzufügung der Worte „wegen Kriegsgefahr" ergebe deutlich, daß man nur an eine freiwillige Ausladung, Lagerung und Weiterbeförderung zur Vermeidung der Kriegsgefahr gedacht habe. Ob nicht in der Tat diese Worte den ihr von der Revision beigelegten Sinn haben, erscheint allerdings zweifelhaft. Die Kriegsklausel steht in enger Beziehung zu § 101 der Allg.SVB. und zu § 849 HGB. In letzteren Bestimmungen tritt die Anschauung hervor, daß, während der Regel nach und im Zweifel ein unter die

Seeversicherung fallender Schaden einen Verlust oder eine Beschädigung des versicherten körperlichen Gegenstandes voraussetzt, bei der Kriegsversicherung (wie in anderen besonders geregelten Fällen) auch die unmittelbar durch Kriegsgefahr verursachten Kosten den Versicherungsanspruch begründen. Zur Verdeutlichung sind in der exemplifizierenden Aufzählung der unter die eigentliche Kriegsversicherung fallenden Ereignisse (Protokolle S. 3311) auch die wesentlichsten Möglichkeiten, in denen unmittelbar durch Kriegsgefahr Kosten verursacht werden, in § 849 und den ihm folgenden § 101 mit aufgenommen. Dabei scheint allerdings mit den Worten „wegen Kriegsgefahr" etwas anderes ins Auge gefaßt zu sein, wie mit den Worten „durch Kriegsgefahr verursacht" in Abs. 1. Der zugrunde liegende Art. 643 des preuß. Entwurfs sprach von dem „freiwilligen Abwarten der Kriegsgefahr". Da nun die hier vorliegende Kriegsklausel aus den Hauptfällen des Kriegsschadens, wie sie in den erwähnten Bestimmungen aufgeführt werden, wiederum einzelne als solche bezeichnet, in denen die Haftung des Versicherers trotz unmittelbarer Verursachung durch den Krieg ausgeschlossen sein soll, so könnte man geneigt sein, die Worte „wegen Kriegsgefahr" auch hier in dem Sinne von „zur Vermeidung der Kriegsgefahr" zu verstehen, zumal da in Nr. 2 von den „Folgen eines durch Kriegsgefahr verursachten Aufenthalts" die Rede ist.

In der Sache selbst begründet dies aber keinen Unterschied. Denn wie sich aus § 849 und § 101 klar ergibt, daß sowohl die Kosten eines freiwillig zur Vermeidung der Kriegsgefahr genommenen Aufenthalts, wie auch die Kosten des durch eine Kriegsmaßnahme erzwungenen Aufenthalts, wofür der typische Fall die Anhaltung ist, unter die Kriegsversicherung fallen, so ergibt die vorliegende Kriegsklausel ebenso klar die Vertragsabsicht, nicht nur die Kosten des freiwilligen, sondern auch die des erzwungenen Aufenthalts insoweit von der Kriegsversicherung auszuschließen, als die betreffende Maßnahme von hoher Hand nicht über eine bloße (vorläufige) Anhaltung oder dgl. hinausgeht. Um dies zum Ausdruck zu bringen, sind als die wesentlichsten Anwendungsmöglichkeiten besonders angeführt: „Anhaltung, Blockade des Aufenthaltshafens und Zurückweisung von einem blockierten Hafen". Diesen beispielsweise angeführten Fällen muß der gegenwärtige Tatbestand, wo die Weiterbeförderung nach der Schweiz durch Verfügung von hoher Hand zeitweilig gehindert wurde, gleichgestellt werden, und es ist im Ergebnis gleichgültig, ob man hierin eine „Anhaltung" erblicken, oder die nicht unmittelbar berücksichtigte Maßnahme wegen augenscheinlicher Gleichheit des Vertragsmotivs wie eine Zurückweisung von einem blockierten Hafen behandeln will, oder ob man endlich mit dem Oberlandesgericht — ebenso Sieveking zu § 849 Anm. 11 unter e — die Worte „Ausladung, Lagerung und Weiterbeförderung wegen Kriegsgefahr" so versteht, daß darunter auch jede durch Kriegsgefahr verursachte Lagerung usw. fällt. Daß die vorliegende Art des Eingriffs in den Transport in der formularmäßigen Kriegsklausel nicht besonders berücksichtigt ist, erklärt sich zur Genüge daraus, daß sie den hier unter Versicherung gebrachten kombinierten See- und Landtransport voraussetzte, auf den das Formular an sich nicht berechnet war. Eine sinngemäße Auslegung des Formulars war daher durchaus gerechtfertigt."

---

60. Ist eine vorzeitige Abandonerklärung stets unwirksam? Zu den Begriffen der Anhaltung und der Bedrohung als Voraussetzungen des Abandons.

HGB. §§ 861 flg.
Allg. SVB. §§ 116 flg.

I. Zivilsenat. Urt. v. 23. Februar 1918 i. S. Bad. Assek.-Ges. u. Frankf. Allg. Vers.-Ges. (Bekl.) w. G. & B. (Kl.). Rep. I. 214/17.

I. Landgericht Hamburg, Kammer für Handelssachen.
II. Oberlandesgericht daselbst.

Die Klägerin hatte für ihre Versendungen nach China durch laufende Police nach den Hamburger Allg. Seeversicherungsbedingungen von 1867 Seeversicherung bei den beiden Beklagten zu je 50% genommen. Wegen der Kriegsgefahr galt die Hamburger Kriegsklausel. Auf die Police hat die Klägerin 47 Kisten mit Chemikalien, verladen am 27. Juli 1914 mit dem deutschen Dampfer Bülow von Antwerpen nach Shanghai, angemeldet. Der Dampfer lief nach Kriegsausbruch Lissabon als Nothafen an und wurde dort durch Dekret der portugiesischen Regierung vom 20. April 1916 beschlagnahmt und requiriert; die an Bord befindlichen feindlichen Waren — es war nach der Kriegserklärung Deutschlands — sollten gelöscht und in amtliche Verwahrung genommen werden, um nach dem Kriege ohne Entschädigung wieder ausgeliefert zu werden. Erforderlichenfalls sollten auch die Güter requiriert oder bei Verderblichkeit öffentlich verkauft werden können; der Reinerlös sollte alsdann hinterlegt werden. Tatsächlich sind die versicherten Waren gelöscht und im Zollschuppen gelagert worden. Am 8. März 1916 hatte die Reederei den Ladungsbeteiligten mitgeteilt, daß der Dampfer requiriert sei. Schon am 28. Februar 1916 hatte die Klägerin den Beklagten unter Bezugnahme auf Meldungen von der Beschlagnahme der deutschen Dampfer in Portugal ihren Schaden in Höhe von 12110 *M* angedient, sie wiederholte diese Anmeldung am 10. März nach der Kriegserklärung. Am 20. Mai erklärte sie den Abandon und bestätigte die Erklärung am 22. Mai unter Hinzufügung näherer Angaben über den Sachverhalt.

Die Klägerin verlangt mit der Klage Verurteilung der Beklagten zur Zahlung von je 6055 *M* nebst Zinsen. Die Beklagten bestreiten die Voraussetzungen des Abandons, weil weder die Güter angehalten seien, noch eine Bedrohung mit Totalverlust gegeben sei. Auch sei zur Zeit der Abandonerklärung weder der Unfall angezeigt, noch seien seit der Anzeige zwei Monate verstrichen gewesen, wie es die Kriegsklausel erfordere. Beide Vorinstanzen erkannten zugunsten der Klägerin. Die Revision der Beklagten ist zurückgewiesen worden aus folgenden

Gründen:

„Das Berufungsgericht erkennt an, daß die Klägerin ihre Abandonerklärung zu einer Zeit — nämlich am 22. Mai 1916 — abgegeben hat, wo die vom Tage der Unfallanzeige, demselben 22. Mai 1916, zu rechnenden zwei Monate noch nicht abgelaufen waren. Es erwägt jedoch, daß die Klägerin ihre Abandonerklärung auch nach Ablauf der zwei Monate aufrecht erhalten habe; daß eine vorzeitige Abandonerklärung unwirksam sein sollte, sei den Bedingungen nicht zu entnehmen. Eine Wiederholung würde, da die Beklagten die bündige Erklärung vom 22. Mai in Händen hatten, eine leere Formalität gewesen sein. Selbstverständlich sei die Erklärung erst mit Ablauf der zwei Monate, also mit dem 22. Juli 1916, wirksam geworden. Diesen Erwägungen ist zuzustimmen, sie entsprechen auch dem Urteile des erkennenden Senats in der badischen Sache I. 167/16 v. 14. Februar 1917 (S. 7). Für die Abandonerklärung ist eine besondere Form nicht vorgeschrieben. Auf Grund des erklärten Abandons hatte die Klägerin Ende Juni 1916 die gegenwärtige Klage erhoben, woraus sich ihre Absicht ergab, den Abandon aufrecht zu erhalten. Dieser Zustand dauerte infolge der Fortführung des Prozesses bis zum 22. Juli und darüber hinaus fort, so daß die Beklagten an diesem Tage in genau derselben Lage waren, als wenn die Abandonerklärung damals abgegeben wäre. Ihrem berechtigten Interesse war damit genugt, und es wäre somit allerdings eine leere Formalität gewesen, wenn die Erklärung wiederholt worden wäre. Die Ausführung der Revision, der Tag des Abandons müsse im beiderseitigen Interesse sicher feststehen, trifft das angefochtene Urteil nicht; denn es geht ja davon aus, und zwar mit Recht, daß die Wirkungen der Erklärung am 22. Juli 1916, d. h. zwei Monate nach der Anzeige, und nicht früher eingetreten seien.

Das Berufungsgericht stellt sodann fest, daß infolge der Dekrets der portugiesischen Regierung vom 20. April 1916 die Güter an diesem Tage durch Verfügung von hoher Hand angehalten und zugleich mit der Gefahr des Totalverlustes bedroht worden seien. Es kommt daher auf die Frage nicht an, ob schon die Anhaltung des Schiffes und die dadurch herbeigeführte Bedrohung der Güter zur Begründung des Abandons ausreichen würde. Daß aber eine Anhaltung der Güter angenommen worden ist, erscheint nicht rechtsirrtümlich. Es ist hierzu nicht erforderlich, daß die Güter noch in Fortbewegung begriffen waren, auch schließt es den Begriff der Anhaltung nicht aus, daß die Klägerin schon vor dem 20. April 1916 tatsächlich, infolge des Kriegszustandes, nach manchen Richtungen in der freien Verfügung darüber behindert sein mochte. Ihre freie Verfügung wurde erst durch das erwähnte Dekret, das sich als eine Verfügung von hoher Hand darstellt, völlig ausgeschlossen; denn während danach neutrales Gut den Eigentümern auszuliefern war, wurden die versicherten Waren als deutsches Eigentum von der portugiesischen Regierung für die Dauer des Krieges sequestriert. Darin ist mit Recht eine Anhaltung erblickt worden. Endlich ist es auch nicht rechtsirrtümlich, wenn das Berufungsgericht feststellt, daß die Waren nunmehr und hierdurch mit der Gefahr des Totalverlustes bedroht waren. Die Erwägungen, die hierzu führten, sind im wesentlichen tatsächlicher Art. Das Berufungsgericht führt nämlich aus, daß die Entlöschung der hochwertigen und leicht verderblichen Ware aus dem gleichzeitig beschlagnahmten Dampfer Bülow, die Übernahme in den Gewahrsam der mit Deutschland im Kriege befindlichen portugiesischen Regierung, endlich deren Vorbehalt, die als Heilmittel hochbegehrte Ware im Bedarfsfalle zu requirieren, in Verbindung mit der Neigung aller unter Englands Führung vereinten Feinde zur gänzlichen Mißachtung und Verletzung feindlichen Eigentums und mit dem in den besonderen portugiesischen Verhältnissen beruhenden Mangel jeder Gewähr für die Erhaltung der Ware, die Erwartung eines Totalverlustes nahe legten. Daran werde auch durch die Bestimmung des Dekrets, wonach beabsichtigt sei, die Ware nach Beendigung des Krieges ohne Entschädigung wieder auszuhändigen, nichts geändert. Diese Begründung ist im Wege der Revision nicht angreifbar." ...

---

61. Kommt es bei der Abtretung einer Hypothekenforderung, die mit Vorrang vor anderen Hypotheken in das Grundbuch erst eingetragen werden soll, für die Frage des gutgläubigen Erwerbes auf den Zeitpunkt an, wo die Eintragung der Hypothek und des Vorranges vorgenommen wird? Oder ist für die Anwendbarkeit des § 892 BGB. lediglich der Zeitpunkt maßgebend, wo die Erwerbshandlung sich vollendet hat?

BGB. §§ 892, 1154, 1117 Abs. 2.

V. Zivilsenat. Urt. v. 23. Februar 1918 i. S. N. (Bekl.) w. C. u. Gen. (Kl.). Rep. V. 324/17.

I. Landgericht II Berlin.
II. Kammergericht daselbst.

Die erste Frage ist verneint, die zweite bejaht worden aus folgenden Gründen:

... „Was den Glauben an die Richtigkeit des Grundbuchs anlangt, den der Beklagte unter Bezugnahme auf § 892 BGB. für sich in Anspruch nimmt, so stehen die bezüglichen Ausführungen des Berufungsrichters im Einklange mit dem Urteile des erkennenden Senats vom 14. Dezember 1910 (RGZ. Bd. 74 S. 416) in einer im wesentlichen gleichliegenden Sache. Dieses Urteil ist von Biermann, Sachenrecht, 3. Aufl. (Anm. 8 e Abs. 2 zu § 892 BGB.) sowie Planck, 4. Aufl. (Anm. II 1 b 2) angegriffen und auch vom III. Zivilsenate des Reichsgerichts (RGZ. Bd. 86 S. 356) angezweifelt worden, jedoch mit Unrecht. Denn es ist dabei die Erwerbshandlung und die Entstehung ihres Gegenstandes, der Hypothek mit ihrem Vorrang, auseinanderzuhalten (vgl. Komm. der RGerR. Anm. 3 Abs. 2 zu § 892 BGB.). Die Erwerbshandlung, bestehend in der Abtretung eines Teilbetrags der einzutragenden Forderung und in der die Übergabe des Hypothekenbriefs ersetzenden Vereinbarung des § 1117 Abs. 2 BGB., war nach der Feststellung des Berufungsrichters schon vor den Eintragungen im Grundbuche vollendet. Sie war, wie in dem Urteile vom 14. Dezember 1910 (RGZ. Bd. 74 S. 418) ausgeführt ist, ohne Zweifel rechtsverbindlich, weil auch noch nicht entstandene, künftige Rechte rechtswirksam abgetreten werden können. Einen Erfolg konnte die Abtretung allerdings nur dann haben, wenn die in Aussicht genommene Hypothek mit dem in Anspruch genommenen Vorrechte demnächst wirklich eingetragen wurde. Für die Anwendbarkeit des § 892 BGB. aber kann es nur auf die Zeit der Erwerbshandlung ankommen. Damals war von einer Eintragung im Grundbuche noch keine Rede. Der Beklagte konnte sich nicht darauf, sondern höchstens auf die zur Eintragung bestimmten Urkunden verlassen, und diese hatten weder den Schutz des öffentlichen Glaubens, noch auch ergaben sie, wenn man der Auffassung des Berufungsrichters folgt, den Anspruch auf das hier streitige Vorrecht der später mit Vorrang eingetragenen Darlehnshypothek.

Die Revision hat zwar in Abrede gestellt, daß die Erwerbshandlung schon vor der Eintragung im Grundbuche vollendet war, weil sie die Anwesenheit des Beklagten bei Abfassung der Urkunde vom 21. Juli 1913 und auch eine Vereinbarung im Sinne des § 1117 Abs. 2 BGB. vermißt. Nach ihrer Behauptung soll sich die Annahme des Abtretungsangebots und der Erwerb der Teilhypothek erst beim Empfange des Teilhypothekenbriefs, zu einer Zeit, wo Hypothek und Vorrang längst eingetragen waren, vollzogen haben. Dies widerspricht jedoch nicht nur den Feststellungen des Berufungsrichters, sondern auch allen bisherigen Anführungen im Prozesse. Danach hat der Beklagte schon vor den Eintragungen im Grundbuche die Valuta an den mit der Regelung der Angelegenheit und der Aufnahme der Abtretungsurkunde beauftragten Justizrat D. gezahlt, so daß die Annahme der Abtretung, sei es durch den Beklagten selbst, sei es durch D. als Vertreter, außer Zweifel stand. Die Vereinbarung der §§ 1117 Abs. 2, 1154 BGB. aber konnte der Berufungsrichter unbedenklich in der Bestimmung der Abtretungsurkunde über die Aushändigung des Teilhypothekenbriefs finden." ...

---

62. 1. Findet die Vorschrift des § 455 ZPO. in einem Falle Anwendung, in dem ein Eid unzulässigerweise zurückgeschoben wurde, ohne gleichzeitig bedingt angenommen zu werden?

2. Gilt dies insbesondere auch für das Berufungsgericht in einem Falle, in dem bereits in erster Instanz die unzulässige Eideszurückschiebung erfolgt war und das Gericht deshalb den Eid als verweigert angesehen hatte?

ZPO. §§ 452, 455, 139.

VI. Zivilsenat. Urt. v. 25. Februar 1918 i. S. W. (Kl.) w. R. (Bekl.). Rep. VI. 440/17.

I. Landgericht Chemnitz.
II. Oberlandesgericht Dresden.

Aus den Gründen:

... „Die Revision macht geltend, das Berufungsgericht habe die §§ 452, 455, 139 ZPO. um deswillen verletzt, weil es den dem Kläger zugeschobenen und von ihm zurückgeschobenen Eid als verweigert angesehen habe, ohne ihn vorher darüber zu belehren, daß er den Eid bedingt hätte annehmen müssen, da im vorliegenden Falle gemäß § 448 Abs. 2 ZPO. die Zurückschiebung unzulässig war.

Diese Rüge ist unbegründet. Denn § 455 ZPO. schreibt lediglich vor, daß ein Eid wegen unterbliebener Erklärung auf eine Eideszuschiebung nur dann als verweigert anzusehen ist, wenn die

Partei vom Gerichte zur Abgabe einer Erklärung über die Eideszuschiebung aufgefordert worden war. Im vorliegenden Falle ist aber keineswegs eine Erklärung der Partei über die Eideszuschiebung unterblieben. Vielmehr hat sie eine solche abgegeben, indem sie den ihr zugeschobenen Eid in einem Falle zurückschob, in welchem die Zurückschiebung unzulässig war. Da sie es gleichzeitig unterlassen hat, den Eid bedingt anzunehmen, so haben die Vorinstanzen mit Recht gemäß § 452 Abs. 2 ZPO. den Eid als verweigert angesehen.

Eine Belehrungspflicht des Gerichts über die kraft Gesetzes eintretende Folge einer solchen Erklärung ist im Gesetze nicht vorgesehen. Sie ist insbesondere auch weder aus der Vorschrift des § 455 ZPO., noch aus derjenigen des § 139 ZPO. herzuleiten. Die erstere Vorschrift betrifft nur den Fall, daß die Partei es unterlassen hat, sich überhaupt über eine Eideszuschiebung zu erklären, während im vorliegenden Falle eine solche abgegeben ist. Der § 139 ZPO. sieht aber gleichfalls eine Belehrungspflicht durch das Gericht nicht vor. Er macht es dem Vorsitzenden des Gerichts vielmehr nur zur Pflicht, auf die Stellung sachdienlicher Anträge und auf die vollständige Klarlegung des Sachverhalts sowie auf solche Bedenken aufmerksam zu machen, die in Ansehung der von Amts wegen zu berücksichtigenden Punkte vorliegen. Um Fälle dieser Art handelt es sich hier nicht. Im vorliegenden Falle ist vielmehr im Gesetze selbst ganz genau und in einer jeden Zweifel ausschließenden Weise angegeben, welche Folgen mit einer bestimmten Erklärung der Partei über eine Eideszuschiebung verknüpft sind, so daß für eine Ausübung des Fragerechts seitens des Gerichtsvorsitzenden kein Raum ist. ...

Erscheint schon hiernach die Rüge einer Verletzung der §§ 448, 452, 455, 139 ZPO. nicht begründet, so kommt im vorliegenden Falle ferner in Betracht, daß der Kläger bereits in erster Instanz den Eid in unzulässiger Weise zurückgeschoben hatte, ohne ihn bedingt anzunehmen. Aus diesem Grunde hat denn auch bereits das Landgericht unter ausdrücklichem Hinweis auf die Vorschrift des § 452 Abs. 2 ZPO. die unter Eid gestellte Behauptung des Beklagten, daß die eingeklagte Schuld bezahlt worden sei, für voll erwiesen erachtet und deshalb die Klage abgewiesen. Eine deutlichere Belehrung des Klägers über die Folgen seines Verhaltens ist nicht denkbar. Wäre er also in der Lage gewesen, den Eid auch nur bedingt annehmen zu können, so war es seine Sache, diese bedingte Annahme noch in zweiter Instanz zu erklären, da sie alsdann noch hätte berücksichtigt werden müssen (vgl. RGZ. Bd. 17 S. 422), so daß die im § 452 Abs. 2 ZPO. vorgesehene Folge nicht eingetreten wäre."

---

63. 1. Wann kann von einer längere Zeit dauernden Beschäftigung im Sinne von § 2 Abs. 2 des preußischen Gesetzes, betr. die Reisekosten der Staatsbeamten, vom 26. Juli 1910 gesprochen werden?
2. Bedarf es zur Wahrung des Anspruchs auf Tagegelder bei vorübergehender auswärtiger Beschäftigung an einer Behörde der Meldung bei dieser Behörde auch an Sonntagen und allgemeinen Feiertagen?

III. Zivilsenat. Urt. v. 26. Februar 1918 i. S. H. (Kl.) w. preuß. Staat (Bekl.). Rep. III. 353/17.

I. Landgericht Breslau.
II. Oberlandesgericht daselbst.

Der Kläger, etatsmäßiger Gerichtssekretär beim preuß. Amtsgerichte La., wurde im März 1915 bei den Amtsgerichten Li. und O. und vom April 1915 bis zum 14. Juli 1916 bei dem Amtsgerichte S. aushilfsweise verwendet. Als Vergütung wurden ihm von der vorgesetzten Behörde für die Beschäftigung in Li. und O. monatlich 80 *M*, für die Beschäftigung in S. monatlich 60 *M* angewiesen. Der Kläger beanspruchte höhere Beträge, nämlich für die Beschäftigung Li. und O. die vollen Tagegelder von 8 *M* nach §§ 1, 2 Abs. 1 des preuß. Gesetzes, betreffend die Reisekosten der Staatsbeamten, vom 26. Juli 1910, für die Beschäftigung in S. in den ersten vier Wochen ebenfalls täglich 8 *M*, dann ermäßigte Beträge von 150 und 120 *M* monatlich nach § 72 der Etatsvorschriften für die Justizverwaltung vom 8. Januar 1914 und lehnte die Annahme der niedrigeren Beträge ab. Ferner entstand Streit darüber, ob der Kläger für den 14. März (Sonntag) und für den 2. April 1915 (Karfreitag) eine

Vergütung überhaupt zu beanspruchen habe. Am 14. März hatte Kläger sich in O., am 2. April hatte er sich in S. eingefunden. In beiden Fällen aber hatte er sich nicht an diesen Tagen, sondern erst am folgenden Werktage zum Dienste gemeldet.

Auf die, nach Ablehnung seiner Ansprüche durch den Justizminister, rechtzeitig erhobenen, später verbundenen beiden Klagen sprach ihm die erste Instanz für Li. und O. 141,33 ℳ nebst 4% Zinsen vom 24. Juni 1915, dem Tage der Zustellung der ersten Klage, ferner für den 2. April 1915 8 ℳ nebst 4% Zinsen vom 18. September 1915, dem Tage der Zustellung der zweiten Klage, und für die weitere Beschäftigung in S. den geforderten Teilbetrag von 442 ℳ nebst 4% Zinsen aus 330 ℳ vom gleichen Tage an zu und wies im übrigen die Klage ab. Die Berufung des Klägers wurde zurückgewiesen. Auf die Berufung des Beklagten wurde unter Zurückweisung weitergehender Anträge das Urteil der ersten Instanz, soweit es den Beklagten zur Zahlung von mehr als 65,04 ℳ nebst 4% Zinsen seit dem 24. Juni 1915 verurteilt hatte, dahin abgeändert, daß die Klage abgewiesen wurde. Im Laufe der Berufungsinstanz hatte sich der Kläger am 31. März 1917 die vom Beklagten zugebilligten Beträge auszahlen lassen. Die Revision des Beklagten wurde zurückgewiesen. Auf die Revision des Klägers wurden ihm noch 4% Zinsen aus 30,96 ℳ vom 24. Juni 1915 bis zum 31. März 1917 und 2 ℳ nebst 4% Zinsen vom 1. Mai 1915 an zugesprochen, während die Sache bezüglich der Ansprüche für O. zur Verhandlung und Entscheidung an das Berufungsgericht zurückverwiesen und im übrigen auch diese Revision zurückgewiesen wurde.

Gründe:

„Nach § 2 Abs. 1 des Gesetzes vom 26. Juli 1910 erhalten etatsmäßig angestellte Beamte, wenn sie vorübergehend außerhalb ihres Wohnorts bei einer Behörde beschäftigt werden, neben ihrer Besoldung die im § 1 Abs. 1 festgesetzten Tagegelder. Dauert eine solche (vorübergehende) Beschäftigung längere Zeit, so bestimmt die vorgesetzte Behörde die Höhe der Tagegelder (§ 2 Abs. 2 Satz 1). Für die Dauer der Hin- und Rückreise erhalten die Beamten auf jeden Fall die im § 1 Abs. 1 festgesetzten Tagegelder (§ 2 Abs. 3). Für die Reisetage hat der Kläger unstreitig die ihm zustehenden Tagegelder zum Satze von 8 ℳ erhalten. Ob er im übrigen die vollen

Tagegelder oder die von der vorgesetzten Behörde bestimmte Vergütung zu beanspruchen hat, hängt davon ab, was unter einer längere Zeit dauernden Beschäftigung im Sinne des Gesetzes zu verstehen ist.

Das Gesetz selbst sagt dies nicht. Seine Begründung (Preuß. AbgH. 1910 Bd. 3 Drucks. Nr. 122) rechtfertigt die Gewährung ermäßigter Sätze bei länger dauernder auswärtiger Beschäftigung damit, daß die Beamten es in diesen Fällen in der Regel würden einrichten können, für Verpflegung und Unterkunft verhältnismäßig weniger aufzuwenden, als wenn sie nur einzelne Tage auswärts beschäftigt seien. Dies läßt erkennen, daß das Gesetz eine Beschäftigung von so langer Dauer voraussetzt, daß es dem Beamten möglich ist, durch Vereinbarungen mit Wirten, Vermietern usw. eine verhältnismäßige Minderung seines Aufwandes herbeizuführen. Das Berufungsgericht weist zutreffend darauf hin, daß dazu nach allgemeiner Erfahrung ein Aufenthalt von mindestens zwei Wochen erforderlich sei. Es kann ihm deshalb auch darin beigetreten werden, daß von einer längere Zeit dauernden Beschäftigung im Sinne des Gesetzes nur dann gesprochen werden kann, wenn ein Aufenthalt von mindestens zwei Wochen in Frage steht. Auch eine solche Dauer macht es aber dem Beamten nur dann möglich, eine Minderung seines Aufwandes zu bewirken, wenn vorauszusehen ist, daß die Beschäftigung solange dauern werde. Es muß daher im Sinne des Gesetzes weiter verlangt werden, daß der Beamte weiß oder nach den Umständen, insbesondere nach Inhalt, Anlaß und Zweck des dienstlichen Auftrags, als vernünftiger Mann annehmen muß, es werde sich um einen Aufenthalt von mindestens zwei Wochen handeln. Nur in diesem Falle kann es ihm zugemutet werden, Vereinbarungen für längere Zeit zu schließen, die eine Minderung seiner Aufwendungen begründen. Anderseits kann dem Beklagten nicht zugestimmt werden, wenn er meint, daß der Beamte auf die von der vorgesetzten Behörde bestimmte geringere Vergütung schon dann beschränkt sei, wenn es sich nach dem dienstlichen Auftrage um eine Beschäftigung von voraussichtlich längerer Dauer handle. Nach dem insoweit unzweideutigen Wortlaute des Gesetzes muß die als länger dauernd gedachte Beschäftigung auch wirklich längere Zeit gedauert haben. Nach der Auffassung des Beklagten müßte sich der Beamte bei unerwarteter Beendigung seiner Tätigkeit mit der von der vorgesetzten Behörde festgesetzten geringeren Vergütung auch dann begnügen, wenn die Tätigkeit nur wenige Tage gedauert, der Beamte aber mit Rücksicht auf die erwartete längere Dauer Verbindlichkeiten übernommen hat, für deren Erfüllung er Dritten gegenüber einstehen muß. Das würde dem Sinne des Gesetzes, das dem Beamten den Ersatz seines Aufwandes sichern will, unmittelbar zuwiderlaufen. Von einer längere Zeit dauernden Beschäftigung im Sinne des § 2 Abs. 2 kann daher nur dann gesprochen werden, wenn eine doppelte Voraussetzung erfüllt ist: Die auswärtige Beschäftigung muß tatsächlich längere Zeit, d. h. mindestens zwei Wochen gedauert haben, und es muß auch für den Beamten von vornherein erkennbar gewesen sein, daß sie einen solchen Zeitraum umfassen werde.

Für die hier vorliegenden drei Fälle auswärtiger Beschäftigung, die das Berufungsgericht zutreffend getrennt behandelt hat, ergibt sich daraus folgende Beurteilung. Die Beschäftigung in Li. umfaßte die Zeit vom 1. bis zum 12. März 1915, also weniger als zwei Wochen, fällt also nicht unter § 2 Abs. 2 des Gesetzes. Das Berufungsgericht hat daher dem Kläger mit Recht die vollen Tagegelder zugebilligt. Es hat zu den danach dem Kläger zukommenden 12 × 8 = 96 *M* einen Betrag von 43,88 *M* für die Beschäftigung in O. gerechnet, von dem Gesamtbetrage von 139,88 *M* die am 31. März 1917 vom Beklagten für die Beschäftigung in Li. und O. gezahlte Vergütung von 74,84 *M* abgezogen und den Rest von 65,04 *M* nebst 4% Zinsen vom 24. Juni 1915 als dem Tage der Zustellung der ersten Klage an dem Kläger zugesprochen. Die dagegen gerichtete Revision des Beklagten ist unbegründet. Übersehen hat das Berufungsgericht aber, daß die 74,84 *M* erst am 31. März 1917 gezahlt wurden, für den gezahlten Betrag also bis zum Tage der Zahlung Prozeßzinsen zu zahlen waren. Die Revision des Klägers ist in diesem Punkte begründet, und es ist seinem Antrag entsprechend der Beklagte zu verurteilen, aus dem auf die Beschäftigung in Li. treffenden weiteren Betrage von 96 − 65,04 = 30,96 *M* noch 4% Zinsen vom 24. Juni 1915 bis zum 31. März 1917 an den Kläger zu zahlen. Die Beschäftigung in O. umfaßte, wenn man von dem besonders zu behandelnden 14. März 1915 absieht, die Zeit vom 15. bis zum 31. März 1915, also mehr als zwei Wochen. Die Anwendung des § 2 Abs. 2 hängt also nur noch davon ab, ob der Kläger von vornherein damit rechnen mußte, daß die Beschäftigung mehr als zwei Wochen dauern werde. Der telegraphische Auftrag, durch den der Kläger von Li. nach O. berufen wurde, enthielt nur die Worte: „Reisen Sie sofort zur Vertretung nach O. Oberlandesgerichtspräsident." Daraus konnte der Kläger über die voraussichtliche Dauer der Beschäftigung nichts entnehmen. Der Beklagte hatte behauptet, der Kläger habe einen erkrankten und einen zum Heeresdienst eingezogenen Gerichtsschreiber vertreten sollen, und es sei ihm dies auch bei seiner Meldung zum Dienstantritt mitgeteilt worden. Das Berufungsgericht hat aber Feststellungen darüber nicht getroffen und den angebotenen Beweis in Verkennung der Voraussetzungen des § 2 Abs. 2 des Gesetzes abgelehnt. Die Annahme des Berufungsgerichts, daß der Kläger für seine Beschäftigung in O. nur die von der vorgesetzten Behörde bestimmte Vergütung zu beanspruchen habe, wird also durch die bisherigen Feststellungen nicht gerechtfertigt. Die Revision des Klägers ist auch in diesem Punkte begründet. Eine Entscheidung in der Sache selbst kann aber nicht getroffen werden. Vielmehr ist die Sache insoweit behufs Nachholung der erforderlichen Feststellungen an das Berufungsgericht zurückzuverweisen.

Bezüglich der Beschäftigung in S. hat das Berufungsgericht mit Recht die Bestimmung der vorgesetzten Behörde für maßgebend erklärt. Diese Beschäftigung dauerte, wenn man von dem besonders zu behandelnden 2. April 1915 absieht, vom 3. April 1915 bis zum 14. Juli 1916. In dem schriftlichen Auftrage des Oberlandesgerichtspräsidenten vom 29. März 1915 war ausdrücklich gesagt, daß der Kläger zum Zwecke der Verwaltung einer erledigten Gerichtsschreiberstelle und bis zur Wiederbesetzung dieser Stelle dem Amtsgericht in S. überwiesen werde. Der Kläger mußte daher mit einer längeren Dauer dieser Beschäftigung von vornherein rechnen. Die Voraussetzungen für die Anwendung des § 2 Abs. 2 waren also gegeben. Auf die Etatsvorschriften für die Justizverwaltung kann sich der Kläger für sein Verlangen höherer Vergütung nicht mit Erfolg berufen. Das Berufungsgericht nimmt zutreffend an, daß diese vom Justizminister getroffenen Bestimmungen von ihm sowohl im allgemeinen als auch für den einzelnen Fall geändert werden konnten und daß eine solche Änderung allgemein für die Kriegszeit in der in den Vorinstanzen erörterten Verfügung vom 4. Dezember 1914 und für den vorliegenden Fall noch besonders dadurch erfolgt ist, daß der

Justizminister die dem Kläger bewilligte monatliche Vergütung gebilligt hat. Von einer Verletzung erworbener Rechte des Klägers kann keine Rede sein, da die Festsetzung der Vergütung bei der Erteilung der Aufträge für Li. und S. ausdrücklich vorbehalten worden war und der gleiche Vorbehalt erkennbar stillschweigend auch für die dazwischen liegende Berufung nach O. galt. Auch sonst geben die Ausführungen des Klägers keinen Anlaß zur Beanstandung der Auffassung des Berufungsgerichts. Das Berufungsgericht hat daher mit Recht angenommen, daß dem Kläger für seine Beschäftigung in S. nur die Beträge zustanden, die ihm der Beklagte von Anfang an angeboten hatte und inzwischen auch ausbezahlt hat. Insoweit ist die Klage mit Recht abgewiesen worden, die Revision des Klägers unbegründet.

Die Ansprüche des Klägers auf Tagegelder für den 14. März (Sonntag) und für den 2. April 1915 (Karfreitag) weist das Berufungsgericht aus dem Grunde ab, weil die Beschäftigung des Klägers bei den Amtsgerichten O. und S. erst mit der am 15. März und 3. April erfolgten Meldung zum Dienste begonnen habe, die bloße Anwesenheit des Klägers am Sitze dieser Gerichte dagegen belanglos sei. Das Berufungsgericht nimmt also an, daß eine solche Meldung zum Dienste zur Wahrung des Anspruchs auf die gesetzlichen oder von der vorgesetzten Behörde bestimmten Tagegelder auch dann erforderlich sei, wenn es sich um einen Sonntag oder um einen allgemeinen Feiertag handelt. Dieser Auffassung kann nicht beigetreten werden. Es besteht keine ausdrückliche Vorschrift darüber, daß sich Gerichtsbeamte auch an solchen Tagen zum Dienste melden müssen. Von selbst versteht sich aber eine solche Meldepflicht nicht. Die gewöhnliche Geschäftszeit beschränkt sich auf die Werktage (Geschäftsordnung für die Gerichtsschreibereien der preuß. Amtsgerichte vom 18. Februar 1914 § 3). Das schließt nicht aus, daß in eiligen Fällen die Beamten über die gewöhnlichen Dienststunden hinaus und auch an Sonntagen und allgemeinen Feiertagen tätig sein müssen. Daraus folgt aber nicht von selbst, daß sie sich ohne weiteres an solchen Tagen zum Dienste melden müssen. Die Verletzung einer nach dieser Richtung bestehenden Dienstpflicht wäre aber auch nur vom Gesichtspunkte der Dienstzucht aus von Bedeutung und könnte nicht die Entziehung von sonst begründeten Tagegeldern rechtfertigen. Die Tagegelder haben den Zweck, den Beamten für den Aufenthalt außerhalb seines Wohnorts zu entschädigen, und dürfen ihm deshalb nicht lediglich wegen des Unterbleibens der Meldung versagt werden, wenn nur seine Anwesenheit am auswärtigen Orte an sich gerechtfertigt war. Dies traf aber hier zu. Der Kläger hatte sich nach Empfang der telegraphischen Weisung am 13. März 1915 von Li. auf die Reise nach O. begeben. Er mußte also am 14. März in O. sein. Ähnlich verhielt es sich mit der Reise von O. nach S., wobei der 1. April als Reisetag in Betracht kam, und folglich der 2. April den ersten Tag des Aufenthalts am Beschäftigungsorte bildete.

Daß es für den Anspruch auf Tagegelder nicht auf die dienstliche Meldung des Beamten ankommt, wird bestätigt durch die Bestimmungen in § 72 der Etatsvorschriften für die Justizverwaltung, wonach die Höhe der Tagegelder für die ersten zwei Wochen der auswärtigen Beschäftigung und für die spätere Zeit verschieden bemessen, zugleich aber bestimmt ist, daß die Fristen mit dem Tage beginnen, der auf den Tag der Hinreise folgt, ohne daß eine Meldung zur Wahrung des Anspruchs für erforderlich erklärt wird. Daß aber Sonn- und Feiertage, die der Beamte anläßlich einer Dienstreise außerhalb seines Wohnorts zubringt, einen Verlust des Anspruchs auf Tagegelder nicht begründen sollen, ergibt sich aus § 17 der Ausführungsbestimmungen des Staatsministeriums vom 24. September 1910, wonach, wenn eine Dienstreise oder die dienstliche Tätigkeit während einer Dienstreise durch Sonn- oder Feiertage unterbrochen wird, der Beamte auch für die Zeit der Unterbrechung Tagegelder erhält.

Danach ist dem Kläger für den 14. März und für den 2. April 1915 eine Vergütung zuzubilligen, die sich nach dem Satze bemißt, den der Kläger für seine Beschäftigung in O. und S. überhaupt zu beanspruchen hat. Die Revision des Klägers ist daher auch insoweit begründet. Die Höhe des für den 14. März zu zahlenden Betrags kann aber erst festgestellt werden, wenn feststeht, ob der Kläger für seine Beschäftigung in O. die vollen Tagegelder oder den von der vorgesetzten Behörde bestimmten Betrag von monatlich 80 *M* zu beanspruchen hat. Insoweit muß daher die Sache zurückverwiesen werden. Für den 2. April 1915 sind ihm $^{60}/_{30}$ = 2 *M* zugesprochen. Dazu kommen 4% Verzugszinsen vom 1. Mai 1915 an, da die Tagegelder monatlich nachträglich gezahlt werden (vgl. § 72 Abs. 5 der Etatsvorschriften)." ...

---

64. Erlischt das Pfandrecht an einer Sache oder an einem Rechte, zu dessen Verpfändung die Übergabe einer Sache erforderlich ist, auch dann, wenn die Rückgabe nicht unmittelbar an den Eigentümer oder Verpfänder, sondern an jemand erfolgt, zu dem sie im Verhältnis eines mittelbaren Besitzers stehen?

BGB. §§ 1253, 868.

V. Zivilsenat. Urt. v. 28. Februar 1918 i. S. R. u. Gen. (Kl.) w. D. u. Gen. (Bekl.). Rep. V. 253/17.

I. Landgericht II Berlin.
II. Kammergericht daselbst.

Eine für die Immobilien-Verkehrsbank St. eingetragene Grundschuld von 42000 ℳ nebst Zinsen wurde von mehreren Gläubigern der Bank, darunter auch von den Parteien, angeblich unter Übergabe des Grundschuldbriefs gepfändet. Es wurde dann über einen von der Grundstückseigentümerin hinterlegten Betrag von 10615,25 ℳ ein Verteilungsverfahren eröffnet, in dem die Kläger unberücksichtigt blieben, während die Beklagte zu 3. 6671,08 ℳ zugeteilt erhielt. Die Kläger wollen durch ihre Pfändungen in Verbindung damit, daß ihr Bevollmächtigter, Rechtsanwalt S., den Besitz des Grundschuldbriefs für sie erlangt habe, ein gültiges, dem der Beklagten zu 3 zeitlich vorgehendes Pfändungspfandrecht an der Grundschuld erworben haben, während die Beklagte bestritt, daß die Kläger Besitz an dem Grundschuldbrief erlangt hätten. Das Landgericht, das sich auf den Standpunkt der Kläger stellte, erklärte ihren Widerspruch gegen den Teilungsplan für gerechtfertigt und ordnete ein neues Verteilungsverfahren an. Auf die Berufung der Beklagten zu 3 wurde die Klage abgewiesen mit der Begründung, daß die Kläger zwar ein Pfändungspfandrecht erlangt hätten, dieses aber durch Rückgabe des Grundschuldbriefs gemäß § 1253 BGB. wieder verloren hätten. Die Revision der Kläger ist zurückgewiesen worden aus folgenden

Gründen:

„Das Berufungsgericht nimmt an, daß die Kläger zwar ein der Beklagten vorgehendes Pfandrecht an dem Grundschuldbriefe gemäß §§ 830, 857 Abs. 6 ZPO. durch Pfändungsbeschluß und Übergabe des Briefes erlangt, es aber nachträglich durch Rückgabe des Briefes an dessen Eigentümer wieder verloren haben. Der § 1253 BGB. läßt das Pfandrecht erlöschen, wenn der Pfandgläubiger das Pfand dem Verpfänder oder dem Eigentümer zurückgibt, und nach § 1278 findet § 1253 BGB. entsprechende Anwendung, wenn wie hier ein Recht, zu dessen Verpfändung die Übergabe einer Sache erforderlich ist, Gegenstand des Pfandrechts ist. Das Berufungsgericht übersieht nicht, daß im gegebenen Falle — ein Verpfänder, der vom Eigentümer verschieden wäre, kommt nicht in Frage — eine Herausgabe an die Immobilien-Verkehrsbank, die Eigentümerin, selbst nicht erfolgt ist. Nach der Feststellung des Urteils hat der Rechtsanwalt S. den Grundschuldbrief, nachdem der Pfändungsvermerk in das Grundbuch eingetragen war, dem Pfandgläubiger O. — von dem er ihn zwecks Vornahme wirksamer Pfändung für die Kläger erhalten hatte — zurückgegeben, ohne irgendwie die Fortdauer des Besitzes der Kläger zu sichern. Wenn auch die Herausgabe damit nicht unmittelbar an die Immobilien-Verkehrsbank erfolgt sei, so sei doch — führt das Berufungsurteil aus — der Pfandgläubiger O. als unmittelbarer, die Verkehrsbank als mittelbarer Besitzer anzusehen. Habe dieser mittelbare Besitz auch schon bestanden, als die Kläger noch den Mitbesitz hatten, so sei doch diese durch den unmittelbaren Besitz der Kläger verursachte Einschränkung des mittelbaren Besitzes der Bank durch das Erlöschen des unmittelbaren Besitzes der Kläger fortgefallen, die Macht der Kläger, der Eigentümerin gegenüber unmittelbar auf den Brief einzuwirken, beseitigt worden. Dies genüge.

Diese Ausführungen geben, soweit sie den Entscheidungsgrund betreffen, trotz der entgegenstehenden Auffassung der Revision, keinen Grund zu Beanstandungen.

Es könnte allerdings zweifelhaft sein, ob die Kläger überhaupt den Besitz des Grundschuldbriefs erlangt hatten, denn aus den Bekundungen des Rechtsanwalts S. geht nicht mit voller Sicherheit hervor, daß ihm O. den Brief freiwillig zu einem für die Zeit des Pfandrechts der Kläger andauernden Besitze herausgegeben hat (Stein,

§ 830 ZPO. IV. 1). Es liegt vielmehr die Annahme nahe, daß O. ihn den Klägern nur vorübergehend zum Zwecke der Eintragung des Pfandrechts im Grundbuch überlassen hat. In diesem Falle könnte die Frage aufgeworfen werden, ob die Kläger überhaupt nicht unmittelbare Besitzer, sondern nur Besitzdiener für O. geworden wären (§§ 855, 868 BGB.), was für die Übergabe im Sinne der §§ 1274, 1205, 1206 BGB. nicht ausreichen würde (Komm. v. RGR. § 1253 Nr. 1 Abs. 2). Da aber dem Berufungsgerichte darin beizutreten ist, daß die Kläger ein (etwa) erlangtes Pfandrecht wieder verloren haben, so bedarf es ebensowenig eines Eingehens auf jene Frage wie auf die weitere, ob etwa ein Pfandrecht der Kläger deshalb nicht zur Entstehung gelangt ist, weil der Grundschuldbrief ihnen nicht von dessen Eigentümer (§§ 857 Abs. 6, 830, 804 Abs. 2 ZPO.) übergeben worden ist.

Der Brief ist zwar nicht an den Eigentümer selbst zurückgegeben worden, aber dessen bedarf es auch nicht unter allen Umständen für die Anwendung des § 1253. Die Rückgabe an ihn kann vielmehr auch in der Weise geschehen, daß auf Weisung des Eigentümers (oder des hier nicht in Frage kommenden Verpfänders) die Herausgabe an einen Dritten erfolgt (Jur. Wochenschr. 1912 S. 450 Nr. 6), wie auch die Übergabe an einen Verwahrer für den Eigentümer oder Verpfänder genügt, der allerdings nicht gleichzeitig Vertreter des Gläubigers sein darf (Biermann § 1253 BGB. 1a; v. Staudinger § 1253 1 b). Dann aber wäre nicht einzusehen, inwiefern eine Zurückgabe, die den, wenn auch nur mittelbaren, Besitz des Eigentümers frei von der Beschränkung des Besitzes des Pfandgläubigers wiederherstellt, nicht ausreichen sollte. In diesem Sinne sprechen sich denn auch aus: Planck § 1253 2a; Komm. v. RGR., § 1253 Nr. 1 Abs. 2; v. Staudinger, § 1253 3a. Mit Recht hält das Berufungsgericht einen derartigen Fall hier für gegeben. Es ist zwar richtig, daß die Immobilien-Verkehrsbank bereits, ehe ihr Pfandgläubiger O. den Grundschuldbrief den Klägern übergab, gemäß § 868 BGB. mittelbare Besitzerin war und daß sie dies geblieben ist, sowohl während der unmittelbaren Besitzzeit der Kläger als auch nach der Rückgabe durch diese an O. Aber deshalb kann doch nicht gesagt werden, daß der mittelbare Besitz der Bank in diesen drei Phasen durchaus der gleiche geblieben sei und daher von einer Rückgabe an sie nicht die Rede sein könne. Denn während des unmittelbaren Besitzes der Kläger war bei diesen, und nicht wie vorher bei O., die unmittelbare tatsächliche Verfügungsmöglichkeit. Mit der Rückgabe des Briefes durch die Kläger an den Pfandgläubiger O. hörte dies auf, und es trat wieder derselbe tatsächliche Zustand, derselbe mittelbare Besitz der Bank, ein, der vor der Ausantwortung des Briefes an die Kläger bestanden hatte. Unter diesen Umständen darf in der Wiederherausgabe des Briefes durch die Kläger an den Pfandgläubiger O., der dadurch wieder unmittelbarer Besitzer im Verhältnis zur Bank als mittelbarer Besitzerin wurde, eine Rückgabe des Pfandes im Sinne einer entsprechenden Anwendung des § 1253 BGB. gefunden werden."

---

65. Anwendung des § 326 BGB. bei Verzug des Käufers mit der Abnahme (§ 433 Abs. 2 BGB.) und der Untersuchung der Ware (§ 377 HGB.).

III. Zivilsenat. Urt. v. 1. März 1918 i. S. B. (Kl.) w. K. (Bekl.). Rep. III. 506/17.

I. Landgericht Posen.
II. Oberlandesgericht daselbst.

Nach Inhalt des Bestätigungsschreibens der Beklagten vom 25. Oktober 1914 verkaufte diese an die Klägerin 3000 Ztr. Kartoffeln zum Preise von 2,45 *M* für den Zentner zur prompten Lieferung ab Posener Stationen gegen netto Kasse mit der Bestimmung, daß „Lieferungsort für Abnahme, Prüfung und Zahlung die Verladestation sei". Die Beklagte lieferte nur 249 Ztr. Hinsichtlich des Restes stellte ihr die Klägerin am 15. Februar 1915 eine viertägige Nachfrist mit der Androhung, daß sie nach deren fruchtlosem Ablaufe die Annahme der Leistung ablehne. Sie verlangt nunmehr, da die Beklagte keine Kartoffeln sandte, Schadensersatz in Höhe von 4264,05 *M* nebst Verzugszinsen. Die Beklagte begehrt Abweisung der Klage, weil die Klägerin sich geweigert habe, die ihr angebotenen Kartoffeln innerhalb der ihr in dem Briefe vom 3. Februar 1915 gestellten Frist,

d. h. bis zum 15. Februar, auf den Verladestationen zu prüfen und abzunehmen, und weil sie, die Beklagte, daher am 16. des genannten Monats mit Recht vom Vertrage zurückgetreten sei.

Das Landgericht gab der Klage statt, das Oberlandesgericht wies sie ab. Die Revision der Klägerin blieb erfolglos.

Gründe:

„Die beiden Vertragsklauseln „Kasse Zug um Zug ab Posener Stationen" und „Lieferungsort für Abnahme, Prüfung und Zahlung ist die Verladestation" sind klar und eindeutig. Nach ihnen hatte, wie das Oberlandesgericht zutreffend annimmt, die Beklagte an einem in der Nähe von Posen gelegenen Bahnorte die Kartoffeln abzuliefern und die Klägerin sie dort abzunehmen, zu untersuchen und zu bezahlen. Mit ihrem Wortlaut ist die Ansicht der Revision, daß die Beklagte die vertragliche Pflicht gehabt habe, die Kartoffeln, wenn auch auf Kosten der Klägerin, nach den von dieser aufgegebenen Orten zu versenden (§ 447 BGB.), nicht vereinbar. Sie findet auch in den Sätzen des Bestätigungsschreibens der Beklagten, daß „auch bei Frankoverkäufen die Transportgefahr zu Lasten des Käufers gehe" und daß bei solchen „die Zahlung unter Vergütung der Fracht nach der Empfangsstation" zu erfolgen habe, keine Stütze. Diese Bestimmungen, von denen die letztere ebenso wie die Klausel, „daß das bahnamtliche Gewicht der Verladestation maßgebend sei", lediglich einen Faktor für die Berechnung des Kaufpreises regelt und mit der Abnahmepflicht der Käuferin oder einer etwaigen Versendungspflicht der Verkäuferin nichts zu tun hat, sind für den vorliegenden Fall ohne Bedeutung, weil die Beklagte „ab Verladestation" verkauft hatte und deshalb bei ordnungsmäßiger Abwickelung des Geschäfts gar nicht in die Lage kommen konnte, Frachtkosten zu bezahlen oder zu erstatten. Der Wegfall der Übersendungspflicht der Verkäuferin nötigte die Klägerin auch nicht, jedesmal, wenn Kartoffeln geliefert werden sollten, eine Reise von Essen nach der Provinz Posen zu machen. Denn sie war durch nichts gehindert, mit der Abnahme und Untersuchung der Kartoffeln einen Spediteur oder eine andere geeignete Person am Verladeorte zu beauftragen. Deshalb kann nicht anerkannt werden, daß das, was die Parteien vereinbart haben, etwas Ungewöhnliches, der Verkehrssitte Widersprechendes war. Auch wenn die Beklagte bei den ersten auf den Schluß vom 25. Oktober 1914 gelieferten

Kartoffeln die Vertragsbestimmungen nicht streng gehandhabt, von ihrer Abnahme auf der Verladestation abgesehen und sie auf Abruf der Klägerin nach den von dieser bezeichneten Orten gesandt haben sollte, wäre sie dadurch nicht des Rechtes verlustig gegangen, bei späteren Lieferungen sich auf den Vertragsinhalt berufen zu können.

Auch die weitere Feststellung des Oberlandesgerichts, daß die Abnahme der Kartoffeln und ihre Untersuchung am Verladeort im gegebenen Falle wichtige Teile der vertragsmäßigen Hauptleistung der Klägerin bildeten, ist rechtlich nicht zu beanstanden. Der Revision ist zuzugeben, daß die Abnahmepflicht (§ 433 Abs. 2 BGB.) sich in der Regel nur als eine Nebenverpflichtung des Käufers darstellen wird und daß Abnahmeverzug alsdann nicht geeignet ist, die Rechtsfolgen des § 326 BGB. auszulösen (RGZ. Bd. 53 S. 161 flg., Bd. 56 S. 171, Bd. 57 S. 110 flg.). Es ist ferner zuzugeben, daß in der Regel dem Verkäufer gegenüber eine Pflicht des Käufers zur Untersuchung der Ware nicht besteht und durch § 377 HGB. nicht begründet wird. Für die Erhaltung der Gewährleistungsansprüche des Käufers sind lediglich die Mängelanzeige, ihr Inhalt und ihre Rechtzeitigkeit entscheidend. Unterläßt der Käufer die fristgerechte Prüfung der Ware, so kann er damit unter gewöhnlichen Umständen nur eigene Interessen, nicht die des Verkäufers verletzen (RGZ. Bd. 73 S. 169). Hier aber liegt die Sache anders. Der Vertrag bestimmte nicht nur, daß der Regel entsprechend am Abnahmeort auch die Untersuchung stattzufinden habe, sondern legte der Klägerin zugleich die Pflicht auf, bei Beanstandung der Kartoffeln unverzüglich deren Begutachtung durch zwei beeidete Sachverständige herbeizuführen und der Beklagten, wie schon vorher die Mängelrüge, so auch das Ergebnis dieser Begutachtung telegraphisch mitzuteilen. Fiel sie zuungunsten der Beklagten aus, so hatte sie das Recht, entweder innerhalb zweier Tage über die Kartoffeln anderweitig zu verfügen oder sie der Klägerin zu dem von den Sachverständigen festgesetzten Minderpreise zu überlassen. Wählte sie das letztere, so war die Klägerin genötigt, die Kartoffeln zu dem herabgesetzten Preise zu behalten. Ein Anspruch auf Wandelung, Nachlieferung fehlerfreier Ware oder Schadensersatz stand ihr vertraglich nicht zu. Alle diese Bestimmungen ließen auch die Vertragsgegnerin erkennen, daß der Beklagten mit einer Unterlassung der Prüfung und mit der Genehmigungsfiktion des § 377 HGB. allein nicht gedient war, sondern daß sie bereits am Verladeorte jeden Zweifel darüber zu beseitigen beabsichtigte, ob die Klägerin die Ware als vertragsmäßig anerkenne oder nicht. Dadurch und durch den Ausschluß jeder Haftung für äußerlich nicht erkennbare Mängel wollte sie schon im Augenblicke der Ablieferung hinsichtlich der Kartoffeln eine klare Rechtslage zwischen sich und der Klägerin schaffen und sich zugleich in den Stand setzen, nötigenfalls eine solche auch zwischen sich und ihren Lieferanten herbeizuführen. Sie wollte die Kartoffeln nicht aus der Hand geben, ohne sicher zu sein, daß ein Gewährleistungsanspruch gegen sie überhaupt nicht gegeben sei oder sich auf die von den Sachverständigen für angemessen erachtete Minderung des Preises beschränke. Nach Ablieferung der Kartoffeln sollte ein Streit über die Auslegung des Abkommens, über das Vorhandensein von Mängeln und ihre Bedeutung und über die Beweislast nicht mehr stattfinden können. Deshalb hatte sie die Klägerin verpflichtet, die Kartoffeln am Verladeorte nicht nur abzunehmen, sondern auch zu prüfen und, falls sie rügte, durch Sachverständige untersuchen zu lassen. Daß diese Vertragsbestimmungen beobachtet wurden, daran hatte die Beklagte also ein sehr erhebliches Interesse. Unter diesen Umständen ist es nicht rechtsirrig, wenn das Berufungsgericht die Abnahme und die Untersuchung der Ware im vorliegenden Falle nicht als Nebenleistungen ansieht, sondern wegen ihrer Bedeutung für die Verkäuferin zu den Hauptverpflichtungen der Klägerin rechnet. Da es weiter einwandfrei feststellt, daß die Klägerin mit der Abnahme und Untersuchung der Kartoffeln in Verzug geraten sei und die ihr in Gemäßheit des § 326 BGB. gesetzte Frist ungenutzt habe verstreichen lassen, war die Rücktrittserklärung der Beklagten vom 16. Februar 1915 begründet und geeignet, die Klage zu Falle zu bringen."

---

66. Kann sich der Verkäufer auf eine Vertragsbestimmung, wonach der Krieg ihn zur Einschränkung oder Aufhebung der Lieferung berechtigt, beim Versendungskauf auch dann noch berufen, wenn die Ware infolge des Kriegsausbruchs auf der Reise angehalten wird?

III. Zivilsenat. Urt. v. 1. März 1918 i. S. P.er Graphitwerke (Bekl.) w. A. & L'A. (Kl.). Rep. III. 501/17.

I. Landgericht Passau.
II. Oberlandesgericht München.

Die Klägerin, eine offene Handelsgesellschaft in Antwerpen, deren Gesellschafter Deutsche sind, kaufte im Juni 1914 von der Beklagten, die ihren Sitz in O. bei P. (Bayern) hat, 10000 kg Flinzgraphit Kl. I zum Preise von 30 ℳ für 100 kg. Nach den für den Kauf maßgebenden allgemeinen Lieferungsbedingungen der Beklagten war Erfüllungsort für diese der Ort der Verladestation. Nr. 4 der Bedingungen lautete: „Höhere Gewalt, ferner Betriebsstörungen, Betriebseinschränkungen, Wagenmangel, Kohlenmangel, Arbeitermangel, Bahnsperre, Mobilmachung, Aufruhr und Krieg berechtigen uns zur Einschränkung oder Aufhebung der Lieferungen." Die Beklagte ließ die Ware Ende Juli 1914 durch die Speditionsfirma Sch. & Co. in P. an die Klägerin versenden. Infolge des Kriegsausbruchs wurde die Sendung in Nürnberg angehalten. Die Beklagte ließ die Ware zunächst dort einlagern und verkaufte sie anfangs Oktober 1914 anderweitig. Auf eine nach der Einnahme Antwerpens noch im Oktober 1914 erfolgte Nachfrage der Klägerin erwiderte die Beklagte, daß der Kriegsausbruch sie der Verpflichtung zur Lieferung enthoben habe, und verweigerte jede Lieferung. Die Klägerin behauptete, sie hätte die Ware mit einem Gewinne von mindestens 7000 ℳ weiterverkaufen können, und erhob, nachdem sie mit einer Klage gegen die Firma Sch. & Co. abgewiesen worden war, Klage auf Zahlung eines Teilbetrags von 1000 ℳ gegen die Beklagte, die widerklagend die Feststellung beantragte, daß die Klägerin Ansprüche gegen sie nicht, auch nicht auf Ersatz der Kosten des Vorprozesses habe.

Die erste Instanz wies die Klage ab und gab der Widerklage statt. Das Berufungsgericht erklärte den Klaganspruch dem Grunde nach für gerechtfertigt, stellte fest, daß die Klägerin Ersatz der Kosten des Vorprozesses nicht verlangen könne, und wies die weitergehende Widerklage ab.

Auf die Revision der Beklagten wurde das Berufungsurteil, soweit darin zum Nachteile der Beklagten erkannt worden war, aufgehoben und die Berufung der Klägerin gegen das Urteil der ersten Instanz im vollen Umfange zurückgewiesen.

Gründe:

„Das Berufungsgericht hält die in Nr. 4 der allgemeinen Lieferungsbedingungen enthaltene Bestimmung für nicht anwendbar, weil die Beklagte mit der Auslieferung der Ware an die Speditionsfirma vor Ausbruch des Krieges alles, was sie zur Erfüllung des Vertrags zu tun hatte, getan, ihre Verpflichtung zur Lieferung — im Gegensatze zur Ablieferung am Bestimmungsort — also erfüllt habe, die Rückgängigmachung der danach bereits erfolgten Lieferung im Vertrag aber nicht vorbehalten worden sei. Diese Auffassung des Wortes Lieferung kann nicht gebilligt werden.

Die Vertragsteile sind Kaufleute. Was Lieferung im Sinne der allgemeinen Lieferungsbedingungen der Beklagten bedeutet, ist daher nicht nach Rechtsbegriffen, sondern nach kaufmännischen Gesichtspunkten zu bestimmen. Im kaufmännischen Verkehr spricht man, abgesehen von der Bestimmung des Erfüllungsortes, nicht von Erfüllung, sondern nur von Lieferung und Ablieferung. Ablieferung ist der Vorgang, bei dem die Ware aus der Verfügungsgewalt des Verkäufers in die des Käufers übergeht. Die Lieferung umfaßt die Gesamtheit der Vorgänge, die nötig sind, um die Ablieferung zu bewirken. Als geliefert im kaufmännischen Sinne ist daher beim Versendungskaufe, wie schon die Kammer für Handelssachen als erste Instanz hervorgehoben hat, die Ware erst dann zu erachten, wenn sie am Niederlassungsorte des Käufers angelangt ist. Dazu war es im vorliegenden Falle nicht gekommen. Die Ware war auch nicht etwa auf andere Weise in den Verfügungsbereich der Klägerin gelangt. Die Beklagte hatte den Vertrag mit der Speditionsfirma, wie jetzt nicht mehr bestritten ist, im eigenen Namen abgeschlossen, und die Sendung war, nachdem sie in Nürnberg angehalten worden war, der Beklagten, nicht der Klägerin, zur Verfügung gestellt worden. Die Lieferung im Sinne der allgemeinen Lieferungsbedingungen war also noch nicht erfolgt. Es handelte sich vielmehr nur um einen durch den Ausbruch des Krieges vereitelten Versuch der Lieferung Die Beklagte war daher berechtigt, das erneute Lieferungsbegehren der Klägerin unter Berufung auf die Kriegsklausel abzulehnen. Das Verhalten der Beklagten ist um so weniger zu beanstanden, als zu der

Zeit, da sie über die Ware anderweitig verfügte, Antwerpen noch nicht eingenommen worden und die weitere Entwickelung der Verhältnisse in dem mit Deutschland im Kriege befindlichen Staate Belgien nicht vorauszusehen war, der Beklagten auch nicht zugemutet werden konnte, mit der Verfügung über die in ihrer Verfügungsgewalt befindliche Ware ins Ungewisse zuzuwarten." ...

---

67. Ist die Stempelbefreiung aus Abs. 10 Nr. 3 der Tarifst. 32 preuß. StempStG. vom 30. Juni 1909 anwendbar auf Verträge, durch die sich eine sog. Verkaufsstelle — eine durch das Zusammenwirken einer Anzahl warenerzeugender Einzelfirmen behufs lohnenderen Vertriebs ihrer Erzeugnisse geschaffene selbständige Rechtsperson — zur Lieferung solcher Erzeugnisse im eigenen Namen verpflichtet?

VII. Zivilsenat. Urt. v. 1. März 1918 i. S. Verkaufsstelle d. v. D. u. Gen. (Kl.) w. preuß. Staat (Bekl.). Rep. VII. 419/17.

I. Landgericht I Berlin.
II. Kammergericht daselbst.

Das stellvertretende Königliche Ingenieur-Komitee in Berlin hat mit der Klägerin zu 1 eine Anzahl von Lieferungsverträgen abgeschlossen. Für diese erforderte der Beklagte nach der Tarifst. 32 zu c preuß. StempstG. vom 30. Juni 1909 vom Kaufpreis $^1/_3$ v. H. als Stempelsteuer. Die Kläger zahlten diese Abgabe mit 11946 ℳ und verlangen, indem sie die Befreiungsvorschrift in Abs. 10 Nr. 3 der Tarifstelle für sich in Anspruch nehmen, die Rückzahlung. Das Landgericht wies die Klage ab. Die Berufung der Kläger wurde zurückgewiesen. Die Revision blieb erfolglos.

Gründe:

„Nach der Vorschrift des Abs. 10 Nr. 3 der Tarifst. 32 LStempG. sind von der Abgabe befreit Kauf- und Lieferungsverträge über Mengen von Sachen oder Waren, sofern diese im Deutschen Reiche „in dem Betrieb eines der Vertragschließenden" erzeugt oder hergestellt sind. Im Streitfalle besteht ein auf Herstellung von Sachen oder Waren gerichteter Betrieb unstreitig nur bei den Klägern zu 2 bis 7, nicht aber bei der Klägerin zu 1. Die Parteien streiten aber darüber, ob die letztere für die hier in Betracht kommenden Lieferungsverträge als „Vertragschließende" anzusehen sei. Die Kläger weisen für die Auslegung der Vorschrift darauf hin, daß die Befreiungsvorschrift gerade zur Begünstigung der in Handel und Industrie tätigen Betriebe gegeben sei, und sie finden die Bedeutung der Vorschrift darin, daß diejenigen Verträge, die zuerst die Ware aus dem Besitze des Erzeugers in den Verkehr gelangen ließen, nicht mit dem Stempel belegt werden sollten. Diese Auslegung entspricht nicht dem klaren Wortlaut und Sinne der Vorschrift.

Gewiß muß bei der Auslegung von Finanzgesetzen den für ihre Erlassung maßgebend gewesenen wirtschaftlichen Rücksichten erhebliche Bedeutung beigemessen werden; dies kann aber nicht dahin führen, einen mit den Worten des Gesetzes überhaupt nicht mehr zu vereinigenden Sinn als Gesetzeswillen anzuerkennen. Die Frage, wer bei einem Kaufvertrag als Vertragschließender anzusehen sei, ist eine Rechtsfrage und deshalb nicht nach wirtschaftlichen Gesichtspunkten, sondern nach den durch das bürgerliche Recht gegebenen Rechtsgrundsätzen zu beantworten. Haben Gewerbtreibende zur lohnenderen Verwertung ihrer Erzeugnisse eine gesellschaftliche Vereinigung mit selbständiger Rechtspersönlichkeit neben der ihrer Mitglieder geschaffen, so müssen sie auch die aus dieser neuen Rechtslage sich ergebenden ihnen nachteiligen Folgen mit in den Kauf nehmen, soweit nicht das Gesetz selbst diese Folgen beseitigt oder einschränkt. Hat die neue Rechtsperson im eigenen Namen, wenn auch im Wege mittelbarer Stellvertretung, also im Ergebnis für Rechnung oder doch im Interesse eines einzelnen Mitglieds oder mehrerer der Mitglieder, Kaufverträge geschlossen, so entstehen hierdurch zwischen den anderen Vertragsteilnehmern und diesen Mitgliedern keine Rechtsbeziehungen, vielmehr bestehen die aus dem Vertrag erwachsenden Rechte und Pflichten nur zwischen diesem anderen Vertragsteil und der Rechtsperson der gesellschaftlichen Vereinigung der Mitglieder, in deren Interesse sie gehandelt hat. Für und gegen diese Mitglieder wirkt der Vertrag nur, wenn die gesellschaftliche Vereinigung den Vertrag auf Grund ihr zustehender Vertretungsmacht im Namen der Mitglieder abgeschlossen hat (§ 164 BGB.; RGZ. Bd. 58 S. 276, 277).

Die Annahme des Berufungsrichters, die Klägerin zu 1 habe

die hier in Betracht kommenden Verträge in eigenem Namen schließen wollen und geschlossen, läßt einen Rechtsirrtum nicht erkennen. Der Vertragsinhalt geht dahin: Die Klägerin zu 1 solle für Rechnung des stellvertretenden Ingenieur-Komitees die näher bezeichneten Mengen an Drahtgeflecht zu den bestimmten Preisen liefern und zwar durch die in der Verkaufsstelle (Klägerin zu 1) zusammengeschlossenen Firmen. Diese letztere Bestimmung ergibt nicht, daß die einzelnen Firmen gegenüber dem Ingenieur-Komitee zur Lieferung verpflichtet und für den Anspruch auf den Kaufpreis berechtigt sein sollten, sondern nur, daß die Waren, zu deren Lieferung rechtlich die Klägerin zu 1 verpflichtet war, solche sein sollten, die in den Betrieben der Kläger zu 2 bis 7 hergestellt waren. Rechtliche Bedenken gegen eine solche Vereinbarung liegen nicht vor, schon deshalb nicht, weil auch fremde Sachen Gegenstand eines Kaufvertrags sein können. Daß das Ingenieur-Komitee mit einer bestimmten Einzelfirma nicht in unmittelbare Rechtsbeziehung treten wollte und konnte, ihr eine solche Einzelfirma beim Vertragsschlusse vielmehr nicht gegenüberstand, ergibt, worauf der Berufungsrichter zutreffend hinweist, schon die weitere Vertragsbestimmung, daß die Verteiluug der Lieferung auf die einzelnen Firmen der Klägerin zu 1 vorbehalten blieb. Diese war also dem Ingenieur-Komitee gegenüber berechtigt, nach Willkür die einzelne Lieferung auf die eine oder die andere Einzelfirma zu verteilen. Ob sie dabei die in ihrem Innenverhältnis zu den Einzelfirmen mit diesen hinsichtlich der Verteilung vereinbarten Grundsätze beobachtete, war für ihr Schuldverhältnis zum Ingenieur-Komitee ohne Einfluß. Dasselbe gilt auch dann, wenn etwa die Klägerin zu 1 mit dem Ingenieur-Komitee zu anderen Richtpreisen abschloß, als ihr nach den mit den Einzelfirmen getroffenen Vereinbarungen gestattet war. Nur den Einzelfirmen gegenüber war sie für die Innehaltung der Preise verantwortlich. Blieb die Lieferung aus oder wurde vertragswidrige Ware geliefert, so konnte sich deshalb das Ingenieur-Komitee nur an die Klägerin zu 1 halten, ohne daß ihm ein Rückgriff auf die Einzelfirmen zugestanden hätte. Daran ändert auch nichts der Hinweis der Kläger darauf, daß die Klägerin zu 1 eigenes Vermögen nicht besaß, die Einzelfirmen vielmehr verpflichtet waren, der Klägerin zu 1 die nötigen Vorschüsse zu machen und ihr als „Gegenleistung" für die übernommene Geschäftsbesorgung die sämtlichen Geschäftsunkosten zu erstatten. Daraus ist nicht zu entnehmen, daß das Ingenieur-Komitee die Klägerin zu 1 nicht als ihren Vertragsgegner ansehen konnte oder wollte. sondern allenfalls nur, daß sie sich mit der Klägerin zu 1 trotz deren Mangels an eigenem Vermögen geschäftlich einließ, weil sie vertraute, daß die Einzelfirmen in ihrem eigenen Interesse für alle etwa entstehenden Verbindlichkeiten der Klägerin zu 1 mit eigenen Kräften eintreten würden. Hiernach beschränkte sich die Aufgabe der Klägerin zu 1 im Rechtssinne nicht darauf, die Kaufabschlüsse zwischen dem Ingenieur-Komitee und den Einzelfirmen zu „vermitteln". sie war vielmehr auf selbständigen eigenen Abschluß gerichtet. Demgegenüber ist es auch ohne Bedeutung. daß die Einzelfirmen der Klägerin zu 1 das „ausschließliche" Recht der „Vermittelung" des Verkaufs der Fabrikate übertragen haben. Dieser Umstand kann nicht dazu führen, den Betrieb der Einzelfirmen als einen Betrieb der Klägerin zu 1 anzusehen; das müßte zur Folge haben, daß. wenn überhaupt ein Aufkäufer von anderen Gewerbetreibenden sich die gesamte Ausbeute eines Werkes für einen bestimmten Zeitraum versprechen läßt, der Betrieb des Werkes als der seinige zu betrachten wäre. In einem solchen Falle Befreiung von der Abgabe zu gewähren, würde sicher den Absichten des Gesetzgebers widersprechen.

Auf dem Boden der vorstehenden Ausführungen stehen im wesentlichen auch schon die Urteile des Reichsgerichts vom 29. November 1904 VII. 206/04 und 30. Dezember 1904 VII. 244/04 (Holdheim, Monatsschr. 1905 S. 151 flg.) sowie vom 19. November 1896 (Jur. Wochenschr. 1897 S. 15 Nr. 40). Diese Rechtsprechung war dem Gesetzgeber zur Zeit der Erlassung der Stempelnovelle vom 30. Juni 1909 bekannt, sie hat ihm aber keinen Anlaß gegeben, an der Fassung der Befreiungsvorschrift gegenüber der früheren Fassung in dem hier wesentlichen Punkt etwas zu ändern, er hat also die Auslegung des Reichsgerichts gebilligt." ...

---

68. Unter welchen Voraussetzungen kann nach preußischem Rechte der Eigentümer eines Grundstücks, welches nach einem festgestellten Fluchtlinienplane Bestandteil einer städtischen Straße werden soll, bei ihrer Anlegung aber nicht zur Straße gezogen ist, von der Stadt-

gemeinde beanspruchen, daß sie die Einleitung des Entschädigungsverfahrens wegen Enteignung des Grundstücks herbeiführe?

Preuß. Fluchtliniengesetz vom 2. Juli 1875 § 13.

VII. Zivilsenat. Urt. v. 1. März 1918 i. S. G. Sch. (Kl.) w. Stadtgemeinde Beuthen (Bekl.). Rep. VII. 414/17.

I. Landgericht Beuthen.
II. Oberlandesgericht Breslau.

Der Kläger ist Eigentümer der im Grundbuche von B. Bd. 53 Bl. 625, 624 eingetragenen Grundstücke. Von diesen sind auf Grund einer Fluchtlinienfestsetzung mehrere Wegestreifen für die Beklagte zur Verbreiterung der B.straße enteignet worden. Auf dem Grundstücke Bl. 624 befindet sich ein Stallgebäude. Der südlichste, katastermäßig mit Kartenbl. 4 Parzellennr. 665/30 bezeichnete Teil des Stalles von 27 qm Grundfläche liegt innerhalb der nach dem Fluchtlinienplane zur B.straße bestimmten Fläche. Der Kläger hält die Beklagte, nachdem diese zur erwähnten Enteignung geschritten ist, für verpflichtet, auch wegen jenes Stallteiles die Enteignung zu beantragen, und hat daher mit der Klage gefordert, daß die Beklagte hinsichtlich jenes Gebäudeteils den Enteignungsantrag stelle.

Das Landgericht wies die Klage ab. Die vom Kläger erhobene Berufung wurde zurückgewiesen. Auch die Revision blieb erfolglos.

Gründe:

„Die Klage richtet sich darauf, daß die Beklagte wegen der Parzelle Nr. 665/30 den Enteignungsantrag oder, genauer und richtiger bezeichnet, den im § 14 preuß. FlLG. in Verbindung mit § 24 preuß. EntG. behandelten Antrag auf Feststellung der Enteignungsentschädigung anbringe. Für einen solchen Klaganspruch, der seiner Natur nach privatrechtlichen Inhalts ist, erscheint der Rechtsweg unbedenklich zulässig. Die Klage ist aber, wie auch das Berufungsurteil annimmt, sachlich unbegründet. Sie ist nicht auf die Vorschriften des § 9 EntG. oder des § 13 Abs. 3, 4 FlLG. gestützt, wonach der Eigentümer in Fällen, wo sein Grundstück nur teilweise in Anspruch genommen wird, unter gewissen Umständen wirtschaftlicher Art verlangen darf, daß die Enteignung auf weitere Teile oder auf das Restgrundstück im ganzen erstreckt werde. Der Kläger war auch rechtlich gar nicht in der Lage, sich auf jene Vorschriften zu berufen. Ihre Anwendung setzt notwendig einen Antrag des Eigentümers im Termine vor dem Kommissar der für die Enteignung zuständigen Verwaltungsbehörde voraus (§ 25 EntG., § 14 FlLG.). Wollte man selbst unterstellen, der Kläger habe einen solchen Antrag wegen der Parzelle 665/30 in dem die erwähnten Wegestreifen angehenden Enteignungsverfahren angebracht, so steht doch fest, daß die Enteignung auf diese Wegstreifenparzellen beschränkt geblieben ist, und der nur diese betreffende Entschädigungsfeststellungsbeschluß aus dem Jahre 1914 konnte mit der vorliegenden, erst im Herbst 1916 erhobenen Klage nicht mehr wirksam angegriffen werden (§ 30 EntG.). Der Kläger beruft sich auf die in v. Strauß und Torney, Fluchtliniengesetz § 11 Bemerkung 6 a. E. enthaltene Ausführung: „Will die Gemeinde von ihrem Rechte, das zu Straßen und Plätzen durch die Fluchtlinienfestsetzung bestimmte Terrain zu enteignen, Gebrauch machen (vgl. § 13), so muß sie das Gelände bis zu der festgesetzten Fluchtlinie erwerben. Es kann ihr nicht gestattet werden, weniger durch Enteignung zu erwerben, um etwa den vorhandenen Weg etwas zu erbreitern oder zunächst einen schmaleren Weg anzulegen; dazu ist ihr das Enteignungsrecht des § 11 nicht gegeben, was auch aus § 3 und § 13 folgt." Im Anschluß daran vertritt der Kläger die Auffassung, er dürfe beanspruchen, daß die Beklagte auch wegen der in den Raum der festgesetzten Straßenflucht fallenden Parzelle 665/30 die Einleitung des Entschädigungsverfahrens beantrage. Ob die mitgeteilte Bemerkung vom Kläger richtig verstanden ist, oder ob ihr Verfasser etwa nur die öffentlichrechtliche Seite der Tätigkeit der Gemeinde im Auge hatte, sowie ob und inwiefern der Bemerkung beizustimmen sein möchte, braucht hier nicht des näheren erörtert zu werden. Die Berechtigung des Klagebegehrens, das auf Erlangung einer Enteignungsentschädigung für die Parzelle 665/30 abzielt, hängt jedenfalls davon ab, ob hier einer der Fälle vorliegt, in denen gesetzlich eine Entschädigungspflicht der Gemeinde wegen Entziehung oder Beschränkung des von der Festsetzung neuer Fluchtlinien betroffenen Grundeigentums anerkannt ist.

Eine solche Entschädigungspflicht besteht ausschließlich in den drei im § 13 Abs. 1 FlLG. behandelten Fällen. Unzweifelhaft ist vorliegend weder der Tatbestand der Nr. 2 noch der Tatbestand der Nr. 3 des § 13 Abs. 1 gegeben. Darum ist von diesen Vorschriften ohne weiteres abzusehen und folglich ist auch nicht auf die von dem Berufungsrichter und der Revision herangezogenen Reichsgerichtsurteile vom 12. Februar 1909 Rep. VII. 158/08 und vom 13. Februar 1917 Rep. VII. 317/16, auszugsweise im preuß. Verw.-Bl. Bd. 30 S. 817, beziehentlich im Recht 1917 S. 195 veröffentlicht, einzugehen. Denn in beiden Entscheidungen handelte es sich um die Anwendung des § 13 Abs. 1 Nr. 2 FlLG. Aber auch die Vorschrift des § 13 Abs 1 Nr. 1 ist hier unanwendbar. Sie hat nach ihrem klaren Wortlaute zur Voraussetzung, daß eine Grundfläche zu einer Straße oder einem Platze bestimmt ist und daß die Gemeinde die Abtretung der Fläche für den öffentlichen Verkehr verlangt hat. Das Abtretungsverlangen der Gemeinde bildet ein selbständiges wesentliches Tatbestandsmerkmal dieses Falles ihrer Entschädigungspflicht. Daher erstreckt sich ihre Verpflichtung zur Entschädigung, mithin auch zur Anbringung des Antrags auf Einleitung des Entschädigungsverfahrens nicht weiter, als die Abtretung seitens der Gemeinde begehrt ist (Gruchot Bd. 35 S. 1116). Dies Begehren braucht freilich nicht gerade mit ausdrücklichen Worten erklärt zu sein. Es kann auch aus einem Verhalten der Gemeindeorgane entnommen werden, welches ihren Willen, eine innerhalb der Straßenfluchtlinie liegende Fläche für den öffentlichen Verkehr in Anspruch zu nehmen, mit hinreichender Deutlichkeit erkennen läßt. Vorliegend aber steht außer Zweifel, daß die Beklagte die Parzelle 665/30 noch nicht zur Straße ziehen will und die Abtretung dieser Parzelle bisher nicht verlangt hat und nicht hat verlangen wollen. Da sonach die Vorschriften des § 13 FlLG. dem Kläger nicht zur Seite stehen, ist die Klage haltlos

Demgemäß war die Revision zurückzuweisen."

---

69. Kann derjenige, welcher zur Sicherung einer Forderung ein Pfand bestellt oder eine Sache oder ein Recht übereignet hat, die Herausgabe der Sicherheit Zug um Zug gegen Befriedigung des Gläubigers verlangen? Muß er sich in der Klage unter Bezifferung der Forderung zur Befriedigung erbieten?

BGB. § 1223 Abs. 2.

V. Zivilsenat. Urt. v. 2. März 1918 i. S. Kn. (Kl.) w. T. u. Gen. (Bekl.). Rep. V. 329/17.

I. Landgericht Königsberg.
II. Oberlandesgericht daselbst.

Aus den Gründen:

... „Der Berufungsrichter nimmt an, daß die Klage in zweiter Linie auf die Behauptung gestützt sei, die Abtretung der Grundschuld und die Bestellung des Nießbrauchs seien erfolgt zur Sicherung für Forderungen der Beklagten gegen die B.schen Eheleute; die Klägerin verlange auf Grund dieser Behauptung die Herausgabe der zur Sicherung hingegebenen Vermögenswerte Zug um Zug gegen Befriedigung der Beklagten. Wenn der Berufungsrichter diesen Anspruch auf Grund des § 1223 Abs. 1 BGB. zurückweist, so ist das rechtsirrig. Daß § 1223 auch auf Sicherungsübereignungen entsprechende Anwendung zu finden hat, ist unbedenklich und vom Reichsgerichte bereits ausgesprochen (Rep. II. 548/05, Urteil vom 26. Juni 1906). Der Berufungsrichter hat ferner den Abs. 2 des § 1223 nicht beachtet, der bestimmt, daß der Verpfänder die Rückgabe des Pfandes gegen die Befriedigung des Pfandgläubigers verlangen kann, sobald der Schuldner zur Leistung berechtigt ist. Aus dieser Bestimmung ergibt sich, daß die Vorschrift des Abs. 1, soweit darin das vorherige Erlöschen des Pfandrechts als Voraussetzung für den Anspruch des Verpfänders auf Rückgabe des Pfandes aufgestellt wird, auf diejenigen Fälle eingeschränkt ist, in denen das Pfandrecht auf andere Weise als mittels Befriedigung des Pfandgläubigers durch den Verpfänder erlischt; z. B. mittels Befriedigung durch den persönlichen Schuldner, der nicht der Verpfänder ist, ferner durch anderweites Erlöschen der Forderung (§ 1252) oder in den Fällen der §§ 1253, 1255, 1256. Der Verpfänder dagegen, welcher sich zur Befriedigung des Gläubigers bereit erklärt, kann die Verurteilung des Pfandgläubigers zur Herausgabe des Pfandes Zug um Zug gegen die Zahlung der Schuld verlangen. Daß dies der Sinn der Bestimmung ist, wird durch ihre Entstehungsgeschichte bestätigt. Vgl. Motive zum I. Entwurf eines BGB. Bd. 3 S. 813; Protokolle der Kommission für die zweite Lesung Bd. 3 S. 459 unter V., S. 461 unter IX.

Diesen Rechtsstandpunkt hat das Reichsgericht bereits in mehreren Entscheidungen eingenommen, und zwar auch für den Fall, daß der Verpfänder zugleich der persönliche Schuldner ist (vgl. Rep. II. 548/05, Urteil vom 26. Juni 1905; III. 244/09, Urteil vom 4. März 1910 [Jur. Wochenschr. 1910 S. 391 Nr. 10]; VI. 355/10, Urteil vom 3. Juli 1911 [Recht 1911 Nr. 3190]; VII. 399/1916, Urteil vom 20. März 1917 [RGZ. Bd. 90 S. 69]; auch Kammergericht in Rechtspr. d. Oberlandesgerichte Bd. 26 S. 203). Der Entscheidung der Rechtsfrage in diesem Sinne steht auch das vom Berufungsrichter angeführte Urteil des VI. Zivilsenats des Reichsgerichts vom 11. Oktober 1913, Rep. VI. 323/1913 (abgedruckt in einem Auszug im Recht 1913 Nr. 3258) nicht entgegen. In diesem Urteil ist ausdrücklich hervorgehoben, daß § 1223 Abs. 2 deswegen nicht in Frage stehe, weil es sich in dem damals zu entscheidenden Falle darum handelte, ob der Gläubiger (Pfandgläubiger) Zahlung seiner Forderung nur gegen das Anerbieten der Pfandrückgabe verlangen könne. Von den vom Berufungsrichter für seine Meinung angeführten sonstigen Urteilen beziehen sich diejenigen der Oberlandesgerichte Jena, Celle und Hamburg (SeuffArch. Bd. 37 Nr. 197, Bd. 27 Nr. 212 und Bd. 38 Nr. 304) auf das gemeine Recht, für welches aus positiven Quellenstellen die Ansicht hergeleitet wurde, daß die Rückgabe des Pfandes immer erst nach Tilgung der Schuld zu erfolgen habe, während die auf dem Boden des Bürgerlichen Gesetzbuchs ergangenen Urteile der Oberlandesgerichte Naumburg und Dresden (Rechtspr. Bd. 29 S. 381 und 383) sowie Bamberg (SeuffArch. Bd. 62 Nr. 58), soweit sie sich mit der hier zu entscheidenden Frage beschäftigen, dem Wortlaut und der Entstehungsgeschichte des § 1223 Abs. 2 nicht gerecht werden und deshalb keinen Anlaß bieten, von der bisherigen Rechtsprechung des Reichsgerichts abzuweichen.

Es fragt sich aber, ob die Zurückweisung des aus dem fiduziarischen Rechtsverhältnis hergeleiteten Klagegrundes nicht dadurch gerechtfertigt wird, daß, wie der Berufungsrichter hervorhebt, unter den Parteien nicht unstreitig war, welche Forderungen der Beklagten gegen die Eheleute B. durch die Übereignungen gesichert werden sollten. Diese Frage muß indes verneint werden. Der III. Zivilsenat des Reichsgerichts hat in dem angeführten Urteile vom 4. März 1910 bereits ausgeführt, daß eine Klage auf Rückgabe eines Pfandes nicht um deswillen abgewiesen werden dürfe, weil der Kläger in der Klage nicht die durch das Pfand gesicherten Forderungen beziffert und sich zu ihrer Befriedigung unter Angabe ihres Betrags bereit erklärt habe. Es wird dort darauf hingewiesen, daß der Verpfänder unter Umständen gar nicht in der Lage sei, zu wissen, welche Ansprüche der Pfandgläubiger erheben wolle, und daß er den Anspruch auf Rückgabe der Pfandsache überhaupt nicht mit Erfolg würde geltend machen können, wenn der Pfandgläubiger mit seinen Ansprüchen nicht hervortrete oder unberechtigte Ansprüche erhebe. Dieser Auffassung, die auch für die entsprechende Anwendung des § 1223 Abs. 2 auf Sicherungsübereignungen durchgreift, schließt sich der jetzt erkennende Senat an. Danach hätte der Berufungsrichter den Herausgabeanspruch nicht ohne weiteres um deswillen abweisen dürfen, weil streitig war, für welche Forderungen die Sicherheiten hafteten; vielmehr hätte er nach Maßgabe der Parteibehauptungen sowie unter Würdigung der Beweislast und der etwa angetretenen Beweise, nötigenfalls unter Ausübung des Fragerechts, den Betrag, für welchen die Sicherheiten noch hafteten, feststellen und die Beklagten zur Herausgabe der Sicherheiten Zug um Zug gegen Zahlung dieses Betrags verurteilen müssen." ...

---

70. 1. Muß sich der Empfänger eines Darlehnsversprechens bei Einklagung des zugesagten Darlehnsbetrags am Verzugszins (§ 288 Satz 1 BGB.) oder am Prozeßzins (§ 291 BGB.) denjenigen Zinsbetrag abziehen lassen, den er hätte zahlen müssen, wenn er das zugesagte Darlehen rechtzeitig ausgezahlt erhalten hätte?

2. Hat ein solcher Abzug in Ansehung des nach § 288 Abs. 2 geltend gemachten „weiteren Schadens" einzutreten?

3. Wird die Anwendung des § 291 BGB. durch Verzug des beklagten Schuldners ausgeschlossen?

VI. Zivilsenat. Urt. v. 4. März 1918 i. S. W. (Kl.) w. Thüringer Gasgesellschaft, A.-G. in L., (Bekl.). Rep. VI. 76/16.

I. Landgericht Leipzig.
II. Oberlandesgericht Dresden.

Frage 1 und 3 wurden verneint, Frage 2 bejaht.

Aus den Gründen:

... „Die Zinsforderung seit 1. April 1915 ist nach § 288 Satz 1 BGB. wie nach § 291, gemäß § 352 HGB. in Höhe von 5%, ohne weiteres begründet. Ein Abzug der durch die Vorenthaltung der Darlehnssumme ersparten vertragsmäßigen Darlehnszinsen in Höhe von 4% wäre weder nach § 288 Satz 1 BGB. noch nach § 291 gerechtfertigt. In dieser Beziehung sei hervorgehoben:

1. Die Vorschrift des § 288 weist in Abs. 1 und in Abs. 2 einen erheblichen Unterschied auf. Der Abs. 2 spricht von Verzögerungsschaden im allgemeinen, der wie jeder andere Schaden zu berechnen oder zu schätzen und zu beweisen ist. Der Betrag von 19475,45 ℳ ist als solcher Schaden nach § 288 Abs. 2 angefordert: er ist — als Mehrkosten der anderweiten Kapitalbeschaffung — entstanden nur insoweit, als nicht auch die Kapitalsgewährung seitens der Beklagten den Klägern Kosten verursacht hätte. Anders der Verzugszins nach § 288 Abs. 1: er trägt im Gegensatze zu dem in Abs. 2 gedachten „weiteren" Schaden die Besonderheit an sich, daß er ein unwiderleglich feststehender Mindestersatz ist, den der Gläubiger nach dem Willen des Gesetzes erhalten soll ohne Rücksicht darauf, ob und in welcher Höhe ihm tatsächlich Schaden entstanden ist. Dieser Zins kann vom Gläubiger gefordert werden, auch wenn die Schuld, mit der der Schuldner in Verzug geraten ist, an sich unverzinslich oder nur niedriger verzinslich ist (vgl. schon RGZ. Bd. 19 S. 434); ein Gegenbeweis, daß der Gläubiger auch bei pünktlicher Leistung keine oder nur geringere Zinsen gezogen hätte, ist dem Schuldner nicht verstattet.

Kommt es aber hiernach für den Anspruch aus § 288 Satz 1 nicht auf den entstandenen Schaden als solchen an, so brauchen sich auch die Kläger die ersparten Darlehnszinsen in der vertragsmäßigen Höhe von 4% nicht anrechnen zu lassen. Und die Beklagte ihrerseits kann diesen Abzug auf Grund des Vertragsverhältnisses nicht fordern, weil sie für die fragliche Zeit den Klägern das Darlehnskapital nicht gewährt, sondern vorenthalten hatte, mithin die Zinsen — als Gegenleistung der Darlehnsgewährung — nicht verlangen, also auch nicht etwa von sich aus absetzen kann.

Daß die Vorschrift des § 288 Satz 1 endlich auf den Darlehnszusagevertrag als solchen keine Anwendung finde, dafür ergeben weder der Vertragsinhalt im allgemeinen, noch die Festsetzungen im vorliegenden Falle einen Anhalt.

2. Das Berufungsgericht verkennt aber auch den Inhalt der Vorschrift des § 291 BGB., wenn es annimmt, daß danach Prozeßzins nicht gefordert werden könne, wenn Verzug auf seiten des Schuldners vorliege. Für diese Auslegung gibt schon der Wortlaut des Gesetzes, wonach die Schuld von dem Eintritte der Rechtshängigkeit an zu verzinsen ist, auch wenn der Schuldner nicht in Verzug ist, keinen Anhalt. Die Vorschrift des § 291 ergänzt die des § 288 insbesondere für den Fall, daß die Klagezustellung entgegen der Regel des § 284 keinen Verzug bewirkt, z. B. bei entschuldbarer Unkenntnis vom Bestehen der Schuld. Selbstverständlich soll der Schuldner nicht Prozeß- und Verzugszins nebeneinander erhalten. Es besteht aber kein begründetes Bedenken dagegen, einen Zinsanspruch in der Weise zu begründen, es werde dahingestellt gelassen, ob Verzug des Schuldners vorliege, jedenfalls werde der Prozeßzins gefordert (vgl. schon RGZ. Bd. 2 S. 176). Der Zinsanspruch für die Zeit vom 1. April 1915 bis 6. März 1916 ist also, da die Klage schon am 25. Februar 1913 erhoben ist, jedenfalls auch nach § 291 begründet. Auch insoweit kann ein Abzug der ersparten vertragsmäßigen Darlehnszinsen nicht in Frage kommen, weil auch diese gesetzliche Zinspflicht vom Nachweis eines Schadens völlig unabhängig ist." ...

---

71. Ist nach dem preußischen Zivilpensionsgesetze vom $\frac{\text{27. März 1872}}{\text{27. Mai 1907}}$ § 15 die Schiffsjungenzeit der Zivildienstzeit hinzuzurechnen?

III. Zivilsenat. Urt. v. 5. März 1918 i. S. preuß. Staat (Bekl.) w. B. (Kl.). Rep. III. 446/17.

I. Landgericht Breslau.
II. Oberlandesgericht daselbst.

Der am 10. September 1879 geborene, am 2. April 1895 in die Kaiserliche Schiffsjungenabteilung eingetretene, am 1. April 1898 zum Matrosen ernannte und am 1. April 1905 nach abgelaufener Kapitulation zur Seewehr entlassene Kläger ist als Polizeiwachtmeister im preußischen Staatsdienst am 1. April 1913 in den Ruhestand getreten. Seine Pension wurde zunächst auf 939 ℳ, sodann unter dem 11. März 1916 auf 843 ℳ festgesetzt; die Neufestsetzung stützt sich darauf, daß der Zivildienstzeit des Klägers dessen Schiffsjungenzeit (2. April 1895 bis 1. April 1898) nicht hinzuzurechnen sei. Der Kläger beansprucht Anrechnung seiner Schiffsjungenzeit nach Beginn des 18. Lebensjahres, also der Zeit vom 10. September 1896 ab, und fordert Zahlung des entsprechenden weiteren Pensionsbetrags von jährlich 96 ℳ vom 1. April 1916 ab.

Das Landgericht wies die Klage ab, da nach § 15 ZPensG. nur die Zeit des aktiven Militärdienstes hinzuzurechnen sei und § 14 Nr. 2 nur vom Zivildienst und zwar als Beamter handle. Der Berufungsrichter erklärte den Klaganspruch dem Grunde nach für berechtigt. Die Berechtigung ergebe sich gemäß dem aus den verwandten reichsgesetzlichen Vorschriften zu ergänzenden § 15 ZPensG., eventuell gemäß dem § 14 Nr. 2, unter den die Schiffsjungenzeit als ein in der Kaiserlichen Marine geleisteter Dienst falle. Die Revision hatte Erfolg. Die Berufung des Klägers wurde zurückgewiesen.

Gründe:

„Der Berufungsrichter verkennt nicht, sondern sagt zutreffend, daß, soweit die Anwendbarkeit des § 15 ZPensG. reicht, der Militär- und Marinedienst für die Anwendung des § 14 Nr. 2 nicht in Betracht kommt. Aus § 15 ergibt sich aber, daß die Schiffsjungenzeit der Zivildienstzeit des Klägers nicht hinzuzurechnen ist.

Hinzuzurechnen ist nämlich nach § 15 die Zeit des aktiven Militärdienstes. Der aktive Militärdienst, die Zugehörigkeit zum aktiven Heere, ist ein außer Zweifel stehender, von den Militär-Pensions- und Versorgungsgesetzen 1871 und 1906 fortgesetzt verwendeter Begriff (vgl. Reichsmilitärgesetz vom 2. Mai 1874 III. Abschnitt § 38 flg., Wehrordnung vom 22. November 1888 § 7). Ebenso ergibt sich aus den Gesetzen selbst, daß die Schiffsjungen nicht zum aktiven Militär gehören. Nach dem durch das Gesetz vom 24. März 1887 dem Abs. 1 des § 93 MPensG. 1871 beigefügten Zusatz erhalten sie unter Umständen die für Gemeine in den §§ 66/71 aufgeführten Pensionssätze, und nach § 52 MannschVG. 1906 werden sie „wie Gemeine (Nichtkapitulanten) versorgt". Sie sind also noch nicht Gemeine; sie werden, wie § 34 Nr. 1 der Marineordnung vom 3. April

1909 unter Hinweis auf § 109 Nr. 2 A c der Wehrordnung (= § 38 A 3 des Reichsmilitärgesetzes) nicht neu bestimmt, sondern nur wiederholt, nicht als Personen des Soldatenstandes, sondern als Zöglinge betrachtet und werden Personen des Soldatenstandes erst mit der Ernennung zum Gemeinen mit Matrosenrang. Sie haben im Falle ihrer Entlassung wie jeder andere Militärpflichtige ihre Dienstpflicht erst noch zu erfüllen (Marineordnung § 34 Nr. 5) und sie haben für die genossene Ausbildung — einschließlich der Ausbildungszeit und der gesetzlichen dreijährigen Dienstpflicht — im ganzen 9 Jahre zu dienen (Marineordnung § 16 Nr. 6).

Der Berufungsrichter meint, § 15 bestimme nichts über die Berechnung der Zeit des aktiven Militärdienstes. Das trifft zu; allerdings bestimmen die Militärgesetze: Reichsmilitärgesetz § 38 und Wehrordnung § 109 Nr. 2, was aktiver Militärdienst ist und wann er beginnt und endigt. Der Berufungsrichter will aber auch § 53 des MannschVG., mit dem § 54 des MPensG. (1871) übereingestimmt habe, auf die strittige Schiffsjungenzeit anwenden. Es handeln jedoch ausdrücklich: § 54 MPensG. von den mit Pension aus dem Marinedienst ausscheidenden Personen, §§ 52, 53 OffizierPensG. (1906) von den mit Pension aus dem Marinedienst ausscheidenden Offizieren der Kaiserlichen Marine und § 53 MannschVG. von Personen der Unterklassen des Soldatenstandes. Schiffsjungen sind nicht Personen des Soldatenstandes und können als Schiffsjungen nur, wie wenn sie Gemeine wären, eine Erwerbsunfähigkeitsrente (wegen Aufhebung oder Minderung der Erwerbsfähigkeit durch Krieg oder durch Dienstbeschädigung auf einer Seereise, § 52 MannschVG.) erwerben. Eine solche Rente hat der Kläger nicht erworben; mit einer solchen Rente hat der Rechtsstreit nichts zu tun. Anlangend aber die allein strittige Anrechnung der Schiffsjungenzeit für die Zivilpension, so geben die Vorschriften, betreffend Berechnung der Dienstzeit — OffizierPensG. §§ 14/18, 30, 52/56, 69/71; MannschVG. §§ 5/8, 53/55, 65/66; MPensG. 1871 §§ 18/25, 50, 52, 54, 60 — eine Grundlage nur für die Militärpension und für die Militärversorgung, also nur für die Militärpension oder Militärversorgung der aus dem Militär- oder Marinedienst ausscheidenden Soldaten und Offiziere; sie geben keine Normen über die Dienstzeitberechnung für die Pension aus dem Zivilstaatsdienst. Hierfür bleibt allein das Reichsbeamtengesetz und das

Landesrecht maßgebend, wie der sich aus MannschVG. § 23 ergebende Schluß bestätigt. Darum regelt sich für das preußische Zivilpensionsrecht der Ausschluß der Dienstzeit, und zwar jeder Dienstzeit, auch der Militärdienstzeit, vor Beginn eines bestimmten Lebensjahres nicht nach § 22 Abs. 1 Satz 1 MPensG. und nicht nach § 14 Offizier-PensG., § 5 MannschVG., sondern ausschließlich nach § 16 Abs. 1 ZPensG., und zwar in der Fassung vom 27. März 1872 und vom 27. Mai 1907 vor Beginn des 18. Lebensjahres, in der Fassung vom 31. März 1882 vor Beginn des 21. Lebensjahres, also abweichend von § 22 Abs. 1 MPensG.

Der Entwurf von 1907 wollte die Zivildienstzeit vor Beginn des 21. Lebensjahres, die Militärdienstzeit aber unter Beseitigung der ungünstigeren Bestimmung von 1882 vor Beginn des 18. Lebensjahres außer Berechnung lassen und ging dabei aus von der völligen Unabhängigkeit des Zivilpensionsgesetzes vom Militär-Pensions- und Versorgungsgesetze. An dieser Unabhängigkeit bestand niemals ein Zweifel, weder in den Motiven zu § 16 Abs. 1 ZPensG. von 1872 noch bei der Beratung des Entwurfs von 1907 in der Kommission und im Hause der Abgeordneten (Sitzung vom 1. Mai 1907 Abgeordneter Dr. König, Finanzminister von Rheinbaben) noch bei der Beratung des § 23 MannschVG. (Bericht der Kommission für den Reichshaushaltsetat in Nr. 433, 1905/06 S. 133/134). Eben darum wird die in die Dauer eines Krieges fallende Militärdienstzeit zu der Zivildienstzeit schlechthin hinzugerechnet nicht nach § 22 Abs. 1 Satz 2 MPensG. und nicht nach § 14 Abs. 2 OffizierPensG., § 5 Abs. 3 MannschVG., sondern nach § 16 Abs. 2 ZPensG. Und eben darum bestimmt über die bei Teilnahme an einem Feldzug eintretende Hinzurechnung eines Jahres zu der wirklichen Dauer der Dienstzeit nicht § 23 MPensG. und nicht § 16 Abs. 1 OffizierPensG., § 6 Abs. 1 MannschVG., sondern § 17 ZPensG. Eine Doppelrechnung, wie sie in § 16 Abs. 2 OffizierPensG., § 6 Abs. 2, § 54 MannschVG. für gewisse Dienstzeiten vorgesehen ist, wird im Zivilpensionsgesetze, insbesondere in § 15, nicht angeordnet, und es ist nicht ersichtlich, aus welchem Grunde die Nr. 11 der Anlage zum Erlasse der Minister des Innern und der Finanzen vom 10. April 1883 (Dutzmann, Pensionswesen, 1903 S. 325) die militärpensionsrechtliche Doppelrechnung als nach § 15 MPensG. maßgebend erachten konnte und erachtet hat. Keinenfalls folgt daraus und aus der in Beachtung dieser Ministerialverfügung bei der Berechnung der Pension des Klägers eingesetzten Doppelrechnung gewisser Dienstzeiten des Klägers während seines Soldatenstandes, daß nun auch die Schiffsjungenzeit des Klägers, während deren er eine Person des Soldatenstandes noch nicht war, anzurechnen ist.

Die Anwendung des § 53 MannschVG. und die Anrechnung der Schiffsjungenzeit ist hiernach im preußischen Zivilpensionsrecht unzulässig. Übereinstimmend Dutzmann Nachtrag I, 1913, S. 136 Anm. 4."

---

72. Welcher Betrag der Kriegsbesoldung verheirateter Beamter, die als Offiziere eingezogen sind, ist nach den Bestimmungen des preuß. Staatsministerialbeschlusses vom 1. Juni 1880 auf das Zivildiensteinkommen anzurechnen?

Reichsmilitärgesetz vom 2. Mai 1874/6. Mai 1880 § 66.
Preuß. Staatsministerialbeschluß vom 1. Juni 1880 (JMBl. S. 170) I[3].

III. Zivilsenat. Urt. v. 5. März 1918 i. S. K. (Kl.) w. preuß. Staat (Bekl.). Rep. III. 457/17.

I. Landgericht Hildesheim.
II. Oberlandesgericht Celle.

Der Kläger, der bei Kriegsausbruch als Einjährig-Freiwilliger diente und sich vor seinem am 6. August 1914 erfolgten Ausmarsche mit der Tochter des Landwirts Sch. in G. kriegstrauen ließ, ist am 1. April 1915 zum Amtsgerichtsschreiber mit einem Gehalte von 2130 ℳ ernannt, auch nach einer Verwundung am 22. Oktober 1915 während eines Kommandos zum Ersatzbataillon in Hannover zum Leutnant der Reserve befördert worden, worauf er 6 Tage später wieder ins Feld rückte. In den letzten Wochen dieses Kommandos hat er mit seiner Ehefrau, die sonst bei ihrem Vater wohnte, in einer möblierten Wohnung zu Hannover zusammengelebt. Das Zivildiensteinkommen des Klägers ist für die Zeit nach seiner Beförderung zum Leutnant zunächst auf jährlich 996 ℳ festgesetzt und ausbezahlt worden, indem auf dieses nicht $^{7}/_{10}$ der Kriegsbesoldung von 3720 ℳ (= 2604 ℳ), sondern nur der Betrag von 1134 ℳ zur Anrechnung gebracht wurde, um den das Zivildiensteinkommen und $^7/_{10}$ der Kriegsbesoldung das sogen. Mindesteinkommen von 3600 ℳ überstieg. Seit 1. Juli 1916 ist ihm jede weitere Auszahlung seines Zivilgehalts verweigert worden, weil ihm die vollen $^7/_{10}$ der Kriegsbesoldung mit 2604 ℳ auf das geringere Zivildiensteinkommen anzurechnen seien.

Mit der Klage beansprucht der Kläger die Bezahlung des Jahresbetrags von 996 ℳ vom 1. Juli 1916 an bis zur Beendigung seiner militärischen Abwesenheit sowie die Feststellung dieses Gehaltsanspruchs für die vergangene Zeit seit 1. November 1915. Der Beklagte verlangte in der Widerklage die Zurückbezahlung der seit 1. November 1915 entrichteten Beträge. Das Landgericht wies durch Teilurteil die Klage ab. Die hiergegen eingelegte Berufung wurde zurückgewiesen. Die Revision blieb erfolglos aus folgenden

Gründen:

„Die zwischen den Parteien streitige Frage, in welcher Höhe die Offiziersbesoldung des im Felde befindlichen Klägers auf sein Zivildiensteinkommen anzurechnen sei, entscheidet sich nach den Vorschriften des preuß. Staatsministerialbeschlusses vom 1. Juni 1880. Dieser Beschluß ist, wie der erkennende Senat bereits ausgesprochen hat (Jur. Wochenschr. 1916. S. 1278), für Preußen in Ausführung der Vorschrift des § 66 Abs. 5 RMilG., die die näheren Bestimmungen über die Anrechnung den einzelnen Bundesregierungen überlassen hat, rechtsgültig ergangen. Keine solchen Ausführungsbestimmungen der preuß. Bundesregierung sind jedoch die „Grundsätze", die der preuß. Finanzminister in seiner Verfügung vom 29. April 1916 aufgestellt und die der preuß. Justizminister in der Verfügung vom 12. Mai 1916 seinen Behörden zur Nachachtung mitgeteilt hat.

Der erwähnte Staatsministerialbeschluß bestimmt unter I³ in Absatz 1: „erhält der Beamte die Besoldung eines Offiziers . . ., so wird der reine Betrag derselben, als welcher $^7/_{10}$ der Kriegsbesoldung angesehen werden, auf das Zivildiensteinkommen angerechnet"; ferner in Abs. 2: „hat der Beamte Familienangehörige, denen er im eigenen Hausstande Wohnung und Unterhalt auf Grund einer gesetzlichen oder moralischen Unterstützungsverbindlichkeit gewährt, . . . so findet für die Dauer seiner Abwesenheit aus dem Wohnorte die Anrechnung nur insoweit statt, als das Zivildiensteinkommen und $^7/_{10}$ der Kriegsbesoldung zusammen den Betrag von 3600 M jährlich übersteigen"; endlich in Abs. 3: „unter Familienangehörigen im Sinne des vorstehenden Absatzes sind Ehefrau, Kinder, Eltern sowie andere nahe Verwandten und Pflegekinder zu verstehen." Die Auffassung des Berufungsgerichts, daß der Kläger der grundsätzlichen Anrechnungsart des Abs. 1 unterworfen sei und daß ihm nicht die bevorzugte Anrechnungsart des Abs. 2 zukomme, ist zutreffend. Die Revision sucht ihren gegenteiligen Standpunkt dahin zu begründen: dem verheirateten Beamten stehe die bevorzugte Anrechnung ohne weiteres und ohne Rücksicht darauf zu, ob er zur Zeit des Ausrückens einen eingerichteten Hausstand gehabt habe oder nicht. Nach der Absicht des Reichsmilitärgesetzes und des Staatsministerialbeschlusses solle der Beamte für die Nachteile entschädigt werden, die er durch seine Trennung aus dem gemeinschaftlichen Zusammenleben erleide; Nachteile entständen aber dem verheirateten Beamten auch dann, wenn er nicht in einem eingerichteten Hausstande mit seiner Ehefrau zusammengelebt habe, weil auch in solchem Falle, z. B. beim Wohnen in möblierten Zimmern oder in einem Gasthofe, das Zusammenleben geringere Kosten verursache als das getrennte Leben. Die Einrichtung eines Hausstandes sei also kein sicheres Merkmal für das Vorhandensein eines Schadens. Dieses Merkmal könne vielmehr nur in der Tatsache der Eheschließung gefunden werden, die den Ehemann zum Unterhalte verpflichte. Diese Auffassung ist mit dem unzweideutigen Wortlaute der gesetzlichen Bestimmungen unvereinbar. Hiernach ist die bevorzugte Anrechnung an die doppelte Voraussetzung geknüpft, daß der Beamte Angehörigen auf Grund einer gesetzlichen oder moralischen Verbindlichkeit Wohnung und Unterhalt gewährt und daß diese Gewährung im eigenen Hausstande des Beamten stattfindet. Diese Voraussetzungen sind für alle in Abs. 3 genannten Familienangehörigen ohne Ausnahme aufgestellt. Kein Anhaltspunkt besteht dafür, daß den verheirateten Beamten eine besondere Stellung eingeräumt sei. Unzutreffend ist die Meinung, daß nach dem Sinne und der Bedeutung des § 66 RMilG. der Beamte, der die Offiziersbesoldung erhält, Ersatz für allen und jeden durch die Einberufung entstehenden Nachteil erhalten solle.

Durchaus begründet ist auch die weitere Annahme des Berufungsgerichts, daß die bevorzugte Anrechnung nur während der Dauer der

Unterhaltsgewährung im eigenen Hausstande stattfinde. Ändern sich die Verhältnisse, wird der eigene Hausstand aufgegeben, so entfällt die Bevorzugung. Mit Recht hat das Berufungsgericht auf die Fälle des Pflegedienstes der Ehefrau, des Heeresdienstes der Kinder hingewiesen. Anderseits kommt dem Beamten, der sich im Laufe seiner Einberufung einen eigenen Hausstand gegründet hat, von dieser Zeit an die Bevorzugung zu.

Auf dieser Rechtsgrundlage unterliegt die Zurückweisung des Klaganspruchs keinem materiellen oder prozessualen Bedenken. Da der Beklagte die bevorzugte Anrechnung für die Zeit bis 31. Oktober 1915 bewilligt hat, kommt nur der spätere Zeitraum in Betracht. In diesem hatte die Ehefrau des Klägers, wie dieser behauptet und das Berufungsgericht unterstellt hat, unentgeltlich Wohnung und Unterhalt im Hause ihres Vaters; sie wohnte in Zimmern, die mit ihren eigenen Möbeln ausgestattet waren, und empfing vom Kläger eine monatliche Zahlung von 210 *M*. Bei solcher Sachlage lebte die klägerische Ehefrau im Hausstand ihres Vaters, nicht aber in einem vom Kläger errichteten selbständigen Hausstande. Der Umstand, daß der Schwiegervater des Klägers die Kosten des Unterhalts seiner Tochter auf sich nahm, änderte hieran nichts."

---

73. Ist der stille Gesellschafter auch an dem Gewinn aus Geschäften beteiligt, die der Komplementar vertragswidrig außerhalb des Rahmens seines Handelsgewerbes vornimmt?

HGB. §§ 335, 336.

II. Zivilsenat. Urt. v. 8. März 1918 i. S. K. & J. u. Gen. (Bekl.) w. C. (Kl.). Rep. II. 409/17.

I. Landgericht I Berlin.
II. Kammergericht daselbst.

Aus den Gründen:

. . . „Der Vertrag vom 28. Oktober 1911 ging seinem Wortlaute nach dahin, daß der Kläger verpflichtet sein sollte, den Beklagten K. und J. für die von ihnen mit Einlagen von je 10000 M demnächst zu errichtende offene Handelsgesellschaft ein bares Darlehen von 40000 M gegen feste Verzinsung und gegen Teilnahme am Geschäftsgewinn zu gewähren. Dem Sinne nach war jedoch der Vertrag, wie namentlich dessen § 5 beweist, auf die Begründung einer stillen Gesellschaft gerichtet. Nach dem offenbaren Willen der Vertragschließenden sollte der Kläger sich an dem Handelsgewerbe der von K. und J. zu bildenden offenen Handelsgesellschaft mit einer in das Vermögen dieser Gesellschaft zu leistenden Einlage als stiller Gesellschafter beteiligen und dafür jährlich 6 % Zinsen von seinem eingebrachten Kapital sowie 20 % des aus der jährlichen Bilanz sich ergebenden Reingewinns beziehen; dagegen sollte er auf alle Fälle das eingebrachte Kapital später voll zurückerhalten, also am Verluste nicht teilnehmen (§§ 335, 336 HGB.). Als Gegenstand des Handelsgewerbes der Komplementarin war nach den Eingangsworten des Vertrags die Fabrikation von Herrengarderobe bezeichnet. Ob damit, wie die Beklagten in der Tat behauptet haben, ausschließlich die „Konfektion moderner Herren-Zivilkleidung" gemeint war, oder ob es für das Verhältnis der Parteien zueinander keinen Unterschied machen sollte, wenn der Geschäftsbetrieb auf die Anfertigung von Dienerkleidung und von Uniformstücken ausgedehnt wurde, kann dahingestellt bleiben. Denn jedenfalls hatte sich, soweit nicht hinterher die Beteiligten ausdrücklich oder stillschweigend etwas anderes vereinbarten, der Betrieb in Grenzen zu halten, wie sie bei gleichartigen und mit gleichen Mitteln ausgestatteten Unternehmungen üblich waren. Ein Hinausgehen der Beklagten zu 1 über diese Grenzen war der Kläger weder zu dulden verpflichtet noch zu verlangen berechtigt. Die gegen Ende 1914 mit dem Kriegsbekleidungsamt in C. abgeschlossenen Verträge über die Lieferung von Uniformstücken (Mänteln und Hosen) für das Heer im Gesamtpreise von mehreren Millionen Mark waren aber nur mit Hilfe erheblich höherer als der bisher vorhanden gewesenen Betriebsmittel zu erfüllen und lagen deshalb außerhalb des Rahmens, der für das Handelsgewerbe der Beklagten durch den Vertrag vom 28. Oktober 1911 gesteckt war.

Auch das Kammergericht erkennt an, daß die Heereslieferungen ihrem Umfange nach aus dem Rahmen des Handelsgewerbes der Beklagten herausgefallen seien. Es meint jedoch, daß dem Kläger trotzdem die geforderten 20 % des aus ihnen gezogenen Gewinns gebührten, weil die Lieferungsverträge unter der Firma der Beklagten abgeschlossen seien und weil deshalb einerseits das vom Kläger eingelegte Geld dazu beigetragen habe, die Übernahme und Ausführung der Lieferungen sowie die Erzielung des Gewinns zu ermöglichen, während anderseits die für den Kläger bestehende Gefahr des Verlustes seiner Einlage erheblich größer gewesen sei. Diese Meinung ist irrig. Ein Rechtsgeschäft, das gemäß § 344 HGB. als zum Betriebe des Handelsgewerbes gehörig zu gelten hat, gehört darum noch nicht im Sinne des § 335 das. zum Betriebe des Handelsgewerbes, und wenn der Komplementar unter Überschreitung der ihm durch den Vertrag mit dem stillen Gesellschafter gezogenen Schranken ein Rechtsgeschäft vornimmt, so ist die Folge nicht die, daß der stille Gesellschafter an dem Gewinn aus dem vertragswidrig vorgenommenen Geschäfte teilnimmt, sondern lediglich die, daß der stille Gesellschafter das Vertragsverhältnis fristlos kündigen und Ersatz des ihm durch die Vertragsverletzung zugefügten Schadens beanspruchen kann. Es hätte deshalb mindestens einer stillschweigenden Einigung der Parteien über die Einbeziehung der Heereslieferungen in den Gesellschaftsvertrag bedurft, um das Verlangen des Klägers nach Auszahlung von 20 % des Gewinns aus diesen Lieferungen zu rechtfertigen. Eine Einigung ist indes nicht erfolgt. Die Beklagten haben dem Kläger die Ausdehnung des Gesellschaftsverhältnisses auf die Heereslieferungen gegen Hergabe der erforderlichen neuen Geldmittel angeboten, er hat jedoch dieses Angebot sowohl bei dem Ferngespräche vom 30. November 1914 wie durch sein Schreiben vom 1. Dezember 1914 wie endlich in der Unterredung kurz nach Weihnachten 1914 abgelehnt, indem er jede Erhöhung seiner Einlage mit aller Bestimmtheit verweigert hat. Ob er sich dabei mit seiner Nichtbeteiligung an dem Gewinn aus den Heereslieferungen ausdrücklich einverstanden erklärt oder ob er im Gegenteile den Standpunkt vertreten hat, daß ihm auch ohne Hergabe neuer Betriebsmittel ein Anteil an diesem Gewinne gebühre, ist völlig unerheblich." . . .

74. Kann wegen arglistiger Vorspiegelung einer Eigenschaft der Kaufsache der Käufer statt Schadensersatz wegen Nichterfüllung Minderung oder Wandelung beanspruchen?

BGB. §§ 463, 459 flg.

V. Zivilsenat. Urt. v. 9. März 1918 i. S. K. (Bekl.) w. B. (Kl.). Rep. V. 354/17.

I. Landgericht Elbing.
II. Oberlandesgericht Marienwerder.

Die Frage wurde bejaht aus folgenden

Gründen:

... „Da die Beklagte und Widerklägerin in erster Reihe Schadensersatz wegen Nichterfüllung verlangt, wozu sie an sich gemäß § 463 BGB. berechtigt sein würde, so ist es zwar von keiner Bedeutung, daß das Berufungsgericht unter den gleichen Voraussetzungen nicht auch den Anspruch auf Minderung zulassen will. Indessen scheint es doch angezeigt, mit Rücksicht auf mehrfache Äußerungen im Schrifttum (Mathießen in Jur. Wochenschr. 1913 S. 516; Cohn ebenda S. 1010), auf folgendes hinzuweisen. Der erkennende Senat hält an seiner zuerst im Urteile vom 2. Oktober 1907 (RGZ. Bd. 66 S. 335) ausgesprochenen und eingehend begründeten, im Schrifttum allerdings vielfach bekämpften Auffassung fest, daß dem Käufer ein Schadensersatzanspruch im Sinne des § 463 BGB. wegen Gleichheit des Rechtsgrundes auch beim Fehlen von Eigenschaften zusteht, deren Vorhandensein der Verkäufer beim Vertragsschluß arglistig vorgespiegelt hat. Er hält aber auch an der eine weitere Ausbildung dieses Gedankens darstellenden, von den oben erwähnten Schriftstellern angegriffenen, erstmalig im Urteile vom 23. November 1912 (Jur. Wochenschr. 1913 S. 197 Nr. 8) eingehend von ihm begründeten Auffassung fest, daß, wie dem Käufer beim arglistigen Verschweigen eines Fehlers der Kaufsache nicht nur der Anspruch auf Schadensersatz, sondern wahlweise statt dessen auch der Anspruch auf Wandelung oder Minderung zusteht, eben wegen Gleichheit des Rechtsgrundes das gleiche gilt bei arglistiger Vorspiegelung einer Eigenschaft der Kaufsache (s. auch Gruchot Bd. 59 S. 357). Es darf bemerkt werden, daß diese Auffassung auch die Billigung von Raape (Dernburg, D. bürgerl. Recht

4. Aufl. Bd. 2 Abt. 2 § 185 Anm. 2e), von v. Gierke (Deutsches Privatrecht Bd. 3 § 194 Anm. 43) und von Schneider (Archiv f. bürgerl. Recht Bd. 39 S. 6) gefunden hat. Danach würde die entgegenstehende Auffassung des Berufungsgerichts zu beanstanden sein." ...

---

75. Kann das ordentliche Gericht in Rechtsstreitigkeiten über Ersatzansprüche der Berufsgenossenschaften gegen Unternehmer eine in Gemäßheit der Reichsversicherungsordnung ergangene Entscheidung darüber nachprüfen, in welchem Betriebe der Verletzte tätig war?

RVO. §§ 903 Abs. 4, 907 Abs. 2, 901 Abs. 1.

VI. Zivilsenat. Urt. v. 7. Februar 1918 i. S. Bl. u. Gen. (Bekl.) w. Rheinisch-Westf. Baugewerksberufsgenossenschaft (Kl.). Rep. VI. 356/17.

I. Landgericht Bochum.
II. Oberlandesgericht Hamm.

Der Fuger Th. van R. hat am 4. Januar 1913 auf der Zeche Br. in L. seinen Tod durch Sturz von einem Gerüste gefunden, auf dem er nebst seinem Bruder J. van R. mit Ausfugearbeiten beschäftigt war. Das Gerüst befand sich an einem von dem Beklagten zu 1 errichteten Neubau. Der Witwe und den Kindern zahlt die Klägerin Renten, auch hat sie Sterbegeld gewährt. Sie ist der Meinung, daß ihr die Beklagten ihren Aufwand zu erstatten haben. Das Landgericht erklärte den Klaganspruch dem Grunde nach zur Hälfte, das Berufungsgericht dagegen im vollen Umfange dem Grunde nach für berechtigt. Die von dem Beklagten eingelegte Revision hatte keinen Erfolg.

Aus den Gründen:

„Da sich der Unfall am 4. Januar 1913 zugetragen hat, die Vorschriften des dritten Buches der Reichsversicherungsordnung aber gemäß Art. 3 der Verordnung vom 5. Juli 1912 seit dem 1. Januar 1913 in Kraft sind, so ist die Reichsversicherungsordnung für die Beurteilung des erhobenen Anspruchs maßgebend. Nach § 903 RVO.

haften aber die Unternehmer der Berufsgenossenschaft ..., wenn sie den Unfall vorsätzlich oder fahrlässig mit Außerachtlassung der Aufmerksamkeit herbeigeführt haben, zu welcher sie vermöge ihres Berufs oder Gewerbes besonders verpflichtet waren, ohne daß es einer strafgerichtlichen Feststellung dieses Sachverhalts bedarf....

Von der Revision wird geltend gemacht, es sei jedenfalls der von den Beklagten angetretene Beweis dafür erheblich gewesen, daß J. van R. ein selbständiger Unternehmer gewesen sei, der seinerseits seinen Bruder auf Grund eines Dienstvertrags angestellt habe.... Dieser Angriff kann nicht zur Aufhebung des angefochtenen Urteils führen. Der § 903 RVO. gibt der Berufsgenossenschaft gegen Unternehmer und die ihnen nach § 899 das. gleichgestellten Personen einen Anspruch auf Ersatz ihres Aufwandes, d. h., wie aus Abs. 1 des § 903 zu entnehmen ist, auf Ersatz dessen, was die Berufsgenossenschaft infolge des Unfalls nach Gesetz oder Satzung aufwenden mußte. Sie soll für die Leistungen schadlos gehalten werden, die ihr dem Verletzten gegenüber obliegen, und zwar von dem schuldigen Unternehmer, in dessen Betriebe sich der Unfall ereignet hat. Das Berufungsgericht verkennt diese Sachlage nicht. Es wirft zunächst die Frage auf, ob das ordentliche Gericht nachprüfen könne, ob Th. van R. im Betriebe seines Bruders oder der beklagten Handelsgesellschaft beschäftigt gewesen sei, nachdem die Berufsgenossenschaft eine Beschäftigung im Betriebe der letzteren angenommen habe, läßt ihre Beantwortung aber dahingestellt, weil es die Auffassung der Berufsgenossenschaft nach den Ausführungen des Sachverständigen B. für zutreffend betrachtet. Die Frage ist aber, wie die Klägerin mit Recht geltend macht, verneinend zu beantworten.

Nach § 907 Abs. 2 RVO. gilt die Vorschrift des § 901 Abs. 1 auch für Ansprüche der hier fraglichen Art. Das ordentliche Gericht ist daher an die Entscheidung gebunden, die in einem Verfahren nach der Reichsversicherungsordnung darüber ergeht, ob ein entschädigungspflichtiger Unfall vorliegt, in welchem Umfange und von welchem Versicherungsträger die Entschädigung zu gewähren ist. Hiermit ist freilich nicht unmittelbar ausgesprochen, daß auch die Feststellung des Betriebes, in dem der Verletzte zur Zeit des Unfalls tätig war, für die ordentlichen Gerichte bindend ist, es folgt das aber aus Sinn und Zweck des Gesetzes. Nach der Begründung, abgedruckt bei Moesle und Rabeling, Anm. 2 zu § 901, soll die Gefahr vermieden werden, daß dieselbe Rechtsfrage von den verschiedenen Instanzen verschieden beurteilt wird, ferner daß der Verletzte im ordentlichen Rechtswege Schadensersatz erlangt und außerdem eine Entschädigung von dem Träger der Unfallversicherung, oder daß er auf beiden Wegen nicht zum Ziele gelangt. Ähnliche Gefahren bestehen aber auch dann, wenn der in Betracht kommende Betrieb in dem Verfahren nach der Reichsversicherungsordnung und vor den ordentlichen Gerichten verschieden bestimmt wird. Nach § 623 RVO. umfassen die Berufsgenossenschaften als Träger der Versicherung die Unternehmer der versicherten Betriebe. Die im § 901 Abs. 1 verlangte Feststellung des ersatzpflichtigen Versicherungsträgers setzt mithin die Bestimmung des Unternehmers, in dessen Betriebe sich der Unfall ereignete, regelmäßig voraus, und daher muß die Bindung der ordentlichen Gerichte an die Entscheidung der Versicherungsinstanzen über den entschädigungspflichtigen Versicherungsträger sich auch auf die Frage erstrecken, in wessen Betriebe sich der Unfall ereignet hat. Auf Grund einer ähnlichen Erwägung ist der Senat in dem RGZ. Bd. 71 S. 3 flg. abgedruckten Urteile dazu gelangt, in einem nach § 135 Abs. 3 GewUnfVG. zu beurteilenden Falle anzunehmen, daß die Entscheidung darüber, ob ein Unfall vorliege, für den aus der Unfallversicherung Entschädigung zu leisten sei, notwendig die Frage umfasse, ob der Verletzte zu den versicherungspflichtigen und versicherten Personen gehöre. Von dem Bayerischen Obersten Landgericht aber ist angenommen worden (vgl. DJZ. 1911 Sp. 478), daß schon nach § 136 GewUnfVG. die Entscheidung der Versicherungsbehörden darüber, in welchem Betriebe sich ein Unfall ereignet habe und welche Berufsgenossenschaft entschädigungspflichtig sei, das Gericht binde, von dem über den Ersatzanspruch der Berufsgenossenschaft gegen den Betriebsunternehmer zu befinden sei. Von diesem Standpunkt aus ist daher die Behauptung, der Getötete sei in dem Betriebe seines Bruders tätig gewesen, unerheblich." ...

76. Können die Unterhaltsberechtigten eines zu Unrecht verurteilten und im Wiederaufnahmeverfahren freigesprochenen Beamten Ersatz für den Verlust ihres Anspruchs auf das Gnadenvierteljahr und die Witwen- und Waisenpension verlangen?

Gesetz, betr. die Entschädigung der im Wiederaufnahmeverfahren freigesprochenen Personen, vom 20. Mai 1898 (RGBl. S. 345) § 2 Abs. 2.

VI. Zivilsenat. Urt. v. 11. März 1918 i. S. Schm. (Kl.) w. preuß. Justizfiskus (Bekl.). Rep. VI. 447/17.

I. Landgericht Lüneburg.
II. Oberlandesgericht Celle.

Nachdem durch das RGZ. Bd. 88 S. 198flg. abgedruckte Urteil des Reichsgerichts vom 10. April 1916 die Sache an das Berufungsgericht zurückverwiesen war, haben die Vorinstanzen den Klägern zwar eine Entschädigung von 14150,52 ℳ zugesprochen, sie aber mit einem Betrage von 2676,80 ℳ abgewiesen.

Auf die Revision der Kläger wurde das Berufungsurteil aufgehoben aus folgenden

Gründen:

„Es handelt sich

1. um den Anspruch auf Gewährung des Gnadenquartals für die Zeit vom 1. Oktober bis 31. Dezember 1912 in Höhe von 840 ℳ;
2. um die Witwenpension für die Klägerin zu 1 für das Jahr 1913 in Höhe von 1344 ℳ; und
3. um die Waisenpension für die Klägerin zu 2 für das Jahr 1913 in Höhe von 492,80 ℳ.

Diese Ansprüche können nur auf den § 2 des Gesetzes vom 20. Mai 1898 gestützt werden, da der Verlust dieser Ansprüche lediglich auf die Verurteilung des Sch., nicht aber auf seine Verhaftung zurückgeführt werden kann. Es erhebt sich nun die Frage, ob die Vorschrift des § 2 Abs. 2 des Gesetzes, wonach „Unterhaltsberechtigten insoweit Ersatz zu leisten ist, als ihnen durch die Strafvollstreckung der Unterhalt entzogen worden ist", auf die hier streitigen Ansprüche Anwendung findet.

Die Vorinstanzen gehen übereinstimmend davon aus, daß durch den am 26. September 1912 erfolgten Tod des Ehemanns und Vaters der Klägerinnen der Unterhaltsanspruch gegen diesen erloschen sei, und daß sie somit irgendwelchen Schadensersatzanspruch wegen Verlustes solcher Ansprüche, die erst nach und infolge des Todes des Sch. entstanden seien, auf Grund des § 2 nicht geltend machen könnten. Das erste Urteil stützt seine Entscheidung darauf, daß durch das rechtskräftige Urteil des Oberlandesgerichts in Celle vom 26. Januar 1917 der Anspruch der Klägerinnen nur insoweit dem Grunde nach für berechtigt erklärt worden ist, als ihnen dafür Ersatz zu leisten sei, daß ihnen als Unterhaltsberechtigten durch die Verhaftung ihres Ehemannes bzw. Vaters und durch die Vollstreckung der gegen ihn erkannten Strafe der Unterhalt entzogen ist. Auch das angefochtene Urteil hebt dies im Eingange seiner Entscheidungsgründe hervor, führt dann aber weiter aus, daß sich das Urteil des Oberlandesgerichts vom 26. Januar 1917 in Übereinstimmung mit dem Gesetze befinde, woran auch der Umstand nichts zu ändern vermöge, daß jenes Urteil in seinen Entscheidungsgründen die Prüfung der Frage, ob für die Berechnung der Höhe der Unterhaltsansprüche oder des Witwen- und Waisengeldes das Diensteinkommen oder das Pensionsgehalt des Sch. zugrunde zu legen sei, dem Verfahren über die Höhe des Anspruchs vorbehalten habe.

Darin ist jedenfalls dem angefochtenen Urteile beizupflichten, daß das Oberlandesgericht in seinem Urteile vom 26. Januar 1917 die jetzt noch streitigen Ansprüche keinesfalls dem Grunde nach für gerechtfertigt erklärt hat. Anderseits hat es aber auch diese Ansprüche in jenem Urteile nicht ausdrücklich abgewiesen, was an und für sich hätte geschehen müssen, wenn es bereits damals, wie in dem jetzt angefochtenen Urteil, angenommen hätte, daß insoweit ein Anspruch der Klägerinnen überhaupt nicht zu Recht besteht. Insbesondere zwingt auch die Formel des Urteils vom 26. Januar 1917 keineswegs zu der Annahme, daß damit die jetzt noch streitigen Ansprüche haben abgewiesen werden sollen. Vielmehr besagt diese im engen Anschluß an den Wortlaut des Gesetzes, es sei den Klägerinnen dafür Ersatz zu leisten, daß ihnen als Unterhaltsberechtigten durch die Verhaftung ihres Ehemanns bzw. Vaters und durch die Vollstreckung der gegen ihn erkannten Strafe der Unterhalt entzogen sei. Da nun, wie bereits in dem in dieser Sache ergangenen Urteile des Reichsgerichts vom 10. April 1916 (Bd. 88 S. 198flg.) eingehend dargelegt worden ist, die Vollstreckung des im Wiederaufnahmeverfahren aufgehobenen strafgerichtlichen Urteils den Verlust des Amtes des Verurteilten Sch. zur Folge gehabt und damit auch dessen Anspruch auf Gehalt und infolgedessen weiterhin nach seinem Tode auch der Anspruch der Klägerinnen auf Auszahlung des Gnadenvierteljahres und auf Gewährung einer Witwen- und Waisenpension verloren gegangen ist, so bleibt nur zu prüfen, ob nach dem Wortlaute des Gesetzes vom 20. Mai 1898 den Klägerinnen die jetzt noch streitigen Ansprüche zustehen oder nicht. Der Senat hat diese Frage in einem den Klägerinnen günstigen Sinne entschieden und ist hierbei von folgenden Erwägungen ausgegangen.

Der § 1 des Gesetzes bezeichnet diejenigen Personen, die einen Anspruch auf Entschädigung haben, und nennt außer dem unschuldig Verurteilten selbst auch diejenigen Personen, denen dieser kraft Gesetzes unterhaltspflichtig war. Es wird hiermit also lediglich der Kreis der entschädigungsberechtigten Personen festgestellt, ohne daß über die Art und den Umfang des Schadensersatzes irgend etwas bestimmt wird. Erst der § 2 setzt den Umfang des zu leistenden Schadensersatzes fest, indem er vorschreibt:

„Gegenstand des dem Verurteilten zu leistenden Ersatzes ist der für ihn durch die Strafvollstreckung entstandene Vermögensschaden.

Unterhaltsberechtigten ist insoweit Ersatz zu leisten, als ihnen durch die Strafvollstreckung der Unterhalt entzogen worden ist."

Den neben dem Verurteilten selbst entschädigungsberechtigten Personen soll also nicht etwa ein Unterhaltsanspruch, sondern ein Schadensersatzanspruch gewährt werden, der nur insofern dem Umfange nach begrenzt ist, als ihnen nicht jeder Vermögensschaden zu ersetzen, sondern nur insoweit Schadensersatz zu leisten ist, als ihnen durch die Strafvollstreckung „der Unterhalt" entzogen worden ist. Das Gesetz sagt keineswegs, daß ihnen nur derjenige Unterhalt zu ersetzen ist, den ihnen der Verurteilte geleistet haben würde oder hätte leisten müssen, wenn die zu Unrecht erfolgte Strafvollstreckung nicht ergangen wäre, sondern es bezeichnet als Gegenstand des Schadensersatzes schlechthin „den Unterhalt", d. h. denjenigen Vermögensaufwand, der für die Unterhaltsberechtigten erforderlich ist, um die zu ihrem Unterhalt erforderlichen Aufwendungen bestreiten zu können. Das Berufungsgericht verletzt also den § 2 durch unrichtige Auslegung, wenn es annimmt, die Klägerinnen könnten den ihnen durch den Verlust des Gnadenquartals und der Witwen- und Waisenpension erwachsenen Schaden um deswillen nicht erstattet verlangen, weil ihnen diese Ansprüche erst nach dem Tode des Sch. erwachsen sein würden, und weil ihnen dieser nur für die Dauer seines Lebens den Unterhalt hätte gewähren können und müssen.

Aber selbst wenn man die Worte des Gesetzes einschränkend dahin auslegt, daß den Unterhaltsberechtigten nur dasjenige zu ersetzen ist, was ihnen der Verurteilte für ihren Unterhalt gewährt haben würde, wenn die zu Unrecht verhängte Strafe nicht gegen ihn vollstreckt worden wäre, gelangt man gleichwohl zu einer den Klägerinnen günstigen Entscheidung. Denn Sch. hatte durch seine Tätigkeit als Beamter nicht bloß für seine Lebenszeit den Anspruch auf das für seinen und seiner Familienangehörigen Unterhalt erforderliche und ihm gewährte Gehalt, sondern auch gleichzeitig im Falle seines Ablebens den Anspruch auf das Gnadenvierteljahr und die Witwen- und Waisenpension für seine Frau und seine Tochter erworben. Diese Beträge sind aber so niedrig bemessen, daß sie die für den „Unterhalt“ der Klägerinnen erforderlichen Summen nicht übersteigen. Dadurch nun, daß Sch. zu mehrjähriger Gefängnisstrafe verurteilt wurde und daß diese Strafe vollstreckt worden ist, hat er seine Beamtenstellung, damit auch seinen Anspruch auf Gehalt verloren, und es ist gleichzeitig auch seiner Witwe und seiner Tochter der Anspruch auf Auszahlung des Gnadenquartals und der Witwen- und Waisenpension verloren gegangen. Dieser durch die Arbeitsleistung des Verurteilten Sch. für seine unterhaltsberechtigten Hinterbliebenen, die Klägerinnen, erworbene Anspruch, der zu ihrem Unterhalte diente, ist somit durch die Strafvollstreckung untergegangen. Hiernach stellen also die geforderten Beträge lediglich den Ersatz für die den Klägerinnen zu ihrem Unterhalte dienenden, von dem Unterhaltspflichtigen und durch seine Tätigkeit erlangten und für sie erworbenen Ansprüche dar. Wenn das Berufungsgericht seine nach Vorstehendem mit dem Wortlaut und Sinne des Gesetzes nicht vereinbare Auslegung durch den Hinweis auf den Entwurf eines Gesetzes über die Wiederaufnahme eines Disziplinarverfahrens vom 21. November 1913 (Drucks. des

Reichst. Nr. 1182 Bd. 303 der Verhandlungen S. 2376 flg.) zu unterstützen sucht, so sind auch diese Ausführungen nicht geeignet, die Auffassung des Oberlandesgerichts zu rechtfertigen.

Der Gesetzentwurf beabsichtigte, durch Beseitigung des § 117 des Reichsbeamtengesetzes vom 31. März 1873 in der Fassung des Gesetzes vom 18. Mai 1907 (RGBl. S. 245) mittels der neuen §§ 117 bis 117k die Wiederaufnahme eines durch rechtskräftige Entscheidung geschlossenen Disziplinarverfahrens für Reichsbeamte zu ermöglichen, die nach Lage der jetzigen Reichsgesetzgebung ausgeschlossen ist. Dieser Entwurf sah auch die Einschaltung des also lautenden § 117g vor: „Wird die Entscheidung nach dem Tode des entlassenen Beamten aufgehoben (§ 117d), so haben die Hinterbliebenen von seinem Tode ab den Anspruch auf die gesetzliche Hinterbliebenenversorgung." Das Berufungsgericht glaubt in diesem Sachverhalt eine „indirekte" Bestätigung für die Richtigkeit seiner Auslegung des geltenden Gesetzes zu finden. Dem kann nicht beigepflichtet werden. Vielmehr zeigt gerade dieser Gesetzentwurf auf das deutlichste, daß die hier vertretene Auslegung des § 2 des Gesetzes vom 20. Mai 1898 durchaus dem Standpunkte des Gesetzgebers entspricht. Der § 117g des Entwurfs wollte, wie die Begründung zu dieser Vorschrift (a. a. O. S. 2382) ausdrücklich hervorhebt, den Hinterbliebenen des Beamten die Ansprüche auf das Gnadenvierteljahr und die Witwen- und Waisenpension gewähren, die sie erhalten haben würden, wenn dem Beamten nicht durch das zu Unrecht erlassene und im Wiederaufnahmeverfahren beseitigte Disziplinarurteil seine Beamtenstellung entzogen worden wäre. Angenommen nun, der Gesetzentwurf hätte in der vorgeschlagenen Fassung Gesetzeskraft erlangt, so würde sich, wenn die Auslegung, die das Berufungsgericht den §§ 1 und 2 des Gesetzes vom 20. Mai 1898 hat angedeihen lassen, richtig wäre, der unerträgliche Zustand ergeben haben, daß den Hinterbliebenen eines durch ein unrichtiges und im Wege des Wiederaufnahmeverfahrens beseitigtes Disziplinarurteil seines Amtes entsetzten Beamten im Falle seines Todes der Anspruch auf das Gnadenvierteljahr und die Witwen- und Waisengelder hätte zugebilligt werden müssen, wogegen den Hinterbliebenen eines solchen Beamten, der durch ein Strafurteil, also wegen weit schwererer Verfehlungen sein Amt verloren haben würde, ein solcher Anspruch versagt werden müßte.

Daß der Gesetzgeber derartiges nicht gewollt haben kann, liegt ohne weiteres auf der Hand. Daß er es auch nicht gewollt hat, vielmehr davon ausgegangen ist, den Hinterbliebenen eines durch ein Strafurteil seines Amtes zu Unrecht entsetzten Beamten stehe ein Anspruch auf das Gnadenvierteljahr und die Witwen- und Waisenpension nach dem Gesetze vom 20. Mai 1898 zu, ergibt sich deutlich aus der amtlichen Begründung zu dem Gesetzentwurfe vom 21. November 1913, worin es (a. a. O. S. 2380) heißt: „Auch darf nicht unerwähnt bleiben, daß die Hinterbliebenen eines zur Dienstentlassung verurteilten und im Wege des Wiederaufnahmeverfahrens freigesprochenen oder mit einer geringeren Strafe belegten Beamten aus dem Gesetze vom 20. Mai 1898 Ansprüche auf Witwen- und Waisengeld nur ausnahmsweise würden herleiten können." Gemeint ist hier offenbar, daß nur in den Ausnahmefällen, in denen ein Beamter unmittelbar durch ein Strafurteil seines Amtes verlustig gegangen ist, den Hinterbliebenen ein Anspruch auf Witwen- und Waisengeld wie auf das Gnadenquartal gemäß dem Gesetze vom 20. Mai 1898 zusteht, während für die Regelfälle eines Verlustes des Amtes durch ein Disziplinarurteil das geltende Recht irgendeine Abhilfe gegen einen irrtümlichen Urteilsspruch nicht gewährt.

Sonach unterliegt das angefochtene Urteil wegen Verletzung der §§ 1, 2 des Gesetzes vom 20. Mai 1898 der Aufhebung." ...

---

77. Ist der Rechtsweg zulässig für Ansprüche gegen das Reich wegen Amtspflichtverletzungen von Militärbefehlshabern bei Ausübung der ihnen nach dem Belagerungszustandsgesetze vom 4. Juni 1851 § 4, § 9b zustehenden Befugnisse?

Gesetz über die Haftung des Reichs für seine Beamten vom 22. Mai 1910 § 1 Abs. 3.

Preuß. Gesetz über den Belagerungszustand vom 4. Juni 1851 § 4, § 9b.

Preuß. Verordnung vom 26. Dezember 1808 § 36.

Kabinettsorder vom 4. Dezember 1831.

Preuß. Gesetz über die Zulässigkeit des Rechtswegs in Beziehung auf polizeiliche Verfügungen vom 11. Mai 1842 § 6.

III. Zivilsenat. Urt. v. 12. März 1918 i. S. Deutsches Reich (Bekl.) w. W. (Kl.). Rep. III. 460/17.

I. Landgericht I Berlin.
II. Kammergericht daselbst.

Der Kläger, Heilmagnetiseur und Vorsitzender des „Vereins ernster Forscher von Diesseits zum Jenseits, wahrer Anhänger der christlichen Kirchen", wurde nach Bekanntmachung der Erklärung des Belagerungszustandes und Außerkraftsetzung des Art. 5 der Verfassungsurkunde auf Anordnung des Oberkommandierenden in den Marken vom 28. September 1915 am 1. Oktober 1915 in Sicherheitshaft genommen, nachdem schon vorher die Veranstaltung von Versammlungen jenes Vereins verboten worden war. Am 29. November 1915 wurde er aus der Haft entlassen und ihm dabei zu Protokoll eröffnet, er würde für die ganze Dauer des Kriegszustandes in Haft genommen werden, wenn er „unmittelbar oder mittelbar Kranke behandeln oder sich an Vereinigungen wie den von ihm geleiteten oder an Versammlungen, ähnlich den verbotenen, tätig beteiligen würde".

Mit der Behauptung, der Oberkommandierende in den Marken habe durch die Anordnung der Haft und die Untersaguug des Gewerbebetriebes in Ausübung der ihm anvertrauten öffentlichen Gewalt seine Amtspflicht schuldhaft verletzt, beansprucht der Kläger Schadensersatz. Der Beklagte erhob die Einrede der Unzulässigkeit des Rechtswegs und verweigerte die Einlassung zur Hauptsache. Das Landgericht wies auf Grund dieser Einrede die Klage ab. Von dem Kammergerichte dagegen wurde die Einrede für unbegründet erklärt und die Sache an das Landgericht zurückverwiesen. Die Revision des Beklagten hatte keinen Erfolg.

Gründe:

„Der Berufungsrichter hat den Rechtsweg mit Recht für zulässig erklärt. Der von dem Kläger erhobene Anspruch stellt sich nicht etwa, wie die Revision meint, nur nach der Behauptung des Klägers, sondern nach richtiger rechtlicher Beurteilung von dessen Vorbringen als ein auf das Reichshaftungsgesetz vom 22. Mai 1910 § 1 Abs. 3 in Verbindung mit § 839 BGB. gestützter Schadensersatzanspruch dar und ist als solcher auch durch die tatsächlichen Behauptungen des Klägers genügend dargelegt. Für einen derartigen

Anspruch ist aber, wenn die behauptete Amtspflichtverletzung den angeblichen Schaden wie hier in dem privatrechtlichen und nicht etwa nur in dem öffentlichrechtlichen Rechtskreise des Klägers verursacht hat (Urteil des RG.'s vom 7. März 1916 Rep. III. 278/15, Gruchot Bd. 61 S. 142), der Rechtsweg eröffnet (vgl. RGZ. Bd. 87 S. 119; s. auch RGZ. Bd. 71 S. 46 flg.), auch wenn die Amtspflichtverletzung bei der Ausübung von Hoheitsrechten vorgekommen ist. Der § 36 der Verordnung vom 26. Dezember 1808 und die Kabinettsorder vom 4. Dezember 1831 beziehen sich überhaupt nicht auf Schadensersatzansprüche wegen Amtspflichtverletzungen (vgl. Oppenhoff, Ressortverhältnisse 2. Aufl. S. 62 flg. Anm. 157 und die dort angezogenen Entscheidungen), und die Vorschrift des § 6 des preuß. Gesetzes vom 11. Mai 1842 findet auf die Haftung des Reichs auf Grund des Gesetzes vom 22. Mai 1910 keine Anwendung. Dies hat der erkennende Senat bereits in dem Urteile vom 22. Februar 1918 Rep. III. 253/17 (oben S. 240) gerade für den auch hier gegebenen Fall ausgesprochen, daß das Reich auf Grund des § 1 Abs. 3 des Gesetzes vom 22. Mai 1910 für angebliche Amtspflichtverletzungen eines Militärbefehlshabers bei Ausübung der ihm nach dem Belagerungszustandsgesetze vom 4. Juni 1851 zustehenden Befugnisse in Anspruch genommen wird. In dieser Entscheidung, auf deren nähere Begründung Bezug genommen wird, ist ausgeführt worden ... (folgt Wiedergabe des Inhalts der Entscheidungsgründe; alsdann wird fortgefahren:)

An dieser Entscheidung ist festzuhalten und gegenüber den Ausführungen der Revision noch hinzuzufügen, daß § 4 Abs. 2 BelZustG. nicht nur auf Handlungen der Militärbefehlshaber in Ausübung der vollziehenden Gewalt gemäß § 4 Abs. 1, sondern auch auf ihre gemäß § 9b BelZustG. getroffenen Anordnungen Anwendung findet. Daraus, daß ihnen durch die Bestimmung des § 9b gesetzgebende Gewalt eingeräumt wird, ist nicht zu folgern, daß sie wirkliche Gesetzgeber sind, sie handeln vielmehr auch insoweit als Beamte im Rahmen des ihnen übertragenen Wirkungskreises. Die Revision beruft sich endlich auch zu Unrecht auf den Erlaß des Schutzhaftgesetzes vom 4. Dezember 1916. Davon, daß dieses Gesetz oder auch nur dessen § 13, der den Entschädigungsanspruch regelt, überflüssig gewesen wäre, wenn schon auf Grund des Gesetzes vom 22. Mai 1910 Schadensersatzansprüche gegen das Reich aus Anordnungen der Militärbefehlshaber herzuleiten wären, kann keine Rede sein. Während ein Anspruch aus dem letzteren Gesetz in Verbindung mit § 839 BGB. nur bei einer schuldhaften Amtspflichtverletzung gegeben ist, gewährt das Gesetz vom 4. Dezember 1916 einen Entschädigungsanspruch stets, wenn das Reichsmilitärgericht die von dem Militärbefehlshaber verhängte oder aufrechterhaltene Haft oder Aufenthaltsbeschränkung aufhebt, weil die Voraussetzungen ihrer Anordnung oder Aufrechterhaltung nicht gegeben waren. Daß auch bisher schon Schadensersatzansprüche gegeben sein konnten, wurde auch bei der Beratung des Gesetzes von 1916 von der Reichstagskommission anerkannt; der Berichterstatter Dr. Riesser erklärte in der Reichstagssitzung vom 4. November 1916 (Verhandlungen des Reichstags Bd. 308 S. 2081): »Die Kommission war darüber einig, daß dem Geschädigten neben dem vom Reichsmilitärgerichte zuerkannten Entschädigungsanspruch auch etwa weitergehende und etwaige sonstige Ansprüche vorbehalten bleiben, die ihm auf Grund des allgemeinen bürgerlichen Rechtes zustehen könnten.«"

---

78. Ist für Schadensersatzansprüche, die ein Gemeindebeamter auf Grund seiner öffentlichrechtlichen Beziehungen zu einem Kommunalverbande gegen diesen aus sachwidriger Beschaffenheit der Diensträume herleitet, der Rechtsweg unbeschränkt zulässig?

KomBeamtG. § 7.

III. Zivilsenat. Urt. v. 12. März 1918 i. S. W. (Kl.) w. Stadtgemeinde Ch. (Bekl.). Rep. III. 438/17.

I. Landgericht III Berlin.
II. Kammergericht daselbst.

Die Frage ist verneint aus folgenden

Gründen:

„Der Kläger ist als Magistratsassessor bei der Stadtverwaltung in Ch. tätig. Am 20. August 1913 stürzte er von einer während eines Neubaues im Rathause daselbst errichteten hölzernen Nottreppe hinab und zog sich schwere Verletzungen zu. Für den ihm entstandenen Schaden macht er die beklagte Stadtgemeinde verantwortlich, weil die Treppe aus schlechtem Material unsachgemäß hergestellt und ungenügend beleuchtet worden sei.

Nach § 7 des Gesetzes, betr. die Anstellung und Versorgung der Kommunalbeamten, vom 30. Juli 1899 hat über deren streitige vermögensrechtliche Ansprüche aus ihrem Dienstverhältnis der Bezirksausschuß zu beschließen, bevor eine Klage im ordentlichen Rechtsweg erhoben werden darf. Zu den vermögensrechtlichen Ansprüchen im Sinne dieser Bestimmung gehört auch die Klageforderung, soweit sie auf Verletzung der der Beklagten ihren Beamten gegenüber obliegenden, inhaltlich der Vorschrift des § 618 BGB. entsprechenden öffentlichrechtlichen Fürsorgepflicht gestützt wird. Auch das öffentliche Recht verlangt, daß der Staat und die Kommunalverbände die Diensträume und die Zugänge zu ihnen im Rahmen des Dienstbetriebes in einen für das Leben und die Gesundheit ihrer Beamten möglichst gefahrlosen Zustand versetzen und in ihm erhalten. Indem der Kläger der Beklagten vorwirft, hiergegen verstoßen zu haben, leitet er daher seinen Schadensersatzanspruch aus seiner Beamtenstellung nach Maßgabe öffentlichrechtlicher Grundsätze ab. Der erkennende Senat hat schon wiederholt ausgesprochen, daß die §§ 149 flg. RBeamtG. auch die auf einer solchen Grundlage beruhenden Schadensersatzansprüche der Reichsbeamten gegen das Reich mitumfassen (vgl. Urteil vom 30. Januar 1912 Rep. III. 198/11 und das Urteil vom 8. Februar 1918 Rep. III. 317/17 [1]), und mißt, soweit Kommunalbeamte in Frage kommen, auch dem § 7 KomBeamtG. die gleiche rechtliche Tragweite bei. Dem steht die abweichende Auslegung, welche § 1 des preuß. Gesetzes über die Erweiterung des Rechtswegs vom 24. Mai 1861 seitens einiger Senate des Reichsgerichts gefunden hat und welche sich im wesentlichen auf den Wortlaut der allgemeinen Überschrift und der des ersten Abschnitts dieses Gesetzes stützt, —

vgl. Urteil des VI. Zivilsenats vom 18. Mai 1893 RGZ. Bd. 31 S. 255, Urteil des IV. Zivilsenats vom 7. Februar 1907 Rep. IV. 312/06, abgedr. im pr. VerwBl. Bd. 28 S. 788, und Urteil des III. Zivilsenats vom 1. Mai 1908 Jur. Wochenschr. 1908 S. 448 Nr. 11 —

nicht entgegen. Denn dieses Gesetz handelt lediglich von Ansprüchen

---

[1] S. oben S. 178.

unmittelbarer Staatsbeamter gegen den preußischen Staat. Deshalb bedarf es hier auch keiner Erörterung, ob der in den angezogenen Erkenntnissen vertretenen Auffassung, nach welcher der erste Abschnitt des Gesetzes von 1861 nur die Voraussetzungen des Rechtswegs für Ansprüche auf die den Staatsbeamten aus der Anstellung als solcher erwachsenen Bezüge regele, beizutreten sei.

Die Gemeindebeamten Preußens, auf welche sich die den unmittelbaren Staatsbeamten hinsichtlich ihrer Besoldungsansprüche den Rechtsweg verschließende Kabinetsorder vom 7. Juli 1830 (vgl. Annalen Bd. 14 S. 722) ebensowenig wie das Gesetz von 1861 bezog (vgl. RGZ. Bd. 28 S. 356flg.), waren bis zum Jahre 1883 unbeschränkt befugt, ihre vermögensrechtlichen Ansprüche gegen den Kommunalverband, der sie angestellt hatte, gerichtlich geltend zu machen. Erst § 20 Abs. 4 und § 36 Abs. 3 des preuß. Gesetzes über die Zuständigkeit der Verwaltungsbehörden vom 1. August 1883 unterwarfen ihre streitigen Pensionsansprüche — und zwar lediglich diese — vorbehaltlich des Rechtes der Beteiligten, die Gerichte anzurufen, zunächst der Beschlußfassung der Bezirks- und Kreisausschüsse, während im übrigen der ordentliche Rechtsweg unverändert offen blieb. Das war die Rechtslage, welche der Gesetzgeber im Jahre 1899 vorfand. Dadurch, daß er die im Jahre 1883 für Pensionsansprüche geschaffene Rechtswegsbeschränkung nunmehr „auf streitige vermögensrechtliche Ansprüche der Kommunalbeamten aus ihrem Dienstverhältnis" schlechthin ausdehnte, gab er zu erkennen, daß er, wie auch die Ausführungsanweisung des Ministers des Innern vom 12. Oktober 1899 (MinBl. f. inn. V. 1899 S. 192) in Art. II Nr. 4 betont, die Verfolgung der genannten Ansprüche einheitlich, d. h. ausnahmslos regeln wollte. Die Vorentscheidung, von der § 7 KomBeamtG. die Zulässigkeit des Rechtswegs abhängig macht, verpflichtet die Verwaltungsbehörden zu einer eingehenden Prüfung der Beamtenansprüche. Dadurch soll — im Interesse beider Beteiligten — deren Erledigung, wenn möglich, ohne Inanspruchnahme der Gerichte erreicht werden. Weder dieser Zweck noch der Wortlaut des § 7 a. a. O. geben einen Anhalt dafür, daß der Gesetzgeber beabsichtigt habe, Schadensersatzforderungen der vorliegenden Art anders zu behandeln als die übrigen in dem Dienstverhältnis wurzelnden Ansprüche der Kommunalbeamten. Für einen dem Kläger im Rahmen seiner öffentlichrechtlichen Beziehungen zu der Beklagten entstandenen Schadensersatzanspruch ist daher mangels einer Vorentscheidung des Bezirksausschusses der Rechtsweg zurzeit noch nicht eröffnet." ...

---

79. **1. Ist der Rechtsweg zulässig für Streitigkeiten zwischen dem Wegeunterhaltungspflichtigen und einer Straßenbahn über die Rechtswirksamkeit der zwischen ihnen in dem Zustimmungsvertrage getroffenen Vereinbarungen über die Beförderungspreise?**

2. Zum Begriffe der bürgerlichen Rechtsstreitigkeit in § 13 GVG.

Preuß. Kleinbahngesetz vom 28. Juli 1892 (GS. S. 225) §§ 6, 7.

III. Zivilsenat. Urt. v. 12. März 1918 i. S. Crefelder Straßenbahn A.-G. (Bekl.) w. die Stadtgemeinde Ue. (Kl.). Rep. III. 296/17.

I. Landgericht Crefeld.
II. Oberlandesgericht Düsseldorf.

In einem Vertrage zwischen den Parteien, in dem die Klägerin der Beklagten das Recht zur Benutzung ihrer Straßen für den Bahnbetrieb der Beklagten verlängerte, waren die Fahrpreise, die die Beklagte auf den im Gebiete der Klägerin liegenden Strecken erheben durfte, festgesetzt. Im Jahre 1916 erhöhte die Beklagte die Fahrpreise. Die Klägerin klagte darauf auf Unterlassung der Erhebung höherer als der vereinbarten Preise. Die Beklagte wandte die Unzulässigkeit des Rechtswegs ein. Das Landgericht erachtete diese Einrede für begründet, das Berufungsgericht verwarf sie. Die Revision ist zurückgewiesen worden.

Aus den Gründen:

... „Für den Klaganspruch ist der Rechtsweg zulässig, jedoch nicht, wie das Berufungsgericht annimmt, weil der Anspruch ein rein zivilrechtlicher wäre, sondern weil er, obwohl ein öffentlichrechtlicher, doch als ein bürgerlichrechtlicher im Sinne des § 13 GVG. anzusehen ist.

Der Anspruch entspringt einem Vertrage, der die Zustimmung der Klägerin zur Einführung des elektrischen Betriebes auf den in ihrem Gebiete liegenden Bahnstrecken der Beklagten und zur Benutzung ihrer Straßen über einen in früheren Verträgen festgesetzten Zeitpunkt hinaus zum Gegenstande hat. Der Vertrag stellt sich also als ein sogen. Zustimmungsvertrag nach § 6 des Kleinbahngesetzes dar. Ein solcher Vertrag ist aber, wie der erkennende Senat bereits in dem Urteile vom 12. Mai 1908 (RGZ. Bd. 68 S. 373) ausgesprochen hat, im wesentlichen ein öffentlichrechtlicher. Er wird geschlossen zwischen dem aus Gründen des öffentlichen Rechtes zur Unterhaltung des Weges Verpflichteten, regelmäßig, ja fast ausschließlich von einer Körperschaft des öffentlichen Rechtes, und einem Unternehmen, das dem öffentlichen Verkehr dienen soll und das mit Rücksicht hierauf in seinem Entstehen wie in seinem Betriebe besonderen Bestimmungen unterworfen ist, welche die Wahrung des öffentlichen Verkehrsinteresses sichern sollen — vgl. §§ 14, 18, 21, 22 bis 24, 29, auch §§ 9, 42 —, einem Unternehmen also, das nach seinem Wesen und seiner verwaltungsrechtlichen Behandlung selbst als ein öffentlichrechtliches bezeichnet werden muß. Der Zweck und der Hauptinhalt eines solchen Vertrags ist, dem Bahnunternehmer eine Benutzung des öffentlichen Weges zu sichern, welche nicht nur weit über den Gemeingebrauch daran hinausgeht, sondern auch eine gewisse Beeinträchtigung dieses Gemeingebrauchs für andere mit sich bringt. Der Wegeunterhaltungspflichtige verfügt durch die Erteilung seiner Zustimmung zu einer solchen Benutzung über den Weg in seiner der Öffentlichkeit dienenden Bestimmung. Die Zustimmungserklärung enthält also eine Willenserklärung unzweifelhaft öffentlichrechtlicher Art, und sie, als der Hauptinhalt eines solchen Vertrags, drückt dem Vertrag in seiner Gesamtheit, vorbehaltlich der abweichenden rechtlichen Kennzeichnung von Einzelbestimmungen, den Stempel dieser Wesensart auf. Die Zustimmung kann, wo sie wegen grundsätzlich ablehnenden Verhaltens des Wegeunterhaltungspflichtigen gegenüber den Verkehrsbedürfnissen versagt oder unter Aufstellung zu weitgehender Forderungen mißbräuchlich vorenthalten wird, nach § 7 ergänzt werden. Diese Bestimmung des § 7, welche die Benutzung öffentlicher Wege auch gegen den Willen des Wegeunterhaltungspflichtigen, der doch auch seinerseits öffentliche Interessen wahrzunehmen hat, dem Unternehmer ermöglicht, konnte nur zugunsten eines Unternehmens erfolgen, dessen Förderung das öffentliche Interesse erheischt; sie enthält also gleichfalls eine Anerkennung des öffentlichrechtlichen Charakters dieser Unternehmen und der öffentlichrechtlichen Bedeutung der durch den Ergänzungsbeschluß zu regelnden Verhältnisse. Die Ergänzung aber, welche § 7 vorsieht, beschränkt sich nicht auf die Erteilung der Zustimmung zur Benutzung des öffentlichen Weges an sich, sondern erfaßt auch die nach § 6 Abs. 3 an den Unternehmer gestellten Ansprüche. Der Ergänzungsbeschluß soll den sachgemäßen Ausgleich widerstreitender öffentlicher Interessen schaffen und muß sich deshalb notwendig auch auf die Regelung dieser mit der Zustimmungserteilung im engsten Zusammenhange stehenden Ansprüche erstrecken.

Auch in § 6 Abs. 2 des Gesetzes tritt die öffentlichrechtliche Natur des Zustimmungsvertrags deutlich hervor. Das Gesetz verpflichtet den Unternehmer zur Unterhaltung und Wiederherstellung des benutzten Wegeteils; diese Verpflichtung ist eine öffentlichrechtliche — vgl. Urteil vom 21. Dezember 1911 IV. 205/11 in Gruchots Beitr. Bd. 56 S. 1040 und Jur. Wochenschr. 1912 S. 304 Nr. 24, s. auch Eger, Kleinbahngesetz (3. Aufl.) Anm. 27 zu § 6 (S. 151) —, sie tritt aber nur „mangels anderweiter Vereinbarung" ein; daraus ergibt sich, daß die in dem Zustimmungsvertrage getroffene Vereinbarung über die Wegeunterhaltungspflicht auch deren öffentlichrechtliche Regelung zum Gegenstande haben kann.

Erscheint es nun auch, wie erwähnt, nicht ausgeschlossen, daß einzelne Bestimmungen dieser öffentlichrechtlichen Verträge eine privatrechtliche Natur haben, so gilt dies doch keinesfalls für die zwischen dem Straßenbahnunternehmer und dem Wegeunterhaltungspflichtigen, insbesondere Städten oder Landgemeinden, im Rahmen des Zustimmungsvertrags getroffenen Tarifvereinbarungen. Daß diese Tarifvereinbarungen, die tatsächlich zahlreich geschlossen sind, auch rechtlich zulässig sind, daß sie als eine besondere Art des Entgelts, den der Wegeunterhaltungspflichtige nach § 6 Abs. 3 für die Benutzung des Weges beanspruchen kann, anzusehen sind, kann nach der Entstehungsgeschichte dieser Bestimmung — siehe Drucks. des Abgeordnetenhauses 1892 Bd. 4 Nr. 206 S. 21/22 — nicht bezweifelt werden. Die von Eger, a. a. O. Anm. 28 zu § 6 S. 167, und anderen vertretene Gegenmeinung hat sich im Rechtsleben mit Recht keine Geltung verschaffen können — vgl. Fleischmann in Gruchots Beitr. Bd. 61 S. 726 flg. —, und in § 8 des Reichsgesetzes über die Besteuerung des Personen- und Güterverkehrs vom 8. April 1917 wird die Rechtswirksamkeit solcher Vereinbarungen vorausgesetzt, wenn damit auch die Streitfrage nicht entschieden werden sollte.

Bei diesen Tarifvereinbarungen ist nur der Unternehmer auch privatwirtschaftlich beteiligt. Der Wegeunterhaltungspflichtige, die Gemeinde, schließt sie nicht zur Wahrung ihrer privatwirtschaftlichen Interessen, sondern im öffentlichen, im Verkehrsinteresse, insbesondere im Interesse ihrer Einwohnerschaft. Die Verträge sind unter anderem häufig darauf gerichtet, den Weg von der Wohnung zur Arbeitsstätte der erwerbstätigen Bevölkerung zu einem billigen Preise zu sichern, damit das Wohnen in anderen Stadtvierteln oder in Vororten im Interesse der gesundheitlichen und sonstigen Fürsorge zu erleichtern, nicht selten auch, der Bevölkerung die Möglichkeit zu gewähren, unter Beibehaltung ihrer Wohnung, womöglich eines eigenen Heims, die Arbeitsgelegenheit von Nachbarorten wahrzunehmen.

Aus einer solchen Vereinbarung klagt hier die Klägerin, und ihr Anspruch richtet sich nicht auf irgendwelche an ihr Kämmereivermögen zu machende Leistung, sondern auf die Innehaltung des Vertrags, auf Aufrechterhaltung der Beförderungssätze, die sie um ihrer Einwohnerschaft willen mit der Beklagten vereinbart hat. Sie nimmt also lediglich öffentlichrechtliche Interessen mit ihrer Klage wahr, und deshalb muß der Anspruch als ein öffentlichrechtlicher angesehen werden.

Der Begriff der bürgerlichen Rechtsstreitigkeit im Sinne des § 13 GVG. deckt sich aber nicht mit dem Begriffe der zivilrechtlichen Streitigkeit und schließt nicht schlechthin solche Ansprüche aus, welche nach heutiger Auffassung als öffentlichrechtliche angesehen werden. Der Gesetzgeber hat den Begriff der bürgerlichen Rechtsstreitigkeiten als einen gegebenen, ungeachtet seiner Verschiedenheit in den verschiedenen Gebieten des Reiches im geschriebenen oder ungeschriebenen Rechte fixierten, vorausgesetzt — Begr. zu § 2 Entw. GVG., Hahn, Materialien Bd. 1 S. 47 —, und er hat, was hiernach als bürgerliche Rechtsstreitigkeit galt und deshalb dem ordentlichen Rechtsweg unterstand, auch fernerhin als solche gelten lassen wollen. Nicht das Gerichtsverfassungsgesetz, sondern die Reichsgesetze im allgemeinen und, soweit diese darüber schweigen, die Landesgesetze entscheiden hiernach darüber, was als bürgerliche Rechtsstreitigkeit anzusehen ist. In Ermangelung positiver Bestimmung des einzelnen in Betracht kommenden Gesetzes ist seiner Gesamtheit und der darin zum Ausdruck kommenden Rechtsauffassung sowie der zur Zeit seines Erlasses herrschenden Rechtsübung zu entnehmen, ob die Streitigkeiten, zu denen die Anwendung des Gesetzes führen kann, der Entscheidung im ordentlichen Rechtsweg unterliegen oder in anderer Weise, durch Entscheidungen der Verwaltungsbehörden oder Verwaltungsgerichte, geschlichtet werden sollten. Der Mangel einer Anordnung der letzteren Art, der auch durch entsprechende Anwendung sonstiger die Zuständigkeit der Verwaltungsbehörden oder Verwaltungsgerichte regelnden Vorschriften nicht ergänzt werden kann, wird da, wo mit der Entstehung von Streitigkeiten notwendig gerechnet werden mußte, und wo die öffentliche Ordnung die Entscheidung solcher Streitigkeiten unbedingt erfordert, regelmäßig dazu führen, die Zuständigkeit der ordentlichen Gerichte, die Zulässigkeit des Rechtswegs zu bejahen, auch wenn es sich um einen Anspruch handelt, der nach heutiger Auffassung ein öffentlichrechtlicher ist. Dies gilt besonders dann, wenn zur Zeit des Erlasses des Gerichtsverfassungsgesetzes oder des besonderen in Betracht kommenden späteren Reichs- oder Landesgesetzes die öffentlichrechtliche Natur des betreffenden Anspruchs noch nicht allgemein anerkannt war. Die Rechtsauffassung über die Scheidung von öffentlichem und Privatrecht hat sich im Laufe der letzten Jahrzehnte wesentlich geändert. Mehr und mehr sind Rechtsgebilde, die früher als privatrechtliche angesehen wurden, als dem öffentlichen Rechte angehörig erkannt worden. Dieser Wechsel der Auffassung kann unmöglich zur Folge haben, daß die Streitigkeiten aus solchen früher als privatrechtlich angesehenen Rechtsgebieten nunmehr dem ordentlichen Rechtsweg entzogen werden und damit jeder Rechtsschutz für die betreffenden Ansprüche wegfällt.

§ 13 GVG. muß hiernach dahin verstanden werden, daß als bürgerliche Rechtsstreitigkeit anzusehen ist, was nach der zur Zeit des Erlasses des Gerichtsverfassungsgesetzes geltenden Rechtsauffassung oder nach der Auffassung des in Betracht kommenden späteren Gesetzes durch die ordentlichen Gerichte zu entscheiden war.

In diesem Sinne aber ist auch der hier erhobene Klaganspruch ein bürgerlichrechtlicher. In der Rechtsprechung wurden die Zustimmungsverträge zunächst als privatrechtliche Mietverträge bezeichnet (vgl. besonders RGZ. Bd. 40 S 285); sogar der Anspruch auf Gewährung des in dem Zustimmungsvertrage vereinbarten Freifahrtscheins für die Gemeindebeamten wird in einem Urteile des Reichsgerichts vom 6. Februar 1912 IV. 421/01 als ein privatrechtlicher erachtet, weil die Festsetzung des Entgeltes nach § 6 des Kleinbahngesetzes Gegenstand freier Vereinbarung der Vertragschließenden sei und nur beim Nichtzustandekommen einer solchen Vereinbarung die Vorschrift des § 7 Platz greife. Bei der Beratung des Kleinbahngesetzes ist nun allerdings die öffentliche Bedeutung der Unternehmen und die öffentlichrechtliche Natur der Bestimmungen nachdrücklichst betont worden, nicht aber in der Absicht, damit die Streitigkeiten, die aus dem Verhältnis zwischen den Wegeunterhaltungspflichtigen und dem Unternehmer nach erteilter Zustimmung entstehen könnten, allgemein dem Rechtswege zu entziehen. Nur für den Fall, daß die behördliche Ergänzung der Zustimmung des Unterhaltungspflichtigen eintreten muß, ist in § 7 Abs. 2 bestimmt, daß durch den Ergänzungsbeschluß zugleich über die nach § 6 gestellten Ansprüche unter Ausschluß des Rechtswegs zu entscheiden ist. Darüber, wie Streitigkeiten aus einem zwischen den Beteiligten in freier Vereinbarung geschlossenen Vertrage, Streitigkeiten, die als unvermeidlich erkannt werden mußten, zu schlichten seien, enthält das Gesetz nichts. Die Zuständigkeit irgendwelcher Verwaltungsbehörden oder Verwaltungsgerichte dafür läßt sich nicht begründen. Danach müssen diese Streitigkeiten jedenfalls insoweit als bürgerlichrechtliche angesehen werden, als sie wie der vorliegende nicht über diejenigen Grenzen hinausgehen, welche der Vertragsfreiheit des Unternehmers vom Gesetze gezogen sind."

---

80. Können die Statuten von Versicherungsgesellschaften auf Aktien vorschreiben, daß die Gesellschaft den nicht sofort eingezahlten Betrag des Grundkapitals nach Bedarf in Form von Nachschüssen der Aktionäre, unter Vorbehalt der Rückerstattung aus späterem Gewinn, einfordert?

HGB. §§ 211 bis 213.

II. Zivilsenat. Urt. v. 12. März 1918 i. S. W. (Kl.) w. Magdeburger Hagel-Versicherung (Bekl.). Rep. II. 402/17.

I. Landgericht Magdeburg.
II. Oberlandesgericht Naumburg a. S.

Der Kläger hatte in den Jahren 1897 bis 1906 45 Stück auf den Namen lautende Aktien der Beklagten erworben und darauf im ganzen an „Nachschüssen", die die Beklagte von ihm eingefordert hatte, 31950 ℳ bezahlt. Da er zur Zahlung der letzten Nachschüsse nicht imstande war, übergab er die Aktien im Sommer 1909 der Beklagten, die sie seiner Weisung gemäß für ihn veräußerte, sich aus dem Erlöse wegen ihrer Forderung befriedigte und den Rest an ihn ablieferte. Mit der Klage forderte er den Betrag der Nachschüsse zurück, weil die Beklagte ungerechtfertigt bereichert sei. Zur Begründung behauptete er, daß er wegen angeborenen Schwachsinns an einem dauernden, die freie Willensbestimmung ausschließenden Zustande krankhafter Störung der Geistestätigkeit leide, daher geschäftsunfähig sei, weshalb auch seine sämtlichen den Erwerb der Aktien betreffenden Rechtshandlungen nichtig und er überhaupt nicht Aktionär geworden sei.

Die Beklagte bestritt die Geschäftsunfähigkeit und wandte insbesondere ein, daß sie die Nachschüsse der Jahre 1907 und 1909 bereits im Jahre 1912 an die damaligen Aktionäre zurückgezahlt habe, also um diese Beträge nicht mehr bereichert sei. Der Kläger machte demgegenüber unter anderem geltend, die Rückzahlung der Nachschüsse, die im Rechtssinn Einlagen auf das Grundkapital darstellten, sei gesetzwidrig erfolgt und die Beklagte habe deshalb einen Schadensersatzanspruch gegen ihren Vorstand und Aufsichtsrat erlangt.

Durch Urteil des Landgerichts wurde die Klage mangels Beweises der Geschäftsunfähigkeit abgewiesen.

Der Kläger legte Berufung ein und führte zur Begründung seines Anspruchs neu an, daß, falls die Nachschüsse nicht als Einlage auf das Grundkapital anzusehen seien, der § 11 des Statuts der Beklagten, der die Einziehung von Nachschüssen gestatte, wegen Verstoßes gegen §§ 211, 212 HGB. nichtig sei. Schon aus diesem Grunde habe die Beklagte den Betrag der Nachschüsse ohne Rechtsgrund erlangt.

Die Berufung hatte keinen Erfolg. Auch die Revision des Klägers wurde zurückgewiesen.

Gründe:

„Das Berufungsgericht geht mit Recht von der Annahme aus,

daß die „Nachschüsse", die der Kläger auf Erfordern der Beklagten gezahlt hat, lediglich Einlagen auf das Grundkapital sind und nicht als Geldleistungen neben den durch den Nennbetrag der Aktien begrenzten Kapitaleinlagen angesehen werden können. Die Bestimmung in § 11 des Statuts der Beklagten, wonach jeder Aktionär verpflichtet ist, diese Nachschüsse zu zahlen, ist daher rechtswirksam; die §§ 211, 212 HGB. stehen ihr nicht entgegen. Als Nachschüsse sind diese Leistungen nur bezeichnet im Gegensatze zu den $33^1/_3$% des Nennbetrags der Aktien, die nach § 7 des Statuts sofort „bar eingeschossen" sind. „Für die übrigen $66^2/_3$%", heißt es in § 7 unter Verweisung auf § 11 weiter, „haften die Aktionäre und stellen darüber Wechsel aus". In § 11 ist dann gesagt, daß die Zahlung der Nachschüsse unter Vorbehalt der Rückerstattung erfolgt und bis dahin in Höhe des gezahlten Nachschusses die Wechselverpflichtung der Aktionäre ruht, während nach dem bezogenen § 51 des Statuts in Höhe der erfolgten Rückerstattung die Wechselverbindlichkeit der Aktionäre wieder in Kraft tritt, bei Ausschluß der Rückerstattung durch Generalversammlungsbeschluß aber die gezahlten Nachschüsse auf den Wechseln abgeschrieben werden. Bei Nichtzahlung der Nachschüsse binnen bestimmter Frist wird nach § 11 zur Präsentation der Wechsel und zur Wechselklage, und falls hierdurch der eingeforderte Nachschuß nicht gedeckt wird, zum Kaduzierungsverfahren gemäß § 219 HGB. geschritten.

Daraus ergibt sich, daß die in § 11 des Statuts geregelten Nachschüsse nichts weiteres sind als regelmäßig, unter Vorbehalt der Rückerstattung aus späterem Gewinn, geleistete Bareinzahlungen auf die $66^2/_3$% des Nennbetrags, die vorläufig nicht eingezahlt waren, deren Einzahlung aber durch die von den Aktionären ausgestellten Wechsel gesichert wurde. § 213 HGB. steht der späteren Rückerstattung der Nachschüsse nicht entgegen, weil sie nicht endgültig als Einlagen eingezahlt sind.

War demnach der Aktionär als solcher zur Zahlung der hier fraglichen Nachschüsse verpflichtet, so war es auch der Kläger, wenn er im Verhältnis zu der beklagten Gesellschaft als Aktionär galt. Das war, da die Aktien auf Namen lauteten, nach § 223 Abs. 2 HGB. nur der Fall, wenn er als solcher im Aktienbuche der Beklagten verzeichnet war. Dies war er unstreitig. Aber es ist dem Kläger nicht verwehrt, geltend zu machen, daß seine Eintragung im

Aktienbuche auf falscher Grundlage beruhe, weil er der Eintragung nicht zugestimmt habe oder die Zustimmung nichtig sei (RGZ. Bd. 86 S. 189) Letzteres hat der Kläger behauptet, weil er infolge angeborener Geistesschwäche zu den in Betracht kommenden Zeiten sich in einem die freie Willensbestimmung ausschließenden Zustande krankhafter Störung der Geistestätigkeit befunden habe, er daher geschäftsunfähig und jede seiner Willenserklärungen nichtig gewesen sei (§ 104 Abs. 2, § 105 BGB.). . . . (Es wird dargelegt, daß dies nach den Feststellungen des Berufungsgerichts nicht zutrifft.)

Ist demnach davon auszugehen, daß der Kläger in dem Zeitraume von 1897 bis 1906 nicht geschäftsunfähig war, so fällt der Grund weg, aus dem seine Zustimmung zur Eintragung als Aktionär im Aktienbuche der Beklagten unwirksam sein soll. Es ergibt sich, daß die Beklagte wegen aller hier fraglichen 45 Aktien berechtigt war, die Zahlung der Nachschüsse aus dem Vermögen des Klägers zu fordern, daß sie also durch die erfolgte Zahlung nicht bereichert ist. Dies genügt zur Abweisung der Klage und zur Zurückweisung der Revision." . . .

---

81. 1. Ergänzung einer Vertragslücke.
2. Wirksamkeit der Aufrechnungserklärung.
3. Vorbehalt der Entscheidung über die Aufrechnung.

BGB. § 157, §§ 388, 389.
ZPO. § 302.

III. Zivilsenat. Urt. v. 12. März 1918 i. S. S. (Kl.) w. H. (Bekl.).
Rep. III. 437/17.

I. Landgericht I Berlin.
II. Kammergericht daselbst.

Der Beklagte hat gemäß seinem Scheine vom 26. August 1914

„Hierdurch verpflichte ich mich, der Frau resp. der Familie meines Oberinspektors S. das Gehalt desselben während der Kriegsdauer weiter zu zahlen"

dem seit 1908 bei ihm als Geschäftsführer angestellten, im Mai 1915 zum Heeresdienst einberufenen Kläger bis zum 1. November 1916 monatlich 500 *M* ausbezahlt, seitdem Zahlung verweigert und das Dienstverhältnis zunächst auf sofort mittels Schreibens von Anfang Januar 1917, sodann auf den 31. März 1917 mittels Schreibens vom 7. Februar 1917 gekündigt. Die Klage fordert Zahlung von 500 *M* monatlich für die Dauer des Krieges vom 1. November 1916 ab.

Das Landgericht entsprach durch Teilurteil (für den Monat Dezember 1916) und durch Schlußurteil der Klage und behielt dabei dem Beklagten die Aufrechnung mit seiner angeblichen Gegenforderung von 2500 *M* (eines unbestritten vom Kläger zu Anfang 1916 bei der Ehefrau des Beklagten erhobenen Betrags) vor. Der Berufungsrichter änderte diese Urteile in Klageabweisung ab, weil zwar nicht die fristlose Kündigung des Beklagten vom Januar 1917, wohl aber dessen Kündigung auf den 31. März 1917 berechtigt und wirksam sei und weil die dem Kläger ab 1. November 1916 bis 31. März 1917 zustehende Gehaltsforderung von zusammen 2500 *M* durch die vom Kläger erhobenen 2500 *M* getilgt sei, entweder kraft damit erfolgter Gehaltszahlung oder mittels der vom Beklagten zulässig ausgesprochenen Aufrechnung mit seiner Gegenforderung auf Rückzahlung dieser 2500 *M*.

Die Revision des Klägers hatte nur für den Betrag von 2500 *M* Erfolg.

Gründe:

„Der Berufungsrichter ... führt in betreff der Kündigung vom 7. Februar auf 31. März aus: Der Schein vom 26. August 1914 bedürfe hinsichtlich der Frage, ob eine Kündigung zulässig sei, der Auslegung. Beide Parteien hätten damals ein baldiges Ende des Krieges angenommen und mit einer so langen Kriegsdauer nicht gerechnet; es müsse also nach § 157 BGB. ermittelt werden, was die Parteien vereinbart haben würden, wenn sie die lange Kriegsdauer mit in Betracht gezogen hätten. Auf eine so lange unbestimmte Zeit würde sich der Beklagte nicht gebunden, sondern sich Kündigung nach angemessener Frist vorbehalten haben. Eine solche Frist sei mit $2\frac{1}{2}$ Jahren abgelaufen. Dazu komme die Zuspitzung des Verhältnisses der Parteien infolge der vom Kläger im Nebenprozesse der Parteien (in welchem der Kläger weitere Bezüge aus seinem Dienstverhältnis in Höhe von mindestens 87 138 *M* verlangt) nach Weihnachten 1916 gegen den Beklagten erhobenen Vorwürfe unrichtiger Buchungen zum Zwecke der Steuerhinterziehung, so daß dem Beklagten die nunmehrige Lösung des Dienstvertrags notwendig erscheinen mußte.

Diese Begründung des Berufungsrichters ist frei von Rechtsirrtum. Die Revision meint, aus dem Scheine ergebe sich, daß die Zahlungsverpflichtung des Beklagten von der Fortdauer des Dienstverhältnisses unabhängig, eventuell, daß eine Kündigungsbefugnis des Beklagten während Kriegsdauer ausgeschlossen sei. Von einer Lücke des Vertrags könne keine Rede sein; der Berufungsrichter korrigiere vielmehr unbefugterweise den klaren und eindeutigen Vertrag (vgl. Jur. Wochenschr. 1915 S. 87 Nr. 1).

Der Angriff geht fehl. Der Schein setzt in den Worten „das Gehalt weiter zahlen" die Fortdauer des Dienstverhältnisses voraus und bestimmt anderseits Weiterzahlung „während der Kriegsdauer", ohne über die Befugnis des Beklagten zur Kündigung während der Kriegsdauer irgend etwas anzuordnen. Erst durch Auslegung kann und muß gefunden werden, ob überhaupt die Kündigung ausgeschlossen sein sollte. Dies bejaht der Berufungsrichter für eine kurze Dauer des Krieges, wie sie — nach seiner tatsächlichen, durch das von der Revision als nicht gewürdigt bezeichnete Vorbringen des Klägers nicht berührten Feststellung — die Parteien damals in Rechnung nahmen. Da diese Annahme irrig war, fragt und beantwortet der Berufungsrichter, was die Parteien bei Betracht einer so langen Kriegsdauer vereinbart haben würden. Der Fall liegt also anders als die von der Revision angezogene Entscheidung vom 3. November 1914 II. 290/14, wo eine Lücke im Vertrag überhaupt nicht vorhanden war. Nur trifft die Fragestellung des Berufungsrichters nicht völlig zu. Es handelt sich bei Ausfüllung von Vertragslücken nicht um Ergänzung des Vertragswillens der Parteien, sondern immer nur um Ergänzung des Vertrags, um richterliche Schaffung und Schöpfung dessen, was für den eingetretenen, nicht vorhergesehenen Fall zwischen den Parteien rechtens sein soll nach den Richtlinien von Treu und Glauben im Verkehr und nach den Richtlinien des im Vertrage für die ins Auge gefaßten Verhältnisse ausgedrückten Willens (vgl. die Entscheidung des erkennenden Senats vom 28. November 1916 III. 242/16). Diese Richtlinien hat der Berufungsrichter eingehalten, und deshalb ist die Revision unbegründet, soweit die Klage für die Zeit nach dem 31. März 1917 abgewiesen ist.

Die Entscheidung für die Zeit bis zum 31. März 1917 wird von der Revision in erster Linie deshalb angefochten, weil der Rechtsstreit über die Aufrechnung des Beklagten in erster Instanz kraft des Vorbehaltes anhängig geblieben sei. Dem kann nur beschränkt beigepflichtet werden. Der Beklagte hatte das ganze landgerichtliche Urteil mit der Berufung angefochten. Der Berufungsrichter durfte und mußte also auch in betreff der strittigen 2500 ℳ sachlich erkennen, wenn er das Vorliegen eines Aufrechnungstatbestandes verneinte oder den rechtlichen Zusammenhang zwischen Klage- und Gegenforderung bejahte und damit den Vorbehalt des Landgerichts für rechtsirrtümlich nämlich gegen § 302 ZPO. verstoßend erachtete; nur wenn § 302 ZPO. richtig angewendet war, blieb der Rechtsstreit insoweit in I. Instanz anhängig. Der Berufungsrichter ist jedoch seiner Aufgabe nicht gerecht geworden. Er hat nicht festgestellt, konnte auch auf Grund der vom Kläger bestrittenen Darstellung des Beklagten allein gar nicht feststellen, daß die vom Kläger erhobenen 2500 ℳ als vorschußweise Gehaltszahlung gegeben und empfangen wurden. Diesfalls käme eine Aufrechnung mit einer Gegenforderung nicht in Frage. Ebensowenig hat er entschieden, ob die etwaige Gegenforderung auf Rückzahlung der 2500 ℳ mit der Klageforderung in rechtlichem Zusammenhange steht oder nicht; zu diesem Behufe war eben die rechtliche Natur der vom Kläger erhobenen 2500 ℳ zu prüfen und festzustellen. Dem Berufungsrichter war demnach eine sachliche Entscheidung vorerst noch verschlossen. Die trotzdem von ihm gegebene, schon hiernach hinfällige sachliche Entscheidung bleibt aber auch unverständlich. Es fehlt eine genügende Darstellung der verschiedenen Aufrechnungserklärungen, aus der sich der zeitliche und sachliche Zusammenhang ergibt, und es erscheint rechtsirrig, daß — falls zunächst der Kläger selbst im Nebenprozesse mit den von ihm erhobenen und geschuldeten 2500 ℳ aufrechnete — diese Aufrechnung um deswillen unwirksam sein soll, weil der Beklagte im Nebenprozesse die dortige Klageforderung bestritt und der Aufrechnung des Klägers widersprach (§ 388, 389 BGB.)."

---

82. Einfluß der Preissteigerung auf Lieferungsverträge im Großhandel. Unmöglichkeit der Leistung? Befreiung nach Treu und Glauben im Verkehr?

BGB. §§ 275, 242.

III. Zivilsenat. Urt. v. 15. März 1918 i. S. F. Kl.) w. F. & J. (Bekl.). Rep. III. 522/17.

I. Landgericht Wiesbaden, Kammer für Handelssachen.
II. Oberlandesgericht Frankfurt a. M.

Kraft des Vertrags vom 1. Juli 1914 hatte die Klägerin der Beklagten auf Abruf binnen Jahresfrist 150000 Zinntuben zu vereinbarten Preisen zu liefern und zum Teil — zuletzt Mitte Januar 1915 10000 Stück — geliefert. Wegen Nichtlieferung der rückständigen von der Klägerin seit Ende Februar 1915 verweigerten 126652 Stück hatte die Beklagte im Juli 1915 Schadensersatz verlangt. Die Klage fordert die Feststellung, daß der Beklagten aus dem zwischen den Parteien am 1. Juli 1914 abgeschlossenen Lieferungsvertrage Rechte nicht mehr zustehen. Sie wurde vom Landgericht abgewiesen; die Berufung wurde zurückgewiesen. Beide Instanzen halten dafür, daß der Vertrag weder durch die gegen die Klägerin ergangenen Beschlagnehmeverfügungen noch durch die Preissteigerung erloschen sei. Der durch die Verordnung des Bundesrats vom 14. Dezember 1914, vgl. die spätere Verordnung vom 31. Juli 1916, auf 475 *M* als Höchstpreis festgesetzte Preis für 100 kg Zinn betrug nach dem Gutachten des Sachverständigen tatsächlich im Juli 1914 280 *M*, im Juni 1915 700 *M*.

Die Revision blieb erfolglos.

Gründe:

„Die Revision führt in Ergänzung der schriftlichen Revisionsbegründung behufs Nachprüfung der theoretischen Grundlagen der von den Instanzen angewendeten Entscheidung des II. Zivilsenats des Reichsgerichts vom 21. März 1916 (RGZ. Bd. 88 S. 172) folgendes aus. Der Gesichtspunkt der Unmöglichkeit der Leistung sei allerdings selbst unmöglich; es könne sich nur um Anwendung des § 242 BGB., also nur um die exceptio doli handeln. Ein anderer Gesichtspunkt sei nicht zu finden. Nach ihm scheine es als eine schreiende Ungerechtigkeit, daß die Klägerin trotz derartiger Steigerung des Rohzinnpreises zum Vertragspreise liefern und so der Beklagten trotz der ungewöhnlichen Schwierigkeit der Rohzinnbeschaffung (RGZ. Bd. 57 S. 119) ein Geschenk machen solle. Nach der von den Instanzen angewendeten Entscheidung RGZ. Bd. 88 S. 172 frage es sich immer, ob in dem einzelnen Geschäfte der Faktor stecke, daß die Preisschwankung in Aussicht und in Rechnung genommen sei. Dies aber sei beim Fabrikanten im Gegensatze zum bloßen Großhändler nicht immer der Fall und sei vorliegend zu verneinen. . . .

Mit Recht lehnt die Revision selbst den von der Klägerin die Instanzen hindurch festgehaltenen Gesichtspunkt der Unmöglichkeit der Leistung ab. Die Klägerin hat mindestens bis September 1915 solche Zinntuben in ihrem Geschäftsbetrieb im großen verkauft und der Beklagten selbst angeboten. Es befremdet, daß die Klägerin Unmöglichkeit der Leistung behauptete, gleichzeitig aber durch ihren Vertreter, den Zeugen S., auf Grund ihrer Preisliste vom 1. Juli 1915 Bestellungen auf beliebige Quantitäten von Zinntuben suchte. Der Klägerin war die strittige Restlieferung allerdings möglich, wie ihr tatsächlicher Geschäftsfortbetrieb ohne weiteres ergibt; sie hat in ihrem Fortbetriebe nur höhere Preise angesetzt und das Angebot an die Beklagte als Angebot eines neuen Geschäfts zu höheren Preisen gemeint. Es kann sich um Unmöglichkeit der Leistung gar nicht handeln. . . . Die Klägerin hat nach der Beschlagnahme und trotz des Höchstpreises und trotz der Preissteigerung beliebige Quantitäten, also mehr als die strittigen 126652 Stück tatsächlich vertrieben. Unmöglichkeit der Leistung käme nur in Betracht, wenn die Klägerin ihren Betrieb tatsächlich eingestellt hätte, weil seine Fortsetzung, nämlich die Beschaffung des Rohzinns, nur unter Verstoß gegen das Höchstpreisgesetz möglich war, weil nämlich der vom Landgericht aus dem Gutachten des Sachverständigen C. und aus eigener Wissenschaft gefolgerte — wenn auch unregelmäßige und inoffizielle, so doch den anbietenden Kommissionären und Händlern wirkliche gezahlte — Marktpreis wegen eben dieses Verstoßes auf strafbaren Handlungen beruhte.

Die Revision selbst stellt nur die Frage, ob der Klägerin trotz derartiger Preissteigerung für Rohzinn die Lieferung zum Vertragspreise noch zuzumuten ist. Die Entscheidung RGZ. Bd. 88 S. 172

weist aber für das Gebiet des Großhandels auch den Gesichtspunkt des § 242 wie den der Unmöglichkeit der Leistung mit Entschiedenheit zurück: auch kraft des § 242 werde der Verkäufer durch außerordentliche Steigerung des Marktpreises von der Lieferung nicht frei. Dieser Entscheidung ist jedenfalls für den vorliegenden, durch die tatsächliche Fortsetzung des Fabrikations- und Verkaufsbetriebes der Klägerin gekennzeichneten Fall beizupflichten und zwar auch in betreff des § 242.

„Großhandel" ist der Gegensatz zum Kleinhandel (Handkauf, Detailhandel), in dem die Ware unmittelbar an den Verbraucher oder doch in kleinen, dem Bedarf der Verbraucher entsprechenden Quantitäten verkauft wird. Sowohl die Klägerin als die Beklagte sind Großhändler; weder die Klägerin noch die Beklagte verschleißt die leeren Zinntuben oder die mit Farben gefüllten Zinntuben an die Verbraucher oder in entsprechend kleinen Quantitäten. Daß die Klägerin das Rohzinn erst bearbeitet (§ 1 Abs. 2 Nr. 1 HGB.) und in Form von Zinntuben weiterveräußert, ist ohne Belang. Denn der Meinung der Revision, bei dem Fabrikanten bestehe der Gewinn grundsätzlich nicht in dem Unterschiede des Ein- und Verkaufspreises des Rohmaterials, sondern nur in dem dem Rohmateriale durch die Bearbeitung gegebenen Mehrwerte, kann nicht gefolgt werden. Sehr viele in Großfabriken umgearbeitete Rohmaterialien — z. B. Baumwolle, Holz, Leder — unterliegen ständigen Preisschwankungen, so auch die Metalle und so auch insbesondere Zinn; nach dem Gutachten C. hat, abgesehen von den Kriegsjahren, der Preis des Zinns seit 1868 von rund 110 ℳ bis rund 470 ℳ geschwankt. Selbstverständlich also nehmen Großfabrikanten beim Verkauf ihrer Fertigware den Preis des Rohmaterials als mitentscheidenden Faktor in Rechnung, und ebenso selbstverständlich kalkulieren Großabnehmer der Fertigware mit dem Schwanken des Rohmaterialpreises und mit entsprechendem Schwanken des Preises der Fertigware. Um diesen Schwankungen zu entgehen, werden eben größere, langfristige Lieferungsverträge (von Großfabrikanten auf Rohmaterial, von Großabnehmern auf Fertigware) abgeschlossen, so daß jeder Teil das Risiko seiner unrichtigen Schätzung der zukünftigen Preisgestaltung trägt. Die Klägerin selbst folgt mit ihren Preisen für die fertigen Zinntuben der während des Krieges eingetretenen Preissteigerung für Rohzinn und leitet aus der

Kriegspreissteigerung für Rohzinn den Wegfall der Vertragspreise, also des strittigen Vertrags ab. Daß sie ihre Zinntubenpreise stets auch schon in Friedenszeiten nach den Rohzinnpreisen — neben den steigenden oder fallenden Fabrikationskosten — kalkuliert hat, ergibt sich aus der Natur der Sache, da der Wert des Rohzinns jedenfalls einen erheblichen Teil des Wertes der Zinntuben darstellt. Diese Unterlagen der Zinntubenpreis-Kalkulation mußten der Beklagten als Großabnehmerin bekannt sein und waren ihr bekannt; eben darum hat sie sich durch den strittigen Vertrag mit einer größeren Menge für eine längere Zeit eingedeckt. Der von der Revision vermißte Faktor der Sicherung gegen Preisschwankungen der Zinntuben, insbesondere wegen der Preisschwankungen des Rohzinns, steckt also allerdings in dem strittigen Vertrage. Denn für die Vertragszeit sollte die Klägerin das Risiko tragen, daß bei Berücksichtigung des Rohzinnpreises die Preise fertiger Tuben sich in Wahrheit höher als die Vertragspreise, die Beklagte, daß sie sich niedriger stellten." ...

---

83. Zur Auslegung des preußischen Quellenschutzgesetzes vom 14. Mai 1908.

V. Zivilsenat. Urt. v. 16. März 1918 i. S. des Grafen Sch. (Bekl.) w. H. (Kl.). Rep. V. 358/17.

I. Landgericht Hirschberg.
II. Oberlandesgericht Breslau.

Die 6 Warmbrunner Thermen, deren Eigentümer der Beklagte ist, wurden durch Ministerialerlaß vom 10. Mai 1910 im Sinne des preußischen Quellenschutzgesetzes vom 14. Mai 1908 für „gemeinnützig" erklärt. Durch Beschluß der zuständigen Behörden vom 18./20. Juli 1910 wurde dann bestimmt, daß ohne besondere Genehmigung

„Eingrabungen in dem engeren Schutzbezirk über eine Tiefe von 15 cm unter der Erdoberfläche nicht erfolgen dürfen —",

sowie daß

„im engeren wie im weiteren Schutzbezirke die Entnahme von Wasser aus vorhandenen oder neu hergestellten Eingrabungen mittels motorischer Kraft nicht zulässig sei, insofern eine solche Wasserentnahme mittels motorischer Kraft nicht schon bei Erlaß des Beschlusses in Anwendung gestanden habe".

Der Kläger, der im engeren Schutzbezirk einen Gasthof besitzt und auf diesem Grundstück im April 1910 eine Quelle erbohrt hatte, erhielt auf seinen Antrag vom 29. April 1911 am 30. Mai 1911 die Genehmigung zum Bau eines Badehauses. Nachdem dieses fertiggestellt und in Betrieb genommen war, stellte der Kläger dann am 24. Juni 1912 den Antrag, zu genehmigen, daß aus der Quelle das Wasser mittels motorischer Kraft entnommen werde. Die Genehmigung wurde aber mit der Begründung, daß bei übermäßiger Wasserentnahme für die geschützten Quellen die Gefahr einer empfindlichen Störung bestehe, durch Beschluß vom 18. September/2. Oktober 1912 versagt. Der Kläger meldete nunmehr am 23. Oktober 1912 beim zuständigen Landratsamt einen Anspruch auf Schadensersatz an und erhob, nachdem die versuchte gütliche Einigung ohne Erfolg geblieben war, für die im Gesetze bestimmte Zeit Anspruch auf Zahlung einer Rente.

Das Berufungsgericht hat den Anspruch dem Grunde nach für gerechtfertigt erklärt, die Revision ist zurückgewiesen worden aus folgenden

Gründen:

„Nach den Ausführungen des Sachverständigen, denen sich das Berufungsgericht anschließt, sind auf dem Grundstücke des Klägers der Betrieb des Gasthofs und der Betrieb des Badehauses miteinander verbunden. Beide Betriebe erfordern in beträchtlicher Menge Wasser, und mit jeder Erschwerung oder Verteuerung der Wassergewinnung erhöhen sich die Betriebskosten. Der Handbetrieb hätte sich einfach und billig in Motorbetrieb umwandeln lassen, und dadurch würde der Kläger täglich 1 oder 2 Arbeitskräfte erspart haben. Durch das von der Behörde erlassene Verbot ist dann aber der Kläger an der freien Ausnutzung des Grundstücks, an der Verminderung der Betriebskosten und damit an der Erzielung eines höheren Erträgnisses verhindert worden. Das Grundstück hat Einbuße erlitten an seinem gemeinen Werte. Dadurch, daß infolge der Erschließung des Brunnens sich dem Kläger die Möglichkeit bot, den Betrieb zu verbessern und billiger zu gestalten, hatte das Grundstück eine seine Ertragsfähigkeit und damit seinen Verkehrswert erhöhende Eigenschaft erlangt, und diese hat es durch das behördliche Verbot verloren. Die

Gewinnung des Wassers, wenn sie nur mittels Handbetriebes erfolgen darf, würde wirtschaftlich für den Kläger ohne Vorteil sein, die Umwandlung des Handbetriebes in einen elektrischen Betrieb wäre aber, wie für den Kläger, so auch für jeden Kaufliebhaber eine „absolut selbstverständliche" Maßnahme gewesen.

Bei diesem bedenkenfrei festgestellten Sachverhalte liegt die von der Revision gerügte Verletzung des § 19 des Quellenschutzgesetzes nicht vor. Das Gesetz bestimmt, daß für den Fall, daß

> „die zu einer Arbeit nach § 3 oder § 10 erforderliche Genehmigung versagt oder unter erschwerenden Bedingungen erteilt wird, der Grundstückseigentümer für die durch die Unzulässigkeit oder die Erschwerung herbeigeführte Minderung des Wertes des Grundstücks unter Ausschluß des entgangenen Gewinns von dem Quelleneigentümer zu entschädigen ist".

Dieser Wortlaut des Gesetzes — Minderung des Wertes des Grundstücks unter Ausschluß des entgangenen Gewinns — mag eine gewisse Unstimmigkeit enthalten, aber jedenfalls ist der Quelleneigentümer insoweit entschädigungspflichtig, als das von dem Verbote betroffene Grundstück in seinem gemeinen Werte, dem Verkehrswerte, eine Minderung erleidet. Die Worte „unter Ausschluß des entgangenen Gewinns" finden sich in dem Regierungsentwurfe nicht, sie sind erst von dem Abgeordnetenhaus eingefügt worden, um jedes Bedenken nach der Richtung zu beseitigen, ob nicht doch unter Umständen für entgangenen Gewinn Entschädigung zu leisten sei. Dagegen hat die Verpflichtung zur Entschädigung im Umfange der Minderung des Grundstückswerts keineswegs abgeschwächt werden sollen. Nach Annahme des Zusatzes hat der Regierungskommissar, ohne daß dem von irgendeiner Seite widersprochen worden ist, im Herrenhause — 15. Sitzung vom 8. April 1908 Drucks. S. 339 — die Erklärung abgegeben, daß nunmehr

> „über die Auslegung des Gesetzes kein Zweifel bestehen könne. Es sei jetzt bestimmt ausgesprochen, daß Gegenstand der Entschädigung nur der Schaden sei, der in der Verminderung des Wertes des Grundstücks bestehe, und bei der Bemessung des Wertes eines Grundstücks sei nicht nur die gegenwärtige Benutzung, etwa als Ackerstück, sondern auch eine mögliche Benutzung zu berücksichtigen, die in unmittelbarer Zukunft bestimmt zu erwarten sei".

Unter Hinweis auf diese Erklärung gibt auch die Revision zu, daß bei Bemessung der Entschädigung aus § 19 das in Warmbrunn gelegene Grundstück des Klägers, wenn es noch Ackerland wäre, doch als Baugrundstück bewertet werden müßte. Dagegen glaubt die Revision, daß es sich im gegebenen Falle um eine besondere Art der Verwendung des Grundstücks handele, nämlich zum Betrieb einer Badeanstalt, und daß die Herabminderung der Kosten für die Benutzung des Grundstücks zu diesem Zwecke mit dem allgemeinen Verkehrswerte des Grundstücks nicht zusammenhange; wenn jetzt der Kläger die Betriebskosten nicht herabmindern könne, so möge ihm dadurch ein Gewinn entgangen sein, aber eine Minderung des Wertes des Grundstücks sei dadurch nicht herbeigeführt worden. Allein Warmbrunn ist ein vielbesuchter Badeort, und unstreitig liegt das Grundstück des Klägers in unmittelbarer Nähe der geschätzten Thermalquellen; deshalb gehen der Sachverständige und auch das Berufungsgericht ersichtlich davon aus, daß das Grundstück des Klägers eine besondere Eignung gerade auch für den Betrieb eines Gasthofs und einer Badeanstalt besitzt. Diese Eignung hat das Grundstück vermöge seiner Lage nicht nur für den Kläger, sondern für jeden Kaufliebhaber, und daher geht die Ansicht der Revision, daß das Verbot den allgemeinen Verkehrswert des Grundstücks nicht berühre, fehl. Der Verkehrswert ist herabgesetzt, und damit ist die Ersatzpflicht des Beklagten aus § 19 des Gesetzes begründet.

Fehl geht auch die weitere Rüge der Revision, daß der Schaden nicht durch den die Genehmigung des Motorbetriebes versagenden Beschluß vom 18. September / 2. Oktober 1912 herbeigeführt worden sei. Mag auch der Kläger bereits am 30. Mai 1911, als ihm die Genehmigung zur Errichtung der Badeanstalt erteilt wurde, darauf hingewiesen sein, daß es für einen Motorbetrieb einer besonderen Genehmigung bedürfe, und mag er selbst auch darin, daß diese Genehmigung ihm erteilt werden würde, begründete Zweifel gesetzt haben, so trat die Behinderung in der Ausnutzung des im April 1910 erbohrten Brunnens doch erst durch den später ergangenen Beschluß über die Versagung der Genehmigung ein. Ob der Verkehr bereits vorher mit der mehr oder minder großen Wahrscheinlichkeit einer Versagung der Genehmigung gerechnet und deshalb das Grundstück schon vorher geringer bewertet hat, kommt nicht in Betracht. Die geringere Bewertung mußte ihr Ende erreichen, wenn demnächst die Genehmigung erteilt wurde. Solange die Entscheidung noch ausstand, mußte die Frage nach dem Werte des Grundstücks zunächst auch im Verkehr noch ungeklärt bleiben. Hätte man aber auch die Versagung der Genehmigung als zweifellos angesehen und demgemäß in der Erschließung des Brunnens einen den Wert des Grundstücks erhöhenden Umstand überhaupt nicht mehr gefunden, so würde in diesem Falle doch der Grund für die Minderung des gemeinen Wertes nur in dem vorausgesehenen ungünstigen Ausfalle der Entscheidung liegen, und dann müßte, als für die Schadensberechnung maßgebend, ein entsprechend früher zu legender Zeitpunkt gelten. Daß der Zeitpunkt des Eintritts des schädigenden Ereignisses nicht schlechthin für die Schadensberechnung maßgebend ist, unterliegt zumal bei der allgemeinen Fassung des § 19 keinem Bedenken, wird auch S. 28 der Begründung des Gesetzentwurfs ausdrücklich hervorgehoben." ...

---

84. Zur Frage der Berechnung der Lizenzgebühr für eine Zwangslizenz.

PatG. § 11.

I. Zivilsenat. Urt. v. 20 März 1918 i. S. Submar. Sign.-Comp. (Bekl.) u. Atl. W. A.-G. (Nebenint.) w. Signal-Ges. (Kl.). Rep. I. 412/17.

I. Patentamt.

Die Beklagte ist Inhaberin des Patentes 162601, welches eine Art und Weise des Einbaues der Signalsender bei Unterwasserschallsignal-Anlagen betrifft, die Nebenintervenientin ist Inhaberin der ausschließlichen Lizenz an diesem Patente. Die Klägerin baut für die Kaiserliche Marine Unterwasserschallsignal-Anlagen, die nach der amtlichen Bescheinigung der Inspektion des Torpedowesens auf einer Reihe wichtiger Neuerungen und Verbesserungen beruhen, und bei denen sie mit besonderem Erfolg einen Signalsender verwendet, dessen Konstruktion nach der vorbezeichneten Bescheinigung nur der Klägerin und der Marine bekannt ist. Die Kaiserliche Marine verlangt in bestimmten Fällen, daß die Klägerin bei diesen Unterwasserschallsignal-

Anlagen den Signalsender in der durch das Patent 162601 geschützten Art und Weise einbaut. Die Klägerin beantragte deshalb, ihr gemäß § 11 PatG. eine Zwangslizenz für Kriegszwecke an dem Patent 162601 gegen angemessene Gebühr zu erteilen, wobei sie als Gebühr eine solche von 225 ℳ für jeden eingebauten Sender in Vorschlag brachte. Sie legte hierbei einen für den Sender und dessen Einbau in Betracht kommenden Lieferungspreis von 7500 ℳ zugrunde und bemaß die Lizenzgebühr auf 3 % hiervon.

Das Patentamt hat der Klägerin die Berechtigung, die durch Patent 162601 geschützte Erfindung zum Einbau von Unterwasserschallsendern für Kriegszwecke zu benutzen, gegen eine Lizenzgebühr von 225 ℳ für jeden eingebauten Sender zugesprochen. Auf die Berufung der Beklagten und Nebenintervenientin hat das Reichsgericht die Lizenzgebühr auf 450 ℳ für jeden eingebauten Sender erhöht.

Gründe:

„Die Voraussetzungen für die Zusprechung einer Berechtigung für die Klägerin zur Benutzung der durch Patent 162601 geschützten Erfindung in dem in der angefochtenen Entscheidung begrenzten Umfange (§ 11 PatG.) sind unstreitig. Streit besteht nur wegen der hierfür zu zahlenden Lizenzgebühr. Die Erfindung des Patentes betrifft die Art und Weise des Einbaues von Unterwasserschallsendern. Es ist ohne weiteres dadurch, daß die Marineverwaltung diese Art und Weise des Einbaues für die von der Klägerin zu liefernden Sender in bestimmten Fällen fordert, glaubhaft gemacht, daß die Bedeutung dieser Art und Weise des Einbaues unter Umständen groß ist, daß also der von der Klägerin zu liefernde Sender in den Fällen, in welchen sie den Einbau gemäß dem Patente benutzen will und muß, durch diese Benutzung eine erhebliche Wertsteigerung erfährt.

Die Parteien streiten in erster Linie darüber, ob die Lizenzgebühr zu berechnen sei unter Zugrundelegung des Lieferungspreises der ganzen Signalanlage, was die Beklagten und die Nebenintervenientin für zutreffend halten, oder unter Zugrundelegung des Lieferungspreises nur für den Sender und die für dessen Einbau gemäß dem Patent erforderlichen Teile, wie die Klägerin und das Patentamt für angemessen erachten. Der letzteren Auffassung war zuzustimmen. Sie entspricht, wie der Sachverständige dargelegt hat, der Übung des Verkehrs und erscheint auch an sich gerechtfertigt, da unmittelbar nur der Sender durch den Einbau gemäß dem Patent eine Wertsteigerung erfährt, nicht aber die ganze Anlage. Demnach ergibt sich, daß ein Lieferungspreis von 7500 M zugrunde zu legen war und nicht ein solcher von 12 bis 15000 M. Der erstere ist derjenige für den Sender und dessen Einbau, der letztere derjenige für die ganze Signalanlage.

Die Parteien streiten in zweiter Linie darüber, ob es angemessen sei, diesen Lieferungspreis als festen Satz zugrunde zu legen, oder dabei zu berücksichtigen, daß der Lieferungspreis sich ändern kann. Der ersteren Auffassung war in Übereinstimmung mit dem Sachverständigen beizutreten, da sie der Übung des Verkehrs entspricht.

Die Parteien streiten endlich darüber, welcher Prozentsatz des Lieferungspreises als angemessene Abgabe gerechtfertigt sei. Gebräuchlich im Verkehr ist nach den Darlegungen des Sachverständigen eine Abgabe von 1 bis 10 % des Lieferungspreises. Für die Bemessung im Einzelfall innerhalb dieses Rahmens, dafür, ob man sich dabei der unteren oder oberen Grenze mehr oder weniger nähert, spielen verschiedene Umstände eine Rolle. Handelt es sich z. B. um einen Massenartikel, was hier nicht der Fall ist, so nähert man sich der unteren Grenze. Auf der anderen Seite ist von Bedeutung namentlich der Wert der zu benutzenden Erfindung, und es ist schon ausgeführt, daß dieser für die Wertsteigerung des Senders in den hier in Betracht kommenden Fällen ein erheblicher ist. Zu berücksichtigen war im vorliegenden Falle aber ferner, daß der nach dem Patent einzubauende Sender der Klägerin seinen hohen Lieferungspreis auch dadurch erhält, daß dieser Sender selbst auf besonderem erfinderischen Verdienste der Klägerin beruht und unstreitig durch eine Anzahl von Patenten geschützt ist, so daß die Wertsteigerung des nach dem Patent eingebauten Senders bis zu einem Lieferungspreise von 7500 M nicht in einem überwiegenden Maße eine Folge der Benutzung der Erfindung des Patentes 162601, sondern in gleicher Weise ein Verdienst der Klägerin ist. Das rechtfertigt es aber, den Prozentsatz nicht bis zur oberen Grenze zu bemessen, sondern ihn der Mitte des Rahmens zu nähern. Auf Grund dieser Erwägungen hat das Reichsgericht einen Satz von 6 % an Stelle der von der Klägerin angebotenen und vom Patentamte festgesetzten 3 % von 7500 M für eine angemessene Lizenzgebühr erachtet." ...

85. Ausgabe junger Aktien im Laufe eines Geschäftsjahres, welche die Aktiengesellschaft am Gewinn erst von Anfang des neuen Geschäftsjahres an beteiligt und denen sie entsprechend lautende Gewinnanteilscheine sofort beifügt.

1. Ist die Gesellschaft für die Zeit von der Kapitalerhöhung bis zum Beginn der Laufzeit der Gewinnanteilscheine als eine solche anzusehen, die keine Gewinnanteilscheine ausgibt?
2. Wann beginnt die zehnjährige Steuerfreiheit der jungen Aktien?
3. Umfaßt sie zehn volle nach dem Kalender zu berechnende Jahre oder zehn Geschäftsjahre?
4. Sind für steuerpflichtige Jahresbruchteile nur die entsprechenden Steuerbruchteile zu erheben?

Reichsstempelgesetz vom 15. Juli 1909 §§ 9, 10, Tarifnr. 3 A Befreiungsvorschr. 3.

Reichsstempelgesetz vom 3. Juli 1913 §§ 16, 17, Tarifnr. 3 A Befreiungsvorschr. 3.

VII. Zivilsenat. Urt. v. 22. März 1918 i. S. B. Aktiengesellschaft (Kl.) w. preuß. Staat (Bekl.). Rep. VII. 400/17.

I. Landgericht Stettin, Kammer für Handelssachen.
II. Oberlandesgericht daselbst.

Die Klägerin, die damals noch ihren Sitz in S. hatte, hat durch Generalversammlungsbeschluß vom 24. November 1909 ihr Aktienkapital um 5 Millionen Mark erhöht. Die Eintragung in das Handelsregister ist am 26. November 1909 erfolgt. Es wurden 5000 neue Aktien zu je 1000 *M* ausgegeben. Da sie vor dem 1. Januar 1910 keinen Anteil am Reingewinn haben sollten, wurden sie mit Gewinnanteilscheinen für die zehn, mit den Kalenderjahren zusammenfallenden Geschäftsjahre 1910 bis 1919 versehen. Bis zum 31. Dezember 1909 waren auf die neuen Aktien außer dem Aufgelde von 70 v. H. insgesamt 1262750 *M* eingezahlt. Die Steuerbehörde nahm an, daß der Gewinnschein für 1919 nicht mehr unter die Befreiungsvorschrift 3 der Tarifnr. 3 A RStempG. falle, und erforderte im Jahre 1915 für diesen Schein den Stempel der ebengenannten Tarifnr. mit $^1/_{10}$ v. H. = 1262,75 *M*. Nachdem die Klägerin die höheren Verwaltungsinstanzen vergeblich angerufen hatte, erhob sie Klage auf Rückzahlung des Betrags.

Das Landgericht nahm an, daß der Gewinnschein nur steuerpflichtig sei, soweit er die Zeit vom 26. November bis 31. Dezember 1919 betreffe, verurteilte den Beklagten zur Zurückzahlung von 1139,98 *M* und wies die Klage in Höhe von 122,77 *M* ab. Auf die Berufung des Beklagten wies das Oberlandesgericht unter Zurückweisung der die abgewiesenen 122,77 *M* betreffenden Anschließung der Klägerin die Klage ganz ab. Auf die Revision der Klägerin ist das Urteil aufgehoben und die Sache zur anderweiten Verhandlung und Entscheidung an das Berufungsgericht zurückverwiesen worden.

Aus den Gründen:

... „Der zu beurteilende Rechtsvorgang fällt zeitlich noch unter die Herrschaft des Reichsstempelgesetzes in der Fassung vom 15. Juli 1909. Die vorliegend in Frage kommenden Vorschriften stimmen mit denen des Reichsstempelgesetzes in der jetzt geltenden Fassung vom 3. Juli 1913 überein, nur trugen die jetzigen §§ 16, 17 in der älteren Fassung die Zahlen 9 und 10. (Anführungen ohne Zusatz beziehen sich im folgenden auf die ältere Fassung.)

Die Parteien streiten über die Auslegung der Befreiungsvorschrift 3 der Tarifnr. 3A RStempG. Sie befreit von der Steuer auf Gewinnanteilscheine und Zinsbogen — gewöhnlich kurz, wiewohl nicht zutreffend, Talonsteuer genannt — die bei der ersten Ausgabe der Wertpapiere in Verkehr gesetzten Bogen, soweit diese nicht für einen längeren als zehnjährigen Zeitraum ausgegeben werden. Diese Voraussetzungen sind bei den in Rede stehenden Gewinnbogen an sich gegeben. Es greift aber noch die Bestimmung des § 10 RStempG. ein, wonach inländische Aktiengesellschaften, die keine Gewinnanteilscheine ausgeben, hinsichtlich der Verpflichtung zur Entrichtung der Stempelabgabe so behandelt werden, als wenn sie „von dem Zeitpunkte der Eintragung der Gesellschaft oder der Eintragung der Erhöhung des Aktienkapitals in das Handelsregister für je zehnjährige Zeiträume Gewinnanteilscheinbogen ausgegeben hätten". Der Sinn und die Tragweite dieser Bestimmung ergeben sich aus der Vorgeschichte der Talonsteuer. Bei der Neuregelung der Reichssteuern im Jahre 1909 sollte auch eine den Besitz belastende Steuer geschaffen werden. Über eine Ausdehnung der Erbschaftssteuer und über die sogenannte Kotierungssteuer, d. h. eine Steuer auf alle zum Börsenhandel zugelassenen Wertpapiere, konnten sich Regierung und Reichstag nicht einigen. Dazu führte erst ein aus der Mitte des Reichstags hervorgehender Antrag, der, um im Rahmen der schon zur zweiten Beratung in der Vollversammlung anstehenden Novelle zum Reichsstempelgesetze zu bleiben, an die Gewinn- und Zinsbogen anknüpfte und, wenn er eine gleichmäßige Besteuerung erreichen wollte, diese auch da eintreten lassen mußte, wo die Bogen nicht vorhanden waren. So gelangte man zur Talonsteuer im allgemeinen und zum § 10 RStempG. im besonderen. Die Steuer ist, wie der Senat schon in seinen Urteilen RGZ. Bd. 85 S. 384 (387), Bd. 87 S. 427 (429) ausgesprochen hat, eine beim Ablaufe der ersten 10 Jahre beginnende, geringer bemessene Wiederholung der früher in der Form des Aktienstempels, seit dem 1. Oktober 1913 in der Form des Gesellschaftsvertragsstempels zu erhebenden Steuer von dem in Aktien angelegten Kapitale, die freilich nicht vom Werte der für den Erwerb der Aktien gewährten Gegenleistung, sondern vom Nennwerte der Aktien zu berechnen ist.

Dieser Auffassung folgend, hat der Senat auch diejenigen Aktiengesellschaften als der Talonsteuer unterworfen angesehen, die satzungsgemäß keinen Gewinn verteilen (RGZ. Bd. 85 S. 384), und er hat das Recht auf die zehnjährige Steuerfreizeit zwar nicht als verwirkt angesehen, wenn die Gewinnbogen nicht „bei der ersten Ausgabe der Wertpapiere mit diesen in Verkehr gesetzt" wurden, wenn dies vielmehr erst später geschah, er hat aber auch in diesem Falle die Steuerfreizeit mit der Errichtung der Aktiengesellschaft beginnen lassen (RGZ. Bd. 87 S. 427). Im vorliegenden Falle sind die Gewinnbogen zwar bei der ersten Ausgabe der Wertpapiere mit diesen in Verkehr gesetzt worden, ihre Laufzeit beginnt aber erst mit einem späteren Zeitpunkte. Auch in diesem Falle muß die Steuerfreizeit von der Ausgabe der jungen Aktien gerechnet werden, oder genauer und mit den Worten des Gesetzes ausgedrückt (§ 10 RStempG.), von dem Zeitpunkte der Eintragung der Erhöhung des Grundkapitals in das Handelsregister, denn von diesem Zeitpunkt an ist das zu besteuernde Kapital in den Aktien angelegt. Wollte man dem nicht beitreten, so würden die Gesellschaften es in der Hand haben, durch ihre Maßnahmen bei der Ausgabe von Gewinnbogen eine Hinausschiebung des Beginns der Steuerfreizeit zu erreichen. Das würde aber zu einer unterschiedlichen

Behandlung der Gesellschaften führen und erscheint demzufolge unzulässig. Auf diesen Gesichtspunkt hat schon das Kammergericht in seiner später noch zu erwähnenden Entscheidung vom 16. Juni 1911 (Ztschr. f. Zollwesen und Reichssteuern 1912 S. 26 flg.) hingewiesen. Die Klägerin ist für die Zeit von der Eintragung der Kapitalserhöhung in das Handelsregister bis zum 1. Januar 1910, an welchem Tage die Laufzeit der Gewinnbogen begann, als eine Gesellschaft anzusehen, die keine Gewinnbogen ausgegeben hat, und deshalb so zu behandeln, als ob sie zu der Zeit, zu der die Eintragung in das Handelsregister erfolgte, für eine von diesem Zeitpunkt ab laufende Frist von 10 Jahren Gewinnbogen für ihre jungen Aktien ausgegeben hätte.

Bei dieser Auslegung des § 10 RStempG. wird die Zeit von der Eintragung in das Handelsregister bis zum Schlusse des Jahres 1909, für welche die jungen Aktien nach dem maßgebenden Generalversammlungsbeschlusse vom 24. November 1909 Anspruch auf Gewinn nicht hatten, in die zehnjährige Steuerfreizeit hineingerechnet. Das liegt daran, daß die Steuer eben auf das Kapital und nicht auf den Gewinn gelegt ist. Der § 9 Abs. 2 RStempG., aus dem man versucht sein könnte, etwas Gegenteiliges herzuleiten, gibt eine auf Billigkeitserwägungen beruhende Vorschrift und läßt, wenn in einem zehnjährigen Steuerzeitraume gewinnlose Jahre vorgekommen sind, die Steuer für die *folgenden* 10 Jahre unter bestimmten Voraussetzungen entsprechend kürzen. Der Grundsatz „wo keine Gewinnzahlung, da keine Talonsteuer" ergibt sich nicht aus § 9 Abs. 2 a. a. O., er ist von dem erkennenden Senat auch schon RGZ. Bd. 85 S. 384 (388 oben) abgelehnt worden. Die Revision will diesen Satz wenigstens dann anerkannt wissen, wenn die rechtliche Unmöglichkeit einer Gewinnverteilung vorliege, und sie meint, daß diese rechtliche Unmöglichkeit für die jungen Aktien der Klägerin in dem Reste des Jahres 1909 gegeben gewesen sei. Es kann unerörtert bleiben, ob die rechtliche Unmöglichkeit einer Gewinnverteilung zu berücksichtigen wäre — *Hoffmann* Anm. 6 zu § 10 RStempG. bei Stenglein, Strafrechtl. Nebengesetze, 4. Aufl. Bd. 2 S. 623 flg. steht anscheinend auf diesem Standpunkte —, nach dem vorgetragenen Sachverhalte bestand sie jedenfalls nicht. Der Beteiligung der jungen Aktien an dem 1909 erzielten Gewinn stand eine gesetzliche Vorschrift nicht entgegen, nach dem eigenen Vorbringen der Klägerin haben nur wirtschaftliche Erwägungen die Generalversammlung am 24. November 1909 veranlaßt, die jungen Aktien für 1909 ohne Gewinnanteil zu belassen.

Die Parteien streiten weiter darüber, ob die zehnjährige Steuerfreizeit, wenn sie mit der Eintragung der Kapitalserhöhung in das Handelsregister zu laufen beginnt, am 25. November 1919 abläuft, wie das Landgericht gerechnet hat, oder am 31. Dezember 1918, wie der Berufungsrichter und der Beklagte rechnen, dieser unter Hinweis auf das schon erwähnte Kammergerichtsurteil vom 16. Juni 1911. Hier werden in der Tat zehn Jahre im Sinne der Befreiungsvorschrift 3 a. a. O. gleich zehn Geschäftsjahren gesetzt, und auch das verkürzte erste Geschäftsjahr wird voll berücksichtigt. Die Richtigkeit dieser Rechnungsart hat das Kammergericht indessen, da ein Streit der Parteien damals insoweit nicht bestanden zu haben scheint, mehr vorausgesetzt als selbst ausgesprochen oder gar begründet. Seitens der Verwaltungsbehörden ist der Entscheidung des Kammergerichts allgemeine Folge gegeben worden, vgl. die Rundschreiben des Reichsschatzamts vom 23. November 1911 (Ztschr. f. Zollwesen und Reichssteuern 1912 S. 26 Anm. 2), vom 20. Januar 1912 (a. a. O. 1912 S. 61) und vom 26. Juni 1913 (a. a. O. 1913 S. 214). In dem zweiten Rundschreiben wird ganz allgemein der Satz ausgesprochen, daß unter „Jahr" im Sinne der Tarifnr. 3A und der §§ 9 und 10 RStempG., soweit die Versteuerung von Gewinnanteilscheinbogen in Frage komme, das Geschäftsjahr zu verstehen sei, auch wenn es sich um ein weniger als 12 Monate umfassendes Geschäftsjahr handele. In dem dritten Rundschreiben wird diese Auslegung auch für die Berechnung des Zeitpunktes für maßgebend erklärt, zu welchem die Abgabe der Tarifnr. 3A erstmalig fällig werde. Begründet wird das mit der „offensichtlich auch in dem kammergerichtlichen Urteile gegebenen Auslegung" und weiter mit folgenden Ausführungen:

„Wollte man die Abgabe erst nach dem Ablaufe von zehn vollen Kalenderjahren seit der Eintragung der Gesellschaft oder der Eintragung der Erhöhung des Grundkapitals in das Handelsregister für fällig erklären, so würde eine kaum zu überwindende Schwierigkeit entstehen, wenn zur Anwendung des § 9 Abs. 2 RStempG. festgestellt werden müßte, ob der verteilte Durchschnittsgewinn weniger als 4% oder 4% und mehr beträgt. Denn der Reingewinn wird für das Geschäftsjahr festgesetzt, und dieses deckt sich in den seltensten Fällen mit dem von der Eintragung in das Handelsregister zu berechnenden Jahre. Es müßte also hierfür stets eine neue Berechnung des Reingewinns und des jährlichen Prozentsatzes erfolgen."

Endlich wird darauf hingewiesen, daß der § 39 der Ausführungsbestimmungen vom 5. Februar 1912 (Zentralbl. f. d. Deutsche Reich 1912 S. 35), der sachlich mit § 25 I der Ausführungsbestimmungen vom 26. Juli 1909 (a. a. O. 1909 S. 560) übereinstimmt, und das dort zugelassene Muster nicht ganz vollständig erscheinen könnten, da danach der Zeitraum und die Dauer der Geschäftsjahre nicht anzugeben seien. Das ergebe aber kein Bedenken gegen die Richtigkeit der Auslegung und werde gelegentlich geändert werden. Diese Änderung ist bei der Neufassung der Ausführungsbestimmungen vom 3. Juli 1913 (a. a. O. 1913 S. 801) erfolgt. § 52 (§ 39 der Fassung von 1912) schreibt jetzt bei der Anmeldung die Angaben über das Geschäftsjahr vor, entsprechende neue Spalten (Nr. 7) sind in die Muster 11 und 12 (7 und 8 der Fassung von 1912, 4c und 4d der Fassung von 1909) eingeschoben. Neu gegenüber den Fassungen von 1909 und 1912 ist auch in § 53 a. a. O. (früher § 40 und § 25 m) der letzte Satz des ersten Absatzes: „Unter einem zehnjährigen Zeitraume sind zehn aufeinanderfolgende Geschäftsjahre zu verstehen." Er bezieht sich wie der ganze § 53 der Ausführungsbestimmungen unmittelbar nur auf den § 17 RStempG. vom 3. Juli 1913 oder § 10 RStempG. vom 15. Juli 1909, seine Tragweite reicht also nicht so weit wie die der Rundschreiben des Reichsschatzamts.

Die Bearbeiter des Reichsstempelgesetzes haben sich der Auffassung des Reichsschatzamts im wesentlichen angeschlossen. Vgl. Greiff, 2. Aufl., Anm. 9c zu § 10 RStempG. vom 3. Juli 1913, Anm. 15, 16, 17 zu Tarifn. 3A ebenda; Weinbach, 2. Aufl., Anm. 2b zu § 17 ebenda; Loeck, 12. Aufl., S. 351 Anm. 23 zu §§ 16, 17 ebenda; Hoffmann an der schon oben angeführten Stelle, nur nimmt dieser für den Fall der Neugründung einer Aktiengesellschaft — nicht auch für den Fall der Kapitalserhöhung — aus handelsrechtlichen Erwägungen einen abweichenden Standpunkt ein; er will das erste Geschäftsjahr, wenn es nicht volle 12 Monate umfaßt, nicht mitrechnen, da für ein solches Jahr nach dem Gesetz ein Gewinnanteil überhaupt nicht verteilt werden dürfe.

Auch das Berufungsgericht ist, wie bereits erwähnt, der Auffassung des Reichsschatzamts gefolgt. Es hat die Steuerfreizeit nach Ablauf von 10 Geschäftsjahren am 31. Dezember 1918 endigen lassen und den Gewinnschein für 1919 in vollem Umfange für steuerpflichtig erachtet. Das ist von dem grundsätzlichen Standpunkte des Oberlandesgerichts aus zutreffend, denn für die jungen Aktien kam der Teil des Geschäftsjahres 1909, während dessen sie bestanden, als Geschäftsjahr mit in Betracht, wenn sie auch an dem Gewinne dieses Jahres tatsächlich nicht beteiligt waren. Der Rest des Jahres 1909 war für sie ein abgekürztes Geschäftsjahr, wie es auch sonst, z. B. bei der Verlegung des Beginns der Geschäftsjahre, vorkommt. Der grundsätzliche Standpunkt des Oberlandesgerichts ist aber nicht gerechtfertigt. Er führt, wie das Oberlandesgericht selbst hervorhebt, zu unbilligen Ergebnissen. Diese könnten höchstens dann ertragen werden, wenn eine andere Auslegung der gesetzlichen Bestimmungen auf unüberwindliche Schwierigkeiten stoßen würde. Das trifft aber nicht zu.

Die §§ 9 und 10 und die Tarifnr. 3A RStempG. sprechen von Jahren schlechthin, nicht von Geschäftsjahren. Unter einem Jahre ist nach der Regel der §§ 186, 188 Abs. 2 BGB. eine Frist zu verstehen, die mit dem Ablaufe desjenigen Tages des zwölften Monats endet, der durch seine Zahl dem Tage entspricht, in den das die Frist in Lauf setzende Ereignis fiel. Danach muß also die zehnjährige Steuerfreizeit für die jungen Aktien der Klägerin am 26. November 1919 enden. So haben auch das Landgericht und in seinem der Klage beigefügten Bescheide vom 22. April 1916 der preuß. Finanzminister gerechnet, beide allerdings mit einer Abweichung um einen Tag — Ende der Frist: 25. November 1919 —, für die ein Grund nicht ersichtlich ist. Da die Klägerin Gewinnscheine über den 26. November 1919 hinaus für die Zeit bis zum 31. Dezember 1919 ausgegeben hat, sind die Bogen für den einen Monat und die 4 Tage vom 27. November bis 31. Dezember 1919 steuerpflichtig. In dieser Beziehung bestimmt Tarifnr. 3A a und b Sp. 4 Abs. 3 RStempG. für Bogen, die Gewinnscheine für einen längern als zehnjährigen Zeitraum enthalten, daß die Abgabe für jedes fernere Jahr sich um ein Zehntel erhöht. Ob ein angefangenes Jahr für voll zu rechnen ist, darüber herrscht Streit. Greiff a. a. O. Anm. 27 zu Tarifnr. 3A,

Weinbach Anm. 10 ebenda, Loeck Anm. 9a zu § 42 d. AusfBest. nehmen es ohne nähere Begründung an; Hoffmann ebenda Anm. 6 S. 717 verneint die Frage. Ihm ist beizupflichten. Die gegenteilige Meinung führt zu einer ungerechtfertigten Härte. Im vorliegenden Falle müßten ein Monat und 4 Tage gleich einem Jahre, und folgerichtig müßte gegebenenfalls auch ein einziger Tag gleich einem Jahre gerechnet werden. Der einfache Satz des Gesetzes, daß die Abgabe sich für jedes fernere Jahr um ein Zehntel erhöht, zwingt nicht zu dieser Auslegung. Mit ihm ist die Auffassung, daß für Jahresbruchteile auch die entsprechenden Steuerbruchteile erhoben werden sollen, sehr wohl vereinbar. Für die Berechnungsart spricht, worauf die Revision zutreffend hinweist, daß in dem unmittelbar vorhergehenden Abs. 2 der Spalte 4 a. a. O. bei weiteren Einzahlungen auf zunächst nicht vollbezahlte Aktien die weitere Abgabe nach dem Verhaltnis der abgelaufenen Zeit zu der Zeit erfordert werden soll, für welche die Gewinnanteilscheine noch laufen. Auch hier können Jahresbruchteile vorkommen, und bei Aufmachung der vom Gesetze vorgeschriebenen Rechnung dürfen für sie auch nur die entsprechenden Bruchteile der Abgabe erfordert werden. Was nach Abs. 2 a. a. O. vorgeschrieben ist, kann im Falle des Abs. 3 a. a. O. nicht unzulässig sein. Der Beklagte will auch nach Abs. 2 a. a. O. nur mit vollen Jahren rechnen, ein Grund dafür ist jedoch nicht ersichtlich.

Wenn jetzt die Klägerin die Steuer nur für die Zeit vom 27. November bis 31. Dezember 1919 bezahlt, werden sich auch bei der späteren Anwendung des § 16 Abs. 2 RStempG. vom 3. Juli 1913 keine Schwierigkeiten ergeben. Die nächsten Gewinnbogen wird die Klägerin für ihre jungen Aktien am 1. Januar 1920 ausgeben, wiederum in der üblichen und durch das Gesetz begünstigten Weise für 10 Jahre im voraus. Mindestens wird die Klägerin nach § 17 a. a. O. so anzusehen sein, als ob sie dieses täte. Dann sind bis 1. Januar 1920 gerade zehn Geschäftsjahre der Klägerin abgelaufen, die auch für die jungen Aktien volle Geltung haben, die Jahre 1910 bis 1919. Nach ihren Ergebnissen wird zu berechnen sein, ob eine Kürzung der Abgabe für die nächsten 10 Jahre 1920 bis 1929 einzutreten hat oder nicht. Eine Berechnung des Gewinns der Klägerin für andere Zeiten als für ihre eigenen Geschäftsjahre wird nicht erforderlich sein.

Hätte die Klägerin für ihre jungen Aktien überhaupt keine Gewinnbogen ausgegeben, würde die Lösung nicht minder glatt sein. Nach § 53 Abs. 1 letzter Satz der AusfBest. würde es z. B. so anzusehen sein, als ob die Klägerin den jungen Aktien Gewinnbogen für die zehn Geschäftsjahre 1909 bis 1918 mitgegeben hätte. Da diese zehn Geschäftsjahre voll in die Steuerfreizeit fallen, würde jetzt keine Talonsteuer zu erheben sein. Am 1. Januar 1919 würde zu unterstellen sein, daß die Klägerin Gewinnbogen für die weiteren zehn Geschäftsjahre 1919 bis 1928 ausgäbe. Von diesen würde 1919 mit den 10 Monaten und 26 Tagen vom 1. Januar bis 26. November noch innerhalb, mit dem einen Monat und den 4 Tagen vom 27. November bis 31. Dezember außerhalb der Steuerfreizeit liegen. Es wäre also die Steuer zu entrichten für 9 Jahre 1 Monat und 4 Tage. Für den nach § 16 Abs. 2 RStempG. vom 3. Juli 1913 notwendigen Vergleich stünden die zehn Geschäftsjahre 1909 bis 1918 bereit, der Gewinnlosigkeit des abgekürzten Geschäftsjahres 1909 würde beim Vorliegen der sonstigen Voraussetzungen die Steuerfreiheit der Zeit vom 27. November bis 31. Dezember 1919 entsprechen. Am 1. Januar 1929 würde die Steuer für die zehn Geschäftsjahre 1929 bis 1938 fällig, zum Vergleiche würden die Geschäftsjahre 1919 bis 1928 heranzuziehen sein, usw.

Der schon oben näher besprochene letzte Satz des § 53 Abs. 1 der geltenden Ausführungsbestimmungen bedeutet hiernach, wenn er auf sein eigentliches Anwendungsgebiet beschränkt bleibt, keine sachliche Änderung der Bestimmungen des Gesetzes — sie würde auch ungültig sein, vgl. die Entsch. des erkennenden Senats RGZ. Bd. 87 S. 427 (431) —, er schafft vielmehr nur die Voraussetzungen für eine der Billigkeit entsprechende Durchführung des Gesetzes. Richtig ist, daß die am 1. Januar 1919 zu zahlende Steuer für 9 Jahre 1 Monat und 4 Tage in dem unterstellten Falle um 10 Monate und 26 Tage zu früh gezahlt würde, da sie nach dem Gesetz erst am 27. November 1919 fällig wäre. Dafür würde aber auch die an sich am 27. November 1919 fällige Steuer für die 10 Monate und 26 Tage vom 1. Januar bis 26. November 1929 erst am 1. Januar 1929 zu zahlen sein, also 9 Jahre 1 Monat und 4 Tage später. Die aufgewendeten und die ersparten Zwischenzinsen würden sich ausgleichen, eine Unbilligkeit würde darin für keine der Parteien liegen.

Hiernach ist der § 16 Abs. 2 RStempG. vom 3. Juli 1913 (früher § 10 Abs. 2 RStempG. vom 15. Juli 1909) ohne Schwierigkeiten auch dann anwendbar, wenn die Steuerfreizeit der Befreiungsvorschrift 3 in Tarifnr. 3A a. a. O. nach §§ 186, 188 Abs. 2 BGB. auf zehn volle Jahre vom Tage der Eintragung in das Handelsregister berechnet wird. Es ist deshalb kein Anlaß gegeben, eine andere Art der Berechnung zu wählen. Die Entscheidung des Berufungsgerichts erweist sich als irrtümlich und war aufzuheben. Grundsätzlich richtig ist die Entscheidung des Landgerichts, sie konnte aber nicht wiederhergestellt werden, da das Landgericht die Steuer für einen Tag zuviel, für 1 Monat und 5 Tage statt für 1 Monat und 4 Tage berechnet hat. Die Sache war deshalb zur anderweiten Verhandlung und Entscheidung an das Berufungsgericht zurückzuverweisen. Wegen einer etwa erforderlichen Abrundung der Steuer wird das Rundschreiben des Reichsschatzamts vom 3. Juni 1913 — Ztschr. f. Zollw. und Reichsst. 1913 S. 182 — zu beachten sein."

---

86. Kann der Erbe, der die Erfüllung einer vertraglichen Verbindlichkeit des Erblassers schuldhaft vereitelt hat, der auf Schadensersatz wegen Nichterfüllung gerichteten Klage des Gläubigers gegenüber geltend machen, daß dieser sich auf das Aufgebot der Nachlaßgläubiger hin nicht gemeldet habe und daß der Erbe jedenfalls nur mit Beschränkung auf den Nachlaß hafte?

BGB. §§ 1967, 1970 flg., 1978.

II. Zivilsenat. Urt. v. 22. März 1918 i. S. Wwe. Fr. (Bekl.) w. S. (Kl.). Rep. II. 515/17.

I. Landgericht II Berlin.
II. Kammergericht daselbst.

Aus den Gründen:

... „Durch den ersten der beiden Verträge vom 2. April 1900 haben der Kläger und der verstorbene Ehemann und Erblasser der Beklagten das Grundstück Band 4 Blatt 104 Sch. von dem Rentner B.

„zu gleichen Rechten und Anteilen" gekauft. Sie haben das Grundstück von dem Verkäufer aufgelassen erhalten und sind dementsprechend als Miteigentümer „je zur ideellen Hälfte" in das Grundbuch eingetragen worden. Daß sie beabsichtigt hätten, das Grundstück nicht zu Miteigentum nach Bruchteilen, sondern zu Gesamthandeigentum zu erwerben, erhellt nicht und ist auch aus dem zweiten Vertrage nicht zu folgern, obgleich dieser, wie das Berufungsgericht ohne Rechtsirrtum annimmt, ein Gesellschaftsvertrag im Sinne der §§ 705 flg. BGB. ist. Die beiden Vertragschließenden haben vereinbart, daß der Kläger den Grundstückspreis sowie die Kosten, den Stempel und die Umsatzsteuer allein auszulegen habe und daß ihm die ausgelegten Beträge nebst 5 % Zinsen von der Kaufsumme aus dem beim Weiterverkaufe zu erzielenden Erlöse vorweg erstattet werden, von dem Erlösüberschuß aber $^1/_3$ ihm und $^2/_3$ dem Erblasser der Beklagten zukommen sollten. Dadurch wurde zwar für jeden von beiden die Verpflichtung zum Weiterverkaufe des Grundstücks, nicht dagegen ohne weiteres die zur Umwandelung des ideellen Miteigentums in Gesamthandeigentum begründet. Denn der Gesellschaftszweck konnte auch in der Weise erreicht werden, daß jeder Gesellschafter sich dem anderen gegenüber verpflichtete, seine gedachte Grundstückshälfte unmittelbar an den etwaigen Käufer zu übereignen. Es ist durchaus nicht ungewöhnlich, daß bei einer Gesellschaft bürgerlichen Rechtes, namentlich bei einer Gelegenheitsgesellschaft, wie sie hier vorliegt, von der Bildung eines besonderen Gesellschaftsvermögens abgesehen wird. Jedenfalls ist die etwaige Absicht der Vertragschließenden, Eigentümer zur gesamten Hand zu werden, nicht zur Verwirklichung gelangt. Infolgedessen kann von einem Treuhandverhältnis zwischen ihnen als Gesamthandeigentümern einerseits und als Bruchteilsmiteigentümern andererseits nicht die Rede sein. Das Treuhandverhältnis setzt voraus, daß der eine (der Treuhandgeber) den in seinem Eigentum stehenden Gegenstand dem anderen (dem Treuhänder) zu treuen Händen übereignet, während hier die vom Berufungsgerichte sogenannten Treuhänder ihr Bruchteilsmiteigentum von einem Dritten erworben und sich, soweit ersichtlich, nicht einmal untereinander verpflichtet haben, das Bruchteilsmiteigentum zu Gesamthandeigentum zu machen (vgl. RG. bei Gruchot Bd. 54 S. 626; RGZ. Bd. 84 S. 214, Bd. 91 S. 12).

Zur Erreichung des Gesellschaftszweckes war es jedoch unerläßlich, und es muß deshalb als stillschweigend vereinbart gelten, daß keiner der beiden Gesellschafter durch Verfügungen über seine Grundstückshälfte, insbesondere durch deren hypothekarische Belastung, die Möglichkeit eines gemeinschaftlichen Weiterverkaufs des Grundstücks und einer der Vereinbarung entsprechenden Verteilung des Erlöses beeinträchtigen oder gar zunichte machen durfte. Der Ehemann der Beklagten würde also, wenn er selbst an seiner Grundstückshälfte eine deren Wert fast erschöpfende Hypothek von 14500 ℳ bestellt hätte, den Gesellschaftsvertrag verletzt haben. Seine Verpflichtung, vertragswidrige Verfügungen zu unterlassen, ist aber mit seinem Tode auf die Beklagte als seine Alleinerbin übergegangen, einerlei ob die Gesellschaft durch seinen Tod aufgelöst wurde, oder ob sie sich zwischen dem Kläger und der Beklagten fortsetzte (vgl. § 727 BGB., Urteil des Reichsgerichts vom 16. Mai 1906 — I. 613/05 — DJZ. 1906 S. 878, RGRKomm. zu § 727 Anm. 1). Denn das den Gegenstand des Gesellschaftsvertrags bildende Grundstücksgeschäft mußte in dem einen wie in dem anderen Falle auf die vertraglich festgesetzte Weise zu Ende geführt werden. Die Beklagte hat daher vertragswidrig gehandelt, indem sie die von ihrem Ehemann auf sie vererbte Grundstückshälfte mit der Hypothek von 14500 ℳ für Frau Sch. belastete, und sie hat das nach der Feststellung des Berufungsgerichts nicht nur in Kenntnis der ihr als Erbin gegenüber dem Kläger obliegenden Vertragspflicht, sondern auch in dem Bewußtsein und sogar mit der Absicht getan, den Anspruch des Klägers auf Befriedigung wegen seiner Auslagen nebst Zinsen und wegen seines Überschußanteils aus dem Erlöse des ganzen Grundstücks hinsichtlich des auf ihre Grundstückshälfte entfallenden Teiles des Erlöses zu vereiteln. Diese Feststellung ist rechtlich bedenkenfrei und wird auch von der Revision nicht besonders beanstandet. Ist sie aber richtig, so hat sich die Beklagte durch ihr schuldhaft vertragswidriges Verhalten für ihre Person schadensersatzpflichtig gemacht, und zwar haftet sie aus dem Vertrage dem Kläger unmittelbar und ohne jede Beschränkung auf den Nachlaß ihres Ehemanns. Die Rechtslage ist nicht etwa die, daß der Kläger an Stelle seines vertraglichen Erfüllungsanspruchs lediglich einen vertraglichen Anspruch auf Schadensersatz wegen Nichterfüllung als Nachlaßgläubiger erlangt hätte und die Beklagte aus ihrem Verschulden nur nach Maßgabe des § 1978 Abs. 2 BGB. dem Nachlasse gegenüber schadensersatzpflichtig wäre. Demgemäß war der Kläger, da er hinsichtlich des ihm gegen die Beklagte persönlich erwachsenen vertraglichen Schadensersatzanspruchs nicht zu den Nachlaßgläubigern im Sinne des § 1970 BGB. gehört, nicht verpflichtet, diesen — vor Erlaß des Ausschlußurteils entstandenen — Anspruch im Aufgebotsverfahren anzumelden, und die Beklagte kann dem von ihr persönlich zu erfüllenden Anspruche gegenüber auch nicht geltend machen, daß sie für die Nachlaßverbindlichkeiten nur beschränkt hafte (§ 780 ZPO.). Es darf deshalb ganz dahingestellt bleiben, ob die Beklagte außerdem auf Grund des § 823 oder des § 826 BGB. schadensersatzpflichtig geworden ist. Immerhin mag hervorgehoben werden, daß sich die Anwendbarkeit des § 823 mit der, wie gezeigt, irrigen Annahme eines fiduziarischen Eigentums nicht rechtfertigen und daß der Irrtum des Berufungsgerichts über die Natur des Treuhandverhältnisses auch die Feststellung der Voraussetzungen des § 826 bedenklich erscheinen läßt.

Die von der Revision gegen die Höhe des Schadensersatzanspruchs erhobenen Angriffe sind hinfällig. Im Hinblick auf die §§ 16, 51 KO. (vgl. §§ 756, 1010 Abs. 2 BGB.) kann die Annahme, daß der Kläger bei dem Verkaufe des ganzen Grundstücks aus dem Erlöse 27961,49 *M* an Auslagen, Zinsen und Überschußanteil erhalten hätte und daß er daher infolge der von der Beklagten verschuldeten Unmöglichkeit des Mitverkaufs ihrer Grundstückshälfte um den Unterschied zwischen den 27961,49 *M* und dem auf 15000 *M* zu veranschlagenden Werte seiner eigenen, ihm verbleibenden Grundstückshälfte, d. i. um 12961,49 *M* geschädigt sei, rechtlich nicht beanstandet werden. Gegen die Berechnung der 27961,49 *M* hat die Beklagte nach den Feststellungen des angefochtenen Urteils in der Berufungsinstanz nur noch geltend gemacht, daß die darin enthaltenen Zinsen für die Zeit bis zum 31. März 1908 verjährt seien. Das Berufungsgericht hat jedoch mit Recht angenommen, daß nach dem Vertrage sämtliche Zinsen erst bei der Ausschüttung des Erlöses fällig sein sollten, und es hat zutreffend ausgeführt, daß die Zinsen jetzt nur noch als Teil des dem Kläger erwachsenen Gesamtschadens in Betracht kommen." ...

87. Zum Begriffe der Bestellung zu einer Verrichtung im Sinne des § 831 BGB.

VI. Zivilsenat. Urt. v. 25. März 1918 i. S. Wei. (Bekl.) w. Aktiengesellschaft D. St. (Kl.). Rep. VI. 438/17.

I. Landgericht Düsseldorf.
II. Oberlandesgericht daselbst.

Aus den Gründen:

„Die Klägerin hat von der Firma We. Schrott gekauft und von dem Beklagten, dem jene Firma die Ausführung des Auftrags übertragen hatte, geliefert erhalten; sie hat nach Maßgabe des auf ihrem Werke von ihrem Platzmeister K. festgestellten Gewichts Zahlung an die Firma We. geleistet und diese wiederum an den Beklagten. Vertragliche Beziehungen bestanden zwischen den Parteien nicht. Die Klägerin ist nun bei jenen Lieferungen von dem Schwager des Beklagten, Wo., der unter der Firma des Beklagten handelnd auftrat, betrogen worden dadurch, daß Wo. den K. bestochen hat, zu hohe Gewichte festzustellen; da die von K. festgestellten Gewichte der Abrechnung zwischen der Klägerin und der Firma We. zugrunde gelegt wurden, ist die Klägerin um eine erhebliche Summe geschädigt worden. Sie fordert u. a. auf Grund von § 831 BGB. Schadensersatz. Der Streit der Parteien betrifft hauptsächlich die Frage, ob diese Bestimmung auf das Verhältnis zwischen dem Beklagten und Wo. anwendbar ist. Der Beklagte bestreitet dies: das Geschäft mit der Firma We. habe Wo. gemacht; er, Beklagter, habe sich darum nicht gekümmert. Er habe dem Wo. lediglich gestattet, unter des Beklagten Firma Geschäfte in Schrottlieferungen zu machen, da Wo. wegen des über sein Vermögen eröffneten Konkursverfahrens auf eigenen Namen keinen Kredit erhalten hätte. Dieser habe unter Benutzung des Namens des Beklagten ein von dessen Betriebe vollständig getrenntes Geschäft in eigenen Räumen geführt und sei bei Vornahme aller seiner geschäftlichen Handlungen von Anweisungen des Beklagten völlig unabhängig gewesen.

Die Vorinstanzen haben diesen Sachverhalt als wahr unterstellt, gleichwohl aber die Bestimmung im § 831 BGB. auf ihn angewendet. Hierzu hat das Landgericht unter Billigung des Berufungsgerichts folgendes ausgeführt. Wenn der Beklagte es gestattete, daß ein anderer unter seinem Geschäftsnamen und seiner handelsgerichtlich eingetragenen Firma Geschäfte abschloß, müsse er auch diese von dem anderen getätigten Geschäfte als von ihm, dem Firmeninhaber, selbst geschlossen gelten lassen. Wo., der unter der Firma des Beklagten Handelsgeschäfte abschloß, habe, da er dies mit Zustimmung des Firmeninhabers getan habe, nach außen hin als dessen Bevollmächtigter gehandelt, er sei dessen Stellvertreter gewesen. Alle Handlungen, die er im Rahmen des geschäftlichen Wirkungskreises vorgenommen habe, seien als Handlungen des Geschäftsherrn anzusprechen. Dieser habe daher hierfür einzustehen und zwar auch für Schäden, die sein Vertreter innerhalb des ihm überlassenen Geschäftskreises Dritten zugefügt habe. Indem der Beklagte seinem Schwager den freien Gebrauch seiner Firma überlassen und ihn frei schalten und walten gelassen habe, habe er ihn im Sinne des § 831 mit einer Verrichtung betraut, nämlich für seine Firma Rechtsgeschäfte abzuschließen. Unerheblich sei dabei der Umstand, daß Wo. die einzelnen Schrottlieferungen nach seinen eigenen Entschließungen getätigt haben sollte; er sei darum doch als ein „Bestellter" anzusehen, indem er nach außen hin für die Firma des Beklagten die Geschäfte abgeschlossen habe.

Die Revision macht hiergegen geltend: nach dem unterstellten Sachverhalte habe der Beklagte den Wo. nicht zu einer Verrichtung bestellt und demgemäß sei Wo. nicht an des Beklagten Anordnungen bei Ausführung der in Betracht kommenden Handlungen gebunden gewesen, Voraussetzungen, die gegeben sein müßten, wenn § 831 Anwendung finden sollte. Dafür, daß sich der Beklagte so behandeln lassen müsse, als ob er Geschäftsherr und Wo. von ihm zu Verrichtungen bestellt gewesen sei, fehle jede rechtliche Grundlage.

Diese Ausführungen sind unbegründet; es ist vielmehr denen der Vorinstanzen beizutreten. Zu einer Verrichtung bestellt ist, wem von einem anderen, von dessen Weisungen er mehr oder minder abhängig ist, eine Tätigkeit übertragen worden ist. Diese kann tatsächlichen oder rechtlichen Charakters, entgeltlich oder unentgeltlich, dauernd oder vorübergehend, niederer oder höherer Art sein, und die Bestellung kann sich auf einen ganzen Geschäftskreis oder eine einzelne Tätigkeit beziehen. Sie kann bei Geschäften rechtlicher Art mit einer Vertretungsmacht verbunden sein oder ohne eine solche ergehen. Eine allgemeine Bestellung begreift auch die einzelnen, im Rahmen des Auftrags liegenden Handlungen (RGZ. Bd. 91 S. 364). An der Hand dieser Grundsätze darf die Anwendbarkeit des § 831 auf den vorliegenden Fall angenommen werden. In der Ermächtigung des Wo., sich bei den mit Dritten abzuschließenden Geschäften der Firma des Beklagten zu bedienen, liegt tatsächlich eine Bestellung zu einer Mehrheit von Verrichtungen, zum Abschlusse von Rechtsgeschäften mit Wirksamkeit für und gegen den Beklagten. Wenn dieser auch nach der mit Wo. getroffenen Vereinbarung mit den einzelnen Geschäften nichts zu tun hatte, sich darum überhaupt nicht kümmerte und nicht kümmern sollte, so trat doch Wo. nach außen mit Willen des Beklagten als dessen Angestellter auf, und wenn er auch bei der Vornahme seiner geschäftlichen Handlungen unter der Firma des Beklagten von dessen Weisungen unabhängig war, so konnte ihm doch der Beklagte jederzeit das Recht, unter seiner Firma Geschäfte abzuschließen, entziehen. Wem das Ergebnis des von ihm mit einem Dritten abgeschlossenen Geschäfts tatsächlich zugute kam oder zur Last fiel, ob ihm oder dem Beklagten, ist für die hier zu entscheidende Frage gleichgültig; entscheidend ist, daß das Geschäft, weil es unter der Firma des Beklagten mit dessen Willen, also mit rechtlicher Wirkung für und gegen ihn abgeschlossen wurde, ein Geschäft des Beklagten war. Ebenso unerheblich ist es, ob die in der Ermächtigung zur Benutzung der Firma liegende Bestellung des Wo. im Interesse des Beklagten lag oder nicht, ob er sie insbesondere nur im Interesse des Wo. selbst vorgenommen hatte. Es lag nicht bloß, wie die Revision meint, dem äußeren Anscheine nach eine Bestellung vor, sondern es hatte tatsächlich eine solche stattgefunden." ...

---

88. Was ist unter der im Zusatz 4 zur Tarifnr. 10 des Reichsstempelgesetzes in der Fassung vom 26. Juni 1916 bezeichneten „Übertragung der Ware in Natur" zu verstehen?

VII. Zivilsenat. Urt. v. 26. März 1918 i. S. badischer Staat (Bekl.) w. Süddeutsche Zementverkaufsstelle, G. m. b. H. (Kl.). Rep. VII. 32/18.

I. Landgericht Karlsruhe.
II. Oberlandesgericht daselbst.

Die klagende Gesellschaft, die aus 24 Zementfabriken als ihren Mitgliedern besteht, hat den Zweck, die Erzeugnisse der Mitglieder zu einheitlichen Preisen zu verkaufen und ungesunden Wettbewerb unter ihnen zu verhüten. Der Geschäftsverkehr ist dahin geregelt, daß jedes Mitglied an die Gesellschaft einen bestimmten Pflichtbeitrag seiner Erzeugnisse zu liefern hat, die Gesellschaft aber den Verkauf besorgt und jeden Gesellschafter anweist, eine oder die andere Lieferung unmittelbar an den Abnehmer der Gesellschaft zu bewirken. Die Gesellschaft tritt jedoch hierbei ihren Mitgliedern gegenüber nicht als Vermittler oder Kommissionär, sondern als Käufer auf, der die Waren in eigenem Namen und für eigene Rechnung weiter verkauft. Es werden besondere Einkaufs- und Verkaufspreise festgesetzt und die Spannung so bemessen, daß die Verwaltungskosten gedeckt werden. Im Art. 6 der Satzung ist noch besonders bestimmt: „Die Gesellschaft erwirbt das Eigentum an den ihr von den Gesellschaftern gelieferten Waren in dem Augenblick, in dem sie den Bereich des betreffenden Werkes verlassen, also zur Bahn oder auf das Schiff oder an Achskunden abgegeben werden. Die Gesellschafter verpflichten sich zwar, die verkaufte Ware unbeschädigt und so rasch als möglich zur Bahn oder zu Schiff zu bringen und auf dem kürzesten Wege an den Empfänger zu versenden, sie handeln aber alsdann nur noch als Verwahrer und Frachtführer der Gesellschaft. Die Handlung des Abgebens der Ware gilt als Eigentumsübergabe an die Gesellschaft." Der Warenumsatzstempel wurde auf Grund des Gesetzes vom 26. Juni 1916 für das Jahr 1916 bei den einzelnen Gesellschaftern auf Grund der von ihnen abgegebenen Erklärungen über ihre bezahlten Lieferungen erhoben. Daneben aber erforderte die Steuerbehörde auch von der Klägerin die Stempelabgabe für die Lieferungen, die sie an ihre Abnehmer bewirkt hatte. Die Klägerin hat diese letztere Abgabe bezahlt und fordert sie mit der Klage zurück.

Das Landgericht gab dem Klagantrage statt. Die Berufung des Beklagten wurde zurückgewiesen. Auf seine Revision wurde das Berufungsurteil aufgehoben und die Sache in die Vorinstanz zurückverwiesen aus folgenden

Gründen:

„Nach der Tarifnr. 10 des RStempG. in der Fassung des Gesetzes über einen Warenumsatzstempel vom 26. Juni 1916 sind dem Reichsstempel die im § 76 das. bezeichneten Anmeldungen der Gewerbetreibenden über bezahlte Warenlieferungen unterworfen. Im Zusatze Nr. 4 ist weiter bestimmt, daß, falls bei Abwickelung mehrerer Kauf- oder Anschaffungsgeschäfte, die zwischen verschiedenen Personen über dieselben Waren oder über Waren gleicher Art abgeschlossen sind, die Ware nur einmal „in Natur übertragen wird", dies nur als Warenlieferung desjenigen gilt, der die Ware „in Natur überträgt". Im vorliegenden Falle handelt es sich um die Abwickelung mehrerer Kaufgeschäfte über dieselbe Ware, nämlich einerseits des zwischen dem einzelnen Gesellschafter der Klägerin und der Klägerin selbst geschlossenen Lieferungsgeschäfts und anderseits des von der Klägerin mit ihrem Abnehmer geschlossenen Lieferungsgeschäfts. Die Klägerin ist eine selbständige Rechtsperson und nach Art. 6 Abs. 1 des Anhanges zu ihrem Gesellschaftsvertrag ihren Gesellschaftern gegenüber nicht Vermittlerin oder Kommissionärin, sondern sie betreibt ihr Geschäft auf eigene Rechnung und „kauft und verkauft zu Eigentum in aller Form". Das erstgenannte Geschäft ist unstreitig versteuert. Die Entscheidung der Frage, ob auch das zweite Lieferungsgeschäft zu verstempeln ist, hängt hiernach davon ab, ob bei der Abwickelung der Geschäfte die Ware in Natur nur einmal oder zweimal übertragen wird.

Was unter dem „Übertragen" einer „Ware in Natur" zu verstehen sei, ist unter den Parteien streitig, und es ist nicht zu verkennen, daß dieser Ausdruck, der nicht juristisch-technischer Art ist, der genügenden Bestimmtheit entbehrt. Er könnte dahin verstanden werden, daß er im Sinne des bürgerlichen Rechtes die in Erfüllung des Lieferungsvertrags erfolgende tatsächliche körperliche Übergabe des Besitzes der Ware, aber auch dahin, daß er die Übertragung des Eigentums an der Ware bedeutet. Der Berufungsrichter nimmt zu dieser Frage keine Stellung, da, wie er hervorhebt, nur in Betracht komme, welche Bedeutung jener Ausdruck im Sinne des Steuergesetzes habe. Letzteres ist zuzugeben. Aber um diese Bedeutung zu ermitteln, bedarf es eines Zurückgehens auf die Rechtsbegriffe und die Rechtssprache des bürgerlichen Rechtes, da diese den Steuervorschriften des Reichsstempelgesetzes zugrunde liegen. Wirtschaftlichen Erwägungen, die bei der Schaffung des Steuergesetzes als den Willen des Gesetzgebers beeinflussend hervorgetreten sind, muß freilich erhebliche Bedeutung beigelegt werden, sie sind aber nur insoweit zu berücksichtigen, als es der Wortlaut und Sinn des Gesetzes, vom Rechtsstandpunkt aus betrachtet erlauben. Geht man hiervon aus, so ist ein wesentlicher Umstand darin zu finden, daß die Tarifnummer den Ausdruck „Übergabe der Ware in Natur" vermeidet, vielmehr von einer „Übertragung der Ware in Natur" spricht. Den Ausdruck Übertragung wendet das Bürgerliche Gesetzbuch regelmäßig, auch im Falle des § 870, nur dann an, wenn es sich um die Übereignung eines Rechtes handelt, sei es eines sachenrechtlichen, sei es eines schuldrechtlichen (§§ 929 flg., 398 flg. und die Überschriften darüber); es vermeidet ihn aber, wenn es sich um die körperliche Übergabe einer Sache, um den unmittelbaren Besitz daran handelt. Unter der „Übertragung" der Ware ist hiernach auch im Sinne der Tarifnr. 10 die Übertragung des Eigentums zu verstehen. Sinngemäß muß man dann unter der Übertragung der Ware in Natur die Übertragung des dinglichen Rechtes (Eigentums) an der Ware selbst, ihrer natürlichen Körperlichkeit, verstehen. Darunter auch die Übertragung eines bloß schuldrechtlichen Anspruchs auf Übereignung der Ware einzubeziehen, verbietet sich schon deshalb, weil nach der Überschrift der Tarifnr. 10 „Warenumsätze" den Gegenstand der Besteuerung bilden, während die Übereignung des schuldrechtlichen Anspruchs nicht einen Umsatz der Ware selbst, sondern nur einen Umsatz des wirtschaftlichen Wertes der Ware darstellt.

Die Übertragung des Eigentums an Waren kann nach Abschn. 3 Tit. 3 Nr. 1 des Sachenrechts (§§ 929, 930, 931), abgesehen von der erforderlichen Willenseinigung der Beteiligten hinsichtlich des Eigentumsüberganges, auf verschiedene Art erfolgen, nämlich nicht nur mittels körperlicher Übergabe (§ 929 Satz 1), sondern auch mittels Übergabe kurzer Hand (§ 929 Satz 2), durch Besitzkonstitut (§ 930) und durch Abtretung des dinglichen Herausgabeanspruchs des Eigentümers (§ 931). In allen diesen Fällen liegt eine Übertragung der Ware in Natur vor, die unter das Steuergesetz fällt. Dasselbe würde durchweg auch von jeder Übereignung von Waren mittels Übergabe des Lagerscheins, des Ladescheins oder des Konnossements §§ 424, 450, 647 HGB.) gelten müssen, wenn nicht das Steuergesetz selbst im Zusatz Nr. 5 die Besteuerung für diese Fälle dahin eingeschränkt hätte, daß nur die Übertragung durch den ersten inländischen Inhaber des Papiers als Warenlieferung im Sinne der Tarifnr. 10 gilt. Gerade diese Ausnahmevorschrift zeigt jedoch, daß regelmäßig jede Übereignung der Ware als stempelpflichtige Übertragung in Natur anzusehen ist.

Mit der vorstehenden Auslegung des Gesetzes stimmt die Entstehungsgeschichte der neuen Tarifnr. 10 überein. Sie ergibt, daß der Warenumsatzstempel seine Aufnahme in das Reichsstempelgesetz einem später vom Reichstage gebilligten Beschlusse der 11. Kommission des Reichstags zur Vorberatung des Entwurfs eines Quittungsstempelgesetzes verdankt. Wenn auch aus den Beratungen der Kommission und der Vollversammlung nur wenig darüber zu entnehmen ist, was der Gesetzgeber unter „Übertragung der Ware in Natur" hat verstanden wissen wollen, so ergibt doch der Kommissionsbericht (Nr. 321 Reichstag 1914/16 S. 12) so viel, daß sowohl die Kommission als auch der mitwirkende Regierungsvertreter übereinstimmend als den Sinn des Gesetzes erklärten, es entscheide sich nach bürgerlichem Rechte, ob eine Übertragung der Ware in Natur stattfinde, „man dürfe aber aussprechen, daß die Fälle der Übergabe durch traditio brevi manu, durch constitutum possessorium und durch Abtretung des Herausgabeanspruchs Fälle der Übertragung in Natur seien". Damit steht es auch im Einklange, wenn der Bundesrat in den von ihm aufgestellten Grundsätzen zur Auslegung des Warenumsatzstempelgesetzes vom 23. Oktober 1916 (RZBl. S. 382), die freilich für die Auslegung des Gesetzes dem Prozeßrichter gegenüber nicht zwingend sind, unter Nr. VIII und II ebenfalls die Anschauung vertritt, daß auch die Fälle der §§ 930, 931 BGB. vom Steuergesetze getroffen werden. Auf demselben Rechtsstandpunkte stehen übrigens auch fast durchweg die Erläuterungsbücher zum Warenumsatzstempelgesetze.

Hiernach bleibt zu prüfen, ob im Streitfalle die von der einzelnen Zementfabrik erzeugte Ware auf dem Wege über die Verkaufsstelle, die Klägerin, zu deren Abnehmern Gegenstand nur einer Übereignung oder zweier aufeinanderfolgender Übereignungen (vom Zementwerk an die Verkaufsstelle und von dieser an den Einzelabnehmer) ist. Entscheidend ist dabei noch nicht, daß nach dem nur für das Innenverhältnis der Klägerin zu ihren Gesellschaftern maßgebenden oben bezeichneten Art. 6 die Gesellschaft ihr Geschäft auf eigene Rechnung betreibt und zu Eigentum in aller Form kauft und verkauft. Denn es ist rechtlich möglich, daß die Klägerin an Dritte fremde Sachen, nämlich noch im Eigentum der Zementfabrik stehende Erzeugnisse veräußert und daß dieser Veräußerungsvertrag durch Lieferung der Ware in der Weise seine Erfüllung findet, daß die Zementfabrik selbst im Auftrage der Klägerin das Erzeugnis dem Dritten übergibt, ohne daß dieses vorher in das Eigentum der Klägerin gelangt wäre. In einem solchen Falle wäre der Umsatzstempel nur einmal zu erheben. Bei Warenumsätzen, die wie im Streitfalle durch Vermittelung von Verkaufsvereinigungen getätigt werden, liegen die Verhältnisse so verschieden, daß, wie bei der amtlichen Verkündung des Gesetzes im Reichsanzeiger in einer Fußnote anerkannt ist, die Steuerfrage nur von Fall zu Fall entschieden werden kann. Für den Fall, der hier vorliegt, sucht der Beklagte darzulegen, daß eine Zwischenübereignung — nämlich seitens der Zementfabrik an die Klägerin — durch Besitzkonstitut (§ 930) erfolge. Ein wirksames Besitzkonstitut hält der Berufungsrichter jedoch für ausgeschlossen, weil die Ware nicht im Besitze des Veräußerers (des Gesellschafters) verbleibe, sondern im Gegenteile gerade in dem Augenblick aus dessen Besitze herauskomme, in dem nach der Bestimmung des Gesellschaftsvertrags der Eigentumswechsel stattfinden soll, nämlich im Augenblicke des Verlassens des Werkes, d. i. der Abgabe der Ware zur Bahn oder auf das Schiff oder an den Achskunden. Dem Berufungsrichter ist auch darin beizupflichten, daß von einem Besitzkonstitute nicht die Rede sein könnte, wenn im Augenblicke der Übereignung der Ware an die Klägerin auch der Besitz der Zementfabrik an der Ware aufhören würde, denn das Besitzkonstitut setzt gerade voraus, daß der Besitz der Sache bei dem Übereignenden verbleibt, dieser weiterhin auf Zeit zum Besitze berechtigt und verpflichtet ist und der neue Eigentümer den „mittelbaren" Besitz erlangt (§§ 930, 868). Liefert die Fabrik an solche dritte Abnehmer der Klägerin, die sog. Achskunden sind — das heißt solche Kunden, die das Erzeugnis mit eigenem Fuhrwerk unmittelbar aus der Fabrik selbst abholen —, so ist freilich kein Raum für die Annahme eines Besitzkonstituts, da hier die zur Erfüllung des zwischen der Klägerin und ihrem Abnehmer zustande gekommenen Vertrags durch die Fabrik bewirkte körperliche Übergabe der Ware das Eigentum entsprechend der Anweisung der Klägerin nur einmal, nämlich unmittelbar von der Fabrik auf den Abnehmer, überträgt.

Die Rechtslage kann aber eine andere sein in denjenigen Fällen, die in dem vom Berufungsrichter nicht berücksichtigten Abs. 3 des Art. 6 des Anhanges zum Gesellschaftsvertrage bezeichnet sind. Dort ist bestimmt, daß die Gesellschafter sich zwar verpflichten, die verkaufte Ware baldmöglichst zur Bahn und zu Schiff zu bringen und an den Empfänger zu versenden, daß sie aber „alsdann nur noch als Verwahrer und Frachtführer der Gesellschaft" handeln. Diese sowohl für die Gesellschafter als auch die Gesellschaft maßgebende Vorschrift kann dahin verstanden werden, daß in dem Augenblick, in dem das Eigentum an der Ware nach dem Willen der Beteiligten auf die Klägerin übergehen soll, die Übergabe an diese durch ein von diesem Augenblick ab wirksames Rechtsverhältnis im Sinne des § 868 ersetzt werden soll, vermöge dessen während der Beförderung der Ware zur Bahn oder zu Schiff oder sonst zum Abnehmer der Gesellschafter, nach Verlust seines Eigentums, die Rechte und Pflichten eines Verwahrers oder Frachtführers hat. Ohne wesentliche Bedeutung ist es dabei, ob das Verwahrungs- oder Frachtführerverhältnis kürzere oder längere Zeit dauert. Ist es hiernach nicht ausgeschlossen, daß die Klägerin, bevor ihr Abnehmer das Eigentum an der Ware erwirbt, schon mittels Ersatzübergabe nach § 930 Eigentümer geworden ist, so ist unter Umständen wegen zweifachen Warenumsatzes die Abgabe zweimal zu entrichten.

Dem kann auch mit Grund nicht die Ausführung des Berufungsrichters entgegengesetzt werden, es entspreche dem Zwecke des Gesetzes, eine Verteuerung der Ware durch den Zwischenhandel und die damit verbundene mehrfache Besteuerung zu vermeiden, und das müsse für den vorliegenden Fall um so mehr gelten, wo die Klägerin ja nichts für sich verdienen wolle, sondern nur so viel zuschlage, um die Verwaltungskosten zu decken; es handele sich hier wirtschaftlich betrachtet um nichts anderes als um eine Vermittelung oder Verteilung des Warenabsatzes, wenn auch der Gesellschaftsvertrag „aus besonderen Gründen" einen Ankauf und Weiterverkauf konstruieren wolle. Den Zwischenhandel hat der Gesetzgeber nur insoweit steuerlich schonen wollen, als er nicht einen wirklichen Umsatz der Ware von Eigentum zu Eigentum darstellt. Haben die Zementfabriken ihres geschäftlichen

Vorteils wegen eine selbständige Rechtsperson geschaffen und zwischen sich selbst und ihre Abnehmer eingeschaltet derart, daß ihnen diese rechtlich — gerade darauf kommt es an — als Dritter gegenübersteht, so müssen sie auch die sich hieraus für sie ergebenden nachteiligen steuerlichen Folgen mit in den Kauf nehmen. Diesen Grundsatz hat der erkennende Senat erst kürzlich in seinem Urteile vom 1. März 1918 VII. 419/17 zum Ausdruck gebracht und an ihm ist festzuhalten.

Zur nochmaligen Auslegung des Art. 6 des Anhanges zum Gesellschaftsvertrag unter Berücksichtigung der vorstehenden Erwägungen des Revisionsgerichts und zur Vornahme der etwa dann noch erforderlichen tatsächlichen Feststellungen hinsichtlich der Rechtsvorgänge bei dem Übergange der Waren von der Fabrik bis zu den Einzelabnehmern mußte hiernach die Sache in die Vorinstanz zurückverwiesen werden."

---

89. Nach welchem Rechte bestimmt sich die Pflicht der Staatsanwälte zur Amtsverschwiegenheit?

III. Zivilsenat. Urt. v. 9. April 1918 i. S. J. (Kl.) w. S. (Bekl.). Rep. III. 458/17.

I. Landgericht I Berlin.
II. Kammergericht daselbst.

Der Kläger war, nachdem er im Herbste 1914 als leitender Arzt eines Wassertransportschiffs tätig gewesen war, in der Zeit vom 17. Dezember 1914 bis zum 3. Februar 1915 leitender Arzt des Vereinslazarettzugs .. der freiwilligen Krankenpflege für die Rheinprovinz gegen freie Verpflegung und eine tägliche Vergütung von 28 *M*. Dieser Stellung wurde er durch Telegramm vom 2. Februar 1915 von der Medizinalabteilung des Kriegsministeriums in Berlin enthoben, nachdem der Beklagte als Vertreter der Staatsanwaltschaft bei dem Landgerichte N. N., bei dem ein Strafverfahren wegen fahrlässiger Körperverletzung gegen den Kläger anhängig war, von dessen Vorstrafen dem zuständigen Sanitätsamt oder dem Kriegsministerium in Berlin Mitteilung gemacht hatte. Wegen dieser nach seiner Ansicht pflichtwidrigen Amtshandlung des Beklagten beansprucht der Kläger Schadensersatz. Er ist in allen Rechtszügen abgewiesen worden.

Gründe:

„Die Revision ist zurückzuweisen, weil die angefochtene Entscheidung nicht gegen eine revisibele Rechtsnorm verstößt.

Die Verpflichtung zur Amtsverschwiegenheit, die der Beklagte durch die „ohne Anfrage und völlig aus freien Stücken" erfolgte Mitteilung der Vorstrafen des Klägers an die Medizinalabteilung des Kriegsministeriums in Berlin verletzt haben soll, ist für die Beamten der Staatsanwaltschaft, von denen bei dem Reichsgericht abgesehen, nicht reichsrechtlich geregelt. Das Gerichtsverfassungsgesetz enthält darüber keine Bestimmung, und der § 11 RBeamtG. findet keine Anwendung, weil die Staatsanwälte keine Reichsbeamten sind. Der Inhalt und Umfang ihrer Pflicht zur Amtsverschwiegenheit bestimmt sich vielmehr nach dem Rechte des Bundesstaats, in dessen Diensten sie stehen, hier also nach dem mecklenburgischen Rechte, auf dessen Verletzung nach § 549 ZPO., § 6 EG. z. ZPO. und der Kaiserlichen Verordnung vom 28. September 1879 die Revision nicht gestützt werden kann. Daher hat das Revisionsgericht nicht nachzuprüfen, ob das Berufungsgericht mit Recht angenommen hat, daß der Beklagte deshalb nicht gegen seine Amtspflicht verstoßen habe, weil die Stelle, der er die Vorstrafen mitgeteilt habe, eine Behörde gewesen sei, die von Amtswegen das Privatleben, insbesondere auch das Vorleben der ihr unterstellten Personen zu beaufsichtigen und, wenn ihr Nachteiliges bekannt werde, die daraus zu ziehenden Folgerungen zu verwirklichen habe." ...

---

90. Zur Auslegung der Bundesratsverordnung über den Handel mit Arzneimitteln vom 22. März 1917 (RGBl. S. 270).

II. Zivilsenat. Urt. v. 9. April 1918 i. S. C. & F. (Kl.) w. R. Aktiengesellschaft (Bekl.). Rep. II. 471/17.

I. Landgericht II Berlin, Kammer für Handelssachen.
II. Kammergericht daselbst.

Im Juli 1915 kaufte die in Konstantinopel ansässige Klägerin von der Beklagten, die in Berlin ihren Sitz hat, einen Posten Chinin und andere Medikamente. Da die Waren dem Ausfuhrverbote der deutschen Regierung unterlagen, wurde vereinbart, daß sie, falls die Ausfuhr nicht bewilligt würde, bei der Beklagten selber für Rechnung der Klägerin eingelagert werden sollten. Weder das eine noch das andere erfolgte jedoch, weshalb die Klägerin im Juli 1916 Klage mit dem Antrag erhob, die Beklagte zur Einlagerung für Rechnung der Klägerin zu verurteilen. Die Beklagte verteidigte sich damit, daß ihr die Behörde die Erfüllung des Vertrags untersagt habe. Der erste Richter, der den Beweis hierfür nicht für erbracht ansah, gab der Klage statt.

Während der Berufungsinstanz trat die Bekanntmachung des Bundesrats über den Handel mit Arzneimitteln vom 22. März 1917 in Kraft. Die Parteien stritten nunmehr darüber, ob die Beklagte durch diese Verordnung von der Lieferungspflicht frei geworden sei. Das Kammergericht schloß sich der Auffassung der Beklagten an und erkannte auf Abweisung der Klage. Die Revision wurde zurückgewiesen aus folgenden

Gründen:

„Die Verordnung vom 22. März 1917 bestimmt in § 1: „Der Handel mit Arzneimitteln ist vom 16. April 1917 ab nur solchen Personen gestattet, denen eine besondere Erlaubnis zum Betriebe dieses Handels erteilt worden ist. Diese Vorschrift findet keine Anwendung 1. auf Personen, die bereits vor dem 1. August 1914 mit Arzneimitteln Handel getrieben haben, der sich nicht auf die unmittelbare Abgabe an die Verbraucher beschränkt, 2. . . . 4" (kommt nicht in Betracht). § 9 bedroht denjenigen, der ohne die erforderliche Erlaubnis Handel mit Arzneimitteln treibt, mit Strafe.

Während der Beklagten der Arzneihandel unstreitig gestattet ist, steht anderseits fest, daß die Klägerin eine besondere Erlaubnis nicht erwirkt hat. Es erscheint auch unbedenklich, daß ihr die Ausnahmevorschrift des § 1 Nr. 1 nicht zugute kommt. Mit Recht bezieht das Berufungsgericht diese Ausnahme auf solche Personen, deren Handelsbetrieb schon vor dem 1. August 1914 der Versorgung des inländischen Marktes diente. Wie die von der Klägerin überreichten

Fakturen dartun, war ihr Betrieb darauf gerichtet, Arzneimittel in Deutschland aufzukaufen und in das Ausland auszuführen.

Ist somit seit Inkrafttreten der Verordnung zwar der Beklagten, nicht aber der Klägerin der Handel mit Arzneimitteln gestattet, so bleibt zu prüfen, inwiefern hierdurch der Klaganspruch berührt wird. Gegenüber dem Hinweise der Klägerin darauf, daß sie nur Erfüllung eines vor der Verordnung geschlossenen Geschäfts verlange, erwägt das Berufungsgericht, mit dem Worte „Handel" sei der Inbegriff aller Vorgänge gemeint, die den gewerbsmäßigen Vertrieb der Waren beträfen. In diesem Sinne falle auch die Erfüllung von Rechtsgeschäften, die auf die Veräußerung der Waren gerichtet seien, unter den Begriff.

Die Revision wendet hiergegen ein, die Beklagte dürfe Arzneimittel grundsätzlich auch an Nichtverbraucher abgeben. Fragen könne sich im einzelnen Falle nur, ob darin eine Beihilfe zu einem verbotenen Handelsbetriebe des Empfängers liege. Allein es spreche nichts dafür, daß die Klägerin mit der Ware im Deutschen Reiche — nur darauf komme es an — Handel zu treiben beabsichtige. Sollte sich später dennoch dergleichen herausstellen, so habe es die Beklagte, die die Ware ja nur bei sich einlagern solle, immer noch in der Hand, die Auslieferung an den dritten Abkäufer zu verweigern. Falls aber die Arzneimittel in Deutschland benötigt würden, könne durch Beschlagnahme eingegriffen werden. Auf Ausländer, die nur im Auslande Handel treiben, beziehe sich die Verordnung überhaupt nicht. Die Einbehaltung der Waren im Inlande werde durch Ausfuhrverbote gewährleistet.

Den Ausführungen der Revision läßt sich nicht beitreten. Es ist ein Irrtum, wenn sie meint, Ausländer, die die Waren im Ausland absetzen wollten, würden von der Bundesratsverordnung nicht erfaßt. In der dem Reichstage vorgelegten Denkschrift (Drucksache Nr. 1214, 13. Legisl.-Per. II. Session 1914/17, S. 129) wird die Verordnung zwar zunächst mit der Notwendigkeit begründet, das Überhandnehmen einer ungesunden Spekulation im Arzneimittelhandel zu bekämpfen. Sodann aber heißt es: „Vielfach kauften auch Auslandfirmen in Deutschland Arzneimittel zu den niedrigen deutschen Einkaufspreisen an, um sie zu geeigneter Zeit im Auslande zu hohen Preisen wieder abzusetzen. Hierdurch wurden nicht nur dem deutschen

Markte große Mengen von Arzneimitteln entzogen, sondern infolge der Verminderung der Rohstoffe und Arzneimittelvorräte die Preise im Inlande wesentlich gesteigert. Derartigen Mißständen, denen durch die bisherigen gesetzlichen und Verwaltungsanordnungen nicht in genügender Weise beigekommen werden konnte", habe entgegengewirkt werden sollen.

Diese Erwägungen des Gesetzgebers müssen für die Auslegung maßgebend sein. Um dem Zwecke der Verordnung gerecht zu werden, ist unter Handel mit Arzneimitteln auch die Tätigkeit des Käufers in der Absicht des Weiterverkaufs zu verstehen. Da ferner, wie das Berufungsgericht zutreffend bemerkt, die Erfüllung des Kaufvertrags ebensowohl Handel ist wie der Abschluß, muß außer dem Einkaufen auch die Annahme (Entgegennahme) der Lieferung berücksichtigt werden. Danach hat es als verbotener Handel mit Arzneimitteln zu gelten, wenn jemand, der den Weiterverkauf beabsichtigt und weder durch eine Ausnahmevorschrift noch durch eine besondere Erlaubnis gedeckt wird, die vor Inkrafttreten der Verordnung gekauften Waren nach jenem Zeitpunkte vom Verkäufer entgegennimmt. Unerheblich ist dabei, ob die Waren in seinen unmittelbaren Besitz übergehen oder ob sie für ihn bei dem Verkäufer oder einem Dritten eingelagert werden. Auch in letzterem Falle würde das eintreten, was die Verordnung verhindern will: die Waren würden dem Markte entzogen sein, und der Vertrag hätte die Preisbildung ungünstig beeinflußt. Diese Übelstände lassen sich durch das Mittel einer hinterher folgenden Beschlagnahme nicht beseitigen, zumal die Arzneimittelposten, die bei einem durch die Verordnung geschützten Händler für Unbefugte eingelagert sind, keinen leicht erkennbaren und greifbaren Gegenstand für eine Beschlagnahmeverfügung darstellen. Ist aber der Klägerin die Annahme der Leistung, die sie mit der Klage begehrt, durch das Gesetz bei Strafe verboten, so kann der Beklagten die Bewirkung der Leistung nach § 242 BGB. nicht zugemutet werden, und zwar selbst dann nicht, wenn sie sich dadurch im strafrechtlichen Sinne keiner Teilnahme an dem Vergehen schuldig machen würde." ...

91. Wird die Verantwortlichkeit des Eigentümers oder die des Mieters für die Dritten aus den Eigenschaften der Sache entspringenden Gefahren durch die Vermietung oder durch die Weitervermietung der Sache aufgehoben?

BGB. § 823.

III. Zivilsenat. Urt. v. 9. April 1918 i. S. F. u. Sch. (Bekl.) w. S. (Kl.). Rep. III. 440/17.

I. Landgericht Duisburg.
II. Oberlandesgericht Düsseldorf.

Der Kläger ist am Abend des 20. August 1913 beim Hinausgehen aus der im ersten Stocke des Hauses Bachstraße 27 zu M.-R. befindlichen Kaffee- und Bierwirtschaft Jägerhof — die er als Gast besucht hatte und auf der zur Straße hinunterführenden Marmortreppe verließ — auf der 6. oberen Stufe dieser Treppe zu Fall gekommen und hat dadurch einen Bruch des linken Unterschenkels erlitten. In den Stufen der Treppe waren Ösen zur Aufnahme von Läuferstangen eingelassen, ein Läufer (Teppich) war jedoch nicht aufgelegt.

Der Eigentümer des Hauses Bachstraße 27, der Beklagte Sch., hatte dieses nebst den sämtlichen Mobilien und Einrichtungen durch Vertrag vom 25. September 1912 für die Zeit vom 1. Oktober 1912 bis 31. Dezember 1923 um 9000 ℳ, vom 1. April 1913 um 10200 ℳ jährlich an den Beklagten F. vermietet, und der Beklagte F. hatte am 27. September 1912 über die Mietsache für dieselbe Zeit mit dem Beklagten H. einen sich als „Vermietung" bezeichnenden Vertrag abgeschlossen, kraft dessen H. als Wirtschaftskonzessionsinhaber die Kaffee- und Bierwirtschaft Jägerhof vom 1. Oktober 1912 ab betrieb.

Der Kläger fordert Ersatz des durch den Beinbruch erlittenen Schadens. Das Landgericht wies durch Teilurteil die Klage gegen F. und Sch. ab. Das Berufungsgericht dagegen erklärte den Klaganspruch gegen diese beiden Beklagten dem Grunde nach für berechtigt. Die Revisionen blieben erfolglos.

Aus den Gründen:

„Der Berufungsrichter stellt ... fest, daß die Treppe, auf der der Kläger zu Fall kam, verkehrsgefährlich war, daß das Steigungsverhältnis der Treppe regelwidrig ist, daß insbesondere die Treppe an der Unfallstelle eine Wendung mit schmalen Stufen und geringem Auftritt enthält, aus weißem italienischem Marmor besteht und nicht mit einem Läufer bedeckt war. Er legt das Gutachten des Sachverständigen H. zugrunde, demzufolge „die Treppenanlage ohne jeglichen die Glätte mildernden Stoffbelag verkehrsgefährlich ist". Aus dem Zusammenhalte der Erwägungen des Berufungsrichters ergibt sich, daß er die wirkliche letzte Ursache des Unfalls in dem Fehlen eines ordnungsmäßig gelegten Teppichs (Läufers) findet. ...

Die Revision des Beklagten F. macht geltend, die Treppe habe nicht mehr seiner Verfügungsgewalt, sondern der des H. unterstanden, das Legen eines Läufers sei lediglich Sache des H. gewesen, diesem habe er die Treppe mit einem Läufer versehen übergeben. Dem kann nicht gefolgt werden. Der Kläger behauptet, daß H. wie dem Beklagten Sch. so dem Beklagten F. von dem fortgesetzten Losewerden der nur eingegipsten, nicht verschraubten Ösen und von der dadurch — infolge Aufbeulung des Teppichs — fortgesetzt bestehenden und mehrfach verwirklichten Gefahr des Hinfallens mit der Bitte um Abhilfe wiederholt Mitteilung gemacht habe und daß H. nur wegen des wirklichen Fallens einer Anzahl von Gästen auf dem infolge der Loslösung der Ösen ungenügend befestigten Läufer diesen schließlich entfernt habe. Der Berufungsrichter stellt fest, daß F. das Lokal „fortdauernd zuweilen" als Gast besucht habe und ihm das Fehlen des Teppichs hätte auffallen müssen. Aber sogar ohne Bewahrheitung jener vom Beklagten F. bestrittenen Behauptung und ohne diese Feststellung ergibt sich die Haftung des Beklagten F. aus dem von ihm mit H. geschlossenen Vertrage.

Dieser Vertrag — dahingestellt sei, ob er wirklich noch ein Mietvertrag ist — zeigt die besondere Eigenart, daß F. durchaus Herr des Betriebes des Wirtschaftskonzessionsinhabers H. blieb. ... (wird des näheren dargelegt). Endlich ist in dem Vertrage bestimmt, daß H. verpflichtet ist, das Lokal tadellos und ordnungsgemäß zu führen und das untervermietete Inventar in gutem Zustande zu erhalten, und daß H. als Sicherheit für die im Vertrag übernommenen Verpflichtungen dem F. eine Kaution von 3000 *M* stellt. Nach diesem Inhalte des Vertrags war H., obschon Inhaber der Wirtschaftskonzession, in der Hauptsache Angestellter des F., nämlich dessen Bierverschleißer, und unterstand in allen wesentlichen Beziehungen, insbesondere hinsichtlich der tadellosen und ordnungsmäßigen Führung des Lokals, kraft ausdrücklicher Vertragspflicht dem Vertragsrechte des F. Dieses Vertragsrecht des F. gegenüber dem H. verpflichtete den F. gegenüber jedem Dritten, der durch die Lokalführung berührt wurde, insbesondere gegenüber den Wirtschaftsgästen, dafür zu sorgen, daß der Betrieb auch wirklich tadellos und ordnungsmäßig geführt wurde, daß insbesondere keine Gefahr für Leben und Gesundheit Dritter, namentlich der Gäste, entstand. Die Steilheit und Glätte der Treppe, deren Wendung an der Unfallstelle und die Schmalheit des Auftritts grade bei den Stufen der Wendung konnten und durften dem Beklagten F. bei irgend sorgfältiger Überwachung des Betriebes nicht entgehen; er mußte sich klar sein darüber, daß für diese so beschaffene Treppe ein ordnungsmäßig aufgelegter Teppich zur Verhütung der Gefahr des Ausgleitens unumgänglich notwendig war. Darum gerade war, wie er wußte, von vornherein ein Teppichläufer vorgesehen gewesen; die Treppenstufen hatten Ösen zur Aufnahme der Läuferstangen, und er selbst hatte, wie er vorbringt, dem H. die Treppe mit einem Teppich belegt übergeben. Daß der Teppich auch tatsächlich ordnungsmäßig aufgelegt wurde, darum hatte sich F. als Herr des Betriebes fortgesetzt zu kümmern; eine solche Überwachung war sein Vertragsrecht gegenüber H. und war seine Verpflichtung gegenüber allen die Treppe benutzenden Dritten. Das gehörte in erster Linie zur „tadellosen und ordnungsmäßigen Führung des Lokals“, daß die Dritten das Lokal ohne Gefährdung von Leib und Leben betreten und verlassen konnten. Dieser Verpflichtung ist der Beklagte F. in keiner Weise nachgekommen (§ 823 BGB.). Er selbst hat vorgetragen, die Treppe werde schon seit zwei Jahren ohne Läufer benutzt; trotzdem ist er nicht eingeschritten und hat in keiner Weise für die Wiederauflage des Teppichs Fürsorge getroffen. Eine solche Fürsorge lag ihm ob und war ihm möglich, gleichviel ob das Fehlen des Teppichs rein auf Nachlässigkeit des H. beruhte, oder ob es durch das Loswerden der Ösen veranlaßt war; auch in letzterem

Falle mußte und konnte er sofort Abhilfe schaffen, gleichviel ob die richtige Befestigung der Ösen von ihm und auf seine Kosten oder vom Hauseigentümer, dem Beklagten Sch., auf dessen Kosten zu besorgen war.

Dazu kommt die in der Revisionsinstanz nicht angefochtene Feststellung des Berufungsrichters, daß F. das Lokal fortdauernd als Gast besucht hatte; er nahm also sogar schon ohne eine gerade auf Kontrolle gerichtete besondere Durchsicht und Revision des Betriebes durch tatsächliche eigene Benutzung der Treppe das Fehlen des Teppichs wahr. Trotzdem hat er während langer Zeit die dadurch gegebene Gefahr fortbestehen lassen.

Der Beklagte Sch. wendet ein, daß das Legen des Teppichs nicht seine Sache war, sondern allein Sache des den Gastverkehr eröffnenden Wirtes, nämlich des H. und des F., dessen Angestellter H. nur gewesen sei.

Sch. ist Eigentümer des Hauses und hatte es gerade zum Zwecke des Betriebes einer Kaffee- und Bierwirtschaft, also behufs Benutzung durch ungezählte unbestimmte Dritte, erbauen lassen. Demnach greifen die Rechtsgrundsätze ein, welche vom VI. und III. Zivilsenat des Reichsgerichts wiederholt über die allgemeine Verantwortlichkeit des Eigentümers für die aus der Beschaffenheit der ihm gehörigen Sachen entspringenden Gefahren aufgestellt sind (vgl. RGZ. Bd. 89 S. 122, VI. 325/16; Bd. 52 S. 378/379, VI. 208/02; Bd. 88 S. 435/436, III. 145/16; Bd. 89 S. 385, III. 306/16; Bd. 90 S. 68, III. 452/16, und S. 409/410, III. 122/17, sowie das Urteil vom 27. Februar 1917, III. 422/16).

Sch. beruft sich auf den von ihm mit F. geschlossenen Mietvertrag und darauf, daß deshalb das Legen des Teppichs nur seinem Mieter F. und dessen Untermieter und Angestellten H. obgelegen habe. Diese Einwendung schlägt keinenfalls schlechthin durch. Auch Sch. — und er in erster Linie als der Erbauer der Treppe — mußte erkennen, wie der Berufungsrichter zutreffend hervorhebt, daß die Gefahr der Treppe nur durch einen ordnungsmäßig aufgelegten Teppich beseitigt oder ausreichend verringert werden konnte; er selbst hatte ja Ösen für die Stangen des Läufers als einer dauernden Ausstattung der Treppe anbringen lassen. War z. B. der Mieter des Sch., wie dieser wußte oder wissen mußte, eine unzuverlässige Person, der Ordnungswidrigkeiten und Nachlässigkeiten im Wirtschaftsbetriebe mit Gefahr für Leib und Leben der Gäste zuzutrauen waren, dann gebot es die Verkehrssorgfalt dem Sch. als Eigentümer, seinerseits darüber zu wachen und seinerseits sich darum zu kümmern, daß kein Dritter durch die Beschaffenheit seiner vermieteten Eigentumsgegenstände gefährdet und verletzt werde, daß insbesondere die Gäste beim Kommen und Gehen die zu den Wirtschafsräumen führende Treppe mit Verkehrssicherheit benutzen könnten. Nicht entfernt also entbindet schon die Vermietung an sich den Eigentümer von den ihm aus dem Eigentum und dessen mit seinem Wissen und Willen stattfindender Benutzung Dritten gegenüber erwachsenden Pflichten, so daß er, ledig aller solcher Pflichten, nur noch den Mietnutzen der Sache zu beziehen hätte. Die Miete ist nur eine Form der eigenen Nutzung der Sache und kann darum die Eigentumspflichten gegen Dritte nicht ohne weiteres aufheben. Wer z. B. seine schlechthin verkehrsgefährliche Sache durch seinen Mieter in Berührung mit Dritten bringt, kann sich nicht darauf berufen, daß nicht er, sondern nur der Mieter diese Einwirkung der Sache auf Dritte, diesen Verkehr Dritter in oder an der Sache veranlaßt und eröffnet habe (vgl. über die aus der baulichen Beschaffenheit eines Hauses entspringenden Gefahren Jur. Wochenschr. 1905 S. 80 Nr. 20, VI. 67/04).

Inwieweit die Pflichten des Eigentümers durch Vermietung des Eigentumsgegenstandes geändert werden, darüber haben in betreff der Störung anderweiten Eigentums (§ 1004 BGB.) die Entscheidungen des V. und VI. Zivilsenats des Reichsgerichts (RGZ. Bd. 47 S. 163/164, VI. 316/00, und Jur. Wochenschr. 1904 S. 142 Nr. 11, V. 311/03; vgl. RGZ. Bd. 45 S. 299, V. 340/99) befunden. Es handelte sich um Einwirkungen im Sinne des § 906 BGB., und es wird dargelegt, daß bei Auslegung des Mietvertrags nach Treu und Glauben (§ 157 BGB.) der Mieter die gesetzlichen Einschränkungen im Gebrauch und in der Benutzung der Mietsache, insbesondere die in § 906 angeordneten, zu beobachten hat. Dies sei also Vertragspflicht des Mieters dem vermietenden Eigentümer gegenüber, und die Nichtbeobachtung stelle einen vertragswidrigen Gebrauch der Mietsache dar, gegen den der vermietende Eigentümer nach § 550 BGB. einschreiten könne und dem „gestörten“ anderen Eigentümer gegenüber einzuschreiten verpflichtet sei. Der vermietende Eigentümer dürfe die von seinem Mieter ausgehenden Eigentumsbeeinträchtigungen nicht in ungehöriger Weise dulden; eine ungehörige Duldung stehe der eigenen Veranlassung gleich. Auch diese Sätze treffen erst recht und noch viel mehr zu auf ein Verhalten des Mieters, durch welches in Verfolg der Eigenschaften und der Eigenart der Mietsache Leib und Leben Dritter, insbesondere der durch den Wirtschaftsbetrieb in möglichst großer Zahl ins Auge gefaßten und herbeigezogenen Wirtschaftsgäste gefährdet wird. Eine solche Gefährdung trifft ungleich höhere Rechtsgüter, als es das durch §§ 906, 1004 geschützte Eigentum ist. Eine solche Gefährdung zu unterlassen, ist nach § 157 Vertragspflicht des mietenden Wirtes gegenüber dem vermietenden Eigentümer, auch wenn in dem Mietvertrage, wie in dem zwischen Sch. und F., ausdrücklich darüber nichts enthalten ist. Gegen eine solche Gefährdung hat der vermietende Eigentümer nach § 550 einzuschreiten behufs Erfüllung der ihm allen Dritten gegenüber obliegend bleibenden Verpflichtung, Körperverletzungen durch die ihm gehörenden Eigentumsgegenstände und deren von ihm gewollte Benutzung im Rahmen des Verkehrsmaßstabes zu verhüten.

Im vorliegenden Falle ist nun nichts dafür beigebracht, daß Sch. seinen Mieter F. oder dessen Untermieter H. von vornherein für unzuverlässig halten mußte. Es könnte sich fragen, ob er, trotzdem er diese Personen für zuverlässig erachten durfte, sich dennoch wegen der besonderen Gefährlichkeit der Treppe um deren ordnungsmäßige Instandhaltung, d. h. um deren fortgesetzte und richtige Belegung mit einem Läufer zu kümmern hatte. Diese Frage bedarf jedoch keiner Beantwortung. Denn der Prozeßstoff ergibt eine anderweite Sachlage, aus der die Haftung des Sch. ohne weiteres folgt.

Sch. würde, wie auf der Hand liegt, haften, wenn die von ihm bestrittene Behauptung des Klägers bewahrheitet wäre, H. habe die Beklagten F. und Sch. wiederholt vergeblich auf die Loslösung der Ösen und die dadurch entstehende Gefahr mit der Bitte um Abhilfe aufmerksam gemacht. Aber auch diese Behauptung kann dahin stehen. Der Berufungsrichter stellt nämlich unangefochten fest, daß auch Sch. „fortdauernd zuweilen“ das Lokal als Gast besucht hat und ihm das Fehlen des Teppichs hätte auffallen müssen. Sch. blieb also in dauernder persönlicher Berührung mit der Mietsache und benutzte selbst dauernd die mit einem Teppich nicht belegte Treppe. Er hatte seinem Mieter gegenüber das Recht (§ 550) und jedem Dritten gegenüber die Pflicht (§ 823), gegen diese von ihm selbst tatsächlich und dauernd wahrgenommene vertragswidrige, die Gäste mit Verletzungen durch die Treppe bedrohende Nachlässigkeit des Wirtschaftsführers sofort einzuschreiten und für die Verkehrssicherheit der von ihm zur Benutzung durch Wirtschaftsgäste erbauten und vermieteten Treppe, d. h. für ihre Belegung mit einem ordnungsmäßig befestigten Läufer zu sorgen. Er hat jedoch unter Nichteinhaltung der verkehrsgebotenen Sorgfalt die Gefährdung aller die Treppe benutzenden Dritten fortbestehen lassen, und er hat damit die Verletzung des Klägers auch seinerseits schuldhaft verursacht (RGZ. Bd. 52 S. 376)." ...

---

92. Gilt das Aufrechnungsverbot des § 19 GmbHG. auch für die Mitgesellschafter des Verpflichteten, die kraft ihrer subsidiären Haftung herangezogen werden?

II. Zivilsenat. Urt. v. 12. April 1918 i. S. H. u. Gen. (Bekl.) w. J. als Konkursverwalter der Hamburger Pianoforte-Fabrik GmbH. (Kl.). Rep. II. 473/17.

I. Landgericht Hamburg.
II. Oberlandesgericht daselbst.

Die sechs Beklagten sind Mitglieder der im Konkurs befindlichen Hamburger Pianoforte-Fabrik Gesellschaft m. b. H. Früher gehörten der Gesellschaft auch R. und U. an. Sie hatten eine Stammeinlage von je 7500 *M* übernommen, aber auch nicht teilweise bezahlt, weshalb sie ihrer Geschäftsanteile nach vorheriger Androhung für verlustig erklärt wurden. Da von ihnen nichts zu erlangen war und ein Verkauf der beiden Anteile aussichtslos erschien, wandte sich der zum Konkursverwalter bestellte Kläger gegen die Beklagten, damit sie die 15000 *M* nach Verhältnis ihrer eigenen Anteile aufbrächten. Die Beklagten schützten Gegenforderungen vor. Daß diese zu Recht beständen und die Klageforderung überstiegen, nahm der Kläger nicht in Abrede; er bestritt aber die Zulässigkeit der Aufrechnung.

Die Vorinstanzen verurteilten nach dem Antrage des Klägers. Die Revision der Beklagten blieb erfolglos.

Gründe:

„Nach § 19 Abs. 2 GmbHG. kann ein Gesellschafter gegenüber der Forderung auf Einzahlung seine Einlage nicht aufrechnen. Die Parteien streiten darüber, ob dieser Satz auch für die Mitgesellschafter gilt, die auf Grund ihrer subsidiären Haftung (vgl. § 24 das.) in Anspruch genommen sind. Entgegen der Ansicht von Staub-Hachenburg, Gesellschaften m. b. H. § 24 Anm. 32, § 25 Anm. 2, auf die sich die Revision beruft, muß die Frage bejaht werden. Es trifft nicht zu, wenn die genannten Schriftsteller betonen, die Haftung eines Dritten für die Stammeinlage sei nicht identisch mit der Hauptschuld selbst. Sieht man von den Personen der Haftenden — Hauptschuldner oder Dritter — ab, so liegt allerdings Identität vor; der objektive Inhalt des Schuldverhältnisses ist der nämliche. Es handelt sich immer um die Forderung auf Einzahlung der Einlage. Wegen der grundlegenden Wichtigkeit dieser Forderung für die Gesellschaft ist sie vom Gesetze mit besonderen Schutzvorschriften umkleidet, insofern Stundung, Erlaß, Aufrechnung und Zurückbehaltung ausgeschlossen sind. Demgemäß nannte der erkennende Senat in RGZ. Bd. 85 S. 352 das Aufrechnungsverbot des § 19 eine der Forderung anklebende, ihren Wert steigernde Eigenschaft, die naturgemäß auf einen neuen Gläubiger mit übergehe und auch dem Pfändungsgläubiger zugute komme.

Hiernach bedürfte es einer unzweideutigen gesetzlichen Bestimmung, wenn die kraft der subsidiären Mithaftung herangezogenen Gesellschafter imstande sein sollten, eine Aufrechnung geltend zu machen. Aus § 25 läßt sich dafür nichts herleiten. Wenn es dort heißt, die Gesellschafter könnten „von den Rechtsfolgen der §§ 21 bis 24 nicht befreit werden", so folgt daraus nicht, daß die Rechtsgeschäfte des § 19 Abs. 2 mit Ausnahme des Erlasses (der Befreiung) erlaubt sein sollten. Der § 25 bezieht sich auf die ganzen Sätze von § 21 an und bestimmt, daß die Möglichkeit der Kaduzierung, die Forthaftung des Ausgeschlossenen, die Haftung der Rechtsvorgänger und die der Mitgesellschafter nicht wegzubedingen sind. Eine Vorschrift über die Art der Haftung wird damit nicht gegeben; sie war auch nicht erforderlich. Der Ausgeschlossene und die Rechtsvorgänger werden durch § 19 unmittelbar getroffen; auch für die Mitgesellschafter durfte die Subsumtion unter diesen Paragraphen als selbstverständlich gelten.

Die Hauptsache ist, daß nur die hier vertretene Auslegung dem Zwecke des Gesetzes gerecht wird. Wo nicht der Gesellschaftsvertrag eine klare Sacheinlage ergibt, soll unter allen Umständen bares Geld zur Kasse fließen. Da das Gesetz die Kontrollmaßregeln des Aktienrechts vermieden, vielmehr die Gründung erleichtert hat, ist es um so mehr darauf bedacht, das Ziel durch strenge Ausgestaltung der Haftung zu erreichen. Es wäre nicht zu verstehen, wenn es vor der subsidiären Haftung halt machen und die Gesellschaft bei der Einziehung der Fehlbeträge schlechter stellen wollte als bei der Klage gegen den ursprünglich Verpflichteten. Damit würden der Umgehung Tür und Tor geöffnet sein. Wer mit Objekten von zweifelhaftem Werte eine Gesellschaft m. b. H. gründen wolle, brauchte zur Zeichnung der eigentlichen Geldeinlage nur einen mittellosen Strohmann zu gewinnen, neben dem er selbst den geringsten zulässigen Betrag einzahlte; verkaufte er dann den Gegenstand an die Gesellschaft und würde er nach Versagen des Strohmanns in Anspruch genommen, so könnte er mit der Kaufpreisforderung aufrechnen. Das kann nicht geduldet werden. Die Revision hat gewiß recht, daß im vorliegenden Falle dergleichen nicht in Frage kommt; die Gegenforderungen der Beklagten sollen aus Darlehen herrühren. Aber das Gesetz lautet allgemein und muß allgemein angewandt werden."

---

93. Haben die Beamten der preußischen Eisenbahnverwaltung, welche gemäß § 28 Nr. 3 des Kriegsleistungsgesetzes vom 13. Juni 1913 der Militärbehörde zur Verfügung gestellt sind, gegen den preußischen Staat einen Anspruch auf Unfallfürsorge nach dem Gesetze vom 2. Juni 1902, wenn sie im Betriebe der Feldeisenbahnen einen Unfall erleiden?

III. Zivilsenat. Urt. v. 12. April 1918 i. S. W. (Kl.) w. preuß. Staat (Bekl.). Rep. III. 479/17.

I. Landgericht Breslau.
II. Oberlandesgericht daselbst.

Die Frage ist in Übereinstimmung mit den Vorinstanzen verneint worden aus folgenden

Gründen:

„Einen Anspruch auf die Unfallpension hat der Beamte nach dem Gesetze, betr. die Fürsorge für Beamte infolge von Betriebsunfällen, vom 2. Juni 1902 nur bei einem Betriebsunfalle, den er in seinem Dienste als preußischer Staatsbeamter erleidet. Der Kläger aber war nicht im Dienste als preußischer Eisenbahnbeamter, sondern im Dienste der Militär-Eisenbahnverwaltung tätig, als er den Unfall erlitt, der seine Versetzung in den Ruhestand herbeiführte. Die Beamten, welche die Eisenbahnverwaltungen im Mobilmachungsfalle gemäß § 28 Nr. 3 des Kriegsleistungsgesetzes vom 13. Juni 1873 „hergeben", scheiden damit zwar nicht aus ihrer Beamtenstellung, wohl aber für die Dauer der Hergabe aus dem Dienste der betreffenden Verwaltung aus; sie treten in den Dienst der Heeresverwaltung, und zwar ohne Unterschied, ob sie von der Eisenbahnverwaltung als militärdienstpflichtige Mannschaften gestellt sind, oder sich freiwillig zum Dienste bei den Feld-Eisenbahnformationen bereit erklärt haben. Die Militärverwaltung, welche den Betrieb der Feldeisenbahnen führt, übernimmt die Zahlung des Friedenseinkommens, das dem ihr zur Verfügung gestellten Personal zusteht (Ausführungsbestimmung 14 Nr. 4 Abs. 2 zu §§ 28, 29 KLG. vom 1. April 1876). Der Militärverwaltung liegt auch die Fürsorge für die Folgen eines in ihrem Betriebe das überwiesene Personal treffenden Unfalls ob, und zwar, soweit es sich um militärpflichtige Beamte handelt, die nach § 5 Nr. 1 der Vorschrift über die Hergabe von Personal und Material der Eisenbahnverwaltungen an die Militärbehörde — Militär-Eisenbahnordnung II. Teil S. 22 — für die Dauer der militärischen Dienstleistung zu den Personen des Soldatenstandes gehören, nach Maßgabe des Mannschaftsversorgungsgesetzes, soweit es sich um nicht militärdienstpflichtige Personen handelt, nach Maßgabe des § 32 OffizierPensG.; denn diese Personen sind nach § 5 Nr. 2 der vorerwähnten Vorschrift als obere oder untere Militärbeamte anzustellen. Der Vergleich mit denjenigen Beamten, welche die Eisenbahnverwaltung selbst auf den Strecken fremder, auch ausländischer Eisenbahnverwaltungen verwendet, mit den hier in Frage stehenden, der Militärverwaltung zur Verfügung gestellten Beamten geht fehl. Denn jene Beamten sind, wenn auch außerhalb des unmittelbaren räumlichen Betriebes der Verwaltung, doch in deren Dienste tätig; die der Militärverwaltung zur Verfügung gestellten sind dies während der Dauer der militärischen Dienstleistung dagegen nicht, wie nach Wortlaut und Entstehungsgeschichte des § 28 KLG. außer Zweifel steht (vgl. die Ausführungen des Abgeordneten Frh. v. Stauffenberg in der Sitzung vom 31. Mai 1873, Verhandlungen des Reichstags 1873 Bd. 1 S. 618).

Nach vorstehendem kommt es für den gegenwärtigen Rechtsstreit gar nicht darauf an, ob der Kläger zur Zeit des Unfalls als eine Person des Soldatenstandes anzusehen war oder nicht; die Abweisung seines gegen den preußischen Staat erhobenen Anspruchs rechtfertigt sich schon allein damit, daß er den Unfall nicht in seinem Dienste als preußischer Eisenbahnbeamter erlitten hat. Doch ist die Ausführung des Berufungsgerichts, daß der Kläger, der als Landsturmpflichtiger der Heeresverwaltung überwiesen worden ist, als Person des Soldatenstandes angesehen werden muß, gleichviel, ob der Aufruf des Landsturms zur Zeit seiner Überweisung bereits erfolgt war oder nicht, durchaus zutreffend."

---

94. Zum Begriff des Spezieskaufs bei zukünftigen Sachen. Ist § 281 BGB. anwendbar, wenn der geschuldete Gegenstand zur Zeit der die Unmöglichkeit der Leistung herbeiführenden Beschlagnahme noch nicht existierte?

BGB. §§ 243, 281.

I. Zivilsenat. Urt. v. 9. März 1918 i. S. B. & Cie. (Kl.) w. W. (Bekl.). Rep. I. 235/17.

I. Landgericht Gera.
II. Oberlandesgericht Jena.

Die Klägerin hat von der Beklagten am 19. Januar 1915 35 Tonnen Wolframerz und zwar die nächsten 35 Tonnen, die sie in ihrer Grube in T. erzeugen würde, gekauft. Geliefert sind nur 19173 kg. Die Lieferung des Restes ist der Beklagten unmöglich, weil bei ihr durch Verfügung des Generalkommandos des XI. Armeekorps in C. vom 15. November 1915 auf Grund der Bundesratsverordnung vom 24. Juni 1915 sämtliche auf dem Wolframvorkommen in T. vorhandenen und hinzutretenden Bestände an Wolfram in Erzen, in Mischerzen und auf Halden sowie in Legierungen und Verkleidungen, ferner Wolfram in Schlacken, in Neben- und Zwischenerzeugnissen und Rückständen beschlagnahmt worden sind. Der Abbau, die Förderung sowie die Aufbereitung im eigenen Betriebe blieb der Beklagten zwar gestattet, sie durfte jedoch die gewonnenen Wolframerze und sonstigen wolframhaltigen Stoffe nur an die Kriegsmetall-Aktiengesellschaft in Berlin verkaufen. Sie hat demnach ihre gesamten nach der Beschlagnahme geförderten Wolframerze an die genannte Aktiengesellschaft abgeführt, wobei unter den Parteien streitig ist, ob sie zugunsten der Gesellschaft enteignet oder ihr freihändig verkauft worden sind.

Mit der Behauptung, daß die Beklagte hierbei an den noch rückständigen 25827 kg Wolfram einen Mehrgewinn von über 6000 ℳ erzielt habe, auf den die Klägerin gemäß § 281 BGB. Anspruch erhebt, klagte sie gegen die Beklagte auf Zahlung von 6000 ℳ nebst 5% Prozeßzinsen. Beide Vorinstanzen entschieden zu ihren Ungunsten. Auf die Revision der Klägerin ist das Urteil des Oberlandesgerichts aufgehoben und die Sache an das Berufungsgericht zurückverwiesen worden aus folgenden

Gründen:

„Das Berufungsgericht hat den Klaganspruch deshalb zurückgewiesen, weil von den den Gegenstand des Kaufes der Klägerin bildenden nächsten zu förndernden 35 Tonnen Wolfram diejenige Menge, mit deren Lieferung die Beklagte im Rückstande war (25827 kg), zur Zeit der Beschlagnahme noch nicht in die Erscheinung getreten sei; sie habe sich nämlich als Teil des Grundstücks noch in der Grube befunden und hätte erst gebrochen und zutage befördert, möglicherweise auch noch einer Behandlung im Magnet- und Säureverfahren unterzogen werden müssen, während der von der Kriegsmetallgesellschaft gewährte Kauf- oder Enteignungspreis eine Gegenleistung für die fertige Ware, also einen neuen Gegenstand, gebildet habe und deshalb nicht als Ersatz für den geschuldeten Gegenstand, der sich zur Zeit der Beschlagnahme noch im Zustande der Unfertigkeit befunden habe, angesehen werden könne. Diese Auffassung ist nicht frei von Rechtsirrtum.

Der Verkauf der nächsten auf der Grube in T. zu fördernden 35 Tonnen Wolframerz stellt sich nicht als eine Gattungsschuld, auch nicht als sog. „beschränkte“ Gattungsschuld, sondern als Speziesschuld dar. Es handelte sich um den Kauf einer erst zu erzeugenden, also erst künftig zur Entstehung gelangenden, einer zukünftigen Sache. Auch an einer solchen ist ein Spezieskauf sehr wohl denkbar. Er liegt dann vor, wenn die Parteien den Vertragsgegenstand nicht nur nach Merkmalen bezeichnen wollten, sondern sich beim Vertragsabschlusse die den Gegenstand des Vertrags bildenden Sachen als konkrete Sachen vorgestellt haben. Letzteres ist aber hier der Fall. Aus der von den Parteien gewählten Ausdrucksweise ist zu schließen, daß diese bestimmten, zunächst geförderten 35 Tonnen Erz als ganz konkret vorgestellte Sachindividuen den Gegenstand des Vertrags bilden sollten. Sobald sie gefördert waren, traten sie, ohne daß noch wie bei der Gattungsschuld irgendeine besondere Ausscheidung aus der Gattung zur Konkretisierung des Leistungsgegenstandes seitens der Schuldnerin in Frage kommen konnte, als der von vornherein vorgestellte Vertragsgegenstand von selbst in die Erscheinung. Gingen sie nach der Förderung unter, so konnte sich die Beklagte auf Unmöglichkeit der Erfüllung (§ 323 BGB.) berufen, und es griffen nicht etwa die Grundsätze des § 243 Platz.

Der Annahme, daß es sich im vorliegenden Falle um einen Spezieskauf handelt, stehen auch die Zwecke, die von den Parteien mit einer solchen Vereinbarung erstrebt wurden, und namentlich auch der Umstand nicht entgegen, daß es möglicherweise der Klägerin darauf angekommen ist, tunlichst schnell in den Besitz des gekauften Erzes zu gelangen und gegenüber der Konkurrenz einen Vorsprung zu gewinnen. Denn dieses Ziel ließ sich eben am leichtesten und sichersten gerade dadurch erreichen, daß man die Beklagte verhinderte, über ihre künftige Produktion zum Nachteile der Klägerin zu verfügen, indem diese ganz bestimmten, künftig zunächst zur Entstehung gelangenden 35 Tonnen als der Klägerin verkauft zu gelten hatten.

Durch die Beschlagnahme verlor die Beklagte nicht die Möglichkeit, diese 35 Tonnen Wolfram herzustellen, d. h. das Erz zu brechen und bergmännisch aufzubereiten, denn die Beschlagnahmeanordnung des Generalkommandos beließ der Beklagten den weiteren Abbau, die Förderung und die Aufbereitung. Es stand also nichts im Wege, daß die 35 Tonnen in die Erscheinung treten konnten. Nur die Möglichkeit, sie der Klägerin zu liefern, fiel fort; denn in dem Augenblicke, wo sie zur Entstehung gelangten, wurden sie von der Beschlagnahme ergriffen und durften nur noch an die Kriegsmetall-Aktiengesellschaft abgeliefert werden. Der von der letztgenannten Gesellschaft gezahlte Kauf- oder Enteignungspreis ist also gerade für denjenigen Gegenstand bezahlt, welcher zugleich den Gegenstand des zwischen den Parteien abgeschlossenen Vertrags bildete; denn mochten die 35 Tonnen beim Vertragsabschlusse selbst noch im Zustande der Unfertigkeit sein, so war es doch die Absicht der Parteien, daß sie im aufbereiteten Zustande der Klägerin geliefert werden sollten. Es war also von vornherein mit ihrer künftigen Entstehung gerechnet.

Die vom Berufungsgerichte gebilligte Rechtsansicht führt auch zu ganz offenbarer Unbilligkeit. Es ist nicht verständlich, aus welchen Gründen es für die Stellung eines Käufers eines Kalbes, das von einer bestimmten, zurzeit trächtigen Kuh demnächst geworfen wird, in bezug auf § 281 BGB. von Bedeutung sein könnte, ob die Beschlagnahme vor oder nach der Geburt des Kalbes angeordnet wird.

Das vom Berufungsgerichte herangezogene Schrifttum behandelt ganz andere Fälle und steht mit der Auffassung des Revisionsgerichts keineswegs in Widerspruch. Werden dem Schuldner die Rohstoffe, aus denen er erst den geschuldeten Gegenstand herstellen will, beschlagnahmt und enteignet oder durch Zwangskauf entzogen, so kann allerdings der § 281 BGB. keine Anwendung finden, weil es an dem Erfordernis der Identität fehlt. Denn der Rohstoff, für den das Entgelt gewährt wird, ist etwas ganz anderes, als die aus ihm erst herzustellende Sache, und insofern kann man in solchem Falle allerdings sagen, der Leistungsgegenstand sei überhaupt noch nicht in die Erscheinung getreten, d. h. für den Leistungsgegenstand sei das Entgelt nicht bezahlt. Im einzelnen s. Lehmann, Kriegsbeschlagnahme S. 44 und Anm. 4 auf S. 110, ferner Starke in Jur. Wochenschr. 1915 S. 564. Der andere vom Berufungsrichter angeführte Fall betrifft die Nichtanwendbarkeit des § 281 BGB., wenn im Falle der Unmöglichkeit der Erfüllung einer Gattungsschuld wegen Beschlagnahme sämtlicher zur Gattung gehörigen Sachen der

Schuldner aus den von der Beschlagnahme betroffenen Sachen andere Gegenstände herstellt, für welche das vom Gläubiger auf Grund des § 281 beanspruchte Entgelt erzielt wird; auch hier fehlt es an der nach § 281 BGB. erforderlichen Identität (im einzelnen s. Löwenwarter in Jur. Wochenschr. 1915 S. 111).

Hiernach unterlag das angefochtene Urteil der Aufhebung. In der Sache selbst konnte nicht erkannt werden, da noch eine Reihe von Fragen, die auch zum Teil bereits von den Vorinstanzen angedeutet worden sind, der Erörterung bedürfen."

---

95. Inwieweit ist nach den Ausführungsbestimmungen des Reichskanzlers zur Verordnung des Bundesrats vom 18. März 1916 über die Einfuhr von Vieh und Fleisch sowie Fleischwaren vom 22. März 1916 (RGBl. S. 179) der Rechtsweg über Streitigkeiten ausgeschlossen, die aus der Übernahme der jenen Bestimmungen unterworfenen Waren seitens der Zentraleinkaufsgesellschaft m. b. H. in Berlin zwischen dieser und dem Einführer der Waren entstehen?

II. Zivilsenat. Urt. v. 9. April 1918 i. S. N. (Kl.) w. Zentraleinkaufsgesellschaft (Bekl.). Rep. II. 489/17.

I. Landgericht I Berlin.
II. Kammergericht daselbst.

Der Kläger führte am 21. Juli 1916 einen Posten Block-, Mett- und Leberwurst aus Holland nach Cöln ein. Er erstattete von der Einfuhr der Beklagten, der Zentraleinkaufsgesellschaft m. b. H. in Berlin, Anzeige. Die Beklagte übernahm mit Telegramm vom 24. Juli die gesamte Wurst und überwies sie der Nebenintervenientin, die sie auch von dem Kläger bei Ankunft in Cöln übergeben erhielt. Bezahlt bekommen hat der Kläger von der Beklagten für die Blockwurst 1561,5 kg mit je 6,15 ℳ, für die Mettwurst 62,5 kg mit je 3,80 ℳ. Für die Leberwurst hat er nichts erhalten; er erkannte aber auch an, daß sie völlig verdorben und wertlos gewesen ist. Mit den für die Block- und Mettwurst von der Beklagten in Ansatz gebrachten Einheitspreisen von je 6,15 ℳ und 3,80 ℳ war der Kläger einverstanden. Er behauptete jedoch, daß es sich um 2500 kg Blockwurst und 150 kg Mettwurst gehandelt habe, und wollte, indem er für die Plockwurst als Schwund bei der Behandlung ein gewisses Quantum absetzte, von der Plockwurst noch 700 kg, von der Mettwurst noch 87,5 kg vergütet erhalten. Indem er ausführte, es sei ihm mehr beschlagnahmt als bezahlt, der Rest (700 kg Plock- und 87,5 kg Mettwurst) sei offenbar verschwunden, also möglicherweise gestohlen oder sonst abhanden gekommen, beantragte er, die Beklagte zur Zahlung von noch 700 mal 6,15 = 4305 ℳ für die Plockwurst und von noch 87,5 mal 3,30 = 288,75 ℳ für die Mettwurst zu verurteilen.

Die Beklagte, die das Quantum der Plockwurst auf 2400 kg, das der Mettwurst auf „weit geringer als 150 kg" angab, erklärte, von der Plockwurst seien 85 kg total verdorben gewesen; nach der mit ihr im übrigen zur Verhütung völligen Verderbens vorgenommenen notwendigen Bearbeitung (Waschen, Trocknen, ausgiebigem Räuchern) hätten sich 1561,5 kg ergeben. Von der Mettwurst sei die 62,5 kg überschießende Menge verdorben und unverwertbar gewesen.

Auf die von der Beklagten erhobene Einrede der Unzulässigkeit des Rechtswegs haben die Vorderrichter die Klage abgewiesen. Die Revision ist zurückgewiesen worden aus folgenden

Gründen:

„Auf die vom Kläger aus dem Auslande eingeführten in Frage stehenden Gegenstände haben, worüber die Parteien auch einig sind, die Ausführungsbestimmungen des Reichskanzlers zur Verordnung des Bundesrats vom 18. März 1916 über die Einfuhr von Vieh und Fleisch sowie Fleischwaren vom 22. März 1916 Anwendung zu finden. Der Kläger hat die Einführung der Gegenstände gemäß § 2 der Bestimmungen der Beklagten angezeigt. Die Beklagte hat nach Empfang der Anzeige von der Einfuhr (am 24. Juli 1916) die Erklärung abgegeben, die Gegenstände zu übernehmen; diese sind damit ihr Eigentum geworden (§ 6 Abs. 2 der Bestimmungen in der Fassung der Bekanntmachung des Reichskanzlers über Anwendung von Ausführungsbestimmungen zu Verordnungen über die Einfuhr von Lebensmitteln vom 18. Juni 1916, RGBl. S. 530). Die Beklagte hat daher für die Ware einen angemessenen Übernahmepreis zu zahlen (§ 5 Abs. 1). Nach § 5 Abs. 2 hat, sofern der zur Übereignung der Ware Verpflichtete mit dem von der Beklagten gebotenen Preise nicht einverstanden ist, ein in Abs. 3 flg. näher bestimmter Ausschuß den Preis endgültig festzusetzen, und nach § 8 entscheidet die höhere Verwaltungsbehörde „endgültig alle Streitigkeiten, die sich zwischen den Beteiligten über die Lieferung, Aufbewahrung, Versicherung und den Eigentumsübergang ergeben, soweit nicht nach § 5 der Ausschuß zuständig ist“. Der Berufungsrichter hat diese Bestimmungen nach ihrer Veranlassung und ihrem Zwecke dahin ausgelegt, daß mit ihnen die sämtlichen aus der Übernahme entstehenden Streitigkeiten den ordentlichen Gerichten entzogen und dem Ausschuß oder der höheren Verwaltungsbehörde übertragen worden seien.

Diese Auslegung wird von der Revision vergeblich angefochten; der Wortlaut wie der Sinn und der Zweck der Bestimmungen weisen zwingend auf sie hin. Es handelt sich bei der Verordnung des Bundesrats vom 18. März 1916 (RGBl. S. 175), zu deren Ausführung der Reichskanzler gemäß § 2 der Verordnung die erörterten Bestimmungen erlassen hat, ebenso wie bei einer großen Reihe anderer Verordnungen (von denen der Berufungsrichter einige aufgeführt hat) um Kriegswirtschaftsmaßnahmen zur Sicherung der Volksernährung. Bei diesen muß das Interesse des einzelnen im Interesse der Allgemeinheit zurücktreten. Daher kann es auf die den Gerichten obliegende strenge Berücksichtigung und genaue Abwägung der Rechte des einzelnen gegenüber demjenigen, der das allgemeine Interesse wahrzunehmen hat, nicht in dem Maße wie sonst ankommen. Deshalb und im Interesse der sich daraus schon von selbst ergebenden Vereinfachung und Beschleunigung der Erledigung der betreffenden Streitigkeiten sind zu deren Entscheidung andere Organe als die ordentlichen Gerichte berufen. Der Zweck der darauf bezüglichen Bestimmungen würde vereitelt und es würden Schwierigkeiten und Zweifelsfragen, statt in möglichst einfacher Weise behoben zu werden, nur noch vermehrt und vergrößert werden, wenn man die getroffenen Zuständigkeitsbestimmungen enge auslegen und nur für einen Teil der streitig werdenden Punkte die neuen Instanzen, für einen anderen, mit jenem ersteren leicht im engsten Zusammenhange stehenden Teil wieder die ordentlichen Gerichte für zuständig erachten wollte. Es wäre auch kaum verständlich, daß die ordentlichen Gerichte über die Menge der übernommenen Ware, aber der Ausschuß endgültig über den angemessenen Übernahmepreis zu entscheiden hätte. Denn der angemessene Preis für die übernommene Ware, hier ein bestimmter

Posten Block-, Mett- und Leberwurst, richtet sich vornehmlich auch nach der Menge, und wer endgültig den Preis festzusetzen hat, muß daher auch endgültig über die Menge zu befinden haben. Es wäre ferner ebensowenig angängig, daß die Gerichte darüber zu entscheiden hätten, ob ein Teil der Ware in Verlust geraten und der Verlust als zu Lasten des Übernehmers gehend von diesem zu tragen sei, während doch der Ausschuß bei Festsetzung des Preises entscheiden könnte: bei dem Quantum, für das wir keinen Gewichtseinheitspreis in die Rechnung einstellen, handelt es sich um natürlichen Schwund oder um einen völlig verdorbenen und daher wertlosen Teil der Ware.

Wenn übrigens die Revision noch ausgeführt hat, aus der Fassung des § 7 der Bekanntmachung des Reichskanzlers über die Einfuhr von Gemüse und Obst vom 13. September 1916 (RGBl. S. 1015) sowie des § 7 der Bekanntmachung über die Einfuhr von frischen Fischen vom 13. November 1916 (RGBl. S. 1265) und endlich des § 7 der Bekanntmachung über die Einfuhr von Käse vom 11. März 1916 (RGBl. S. 159) sei im Gegensatz zum Berufungsrichter zu folgern, daß in den §§ 5 und 8 der hier fraglichen Bestimmungen vom 22. März 1916 nur bestimmte Streitfragen, nicht aber jeglicher Rechtsstreit dem Ausschusse von der höheren Verwaltungsbehörde überwiesen sei, so ist bezüglich der beiden ersteren jener Bekanntmachungen darauf hinzuweisen, daß in ihnen ein Ausschuß zur Festsetzung des Preises nicht vorgesehen und nur die höhere Verwaltungsbehörde zur Entscheidung von Streitigkeiten berufen ist. Dadurch ergab sich leicht ein noch allgemeinerer Wortlaut für die Zuständigkeitsbestimmung. Es gilt aber überhaupt für alle jene Verordnungen, daß unerheblichen Abweichungen in ihrem Wortlaute nur geringe Bedeutung beizumessen und entscheidendes Gewicht mit dem Berufungsrichter allein auf die aus ihnen ersichtliche grundsätzliche Auffassung zu legen ist."

---

96. 1. Steht die Möglichkeit der Erhebung der Leistungsklage der Zulässigkeit der Feststellungsklage auch dann entgegen, wenn es sich um einen Anspruch auf wiederkehrende Leistungen gegen Reich oder Staat handelt?

2. Inwieweit wird der Verzug durch Rechtsirrtum ausgeschlossen?

3. Sind von öffentlichrechtlichen Verbindlichkeiten Verzugszinsen zu zahlen?

4. Wann entsteht der Anspruch auf die Zahlung des Witwen- und Waisengeldes und der Kriegsversorgung der Militärhinterbliebenen?

ZPO. §§ 256, 258.

Militärhinterbliebenengesetz vom 17. Mai 1907 (RGBl. S. 214) §§ 28, 29.

III. Zivilsenat. Urt. v. 12. April 1918 i. S. K. (Kl.) w. Deutsches Reich (Bekl.). Rep. III. 496/17.

I. Landgericht Cassel.
II. Oberlandesgericht daselbst.

Der Beklagte versagte der Klägerin, deren Ehemann als Unteroffizier der Reserve infolge einer im Felde erlittenen Verwundung gestorben ist, mit Rücksicht auf eine aus der Beamtenstellung ihres Ehemanns ihr zustehende Witwenpension die Auszahlung des auf der allgemeinen Versorgung beruhenden Witwengeldes des § 13 MHG., weil dieses nach § 31 Nr. 1 ruhe. Die Klägerin erhob deshalb Klage auf Zahlung rückständiger Beträge nebst Zinsen und auf die Feststellung, daß der Beklagte verpflichtet sei, ihr das Witwengeld des § 13 auch weiter zu zahlen.

Nach Erlaß des die Klage abweisenden Urteils des Landgerichts erkannte der Beklagte infolge des Urteils des Reichsgerichts vom 22. Dezember 1916 (RGZ Bd. 89 S. 263) die Berechtigung der Klägerin zum Empfange auch der allgemeinen Versorgung grundsätzlich an und leistete Zahlungen, durch die der Leistungsanspruch bis auf die geforderten Zinsen befriedigt wurde. Das Berufungsgericht sprach der Klägerin Zinsen nur von der Klagerhebung ab zu, wies sie aber mit ihrem weiteren Zinsanspruche sowie mit dem Feststellungsanspruch ab. Auf die Revision der Klägerin wurden ihr die weiteren geforderten Verzugszinsen zugesprochen; auch die beantragte Feststellung wurde getroffen.

Aus den Gründen:

„1. Das Berufungsgericht verneint die Voraussetzungen des § 256 ZPO., weil die Klägerin in der Lage gewesen sei, gemäß § 258 ZPO. die Leistungsklage wegen ihres Witwengeldes auch für die Zukunft zu erheben. Die Regel, daß die Feststellungsklage da nicht statthaft sei, wo die Leistungsklage erhoben werden könne, gilt jedoch nicht ausnahmslos und kann hier keine Anwendung finden. Diese Regel findet ihren Grund darin, daß die Feststellungsklage die Möglichkeit offen läßt, daß trotz des Feststellungsausspruchs des Gerichts ein neuer Rechtsstreit behufs Erlangung des Vollstreckungstitels notwendig wird und daß deshalb der Leistungsklage, die im Falle ihres Erfolges auch die zwangsweise Durchführung des Anspruchs sichert, der Vorzug zu geben ist, wo sie statthaft ist. Dieser Grund entfällt bei Ansprüchen, wie dem hier geltend gemachten. Für die Maßnahmen der Reichs- und Staatsbehörden ist ein Urteil, das die Verpflichtung zur Zahlung feststellt, von der gleichen Bedeutung, wie ein solches, das die Verurteilung zu den künftig fällig werdenden Leistungen ausspricht. Ein Streit wegen des Vollstreckungstitels ist nicht zu besorgen, die Gefahr einer Verdoppelung des Prozesses ausgeschlossen. Der Unterschied zwischen dem Feststellungs- und dem Leistungsurteil ist in solchen Fällen ein wesentlich formaler, der nicht dazu führen kann, die Feststellungsklage wegen der Möglichkeit der Erhebung der Klage auf künftige Leistung für unzulässig zu erklären.

2. Den Zinsanspruch der Klägerin hat das Berufungsgericht nur so weit als begründet anerkannt, als er aus der Rechtshängigkeit des Hauptanspruchs nach § 291 BGB. hergeleitet werden kann, nicht soweit die Zinsen wegen Verzugs des Beklagten nach § 288 BGB. gefordert werden. Es verneint einen Verzug des Beklagten, weil dieser die Bestimmung des § 31 Abs. 2 Nr. 1 MHG. dahin ausgelegt habe, daß das Recht der Klägerin auf den Bezug des Witwengeldes ruhe, und er deshalb bis zum Erlasse des entgegenstehenden Reichsgerichtsurteils die Zahlung unterlassen habe. Die Rechtsauffassung des Beklagten sei an sich wohl zu begründen; in der Nichtzahlung könne daher eine Außerachtlassung der im Verkehr erforderlichen Sorgfalt nicht gefunden werden. Der Beklagte seinerseits bestreitet überhaupt die Anwendbarkeit der Bestimmungen des Bürgerlichen Gesetzbuchs über die Verzugszinsen auf die Ansprüche aus

den Militär-Versorgungsgesetzen als öffentlichrechtliche Ansprüche und führt aus, daß eine Geldforderung der Hinterbliebenen erst mit der Festsetzung der Gebührnisse durch die Militärverwaltungsbehörde gemäß § 28 MHG. oder dem diese Festsetzung ersetzenden richterlichen Urteil entstehe. Dieser Auffassung des Beklagten kann nicht beigetreten werden.

Die Heranziehung der Bestimmungen des bürgerlichen Rechtes über die Verpflichtung zur Zahlung von Zinsen und insbesondere von Verzugszinsen bei öffentlichrechtlichen Ansprüchen, und zwar auch bei Versorgungsansprüchen von Militärpersonen, entspricht der ständigen Rechtsprechung des Reichsgerichts (vgl. RGZ. Bd. 72 S. 256 und S. 369). Es kann auch der Bestimmung des § 28 MHG. nicht die Bedeutung beigelegt werden, daß der Anspruch der Hinterbliebenen auf die Zahlung der Rente erst durch die Feststellung seitens der Militärverwaltungsbehörde zur rechtlichen Entstehung gebracht werde. Dieser Anspruch beruht vielmehr unmittelbar auf dem Gesetze, wie sich aus den Bestimmungen des § 29 Nr. 1 des Gesetzes ergibt, nach denen die Zahlung des Witwen- und Waisengeldes beginnt mit dem Ablaufe der Zeit, für die Gnadengebührnisse gewährt sind, eventuell mit dem auf den Sterbetag folgenden Tage oder für die nachgeborenen Waisen mit dem Tage ihrer Geburt. Die Zeit der Zahlung der einzelnen Rentenbeträge ist in § 29 Nr. 4 dahin bestimmt, daß sie monatlich im voraus zu zahlen sind. Die Leistungen waren also fällig; einer Mahnung bedurfte es nicht, um den Beklagten in Verzug zu setzen. Die Verzugsfolgen wurden auch nicht, wie das Berufungsgericht annimmt, dadurch ausgeschlossen, daß der Beklagte einer Rechtsauffassung folgte, nach der der Anspruch der Klägerin ruhte. Mag auch die Auslegung des § 31 MHG. zweifelhaft gewesen und zuzugeben sein, daß der Beklagte der von ihm vertretenen Meinung sein durfte, so mußte er doch mit der Möglichkeit der anderen, der Klägerin günstigen, Auslegung rechnen. Die Militärverwaltung rechnete auch tatsächlich mit der Möglichkeit einer von der ihrigen abweichenden Rechtsauffassung. Denn in dem an die Vertreter der Klägerin gerichteten Erlasse des Kriegsministers vom 26. April 1916 wird die Zahlung der auf der allgemeinen Versorgung beruhenden Witwenrente abgelehnt, „solange die Frage, ob bei der Abfindung der Hinterbliebenen von Kriegsteilnehmern die allgemeine Versorgung aus Heeresfonds neben einer Versorgung aus der Beamtenstelle des Verstorbenen zu ruhen hat, gerichtlich noch nicht geklärt ist." Die bloße Zweifelhaftigkeit einer Rechtsfrage, von deren Beantwortung das Bestehen einer Schuldverbindlichkeit abhängt, berechtigt den Schuldner zur Verweigerung der Leistung auch dann nicht, wenn sie seiner Meinung nach in dem ihm günstigen Sinne zu beantworten ist. Er hat, wenn die gegenteilige Rechtsauffassung durchdringt, die Folgen der Nichtleistung zu vertreten."

---

97. Zu der Frage, was § 3 UnlWG. unter unrichtigen Angaben versteht, die geeignet sind, den Anschein eines besonders günstigen Angebots hervorzurufen.

II. Zivilsenat. Urt. v. 12. April 1918 i. S. Württemb. Brauereiverband (Kl.) w. R. H. (Bekl.). Rep. II. 507/17.

I. Landgericht Stuttgart, Kammer für Handelssachen.
II. Oberlandesgericht daselbst.

Der Beklagte stellt nach einem ihm patentierten Verfahren ein alkoholarmes limonadenartiges Getränk aus vergorenem Äpfelwein und Hopfen auf kaltem Wege (ohne Brau- und Gärungsprozeß) her, das er insbesondere als „Hopfenäpfelbräu-Weltwohl", „Hopfenfrüchtebräu-Weltwohl" bezeichnet und in öffentlichen Bekanntmachungen, auch unter Aufforderung zu Lizenznahmen, anpreist. Er bezeichnet es auch als ein billiges, gesundes „Volksbräu", welches einen bierähnlichen Ersatz biete; als im Aussehen und Geschmack einem leichten, wohlschmeckenden Biere ganz nahe kommend; als „erstklassiges Bierersatzgetränk" unter besonderer Hervorhebung des Wortes Bier durch fetten Druck. Er sagt in den Veröffentlichungen ferner, daß das Getränk durch Brauereien (dieses Wort wieder meistens durch Fettdruck hervorgehoben) in den Handel gebracht, daß es teils aus dem Fasse geschänkt, teils in Flaschen verkauft und sowohl dunkel nach Münchener, als hell nach Pilsener Art hergestellt werde.

Der Kläger, ein Verband zur Förderung gewerblicher Interessen der Brauereien, erblickte in den Anpreisungen des Beklagten unrichtige Angaben über die Beschaffenheit und die Herstellungsart seines limonadenartigen, nicht aus Gerstenmalz und nicht wie Bier hergestellten Getränkes, und zwar unrichtige Angaben, die geeignet seien, den Anschein eines besonders günstigen Angebots hervorzurufen.

Auf die von dem Kläger demgemäß erhobene Klage wurde der Beklagte vom ersten Richter verurteilt, es zu unterlassen, in öffentlichen Bekanntmachungen usw. das von ihm hergestellte oder noch herzustellende Getränk „Weltwohl" als „Bräu" oder als Getränk „nach Münchener Art" oder „nach Pilsener Art" zu bezeichnen. Auf die vom Beklagten eingelegte Berufung wurde die Klage abgewiesen. Die Revision des Klägers hatte Erfolg. — Nach Darlegung, daß unrichtige Angaben gemacht sind, besagen die

Gründe:

... „Anlangend die weitere Voraussetzung der Anwendbarkeit des § 3 UnlWG., daß die unrichtigen Angaben geeignet sind, den Anschein eines besonders günstigen Angebots hervorzurufen, so hat der Berufungsrichter das Vorhandensein dieser Voraussetzung verneint und um deswillen die Klage abgewiesen. Dazu hat er folgendes ausgeführt. Ein wirklich sachkundiger Bierbrauer würde durch die Veröffentlichungen des Beklagten, durch eine mit diesen hervorgerufene Vorstellung, das Getränk sei mittels Brauprozesses herzustellen, zum Erwerb einer der in den Veröffentlichungen angebotenen Lizenzen nicht bestimmt werden. Solche Kaufliebhaber für eine Lizenz würden sich vielmehr zu einem Abschlusse mit dem Beklagten nur dann entschließen, wenn ihnen vom Beklagten die Versicherung gegeben werden könne, daß ein (langwieriger und kostspieliger) Brauprozeß wie beim Bier zur Herstellung des Getränkes nicht erforderlich sei. Der Verbraucher aber würde die Frage, ob er das Angebot „besonders günstig" finde, nicht nach der bei ihm über die Herstellungsart des Getränkes etwa hervorgerufenen Meinung beantworten und sich bei dieser Beantwortung nicht durch die Anpreisung von bierähnlichen Eigenschaften des Getränkes bestimmen lassen. Vielmehr werde er sich zur etwaigen Anschaffung einer Kostprobe nur infolge des Wunsches entscheiden, die nähere Beschaffenheit und Schmackhaftigkeit des Getränkes selbst erst kennen zu lernen, zur Anschaffung größerer Mengen aber nur dann, wenn er die Kostprobe schmackhaft und preiswert gefunden habe.

Diese Ausführungen, auf denen das Berufungsurteil beruht, werden mit Recht von der Revision angegriffen. Sie gehen schon insofern fehl, als der Berufungsrichter mit ihnen nur „wirklich sachkundige Bierbrauer" und die Verbraucher, nicht aber auch die überaus große Zahl der Zwischenhändler und der mehr oder minder sachverständigen, großen und kleinen Gastwirtschaftsbesitzer in den Kreis seiner Betrachtungen zieht. Aber auch im übrigen hat der Berufungsrichter die Bedeutung des § 3 UnlWG. verkannt. Es sollen durch diesen Paragraphen schon solche unrichtige Angaben getroffen werden, die geeignet sind, den Anschein eines besonders günstigen Angebots hervorzurufen, die also geeignet sind, die Kauflust der in Betracht kommenden Kreise anzuregen, Käufer anzulocken (RGSt. Bd. 38 S. 372; Bd. 44 S. 144). Was dann weiter geschieht, ob und welche Versicherungen die angelockten Kaufliebhaber erhalten, ob und in welchem Umfange die Anregung zum Kaufe den Erfolg des Ankaufs hat, ist nicht mehr von Belang. Nur eine solche Auslegung des § 3 entspricht seinem Zwecke, der nicht sowohl dahin geht, das Publikum gegen Übervorteilungen zn sichern, als vielmehr dahin, den redlichen Mitbewerber vor Nachteilen zu schützen, die ihm durch unrichtige Reklame zugefügt werden können (RGSt. Bd. 35 S. 236). Vollends verfehlt erscheint es aber, wenn der Berufungsrichter den § 3 noch nicht einmal zur Anwendung in solchen Fällen bringen will, in denen die Verbraucher — bei deren unübersehbar großen Zahl — zur Anschaffung nur von Kostproben (nicht aber von größeren Mengen) bewogen worden sind, und wenn er ferner den Begriff des besonders günstigen Angebots danach beurteilt, ob die beteiligten Käuferkreise ein solches Angebot nach Prüfung der Ware (nachdem sie diese angeschafft und gekostet haben) für vorliegend erachten. Es kommt ganz vornehmlich die Auffassung in Betracht, die die beteiligten Kreise vorher, wenn sie die angepriesenen Waren, zu deren Ankauf sie angeregt (angelockt) werden sollen, noch nicht kennen, über die Vorzüge des Angebots haben. Nach dieser durch Gewöhnung und Herkunft, vielfach auch durch Vorurteile bedingten Auffassung bestimmt sich die Beantwortung der Frage, ob eine unrichtige Angabe geeignet ist, den Anschein eines besonders günstigen Angebots hervorzurufen

(RGZ. Bd. 58 S. 285; Bd. 66 S. 176), und dabei ist namentlich auch, wie der erste Richter mit Recht angenommen hat, der Preis der angepriesenen Ware von besonderer Bedeutung."

---

98. Zum Schutzumfange des § 12 des Gesetzes zum Schutze der Warenbezeichnungen vom 12. Mai 1894. Begriff der Gefahr einer Verwechselung im Verkehr im Sinne von § 20 des Gesetzes.

II. Zivilsenat. Urt. v. 16. April 1918 i. S. G. F. (Bekl.) w. Sch. u. Gen. (Kl.). Rep. II. 424/17.

I. Landgericht Eisenach.
II. Oberlandesgericht Jena.

Die Klägerin wie der Beklagte stellen Glasröhren her, die wegen der besonderen Glaszusammensetzungen zur Anfertigung gewisser technischer und wissenschaftlicher Gegenstände (Fieberthermometer, Ampullen, Phiolen, Reagenzgläser usw.) bestimmt sind. Für die Klägerin ist für ihre Glasröhren seit dem Jahre 1885 als Warenzeichen (Nr. 30322 der Rolle) eine an der Glaswand entlang laufende dünne Linie, die einfarbig, aber von beliebiger Farbe ist, geschützt. Eine andere Firma (Gr.) hat ein in die Rolle des Patentamts (unter Nr. 1781) eingetragenes Zeichen, das aus zwei nebeneinander laufenden Längsstreifen von beliebiger, aber bei beiden Streifen gleicher Farbe besteht. Für den Beklagten sind in den Jahren 1910 bis 1913 insgesamt 16 Warenzeichen eingetragen worden; sie bestehen sämtlich aus zwei oder drei Längslinien von unter sich verschiedener Farbe, teils mit, teils ohne Abstand der Linien voneinander. Der Beklagte hat bisher von seinen Zeichen nur benutzt: Nr. 160367, eine blauweiße Längslinie (auf Glasröhren zur Herstellung von Phiolen und Reagenzgläsern); Nr. 158786, eine rotweiße Längslinie (auf Wasserstandsröhren); Nr. 174742, eine blaue und eine rote Linie (auf Glasröhren zur Anfertigung von Fieberthermometern).

Die Klägerin, die sich durch den Beklagten in ihrem Warenzeichenrecht und auch im Rechte auf lauteren Wettbewerb beeinträchtigt fühlte, machte geltend: Bei der Anwendung der Warenzeichen des Beklagten habe sich gezeigt, daß diese zu Verwechselungen mit dem Zeichen der Klägerin führen könnten. Der Beklagte habe mehrfach Glasröhren in den Handel gebracht, bei denen der Doppelstreifen als solcher nur schwer zu erkennen sei, da ganz vornehmlich nach der Verarbeitung der Röhren bei den unmittelbar nebeneinander laufenden verschiedenfarbigen Linien der Eindruck einer einfarbigen Linie erweckt werde, bei den zwei getrennt voneinander laufenden aber nur die eine stark in die Augen falle und die andere so matt und schwach gehalten sei, daß sie ganz übersehen werde, und so in dem einen wie in dem anderen Falle bei den nicht sachkundigen Käufern und Benutzern der aus den Glasröhren hergestellten Geräte und Werkzeuge das Zeichen als das Warenzeichen der Klägerin — die eine einfarbige Linie — erscheine. Es sei aber für eine große Zahl von Personen (Ärzte, Chemiker, Kesselwärter) von Wichtigkeit, auch an den aus den Röhren gefertigten Gegenständen zuverlässig die Herkunft des Glases erkennen zu können. Der Beklagte dürfe die ihm geschützten Zeichen wegen der durch die §§ 12, 20 WarBezG. begründeten Rechte der Klägerin nicht benutzen, wenn er sie nicht so herstellen könne, daß Verwechselungen ausgeschlossen seien. Die Klägerin beantragte, dem Beklagten zu untersagen: die ihm geschützten Warenzeichen an Glasröhren so anzubringen, daß einer der beiden Streifen nicht deutlich sichtbar ist; ihm auch eine Anbringung zu untersagen, die eine Verwechselung mit dem Warenzeichen der Klägerin, dem einfachen Streifen, ermöglicht.

Der Beklagte, der die Abweisung der Klage beantragte, machte geltend, seine Röhren kämen nur mit seinen ganz deutlich sichtbaren Zeichen an die Abnehmer zur Versendung. Verwechselungen wären niemals vorgekommen, da eben der verschiedenfarbige Doppelstreifen auf den unbearbeiteten wie übrigens auch auf den bearbeiteten Röhren deutlich als solcher sichtbar sei und nach der üblichen Bearbeitungsweise auch stets deutlich sichtbar geblieben sei. Bei der Prüfung der Verwechselungsgefahr kämen nicht die Käufer der aus den Glasröhren hergestellten einzelnen Geräte in Betracht, sondern nur der aus Sachkundigen bestehende Abnehmerkreis der Röhren selbst.

Der erste Richter wies die Klage ab. Der Berufungsrichter untersagte dem Beklagten: „seine aus zwei verschiedenfarbigen Längsstreifen bestehenden Warenzeichen an Glasröhren so anzubringen, daß einer der beiden Streifen nicht deutlich sichtbar ist." Auf die Revision des Beklagten ist das klagabweisende Urteil des ersten Richters wiederhergestellt worden aus folgenden

Gründen:

„Der Berufungsrichter, der rechtlich bedenkenfrei eine Verletzung der Bestimmungen des Gesetzes über den unlauteren Wettbewerb verneint hat, hat der Klage auf Grund des Warenzeichengesetzes stattgegeben. Er hat festgestellt, daß durch die Art, wie der Beklagte seine Warenzeichen anbringe, in den Kreisen der nächsten Abnehmer der von ihm hergestellten Glasröhren, bei den Glasverarbeitern, die Gefahr einer Verwechselung der Zeichen mit dem Zeichen der Klägerin nicht herbeigeführt werde. Er hat aber weiter festgestellt, daß durch die Verarbeitung der Röhren seitens der ersten Abnehmer auf den von diesen erzeugten fertigen Waren die Deutlichkeit der Zeichen erheblich beeinflußt und vermindert werde und daß infolgedessen bei einigen der ihm vorgelegten, aus Röhren des Beklagten gefertigten Proben, namentlich von kleinen dünn ausgestalteten Ampullen und Phiolen, bei dem aus den blauweißen und auch bei dem aus den blauen und roten Streifen bestehenden Zeichen des Beklagten (Nr. 160367 und Nr. 174742) die Gefahr der Verwechselung für gewisse Kreise von Käufern vorhanden sei. Indem der Berufungsrichter verneint hat, daß für die übrigen Zeichen des Beklagten eine Verwechselungsgefahr mit dem Zeichen der Klägerin dargetan sei, hat er erwogen, das festgestellte Vorkommen der zu Verwechselungen führenden Ausführungsarten der Zeichen des Beklagten, wie es der Herstellungsprozeß bei solchen nicht scharf ausgeprägten Zeichen notwendig mit sich bringe, rechtfertige gemäß § 20 WarBezG. den Anspruch der Klägerin auf Unterlassung solcher verwechselungsgefährlichen Verwendung. Hiernach hat er dem Beklagten untersagt, seine aus zwei verschiedenfarbigen Längsstreifen bestehenden Warenzeichen an Glasröhren so anzubringen, daß einer der beiden Streifen nicht deutlich sichtbar ist.

Die Entscheidung ist nicht haltbar; sie beruht in mehrfacher Hinsicht auf Rechtsirrtum.

1. Der Beklagte hat bei der Anbringung von Zeichen auf den von ihm hergestellten Glasröhren nach den getroffenen Feststellungen nur seine Zeichen verwandt. Dazu war er auf Grund des § 12

WarBezG. ebensowohl berechtigt wie die Klägerin zur Verwendung ihres Zeichens. Wären die beiderseitigen Zeichen an sich verwechselungsfähig, so würde demnach, solange die Eintragungen nebeneinander bestehen, zeichenrechtlich — und das steht allein in Frage — keine Partei vor der anderen ein Vorzugsrecht in der Verwendung und keine einen Anspruch auf Untersagung der Verwendung haben. Das hat der Berufungsrichter verkannt.

2. Rechtlich nicht bedenkenfrei ist die Annahme des Berufungsrichters, daß der Beklagte für die Veränderungen, die die Zeichen der Glasröhren durch den Prozeß der Herstellung der fertigen Ware seitens der Glasverarbeiter erleiden — und zwar, wie der Berufungsrichter sagt, bei solchen nicht scharf ausgeprägten Zeichen notwendig erleiden —, einzustehen, er also dafür aufzukommen habe, daß seine Zeichen (Nr. 160367 und Nr. 174742), die in den Glasröhren nach den getroffenen Feststellungen richtig, nämlich so wie sie ihm geschützt sind, angebracht sind, auch nach der Verarbeitung der Röhren an den aus diesen gefertigten Waren unverkennbar bleiben. Der Berufungsrichter hat seine Annahme damit begründet, die Herkunftskennzeichnung der Glasröhren solle ihrer ganzen Art nach nicht bloß dem beschränkten Kreise der nächsten Abnehmer, der Verarbeiter von Glasröhren, sondern auch denen gegenüber wirken, die die daraus gearbeiteten, fertigen Glaswaren kaufen. Es sei für das Jenaer Glaswerk (die Klägerin) von Bedeutung, wenn auch die weiteren Kreise des Publikums, das die Fertigwaren kaufe, darauf sähen, daß die Waren aus Jenaer Glas hergestellt seien, denn das wirke zurück auf den Absatz des Rohglases (der Röhren) seitens des Werkes an die Hersteller der Halbfabrikate (Glasbläser, Thermometermacher usw.). Deshalb könne man nicht wie das Patentamt sagen, für „Glasröhren“ seien nur die Verarbeiter allein Abnehmer, das Publikum kaufe keine „Röhren“. Denn das Zeichen im Glase sei ja darauf berechnet, daß es nicht bloß bis zur Verarbeitung sichtbar bleibe, sondern auch noch an der fertigen Ware (Thermometer, Ampulle, Phiole usw.). Es solle also auch noch an der Fertigware den Hersteller des Rohmaterials erkennbar machen, noch im Fertigwarenhandel beachtet werden.

Dem ist entgegenzuhalten, daß es zeichenrechtlich ohne Belang ist, ob der Hersteller der Glasröhren, des Rohfabrikats, ein gewisses Interesse daran hat und ob das Zeichen darauf „berechnet“ ist, daß es auch an der Fertigware erkennbar ist. Das Warenzeichen hat zeichenrechtlichen Schutz nur für die Ware, für die es eingetragen ist, und nur gegenüber den mit dem Zeichen versehenen gleichen oder gleichartigen Waren. Bestimmte Feststellungen darüber, für welche Waren die Eintragung des Zeichens der Klägerin erfolgt ist, sind vom Berufungsrichter nicht getroffen (Auszüge aus der Zeichenrolle des Patentamts befinden sich nicht bei den Akten). Im Tatbestande des Berufungs- wie des landgerichtlichen Urteils ist nur gesagt, das Zeichen der Klägerin und die Zeichen des Beklagten seien für Glasröhren eingetragen, und in der Klageschrift heißt es, die Eintragung des Zeichens der Klägerin sei „für bestimmte Arten von Glasröhren" erfolgt. An sich sind „Glasröhren" eine andere Ware als die aus ihnen hergestellten Geräte und Werkzeuge, wenn diese auch Ampullen, Phiolen, Fieberthermometer sind, und es kann auch nicht ohne weiteres gesagt werden, daß diese anderen Waren gleichartig seien mit Glasröhren. Ob sie im Verkehr als gleiche oder gleichartige Waren erachtet werden, ist aus den getroffenen Feststellungen nicht ersichtlich. Was der Berufungsrichter aus den Beschlüssen des Patentamts angeführt hat, spricht in hohem Maße dagegen. Die Beschwerdeabteilung des Patentamts hat die aus den Glasröhren hergestellten Waren offenbar nicht für geschützt erachtet.

3. Die Gefahr der Verwechselung der Zeichen (Nr. 160367 und Nr. 174742) des Beklagten mit dem Zeichen der Klägerin hat der Berufungsrichter nur für eine Gruppe des Käuferpublikums für Fertigwaren als festgestellt erachtet, und zwar für die Leiter von wissenschaftlichen Unternehmungen oder Anstalten und für Spezialärzte, die Glaswaren beziehen, welche für besondere Zwecke tauglich sein, gewisse besondere physikalische oder chemische Eigenschaften gegenüber den Einwirkungen von Wärme oder von Säuren usw. besitzen müßten. Bezüglich dieser Personen hat der Berufungsrichter ausgeführt: sie erhielten das ursprüngliche Röhrenglas bereits in verarbeiteter Gestalt; die Ausdehnung und die Hitze hätten auf die Farbstriche großen Einfluß gehabt; die Striche seien bedeutend dünner und blässer geworden, und die Sichtbarkeit der einzelnen Farben habe abgenommen. Bei den bezeichneten Personen sei die Beschaffung der Glaswaren (bei ihrer in der Hauptsache auf andere Dinge gerichteten Berufsarbeit) nur ein Nebengeschäft. Daher sei bei ihnen nicht das gleiche

Maß von Aufmerksamkeit und Geübtheit in Wahrnehmung und Erkennen der Zeichen vorauszusetzen, wie etwa bei den Glasverarbeitern.

Diese Ausführungen gehen rechtlich fehl. Es handelt sich bei den vom Berufungsrichter bezeichneten Personenkreisen durchweg um wissenschaftlich oder technisch besonders durchgebildete Personen, die wissen, daß die betreffenden Zeichen vor der Umgestaltung der Röhren zu der Fertigware angebracht und durch die Umgestaltung und Verarbeitung der Rohware einer Veränderung und Abschwächung ausgesetzt sind. Sie sind durch diese in den Zeichen und in den Waren liegenden Umstände, wenn sie überhaupt Gewicht darauf legen, daß das Glas, aus dem die Geräte und Werkzeuge hergestellt sind, aus einer bestimmten Herkunftsstelle herrührt, gezwungen, auf die Prüfung des Zeichens, an dem sie die Herkunftsstelle erkennen wollen, bei der Art und der Feinheit der in Frage kommenden Waren und Zeichen und der durch beides bedingten geringen Verschiedenheit der Zeichen ihre volle Aufmerksamkeit zu verwenden. Das gebietet der Verkehr und die durch diesen erforderte Sorgfalt (RGZ. Bd. 63 S. 243/244; Ergänzungsband zum Blatt für Patent-, Muster- und Zeichenwesen Jahrgang 1901, die Geschäftstätigkeit des Kaiserlichen Patentamts, S. 274). Wenn aber einmal der eine oder andere aus den bezeichneten Kreisen es unterlassen sollte, mit der vom Verkehr gebotenen Genauigkeit die Prüfung vorzunehmen, so würde damit die Gefahr einer Verwechselung im Verkehr nicht gegeben sein.

Der Berufungsrichter hat damit den Begriff der Gefahr einer Verwechselung im Verkehr im Sinne des § 20 WarBezG. verkannt. Eine solche liegt bei einer dem Gesetz entsprechenden Auslegung des Begriffs nach den getroffenen Feststellungen nicht vor. Damit entfällt die erhobene Klage."

---

99. Welche Bedeutung hat bei Kaufverträgen, die während des Krieges über im neutralen Ausland anzuschaffende Ware geschlossen sind, die dem Käufer auferlegte Pflicht zur sofortigen Rembours-bestellung?

BGB. § 360.

II. Zivilsenat. Urt. v. 16. April 1918 i. S. B. (Kl.) w. S. (Bekl.). Rep. II. 505/17.

I. Landgericht Hamburg, Kammer für Handelssachen.
II. Oberlandesgericht daselbst.

Am 4. Februar 1916 kaufte die Klägerin von dem Beklagten aus Dänemark einzuführendes Schweineschmalz. Die Klägerin sollte nach der zwischen den Parteien getroffenen Vereinbarung die Stadtgemeinde R., an die sie die Ware weiterverkauft hatte, anweisen, sofort und telegraphisch einen Bankrembours in Kopenhagen zu eröffnen. Am 9. Februar 1916 teilte der Beklagte der Klägerin mit, daß er nicht liefern könne, weil der Rembours nicht rechtzeitig gestellt sei. Beide Teile beanspruchen Schadensersatz wegen Nichterfüllung, die Klägerin mit der Klage, der Beklagte im Wege der Widerklage. Das Landgericht wies Klage und Widerklage ab. Das Oberlandesgericht beließ es bei der Abweisung der Klage und gab der Widerklage statt. Auf die Revision der Klägerin wurde das Berufungsurteil aufgehoben und die Sache zurückverwiesen.

Aus den Gründen:

... „Nach den tatsächlichen Feststellungen des Oberlandesgerichts ist bei der Eröffnung des Rembourses in der Weise verfahren worden, daß die Klägerin am 5. Februar 1916 die Stadtverwaltung zu R. zu sofortigem Drahtakkreditiv in Kopenhagen telegraphisch aufforderte, daß die Stadtverwaltung noch an demselben Tage einen entsprechenden Auftrag der Filiale der Sächsischen Bank in R. erteilte und daß diese ebenfalls noch am 5. Februar den Auftrag an das Bankhaus B. in Berlin weitergab, das dann die Überweisung an die Bank in Kopenhagen vornahm. Auf diesem Wege ist, wie das Berufungsgericht als erwiesen ansieht, der Remboursbetrag am 10. Februar nach Kopenhagen gelangt. Darüber, ob die Filiale der Sächsischen Bank und das Bankhaus B. den ihnen erteilten Auftrag telegraphisch oder sonstwie erledigt haben, ist eine bestimmte Feststellung nicht getroffen.

Bei der rechtlichen Beurteilung dieses Verlaufs der Angelegenheit geht das Berufungsgericht davon aus, daß die Klägerin nicht schon durch die an die Stadtverwaltung gerichtete Aufforderung ihre Vertragspflicht erfüllt habe, daß sie vielmehr für die rechtzeitige —

d. h. die sofortige telegraphische — Stellung des Rembourses einzustehen gehabt habe. Hierin ist, da die Klägerin dem Beklagten als Käufer und einziger Vertragsgegner gegenüberstand, ein Rechtsirrtum nicht zu finden. Weiter ist dargelegt, daß die Remboursbestellung der Klägerin als Vorleistung obgelegen habe, daß bei ordnungsmäßiger Erledigung der Remboursbetrag in zwei Tagen nach Kopenhagen hätte gelangen können und daß der Beklagte am 9. Februar, weil der Rembours damals noch nicht gestellt gewesen sei, das Recht gehabt habe, ohne Nachfristbestimmung die Lieferung der Ware abzulehnen und vom Vertrage zurückzutreten.

Die Revision ist der Meinung, es sei nicht ersichtlich, inwiefern und wodurch die Klägerin mit der Stellung des Rembourses in Verzug gekommen sei. Der Umstand, daß der Rembours in zwei Tagen hätte gestellt werden können, ergebe nicht, daß nun nach zwei Tagen ohne weiteres Verzug vorgelegen habe; solange aber die Klägerin nicht in Verzug gewesen sei, habe der Beklagte, weil nach der eigenen Ansicht des Berufungsgerichts kein Fixgeschäft vorliege, nicht von dem Vertrage zurücktreten können. Dieser Auffassung kann nicht gefolgt werden.

Das Berufungsgericht hat allerdings, und zwar zutreffend, das Recht des Beklagten, die Vertragserfüllung zu verweigern, nicht daraus abgeleitet, daß der Vertrag der Parteien ein Fixgeschäft im Sinne von § 376 HGB. sei. Hieraus ist aber noch nicht zu schließen, daß das Verhalten des Beklagten nur, wenn Verzug der Klägerin (§ 284 BGB.) festgestellt wurde, als gerechtfertigt anerkannt werden durfte. Es sind auch Fälle denkbar, in denen ein Verkäufer außerhalb der Vorschriften des § 376 HGB. und des § 284 BGB. bei verspäteter Bewirkung einer dem Käufer obliegenden Leistung von der Lieferungspflicht frei wird, und einen solchen Fall hat das Berufungsgericht hier angenommen.

Es führt aus, während des Krieges habe sich für Einfuhrgeschäfte aus dem neutralen Ausland eine in den beteiligten Kreisen allgemein bekannte und befolgte Verkehrsanschauung dahin gebildet, daß dem Käufer bei Vereinbarung eines im Auslande zu stellenden Bankrembourses die schleunige Beschaffung des Kredits als Vorbedingung der Lieferung obliege. Diese vorgängige schleunige Überweisung des Kaufpreises sei erforderlich, weil andernfalls keine Gewähr dafür bestehe, daß der ausländische Verkäufer die Ware liefere; unter der Einwirkung des gesteigerten inländischen Bedarfs an neutraler Ware hätten sich während des Krieges die Geschäftsverhältnisse im neutralen Auslande gerichtskundig derartig zugespitzt, daß der neutrale Verkäufer, sobald Schwierigkeiten oder Verzögerungen in der Überweisung des bedungenen Kredits entständen, sofort die Lieferung ablehne, ohne sich auf die Gewährung von Nachfristen einzulassen. Überdies gehe gerichtskundig die Rechtsprechung der ausländischen, insbesondere der dänischen, Gerichte dahin, dem Verkäufer für den Fall nicht rechtzeitiger Remboursbestellung ein sofortiges Rücktrittsrecht einzuräumen; die Folge davon sei, daß auch im Verhältnis eines inländischen Verkäufers einer neutralen Ware zum inländischen Käufer, wenn wie hier sofortige telegraphische Rembours-bestellung vereinbart sei, die Anwendung der (die Verzugsfolgen regelnden) Vorschriften des § 326 BGB. auszuscheiden habe und dem Verkäufer beim Ausbleiben oder bei verspätetem Eintreffen des Rembourses ein Rücktrittsrecht ohne Bestimmung einer Nachfrist einzuräumen sei.

Das Berufungsgericht wendet danach der Sache nach die Vorschrift des § 360 BGB. auf den vorliegenden Fall an. Es entnimmt den besonderen Verhältnissen des Geschäfts die stillschweigend getroffene Vereinbarung der Parteien, daß die Klägerin, wenn die sofortige telegraphische Remboursbestellung unterblieb, ihrer Rechte aus dem Vertrage verlustig sein sollte, und daraus folgert es dann, daß der Beklagte, wie dies § 360 vorsieht, befugt gewesen sei, seinen Rücktritt von dem Vertrage zu erklären. Als rechtsirrig kann diese Beurteilung nicht angesehen werden. Insbesondere hing ihre rechtliche Möglichkeit nicht davon ab, daß die Klägerin in Verzug geraten war. Denn die in § 360 geordnete sog. Verwirkungsklausel kann auch so gemeint sein, daß allein die Tatsache des Unterbleibens der Leistung das Rücktrittsrecht begründet. Auch vermißt die Revision mit Unrecht eine Feststellung nach der Richtung, daß die Klägerin die in dem Urteile berücksichtigten ausländischen Verhältnisse gekannt habe. Diese Feststellung ist in dem Hinweis auf die in den beteiligten Kreisen allgemein bekannte und befolgte Verkehrsanschauung, die sich bei solchen Einfuhrgeschäften während des Krieges gebildet habe, enthalten. Die Auffassung des Berufungsgerichts ist deshalb nicht etwa unter dem Gesichtspunkte zu beanstanden, daß nicht genügend geprüft sei, ob der angenommene Vertragsinhalt dem erkennbaren Willen beider Parteien entspricht. Unvereinbar mit dieser Behandlung der Klage ist allerdings die auf die Widerklage ergangene Entscheidung. Der mit der Widerklage verfolgte Anspruch auf Schadensersatz wegen Nichterfüllung durfte nicht zugelassen werden, wenn der Beklagte, wie das Berufungsgericht annimmt, zurückgetreten ist. Denn neben dem Rücktritte, der das Vertragsverhältnis beseitigt, ist für das Erfüllungsinteresse, das den Bestand des Vertrags voraussetzt, kein Raum." ... (Die Aufhebung des ganzen Urteils ist erfolgt, weil die Annahme des Oberlandesgerichts, der Rembours sei erst am 10. Februar in Kopenhagen eingetroffen, auf einem prozessualen Verstoße beruhte).

---

100. Über die Gefahr einer Verwechselung im Verkehr bei einem reinen Wortzeichen.

Gesetz zum Schutze der Warenbezeichnungen vom 12. Mai 1894 § 20.

II. Zivilsenat. Urt. v. 19. April 1918 i. S. Hindenburg (Bekl.) w. Hindenberg (Kl.). Rep. II. 504/17.

I. Landgericht Hamburg, Kammer für Handelssachen.
II. Oberlandesgericht daselbst.

Für die Klägerin, die Firma „J. E. Hindenberg", Weinhandlung in Kolberg, sind in die Zeichenrolle des Patentamts 1912 und 1914 als Warenzeichen für Liköre und andere Spirituosen eingetragen:

unter Nr. 155432 die Worte „Hindenbergs echter Kolberger Bade-Likör",

unter Nr. 194419 ein aus Bildern und Worten zusammengesetztes, insbesondere die Worte „J. E. Hindenberg Kolberg" enthaltendes Zeichen;

unter Nr. 200919 das Wort „Hindenberg".

Die Beklagte, die Firma „Hindenburg Cognac-Vertriebsgesellschaft m. b. H." in Hamburg, mit Zweigniederlassung in Grünberg Schles., besteht seit 1915. Sie bringt unter ihrer Firma gleichartige

Waren wie die Klägerin in den Verkehr und macht für ihren Hindenburg-Kognak Reklame.

Die Klägerin klagte auf Verurteilung der Beklagten: 1. in die Löschung der Firma einzuwilligen; 2. es zu unterlassen, a) das Wort „Hindenburg" als warenzeichenartige Kennzeichnung für Kognak, Spirituosen usw. zu verwenden; b) das Wort „Hindenburg" auf der Verpackung oder Umhüllung derartiger Waren zu verwenden, so bezeichnete Waren in den Verkehr zu bringen und die Bezeichnung auf Ankündigungen, Preislisten usw. anzubringen; 3. die mit der Kennzeichnung „Hindenburg" versehenen Waren aus dem Verkehr zu ziehen und das Kennzeichen, soweit es auf Waren, deren Verpackung oder Umhüllung angebracht ist, zu beseitigen; 4. der Klägerin den erwachsenen Schaden zu ersetzen.

Das Landgericht erkannte den Anträgen der Klage gemäß. Die von der Beklagten eingelegte Berufung wurde mit der Maßgabe zurückgewiesen, daß die Verpflichtung zur Löschung (zu 1.) auf den Bestandteil „Hindenburg" der Firma der Beklagten beschränkt bleibe. Auf die Revision der Beklagten wurde die Klage abgewiesen aus folgenden

Gründen:

„Der erste Richter hat die Gefahr einer Verwechselung des Namens „Hindenburg" mit dem das Schlagwort der drei klägerischen Warenzeichen bildenden Namen „Hindenberg" bejaht, indem er ausführte: wenn auch der Name Hindenburg zurzeit so sehr in aller Munde sei, daß die Abweichung des Klanges in „Hindenberg" auffallen werde, so gelte das doch nicht für denjenigen, der die Namen sehe; auf den Etiketten könne daher der Unterschied leicht übersehen werden. Der Berufungsrichter hat „mit dem Landgerichte" für festgestellt erachtet, daß im Verkehr die Gefahr einer Verwechselung der mit „Hindenburg" gekennzeichneten Waren mit gleichartigen Waren der Klägerin, die mit deren Zeichen Nr. 155432 und Nr. 200919 — „Hindenbergs echter Kolberger Bade-Likör" und „Hindenberg" — versehen seien, für den die Kennzeichnungen nur flüchtig betrachtenden, durch kein untrügliches Erinnerungsbild vor Täuschungen gesicherten Durchschnittskäufer vorhanden sei.

Der Berufungsrichter nimmt danach offenbar mit dem ersten Richter an, daß zwar demjenigen, der den Namen Hindenburg hört, die Abweichung von Hindenberg auffallen werde, daß aber dem die

Kennzeichnung „Hindenburg" Betrachtenden, also dem, der Hindenburg, geschrieben oder gedruckt, sieht, die Abweichung von Hindenberg, da er durch kein untrügliches Erinnerungsbild vor Täuschungen gesichert sei, leicht entgehen könne. Mit Recht weist die Revision demgegenüber darauf hin, daß das Publikum den Namen Hindenburg ebensooft lese, wie es ihn höre, und daß es daher nicht verständlich und widerspruchsvoll sei, daß das Publikum zwar nicht beim Hören, wohl aber beim Lesen des Namens Hindenburg diesen weltbekannten Namen mit Hindenberg verwechseln werde. Der Berufungsrichter wird auch der Lage der Sache nicht gerecht. Wer den Namen „Hindenburg" geschrieben oder gedruckt sieht, wird heutzutage nicht in die Meinung verfallen, den Namen Hindenberg geschrieben oder gedruckt zu sehen und nun zu glauben, er habe das klägerische Warenzeichen „Hindenberg" vor sich. Er könnte wohl, wenn er „Hindenberg" geschrieben oder gedruckt sieht, bei den heutigen Verhältnissen bei flüchtigem Sehen, zufolge Versehens oder Verlesens, glauben, da stehe der Name Hindenburg; er wird aber nicht umgekehrt, wenn Hindenburg steht, Hindenberg lesen. Das hat der Berufungsrichter, wie die Revision mit Recht rügt, nicht beachtet. Es ist aber auch bei reinen Wortzeichen, bei denen irgendwelche besondere Druckart oder sonstige Ausstattung und überhaupt irgendwelche besondere Bildwirkung wie im vorliegenden Falle bei den beiden klägerischen Zeichen Nr. 155432 und Nr. 200919 „Hindenberg" nicht in Frage steht, nicht sowohl das „Bild" des Wortes — von dem kaum gesprochen werden kann, — als der Klanglaut für die Verwechselungsgefahr maßgebend. Das an der Ware angebrachte Zeichen wird zwar mit dem Auge wahrgenommen, also, äußerlich betrachtet, gesehen, aber was das Gedächtnis desjenigen, der ein reines Wortzeichen vor sich hat, in sich aufnimmt, ist dennoch nicht ein durch die betreffenden Buchstaben gewährtes „Bild" des Wortes — hier das Bild „Hindenberg" — als vielmehr der Klang des Wortes. Muß dies schon für den Regelfall gelten, so um so mehr hier, wo jedem, der das klägerische Wortzeichen „Hindenberg" in sich aufnimmt, auch sofort auffällt und sich ihm daher im Gedächtnis einprägt, daß es sich nicht um „Hindenburg", nicht um den Namen des großen deutschen Feldmarschalls, handelt. Endlich hat der Berufungsrichter auch verkannt, daß der Verkehr bei Namen, da diese vielfach in ähnlicher

Gestalt auftreten, durchaus gewöhnt ist, schon auf geringe Abweichungen zu achten und schon solche als Unterscheidungsmerkmale in sich aufzunehmen.

Besteht danach keine Gefahr, daß im Verkehr das Wort Hindenburg für das Wort Hindenberg gehalten und so mit diesem verwechselt werden könnte, so war unter Aufhebung des Berufungsurteils und Abänderung des landgerichtlichen Urteils die Klage abzuweisen."

---

101. Wird das Ruhen des Rechtes auf den Bezug der Militärpension und der Militärrente auch durch die schon vor Erwerb des Anspruchs auf Militärpension und Militärrente erfolgte und nach diesem Erwerbe fortdauernde Anstellung im Zivildienste begründet?

Offizierpensionsgesetz vom 31. Mai 1906 § 24 Abs. 1 N. 3, Abs. 2.
Mannschaftsversorgungsgesetz vom 31. Mai 1906 § 36 Abs. 1 N. 3, Abs. 2.

III. Zivilsenat. Urt. v. 19. April 1918 i. S. E. (Kl.) w. Deutsches Reich (Bekl.). Rep. III. 436/17.

I. Landgericht Dresden.
II. Oberlandesgericht daselbst.

Der seit November 1914 als Unteroffizier der Reserve im Heeresdienste stehende und sodann infolge einer Kriegsverletzung unter Zubilligung einer Militärrente von 80 % der Vollrente wieder ausgeschiedene Kläger war während der Dauer seines Militärdienstes Inhaber der ihm zu Ostern 1913 verliehenen Beamtenstelle, der Hilfslehrerstelle in D., geblieben und im Januar 1916 in diese Stelle zurückgekehrt. Er hatte die Militärrente von 80 % vom 1. März 1916 bis 1. September 1916 unverkürzt erhalten; seitdem wurden ihm gemäß § 36 Abs. 1 Nr. 3 des MannschVG. 40 % gekürzt.

Die Klage fordert die Feststellung, daß eine Kürzung der Rente des Klägers nicht deshalb erfolgen darf, weil er im Schuldienst angestellt ist und hierfür Vergütung bezieht. Das Landgericht sprach die Klage zu, der Berufungsrichter wies sie ab. Die Revision blieb erfolglos.

Gründe:

„Die Frage, ob das in § 36 Nr. 3 MannschVG. angeordnete Ruhen des Rechtes auf den Bezug der Rente nur die nach Beendigung des Militärdienstes und nach Erwerb der Militärrente erfolgende Anstellung als Beamter trifft oder auch die schon vorher bestehende und während des Militärdienstes bestehen gebliebene Anstellung als Beamter umfaßt, darf und muß allein aus dem Wortlaut und Zusammenhange des Gesetzes selbst entschieden werden. Die Motive und sonstigen Materialien des Gesetzes können das aus der Gesamtheit des Gesetzes selbst zu ziehende Ergebnis nicht beeinflussen und nicht ändern.

Die Revision meint, nach § 36 müsse die dort gemeinte Anstellung im Zivildienste statt des Anspruchs auf die Rente gewährt sein. Dem kann nicht beigetreten werden. Allerdings setzt eine Reihe von Bestimmungen des Gesetzes den Tatbestand einer dem Erwerbe der Militärrente nachfolgenden Anstellung als Beamter voraus, so § 38 Abs. 2 und § 23; und allerdings wird nach § 36 Abs. 1 Nr. 1 das Ruhen bewirkt durch eine anderweite, wegen des bisherigen Militärdienstes getroffene Versorgung, nämlich durch Unterbringung in einer militärischen Kranken-, Heil- oder Pflegeanstalt. Das ändert aber nichts an der Tatsache, daß der alle Militärrentner ohne jede Ausnahme — die Militäranwärter, die sämtlichen sonst eine spätere Beamtenstellung findenden und die schon in Beamtenstellung befindlichen und darin verbliebenen — umfassende § 36 das Ruhen während jeder Anstellung wiederum ohne alle Ausnahme vorschreibt. Diese Bestimmung muß als eine unzweideutige erachtet werden und sie zwingt dazu, dem Ergebnis des Berufungsrichters beizutreten.

Im Gesetze findet sich keine Andeutung, geschweige positive Bestätigung dafür, daß nur die wegen und in Verfolg des vorausgegangenen Militärdienstes erfolgte Zivildienstanstellung — kraft des Zivilversorgungsscheins, kraft der gewissen Offizieren bewilligten Aussicht auf Anstellung im Zivildienste — das Ruhen begründe und nicht schon die Zivilanstellung an sich. Das letztere ist vielmehr im Mannschaftsversorgungsgesetze wie im Offizierpensionsgesetze deutlich ausgeprägt und damit der Gedanke verwirklicht, daß der Bezug eines Diensteinkommens aus öffentlichen Mitteln für einen öffentlichen Dienst schlechthin die ebenfalls aus öffentlichen Mitteln für öffentlichen Dienst zustehende Offizierspension und Militärrente kürzen soll und kürzt. Genau dasselbe hat statt bei der Wiederanstellung eines pensionierten Zivilbeamten im Zivildienst oder im Militärdienste (§ 57 Abs. 1 Nr. 2 Abs. 2 „neben dem Militärdienst", § 58 des Reichsbeamtengesetzes vom 18. Mai 1907). Hier kann nicht die Rede davon sein, daß der nachfolgende Zivil- oder Militärdienst wegen und in Verfolg des früheren Zivildienstes erfolgt sein, daß er statt der bisherigen Pension als anderweite Versorgung gewährt sein müsse, sondern das spätere Diensteinkommen begründet an sich, ohne jede weitere Voraussetzung, die Kürzung.

Die an sich unmaßgeblichen Materialien des Gesetzes bestätigen lediglich dieses aus dem Gesetze selbst folgende Ergebnis. Zwar ist die Frage, ob auch die schon während des Militärdienstes in Beamtenstellungen befindlichen Militärrentner wegen dieses nach Erwerb der Militärrente nur fortgesetzten Beamtenverhältnisses und des daraus fließenden Diensteinkommens der Rentenkürzung unterliegen, nirgends besonders behandelt, und es ist die diese Frage für das Recht des Militärpensionsgesetzes von 1871 § 33c bejahende Entscheidung des IV. Zivilsenats des Reichsgerichts vom 9. November 1891 in RGZ. Bd. 28 S. 105 nirgends erwähnt. Es ist aber sicher, daß auch die Materialien, wie schon des Militärpensionsgesetzes von 1871, so die der Gesetze von 1906 jedes Zivildiensteinkommen als die Kürzung begründend erachteten, also auch die während des Militärdienstes schon bestehende Zivildienstanstellung in den Kürzungsbestimmungen mitbegreifen wollten. Die Motive zu § 101c des Militärpensionsgesetzes von 1871 besagen: „Die Bestimmung zu c enthält das auch für die Offiziere im allgemeinen angenommene, aus der Natur der Sache folgende Prinzip, daß der gleichzeitige Bezug der Militärpension und eines Zivilgehalts nicht stattfinden darf." Dieses Prinzip sollte in den Gesetzen von 1906 fortgeführt werden. Die wiederholten Äußerungen der Materialien, daß die Kürzung begründet sei, wenn der Militärpensionär oder Militärrentner eine Zivildienstanstellung finde und dadurch in anderer Weise aus öffentlichen Mitteln versorgt werde, können nicht dahin verstanden werden, daß nur eine nachträgliche Zivildienstanstellung getroffen werden sollte; alle diese Äußerungen meinen vielmehr allein den Zusammenstoß einer Militärpension oder Militärrente mit einer Zivildienstanstellung an sich, gleichviel ob diese Zivildienstanstellung schon vorhanden war oder erst nachträglich erworben wurde. Nur die Form dieser Äußerungen lehnt sich häufig an den letzteren Fall als den Regelfall an, ohne daß der erstere Fall ausgeschlossen werden sollte.

Der jetzt erkennende Senat hat denn auch den Grund der Kürzung völlig übereinstimmend mit diesem Ergebnis bereits wiederholt dahin gekennzeichnet, daß er schlechthin in dem Bezug eines Einkommens aus öffentlichrechtlichen Mitteln für öffentliche Dienste liegt (RGZ. Bd. 84 S. 369, Bd. 90 S. 267). Daran ist festzuhalten. Ein Widerspruch mit der zu § 31 Abs. 2 des Militärhinterbliebenengesetzes vom 17. Mai 1907 ergangenen Entscheidung des jetzt erkennenden Senats vom 22. Dezember 1916 in RGZ. Bd. 89 S. 266/274 ist nicht vorhanden. Die Hinterbliebenenversorgung steht nicht in völliger Abhängigkeit von dem Pensions- oder Rentenanspruche des Dienstbeschädigten selbst, sondern beruht in erheblichen Punkten auf selbständigen Grundlagen (a. a. O. S. 270/272). Eine solche anderweite selbständige ausdrückliche Regelung ist es insbesondere, daß § 31 Abs. 2 die Kürzung von einer einem Hinterbliebenen aus einer Wiederanstellung des Verstorbenen zustehenden Versorgung abhängig macht."

---

102. Ist die von einem Gesellschafter dem § 719 Abs. 1 BGB. zuwider vorgenommene Abtretung seines Anteils an dem Gesellschaftsvermögen gemäß § 134 BGB. nichtig?

V. Zivilsenat. Urt. v. 24. April 1918 i. S. H. (Bekl.) w. G. (Kl.). Rep. V. 5/18.

I. Landgericht Karlsruhe.
II. Oberlandesgericht daselbst.

Die Frage wurde verneint aus folgenden

Gründen:

... „Die Revision greift das Urteil nur insoweit an, als es die von der Beklagten aus §§ 717, 719 BGB. hergeleitete Nichtigkeit des Vertrags vom 21. September 1916 verneint hat.

... Die Beklagte, die zum 1. Oktober 1916 aus der offenen Handelsgesellschaft Gebr. H. in K. ausschied, hatte am 25. August 1916 mit ihr einen Auseinandersetzungsvertrag geschlossen, wonach sie an zwei auf den Namen der Firma eingetragenen Grundstücken zu $^1/_3$ beteiligt bleiben, zu den öffentlichen Lasten, Hypothekenzinsen und sonstigen Aufwendungen, soweit sie nicht aus den Erträgnissen der Grundstücke gedeckt werden könnten, $^1/_3$ beitragen, anderseits von einem etwaigen Überschusse der Erträgnisse $^1/_3$ erhalten sollte. Ohne ihre Genehmigung sollte die Gesellschaft die Grundstücke freihändig nicht veräußern dürfen. Bei Verweigerung der Genehmigung sollte die Gesellschaft, bei sonstigen Meinungsverschiedenheiten auch die Beklagte berechtigt sein, die Grundstücke öffentlich versteigern zu lassen. An Überschuß oder Verlust bei der Veräußerung sollte die Beklagte zu $^1/_3$ beteiligt sein. Im Vertrage vom 21. September 1916 übertrug die Beklagte ihre Beteiligung an diesen dort als Baugelände bezeichneten Grundstücken derart an den Kläger, daß dieser „mit Wirkung vom 1. Oktober 1916 in alle Rechte und Pflichten der Witwe H. eintritt. Insbesondere ist Herr G. vom 1. Oktober 1916 an an dem Gewinn oder Verlust, der sich bei einer Veräußerung der Grundstücke ergeben wird, zu einem Drittel beteiligt."

Das Berufungsgericht geht nun davon aus, daß, wenn der die Übertragung der Beteiligung betreffende Teil des Vertrags aus §§ 717, 719 BGB. nichtig wäre, die Nichtigkeit gemäß § 139 BGB. den ganzen Vertrag ergreifen würde, da er ohne die Übertragung der Beteiligung nicht abgeschlossen worden wäre. Nach § 717 BGB. seien die den Gesellschaftern aus dem Gesellschaftsverhältnis gegeneinander zustehenden Ansprüche mit Ausnahme der im Satz 2 genannten nicht übertragbar und ein gegen dieses gesetzliche Verbot verstoßendes Rechtsgeschäft nach § 134 BGB. uneingeschränkt nichtig; das gleiche gelte gemäß § 719 BGB. für Verfügungen eines Gesellschafters über seinen Anteil am Gesellschaftsvermögen und an einzelnen dazu gehörigen Gegenständen. Aber es könne einer solchen Verfügung eine beschränkte Wirkung in den Grenzen des § 717 Satz 2 BGB. verbleiben. Ob dies zutreffe, sei Auslegungsfrage. Nach der Auslegung des Berufungsgerichts richtet sich der Anspruch, den der Kläger aus der Beteiligung den Gesellschaftern gegenüber erwerben sollte, auf das, was der Beklagten bei der Auseinandersetzung zukommt, und fällt daher, wie das Urteil mit Recht bemerkt, unter die Ausnahmen des § 717 Satz 2 BGB.

Diese Auslegung wird von der Revision als mit Sinn und

Wortlaut des Vertrags schlechterdings unvereinbar bezeichnet, da der Kläger auch in alle Pflichten der Beklagten eingetreten und auch am Verluste der Gesellschaft beteiligt sei, also gerade das übertragen worden sei, was das Gesetz verbiete. Es muß der Revision zugegeben werden, daß die Auslegung des Berufungsgerichts dem Wortlaute des Vertrags nicht entspricht. Es kann indes dahingestellt bleiben, ob die Auslegung, weil sie dem wirklichen Willen der Parteien entspricht und ohne Verletzung der §§ 133, 157 BGB. gewonnen ist, trotzdem nicht zu beanstanden wäre. Denn die Richtigkeit des Ergebnisses, zu dem das Urteil gelangt, nämlich, daß der Vertrag auf Grund der Vorschriften der §§ 717, 719 BGB. nicht als nichtig anzusehen ist, ergibt sich schon aus einer anderen Erwägung, der übrigens bereits das Landgericht Ausdruck gegeben hat.

Zuerst ist zu bemerken, daß, da die Beklagte ihre Beteiligung übertragen (abgetreten) hat, § 717 BGB. überhaupt nicht und § 719 BGB. auch nur insoweit in Frage kommt, als er die Verfügung über einen Anteil am Gesellschaftsvermögen betrifft. Nach dieser Bestimmung war es der Beklagten freilich verschlossen, an den Kläger ihre Beteiligung mit der Wirkung zu übertragen, daß er an ihrer Stelle in alle Rechte und Pflichten gegenüber der Gesellschaft eintrat. Es kann aber dem Berufungsgerichte nicht zugegeben werden, daß ein gegen diese Bestimmung verstoßender Vertrag gemäß § 134 BGB. nichtig sei. Denn es kommt überhaupt nicht § 134, sondern § 135 BGB. zur Anwendung. Während § 134 für ein gegen ein gesetzliches Verbot verstoßendes Rechtsgeschäft, falls sich nicht aus dem Gesetz ein anderes ergibt, die (allgemein, gegen alle wirkende) Nichtigkeit bestimmt, erklärt § 135 gegen ein gesetzliches Veräußerungsverbot verstoßende Verfügungen über einen Gegenstand, wenn dieses Verbot nur den Schutz bestimmter Personen bezweckt, nur diesen Personen gegenüber für unwirksam. Der Gesetzgeber macht hier einen den Lebensverhältnissen entsprechenden Unterschied, je nachdem ob der Schutz der Interessen aller oder nur der Interessen einzelner bezweckt ist. Wirkt im ersteren Falle das Verbot unbeschränkt, die zuwiderlaufende Veräußerung nichtig machend, so soll das zum Schutze einzelner erlassene Verbot in seiner Wirkung nicht weiter gehen, als dieser Schutz erfordert; „absolute Nichtigkeit kann nicht die Folge sein“, wie die Motive sagen (Mugdan, Materialien Bd. 1 S. 469).

Es kann nun nicht zweifelhaft sein, daß § 719 BGB. nicht den Schutz der Allgemeinheit, sondern nur den bestimmter Personen oder Personenkreise bezweckt, ferner daß eine Übertragung (Abtretung) von Anteilrechten an einer Gesellschaft, also ein dingliches Rechtsgeschäft, als eine Verfügung im Sinne des § 135 BGB. anzusehen ist. Ebenso unbedenklich ist sie als eine Verfügung über einen „Gegenstand" im Sinne des § 135 BGB. anzusehen, da der Begriff des Gegenstandes über den der (körperlichen) Sache hinausgeht (Staudinger Bd. 1 Vorbem. vor § 90 BGB. II 1, 2; RGZ. Bd. 70 S. 225). Für § 719 BGB. ist denn auch im Schrifttum verschiedentlich ausgesprochen, daß diesem Paragraphen zuwiderlaufende Verfügungen eines Gesellschafters zwar der Gesellschaft gegenüber unwirksam sind, den Gesellschafter aber Dritten gegenüber binden (Fischer-Henle § 719 Anm. 2; Planck § 719 Anm. 2; Staudinger § 719 II 2 Abs. 1; Oertmann § 719 Anm. 1 Abs. 1, § 135 Anm. 1a; Komm. v. RGR. § 135 Anm. 2 Abs. 3). Auch die Motive erklären zu § 719 BGB. die „trotzdem erfolgte (dingliche) Verfügung" für „gültig" (Mugdan, Materialien Bd. 2 S. 344). Welche Folge diese Gültigkeit zwischen den Parteien hat, kann unerörtert bleiben, da es hier nur darauf ankommt, daß die gegen § 719 BGB. verstoßende Abtretung der Beteiligung nicht nichtig ist und daher auch nicht die von der Beklagten behauptete Nichtigkeit des ganzen Vertrags bewirkt."

---

103. Steht der Militärverwaltung ein Ersatzanspruch gegen die Eisenbahnverwaltung zu, wenn sie Versorgungsgebührnisse an die Hinterbliebenen eines Mannes zu zahlen hat, der durch einen Eisenbahnunfall eine Dienstbeschädigung erlitten hat und an deren Folgen gestorben ist? Ist auf Ersatzansprüche, die den Hinterbliebenen der nach Maßgabe des Mannschaftsversorgungsgesetzes vom 31. Mai 1906 (RGBl. S. 593) versorgungsberechtigten Personen gegen Dritte zustehen, insbesondere § 41 Abs. 2 dieses Gesetzes entsprechend anwendbar? Besteht zwischen der Militärverwaltung und der Eisenbahnverwaltung im Sinne des § 421 BGB. ein Gesamtschuldverhältnis?

BGB. § 426.

IV. Zivilsenat. Urt. v. 18. April 1918 i. S. Reichsmilitärfiskus (Kl.) w. preuß. Eisenbahnfiskus (Bekl.). Rep. IV. 62/18.

I. Landgericht Königsberg.
II. Oberlandesgericht daselbst.

F. Sch. wurde beim Kriegsausbruch als Gefreiter der Landwehr bei einer Bespannungsabteilung in K. eingestellt uud versah dort den Dienst eines Krümperkutschers. Am 4. November 1914 wurde er, während er mit seinem Fuhrwerk eine Dienstfahrt ausführte, beim Überfahren der Eisenbahnstrecke D.-K. von einem Zuge erfaßt und getötet. Seiner Witwe und seinen drei minderjährigen Kindern zahlt der Kläger auf Grund des Militärhinterbliebenengesetzes vom 17. Mai 1907 (RGBl. S. 214) Witwen- und Waisengelder. Der Kläger hält den beklagten Eisenbahnfiskus für verpflichtet, ihm die Beträge zu erstatten, die er den Hinterbliebenen gezahlt hat und weiterhin zahlen muß, und hat in diesem Sinne Klage erhoben, ist aber vom Landgericht abgewiesen worden. Seine Berufung hat das Oberlandesgericht als unbegründet zurückgewiesen. Auch die Revision hatte keinen Erfolg aus folgenden

Gründen:

„Die rechtliche Grundlage sowohl des landgerichtlichen als des oberlandesgerichtlichen Urteils bildet die Erwägung, daß sich der einem Geschädigten zustehende Ersatzanspruch ohne weiteres um diejenigen Beträge mindere, die ihm auf Grund öffentlichrechtlicher Titel in Gestalt von Pensionen, Witwen- und Waisengeldern und ähnlichen Bezügen zukommen, weil; soweit das der Fall ist, ein Schaden im Rechtssinn überhaupt nicht entstanden und in den Fällen des § 844 Abs. 2 BGB. sowie des § 3 Abs 2 Haftpflichtgesetzes dem Dritten, dem der Getötete unterhaltspflichtig war oder unterhaltspflichtig werden konnte, das Recht auf den Unterhalt gar nicht entzogen sei. Den Satz, daß — im Gegensatze zu Bezügen, die dem Geschädigten auf Grund eines Vertrags zufließen, insbesondere eines Versicherungsvertrags — auf Gesetz beruhende Bezüge der vorhin erwähnten Art auf den Ersatzanspruch in Anrechnung zu bringen sind, hat das Reichsgericht schon unter der Herrschaft des früheren Rechtes ausgesprochen (RGZ. Bd. 15 S. 114/115, Bd. 17 S. 48/49); es hat an ihm, auch nachdem das Bürgerliche Gesetzbuch in Kraft getreten war, ständig festgehalten (RGZ. Bd. 64 S. 352/355, Bd. 70 S. 101, Bd. 73 S. 216, Bd. 80 S. 51) und schließlich (Bd. 82 S. 192) als anerkanntes Recht bezeichnet, daß im Falle unerlaubter Tötung oder Körperverletzung der Verletzte, seine Rechtsnachfolger und sonstige Ersatzberechtigte insoweit nicht als geschädigt angesehen werden, als sie durch gesetzliche Pensionen, Witwen- und Waisengelder oder ähnliche Bezüge schadlos gehalten werden. Der Satz hat zwar in der Rechtslehre hier und da Widerspruch gefunden, die herrschende Meinung teilt aber den Standpunkt des Reichsgerichts, und es liegt kein Grund vor, von ihm abzugehen.

1. Ist der Satz aber richtig, so versagt zunächst der erste rechtliche Gesichtspunkt, auf den der Kläger den eingeklagten Erstattungsanspruch stützt, nämlich der der ungerechtfertigten Bereicherung. Wenn sich der den Hinterbliebenen Sch.s nach § 3 Abs. 2 HaftpflG. gegen den preußischen Eisenbahnfiskus zustehende Schadensersatzanspruch ohne weiteres um die Beträge mindert, die ihnen auf Grund des Militärhinterbliebenengesetzes gegen den Reichsmilitärfiskus zustehen, weil insoweit gar kein Schaden entstanden, also auch keine Ersatzverbindlichkeit des Eisenbahnfiskus begründet worden ist, dann folgt daraus unmittelbar, daß in diesem Umfange der Eisenbahnfiskus durch die Zahlungen, die der Reichsmilitärfiskus leistet, nicht von einer ihm obliegenden Schuld befreit wird. Jeder Teil erfüllt vielmehr nur diejenige Verpflichtung, die ihm selbst nach dem Gesetz obliegt. Eine ohne rechtlichen Grund erlangte Bereicherung des Eisenbahnfiskus durch die Leistungen des Reichsmilitärfiskus ist damit ausgeschlossen. Auch diese Annahme des Oberlandesgerichts entspricht der Rechtsprechung des Reichsgerichts (RGZ. Bd. 68 S. 47, Bd. 82 S. 192), an der festzuhalten ist. Die Revision glaubt zwar, auf § 1 HaftpflG. verweisen zu dürfen, wonach, wenn beim Betrieb einer Eisenbahn ein Mensch getötet oder körperlich verletzt wird, für den dadurch entstandenen Schaden der Betriebsunternehmer haftet, und meint, deshalb gehe es hier nicht an, einen Teil des Schadens an Stelle des Betriebsunternehmers dem Reiche aufzuerlegen. Sie übersieht jedoch dabei, daß nach dem Rechtssatze, von dem auszugehen ist und von dem sie auch selbst ausgeht, die Hinterbliebenen des Verunglückten, soweit ihnen gesetzliche Versorgungsgebührnisse gegen das Reich zustehen, im Rechtssinn einen Schaden überhaupt nicht er-

litten haben. Gerade darin aber, daß in dem bezeichneten Umfang ein Schaden überhaupt nicht entstanden ist, insoweit also auch keine Ersatzverbindlichkeit besteht, unterscheiden sich Fälle der hier in Rede stehenden Art wesentlich von solchen Fällen, in denen eine derartige Beschränkung des entstandenen Schadens und damit der Ersatzverbindlichkeit nicht in Frage kommt. Deshalb kann sich der Kläger auch nicht auf das Urteil in RGZ. Bd. 82 S. 206 flg. (S. 214/215) berufen.

2. Besteht insoweit, als die Hinterbliebenen Sch.s durch die ihnen vom Kläger zu gewährenden Versorgungsgebührnisse schadlos gehalten werden, ihnen gegenüber keine Verbindlichkeit des Beklagten, so kann schon deshalb auch keine Rede davon sein, daß der Kläger, indem er den Hinterbliebenen die Versorgungsgebührnisse zahlt, deren Zahlung ihm gesetzlich obliegt, damit zugleich ein Geschäft des Beklagten besorge. Er kann daher auch insoweit keinen Erfolg erzielen, als er seine Klage auf Geschäftsführung ohne Auftrag gründet, die unter anderen Umständen allerdings ebensowohl wie ungerechtfertigte Bereicherung in Frage kommen könnte.

3. Angesichts der Leistungen, die ihm durch das Militärhinterbliebenengesetz auferlegt sind, läßt sich nicht in Abrede stellen, daß auch dem Kläger durch die Tötung Sch.s Schaden entstanden ist. Man könnte deshalb vielleicht denken, daß ihm der Beklagte schon nach § 1 HaftpflG. schadensersatzpflichtig und der Klaganspruch schon aus diesem Grunde gerechtfertigt sei. Der Gedanke würde aber abzulehnen sein. Im Herrschaftsbereiche des Bürgerlichen Gesetzbuchs kann kein Zweifel darüber bestehen, daß nicht jeder schadensersatzberechtigt ist, der durch eine unerlaubte Handlung auch nur mittelbar einen Schaden erleidet, sondern daß sich grundsätzlich die Berechtigung zum Schadensersatz auf die Person des unmittelbar durch die unerlaubte Handlung Verletzten, im Falle des § 823 Abs. 2 auf die Person desjenigen beschränkt, zu dessen unmittelbarem Schutze das übertretene Schutzgesetz bestimmt ist. Ausnahmen bestehen nur gemäß § 844 Abs. 2 und § 845 (vgl. RGZ. Bd. 61 S. 295, Bd. 64 S. 345, Bd. 80 S. 50, Bd. 82 S. 190). Entsprechendes gilt auf dem Gebiete des Haftpflichtgesetzes.

4. Nach § 41 Abs. 2 MannschVG. geht, soweit den versorgungsberechtigten Personen ein gesetzlicher Anspruch auf Ersatz des ihnen

durch eine Dienstbeschädigung verursachten Schadens gegen Dritte zusteht, der Anspruch im Umfange der durch dieses Gesetz begründeten Pflicht zur Gewährung von Versorgungsgebührnissen auf die Militärverwaltung über. Eine gleichlautende Bestimmung findet sich in § 38 Abs. 1 OffizierPensG., eine ähnliche fand sich in den früheren Unfallversicherungsgesetzen und findet sich jetzt in § 1542 RVO. Das Militärhinterbliebenengesetz enthält eine derartige Bestimmung nicht. Unter Verweisung auf den Aufsatz von Günther in Jur. Wochenschr. 1917 S. 432/433 hält jedoch der Kläger die Ansicht für möglich, der in § 41 Abs. 2 MannschVG. angeordnete gesetzliche Übergang von Ansprüchen gegen Dritte gelte auch für den Fall, daß der Beschädigte infolge der Dienstbeschädigung sterbe, nur gehe dann nicht mehr sein eigener Anspruch, sondern der seiner versorgungsberechtigten Hinterbliebenen in Höhe der ihnen zustehenden Versorgungsgebührnisse auf die Militärverwaltung über.

Auch wenn man diese Ansicht des Klägers als richtig unterstellt, könnte man im Hinblick auf den vorhin besprochenen Rechtssatz, wonach sich der einem Geschädigten zustehende Ersatzanspruch ohne weiteres um solche Beträge mindert, wie sie hier in Frage kommen, dem Zweifel Raum geben, ob denn im Streitfall überhaupt etwas da ist, was von den Hinterbliebenen Sch.s auf die Militärverwaltung übergegangen sein könnte. Der Zweifel würde allerdings nicht begründet sein. Denn wenn ein Gesetz bestimmt, daß Schadensersatzansprüche gegen Dritte in Höhe der dem Verletzten oder seinen Hinterbliebenen geschuldeten Leistungen auf den Schuldner dieser Leistungen übergehen sollen, so spricht es damit zugleich aus, daß die Schadensersatzansprüche insoweit ungeachtet der Leistungen als bestehend zu gelten haben. In solchen Fällen muß das Verhältnis so aufgefaßt werden, daß trotz der Pensionen, Witwen- und Waisengelder, die dem Verletzten zufließen, zugunsten des Schuldners dieser Leistungen ein Schaden als eingetreten und fortdauernd angenommen werden soll, um aus Billigkeitsgründen dem Schuldner auf einem Umwege den Schadensersatz zu verschaffen, der ihm unmittelbar nicht gewährt wird. Auch das steht in der Rechtsprechung des Reichsgerichts fest (vgl. RGZ. Bd. 73 S. 216, Bd. 80 S. 51, auch Bd. 63 S. 382 flg.), auch insoweit ist daher dem Oberlandesgerichte beizupflichten.

Eine solche Behandlung von Ersatzansprüchen kann jedoch, eben weil im Umfange der Schadloshaltung durch derartige Bezüge eine Verpflichtung des Schädigers überhaupt nicht entsteht, nur eintreten, wo sie in einem Gesetze besonders vorgesehen ist (RGZ. Bd. 82 S. 192), sei es, daß sie darin ausdrücklich angeordnet ist, sei es, daß sie sich aus anderen Anordnungen mit Sicherheit als gewollt ergibt. Günther nimmt nun an, daß das Militärhinterbliebenengesetz und das Mannschaftsversorgungsgesetz in gewissem Sinne eine Einheit bildeten, und folgert daraus, daß die Vorschrift in § 41 Abs. 2 MannschVG. auch auf die nach Maßgabe des Militärhinterbliebenengesetzes versorgungsberechtigten Personen und deren Ansprüche entsprechende Anwendung finden müsse. Es läßt sich freilich nicht verkennen, daß das Mannschaftsversorgungsgesetz, das Offizierspensionsgesetz, von dessen § 38 Abs. 2 dasselbe wie von § 41 Abs. 2 MannschVG. gelten müßte, und das Militärhinterbliebenengesetz in engem Zusammenhange miteinander stehen. Das berechtigt aber nicht, sie als eine Einheit anzusehen. Die Hinterbliebenenversorgung ist keineswegs in vollständige Abhängigkeit von dem Pensionsanspruche des Dienstbeschädigten selbst gebracht, ihre Regelung weicht vielmehr in erheblichen Beziehungen von der des Pensionsanspruchs ab. Das ist bereits in dem Urteile RGZ. Bd. 89 S. 270/271 an einzelnen Beispielen näher dargelegt. Die dort angeführten Beispiele ließen sich leicht vermehren. So finden sich, um nur eins anzuführen, in § 37 OffizierPensG. und in § 40 MannschVG. Sondervorschriften über den Ausschluß von der Pfändung und Besteuerung sowie über die Rückzahlung zu Unrecht erhobener Versorgungsgebührnisse, während solche Vorschriften im Militärhinterbliebenengesetze fehlen. Es geht deshalb nicht an, Bestimmungen des Mannschaftsversorgungsgesetzes und des Offizierspensionsgesetzes ohne weiteres auf das Militärhinterbliebenengesetz zu übertragen. Was insbesondere den § 38 OffizierPensG. und den § 41 MannschVG. betrifft, so hat das Reichsgericht in der zuletzt erwähnten Entscheidung die entsprechende Anwendbarkeit der Absätze 1 bereits verneint. Dabei konnte es sich allerdings auf eine Stelle in der Begründung zu dem Entwurfe des Militärhinterbliebenengesetzes berufen. Der Absätze 2 wird dagegen in der Begründung keine Erwähnung getan. Es muß auch zugegeben werden, daß die Billigkeitsgründe, die die in den Absätzen 2 und in ähnlichen gesetzlichen Vorschriften getroffene Regelung veranlaßt haben, den Gesetzgeber vielleicht hätten bestimmen können, auch in dem Militärhinterbliebenengesetz einen Übergang des Ersatzanspruchs gegen Dritte auf die Militärverwaltung in dem in Rede stehenden Umfange vorzusehen. Aber es ist nicht geschehen, und es lassen sich recht wohl auch Gründe denken, warum es nicht geschehen ist. Die entsprechende Anwendbarkeit der Absätze 2 auf die Ersatzansprüche der nach dem Militärhinterbliebenengesetze versorgungsberechtigten Personen ist deshalb mit dem Landgericht und dem Oberlandesgerichte zu verneinen. Sie verneint auch v. Olshausen in seinem Handbuche zum Militärhinterbliebenengesetze § 12 Anm. 11b, und zwar unter Berufung auf einen Erlaß des preußischen Kriegsministeriums vom 2. März 1916. Bloße Billigkeitserwägungen dürfen nicht den Ausschlag geben. Zwar zieht der Beklagte hier einen Vorteil aus dem für ihn ganz zufälligen Umstande, daß die Hinterbliebenen Sch.s dem Kläger gegenüber versorgungsberechtigt sind. Allein dies ist lediglich eine Folge des außerhalb des Bereichs von Sonderbestimmungen allgemein geltenden Satzes, daß für den Umfang der Schadensersatzverbindlichkeit die persönlichen Verhältnisse des Geschädigten maßgebend sind, wie sie der Einzelfall ergibt, der es eben auch mit sich bringen kann, daß es für den Schädiger vorteilhafter ist, wenn infolge einer Verletzung alsbald der Tod eintritt, als wenn der Verletzte noch lange am Leben bleibt (vgl. RGZ. Bd. 82 S. 192).

5. Die Revision weist schließlich noch auf einen neuen rechtlichen Gesichtspunkt hin, unter dem ihr der Klaganspruch begründet erscheint. Sie führt aus: In Höhe der von der Militärverwaltung geschuldeten Beträge bestehe zwischen dieser und der Eisenbahnverwaltung im Sinne des § 421 BGB. ein Gesamtschuldverhältnis; es sei mithin § 426 Abs. 1 Satz 1 anwendbar, wonach die Gesamtschuldner im Verhältnis zueinander einen Ausgleichungsanspruch haben; dieser Ausgleichungsanspruch führe bei entsprechender Anwendung des § 254 BGB. dazu, daß die Militärverwaltung in der vollen Höhe der ihr obliegenden Leistungen Ausgleichung verlangen könne; nach § 426 Abs. 2 Satz 1 sei daher die Forderung der Hinterbliebenen Sch.s gegen die Beklagte in dieser vollen Höhe auf die Militärverwaltung übergegangen.

Auch dieser neue Gesichtspunkt kann jedoch der Revision nicht zum Siege verhelfen. Es ist zwar zutreffend, daß, wenn ein Gesamtschuldverhältnis vorläge, die auch im Rahmen des § 426 Abs. 1 Satz 1 („soweit nicht ein anderes bestimmt ist") zulässige entsprechende Anwendung des § 254 zu der von der Revision gezogenen Folgerung führen könnte (vgl. namentlich RGZ. Bd. 84 S. 430/432, auch Bd. 75 S. 256, ferner Jur. Wochenschr. 1913 S. 859 Nr. 5 und BayRpflZ. 1916 S. 151). Aber es liegt kein Gesamtschuldverhältnis im Sinne des § 421 vor. Einmal deshalb nicht, weil der Beklagte, wie oft erwähnt, in Höhe der dem Kläger obliegenden Leistungen gar nicht Schuldner der Hinterbliebenen Sch.s ist und weil ohne gemeinsame Ersatzpflicht gegenüber dem Geschädigten eine Ausgleichungsverpflichtung nicht zu denken ist (vgl. RGZ. Bd. 84 S. 432, Bd. 87 S. 65). Dazu kommt, daß sich die Vorschriften in den §§ 421 flg., auch die in § 426, nur auf sog. echte Gesamtschuldverhältnisse beziehen. Zur Annahme eines echten Gesamtschuldverhältnisses bedarf es nun zwar nicht eines gemeinschaftlichen oder gleichen Entstehungsgrundes. Selbst wenn der eine nur aus unerlaubter Handlung oder nur kraft besonderer gesetzlicher Bestimmung und der andere nur auf Grund eines Vertrags haftet, kann ein echtes Gesamtschuldverhältnis gegeben sein. Auch die geschuldeten Leistungen brauchen bei dem einen und dem anderen nicht genau dieselben zu sein. Erforderlich ist aber, daß die mehreren Schuldner nicht ohne inneren Zusammenhang Schuldner geworden sind, daß vielmehr, wie es häufig ausgedrückt wird, zwischen ihnen eine Art Zweckgemeinschaft besteht (vgl. RGZ. Bd. 77 S. 323, Bd. 79 S. 290, Bd. 82 S. 430, 439). Von einem derartigen inneren Zusammenhange zwischen dem, wodurch der Kläger, und dem, wodurch der Beklagte Schuldner der Hinterbliebenen Sch.s geworden ist, kann aber nicht gesprochen werden. Für den Beklagten ist es, wie schon angedeutet, bloßer Zufall, daß die Hinterbliebenen dem Kläger gegenüber versorgungsberechtigt sind. Der Unfall, den Sch. erlitten hat, ist zwar für den Beklagten die Ursache seiner Verpflichtung, für den Kläger ist er aber (vgl. RGZ. Bd. 64 S. 353) lediglich ein Umstand, der die Bedingung für den sich auf eine gänzlich andere Ursache stützenden Anspruch der Hinterbliebenen ausgelöst hat. Der Anspruch der Hinterbliebenen gegen den Beklagten ist ein Schadensersatzanspruch, der gegen den Kläger aber ist ein Versorgungsanspruch, bei dem ein Schaden nicht einmal notwendige Voraussetzung ist (vgl. RGZ. Bd. 77 S. 367). Zwischen dem Kläger und dem Beklagten besteht daher, wenn überhaupt ein Gesamtschuldverhältnis, so doch kein echtes Gesamtschuldverhältnis, und schon damit entfällt auch die Anwendbarkeit des § 426."

---

104. 1. Können Beschlüsse einer Gesellschaft m. b. H. rechtswirksam sein, obwohl die Versammlung der Gesellschafter, in der sie gefaßt wurden, von einer dazu nicht befugten Person berufen und nicht sämtliche Gesellschafter zum Zwecke der Beschlußfassung anwesend waren?

2. Auflösung der Gesellschaft aus „wichtigen, in den Verhältnissen der Gesellschaft liegenden Gründen".

GmbHG. §§ 49 bis 51, § 61.

II. Zivilsenat. Urt. v. 23. April 1918 i. S. E. S. (Kl.) w. G. m. b. H. E. S. & Cie. (Bekl.). Rep. II. 59/18.

I. Landgericht Straßburg, Kammer für Handelssachen.
II. Oberlandesgericht Colmar.

Der Kläger und ein Karl K. gründeten im Jahre 1913 die beklagte Gesellschaft mit einem Stammkapitale von 20000 *M*. Die Einlage des Klägers betrug 8000, die des K. 12000 *M* in bar. Zu Geschäftsführern wurden der Kläger und A. Sch. bestellt. Der Gesellschafter K. übertrug seinen Geschäftsanteil an Rechtsanwalt Dr. Z.; mit dessen Tode im Dezember 1915 ging der Geschäftsanteil auf seine Erben, seine Witwe und seine von dieser gesetzlich vertretenen Kinder, über. In einer von der Witwe Z. auf den 4. Januar 1916 einberufenen Gesellschafterversammlung wurde beschlossen, den Kläger mit sofortiger Wirkung als Geschäftsführer zu entlassen. Der Kläger focht mit der Klage den Beschluß als nichtig an und verlangte ferner Auflösung der Gesellschaft durch gerichtliches Urteil. Die Vorinstanzen erkannten auf Abweisung beider Klagansprüche.

Die Revision hatte Erfolg.

Gründe:

„1. Zum Antrag auf Nichtigkeitserklärung des Beschlusses vom 4. Januar 1916.

Der Berufungsrichter hat ausgeführt: Die Erben Z. wären gemäß § 50 Abs. 3 GmbHG. nur dann berechtigt gewesen, selbst die Versammlung vom 4. Januar 1916 zu berufen, wenn ihrem Verlangen auf Berufung der Versammlung von den Geschäftsführern (§ 49 des Ges.) nicht entsprochen worden wäre, wenn nämlich diese die Berufung verweigert hätten. Diese Voraussetzung habe nicht vorgelegen; der Kläger habe die von der Witwe Z. unter dem 17. Dezember an ihn gerichtete Aufforderung zur Berufung erst am 28. Dezember erhalten, nachdem ihm zuvor schon die Benachrichtigung über die Einberufung durch die Erben Z. selbst (vom 24. Dezember) am 27. zugegangen sei, und auch da habe er sich nicht geweigert, dem Verlangen stattzugeben.

Auf Grund dieser Ausführungen hat der Berufungsrichter frei von Rechtsirrtum angenommen, daß die Versammlung vom 4. Januar 1916 von einer dazu nicht befugten Person und deshalb nicht ordnungsmäßig berufen gewesen ist. Die Beklagte hat zwar in der mündlichen Verhandlung vor dem Revisionsgericht auszuführen gesucht, die Sache sei infolge der Abwesenheit des im Heeresdienste stehenden Klägers von Straßburg so aufzufassen gewesen, als wenn eine Person, an die das Verlangen auf Berufung der Versammlung zu richten gewesen wäre, nicht vorhanden gewesen sei. Dieses Vorbringen ist jedoch verfehlt. Der Kläger befand sich, wie der Witwe Z. bekannt war, in Posen. Dorthin hatte sie die Aufforderung an ihn zur Berufung einer Versammlung unter dem 17. Dezember gerichtet. Wenn sie auf diese Aufforderung bis zum 24. noch keine Antwort erhalten hatte, so ergab sich daraus nicht und konnte übrigens auch von der Witwe Z. nicht angenommen werden, daß eine Person, an welche das Verlangen zu richten wäre, nicht vorhanden sei.

Der Berufungsrichter hat weiter angenommen, der Mangel der ordnungsmäßigen Berufung sei auch nicht etwa gemäß § 51 Abs. 3 GmbHG. geheilt, wonach bei Anwesenheit sämtlicher Gesellschafter Beschlüsse auch in einer nicht ordnungsmäßig berufenen Versammlung gefaßt werden könnten. Es habe zwar der Kläger einen Vertreter in die Versammlung vom 4. Januar geschickt, aber nur, um der Beschlußfassung zu widersprechen. Das habe zur Möglichkeit, rechtsgültige Beschlüsse zu fassen, nicht genügt. Auch diese Annahme des Berufungsrichters ist frei von Rechtsirrtum. Wer in einer nicht ordnungsmäßig berufenen Gesellschafterversammlung gegen eine Beschlußfassung Widerspruch erhebt (der Vertreter des Klägers hatte übrigens ausweislich des Protokolls auch die Vertagung vergeblich verlangt), kann als „anwesend“ in der Versammlung im Sinne von § 51 Abs. 3 nicht betrachtet werden; er ist, wie Hachenburg in Anm. 10 zu § 51 GmbHG. zutreffend sagt, nicht „zum Zwecke der Beschlußfassung“ anwesend, sondern gegenteils gerade um die Beschlußfassung zu verhindern und eine Nichtbeschlußfassung zu erwirken.

Trotz der eigenen Annahme des Berufungsrichters, daß es nicht möglich gewesen sei, in der Versammlung vom 4. Januar rechtsgültige Beschlüsse zu fassen, hat der Berufungsrichter die Anfechtung des damals tatsächlich dennoch gefaßten Beschlusses für unbegründet erachtet, weil der Beschluß auf der Gesetzesverletzung nicht beruhe. Er hat dies dahin begründet: Die Erben Z., die über einen Geschäftsanteil von 12000 ℳ, bei dem Stammkapitale von 20000 ℳ also über die Stimmenmehrheit verfügten, seien von vornherein fest entschlossen gewesen, den Kläger von seiner Stellung als Geschäftsführer sobald als möglich abzuberufen. Sie hätten daher in der Versammlung für die Abberufung gestimmt trotz des Widerspruchs des Vertreters des Klägers, und sie würden auch bei seiner (persönlichen) Anwesenheit und seinem (persönlichen) Widerspruche nicht anders gehandelt haben. Auch eine ordnungsmäßige Einberufung der Versammlung vom 4. Januar und die Anwesenheit des Klägers in ihr würden an dem Abstimmungsergebnis nichts geändert haben.

Diese Begründung vermag die Annahme des Berufungsrichters von der Rechtswirkung des Beschlusses vom 4. Januar 1916 nicht zu tragen; die Annahme ist vielmehr rechtsirrtümlich. Das Reichsgericht hat allerdings wiederholt entschieden, daß, wenn bei Abstimmungen in Gesellschafterversammlungen Personen mitgestimmt haben, die von der Mitstimmung hätten ausgeschlossen werden müssen, der so zustande gekommene Beschluß der Anfechtung noch nicht ohne weiteres unterliegt, sofern der Beschluß auch unter Absetzung der zu Unrecht abgegebenen Stimmen immer noch mit Stimmenmehrheit gefaßt ist (Bolze, Praxis des RG. Bd. 17 Nr. 531; Holdheims Monatsschr. Bd. 6 S. 121; RGZ. Bd. 65 S. 242). In diesen Fällen handelte es sich aber nicht um ordnungswidrig berufene Versammlungen. In der vom Berufungsrichter für seine Auffassung angezogenen Entscheidung II. 28/17 vom 26. Juni 1917 (Elsaß-Lothring. Zeitschr. Bd. 42 S. 318) wurde die Anfechtung des Beschlusses einer Aktiengesellschaft auch in einem Falle nicht zugelassen, in welchem die Tagesordnung der Generalversammlung mangelhaft, nämlich den Vorschriften der §§ 275 Abs. 3, 256 Abs. 2 HGB. nicht entsprechend angekündigt, das Ergebnis der Abstimmung aber durch den Mangel nicht beeinflußt war (3996 Stimmen gegenüber zwei nicht vertretenen und einer widersprechenden). Endlich ist in dem Urteile des VI. Zivilsenates vom 16. November 1896 (Jur. Wochenschr. 1897 S. 12) die Anfechtung des Generalversammlungsbeschlusses einer Aktiengesellschaft auf Grund einer bei der Einberufung der Versammlung vorgekommenen Formwidrigkeit wegen Einflußlosigkeit der stattgehabten Gesetzesverletzung nicht zugelassen worden; es wurde dabei aber bemerkt, daß ein Fall der ordnungswidrigen Berufung durch ein zuständiges Organ, nicht ein Fall der Berufung durch ein unzuständiges Organ vorliege.

In dem jetzt zur Entscheidung stehenden Falle handelt es sich nicht um mangelhafte Ankündigung der Tagesordnung und nicht um eine sonstige Ordnungswidrigkeit bei der von einem zuständigen Organe berufenen Versammlung, endlich übrigens auch nicht um eine Aktiengesellschaft (gegen deren Beschlüsse in § 271 HGB. eine besondere, befristete Anfechtungsklage gegeben ist), sondern um den Fall, daß von einem Unbefugten die Gesellschafter einer Gesellschaft m. b. H. zu einer Versammlung eingeladen worden sind (oder richtiger noch, daß von den beiden einzigen Gesellschaftern einer solchen Gesellschaft der eine, dazu nicht befugte Gesellschafter den andern aufgefordert hat, zu einer Versammlung zu erscheinen). Nach § 51 Abs. 2 GmbHG. „soll" der Zweck der Versammlung — die Tagesordnung — jederzeit bei der Berufung angekündigt werden (RGZ. Bd. 89 S. 380). Ist aber die Versammlung sonst nicht ordnungsmäßig, insbesondere entgegen § 49 Abs. 1, § 50 Abs. 3 berufen, so „können — § 51 Abs. 3 — Beschlüsse nur gefaßt werden, wenn sämtliche Gesellschafter anwesend sind" (anwesend in dem oben erörterten Sinne). Eine Beschlußfassung bei Nichtanwesenheit sämtlicher Gesellschafter in einer solchen Versammlung ist also gesetzlich ausgeschlossen und kann rechtlich gar nicht stattfinden. Demzuwider tatsächlich dennoch gefaßte Beschlüsse sind null und nichtig. Es liegt mangels einer

Berufung keine Versammlung der Gesellschafter und also kein Beschluß einer solchen Versammlung vor. Es kann überhaupt nicht in Frage kommen, ob ein Beschluß auf der stattgehabten Verletzung beruhe, und es ist ohne allen Belang, ob vielleicht auch eine ordnungsmäßig berufene Versammlung einen gleichen Beschluß gefaßt haben würde (Staub-Pinner HGB. Anm. 9 zu § 256; Staub-Hachenburg, Ges. betr. G. m. b. H. Anm. 7 flg. zu § 51). Die vom Berufungsrichter für seine gegenteilige Auffassung angezogene Stelle bei Staub-Hachenburg Anm. 30 zu § 45 bezieht sich ebenso wie der in der Entscheidung RGZ. Bd. 90 S. 208 enthaltene Satz: „Die Rechtsprechung des Reichsgerichts hat für die Klage nach §§ 271 flg. HGB. die Anfechtung . . . versagt, wenn klar zutage liegt, daß der Beschluß nicht auf der behaupteten Gesetzes- oder Statutenverletzung beruhen kann", nicht auf den Fall, wo es sich wie hier nur um eine Scheinversammlung und einen Scheinbeschluß handelt (RGZ. Bd. 75 S. 242, Bd. 89 S. 379).

Vorstehendem gemäß war das Berufungsurteil zu diesem Punkte aufzuheben und der Klage auf Nichtigkeitserklärung des Beschlusses vom 4. Januar 1916 in Abänderung des landgerichtlichen Urteils stattzugeben.

2. Zum Antrag auf Auflösung der Gesellschaft.

Gegenüber der Verwerfung auch dieses Anspruchs seitens des Berufungsrichters hat der Kläger mit der Revision ausgeführt: Das gesellschaftliche Element der Gesellschaft m. b. H. trete am stärksten zutage, wenn sie, wie im vorliegenden Falle, nur aus zwei Gesellschaftern bestehe. Es müsse dann bei der Beurteilung, was als wichtiger, die Auflösuug bedingender Grund anzusehen sei, weit mehr noch als sonst auf das persönliche Verhältnis der Gesellschafter Rücksicht genommen werden. So seien die andauernden Zwistigkeiten der Gesellschafter untereinander, auch über das Stimmrecht, der Gesellschaft schädlich und als wichtiger Grund anzusprechen.

Diesen Ausführungen ist in rechtlicher Beziehung nur beizupflichten; sie entsprechen der Stellung, die das Reichsgericht zur Auslegung der Worte des § 61 des Gesetzes „in den Verhältnissen der Gesellschaft liegende wichtige Gründe" bei einer aus wenigen Mitgliedern bestehenden Gesellschaft mit beschränkter Haftung wiederholt eingenommen hat (vgl. die Urteile II. 189/15 und II. 63/17 Jur.

Wochenschr. 1915 S. 1365, 1917 S. 930). Der Berufungsrichter hat die danach für die Beurteilung des Tatbestandes des § 61 rechtlich erheblichen Gesichtspunkte bei seinen Darlegungen, mit denen er zur Abweisung des Verlangens auf Auflösung der Gesellschaft gelangt ist, völlig außer acht gelassen. Wenn er zur Begründung der Abweisung zum Schluß seiner Gründe sagt, es könne bei der günstigen Lage der Gesellschaft nicht allzu schwer sein, den Anteil gut zu veräußern, so kommt es einmal darauf allein nicht an (vgl. Jur. Wochenschr. 1917 S. 930), und sodann ist, wie die Revision ebenfalls mit Recht rügt, der Hinweis auf die Möglichkeit eines guten Verkaufs des Anteils ohne alle Begründung geblieben.

Danach war das Berufungsurteil auch zu diesem Punkte aufzuheben. Da vom Tatrichter unter Berücksichtigung aller vorliegenden Umstände abzuwägen ist, ob in den Verhältnissen der Gesellschaft liegende wichtige Gründe für die Auflösung der Gesellschaft durch gerichtliches Urteil vorhanden sind, war die Sache bezüglich des Antrags auf Auflösung der Gesellschaft zur anderweiten Verhandlung und Entscheidung an das Berufungsgericht zurückzuverweisen."

---

105. Fällt unter die Klausel: „Diese Police deckt auch die direkte Kriegsgefahr, bestehend in Wegnahme, Beschädigung oder Zerstörung durch Kriegsschiffe, Kaper, Torpedos oder Seeminen" usw., eine Beschlagnahme der entlöschten Ware am Lande mit nachfolgender Kondemnation?

I. Zivilsenat. Urt. v. 24. April 1918 i. S. F. & Co. (Kl.) w. Deutscher Lloyd, Transport-Vers.-AG. (Bekl.). Rep. I. 409/17.

I. Landgericht Berlin, Kammer für Handelssachen.
II. Kammergericht daselbst.

Laut Policen vom 6. August 1914 hat die Klägerin bei der Beklagten 100000 kg Gerste im britischen Dampfer Leander zum Werte von 14000 *M* von Taganrog nach Rotterdam und 900000 kg Gerste im britischen Dampfer Marie Rose zum Werte von 126000 *M* von Ghenitschesk nach Rotterdam unter Bezugnahme auf die Hamburger Allg. Seeversicherungsbedingungen von 1867 „nur für Kriegsgefahr laut anhängender Klausel" versichert. Letztere lautet:

„Diese Police deckt auch die direkte Kriegsgefahr, bestehend in Wegnahme, Beschädigung oder Zerstörung durch Kriegsschiffe, Kaper, Torpedos oder Seeminen mit Ausschluß aller indirekten Folgen, insbesondere von Liegegeldern und ähnlichen Kosten, auch wenn in Havariegrosse verteilt, sowie von Beschädigung oder Wertverminderung der Ware durch Verzögerung der Reise."

Bedingung für die Gültigkeit der Versicherung sollte sein, daß die Dampfer spätestens am 1. August in See gegangen waren. Die Prämie betrug $^1/_2$%. Beide Dampfer befanden sich auf der Reise vom Schwarzen Meere nach Rotterdam, sind aber hier nicht angekommen, sondern haben einen britischen Hafen (nach Angabe der Klägerin Belfast, Nord-Irland) angelaufen. Laut prisengerichtlichem Urteile vom 20. Oktober 1915 wurde die Ladung der Marie Rose, nachdem sie in Bristol beschlagnahmt war, kondemniert. Bezüglich der Ladung des Leander ist weiteres nicht festgestellt. Die Klägerin behauptet, es sei in beiden Fällen eine „Wegnahme" i. S. der Klausel anzunehmen, und verlangt vorläufig auf jede Police einen Teilbetrag von 10000 *M*, zusammen 20000 *M* nebst Zinsen. Die Beklagte beantragt Klagabweisung, indem sie hauptsächlich einwendet, daß nicht Wegnahme schlechthin, sondern nur eine solche durch Kriegsschiffe oder Kaper, also auf hoher See, durch die Versicherung gedeckt werde.

Beide Vorinstanzen haben sich dieser Auffassung angeschlossen. Die Revision der Klägerin wurde zurückgewiesen aus folgenden

Gründen:

„Da bei Abschuß der Versicherung die britische Kriegserklärung an Deutschland bereits ergangen war, indessen die später im Kriege gemachten Erfahrungen noch nicht vorlagen, so mußte nach damaliger Anschauung — vgl. RGZ. Bd. 89 S. 68 — die Gefahr der Aufbringung und Kondemnation der den britischen Schiffen anvertrauten Ladung verhältnismäßig gering erscheinen und die Minengefahr in den Vordergrund treten. Der Wortlaut der Klausel besagt nun an sich, daß die „Wegnahme" in der Form der Aufbringung durch K r i e g s s c h i f f e zu erfolgen hat, um unter die Versicherung zu fallen.

Mehr als Aufbringung (Nehmung) ist, obschon der Begriff der Wegnahme an sich wohl weiter geht, nicht zu erfordern, weil die Kriegsschiffe völkerrechtlich zu weiterem, insbesondere der Eigentumsentziehung, nicht befugt sind. Je nachdem eine nachfolgende Kondemnation dargetan werden konnte oder nicht, würde die Klägerin im Falle der Aufbringung durch Kriegsschiffe zur Geltendmachung eines Totalverlustes oder nur zum Abandon berechtigt gewesen sein. Weder der Wortlaut der Klausel noch die sonstigen Umstände des Falles lassen eine ausdehnende Auslegung in dem Sinne zu, daß der Aufbringung durch Kriegsschiffe die Beschlagnahme am Lande oder die Kondemnation ohne vorherige Aufbringung durch Kriegsschiffe gleichgestellt wird.

Mit dem dem Urteile vom 16. Juni 1917 (RGZ. Bd. 90 S. 324) zugrunde liegenden Falle verhielt es sich in dieser Hinsicht anders. Hier war die ausdehnende Auslegung in erster Linie darauf gestützt, daß eine ganze Reihe von Vorfällen, die sich unter den Begriff der Anhaltung und deren Folgen zusammenfassen ließen und somit kriegsversicherungsrechtlich einen Gegensatz bildeten zur Eigentumsentziehung und zu den diese vorbereitenden Maßnahmen, besonders der Aufbringung, als solche bezeichnet wurden, für die der Versicherer nicht haften wollte. Daraus wurde gefolgert, daß Wegnahme, Beschädigung und Zerstörung durch Kriegsschiffe oder Kaper nur beispielsweise aufgeführt seien und daß eine sonstige Beschlagnahme wie auch die Kondemnation von der Haftung nicht ausgeschlossen sein sollte. Ermöglicht wurde diese Auslegung sprachlich dadurch, daß den einleitenden Worten „Gegenwärtige Versicherung deckt nur die direkte Kriegsgefahr" die Worte „Wegnahme" usw. mit der unbestimmteren Verbindung „und zwar:", die wohl die Hervorhebung besonderer Fälle bedeuten konnte, angeschlossen waren, während es in gegenwärtiger Klausel heißt: „die direkte Kriegsgefahr, bestehend in usw.", worin sprachlich an sich eine Beschränkung auf die angeführten Fälle zu erblicken ist. Vor allem aber werden in der gegenwärtigen Klausel nur gegenübergestellt: „Wegnahme, Beschädigung oder Zerstörung durch Kriegsschiffe usw." und „alle indirekten Folgen", d. h. eben jener Wegnahme usw., die von der Versicherung ausgenommen sein sollen. Es kann also hier keine Rede davon sein, daß sich gegenüberstehen Fälle der Eigentumsentziehung und der bloßen Anhaltung.

Über eine ganz ähnliche Klausel, wie sie hier vorliegt, hat sich das Reichsgericht bereits in dem Urteile vom 5. März 1917 I. 9/17 (HansGZ. Nr. 68) ausgesprochen. Hier hatte das Landgericht Bremen (s. HansGZ. 1916 Nr. 53 S. 98) versucht, der Klausel dadurch einen weiteren Sinn zu geben, daß es das Wort „Wegnahme", weil durch ein Komma von den nachfolgenden Worten getrennt, ganz für sich betrachtete und die Worte „durch Kriegsschiffe usw." nur auf „Beschädigung und Vernichtung" bezog. Dies hatte das Reichsgericht aus sprachlichen und sachlichen Gründen für nicht unbedenklich erklärt. In der Tat wäre die richtige sprachliche Ausdrucksweise für eine solche Meinung die gewesen, daß man mindestens das Wort „Wegnahme" durch ein „sowie" und nicht nur durch ein Komma von dem folgenden getrennt hätte.

Auch sachlich ist die Auslegung des Landgerichts Bremen nicht gerechtfertigt, da Wegnahme im wesentlichen gleichbedeutend ist mit Nehmung und völkerrechtlich und versicherungsrechtlich auf eine Handlung von Kriegsschiffen oder Kapern, nicht aber auf eine Beschlagnahme durch Verwaltungsbehörden hindeutet. Daher wird auch in der Entscheidung des RG.s Bd. 90 S. 324 nicht etwa angenommen, daß der Ausdruck „Wegnahme" die Beschlagnahme decke, sondern daß letztere der beispielsweise angeführten Wegnahme gleichzuachten sei.

Die vorliegenden Policen geben einen guten und den Umständen entsprechenden Sinn, wenn man die Versicherung auf Wegnahme usw. durch Kriegsschiffe, Kaper usw. einschränkt. Es sollte die Kriegsgefahr gedeckt werden, die die Ware während des vermutlich nur kurzen Aufenthaltes auf See bis zum Bestimmungshafen lief. Danach wurde die sehr niedrige Prämie ($^1/_2$ %) bemessen, und deshalb wurde bedungen, daß das Schiff spätestens am 1. August abgefahren sein müsse. Ein wesentlich anderes Risiko war es, wenn das Schiff ohne Aufbringung einen feindlichen oder sonstigen Zwischenhafen anlief die Ware dort entlöscht und festgehalten wurde und nunmehr unvorhersehbaren Maßnahmen der betreffenden Regierung für unabsehbare Zeit ausgesetzt wurde." ...

---

106. **Ausfüllung einer Vertragslücke durch den Richter. Mietvertrag mit beiderseitiger genau befristeter Kündigungsbefugnis und**

mit einseitiger, im übrigen im Vertrag ungeklärt gebliebener Berechtigung des Mieters (Option) zu mehrjähriger Vertragsverlängerung.

BGB. § 157.

III. Zivilsenat. Urt. v. 26. April 1918 i. S. J. (Kl.) w. S. (Bekl.). Rep. III. 2/18.

I. Landgericht III Berlin.
II. Kammergericht daselbst.

Der Kläger hat die in seinem Hause gelegene Wohnung durch privatschriftlichen, mittels Ausfüllung und Unterzeichnung eines gedruckten Vertragsformulars hergestellten Vertrag vom 1. Juli 1912 für die Zeit vom 1. Oktober 1912 bis 1. Oktober 1917 um jährlich 4000 *M* (neben einer jährlichen Entschädigung für ein neu errichtetes Bad) an den Beklagten vermietet. In § 7 Satz 1 und 2 ist bestimmt: „Die Kündigung dieses Vertrags muß spätestens 6 Monate 6 Tage vor Ablauf desselben schriftlich erfolgen; geschieht dies von keiner Seite, so gilt der Vertrag auf ein Jahr verlängert. Diese stillschweigende Verlängerung wiederholt sich so lange, bis von einer Seite eine rechtzeitige Kündigung erfolgt." Der folgende § 8 regelt die Kündigung für den Todesfall; § 9 gibt eine genaue Hausordnung; der Schluß — § 10 — enthält nach dem gedruckten, die Erstattung des Vertragsstempels durch den Mieter anordnenden Satze 1 mehrere handschriftliche Zusätze, darunter die Worte: „Mieter hat nach Ablauf des Vertrags eine Option zum selben Mietpreis auf drei weitere Jahre."

Durch Schreiben von Montag, dem 26. März 1917, hatte der Kläger dem Beklagten eine Erhöhung des Mietzinses um 10% angesonnen und im Weigerungsfalle zum 30. September 1917 gekündigt; der Beklagte hatte am 29. März 1917 geantwortet, er werde die Rechtzeitigkeit der ihm am Abend des 26. März zugekommenen Kündigung nachprüfen lassen, abgesehen davon mache er von der ihm nach dem handschriftlichen Zusatz im Vertrag eingeräumten Option hiermit Gebrauch und erkläre, daß er den Vertrag auf 3 Jahre, d. h. bis zum 1. Oktober 1920, für den Mietpreis von 4000 *M* verlängere.

Der Kläger fordert Feststellung, daß der Mietvertrag mit dem 30. September 1917 sein Ende erreicht, weil seine Kündigung wegen des Eingreifens des § 193 BGB. rechtzeitig erklärt, die vor Ablauf der Kündigungsfrist zu erklärende Option aber verspätet ausgeübt sei. Die

Widerklage will dagegen festgestellt wissen, daß der Mietvertrag nicht mit dem 30. September 1917, sondern erst mit dem 30. September 1920 (oder „nicht vor dem 30. September 1920") endet, weil umgekehrt wegen Unanwendbarkeit des § 193 die Kündigung eine verspätete, die nur an eine angemessene Frist gebundene Option aber eine rechtzeitige gewesen sei.

Das Landgericht entsprach unter Abweisung der Klage der Widerklage, indem es die Auffassung des Beklagten in beiden Streitpunkten billigte und zur Option ausführte: mit der undeutlichen Vertragsbestimmung könne nur gemeint gewesen sein, daß die Option zustehe, wenn der Grund zum Ablaufe des Vertrags gegeben, d. h. wenn die Kündigung erfolgt sei; dies allein entspreche den wirtschaftlichen Bedürfnissen, die die Parteien doch im Auge gehabt hätten; eine Frist zur Ausübung der Option sei nicht bestimmt, sie müsse also eine angemessene sein, der Beklagte habe die Option so schleunig ausgeübt, als es überhaupt hätte verlangt werden können.

Der Berufungsrichter wies die Berufung zurück. Er läßt die Frage der Rechtzeitigkeit der Kündigung dahingestellt und bejaht nur die rechtzeitige Ausübung der Option, indem er erwägt: § 10 sei dahin auszulegen, daß der Beklagte durch einseitige Erklärung das Mietverhältnis auf 3 Jahre über den 30. September 1917 zu verlängern berechtigt sei; eine Frist zur Abgabe der Erklärung sei nicht bestimmt; die Meinung des Klägers, die Erklärung müßte unter Einhaltung der Kündigungsfrist abgegeben werden, finde in dem Mietvertrage keine Stütze, aus der Abwägung der Interessen beider Parteien ergebe sich, daß der Beklagte während der Vertragsdauer jederzeit sein Optionsrecht ausüben durfte, der Kläger aber, wenn er gemäß dem Vertrage die Kündigung ausgesprochen hatte, befugt war, dem Beklagten für die Ausübung dieses Rechtes eine angemessene Frist zu bestimmen, eine solche Frist habe der Kläger nicht gesetzt, vielmehr der Beklagte alsbald nach der Kündigung die Option erklärt.

In der Revisionsinstanz bestätigten die Parteivertreter, daß beim Vertragsschluß irgendeine ausdrückliche Erläuterung des Optionsrechts und seines Verhältnisses zu der Kündigungsbefugnis des § 7 nicht stattgefunden hat. Der Vertreter der Revision führte aus: Der Zusammenhang des Vertrags ergebe, daß die Option ebenfalls an eine Frist gebunden sei, und zwar müßten, da die Kündigungsbefugnis durch die Option nicht genommen werden könne, alle drei Erklärungen — die Kündigung des Klägers, die Kündigung des Beklagten und die Option des Beklagten — innerhalb ein und derselben Frist, nämlich der in § 7 bestimmten Frist, spätestens 6 Monate und 6 Tage vor Ablauf des ursprünglichen fünfjährigen Vertrags erklärt werden; es wäre auch unbillig, wenn, nachdem der Vermieter seinen Kündigungsentschluß gefaßt und dem Mieter erklärt habe, nun noch der Mieter durch die Option dem entgegentreten könnte. Der Vertreter des Beklagten entgegnete: es liege eine Auslegung des Berufungsrichters vor, die als eine tatsächliche den Revisionsrichter binden werde; selbstverständlich könne die Option nicht mehr nach völligem Ablaufe des ursprünglichen Vertrags ausgeübt werden, wohl aber, solange dieser ursprüngliche Vertrag noch laufe; anders wäre es, wenn der Vermieter nach seiner Kündigung die Wohnung bereits anderweit vermietet hätte, dann würde eine spätere Ausübung der Option gegen Treu und Glauben verstoßen; so liege hier die Sache aber nicht. Eventuell sei der Vertrag in dem dargelegten Sinne vom Richter zu ergänzen. Vom Reichsgerichte wurde das Berufungsurteil aufgehoben und die Sache an das Berufungsgericht zurückverwiesen.

Gründe:

„Dem Ergebnis des Berufungsrichters in betreff der Option kann nicht beigepflichtet werden. Er legt den § 10 dahin aus, daß der Beklagte durch einseitige Erklärung das Mietverhältnis über den 30. September 1917 hinaus auf 3 Jahre zu verlängern berechtigt ist. Diese Auslegung ergibt sich aus dem Wortlaute der Optionsklausel und ist völlig unbestritten. Strittig ist allein, ob die Option in einer Frist und in welcher sie auszuüben ist. Diese Frage beantwortet der Berufungsrichter gerade nicht mit einer Auslegung des Vertrags, sondern er meint nur, die Notwendigkeit der Einhaltung der Kündigungsfrist finde im Vertrage keine Stütze, und stellt dann auf Abwägung der beiderseitigen Interessen ab; er ergänzt also den Vertrag auf dem Wege der Interessenausgleichung.

In der Tat handelt es sich um eine Ergänzung des Vertrags, da dieser über die Frist zur Optionserklärung und über das Verhältnis der Option zur Kündigung schweigt, während doch dieser von den Vertragsparteien in keiner Weise erwogene Punkt, wie der Rechtsstreit zeigt, einer Regelung dringend bedurfte. Die Ergänzung des Vertrags — nicht etwa des Vertragswillens der Parteien — ist zu finden nach den Richtlinien des im Vertrage sonst ausgedrückten Parteiwillens und nach dem Gesichtspunkte von Treu und Glauben. Solche Richtlinien sind durch den Vertrag mehrfach gegeben: es ist rechtsirrig, daß der Vertrag keine Stütze biete. Der Gesichtspunkt von Treu und Glauben führt ebenfalls zu einer von der des Berufungsrichters abweichenden Auffassung.

Die Parteien sind darüber einig, daß die Worte der Optionsklausel „nach Ablauf des Vertrags" den Ablauf des ursprünglichen fünfjährigen Vertrags bedeuten, wie dies der Wortlaut des § 7 bestätigt; desgleichen besteht Einigkeit darüber, daß nach völligem Ablaufe des ursprünglichen Vertrags, also nach dem 30. September 1917, eine Option nicht mehr möglich ist. Weiter folgt aus dem Wortlaute der Optionsklausel, daß die Option die Verlängerung des Mietvertrags auf drei weitere Jahre zum selben Mietpreise zum Inhalt hat. Durch diesen Inhalt wird die Kündigungsbefugnis des § 7 und die daselbst gesetzte Rechtsfolge der Nichtkündigung (stillschweigende Verlängerung auf ein Jahr) geändert, nämlich diese Kündigungsbefugnis und diese Rechtsfolge auf den Schluß der weiteren 3 Jahre hinausgeschoben, so als ob der ursprüngliche Vertrag sofort auf 8 Jahre geschlossen wäre. Daß aber dieser Inhalt noch verwirklicht werden dürfte, nachdem die über den ursprünglichen fünfjährigen Zeitraum hinausliegenden 3 weiteren Jahre nicht mehr unberührte und nicht mehr der Einwirkung der Option ohne weiteres offenliegende geblieben waren, daß also schon und noch die Ausübung der Option eine zum Schlusse des ursprünglichen Vertrags, 30. September 1917, geschehene oder nicht geschehene Kündigung unwirksam machen könnte, dem widerspricht der Zusammenhang des Vertrags. Die Bestimmung des § 7 ist trotz der Optionsklausel in § 10 klar und deutlich ohne jede Beschränkung bestehen geblieben. Nichts im Vertrage spricht dafür, daß die hastig und ohne jede Überlegung in den Schlußparagraphen hineingeworfene Optionsklausel auch über ihren Wortlaut und den dadurch gegebenen Inhalt hinaus, nämlich auch schon und noch durch ihre Ausübung die Bestimmung des § 7 ändern könnte. Der § 7 Satz 1 und 2 ist vielmehr aufrecht zu erhalten, soweit dies mit dem Inhalte der Option verträglich ist.

Die Option sollte einen weiteren 3jährigen Zeitraum als eine Einheit ergreifen und zum Gegenstande haben und diesen Zeitraum zu einer Verlängerung der ursprünglichen Vertragszeit umgestalten. War aber Ende März 1917 rechtzeitig gekündigt, vom Kläger oder vom Beklagten, oder war nicht gekündigt, so war in beiden Fällen der über die ursprüngliche Vertragszeit hinausliegende Zeitraum rechtlich verändert: im Falle der Kündigung fiel die Zeit nach dem 30. September 1917 überhaupt fort und kam als Verlängerung des ursprünglichen, mit dem 30. September 1917 endgültig endenden Vertrags nicht mehr in Betracht; im Falle der Nichtkündigung stellte sich die Zeit nach dem 30. September 1917 so dar, daß zunächst eine einjährige Verlängerung des Vertrags eintrat und die weitere Verlängerung von der innerhalb dieses einen Jahres erfolgenden oder nicht erfolgenden Kündigung abhing. Ein dreijähriger Zeitraum als eine von der Option ergreifbare Einheit war in beiden Fällen nicht mehr vorhanden.

Dazu kommt die Festsetzung der Kündigungsfrist in § 7 und die sich daraus nach Treu und Glauben ergebende Folgerung. Die Kündigung muß „spätestens 6 Monate und 6 Tage vor Ablauf des ursprünglichen Vertrags" erfolgen. Beide Parteien hatten also ihr Interesse daran, schon lange vor Ablauf des ursprünglichen Vertrags Klarheit über die zukünftige Zeit zu erlangen, sorgsam gewahrt. Ein solches Interesse hatte insbesondere der Kläger: er wollte schon in dem festgesetzten Zeitpunkte, spätestens 6 Monate 6 Tage vorher wissen, ob er mit dem 30. September 1917 freie Verfügung über die Wohnung habe oder noch, aber nur für ein weiteres Jahr, gebunden sei. Viel einschneidender für das Rechtsverhältnis und die Interessen der Parteien, insbesondere die des Klägers, war aber die Option, insofern sie den ursprünglichen Vertrag auf 3 weitere Jahre zum selben Mietpreise verlängerte. Darum ist es ausgeschlossen, die Frist zur Optionserklärung geringer zu bemessen, als die Frist zur Kündigung: das hieße, das entscheidende Motiv der Kündigungsfrist bei dem weitaus bedeutsameren Rechtsakte der Option außer acht lassen und so das dringendere und wichtigere Interesse mit einem geringeren Schutze versehen.

Nach dem Ausgeführten muß die Annahme der Instanzen, daß die Option dem Beklagten gerade durch die Kündigung des Klägers eröffnet war, durchaus abgelehnt werden. Im Gegenteil, durch eine richtig erfolgte Kündigung war das Optionsrecht verloren. Andernfalls wäre, wie der Kläger richtig betont, die unabweisliche Folgerung, daß der Beklagte selbst zunächst auf den 30. September 1917 kündigen und dann noch die Option erklären durfte. Die Unleidlichkeit dieser Folgerung liegt auf der Hand. Durch eine richtige, sei es von ihm, sei es vom Beklagten ausgehende Kündigung hat der Kläger freie Verfügung über die Wohnung für die Zeit nach dem 30. September 1917 bekommen, und es ist unerheblich, ob er in Verfolg solcher Kündigung die Wohnung bereits vom 30. September 1917 ab wirklich weiter vermietet hat. Die Optionserklärung muß in derselben Frist erfolgen, wie die Kündigung nach § 7; die Auffassung des Klägers ist also zutreffend.

Wie es wäre, wenn eine rechtzeitige Kündigung und eine rechtzeitig erklärte Option zusammenstoßen würden — welche Erklärung den Vorrang hätte —, braucht hier nicht erörtert und entschieden zu werden. Ein solcher Tatbestand liegt nicht vor. Die Optionserklärung des Beklagten ist verspätet; er ist des Optionsrechts endgültig verlustig gegangen, gleichviel ob die Kündigung des Klägers vom 26. März 1917 noch eine rechtzeitige war, oder ob wegen Nichtvorliegens einer richtigen Kündigung der Vertrag sich auf ein Jahr verlängert hat. ...

Die vom Berufungsrichter dahingestellte Frage, ob die Kündigung des Klägers eine rechtzeitige war, kann das Revisionsgericht nicht seinerseits entscheiden. Denn es handelt sich nicht nur um Rechtsfragen, sondern auch und in erster Linie um tatsächliche Feststellungen; beide Parteien haben sich auf ihre wirkliche Absicht bei der Fristbestimmung in § 7 berufen; darüber zu befinden, ist Sache des Tatrichters."

---

107. Verkauf eines im neutralen Nothafen liegenden Schiffes zur Kriegszeit unter Bedingung der Lieferung nach Kriegsende. Kann Unmöglichkeit der Erfüllung deswegen festgestellt werden, weil der neutrale Hafen inzwischen zu einem feindlichen geworden und das Schiff nach Kondemnierung von den Feinden benutzt wird?

I. Zivilsenat. Urt. v. 27. April 1918 i. S. H. (Bekl.) w. D. (Kl.). Rep. I. 381/17.

I. Landgericht Hamburg, Kammer für Handelssachen.
II. Oberlandesgericht daselbst.

Der Dampfer der Klägerin Theodor Wille lag im August 1915 mit einer Salpeterladung in dem portugiesischen Nothafen St. Vincent (Kapverdische Inseln), um das Kriegsende zur Rückfahrt in die Heimat abzuwarten. Die Parteien schlossen über diesen Dampfer einen Vertrag, der sich aus folgendem Bestätigungsschreiben der Beklagten vom 2. August 1915 ergibt:

„D. Theodor Wille.

Unter Bezugnahme auf unsere heutige telephonische Unterredung bestätige ich, den obigen Dampfer vorbehältlich voller Besichtigung nach Beendigung seiner jetzigen Reise in einem deutschen Nordseehafen oder Antwerpen nach Ihrer Bestimmung zum Preise von 750000 ℳ, zahlbar bei Abnahme, mit allem Inventar ... von Ihnen gekauft zu haben. Sollte der Dampfer mir wider Erwarten nicht gefallen, so bin ich verpflichtet, das Boot auf Grund der üblichen Charterform auf zwei Jahre, beginnend nach der jetzigen Reise, für 39900 ℳ pro Monat frei von Kommission von Ihnen zu chartern. Selbstverständlich wird Ihnen die nötige Zeit nach der Löschung zur Verfügung gestellt, um die etwa erforderlichen Reparaturen und Instandsetzungsarbeiten vornehmen lassen zu können."

Anfang 1916 ist der Dampfer von der portugiesischen Regierung beschlagnahmt und die Ladung gelöscht worden; er wurde der englischen Regierung überlassen und fährt seit 26. Oktober 1916 für deren Zwecke unter dem Namen Boa Vista. Nach Behauptung der Klägerin wurde er spätestens am 22. Juni 1917 endgültig als gute Prise erklärt. Sein gegenwärtiger Aufenthalt ist unbekannt. Die Klägerin ist der Ansicht, daß sich hierdurch die bei Abschluß des Vertrags obwaltenden Verhältnisse ohne ihr Verschulden so sehr geändert hätten, daß die ihr nach der Vertragsabsicht obliegende Leistung unmöglich geworden sei, und hat eine dementsprechende Feststellungsklage erhoben. Die Beklagte beantragt Klagabweisung, weil sie eine schon jetzt feststehende Unmöglichkeit der Erfüllung nicht anerkennt.

Das Landgericht wies die Klage ab. Dagegen stellte auf die Berufung der Klägerin das Oberlandesgericht dem Klagantrage gemäß fest, daß die Erfüllung des von den Parteien geschlossenen Vertrags vom 2. August 1915 infolge der nach der Entstehung des Schuldverhältnisses eingetretenen, von der Klägerin nicht zu vertretenden Umstände unmöglich geworden ist. Der Revision der Beklagten wurde stattgegeben aus folgenden

Gründen:

„Die Begründung, mit der das Oberlandesgericht der Klage stattgegeben hat, ist eine andere als die, womit die Klägerin ihren Antrag zu rechtfertigen gesucht hat. Die Klägerin legt besonderen Wert darauf, daß nach dem Vertrag ihre Leistung bei Kriegsende nach Beendigung der Reise, d. h. nach Löschung der Ladung in einem deutschen Nordseehafen oder Antwerpen zu erfolgen hatte. Diese Art der Erfüllung sei dadurch unmöglich geworden, daß das Schiff St. Vincent verlassen habe und unter fremder Flagge, unbekannt wo, umherfahre. Es könne also nicht mehr bei Kriegsende seine Reise beendigen, d. h. zurückkehren und seine Ladung löschen. Es handle sich auch nicht etwa um eine nebensächliche Vertragsbestimmung. Es sei ungewiß, wo das Schiff nach dem Kriege auftauche. Sicher befinde es sich dann in einem verwahrlosten Zustande, ohne Mannschaft, ohne Ausrüstungsgegenstände. Es sei also denkbar, daß die Klägerin den Dampfer unter Aufwendung riesiger Kosten in irgendeinem Hafen der Welt — vielleicht in Australien — würde fahrfähig machen, ihn mit Kohlen und Mannschaft ausstatten müssen, um ihn dem Vertrage gemäß bereit zu stellen. Aber auch die Beklagte würde in ihren berechtigten Erwartungen getäuscht werden, da ihr das Schiff dann offenbar viel später zur Verfügung stehen würde, als wenn es direkt von St. Vincent käme. Diese Ausführungen leiden daran, daß sie mit bloßen Möglichkeiten, höchstens mit Wahrscheinlichkeiten rechnen. Selbst wenn bei einem derartigen Verlauf Unmöglichkeit der Erfüllung anzunehmen sein würde, so steht doch zurzeit nicht fest, daß die Sache so verlaufen wird. Es ist auch denkbar, daß die Engländer den Dampfer im eigenen Interesse im guten Zustande erhalten und daß er sich bei Kriegsablauf in einem ebenso bequem oder noch bequemer gelegenen Hafen wie St. Vincent befindet. Es kommt aber nicht darauf an, ob die Erfüllung gegenwärtig möglich wäre, da die Leistung noch gar nicht fällig ist, sondern nur, ob sie bei Kriegsende möglich sein wird, und dies läßt sich auf Grund der von der Klägerin angeführten Möglichkeiten nicht verneinen. Dieser Ansicht war offenbar auch das Oberlandesgericht, da es von der Begründung der Klägerin gänzlich absieht und das Hauptgewicht auf die seiner Annahme nach schon jetzt feststehende Kondemnation legt. Die gegen diese Feststellung von der Revision gerichteten Angriffe können freilich nicht für begründet erachtet werden....

Indessen ist auch die Tatsache der rechtskräftigen Kondemnation des Dampfers nicht geeignet, die Annahme der Unmöglichkeit der Erfüllung des von den Parteien geschlossenen Vertrags zu begründen. Auch hier kommt in Betracht, daß der Vertrag nicht jetzt, sondern erst zur Friedenszeit erfüllt werden muß und daß sich bis dahin die Verhältnisse wieder ändern, insbesondere der Klägerin die Verfugung über den Dampfer wiederverschafft werden kann. Das Berufungsgericht selbst nimmt nur an, es sei völlig unsicher, ob die Klägerin je wieder über den Dampfer werde verfügen können; es bestehe zwar die entfernte Möglichkeit, daß beim Friedensschlusse der Dampfer der Klägerin ohne Schaden zurückgegeben und sie in jeder Beziehung ebenso oder doch nicht schlechter gestellt werde, wie sie es zur Zeit des Vertragsschlusses gewesen sei. Eine solche Wiederherstellung würde aber auf ganz neuen, einstweilen nicht zu übersehenden Momenten beruhen, welche das hier maßgebliche Rechtsverhältnis nicht berührten, und ändere nichts daran, daß der Klägerin die Leistung nach Treu und Glauben mit Rücksicht auf die Verkehrssitte nicht zuzumuten sei.

Hierin kann aber dem Berufungsgerichte nicht gefolgt werden. Die Parteien gingen wie unbestritten davon aus, daß der Krieg noch lange dauern könne, und müssen demnach auch damit gerechnet haben, daß in der Zwischenzeit Änderungen in den obwaltenden Verhältnissen eintreten würden. Wenn sie trotzdem Erfüllung nach dem Kriege vereinbarten, so kann nur eine solche Änderung in den Verhältnissen in Betracht kommen, welche nach den Interessen der Beteiligten die Leistung zur Zeit der Fälligkeit als eine ganz andere erscheinen lassen würde, so daß sie im Sinne des § 242 BGB. nicht mehr dem Inhalte des Schuldverhältnisses entspräche. Das läßt sich aber nach den Möglichkeiten, die das Berufungsgericht als gegeben annimmt, zurzeit nicht feststellen. Anders läge die Sache möglicherweise, wenn die eingetretenen Umstände der Klägerin schon jetzt Verfügungen über den Vertragsgegenstand aufzwängen, die eine spätere

Erfüllung ausschlössen, z. B. Erklärung des Abandons gegenüber einer Versicherungsgesellschaft oder dgl. In dieser Beziehung hat die Klägerin aber keine genügenden Behauptungen aufgestellt."

---

108. 1. Erwirbt ein pensionierter preußischer Beamter dadurch, daß er während des Krieges Dienst als Offizier tut, Anspruch auf Erhöhung seines Ruhegehalts unter Anrechnung der Kriegsdienstzeit?

2. Was ist unter einer „an sich zur Pension berechtigenden Stellung des unmittelbaren Staatsdienstes" im § 28 Abs. 1 des preuß. Beamtenpensionsgesetzes zu verstehen?

Preuß. Beamtenpensionsgesetz vom 27. März 1872 / 27. Mai 1907 §§ 1ff., 15, 27, 28.
Offizierpensionsgesetz vom 31. Mai 1906 §§ 1, 28.
Reichsbeamtengesetz vom 18. Mai 1907 §§ 59, 157.

III. Zivilsenat. Urt. v. 3. Mai 1918 i. S. S. (Kl.) w. preuß. Staat (Bekl.) Rep. III. 430/17.

I. Landgericht Naumburg a. S.
II. Oberlandesgericht daselbst.

Der Kläger stand bis zum 1. Oktober 1909 als Richter im preußischen Staatsdienst und wurde zu diesem Tage mit dem gesetzlichen Ruhegehalt in den Ruhestand versetzt. Nach Ausbruch des Krieges stellte er, der nach Erfüllung seiner Wehrpflicht als Leutnant der Landwehr verabschiedet war, sich der Heeresverwaltung zur Verfügung und tat vom 4. September 1914 bis zum 1. Mai 1916 Dienst als Offizier. Er beansprucht daraufhin auf Grund des § 28 des preuß. Beamtenpensionsgesetzes vom 27. März 1872/27. Mai 1907 die Neufestsetzung seines Ruhegehalts unter Anrechnung der Kriegsdienstzeit. Von dem Justizminister im Einvernehmen mit dem Finanzminister am 14. Juli 1916 ablehnend beschieden, hat er im Anfange Januar 1917 Klage auf Zahlung des ihm nach seiner Meinung zukommenden Mehrbetrags des Ruhegehalts für elf Monate erhoben.

Das Landgericht verurteilte den Beklagten nach dem Klagantrage, das Berufungsgericht wies die Klage ab. Die Revision des Klägers hatte keinen Erfolg.

Gründe:

„Der auf § 28 Abs. 1 BeamtPensG. gestützte Klaganspruch ist von dem Berufungsgericht abgewiesen worden, weil der Kläger als Offizier während des Krieges nicht „eine an sich zur Pension berechtigende Stellung des unmittelbaren Staatsdienstes" bekleidet habe. Dem ist im Ergebnis, aber nicht in der Begründung beizupflichten. Der Berufungsrichter nimmt an, der Kläger habe zwar in unmittelbarem Staatsdienste gestanden, sich aber nicht in einer an sich zur Pension berechtigenden Stellung befunden, denn als früherer Landwehroffizier sei er mit seinem Wiedereintritt in das Heer in die Stellung eines Offiziers des Beurlaubtenstandes zurückgetreten, und solche Offiziere hätten nach § 28 OffizierPensG. nicht an sich, sondern nur im Falle einer Dienstbeschädigung, die hier nicht vorliege, Anspruch auf Ruhegehalt. Diese Ansicht wird von der Revision mit Recht angegriffen. Eine an sich zur Pension berechtigende Stellung ist eine solche, die grundsätzlich das Recht auf Ruhegehalt gewährt; das Vorliegen der weiteren Voraussetzungen, unter denen der Inhaber der Stellung den Anspruch auf Ruhegehalt erwirbt, ist nicht erforderlich. Wenn die Offiziere des Beurlaubtenstandes einen Anspruch auf Pension auch nur haben, falls sie infolge einer Dienstbeschädigung zu jedem Militärdienst unfähig werden (§ 28 OffizierPensG.), so steht ihnen doch nicht minder als den Offizieren des Friedensstandes (§ 1 OffizierPensG.) und den preußischen unmittelbaren Staatsbeamten, die ihr Diensteinkommen aus der Staatskasse beziehen (§ 1 BeamtPensG.), kraft ihrer Stellung eine Anwartschaft auf Pension zu. Ebensowenig wie für diese der Ablauf der zehnjährigen Frist oder der Eintritt einer Dienstbeschädigung die Voraussetzung dafür bildet, ihre Stellung zu einer „an sich zur Pension berechtigenden" zu machen, ist der Stellung eines Offiziers des Beurlaubtenstandes diese Eigenschaft deshalb abzusprechen, weil sie nur unter jener Voraussetzung einen Anspruch auf Pension gewährt.

Die Abweisung der Klage ist aber deshalb gerechtfertigt, weil die Stellung eines Offiziers nicht als eine Stellung des unmittelbaren Staatsdienstes im Sinne des § 28 Abs. 1 BeamtPensG. anzusehen ist. Die Offiziere eines Kontingents des Reichsheeres sind zwar nicht Reichsbeamte im Sinne des Reichsbeamtengesetzes (§ 157 RBeamtG.), sondern Staatsbeamte; aber nicht immer umfaßt, wie der erkennende

Senat bereits in dem Urteile vom 9. April 1907 (RGZ. Bd. 89 S. 250) ausgesprochen hat, der Ausdruck „Staatsbeamte" in den einzelnen Gesetzen auch die Offiziere. Entsprechend ist auch der Ausdruck „Staatsdienst" nicht immer auf den Offiziersdienst zu erstrecken, sondern zu untersuchen, ob dieser unter jenem in dem betreffenden Gesetze mitbegriffen wird. Das ist für den § 28 Abs. 1 BeamtPensG. zu verneinen. Aus dem Zusammenhange der Vorschriften dieses Gesetzes ist zu entnehmen, daß „eine an sich zur Pension berechtigende Stellung des unmittelbaren Staatsdienstes" eine solche ist, welche nach den §§ 1 flg. dieses Gesetzes „an sich" Pensionsberechtigung gewährt. Dahin gehört die Stellung eines Offiziers nicht, denn dieser bezieht sein Diensteinkommen nicht vom Staate, sondern vom Reiche. Für Ruhegehaltsempfänger, die als Offiziere Dienst tun, kommt daher ebenso wie für solche, die in den Reichsdienst eintreten, nicht der Abs. 1, sondern der Abs. 3 des § 28 BeamtPensG in Betracht, der, falls sich der Ruhegehaltsempfänger eine neue Pension „erdient" hat, die Vorschrift des Abs. 2 (nicht die des Abs. 1; vgl. die entsprechende Bestimmung des § 59 RBeamtG.) für anwendbar erklärt. Mit dieser Auslegung des § 28 Abs. 1 steht die Begründung der Vorschrift im Einklange (Stenogr. Berichte des Abg.-Hauses 1871/72 Anlagen Bd. 2 Nr. 105 S. 668). Nach ihr soll durch § 28 Abs. 1 „verhütet werden, daß in Fällen, wo pensionierte Beamte vorübergehend und auf kurze Zeit zur Aushilfe wieder im Staatsdienste beschäftigt werden, aus dem dadurch herbeigeführten geringen Zuwachs an Dienstzeit Veranlassung hergenommen wird, mit Ansprüchen auf Festsetzung einer höheren Pension aufzutreten"; deshalb macht das Gesetz das Recht auf Pensionserhöhung von einer Mindestdauer der neuen Dienstzeit von einem Jahre abhängig. An den Voraussetzungen des Ruhegehaltsanspruchs im übrigen sollte aber durch diese Vorschrift nichts geändert werden.

Der obigen Auslegung steht ferner auch die Bestimmung des § 27 Abs. 2, auf die die Vorinstanzen Gewicht legen, nicht entgegen. Aus der Bezugnahme auf § 27 Nr. 2 in § 28 Abs. 1 folgt keineswegs, daß jede Beschäftigung in den im § 27 Abs. 2 angeführten Diensten als unmittelbarer Staatsdienst im Sinne des § 28 Abs. 1 anzusehen sei; das ist mit der Vorschrift des § 28 Abs. 3 unvereinbar. Die Bezugnahme besagt vielmehr nur, daß die Vorschriften des § 28 mit denen des § 27 Nr. 2 im Zusammenhange stehen und daß der unmittelbare Staatsdienst im Sinne des § 28 Abs. 1 ein Staatsdienst im Sinne des § 27 Nr. 2 sein, d. h. mit Bezug eines Diensteinkommens verknüpft sein muß. Gegen die Anwendung des § 28 Abs. 1 auf die Fälle des Eintritts des Ruhegehaltsempfängers in einen anderen Dienst als den unmittelbaren Staatsdienst im Sinne des § 1 BeamtPensG. spricht auch die Erwägung, daß der preußische Staat keinen Grund hat, seinem früheren Beamten ein höheres Ruhegehalt zu zahlen, weil dieser nachträglich dem Reiche oder einem Kommunalverband usw. Dienste geleistet hat, und daß das gleiche auch dann zu gelten hat, wenn er zwar als Staatsbeamter, aber in einer Stellung tätig war, für die er kein Diensteinkommen aus der Staatskasse bezog. Daß nach § 15 BeamtPensG. bei der Versetzung in den Ruhestand eine vorgängige Militärdienstzeit auf die Zivildienstzeit anzurechnen ist, rechtfertigt mangels einer entsprechenden Bestimmung in dem allein maßgebenden § 28 nicht den Schluß, daß ein nachträglicher Militärdienst des Ruhegehaltsempfängers ein Recht auf Erhöhung des Ruhegehalts gewährt."

---

109. Kann im Rechtswege geltend gemacht werden, daß der Staat vermöge seiner Fürsorgepflicht verpflichtet gewesen sei, den Beamten in ein anderes Amt zu versetzen?

Reichsbeamtengesetz § 155.
Gerichtsverfassungsgesetz § 13.

III. Zivilsenat. Urt. v. 3. Mai 1918 i. S. S. (Kl.) w. Deutsches Reich (Bekl.). Rep. III. 49/18.

I. Landgericht Kiel.
II. Oberlandesgericht daselbst.

Die Klage fordert einen durch Heilbehandlungen erwachsenen Kostenbetrag als Schadensersatz, weil der Beklagte die ihm dem Kläger gegenüber obliegende Fürsorgepflicht schuldhaft verletzt habe: kraft dieser Pflicht sei der Beklagte verpflichtet gewesen, den als Telegraphenassistenten in C. seit Sommer 1907 an einem Hautleiden erkrankten Kläger auf dessen am 25. November, 8. Dezember 1907 und 10. Februar 1908 eingereichte Gesuche hin von seinem damaligen Amtssitz E. wegzuversetzen und zwar zum 1. Januar 1908, allenfalls auch nur zum 1. März 1908; statt dessen sei der Kläger erst zum 1. Mai 1908 nach K. versetzt worden, und diese Verzögerung habe die Unheilbarkeit des Hautleidens verursacht. Der Berufungsrichter hat die Berufung gegen das klagabweisende Urteil des Landgerichts zurückgewiesen, weil der Kläger mit der Behauptung, die anfänglichen Entscheidungen auf seine Versetzungsgesuche seien unrichtig und verfehlt gewesen, vor den ordentlichen Gerichten nicht gehört werden könne; in der Ausübung der Ämterhoheit gebe es keine dem einzelnen Beamten gegenüber obliegende Amtspflicht.

Die Revision blieb erfolglos.

Gründe:

„Der Berufungsrichter stützt sich auf § 155 RBeamtG.: mit den für den Zivilrichter maßgebenden Entscheidungen der Disziplinar- und Verwaltungsbehörden darüber, ob und von welchem Zeitpunkt ab ein Reichsbeamter aus seinem Amte zu entfernen sei, sei die Entscheidung darüber, ob der Beamte in ein anderes Amt zu versetzen sei, mit umfaßt.

Unter Entfernung aus dem Amte versteht § 155 jedoch nur die in §§ 75, 73 genannten Maßnahmen, nämlich Strafversetzung und Dienstentlassung. Die Versetzung in ein anderes Amt wegen dienstlichen Bedürfnisses (§ 23 RBeamtG.) und die Versetzung auf Antrag des Beamten aus persönlichen Gründen dagegen sind der Nachprüfung durch den Zivilrichter entzogen nicht kraft des § 155, sondern aus dem allgemeinen Grunde der Unzulässigkeit des Rechtswegs über Verwaltungsakte der Ämterhoheit. Ob eine von dem Beamten beantragte Versetzung möglich, zulässig und angemessen ist, kann nur aus der Gestaltung und Stellung des einzelnen Amtes innerhalb des Gesamtorganismus des betreffenden Amtszweiges, aus dem Gesamtinteresse der beteiligten Beamtenschaft und aus der obersten Richtschnur der Wahrung und Förderung des allgemeinen, öffentlichen Amtszweckes beantwortet werden und ist daher dem völlig selbständigen pflichtmäßigen Ermessen der zur Ausfüllung, Leitung und Ingangshaltung des einzelnen Ämterorganismus berufenen Verwaltungsbehörde überlassen. Der Beamte hat — von Ausnahmen abgesehen — einen Rechtsanspruch nicht einmal auf Belassung in seinem Amte;

er muß sich, wie § 23 als einen Ausfluß der Ämterhoheit anordnet, die Versetzung in ein anderes Amt von nicht geringerem Range und etatsmäßigem Diensteinkommen mit Vergütung der Umzugskosten gefallen lassen, „wenn es — wie der im Reichstage beschlossene Zusatz vorsorgt — das dienstliche Bedürfnis erfordert". Ob aber diese Voraussetzung vorliegt, steht zum Ermessen allein der Verwaltungsbehörde und darf vom Richter nicht nachgeprüft werden.

Im vorliegenden Falle will der Kläger einen Rechtsanspruch gehabt haben nicht darauf, daß er in seinem Amte in E. verblieb, sondern im Gegenteile darauf, daß er aus diesem Amte zu bestimmter Zeit — 1. Januar oder doch 1. März 1908 — auf seinen Antrag hin wegversetzt wurde; er leitet diesen Rechtsanspruch aus der Fürsorgepflicht des Beklagten ab und begründet die erhobene Schadensersatzforderung mit angeblicher Verletzung dieses vermeintlichen Rechtsanspruchs. Diese ganze Aufmachung der Klage ist rechtsirrig. Aus keinen wie immer gearteten Gründen kann ein privatrechtlicher Rechtsanspruch des Beamten auf eine seinem Antrage gemäß erfolgende Versetzung hergeleitet werden. Ob es möglich und angemessen war, der Fürsorgepflicht des Staates durch die Maßregel einer solchen Versetzung nachzukommen, entzieht sich der Prüfung des Richters. Anderenfalls ergäbe sich als privatrechtliche Folge der öffentlichrechtlichen Fürsorgepflicht ein Eingriff in die ausschließlichen, öffentlichrechtlichen Zuständigkeiten — daß nämlich der Richter statt der Verwaltungsbehörde befindet, ob der Beamte auf seinen Antrag zu versetzen war. Das ist eine Verkehrung der in Wahrheit gegebenen Rechtsverhältnisse unter dem Schleier einer privatrechtlichen Schadensersatzforderung. Mit Recht hat der Berufungsrichter hier rechtliches Gehör versagt. Einer derart begründeten Schadensersatzforderung muß der Rechtsweg verschlossen bleiben (vgl. RGZ. Bd. 70 S. 398, Bd. 89 S. 421/424)."

Register.

Die Zahlen bezeichnen die Seiten.

A. Sachregister.

A

K

B. Gesetzesregister.

1. Reichsgesetze.

a. Bürgerliches Gesetzbuch.

b. Einführungsgesetz zum Bürgerlichen Gesetzbuche.

c. Allgemeines Deutsches Handelsgesetzbuch (a. F.).

d. Handelsgesetzbuch von 1897.

e. Gerichtsverfassungsgesetz.

f. Zivilprozeßordnung.

g. Einführungsgesetz z. Zivilprozeßordnung.

h. Gesetz über die Zwangsversteigerung und die Zwangsverwaltung.

i. Konkursordnung.

k. Gewerbeordnung.

l. Einzelne Gesetze und Verordnungen.

2. Landesrecht.

Hamburg.

Preußen.

a. Allgemeines Landrecht.

b. Einzelne Gesetze und Verordnungen.

Reuß jüngere Linie.

Sachsen-Coburg-Gotha.

3. Gemeines Recht.

C. Zusammenstellung der Entscheidungen nach der Zeitfolge.

Zusammenstellung

der

im zweiundneunzigsten Bande, der neuen Folge zweiundvierzigsten Bande,

mitgeteilten Entscheidungen

nach

Oberlandesgerichtsbezirken.

Berichtigungen.

Sechsundsiebzigster Band.

S. 208 Z. 10 v. u. statt „§ 30" lies „§ 3a".
263 „ 4 v. o. statt „Bd. 69" lies „Bd. 09".

Siebenundsiebzigster Band.

S. 217 Z. 6 v. o. statt „Schuldverhältnisse Bd. 1" lies „BGB. Allgem. Teil".

Zweiundachtzigster Band.

S. 118 Z. 7 v. o. statt „Bd. 30" lies „Bd. 20".

Vierundachtzigster Band.

S. 42 Z. 1 v. o. statt „Klägers" lies „Beklagten".

Neunzigster Band.

S. 106 Z. 15 v. u. statt „138/16" lies „438/16".
„ 166 „ 13 v. o. statt „Klägers" lies „Mäklers".
„ 175 „ 5 v. u. statt „stattgegeben" lies stattzugeben".
„ 193 „ 6 v. o. statt „1910" lies „1913".

Zweiundneunzigster Band.

S. 85 Z. 11 v. o. statt „rechtliche" lies „restliche".
„ 105 „ 9 v. u. statt „Anm. 4b" lies „Nr. 4b" und statt „3. Aufl." lies „4. Aufl.".
„ 289 „ 12 v. o. } statt „1880" lies „1888".
„ 290 „ 19 v. o. }
„ 367 „ 8 v. u. statt „1913" lies „1873".

Kolibri 360 GmbH
Ferdinand-Jühlke-Straße 7
99095 Erfurt, Deutschland
produktsicherheit@kolibri360.de